Entscheidungen

des

Reichsgerichts.

Herausgegeben

von

den Mitgliedern des Gerichtshofes und
der Reichsanwaltschaft.

Entscheidungen in Civilsachen.

Neununddreißigster Band.

Leipzig,
Verlag von Veit & Comp.
1897.

Entscheidungen

des

Reichsgerichts

in

Civilsachen.

Neununddreißigster Band.

Leipzig,
Verlag von Veit & Comp.
1897.

Druck von Metzger & Wittig in Leipzig.

Inhalt.

I. Reichsrecht.

II. Gemeines Recht.

III. Preußisches Recht.

IV. Rheinisches Recht.

V. Prozeßrecht.

I. Reichsrecht.

1. Haftung des Bankiers, der einen Prospekt über ein Aktienunternehmen veröffentlicht, gegenüber einem Dritten, der sich auf Grund des Prospektes entschließt, Aktien zu kaufen.

I. Civilsenat. Urt. v. 24. Februar 1897 i. S. v. M. (Kl.) w. M. (Bekl.). Rep. I. 313/96.

I. Landgericht I Berlin.
II. Kammergericht daselbst.

Die Entscheidung ist unten unter „Preußisches Recht" Nr. 61 S. 245 abgedruckt.

---

2. Muß in der Anzeige von der beabsichtigten Anfechtung einer Rechtshandlung nach § 4 des Anfechtungsgesetzes vom 21. Juli 1879 die Forderung, wegen deren die Anfechtung stattfinden soll, bezeichnet werden?

VI. Civilsenat. Urt. v. 1. März 1897 i. S. J. (Kl.) w. B. (Bekl.). Rep. VI. 337/96.

I. Landgericht Dortmund.
II. Oberlandesgericht Hamm.

Aus den Gründen:

„Die Witwe Sp. in D. hat am 1. Februar 1893 mehrere Grundstücke ... an ihre Tochter, die Beklagte, aufgelassen. Mit der am 29. Januar 1895 erhobenen Klage ficht Kläger, der gegen die Sp. am 19. Dezember 1893 ein in der Folge rechtskräftig gewordenes Urteil auf Bezahlung von 2372 ℳ und am 15. März 1894 einen Kostenfestsetzungsbeschluß in Höhe von 135,65 ℳ erwirkt hat, die Auflassung auf Grund des § 3 Ziff. 1. 2. 3 des Anfechtungsgesetzes vom 21. Juli 1879 an. Die Klage ist in erster Instanz zurückgewiesen. Auf Berufung des Klägers hat das Oberlandesgericht, unter Zurückweisung der auf § 3 Ziff. 2. 3 gestützten Anfechtung, auf einen richterlichen Eid der Beklagten, daß ihr vor oder bei der angefochtenen Auflassung eine Absicht der Witwe Sp., ihre Gläubiger zu benachteiligen, nicht bekannt gewesen sei (§ 3 Ziff. 1), erkannt.

In der Berufungsinstanz hat Kläger geltend gemacht: allerdings sei die Klage erst nach Ablauf der in § 3 Ziff. 2. 3 gesetzten Frist erhoben; allein in einem im Jahre 1894 von dem Landgerichte Dortmund entschiedenen Anfechtungsprozesse zwischen den jetzigen Parteien sei wegen einer anderen dem Kläger zustehenden Forderung die Auflassung vom 1. Februar 1893 schon dem Kläger gegenüber für unwirksam erklärt worden; die in diesem Vorprozesse der Beklagten zugestellte Klagschrift müsse, weil es sich um die Anfechtung derselben Auflassung handele, als ein Schriftsatz im Sinne des § 4 des Anfechtungsgesetzes in Beziehung auf die jetzt auf § 3 Ziff. 2. 3 des Gesetzes gestützte Klage angesehen werden; hiernach aber sei die daselbst, bezw. in § 4 gesetzte Frist gewahrt. Demgegenüber führt das Berufungsgericht aus, die Zustellung der Klage im Vorprozesse vermöge die Zustellung der in § 4 des Gesetzes vorgesehenen Anzeige nicht zu vertreten, weil in jener Klage die Forderung, wegen deren die spätere Erhebung der Anfechtungsklage in Aussicht gestellt worden sein soll, (nämlich die Forderung, wegen deren die jetzige Klage erhoben ist,) nicht bezeichnet worden sei. Die Revision erblickt hierin einen Verstoß gegen die Vorschrift des § 4; da in derselben die Bezeichnung der Forderung nicht vorgeschrieben sei, müsse angenommen werden, daß es genüge, wenn in dem zuzustellenden Schriftsatze die Absicht zum Ausdrucke gebracht werde, die benachteiligende Handlung des Schuldners wegen irgend einer dem Anzeigenden zustehenden

Forderung anfechten zu wollen. Die Richtigkeit dieser Auffassung zeige sich schon darin, daß Kläger auch nach Ablauf der in § 3 Ziff. 2 bezeichneten Frist im Vorprozesse die Klage ohne weiteres auf die jetzt in Frage stehende Forderung hätte ausdehnen können. Diesem Angriffe muß der Erfolg schon deshalb versagt werden, weil Kläger nicht behauptet hat, daß in der in dem Vorprozesse der Beklagten zugestellten Klagschrift eine Absicht des Klägers, die Auflassung später auch wegen irgend einer anderen dem Kläger zustehenden Forderung anfechten zu wollen, überhaupt zu erkennen gegeben war; in der Zustellung der auf die Anfechtung wegen einer bestimmten anderen Forderung gerichteten Klage allein kann selbstverständlich der Ausdruck dieser Absicht nicht gefunden werden. Die Ansicht des Berufungsgerichtes ist übrigens als die richtige anzuerkennen. In der Litteratur besteht allerdings in Ansehung der Frage, ob in dem nach § 4 des Anfechtungsgesetzes zuzustellenden Schriftsatze die Forderung, wegen deren die Anfechtung in Aussicht gestellt wird, bezeichnet sein müsse, keine Übereinstimmung.[1] Revisionskläger selbst steht auf dem Standpunkte, es müsse die Anfechtungsabsicht wegen irgend einer dem Anzeigenden zustehenden Forderung kundgegeben sein. Aus dem Gesetze selbst, aus dem Begriffe des Anfechtungsrechtes außer dem Konkurse, aus dem Zwecke, dem die Bestimmung des § 4 dienen soll, und auch aus dem Wortlaute der §§ 4 und 2 geht aber klar hervor, daß diejenige Forderung, in Beziehung auf welche die Absicht der Anfechtung besteht, in dem nach § 4 zuzustellenden Schriftsatze auch bezeichnet sein muß, wenn die Kundgebung der Absicht die daselbst vorgesehene Wirkung haben soll. Außerhalb des Konkursverfahrens kann eine Rechtshandlung eines Schuldners nur angefochten werden von einem bestimmten Gläubiger des Schuldners, um wegen einer bestimmten Forderung (oder mehrerer bestimmter Forderungen) Befriedigung aus einem von dem Schuldner veräußerten Gegenstande zu erlangen. Es

[1] Bejaht wird die Frage von Petersen und v. Wilmowski in den Kommentaren zur Reichs-Konkursordnung und zum Anfechtungsgesetze, ebenso von Jaeckel, 2. Aufl. S. 163, Hartmann, Anfechtungsgesetz 4. Aufl. S. 169 flg.; verneint, weil das Gesetz die Bezeichnung der Forderung nicht vorschreibe, von Cosack, Das Anfechtungsrecht der Gläubiger S. 102, ebenso für das österreichische Anfechtungsrecht von Menzel, Das Anfechtungsrecht nach österreichischem Recht S. 113, und Krasnopolski, Anfechtungsrecht S. 126 Anm. 2. D. E.

kann nach § 2 des Gesetzes auch nicht bezweifelt werden, daß die Forderung, in Beziehung auf welche die Anfechtungsklage erhoben wird, in letzterer bezeichnet werden muß (vgl. § 7). Voraussetzung für die Erhebung der Anfechtungsklage ist nach § 2, daß der Gläubiger für die betreffende Forderung einen vollstreckbaren Schuldtitel erlangt hat, und daß sie fällig ist. Im Hinblicke auf die in § 3 Ziff. 2—4 für die klageweise Geltendmachung der dort bezeichneten Anfechtungsgründe gesetzte enge Frist und die dadurch für den Gläubiger bedingte Gefahr, diese Anfechtungsansprüche wegen der Unmöglichkeit der Beschaffung des vollstreckbaren Schuldtitels oder der Herbeiführung der Fälligkeit der Forderung zu verlieren, ist nun in § 4 dem Gläubiger ein Mittel an die Hand gegeben, um sich die Anfechtbarkeit der Rechtshandlung des Schuldners auf Grund der Ziff. 2—4 des § 3 binnen einer durch seine Thätigkeit erweiterten Frist zu sichern. Nur diesem Zwecke dient die Vorschrift des § 4, und nur insoweit, als ein vollstreckbarer Schuldtitel für die Forderung noch nicht erlangt oder die Forderung noch nicht fällig ist, weicht § 4 von den in § 2 für die Erhebung der Anfechtungsklage bestimmten Voraussetzungen ab. Insbesondere ist in § 4 für die eine Anfechtung nach § 3 Ziff. 2—4 nur vorbereitende Anzeige keine Ausnahme von dem für die Anfechtung außer dem Konkurse geltenden Grundsatze der Spezialität hinsichtlich der Forderung, d. h. von dem Grundsatze, daß diese Forderung bestehen und bezeichnet sein muß, gemacht. Der § 4 ist, was die Voraussetzungen für die wirksame Ankündigung der Anfechtung betrifft, aus § 2 zu verstehen und zu ergänzen. Es ist also nicht zuzugeben, daß das Gesetz in § 4 die Bezeichnung der Forderung nicht vorschreibe. Der Wortlaut selbst weist sogar für sich schon auf dieses Erfordernis hin, indem als anzeigeberechtigt der Gläubiger einer noch nicht vollstreckbaren oder fälligen Forderung bezeichnet ist, der Anzeigende hiernach notwendig sich als Gläubiger bezeichnen muß und dies ohne Beziehung auf eine bestimmte Forderung gegen denjenigen, von welchem der künftige Anfechtungsgegner erworben hat, nicht thun kann, und am Schlusse des § 4 ist die Anzeige zu der künftigen Anfechtungsklage deutlich in Beziehung gebracht. Derjenige, an den die Anzeige ergeht, hat auch ein erhebliches Interesse daran, daß ihm die Forderung, wegen deren ihm die Anfechtung der Rechtshandlung in Aussicht gestellt wird, bezeichnet werde. Auf Grund dieser Bezeichnung ist er in der Lage, den Anfechtungsanspruch zu prüfen und vielleicht abzuwenden, sei es, daß er die Rechtshandlung durch Verhandlung mit dem Schuldner rückgängig macht, sei es, daß er selbst den Gläubiger befriedigt, um sich den Gegenstand der anzufechtenden Rechtshandlung zu sichern. Der Zustand der Ungewißheit als Folge der Anzeige würde noch erschwert dadurch, daß nicht einmal die Forderung angegeben werden müßte. Das Argument, daß der Anfechtende in einem Vorprozesse auch nach Ablauf der in § 3 Ziff. 1. 2 gesetzten Frist die Klage ohne weiteres auf Grund dieser Bestimmungen auf die Forderung, auf welche sich eine später erhobene Anfechtungsklage bezieht, hätte ausdehnen können, ist ganz verfehlt. Abgesehen davon, ob dies prozessualisch überhaupt zulässig wäre (§§ 235 Ziff. 3. 240 flg. 489. 491 C.P.O.), wäre solche Ausdehnung nur statthaft, wenn eben die in § 3 Ziff. 2. 3 und in § 4 als materielle Voraussetzung, als Teil des Klagfundamentes aufgestellte Einhaltung der Frist,

Entsch. des R.G.'s in Civils. Bd. 17 S. 70 flg.,

nachgewiesen würde. In Frage steht aber nur die Anfechtung aus § 3 Ziff. 2. 3 des Gesetzes.

Verfehlt ist auch der weitere Revisionsangriff, welcher dahin geht: weil im Vorprozesse die Auflassung vom 1. Februar 1893 im Verhältnisse zwischen den jetzigen Prozeßparteien rechtskräftig für unwirksam erklärt worden sei, habe im gegenwärtigen Prozesse ohne weiteres Beklagte nach dem Klagantrage für schuldig erklärt werden müssen, die Befriedigung des Klägers wegen der jetzt fraglichen Forderung aus den am 1. Februar 1893 an sie aufgelassenen Grundstücken zu dulden. Wäre dies richtig, so hätte die Beklagte hieraus vielleicht gegen die neue, überflüssige Klage eine Einwendung ableiten können. Allein durch das in einem Anfechtungsprozesse nach dem Klagantrage ergehende Urteil wird die angefochtene Rechtshandlung nicht einfürallemal als unwirksam zwischen den Prozeßparteien erklärt, sondern nur in Beziehung auf die bestimmte Forderung, zu deren Befriedigung die Klage erhoben ist, und nur insoweit, als es zu dieser Befriedigung erforderlich ist (§§ 1. 2. 7 des Anfechtungsgesetzes). Der Ausspruch der Unwirksamkeit der Rechtshandlung hat keine selbständige, über den konkreten Anfechtungsanspruch hinausgehende Bedeutung." ...

3. Zur Feststellung des Begriffes des Gebrauchsgegenstandes. Dauernde Verwertbarkeit im gewerblichen Verkehre als Voraussetzung des Gebrauchsmusterschutzes. Gebrauchsgegenstand und Verfahren. Sind ungebrannte Thonröhren, die mit Längsschnitten versehen werden, um sie nach dem Brennen zu Halbröhren spalten zu können, als Gebrauchsmuster schutzfähig?

Gesetz, betr. den Schutz von Gebrauchsmustern, vom 1. Juni 1891 §§ 1. 2.

I. Civilsenat. Urt. v. 3. März 1897 i. S. D. (Bekl.) w. Deutsche Thonröhren- u. Chamottefabrik (Kl.). Rep. I. 2/97.

I. Landgericht Görlitz.
II. Oberlandesgericht Breslau.

Für den Beklagten ist auf seine Anmeldung vom 8. Dezember 1894 am 7. Februar 1895 ein Gebrauchsmuster eingetragen, das so bezeichnet ist: „Vor dem Brennen der Länge nach eingeschnittenes Thonrohr zum leichtern Spalten desselben nach dem Brennen." Auf die von der Deutschen Thonröhren- und Chamottefabrik zu M. erhobene Klage verurteilte der erste Richter den Beklagten, darein zu willigen, daß das Gebrauchsmuster in der Gebrauchsmusterrolle des Patentamtes gelöscht werde. Die Berufung des Beklagten wurde zurückgewiesen, ebenso die Revision, diese aus folgenden

Gründen:

„In der Gebrauchsmusterrolle ist als Gebrauchsgegenstand dem Antrage des Beklagten entsprechend bezeichnet:

Vor dem Brennen der Länge nach eingeschnittenes Thonrohr.

Damit ist deutlich zum Ausdrucke gebracht, daß die neue Gestaltung der Längsschnitt eines ungebrannten Thonrohres ist. Die Musterrolle und die der Anmeldung beigegebene Beschreibung bezeichnen auch den Gebrauchszweck. Das Thonrohr bewahrt den Einschnitt beim Brennen. Dasselbe soll nach dem Brennen gespalten werden, damit dann die gespaltenen Thonrohre zum Bedecken von Telegraphen-, Telephondrähten, Gasrohren und ähnlichen Gegenständen verwendet werden.

Daß Gegenstände dieser Art mit gespaltenen Thonrohren bedeckt werden, hat der Beklagte als neuen Zweck für sich nicht in Anspruch genommen; die Klägerin behauptet, daß sie schon vor der Anmeldung des Beklagten gespaltene Thonrohre hergestellt und zu diesem Zwecke offenkundig verwendet oder geliefert habe. Es sind also nicht gespaltene Thonrohre überhaupt die neue Gestaltung, welche der Beklagte für sich in Anspruch nimmt. Vielmehr ist der neue Gebrauchszweck allein die leichtere Spaltbarkeit, welche dem gebrannten Thonrohre dadurch gesichert werden soll, daß das ungebrannte Thonrohr mit einem Längsschnitt versehen wird.

Es könnte gefragt werden, ob die Schutzfähigkeit dem angemeldeten Gegenstande nicht schon um deswillen abzusprechen sei, weil die Spaltung die gebrannte Thonröhre in der Gestalt, welche ihr der Anmeldung entsprechend gegeben ist, vernichtet und zu vernichten bestimmt ist, sodaß die Spaltbarkeit nicht ein dauernder Zweck des hergestellten Gebrauchsgegenstandes ist. In der Litteratur und in der Rechtsprechung ist die Ansicht vertreten, daß unter Gebrauchsgegenständen solche zu verstehen seien, die ihrer Natur nach dauernd dem Arbeits- oder Gebrauchszweck zu dienen geeignet sind, und deren Gebrauchszweck nicht lediglich in ihrer Verbrauchbarkeit besteht.

Vgl. unter anderen Paul Schmidt, Die Gesetze zum Schutz des gewerblichen Eigentums S. 225 zu § 1 des Gesetzes vom 1. Juni 1891, und die dortigen Citate.

Es darf aber bezweifelt werden, daß diese Ansicht in ihrer Allgemeinheit richtig ist. Ein Briefumschlag z. B. ist dazu bestimmt, nur einmal gebraucht und durch den Gebrauch verbraucht zu werden. Es ist aber nicht ausgeschlossen, daß der Gebrauchszweck der Briefumschläge durch eine neue Gestaltung derselben in höherem Grade gesichert, die Verwendung erleichtert, bequemer gemacht wird. In solchem Falle eignet sich auch das neue Modell eines Briefumschlages zum Schutze als Gebrauchsmuster nach Maßgabe des Gesetzes vom 1. Juni 1891. Die Dauer, welche das durch ein Modell darstellbare Arbeitsgerät oder Gebrauchsobjekt haben muß, um Gegenstand eines Musterschutzes zu werden, hat eine andere Bedeutung. Es ist nicht die Dauer im Gebrauche, aber jedenfalls die Dauer, welche die gewerbliche Verwertbarkeit des Gegenstandes in der neuen Gestaltung ermöglicht, die man für ein gewerbliches Muster fordern muß. Denn immer handelt es sich bei dem Gesetze vom 1. Juni 1891 um gewerbliche Muster. Dem Musterschutzberechtigten ist deshalb auch nach § 4 des Gesetzes das Recht zugesprochen, die nachgebildeten Gegenstände allein in Verkehr zu bringen oder feilzuhalten.

Dem Revisionskläger kann zugegeben werden, daß auch Halbfabrikate, welche als solche nicht Gegenstand unmittelbarer Verwendung sind, Gegenstand des gewerblichen Musterschutzes sein können. Sind solche Halbfabrikate Gegenstände des Veredelungsverkehres, die gewerblich veräußert und erworben werden, um in einer anderen Fabrik mittels eines besonderen Verfahrens der Vollendung entgegengeführt und so in einen Zustand gebracht zu werden, in welchem sie unmittelbar zu verwenden sind, so dienen sie schon als Halbfabrikate dem Gewerbe; sie sind für dieses Gebrauchsgegenstand. Und wird dem Halbfabrikate eine neue Gestaltung gegeben, in welcher es dem Gebrauchszwecke besser dient als die bisherigen Halbfabrikate, so ist es musterschutzfähig. Aber ungebrannte Thonröhren mit Längsschnitten sind nicht Gegenstände des gewerblichen Verkehres, und sollen es auch nach der Idee des Beklagten nicht sein. Derselbe hat sein Modell nicht zu dem Zwecke angemeldet, damit seine ungebrannten Thonröhren mit solchem Längsschnitte oder die gebrannten Thonröhren, die vor dem Brande mit dem Längsschnitte versehen sind, einem anderen Gewerbe dargeboten werden, damit es von diesem gebrannt oder nach dem Brande durch einen Hammerschlag zum Gebrauche als Halbrohre fertiggestellt werde. Vielmehr ist jener Einschnitt lediglich ein Durchgangsstadium der Fabrikation in der Fabrik, die gespaltene Halbrohre herstellt.

Bei einer solchen Lage der Sache unterscheidet sich das Neue, welches der Beklagte unter Schutz gestellt wissen will, nicht mehr von einem Verfahren, das angewendet wird und angewendet werden soll, um den Gegenstand besser und zweckmäßiger herzustellen, welcher zum unmittelbaren Gebrauche dargeboten wird. Und für diesen Gegenstand, die gespaltenen Halbrohre, hat der Beklagte einen Musterschutz nicht erlangt. Ein Verfahren ist aber nicht musterschutzfähig. Die Instanzrichter haben deshalb mit Recht gemäß § 6 des Gesetzes vom 1. Juni 1891 auf Löschung des Musters erkannt. Und die Sache war auch nicht anders zu beurteilen, wenn, wie der Beklagte nach dem Berichtigungsbeschlusse vom 14. Dezember 1896 behauptet hat, der Musterschutz für die gebrannten, aber noch ungespaltenen Röhren erlangt worden wäre." ...

4. Kommen Heuer und Kost der Mannschaft während des Aufenthaltes im Nothafen nach Anlaufen desselben wegen Eisgefahr als große Haverei auch dann in Rechnung, wenn das Schiff im Nothafen eingefroren ist?

H.G.B. Art. 708 Ziff. 4.

I. Civilsenat. Urt. v. 6. März 1897 i. S. Chr. (Kl.) w. H. & M. (Bekl.). Rep. I. 380/96.

I. Landgericht Altona.
II. Oberlandesgericht Kiel.

Der Dampfer „Mira", dessen Korrespondentrheder die Beklagte war, geriet im Februar 1895 auf der Fahrt von Grangemouth nach Flensburg im großen Belt in Eisgefahr und mußte am 17. Februar havariert zur Rettung von Schiff und Ladung Kjerteminde als Nothafen anlaufen. In demselben hat das Schiff vom 18. Februar bis zum 14. März gelegen. Bei Aufmachung der Dispache entstand Streit darüber, ob die Heuer und das Kostgeld der Schiffsmannschaft während dieser Zeit als große Haverei anzusehen sei. Der Kläger verlangte als Vertreter der beteiligten Versicherungsgesellschaften Streichung dieses Betrages aus der Dispache. Beide Instanzgerichte wiesen die Klage ab. Auf die Revision des Klägers ist das Berufungsurteil aufgehoben worden aus folgenden

Gründen:

„Unstreitig ist die „Mira" auf dem Wege von Grangemouth nach Flensburg im großen Belt durch Treibeis und Packeis in Gefahr geraten und hat zur Rettung von Schiff und Ladung aus dieser Gefahr Kjerteminde als Nothafen havariert anlaufen müssen. Danach liegt der Fall des Art. 708 Ziff. 4 H.G.B. vor. Nach Abss. 2. 3 daselbst gehören zur großen Haverei nicht nur die Kosten des Ein- und Auslaufens, sondern auch die Heuer und Kost der Schiffsmannschaft für die Zeit des Aufenthaltes, in der die Gefahr bestanden, die das Einlaufen in den Nothafen herbeigeführt hat. Nach Abs. 3 würden, da das Schiff havariert eingelaufen ist, die Aufenthaltskosten jedenfalls für die Zeit in Rechnung kommen, die zur Ausbesserung des Schiffes nötig war.

Die „Mira" hat unstreitig vom 18. Februar bis 14. März im Nothafen gelegen. Streitig ist, ob dieser Aufenthalt seinen Grund in der andauernden Eisgefahr hatte. Der Kläger behauptet, daß die Eisverhältnisse im Belt und im Flensburger Hafen, wohin das Schiff bestimmt war, der „Mira" die Fortsetzung der Reise unmöglich gemacht hätten, die Kosten des Aufenthaltes unter allen Umständen auch ohne das Anlaufen des Nothafens entstanden wären. In erster Instanz ist ... behauptet, der Aufenthalt in Kjerteminde sei dadurch herbeigeführt, daß die Einfahrt in die Flensburger Föhrde durch Eis verschlossen gewesen sei. In der Klage ist noch behauptet, die „Mira" habe in Kjerteminde so lange gewartet, bis die Beklagte ihr Nachricht gegeben habe, daß die Einfahrt in die Föhrde durch Zerbrechen des Eises möglich sei.

Der Berufungsrichter stellt auf Grund der Aussagen der Zeugen ... fest, daß der Aufenthalt durch dieselbe Eisgefahr herbeigeführt sei, durch die das Anlaufen des Nothafens notwendig wurde, und ist der Meinung, daß daran nichts geändert werde, auch wenn die Behauptungen des Klägers im vollen Umfange erwiesen würden.

Die Revision greift dies mit Recht als Verletzung des Art. 708 Ziff. 4 H.G.B. an.

Der Kapitän des Schiffes ... hat eidlich bekundet, daß er nach dem Anlaufen des Nothafens am 17. Februar bis zum 14. März daselbst verblieben sei, weil sich schon vorher vor Kjerteminde eine feste Eisdecke gebildet, die es ihm unmöglich gemacht habe, den Hafen ohne Gefährdung des Schiffes zu verlassen. Am 14. März habe er die Eisdecke vor Kjerteminde durchbrechen können. Er habe bestimmt geglaubt, daß er die Flensburger Föhrde passieren könne, wenn er Kjerteminde verlassen könnte. Der Schiffsrheder Br. zu Flensburg hat eidlich bekundet, daß die „Mira" am 17. März in Flensburg als eines der ersten Schiffe eingelaufen sei, welche die Föhrde nach der Eissperre passierten, die im allgemeinen vom 6. Februar bis zum 21. März gedauert habe. Das ... Schreiben der Kreisbauinspektion zu Flensburg vom 1. Oktober 1895 bestätigt, daß vom 6. Februar ab für die Flensburger Föhrde, Sonderburg, Alsensund und den ganzen Norden die vollige Eissperre eingetreten sei, das schwere

Eis erst am 16. März in der äußeren Föhrde durchbrochen und die ersten Frachtdampfer angekommen seien.

Daraus läßt sich entnehmen, daß die „Mira", wie der Kläger behauptet hat, in der Zeit vom 18. Februar bis zum 14. März durch die völlige Eissperre in der Flensburger Föhrde nach Flensburg, ihrem Bestimmungsorte, nicht hätte gelangen können, den Aufenthalt also auch ohne die Eisgefahr gehabt hätte, die sie in den Nothafen trieb. Zugleich ergiebt sich aber daraus für die Aussage des Kapitäns ...: „die feste Eisdecke vor Kjerteminde habe es ihm bis zum 14. März unmöglich gemacht, den Nothafen ohne Gefährdung des Schiffes zu verlassen", das Verständnis, daß er den Nothafen nicht verlassen hat, weil der Nothafen zugefroren war.

Einfrieren im Nothafen ist aber kein Havereigrund, sondern ein gewöhnlicher Zufall der Seefahrt, wie widrige Winde und ähnliche Zufälle.

Vgl. Entsch. des R.O.H.G.'s Bd. 23 S. 343. 347.

Konnte die „Mira", weil sie eingefroren war, den Nothafen nicht verlassen, so kommt es darauf, ob die Eisgefahr im offenen Wasser auch bestand, nicht an. Nicht weil diese Gefahr für das eingefrorene Schiff nicht mehr bestand (denn das liegt immer vor, wenn der schützende Nothafen erreicht ist), sondern weil mit dem Einfrieren der im Art. 708 Ziff. 4 H.G.B. vorausgesetzte ursachliche Zusammenhang zwischen dem Havereifall und dem Aufenthalte und dessen Kosten aufgehoben wird. Das ist ganz klar, wenn erwogen wird, daß die Kosten des Aufenthaltes infolge der Eissperre und der Unmöglichkeit, in den Bestimmungshafen Flensburg einzulaufen, auch ohne die Eisgefahr entstanden wären." ...

---

5. Betrifft das Reichsgesetz vom 13. Mai 1870 wegen Beseitigung der Doppelbesteuerung auch Erbschaftssteuern?

VI. Civilsenat. Urt. v. 8. März 1897 i. S. L. Ehefr. u. Gen. (Kl.) w. das hamburgische Erbschaftsamt (Bekl.). Rep. VI. 438/96.

I. Landgericht Hamburg.
II. Oberlandesgericht daselbst.

Aus den Gründen:

... „Es haben sich die Klägerinnen ... auf den § 1 des Reichsgesetzes vom 13. Mai 1870 wegen Beseitigung der Doppelbesteuerung berufen, insofern sie, als Angehörige eines deutschen Bundesstaates, nur in dem Staate ihres Wohnsitzes, also nicht in Hamburg, zu einer direkten Staatssteuer herangezogen werden dürften. Das genannte Gesetz bezieht sich jedoch, wie das Reichsgericht schon in der Sache VI. 245/96 ausgesprochen hat, auf Erbschaftssteuern überhaupt nicht; denn diese gehören nicht zu den „direkten" Steuern im Sinne des Gesetzes, da sie nicht von dem Vermögen als solchem erhoben werden, sondern von einem gewissen Rechtsvorgange, der sich in Ansehung der betreffenden Vermögensteile ereignet. Nun ist aber auch kein Grund ersichtlich, diesen Punkt deswegen anders zu beurteilen, weil es sich hier um eine Erbschaftsabgabe handelt, die mit rückwirkender Kraft vom Gesetze aufgelegt worden ist; darum bleibt doch diese Abgabe nach der Auffassung dieses Gesetzes nicht weniger eine indirekte Steuer." ...

---

6. Findet § 236 Abs. 2 C.P.O. auch im Anfechtungsprozesse Anwendung, wenn der Kläger während des Prozesses die Forderung, wegen deren er eine Rechtshandlung des Schuldners anficht, abtritt? Insbesondere auch dann, wenn er sie an einen Bürgen, von welchem er im Laufe des Prozesses befriedigt ist, abtritt?

VI. Civilsenat. Urt. v. 18. März 1897 i. S. Vorschuß- und Sparverein Neustadt a. D. (Kl.) w. St. Wwe. (Bekl.). Rep. VI. 404/96.

I. Landgericht Neuruppin.
II. Kammergericht Berlin.

Aus den Gründen:

„Der Kläger ist im Laufe des Prozesses mit seinen Forderungen gegen W. St., wegen deren er die vorliegende Anfechtungsklage gegen dessen Witwe angestellt hat, von einem als Bürgen Mitverpflichteten — dem F. G. — befriedigt worden und hat demselben durch die Cession vom 29. April 1893 seine Forderungen mit dem Anfechtungsanspruche abgetreten. F. G. ist nicht in den Prozeß eingetreten; dieser ist vielmehr vom Kläger fortgeführt. Das Berufungsgericht führt aus: nach § 236 Abs. 2 C.P.O. habe die Abtretung der im Streite befangenen Forderung auf den Prozeß allerdings keinen Einfluß; der Kläger bleibe Prozeßpartei und habe den Prozeß in seinem Namen fortzusetzen. Allein die Berechtigung des erhobenen Anspruches sei nach dem Rechte des Klägers zu beurteilen, und Kläger stütze denselben auf sein Anfechtungsrecht. Dieses stehe ihm nicht mehr zu, nachdem er von einem Mitverpflichteten befriedigt worden sei. Forderung und Anfechtungsrecht könnten nur in einer Hand vereinigt sein. Durch Abtretung der Forderung begebe sich der Cedent des Anfechtungsrechtes. In seiner Person gehe es dadurch unter; auf den Bürgen, der an Stelle des Hauptschuldners den Kläger befriedigte, gehe es nicht über. Dieser erlange durch die Bezahlung der Schuld ein eigenes Recht gegen den Hauptschuldner, zu dessen Schutze er auch ein eigenes Anfechtungsrecht, nicht dasjenige des bezahlten Gläubigers habe.

Es bleibt bei dieser Argumentation unklar, ob das Berufungsgericht die Anwendbarkeit des § 236 Abss. 2. 3 C.P.O. im Anfechtungsprozesse allgemein, oder nur nur für den Fall ausschließen will, daß die Abtretung der Forderung, wegen deren das Anfechtungsrecht ausgeübt wird, an einen zahlenden Bürgen erfolgt. Beides kann nicht als richtig anerkannt werden.

Dem Berufungsgerichte ist zwar darin beizutreten, daß der Anfechtungsanspruch von der Forderung, wegen deren er dem Gläubiger zusteht, sich nicht ablösen läßt. Eine selbständige Existenz, vermöge deren er nach der Befriedigung des Gläubigers noch fortdauern könnte, besitzt er nicht. Es herrscht auch, soweit ersichtlich, kein Streit darüber, daß er ohne die Forderung nicht cediert werden kann.

Vgl. Cosack, Das Anfechtungsrecht der Gläubiger S. 305; Jaeckel, Die Anfechtung von Rechtshandlungen zahlungsunfähiger Schuldner 2. Aufl. S. 199; Petersen u. Kleinfeller, Konkursordnung und Reichsgesetz vom 21. Juli 1879 3. Aufl. Bem. II zu § 1 des Gesetzes vom 21. Juli 1879 S. 655; Entsch. des R.G.'s in Civils. Bd. 30 S. 74.

Unrichtig ist aber, daß durch die Abtretung der Forderung das Anfechtungsrecht in der Person des Cedenten untergehe. Das Anfechtungsrecht steht dem Gläubiger als solchem zum Zwecke seiner Befriedigung zu (§ 1 des Gesetzes vom 21. Juli 1879), und ein Wechsel in der Person des Gläubigers, wie er durch die Cession der Forderung eintritt, hat daher nicht den Untergang des Anfechtungsrechtes, sondern dessen Übergang auf den Cessionar, auch ohne ausdrückliche Mitabtretung, zur Folge (§ 402 A.L.R. I. 11). Das vom Cessionar auszuübende Anfechtungsrecht ist kein neues, in seiner Person erst entstehendes, sondern dasselbe Recht, das bis dahin dem Cedenten zustand. Daher bedarf der Cessionar keines neuen vollstreckbaren Titels und keiner auf seine Person lautenden Vollstreckungsklausel,

vgl. Petersen u. Kleinfeller, a. a. O. Bem. II zu § 2 des Gesetzes vom 21. Juli 1879, am Schlusse, S. 663,

und ebenso behält die vom Cedenten nach § 4 des Gesetzes erlassene Ankündigung ihre Wirkung auch nach der Cession zu Gunsten des Cessionars.

Vgl. Cosack, a. a. O. S. 228; Jaeckel, a. a. O. S. 167; Petersen u. Kleinfeller, a. a. O. Bem. III zu § 4 des Gesetzes vom 21. Juli 1879 S. 674.

Es erscheint als eine völlig unannehmbare Konsequenz der gegnerischen Meinung, daß das Anfechtungsrecht trotz der rechtzeitig erfolgten Ankündigung nicht mehr geltend gemacht werden dürfe, wenn die Forderung nach Ablauf der im § 3 Ziff. 2—4 des Gesetzes bestimmten Fristen cediert wird.

Unter diesen Umständen kann es sich nur fragen, ob für die Anwendung des § 236 Abss. 2. 3 C.P.O. im Anfechtungsprozesse etwa deshalb kein Raum sei, weil der nicht cessible Anfechtungsanspruch als der im Anfechtungsprozesse geltend gemachte Anspruch im Sinne des § 236 C.P.O. anzusehen sei. Das Anfechtungsrecht steht dem Gläubiger der Hauptforderung, und nur diesem, zu; durch die Cession der Hauptforderung tritt daher von selbst ein Wechsel in der Person des Anfechtungsberechtigten ein, und andererseits giebt es ohne eine Veränderung in der Person des Gläubigers keinen Übergang des Anfechtungsrechtes auf einen Anderen. Nicht mit Unrecht läßt sich sich daher sagen, daß der Anfechtungsanspruch als solcher nicht cessibel sei. Die Cession ist entweder unwirksam, oder, wenn sie mit der

der Hauptforderung zusammen erfolgt, rechtlich doch bedeutungslos, weil der Übergang des Anfechtungsanspruches nicht durch diese Cession, sondern lediglich durch die Cession der Hauptforderung vermittelt wird. Wäre nun der Anfechtungsanspruch, losgelöst von der Hauptforderung, der im Anfechtungsprozesse geltend gemachte Anspruch, so könnte allerdings mit anscheinender Berechtigung aus dem Gesagten wegen des Mangels der Cessibilität dieses Anspruches die Unanwendbarkeit des § 236 C.P.O. im Anfechtungsprozesse gefolgert werden. Dies scheint der Gedanke des Berufungsgerichtes zu sein, der zu seiner Voraussetzung hat, daß der Anfechtungsanspruch in der Geltendmachung eine gewisse Selbständigkeit beweist, indem das dem Gläubiger zustehende Forderungsrecht zwar die Vorbedingung des Anfechtungsanspruches bildet, dieser letztere jedoch für sich allein und ohne die Hauptforderung im Anfechtungsprozesse verfolgt wird. Es kann aber dahingestellt bleiben, ob nicht, selbst die Richtigkeit dieser Voraussetzung angenommen, die Anwendbarkeit des § 236 C.P.O. im Anfechtungsprozesse daraus folgt, daß der Anfechtungsanspruch kein in der Person des Cessionars der Forderung neu entstehender ist, sondern infolge der Cession auf ihn mit übergeht und in der Cession mit enthalten ist. Es ist, davon abgesehen, nicht zuzugeben, daß der Anfechtungsanspruch und die Forderung derartig als getrennt zu denken wären, daß nur der erstere, und nicht die letztere, im Anfechtungsprozesse geltend gemacht würde. Der Anfechtungsanspruch des Gläubigers ist nichts anderes, als das unter gewissen Voraussetzungen ihm zustehende Recht, die Befriedigung wegen seiner Forderung aus fremdem Vermögen zu suchen und dessen Hergabe zum Zwecke seiner Befriedigung zu fordern (§§ 1. 7 des Gesetzes vom 21. Juli 1879). Mit der Anfechtungsklage macht also der Gläubiger seine Forderung in der durch das Gesetz ihr gegebenen Richtung auf fremdes Vermögen geltend, ganz ebenso wie der Gläubiger, der Befriedigung aus einem in den Händen eines Dritten befindlichen Pfande fordert, damit seine Forderung gegen den Pfandschuldner geltend macht. Daß es sich im Anfechtungsprozesse regelmäßig nicht mehr um das Bestehen der Forderung handelt, Einwendungen dagegen vielmehr ausgeschlossen sind, beweist nichts für das Gegenteil. Denn dies hat seinen Grund darin, daß das Gesetz das Vorhandensein eines vollstreckbaren Schuldtitels für erforderlich, aber auch für ausreichend erklärt, um das Forderungsrecht und zugleich dessen Vollstreckbarkeit im Anfechtungsprozesse als bestehend anzusehen, sodaß, wenn der vollstreckbare Titel vorhanden ist, nur noch zu prüfen bleibt, ob die sonstigen im Anfechtungsgesetze bestimmten Voraussetzungen der Verfolgbarkeit der Forderung in fremdes Vermögen vorliegen.

Die Abtretung der Forderung, wegen deren das Anfechtungsrecht ausgeübt wird, hat sonach, wenn sie während des Anfechtungsprozesses erfolgt, als Cession des in diesem geltend gemachten Anspruches der Bestimmung des § 236 Abs. 2 C.P.O. gemäß keinen Einfluß auf den Prozeß. Dem den Anfechtungsprozeß fortsetzenden Cedenten kann der Einwand der mangelnden Sachlegitimation nicht entgegengesetzt werden.

Hieran ändert sich nichts, wenn die Cession an einen Zahlung leistenden Bürgen erfolgt. Macht der Bürge von dem ihm zustehenden Rechte auf Cession der bezahlten Forderung Gebrauch (§§ 238 flg. A.L.R. I. 14), so geht die Forderung durch die Befriedigung des Gläubigers nicht unter, sondern besteht in der Person des Bürgen fort, und einen Unterschied zwischen freiwilliger und notwendiger Cession (§ 442 A.L.R. I. 11) macht der § 236 C.P.O. nicht. Ob der Bürge auch ohne Cession der Forderung Regreßansprüche gegen den Schuldner erlangt, wegen deren er ein eigenes Anfechtungsrecht geltend machen könnte, kommt hier, wo es sich nur um seine Stellung als Cessionars der Forderung handelt, nicht in Frage.

Das Berufungsgericht äußert der Bemerkung des Klägers gegenüber, daß er den Prozeß fortführe, um dem F. G. zur Hilfe zu kommen, das Bedenken, daß auf solche Weise der Beklagten die Einwendungen entzogen werden würden, die sie aus dem der Bürgschaft zu Grunde liegenden Rechtsverhältnisse dem F. G. etwa entgegensetzen könnte. Wenn hierin ein Argument gegen die Anwendbarkeit des § 236 Abs. 2 C.P.O. liegen soll, so schießt es augenscheinlich über das Ziel hinaus, da Einwendungen aus der Person des Cessionars dem Beklagten in allen Fällen zustehen können, ohne daß das Gesetz hierin ein Hindernis erblickt hätte, die Bestimmung zu treffen, daß die Cession keinen Einfluß auf den Prozeß haben soll. Die Frage kann nur sein, ob diese Bestimmung derartige Einwendungen im Prozesse ausschließt, oder ob die Einwendungen nicht auch dem den Prozeß fortsetzenden Cedenten entgegengesetzt werden können. Auf diese, in der Litteratur streitige[1], Frage ist hier nicht einzugehen, weil Einwendungen aus der Person des Cessionars nicht erhoben sind." ...

---

7. 1. Gehen Warenforderungen, wegen deren Wechsel auf die Schuldner gezogen wurden, ohne weiteres auf das Bankhaus über, dem die Wechsel auf Grund eines Kontokorrentverhältnisses übergeben werden? Oder wird durch die Übergabe der Wechsel das Bankhaus nur ermächtigt, sie einzuziehen? Unter welchen Voraussetzungen ist anzunehmen, daß die Warenforderungen auf das Bankhaus übertragen werden sollten?

2. Findet Art. 1690 Code civil auch in Handelssachen Anwendung? Welches örtliche Recht ist bezüglich der Frage maßgebend, ob die Zustellung der Cession erforderlich ist? Gilt der Konkursverwalter als Dritter im Sinne von Art. 1690 Code civil?

II. Civilsenat. Urt. v. 23. März 1897 i. S. B. & D. Konkursverw. (Bekl.) w. B.-M. Bank (Kl.). Rep. II. 35/97.

I. Landgericht Elberfeld.
II. Oberlandesgericht Köln.

Die Entscheidung ist unten unter „Rheinisches Recht" Nr. 92 S. 371 abgedruckt.

---

8. Kann der Zwangsvergleich im Falle heimlicher Begünstigung einzelner Gläubiger wegen Betruges nach § 182 K.O. nur ange-

[1] Vgl. u. a. Gaupp u. Seuffert in ihren Kommentaren zu § 236 C.P.O.; Behrend bei Gruchot, Beiträge Bd. 31 S. 458; andererseits Förster-Eccius, Preußisches Privatrecht 6. Aufl. Bd. 1 § 99 S. 668 flg.; v. Wilmowski-Levy, zu § 236 a. a. O.; Wach bei Gruchot, Beiträge Bd. 30 S. 779. D. E.

fochten werden, wenn ohne die Zustimmung der begünstigten Gläubiger der Vergleich nicht zustande gekommen wäre?

VI. Civilsenat. Urt. v. 25. März 1897 i. S. G. u. Gen. (Kl.) w. W. Erben (Bekl.). Rep. VI. 365/96.

I. Landgericht I Berlin.
II. Kammergericht daselbst.

Aus den Gründen:

„Das am 2. September 1890 eröffnete Konkursverfahren über das Vermögen des Pferdehändlers W. in B. wurde durch am 26. März 1891 konkursgerichtlich bestätigten Zwangsvergleich beendigt, wonach die Konkursgläubiger 12 Prozent ihrer festgestellten Forderungen zugesichert erhielten. Drei Konkursgläubiger, darunter die beiden Revisionskläger ..., welche für den Zwangsvergleich gestimmt haben, fechten mit der gegen W. erhobenen Klage den vergleichsmäßigen Nachlaß ihrer Forderungen als durch Betrug zustande gekommen auf Grund der Vorschrift des § 182 K.O. an. Sie verlangen die Verurteilung des Beklagten zur Einwilligung, daß ihnen für ihre festgestellten Forderungen, nach Abzug der ausbezahlten Akkorddividende, noch in Höhe von 15928 ℳ und 19266,79 ℳ vollstreckbare Ausfertigungen erteilt werden. An Stelle des im Laufe des Prozesses verstorbenen Beklagten sind dessen Erben in den Prozeß eingetreten. Die Kläger werfen dem W. vor, er habe, wie sie erst nach Aufhebung des Konkursverfahrens erfahren hätten, mehrere Konkursgläubiger durch das vertragsmäßige Versprechen besonderer Vorteile zur Einwilligung in den Zwangsvergleich bewogen und erhebliche Teile der Aktivmasse, darunter Wechselforderungen gegen eine Witwe K. im Betrage von 16000 ℳ, verheimlicht und beiseite geschafft.

Das Landgericht hat nach dem Klagantrage erkannt. Es erachtet für erwiesen, daß wenigstens ein Konkursgläubiger, der Pferdehändler G., der mit seiner Forderung von 2974,50 ℳ für den Zwangsvergleich gestimmt hat, hierzu lediglich durch den Gemeinschuldner W. mittels des schriftlichen Versprechens der Bezahlung von weiteren 959 ℳ über die Akkorddividende veranlaßt worden sei. Die Merkmale des Betruges erachtet das Landgericht für dargethan, weil W. den Klägern ... diese Bevorzugung des G. geflissentlich verschwiegen, hierdurch in ihnen den Irrtum erregt und unterhalten habe, daß kein

Konkursgläubiger bevorzugt worden sei, und weil, wie anzunehmen, die jetzigen Revisionskläger bei Kenntnis des mit G. geschlossenen Vertrages dem Zwangsvergleiche nicht zugestimmt hätten; ohne ihre Zustimmung wäre aber vermöge des Betrages ihrer Forderungen (§ 169 Ziff. 2 K.O.) der Zwangsvergleich nicht zustande gekommen.

Auf die Berufung der Beklagten hat das Kammergericht die Klage abgewiesen. Es hält die Auffassung des Landgerichtes von der Vorschrift des § 182 K.O. für falsch. Erfordert werde hiernach allerdings ein ursächlicher Zusammenhang zwischen dem Betruge und der Abstimmung. Ein solcher könne aber, soweit heimliche Begünstigungsverträge mit einzelnen Konkursgläubigern in Frage kommen, nicht stets als vorhanden angenommen werden, wenn ein Gläubiger hinter dem Rücken der anderen durch besonderes Abkommen mit dem Gemeinschuldner oder einem Dritten sich über das durch den Zwangsvergleich Gewährte hinausgehende Vorteile habe zusichern lassen; sonst würde jede heimliche Bevorzugung eines Gläubigers den Zwangsvergleich für jeden nicht begünstigten Gläubiger anfechtbar machen. Nach der Entstehungsgeschichte des § 182 K.O. (preußische Konkursordnung vom 8. Mai 1855 § 203, Entwurf einer Gemeinschuldordnung von 1873 § 186) sei vielmehr die Auffassung geboten, daß, soweit die Anfechtung auf ein Begünstigungsgeschäft gestützt werde, ein ursächlicher Zusammenhang zwischen Betrug und Abstimmung nur dann als vorhanden angesehen werden dürfe, wenn ohne die Zustimmung des begünstigten Gläubigers der Vergleich nicht angenommen worden wäre. Von diesem Gesichtspunkte aus sei das thatsächliche Material zu prüfen. Diese Rechtsauffassung werde auch allein dem inneren Verhältnisse, in welchem die §§ 168. 213 K.O. zu dem § 182 stehen, gerecht. Hiernach komme es auf die Feststellung an, ob und mit welchen Gläubigern W. heimliche Begünstigungsverträge, durch welche dieselben zur Zustimmung zum Akkord veranlaßt worden, geschlossen habe, und ob ohne die Einwilligung dieser Gläubiger die erforderliche Majorität für das Zustandekommen des Zwangsvergleiches nicht vorhanden gewesen wäre. Nach dem Beweisergebnisse könne nun, wie weiter ausgeführt ist, nur der Fall G. in Betracht kommen. Dieser Fall sei aber bis jetzt hinsichtlich der Zeit, zu welcher dem G. die Bezahlung der 959 *M* zugesichert worden, noch nicht aufgeklärt, und auf die in dieser Richtung weiter angebotenen Beweise einzugehen, sei deshalb überflüssig, weil, worüber auch die Parteien einig seien, für die Annahme des Zwangsvergleiches auch ohne die Stimme des G. die erforderliche Majorität vorhanden gewesen wäre. Anlangend die angebliche Beseitigung von Bestandteilen des Aktivvermögens durch W., so sei zwar nach § 182 K.O. (wie nach der preußischen Konkursordnung und dem Entwurfe einer Gemeinschuldordnung a. a. O.) die Annahme ohne weiteres gerechtfertigt, daß, wenn die Teilungsmasse zu gering, oder die Schuldenmasse zu hoch angegeben wurde, diese unrichtige Angabe einen kausalen Irrtum veranlaßt habe. Aber die Beseitigung sei in keinem der von den Klägern behaupteten Fälle erwiesen.

Die Revision wirft, soweit der Abschluß heimlicher Begünstigungsverträge mit einzelnen Konkursgläubigern in Frage steht, dem Berufungsgerichte mit Recht Verletzung der Vorschrift des § 182 K.O. vor.

Die preußische Konkursordnung vom 8. Mai 1855 bestimmte in § 203 allerdings: „Eine Klage auf Vernichtung des Akkords wegen Betrugs kann von jedem durch den Akkord betroffenen Gläubiger gegen den Gemeinschuldner erhoben werden, wenn erst nach Ablauf der zur Einlegung des Einspruchs gegen die Bestätigung des Akkords bestimmten Frist entdeckt wird, daß das zur Konkursmasse gehörige Vermögen teilweise verheimlicht oder beiseite geschafft worden ist, oder daß Schulden ganz oder theilweise erdichtet sind, oder daß einem oder mehreren Gläubigern, ohne deren Einwilligung die gesetzlichen Erfordernisse zum Akkord nicht vorhanden gewesen wären, für ihre erteilte Einwilligung von dem Gemeinschuldner oder von einer anderen Person ein besonderer Vortheil heimlich gewährt oder versprochen worden ist." Aber schon der Entwurf einer deutschen Gemeinschuldordnung von 1873, § 186, welcher im Falle des Betruges jedem Gläubiger nur die Klage auf Anfechtung des vergleichsmäßigen Erlasses seiner Forderung unbeschadet der ihm durch den Vergleich gewährten Befugnisse giebt, hat den drei Fällen der preußischen Konkursordnung die clausula generalis beigefügt: „oder wenn der Zwangsvergleich in anderer Weise durch Betrug zustande gebracht ist". In den Motiven dieses Entwurfes, welche zunächst das Verlassen des Nichtigkeitsprinzipes rechtfertigen, ist gesagt: die Anfechtungsgründe beruhen darauf, daß entweder die Gläubiger bei Beurteilung des Vergleiches in einen wesentlichen Irrtum über die Sachlage versetzt worden seien (vgl. Strafgesetzbuch für das Deutsche Reich § 281 Ziff. 1. 2. § 282), oder daß unmittelbar der Abschluß oder die Bestätigung des Vergleiches betrüglich bewirkt sei. In letzterer Hinsicht verdiene die heimliche Begünstigung eines Gläubigers hervorgehoben zu werden. Die Reichskonkursordnung § 182 (wie schon der Entwurf) hat nun von jeder Exemplifikation Abstand genommen und gewährt jedem Gläubiger, wenn der Zwangsvergleich durch Betrug zustande gekommen ist, das Recht zur Anfechtung des vergleichsmäßigen Erlasses seiner Forderung unbeschadet der ihm durch den Vergleich gewährten Rechte (unter der hier nicht in Frage stehenden Voraussetzung, daß der Gläubiger ohne Verschulden außer stande war, den Anfechtungsgrund in dem Bestätigungsverfahren geltend zu machen). Die Motive beschäftigen sich, indem sie vorausschicken, Betrug entkräfte jeden Vertrag und jedes Urteil, nur mit der Begründung des Anfechtungsprinzipes gegenüber dem gemeinen, französischen und preußischen Rechte, wonach jeder Gläubiger über sein Interesse hinaus die Nichtigkeit des Zwangsvergleiches herbeiführen kann. In der Reichsjustizkommission fand eine Erörterung nur statt über den Begriff des Betruges. Hervorgehoben wurde, Betrug sei hier in der civilrechtlichen Bedeutung zu verstehen; erforderlich sei absichtliche Erregung oder Unterhaltung eines Irrtumes, welcher sich als kausal für das Zustandekommen des Vergleiches darstelle, während die Richtung auf beabsichtigten Vermögensvorteil und Vermögensbeschädigung hier schon durch das bezweckte Rechtsgeschäft gegeben sei. Von dem Vertreter des Bundesrates wurde hierbei, im Anschlusse an die Motive zu der Bestimmung in § 173 Ziff. 1 K.O., bemerkt, unter Betrug in § 182 sei etwas Anderes, Engeres zu verstehen als in der dort genannten Begünstigung oder unlauteren Handlungsweise. Der von einer Seite angeregte Gedanke, zu der Exemplifikation des § 186 des Entwurfes einer Gemeinschuldordnung zurückzukehren, fand keinen Anklang.

Vgl. Protokoll S. 114. 115; s. auch Sarwey, Kommentar zur Reichs-Konkursordnung 3. Aufl. S. 818 flg.

Die Ansicht des Berufungsgerichtes, welche wesentlich auf seiner Auffassung von der Entstehungsgeschichte des § 182 K.O. beruht, wird insoweit hiernach durch dieselbe nicht bestätigt, sondern geradezu widerlegt. Die Reichskonkursordnung weicht vielmehr bewußt von der preußischen Konkursordnung ab, wie schon der Entwurf der Gemeinschuldordnung mit der clausula generalis ein allgemeines Prinzip aufgestellt hat. Für die preußische Konkursordnung könnte bezweifelt werden, ob sie die Nichtigkeitsklage überhaupt an die Voraussetzung des Betruges knüpfte, oder ob sie in den von ihr genannten Fällen eine absolute Präsumtion des Betruges und des durch solchen herbeigeführten Abschlusses des Akkordes aufstellte. Jedenfalls ließ sie die Nichtigkeitsklage nur in diesen drei Fällen zu und schloß damit die Nichtigkeitsklage für den Fall aus, wenn die Zustimmung gerade desjenigen Gläubigers, welcher für seine Zustimmung zum Akkord den besonderen Vorteil erhalten hat, nicht ausschlaggebend für das Zustandekommen des Akkordes war, obwohl klar vorliegen mochte, daß andere (nicht begünstigte) Gläubiger, ohne deren Zustimmung der Vergleich nicht zustande gekommen wäre, von dem Gemeinschuldner oder einem Dritten in Beziehung auf die Gewährung besonderer Vorteile an jenen Gläubiger oder einzelne Gläubiger getäuscht worden seien, und sie bei Kenntnis solcher heimlichen Begünstigung nicht für den Akkord gestimmt hätten. Nach der clausula generalis der Gemeinschuldordnung wäre auch die Berücksichtigung dieses Falles möglich gewesen. Daß die Reichskonkursordnung beim Zutreffen dieser Merkmale die Anfechtung wegen Betruges nicht ausschließen will, kann bei der absichtlich allgemeinen Fassung des § 182 nicht bezweifelt werden. Inwiefern die übrigen Vorschriften der Konkursordnung dieser Auffassung entgegenstehen sollten, ist nicht ersichtlich. Dies gilt insbesondere von §§ 168. 213 K.O. Die Vorschrift, welche jedes andere Abkommen des Gemeinschuldners oder anderer Personen mit einzelnen Gläubigern, durch welches diese bevorzugt werden sollen, für nichtig erklärt (§ 168 Satz 2), hat selbständige Bedeutung als Schutzvorschrift gegen die auch nur mögliche Benachteiligung der Gläubiger durch geheime Abkommen und bezweckt thulichste Abhaltung von derlei Abkommen. Mehr sagt auch das von dem Berufungsgerichte angeführte Urteil des I. Civilsenates,

Entsch. des R.G.'s in Civils. Bd. 28 S. 96 flg.,

nicht; insbesondere ist daselbst die Bestimmung des § 168 Satzes 2 nicht in eine Beziehung zu derjenigen des § 182 gebracht, welche die einschränkende Auslegung des Berufungsgerichtes rechtfertigte.

Vgl. Entsch. des R.G.'s in Civils. Bd. 30 S. 24.

In ähnlicher Weise verhält es sich mit der Strafvorschrift des § 213. Die Handlung des Gläubigers, welcher sich besondere Vorteile dafür hat gewähren oder versprechen lassen, daß er bei den Abstimmungen der Konkursgläubiger in einem gewissen Sinne stimme (z. B. für einen vorgeschlagenen Zwangsvergleich), ist unter Strafe gestellt wegen der Möglichkeit, daß er durch seine Abstimmung auf die Rechte der übrigen Gläubiger zwingend einwirkt.

Vgl. Motive zu § 213 S. 461. 462; Entsch. des R.G.'s in Straff. Bd. 12 S. 122 flg.

Desgleichen läßt die Bestimmung in § 173 Ziff. 1, wonach der Vergleich auf Antrag eines nicht bevorrechtigten Konkursgläubigers von dem Konkursgerichte zu verwerfen ist, wenn der Vergleich durch Begünstigung eines Gläubigers oder sonst in unlauterer Weise zustande gebracht ist, nicht den Schluß darauf zu, daß die in § 182 allgemein statuierte nachträgliche Anfechtbarkeit des Zwangsvergleiches in dem hier fraglichen Falle nur zulässig sein sollte, wenn ohne die Einwilligung des begünstigten Gläubigers der Zwangsvergleich nicht angenommen wäre. Die Ansicht des Berufungsgerichtes ist auch, soviel ersichtlich, in der Litteratur nirgends vertreten. Es muß vielmehr in Übereinstimmung mit der Doktrin angenommen werden, daß die Anfechtung des Zwangsvergleiches nach § 182 gestattet ist, wenn nur der Beweis erbracht wird, daß ein Betrug das Zustandekommen des Vergleiches bewirkt hat. Liegt vor, daß Vermögensstücke verheimlicht oder beiseite geschafft, oder daß erdichtete Schulden aufgestellt worden sind, dann wird die Annahme des betrüglichen Zustandekommens des Zwangsvergleiches ohne weiteres gerechtfertigt sein. Denn die Kenntnis der wirklichen Aktiv- und der Passivmasse bildet für alle interessierten Gläubiger die selbstverständliche Grundlage für ihre Entschließung, ob sie sich auf einen proponierten Zwangsvergleich einlassen wollen, oder nicht. In anderen Fällen kommt es auf die konkrete Prüfung der Umstände an. Insbesondere ist es Thatfrage, ob beim heimlichen Abschlusse begünstigender Verträge mit einem Gläubiger oder mehreren einzelnen Gläubigern dann, wenn zwar nicht die Zustimmung dieser begünstigten Gläubiger, wohl aber diejenige anderer, zurückgesetzter Gläubiger für das Zustandekommen des Vergleiches ausschlaggebend war, angenommen werden kann, daß sie von dem Gemeinschuldner (oder einem Dritten) in Beziehung auf solche Verträge (auf den

Nichtabschluß derselben) in Irrtum versetzt, und dieser Irrtum kausal für ihre Zustimmung zu dem Zwangsvergleiche gewesen ist. Hierbei ist prinzipiell nicht einmal erforderlich, daß die begünstigten Gläubiger den besonderen Vorteil neben dem allen Gläubigern durch den Zwangsvergleich Gebotenen für ihre Zustimmung zugesagt erhielten, oder daß sie in der That nur durch den gewährten besonderen Vorteil zur Abgabe ihrer Stimme für den Vergleich bestimmt worden sind, auch nicht, daß sie für den Vergleich gestimmt haben. Es wird sich auch nicht empfehlen, in solchen Fällen bei der thatsächlichen Würdigung der Frage, ob maßgebende Gläubiger durch den Abschluß heimlicher Begünstigungsgeschäfte mit anderen Gläubigern getäuscht und hierdurch zur Abgabe ihrer Stimme für den Vergleich bewogen worden sind, ob sie bei Kenntnis der wirklichen Sachlage ihre Zustimmung verweigert hätten, der Zwangsvergleich also nicht zustande gekommen wäre, einen zu strengen Maßstab anzulegen. Soweit hierbei die Absicht der Benachteiligung oder die objektive Benachteiligung der zurückgesetzten Gläubiger in Betracht kommt, ist zu berücksichtigen, daß, falls die Gläubiger als Konkursdividende nicht mehr oder vielleicht weniger erlangt hätten, als ihnen durch den Zwangsvergleich geboten wird, doch der Gemeinschuldner grundsätzlich beim Zustandekommen eines Zwangsvergleiches von der Verpflichtung, den Ausfall der Gläubiger nachträglich zu ersetzen, befreit wird, während beim regelmäßigen Verlaufe des Konkursverfahrens nach der Aufhebung desselben die nicht befriedigten Konkursgläubiger ihre Forderungen, bezw. ihren Ausfall gegen den Gemeinschuldner unbeschränkt geltend machen können (§ 152 K.O.). Da hiernach das Berufungsurteil, soweit die Klage auf den mit dem Gläubiger G. geschlossenen Begünstigungsvertrag gestützt ist, auf einer rechtsirrigen Auffassung des § 182 K.O. beruht, mußte es aufgehoben, und die Sache zur anderweiten Verhandlung und Entscheidung auf den vorentwickelten Grundlagen zurückverwiesen werden. Hierbei ist, da beklagterseits geltend gemacht war, das Abkommen mit G. sei erst nach dem 26. März 1891 geschlossen worden, selbstverständlich die Zeit des Abschlusses festzustellen. Im übrigen ist nicht bestritten, daß ohne die Zustimmung der beiden Revisionskläger der Zwangsvergleich nicht zustande gekommen wäre (§ 169 K.O.). Die Revisionskläger haben auch zum Beweise dafür, daß gerade sie thatsächlich nur deshalb für den Vergleich gestimmt hätten, weil sie von der gleichmäßigen Behandlung aller Gläubiger überzeugt gewesen seien, einen speziellen Umstand angeführt, dessen Erheblichkeit erforderlichen Falles noch zu prüfen sein wird."

(Weiter folgt die, hier nicht interessierende, Darlegung, daß das Urteil auch in Ansehung des Vorwurfes der Verheimlichung der Forderung gegen die Witwe K. wegen Verstoßes gegen § 259 C.P.O. aufgehoben werden müsse.)

---

9. Welche Rechtswirkung hat die Vertragsschließung namens einer „Genossenschaft", deren Eintragung in das Genossenschaftsregister beabsichtigt war, aber unterblieben ist?[1]

Gesetz, betr. die Erwerbs- und Wirtschaftsgenossenschaften, vom 1. Mai 1889 §§ 1. 2 Ziff. 3. 13. 17. 116. 129. 135.
A.L.R. I. 17 § 239.
H.G.B. Artt. 269. 272 Ziff. 5. 273 Abs. 1. 280.

I. Civilsenat. Urt. v. 27. März 1897 i. S. Gebr. D. (Kl.) w. R. u. Z. (Bekl.). Rep. I. 412/96.

I. Landgericht II Berlin.
II. Kammergericht daselbst.

Durch Schreiben vom 23. November 1893 teilte der Beklagte R. der Klägerin mit, daß eine Gruppe von Männern beabsichtige, eine täglich einmal erscheinende Zeitung herauszugeben, und fragte an, ob und zu welchen Bedingungen die Klägerin die Lieferung des dazu erforderlichen Papieres übernehmen wolle. Es hatte sich vorher eine Anzahl von Personen — darunter die beiden Beklagten — zusammengethan, um mit anderen, noch zu werbenden Personen eine Genossenschaft mit beschränkter Haftpflicht zwecks Herausgabe einer antisemi-

---

[1] Vgl. Motive zu § 5 des preußischen Entwurfes eines Genossenschaftsgesetzes vom Februar 1866, ferner v. Sicherer, Die Genossenschaftsgesetzgebung in Deutschland (1872) S. 161. 189; Parisius u. Krüger, Das Reichsgesetz, betr. die Erwerbs- u. Wirthschaftsgenossenschaften, vom 1. Mai 1889 2. Aufl. Erl. II. 1 zu § 5. D. E.

tischen Zeitung zu bilden. Als Vorstand der Genossenschaft waren die beiden Beklagten in Aussicht genommen. Infolge des Schreibens vom 23. November 1893 trat die Klägerin mit den beiden Beklagten in Verhandlung, und es wurden Anfang Dezember 1893 über die Lieferung des für das projektierte Zeitungsunternehmen erforderlichen Papieres zwischen der Klägerin und den Beklagten mündliche Vereinbarungen getroffen, die später in zwei zwischen beiden Teilen ausgetauschten gleichlautenden Schriftstücken vom 9. und 11. Januar 1894 fixiert worden sind. Die Schriftstücke lauten im Eingange:

„Zwischen der „Allgemeinen Deutschen Verlags-Genossenschaft", vertreten durch deren bevollmächtigten Vorstand, die Herren M. Z. und A. R., und dem Hause Gebrüder D. in M. und W. wird folgender Vertrag geschlossen."

Im § 1 heißt es dann, die Allgemeine Deutsche Verlags-Genossenschaft gebe vom 1. Januar 1894 eine täglich erscheinende Zeitung heraus und übertrage die Lieferung des dazu erforderlichen Papieres dem Hause Gebrüder D. Der § 2 enthält Festsetzungen über den Preis des Papieres und bestimmt die Dauer des Vertrages auf 10 Jahre.

Von dem „Aufsichtsrate" der Genossenschaft wurden durch gleichlautende Verträge vom 4. Dezember 1893 die Beklagten als „Vorstand" der Genossenschaft bestellt; die Verträge sollten am 1. Januar 1894 ins Leben treten, zu welchem Zeitpunkte auch der Beginn des Erscheinens der Zeitung in Aussicht genommen war. Mit dem Drucke der Zeitung war die Firma H. & Co. in B. betraut worden. An diese sandte die Klägerin von ihren Fabriken in W. und M. unter dem 15. und 27. Dezember 1893: 4697 und 4329 Kilogramm Druckpapier, dessen Preis sich auf 2346,80 ℳ stellte.

Zur Eintragung der Genossenschaft in das Genossenschaftsregister ist es nicht gekommen. Die Klägerin verlangte von den Beklagten als Gesamtschuldnern die Zahlung für das gelieferte Papier und stützte die Haftung der letzteren 1. darauf, daß sie sich als bevollmächtigte Vertreter einer Genossenschaft geriert hätten, die nicht bestanden habe, 2. auf Bereicherung und nützliche Verwendung, weil das Papier abgenommen und verbraucht sei, 3. darauf, daß die Beklagten zur Zeit der Bestellung Gesellschafter gewesen seien.

Behauptet wurde unter anderem, daß die Beklagten schon vor den

Verträgen vom 4. Dezember 1893 von dem „Aufsichtsrate" der durch den Personenverein ins Leben zu rufenden Genossenschaft mündlich ermächtigt worden seien, alle Verträge abzuschließen, die erforderlich seien, um das Erscheinen der Zeitung zum 1. Januar 1894 zu ermöglichen und vorher die üblichen Probenummern herzustellen, und daß gerade mit Rücksicht auf diese Ermächtigung die Beklagten mit der Klägerin die mündlichen, demnächst in den Schriftstücken vom 9. und 11. Januar 1894 dargestellten Vereinbarungen getroffen hätten. Dargelegt wurden ferner die Vorgänge, die unmittelbar zu den beiden Papierlieferungen vom 15. und 27. Dezember 1893 die Veranlassung gegeben haben sollen, und aus denen die Klägerin folgert, daß die Beklagten als die Besteller dieser Lieferungen anzusehen seien.

Die Beklagten gaben zwar zu, schon vor dem 1. Januar 1894 im Einverständnisse mit dem „Aufsichtsrate" der Genossenschaft thätig gewesen zu sein, um das Erscheinen der Zeitung für den Anfang des Jahres 1894 zu sichern, und in diesem Sinne auch mit der Klägerin Anfang Dezember 1893 mündliche allgemeine Vereinbarungen, wie sie später unter dem 9. und 11. Januar 1894 schriftlich fixiert worden seien, über die Lieferung des Papieres getroffen zu haben. Sie wandten aber ein, daß die Klägerin von dem Nichtbestehen der Genossenschaft Kenntnis gehabt habe, und daß die Bestellungen des Papieres von H. & Co. ausgegangen seien.

Das Landgericht verurteilte die Beklagten der Klage gemäß; das Kammergericht wies aber die Klage ab. Auf die Revision der Klägerin ist das Urteil des Kammergerichtes aufgehoben, und die Sache zur anderweiten Verhandlung und Entscheidung zurückverwiesen worden, aus folgenden

Gründen:

„Hätten die Beklagten namens der Allgemeinen Deutschen Verlags-Genossenschaft als einer eingetragenen Genossenschaft kontrahiert, so würde ihre persönliche Haftung nicht aus dem Umstande hergeleitet werden können, daß in Wirklichkeit eine eingetragene Genossenschaft nicht bestand, weil, wie unanfechtbar festgestellt ist, dieser Umstand der Klägerin zur Zeit des Vertragsabschlusses bekannt war. Und auch das ist anzuerkennen, daß der gegebene Thatbestand nicht ausreicht zur Begründung des erhobenen Anspruches aus dem Gesichtspunkte der nützlichen Verwendung.

Im übrigen aber kann die Sachbeurteilung des Berufungsgerichtes nicht für rechtlich zutreffend erachtet werden, und zum Teil beruht sie auch auf unvollständiger Würdigung der in Betracht kommenden thatsächlichen Verhältnisse. Abwegig ist freilich die Ausführung, mit welcher die Revision ihren Angriff gegen das angefochtene Urteil zu begründen versucht hat. Die Revision verweist auf den Art. 269 H.G.B. und auf die Behauptung des Klägers, daß das von ihm gelieferte Papier von den Beklagten „bestellt" worden sei. Der Personenverein, der sich gebildet hatte, und dem die Beklagten angehörten, war aber keine Vereinigung zu einzelnen Handelsgeschäften, und unerheblich ist es, ob das gelieferte Papier von den Beklagten, oder, wie diese behaupten, von der Firma H. & Co. bestellt worden ist. Nachdem Anfang Dezember vereinbart worden war, daß das für die herauszugebende Zeitung erforderliche Papier von der Klägerin geliefert werden solle, konnte eine nachfolgende Bestellung bestimmter Quantitäten nicht die Bedeutung eines Vertragsangebotes, sondern nur die einer thatsächlichen Aufforderung zur teilweisen Erfüllung des früher abgeschlossenen Vertrages haben. Abhängig ist daher die Entscheidung von der Beurteilung dieses Vertrages.

Die berufungsgerichtliche Beurteilung läßt sich kurz dahin zusammenfassen: eine Genossenschaft habe nicht bestanden, weil die Eintragung in das Genossenschaftsregister nicht erfolgt sei; es sei nur eine Genossenschaft in der Entstehung begriffen gewesen; namens dieser erst ins Leben zu rufenden Genossenschaft sei von den Beklagten mit der Klägerin kontrahiert worden, und folglich habe Klägerin, weil eine Genossenschaft nicht ins Leben getreten sei, vertragsmäßige Rechte nicht erworben. Diese Schlußfolgerung muß beanstandet werden. Der Rechtsirrtum liegt in dem Vordersatz, von dem sie ausgeht. Das Gesetz, betreffend die Erwerbs- und Wirtschaftsgenossenschaften, vom 1. Mai 1889 bezeichnet im § 1 Gesellschaften von nicht geschlossener Mitgliederzahl, welche die Förderung des Erwerbes oder der Wirtschaft ihrer Mitglieder mittels gemeinschaftlichen Geschäftsbetriebes bezwecken, als Genossenschaften, und diesen wird die Möglichkeit eröffnet, nach Maßgabe des Gesetzes die Rechte einer „eingetragenen Genossenschaft" zu erwerben. Und in Übereinstimmung damit heißt es im § 13 des Gesetzes, daß vor erfolgter Eintragung in das

Genossenschaftsregister die Genossenschaft die Rechte einer eingetragenen Genossenschaft nicht habe. Es widerspricht also dem Gesetz, gewiß aber auch der gewöhnlichen Auffassung des Lebens, zu meinen, vor der Eintragung bestehe eine Genossenschaft überhaupt nicht. Vielmehr können Genossenschaften der im § 1 des Gesetzes bezeichneten Art bestehen, ohne daß sie eingetragen werden, und selbst dann, wenn von vornherein die Eintragung beabsichtigt ist, besteht vom Augenblick eines entsprechenden Gesellschaftsvertrages an bis zur Eintragung eine Genossenschaft, selbstverständlich nur eine Genossenschaft, die den Bestimmungen des Genossenschaftsgesetzes noch nicht untersteht. Findet nun namens einer solchen Genossenschaft ein Eintritt in den Rechtsverkehr statt durch Abschluß eines Rechtsgeschäftes, insbesondere durch Abschluß eines obligatorischen Vertrages, dann kann allerdings die Meinung die sein, daß der Vertrag nur für den Fall der Eintragung der Genossenschaft Geltung haben soll; es kann aber auch die Absicht dahin gehen, daß er unabhängig davon Recht und Pflicht begründen soll, mithin begründen soll zwischen den Mitgliedern der schon bestehenden Genossenschaft einerseits und dem Dritten andererseits. Und im letzteren Fall ist wieder, wenn es sich um ein auf längere Dauer berechnetes Vertragsverhältnis handelt, zweierlei denkbar. Möglicherweise ist es die Intention der Beteiligten, daß zwar zunächst Recht und Pflicht zwischen den Mitgliedern der bereits vorhandenen Genossenschaft und dem Dritten entstehen, daß aber, wenn die Eintragung der Genossenschaft erfolgt, das Vertragsverhältnis als ein von Anfang an zwischen der eingetragenen Genossenschaft und dem Dritten begründetes angesehen werden soll; es kann aber auch eine Änderung der subjektiven Beziehungen erst vom Augenblick der Eintragung an gewollt sein. Von den hervorgehobenen Möglichkeiten kommen im gegenwärtigen Fall, da die Eintragung der Genossenschaft in das Register unterblieben ist, nur die beiden ersten Hauptalternativen in Frage, und es wird daher auf Grund des Inhaltes der Anfang Dezember 1893 getroffenen Vereinbarung, von dem feststeht, daß er mit demjenigen der Schriftstücke vom 9. und 11. Januar 1894 übereinstimmt, und unter Berücksichtigung der begleitenden Umstände zu ermitteln sein, was in der hier fraglichen Beziehung als das der verständigen und redlichen Parteiabsicht Entsprechende anzusehen ist. In Betracht zu ziehen ist dabei folgendes.

Nach allem, was vorliegt, scheint nicht bezweifelt werden zu können, daß schon vor der erwähnten Vereinbarung die „Allgemeine Deutsche Verlags-Genossenschaft" als eine nicht eingetragene bestand, und daß die beiden Beklagten zu ihren Mitgliedern gehörten. Namens der „Allgemeinen Deutschen Verlags-Genossenschaft" haben die Beklagten kontrahiert. Was aber den Inhalt des geschlossenen Vertrages anbetrifft, so ist es fehlsam, wenn das Berufungsgericht aus ihm entnimmt, daß dem Vertrage „jede Aktualität" gefehlt habe. Veranlassung und Zweck des Vertrages sind mit ins Auge zu fassen. Das Berufungsgericht selbst nimmt an, daß „der Personenverein", der sich gebildet hatte, die herauszugebende Zeitung zum 1. Januar 1894 erscheinen lassen wollte, auch wenn bis dahin die Genossenschaft (d. h. eine eingetragene Genossenschaft) noch nicht entstanden sein sollte. Es steht ferner fest, daß die Beklagten im Einverständnis mit dem „Aufsichtsrat der Genossenschaft" schon vor dem 1. Januar 1894 dafür thätig gewesen sind, das Erscheinen der Zeitung für den Anfang des Jahres 1894 zu sichern, und daß sie zu dem Behufe auch die Vereinbarung mit der Klägerin über die Papierlieferung getroffen haben. Endlich hat die Klägerin bereits im Dezember Papier geliefert, und die Lieferungen sind angenommen worden.

Hiernach wird zu erwägen sein, ob nicht die Feststellung geboten ist, daß der mit der Klägerin geschlossene Vertrag alsbald für beide Teile in Wirksamkeit zu treten bestimmt war, daß durch ihn für beide Teile nicht durch die Eintragung der Genossenschaft bedingte und insofern künftige, sondern gegenwärtige Rechte und Pflichten begründet werden sollten, und folglich begründet werden sollten zwischen der Klägerin und den Mitgliedern einer schon bestehenden Genossenschaft, zu denen auch die Beklagten gehörten. Gelangt man zu dieser Feststellung, dann würde an sich sowohl aus § 239 A.L.R. I. 17, wie aus den Artt. 272 Ziff. 5. 273 Abs. 1. 280 H.G.B. die Folge abzuleiten sein, daß die Beklagten zur Gewährung der Gegenleistung für das von der Klägerin gelieferte Papier solidarisch und mit ihrem ganzen Vermögen verpflichtet sind. Es bedarf aber der Prüfung, ob nicht, wenn Klägerin zur Zeit des Vertragsabschlusses wußte, daß die Genossenschaft als eine Genossenschaft mit beschränkter Haftpflicht eingetragen werden sollte, der Wille der Parteien dahin gegangen ist, durch den Vertrag, soweit möglich, diejenigen Rechtswirkungen eintreten zu lassen, die eingetreten sein würden, wenn der Vertrag mit der Genossenschaft nach erfolgter Eintragung geschlossen wäre. Weil die Genossenschaft nicht eingetragen war, bestand eine Genossenschaft mit selbständigem Vermögen (§ 17 des Genossenschaftsgesetzes) nicht; eine nur subsidiäre Haftung der Genossen im Sinne der §§ 116. 135 (§ 2 Ziff. 3 und § 129) des Gesetzes war daher ausgeschlossen. Das steht aber nicht der Annahme entgegen, daß eine prinzipale Haftung der Genossen nach Maßgabe des § 2 Ziff. 3 und des § 129 des Gesetzes vertragsmäßig begründet werden sollte, mithin beide Teile bei dem Vertragsabschluß davon ausgegangen sind, daß für die Verbindlichkeiten der Genossen jeder von ihnen nur bis zur Höhe der im Gesellschaftsvertrage festgesetzten Haftsumme, oder, wenn er sich mit mehr als einem Geschäftsanteil zu beteiligen verpflichtet hatte, bis zur Höhe des entsprechenden Vielfachen der Haftsumme einzustehen habe. Im Zweifel wird unter der Voraussetzung, daß Klägerin die bezeichnete Kenntnis hatte, dies als gemeint anzusehen sein. Die auf die Angemessenheit des Ergebnisses Rücksicht nehmende, und darum in der Natur der Sache begründete Auslegungsregel des gemeinen Rechtes: „Quotiens idem sermo duas sententias exprimit, ea potissimum accipiatur, quae rei gerendae aptior est“ (l. 67 Dig. de R. J. 50, 17), ist unbedenklich auch im Gebiet des Allgemeinen Landrechtes zur Anwendung zu bringen.

Soweit zur Beantwortung der Frage, ob und in welchem Maße die Beklagten von dem hervorgehobenen Gesichtspunkt aus für zahlungspflichtig zu erachten sind, die bisherigen Parteibehauptungen nicht ausreichen, wird auf ihre Ergänzung durch Anwendung des § 130 C.P.O. hinzuwirken sein. Von einer Klagänderung kann keine Rede sein. Der Grund des erhobenen Anspruches bleibt der Anfang Dezember 1893 zwischen den Parteien geschlossene Vertrag.“ ...

---

10. Wirkung des Widerrufes der von der höheren Verwaltungsbehörde erteilten Genehmigung zur Bestellung eines besonderen Standesbeamten.

Reichsgesetz über die Beurkundung des Personenstandes vom 6. Februar 1875 § 4 Abss. 2. 4. § 5.

IV. Civilsenat. Urt. v. 29. März 1897 i. S. H. (Kl.) w. Stadtgemeinde M. (Bekl.). Rep. IV. 326/96.

I. Landgericht Erfurt.
II. Oberlandesgericht Naumburg a. S.

Die Entscheidung ist unten unter „Preußisches Recht" Nr. 66 S. 261 abgedruckt.

---

11. 1. Wann liegt ein gewerbsmäßiger Gebrauch des Gegenstandes der Erfindung im Sinne des § 4 des Patentgesetzes vor?
2. Was ist bei einem Patente für ein Verfahren unter den „durch das Verfahren unmittelbar hergestellten Erzeugnissen" zu verstehen?

Patentgesetz vom 7. April 1891 § 4.

I. Civilsenat. Urt. v. 31. März 1897 i. S. Kl. (Kl.) w. W. u. H. (Bekl.). Rep. I. 366/96.

I. Landgericht Potsdam.
II. Kammergericht Berlin.

Der Kläger war Inhaber eines Patentes auf ein „Verfahren zur Herstellung von feuersicheren Eisenbalkendecken". Das Verfahren besteht nach dem Patentanspruche darin, daß die Balkenfache mit Platten aus Steinschichten ausgefüllt werden, in deren Fugen und Bindemittel hochkantig gestellte Eisenstäbe eingebettet werden.

Der Kläger behauptete, daß dieses Verfahren ohne seine Erlaubnis bei einem Bau angewandt worden sei, den der Beklagte W. durch den Beklagten H. hatte errichten lassen; W. habe den Bau für den Betrieb seines kaufmännischen Gewerbes, insbesondere auch zur Aufnahme eines Warenlagers, errichtet und inzwischen dafür in Benutzung genommen; bei der Ausführung des Baues habe H. das Patent des Klägers, wenn nicht wissentlich, so doch mindestens aus grober Fahrlässigkeit verletzt. Mit der Klage, die zu einer Zeit erhoben wurde, als der Neubau im Rohen eben fertig war, beantragte der Kläger u. a., festzustellen, daß der Beklagte W. nicht berechtigt sei, ohne Erlaubnis des Klägers die in dem Neubau in sämtlichen Stockwerken vorhandenen flachen Decken für seinen Gewerbebetrieb in Benutzung zu nehmen.

Diese Klage ist in allen Instanzen abgewiesen, vom Reichsgerichte aus folgenden

Gründen:

... „Das Berufungsgericht hat ... in Übereinstimmung mit dem Urteile der ersten Instanz den Untersagungsanspruch des Klägers gegen den Beklagten W. ... deswegen für unbegründet erklärt, weil in der Benutzung der Räume des erbauten Hauses für das kaufmännische Geschäft des W. kein „gewerbsmäßiger" Gebrauch des klägerischen Patentes zu erblicken sei: die Konstruktion der Decken seines Hauses stehe mit dem kaufmännischen Gewerbebetriebe des Beklagten W. in gar keinem Zusammenhange. Nach Ansicht des Reichsgerichtes trifft diese Entscheidung im Ergebnisse zwar das rechte, ihrer Begründung aber kann nicht beigetreten werden.

Nach dem früheren Patentgesetze vom 25. Mai 1877 war der Gebrauch des Gegenstandes der Erfindung nur untersagt, wenn es sich um Betriebsvorrichtungen oder Arbeitsgeräte handelte. Das jetzige Gesetz vom 7. April 1891 aber sagt, der gewerbsmäßige Gebrauch an allen patentierten Gegenständen stehe ausschließlich dem Patentinhaber zu. Der Gegenstand einer Erfindung wird „gewerbsmäßig" gebraucht, wenn er in einem Gewerbebetriebe gebraucht wird. Den Gegensatz zum gewerbsmäßigen Gebrauche bildet die Benutzung zu Studienzwecken oder für den persönlichen oder häuslichen Bedarf. Daß eine besondere Beziehung der Erfindung zu dem Gewerbebetriebe besteht, in dem sie benutzt wird, daß sie auf eine Förderung oder Erleichterung gerade dieses Gewerbebetriebes abzielt, fordert das Gesetz nicht. Und es kann nicht für zulässig erachtet werden, eine derartige Unterscheidung in das Gesetz hineinzutragen. Eine solche Unterscheidung würde auch sachlich ungerechtfertigt sein. Soweit ein Gewerbebetrieb stattfindet, fordert das Gesetz von jedem die gehörige Beachtung fremder ausschließlicher Gewerberechte. Wenn aber eine Erfindung thatsächlich in einem bestimmten Gewerbe benutzt wird, so eignet sich damit der betreffende Gewerbetreibende die wirtschaftlichen Vorteile der Erfindung auch für seinen Gewerbebetrieb an.

Vgl. die Begründung des dem Reichstage am 25. November 1890 vorgelegten Entwurfes der Novelle, zu § 4, S. 15.

Aber der Schutz des Gesetzes geht doch bezüglich des Produktes der Erfindung nicht so weit, wie der Kläger und die Vorderrichter unterstellen. Auf dem Boden des früheren Gesetzes war es streitig, ob durch das Patent auf ein Verfahren auch das Produkt als das letzte Glied des Verfahrens geschützt sei. Das Reichsgericht hatte sich schon damals,

vgl. Entsch. des R.G.'s in Civils. Bd. 22 S. 8,

für die Bejahung dieser Frage ausgesprochen, und das neue Gesetz hat diesen Standpunkt durch die veränderte Fassung des § 4 ausdrücklich gutgeheißen. „Ist das Patent für ein Verfahren erteilt," heißt es jetzt, „so erstreckt sich die Wirkung" — d. h. die Wirkung, die das Patent überhaupt hat, daß „der Patentinhaber ausschließlich befugt ist, gewerbsmäßig den Gegenstand der Erfindung herzustellen, in Verkehr zu bringen, feilzuhalten oder zu gebrauchen" — „auch auf die durch das Verfahren unmittelbar hergestellten Erzeugnisse." Die Worte „auf die durch das Verfahren unmittelbar hergestellten Erzeugnisse" geben aber zugleich den Anhalt für die Einschränkung, die hier notwendigerweise Platz greifen muß, wenn der Verkehr nicht in unerträglicher Weise belästigt werden soll.

Vgl. die Stenographischen Berichte über die Patent-Enquete von 1886 S. 95 flg. und Bolze, Patent-Novelle S. 165 flg.

Gegenüber der weiteren und unbestimmteren Fassung der Reichstagsvorlage: „auf die mittels des Verfahrens hergestellten Erzeugnisse", sind jene Worte von der Reichstagskommission absichtlich gewählt, „um" — wie der Bericht S. 10 sagt — „den Schutz nicht zu weit auszudehnen, insbesondere um zu verhüten, daß etwa Gegenstände, die mit Stoffen zusammen verarbeitet sind, welche nach einem patentierten Verfahren hergestellt werden, auch von dem Patente erfaßt werden".

Nur das unmittelbare Erzeugnis des Verfahrens ist noch von dem gesetzlichen Schutze gedeckt; die mit dem Erzeugnisse weiter gewonnenen Produkte aber (z. B. die Semmeln, die aus einem mittels eines patentierten Verfahrens geteilten Teige hergestellt sind) fallen ins Freie. Und dasselbe wird man zu sagen haben von einem Gegenstande, der zwar für sich allein genommen ein unmittelbares Erzeugnis des geschützten Verfahrens ist, der aber nicht in diesem Zustande Gegenstand des Verkehrs odes Gebrauches wird, sondern erst nachdem er zu einem unselbständigen Bestandteile eines neuen Ganzen geworden ist. Das Recht erkennt einen Besitz an Sachen, die Bestandteile einer anderen Sache geworden sind, nicht an, und wie für die juristische Betrachtung überhaupt Bestandteile, solange die Verbindung dauert, keine selbständige Existenz haben, so wird dies auch hier gelten müssen. Ein Tischler, der Nägel verwendet, die unter Verletzung eines patentierten Verfahrens hergestellt sind, macht sich einer Patentverletzung schuldig. Der gewerbsmäßige Gebrauch des Schrankes aber, bei dessen Herstellung die Nägel verwendet worden sind, ist keine Patentverletzung mehr, und zwar aus dem doppelten Grunde, weil erstens dieser Schrank kein unmittelbares Erzeugnis des patentierten Nagelschmiedeverfahrens ist, und weil man zweitens im Rechtssinne nicht sagen kann, daß, wer den Schrank gebraucht (oder feil hält 2c), auch den Nagel gebrauche (oder feil halte 2c).

So liegt die Sache auch hier. Dem Kläger ist ein Patent erteilt auf ein Verfahren zur Herstellung von feuersicheren Eisenbalkendecken. Ist dieses Verfahren im W.'schen Neubau zur Anwendung gekommen, so sind die Decken dieses Neubaues allerdings die unmittelbaren Erzeugnisse des patentierten Verfahrens. Diese Decken sind aber jetzt zu einem untrennbaren Bestandteile des erbauten Hauses und damit des Grundstückes selbst geworden. Für das Recht und für den Verkehr haben sie aufgehört Sachen zu sein, denen eine selbständige Bedeutung zukommt. Sie sind daher auch kein Gegenstand des gewerbsmäßigen Gebrauches, den der Beklagte W. von seinem Grundstücke allerdings macht. Das Grundstück aber ist kein Produkt des dem Kläger patentierten Verfahrens." ...

---

12. Unter welchen Voraussetzungen kann (im Gebiete des Allgemeinen Landrechtes) von einer bei einem Eisenbahnunfalle verletzten Ehefrau oder von ihrem Ehemanne ein Schadensersatzanspruch wegen Aufhebung oder Verminderung ihrer Erwerbsfähigkeit gegen den Betriebsunternehmer erhoben werden?

III. Civilsenat. Urt. v. 9. April 1897 i. S. Martha R. u. Ehem. (Kl.) w. preuß. Eisenbahnfiskus (Bekl.). Rep. III. 365/96.

I. Landgericht Bromberg.
II. Oberlandesgericht Posen.

Die bei einem Eisenbahnunfalle am 3. März 1892 körperlich verletzte Ehefrau eines Rittergutsbesitzers, welche bis zu diesem Unfalle in Haus- und Gutswirtschaft vielseitig mit thätig gewesen, seitdem aber in dieser Thätigkeit erheblich beeinträchtigt war, hatte bei Berechnung ihres Schadens gegenüber dem preußischen Eisenbahnfiskus, als ersatzpflichtigem Betriebsunternehmer, in Gemeinschaft mit ihrem Ehemanne unter anderem den jährlichen Aufwand für vermehrte Beihilfe geltend gemacht, welche in Haus- und Gutswirtschaft infolge der Minderung ihrer Arbeitskraft nötig geworden war.

Das Berufungsgericht wies sowohl die Ehefrau als den Ehemann für die Dauer der Ehe mit diesem Anspruche ab und erkannte der ersteren nur für den Fall der Auflösung der Ehe eine Jahresrente als Ersatz des erwähnten Vermögensnachteiles zu.

In der Revisionsinstanz wurde diese Entscheidung aufrecht erhalten.

Aus den Gründen:

... „Der Berufungsrichter hat ... den Anspruch der Kläger auf Entschädigung für Erwerbsverlust, sofern derselbe schon gegenwärtig, für die Dauer der Ehe, erhoben werde, aberkannt, da vorliegenden Falles infolge der geminderten Erwerbsfähigkeit der Ehefrau nur deren Ehemanne ein Vermögensnachteil erwachsen, eine Beschädigung des Vermögens der Ehefrau aber zur Zeit nicht erkennbar sei, und dem Ehemanne nach § 3 Ziff. 2 des Haftpflichtgesetzes vom 7. Juni 1871 ein Ersatzanspruch nicht zustehe. Die Revision macht hiergegen geltend, daß auch die Ehefrau durch die Minderung ihrer Erwerbsfähigkeit einen Vermögensnachteil erlitten und Ersatz dafür zu erhalten habe, daß sie der Hauswirtschaft und Familie nicht mehr, wie früher, ihre Thätigkeit und ihre Dienstleistungen zuwenden könne. Dieser Angriff scheitert an der ausdrücklichen Vorschrift des erwähnten § 3 Ziff. 2 des Haftpflichtgesetzes und an den Bestimmungen des geltenden ehelichen Güterrechtes. Nach der ersterwähnten Vorschrift soll im Falle einer Körperverletzung die Entschädigung unter anderem bestehen in dem Ersatze des **Vermögensnachteiles**, welchen der **Verletzte** durch eine infolge der Verletzung eingetretene zeitweise oder dauernde Erwerbsunfähigkeit oder Verminderung der Erwerbsfähigkeit erleidet. Diese Vorschrift kommt aber solchen Verletzten nicht zu statten, von denen gewiß ist, daß sie eine ihnen Nutzen bringende Erwerbsthätigkeit nicht ausüben. Denn nicht der abstrakte Wert der verlorenen oder geminderten Arbeitskraft soll Ersatz finden, gleichviel ob sie verwertbar ist, oder nicht, sondern nur der durch ihre Entziehung wirklich herbeigeführte Vermögensnachteil. . . . Einen solchen Nachteil erleidet die verletzte Ehefrau **während der Dauer der Ehe** — wenigstens der Regel nach — um deswillen nicht, weil das, was sie durch ihre Thätigkeit in der Hauswirtschaft und im Geschäfte des Mannes erwirbt, lediglich dem letzteren zu gute kommt.[1]

Vgl. § 211 A.L.R. II. 1; **Dernburg**, Lehrbuch des Preußischen Privatrechts 4. Aufl. Bd. 3 § 25 Ziff. I, 2.

Andererseits treffen, wie bereits die Vorinstanz ausgeführt, den Ehemann allein, welcher die Lasten der Ehe zu tragen hat, die Aufwendungen für die Vertretung und den teilweisen Ersatz der Ehefrau im Hause und in der Wirtschaft, in welchen nach der Aufstellung der Kläger und nach der Annahme der ersten Instanz im vorliegenden Falle der durch die Verletzung der klagenden Ehefrau herbeigeführte Vermögensnachteil besteht. Dem **Ehemanne** aber kommt nach dem angeführten § 3 Ziff. 2 des Haftpflichtgesetzes bei einer durch den Eisenbahnunfall herbeigeführten Verletzung der Ehefrau so wenig ein Anspruch zu, wie bei einer dadurch verursachten Tötung derselben....

Vgl. Entsch. des R.G.'s in Civils. Bd. 3 S. 319 flg.

Wesentlich anders liegt die Sache für die Zeit **nach Auflösung der Ehe**, wo die Ehefrau den Erwerb aus ihrer Arbeitskraft selbst bezieht und den durch deren Schmälerung erwachsenden Vermögensnachteil selbst zu tragen hat. Für diesen Fall hat aber auch die Vorinstanz der klagenden Ehefrau bis zu ihrem zurückgelegten siebzigsten Lebensjahre eine jährliche Rente von 750 *M* zuerkannt." . . .

---

13. Erfordernisse der Anmeldung einer Forderung im Konkurse als Mittels zur Unterbrechung der Verjährung und als Grundlage für die Klage auf Feststellung der streitig gebliebenen Forderung.

K.O. §§ 13. 127 (Einf.-Ges. § 3). § 134 Abs. 1. 4.

---

[1] Vgl. übrigens diese Sammlung Bd. 35 Nr. 33 S. 142 flg. D. R.

VI. Civilsenat. Urt. v. 12. April 1897 i. S. K. (Kl.) w. W. Konkursverw. (Bekl.). Rep. VI. 260/96.

I. Landgericht Chemnitz.
II. Oberlandesgericht Dresden.

Das Reichsgericht hat die Revision zurückgewiesen aus den folgenden

Gründen:

„Kläger hat mit C. Th. W. ..., über dessen Vermögen am 1. August 1894 das Konkursverfahren eröffnet wurde, in einem umfangreichen Wechselverkehre gestanden, insbesondere ihm Wechsel diskontiert. Die betreffenden Wechsel waren teils von dem Kläger weiter begeben, teils im Besitze des Klägers. Zu den letzteren gehörten 1. ein von W. am 15. Juli 1894 ausgestellter, von A. J. acceptierter, am 31. August 1894 fälliger Wechsel über 2000 *M*, 2. ein von W. am 30. Juni 1894 ausgestellter, gleichfalls von J. acceptierter, am 2. Oktober 1894 fälliger Wechsel über 6500 *M*, 3. ein von P. Sp. am 9. Juli 1894 ausgestellter, von A. St. acceptierter, von W. girierter, am 10. Oktober 1894 fälliger Wechsel über 7500 *M*, sämtlich bei dem Kläger zahlbar. Am 29./30. August 1894 reichte Kläger bei dem Konkursgerichte ein Anmeldeschreiben folgenden Inhalts ein: „Nachdem über das Vermögen des Hrn. C. Th. W. das Konkursverfahren eröffnet worden ist, melden wir hiermit unsere Ansprüche an denselben an, und zwar 416000 *M* am 1. August a. c. in unserem Besitze befindlich gewesene auf dem Diskontwege hereingekommene Wechsel, auf denen W. als Girant resp. Aussteller und auch Acceptant figuriert; von den angegebenen Wechseln hat ein Teil inzwischen bereits Eingang gefunden, und wird ein weiterer Teil wahrscheinlich noch Eingang finden. Wir behalten uns deshalb definitive Aufgabe sowie Einreichung derjenigen Wechsel, die keinen Eingang finden, an hiesiger Gerichtsstelle vor; dagegen erheben wir Anspruch auf bevorzugte Befriedigung unserer sämtlichen Forderungen aus den uns von C. W. eingeräumten Sicherheiten" (folgt die Aufzählung dieser Sicherheiten). Der Gerichtsschreiber des Konkursgerichtes trug am 30. August diese Anmeldung in die Tabelle ein (§ 128 Abs. 2 K.O.). Schon Mitte August 1894 hatte Kläger dem K o n k u r s v e r w a l t e r ein Verzeichnis sämtlicher Wechsel, aus denen W. ihm hafte, zugesandt; in demselben sind auch die genannten drei Wechsel aufgeführt. Er hat wegen dieser je nach Verfall — am 1. September, 2. Oktober, 10. Oktober 1894 — Protest mangels Zahlung erheben lassen und hiervon je dem **Konkursverwalter** unter Beifügung von Rückrechnungen Mitteilung gemacht. Im **Prüfungstermine** vom 8. Oktober 1894, in dem Kläger weder erschienen, noch vertreten war, bestritt der Konkursverwalter die Forderungen, und es lautet demgemäß der Eintrag in die Tabelle: „Es werden die Forderungen ... vom Konkursverwalter bestritten“ (rubr. Bemerkungen: „abgesonderte Befriedigung“). Am 5. Januar 1895 reichte Kläger bei dem Konkursgerichte folgendes Schreiben (d. d. 3. Januar) ein: „Unter Bezugnahme auf unser Schreiben vom 29. August v. J. — Anmeldung unserer Forderungen an die Konkursmasse Firma C. W. betreffend — spezifizieren wir hiermit die in unserem Besitze befindlichen mangels Zahlung protestierten, mit dem Giro resp. der Unterschrift C. W. versehenen Wechsel, welche laut beiliegender Aufstellung den Betrag von 324 604,50 ℳ ergeben, und für welche wir nebst 6 Prozent Verzugszinsen Befriedigung aus der Konkursmasse verlangen (vorbehaltlich der Aufgabe der Eingänge aus Pfändern).“ Die drei Wechsel nebst Protesten überreichte Kläger am 11. Januar und 7. Februar 1895 dem Konkursgerichte, welches sie dem Konkursverwalter zur Kenntnis mitteilte. Am 25. Januar 1895 erhielt Kläger von dem Konkursgerichte einen beglaubigten Auszug aus der Konkurstabelle, betreffend das Ergebnis des Prüfungstermines vom 8. Oktober 1894 (§ 134 Abs. 1 K.O.). Mit hierauf gegen den Konkursverwalter erhobener Klage beantragt Kläger die Feststellung der ihm **aus den genannten drei Wechseln nebst Protesten** an den Kridar als Giranten zustehenden Forderungen mit den Beträgen von 2000, 6500 und 7500 ℳ, sowie mit 16,75 ℳ, 32,75 ℳ und 36,10 ℳ Kosten und Spesen zur Konkurstabelle.

Die Klage und die Berufung des Klägers sind zurückgewiesen.

Die Zulässigkeit der Revision kann nicht beanstandet werden.“

(Dies wird näher begründet.)

„Die Revision konnte jedoch nicht für gerechtfertigt erachtet werden.

Beklagter hat die Einrede der Verjährung (Art. 78 Ziff. 1 W.O.) vorgeschützt: die Anmeldung der Forderungen aus den drei Wechseln im Konkursverfahren sei nicht rechtzeitig, bezw. nicht nach der Vorschrift des § 127 K.O. erfolgt, deshalb auch die Unterbrechung der Verjährung (§ 13 K.O. § 3 Abs. 3 Einf.=Ges. zur K.O.) nicht bewirkt worden. Mangels der Anmeldung und Prüfung der drei Forderungen, ist weiter geltend gemacht, müsse die Feststellungsklage auch nach § 134 K.O. zurückgewiesen werden.

Das Berufungsgericht prüft zunächst die Verjährungseinrede und hält sie hinsichtlich der Wechsel vom 15. Juli und 30. Juni 1894 (über 2000 und 6500 *M*) für begründet. Es führt aus: die von dem Kläger aus den drei Wechseln gegen W. als seinen Giranten hergeleiteten Ansprüche seien zweifellos Konkursforderungen im Sinne der §§ 2. 126 K.O.; denn er habe diese noch jetzt in seinem Besitze befindlichen Wechsel schon vor der Konkurseröffnung durch das Giro W.'s erworben, und schon hierdurch einen Anspruch gegen ihn aus Art. 14, und wegen der beiden von W. auch ausgestellten Wechsel vom 15. Juli und 30. Juni überdies aus Art. 8 W.O. für den nachmals wirklich eingetretenen Fall, daß die Wechsel bei Verfall mangels Zahlung protestiert werden müßten. Diesen Anspruch habe Kläger als einen bedingten schon vor dem Eintritte des Regreßfalles geltend machen können (§§ 60. 142 K.O.), selbst wenn er die Wechsel weiter begeben gehabt und erst später nach Verfall wieder in seinen Besitz bekommen hätte. Die erste, am 29. August 1894 erfolgte Anmeldung habe nun in Ansehung der Verjährung eine auf dem Gebiete des materiellen Rechtes liegende Funktion zu erfüllen gehabt. Durch sie habe nämlich die dreimonatige Verjährung (Art. 78 Ziff. 1 W.O.) unterbrochen werden oder vielmehr, da die Verjährung erst mit der Protesterhebung (1. September, 2. und 10. Oktober 1894) zu laufen begonnen habe, sofort mit ihrem nachmaligen Beginne die Unterbrechungswirkung herbeigeführt werden sollen. Jenes Anmeldungsschreiben hätte aber, um nach Maßgabe des § 13 K.O. diesen Erfolg herbeizuführen, sich nicht mit dem erwähnten allgemeinen Inhalte hinsichtlich der Wechselforderungen begnügen dürfen, vielmehr, wie bei jeder anderen auf den Bestand einer bestimmten Forderung bezüglichen Willenserklärung (wie Mahnung, Kündigung), die einzelnen Forderungen durch Angabe ihrer Merkmale genau kenntlich machen müssen, und zwar nicht durch eine gegenüber dem Konkursverwalter allein abgegebene, sondern durch eine an das Konkursgericht gerichtete

Erklärung. Deshalb komme auch insoweit das schon Mitte August 1894 dem Konkursverwalter mitgeteilte Verzeichnis aller dem W. diskontierten Wechsel als unerheblich nicht in Betracht, ganz abgesehen davon, daß die in demselben zusammengerechnete Summe (415200 ℳ) mit der im Anmeldungsschreiben angegebenen (416000 ℳ) nicht übereinstimme, und daher die erheblichsten Zweifel an der Identität der hier und dort gemeinten Wechsel haben entstehen müssen. Die Beseitigung dieses Mangels des Anmeldungsschreibens vom 29. August habe selbstverständlich wirksam nur vor Ablauf der mit dem 1. September, 2. und 10. Oktober 1894 begonnenen Verjährung erfolgen können. Die verbesserte, bei dem Konkursgerichte am 5. Januar 1895 eingegangene Anmeldung sei also in Ansehung der zwei Wechsel vom 15. Juli und 30. Juni 1894, hinsichtlich deren die Verjährung am 1. Dezember 1894, bezw. 2. Januar 1895 abgelaufen gewesen, zu spät gekommen, während allerdings durch sie die Verjährung des Anspruches aus dem dritten Wechsel (protestiert am 10. Oktober 1894) unterbrochen worden sei. Aber die Berufung gegen die Klagabweisung müsse in betreff dieses Wechsels aus einem konkursprozessualen Grunde zurückgewiesen werden, der übrigens gleichmäßig auch die Klage aus den Wechseln vom 15. Juli und 30. Juni 1894 treffe. Könne nämlich die ursprüngliche Anmeldung vom 29. August 1894 als solche vom Standpunkte des Konkursrechtes aus als Unterlage für die Beteiligung des Klägers am Konkursverfahren wegen Nichtbeobachtung der Vorschriften in § 127 K.O. nicht in Betracht kommen, sei mithin erst durch die verbesserte Anmeldung vom 3./5. Januar 1895 diesen Vorschriften genügt worden, so hätte zunächst auf diese Anmeldung hin das Prüfungsverfahren stattfinden müssen, ohne welches der Prozeßrichter formell verhindert sei, auf Grund der seinerseits vorzunehmenden Prüfung die Feststellung zur Tabelle auszusprechen (§ 134 Abs. 4 K.O.). Da dieses Prüfungsverfahren seither nicht stattgefunden habe, so habe sich das Urteil auf den Standpunkt zu stellen, als läge nur die Anmeldung vom 29. August 1894 und das Ergebnis des auf dieselbe bezüglichen Prüfungstermines vom 8. Oktober 1894 vor. In dem Schreiben vom 29. August 1894 könne nun eine Anmeldung im Sinne der Konkursordnung nicht erblickt werden. Die Anmeldung bilde die formelle Voraussetzung der Feststellung einer Forderung zur Tabelle; sie habe nach § 127 K.O. die Angabe des Betrages und des Grundes der Forderung zu enthalten. Bei Feststellung des Umfanges und der Bedeutung dieser Vorschrift lasse sich zwar nicht ohne weiteres derselbe strenge Maßstab anlegen, wie an die Klagschrift im Prozesse nach der Vorschrift in § 230 Ziff. 2 (§ 630 Ziff. 3) C.P.O. Die entscheidende Norm lasse sich nicht etwa aus den Vorschriften des § 133 Abs. 2 und des § 134 Abs. 4 K.O. gewinnen. Denn die der Eintragung in die Tabelle beigelegte Rechtskraftwirkung habe zur Voraussetzung die Feststellung der angemeldeten Forderung im Prüfungstermine (§ 133), und es sei nicht ausgeschlossen, daß die Feststellung trotz wesentlicher Mängel der Anmeldung erfolge, wenn nur die Konkursgläubiger und der Konkursverwalter nicht widersprechen, oder sie gar die Feststellung ausdrücklich genehmigen. Aus der Vorschrift des § 134 Abs. 4, wonach auch die im Prüfungstermine gemachten Angaben über die Forderung zu berücksichtigen seien, folge zwar, daß (abweichend von den mehr formalen Bestimmungen der Civilprozeßordnung über die Klagänderung) im Prüfungstermine ein anderer Grund oder ein anderer Betrag der Forderung geltend gemacht werden könne, als bei der Anmeldung, und Mängel der letzteren gehoben werden könnten (vorbehaltlich der Anberaumung eines besonderen Prüfungstermines, § 130). Benütze aber der Gläubiger diese Möglichkeit zur Verbesserung oder Änderung der Anmeldung nicht, so müsse diese schon alle Erfordernisse des § 127 K.O. an sich tragen, d. h. die angemeldete Forderung nach Grund und Betrag so deutlich kennzeichnen, daß über die Identität der Forderung kein Zweifel bestehe. Ohne diese wesentlichen Erfordernisse sei eine Anmeldung im Sinne der Konkursordnung nicht vorhanden. In dem Schreiben vom 29. August 1894 sei zwar der Rechtsgrund der kollektiv angemeldeten Forderungen als Wechsel-, bezw. Wechselregreßforderungen durch die Worte: „Wechsel, auf welchen W. als Girant resp. Aussteller und auch Acceptant figuriert", genügend bezeichnet; aber es fehle die Angabe des Betrages, überhaupt die genaue Bezeichnung der einzelnen Forderungen, insbesondere der jetzt streitigen, in dem erwähnten Sinne, da Kläger nur zusammenfassend angemeldet habe „416000 ℳ Wechselforderungen". Daß dieser Mangel ein wesentlicher sei, zeige sich im vorliegenden Falle besonders deutlich darin, daß Kläger zur Zeit der Anmeldung vom 29. August 1894 sich noch gar nicht klar gewesen sei, welche Einzelforderungen er einmal als unter die Kollektivbezeichnung „416000 ℳ Wechselforderungen“ fallend angeben und aus der Masse bezahlt verlangen wolle, in welcher Beziehung auch die Nichtübereinstimmung der Summenangaben in dem Anmeldungsschreiben und in dem zuvor dem Konkursverwalter mitgeteilten Verzeichnisse als erheblich erscheine. Dieser letztere Umstand mache auch die Beantwortung der Frage entbehrlich, ob die Mängel der Anmeldung für gehoben angesehen werden könnten, falls Kläger wenigstens dem Konkursverwalter gegenüber die Unbestimmtheit der Anmeldung beseitigt hätte. Endlich könne auch die durch den Gerichtsschreiber erfolgte Eintragung der ganz allgemein angemeldeten 416000 ℳ Wechselforderungen in die Tabelle für die Annahme der formellen Gültigkeit der Anmeldung nicht verwertet werden. Denn diese Eintragung (§ 128 Abs. 2) habe nur die Bedeutung, das Geschäft im Prüfungstermine und die von den Beteiligten abzugebenden Erklärungen vorzubereiten und zu erleichtern, während die Anmeldung die Eigenschaft einer urkundlichen Grundlage für das weitere Verfahren erst durch ihre Behandlung und eventuelle Berichtigung im Prüfungstermine erlange. Eine besondere Rüge der formellen Mangelhaftigkeit einer Anmeldung durch die anderen Konkursgläubiger oder den Konkursverwalter erfordere das Gesetz nicht, wenn auch ein Recht zur Rüge anzuerkennen sein werde. Deshalb könnte in dem Bestreiten der Forderungen des Klägers im Prüfungstermine durch den Konkursverwalter, selbst wenn darin das Ergebnis einer sachlichen Prüfung dieser Forderungen habe ausgedrückt werden sollen, eine Hebung des Mangels nicht erblickt werden.

Die Revision wirft dem Berufungsgericht hinsichtlich beider von den Parteien zur Entscheidung gestellten Fragen vor, daß es von einer zu formalen Auffassung der Vorschriften der Konkursordnung ausgehe und deshalb zu rechtsirrigen Resultaten gelange.

Nicht bemängelt ist der Ausgangspunkt des Berufungsgerichtes, daß die fraglichen Wechselregreßansprüche des Klägers als bedingte Konkursforderungen im Konkurse angemeldet werden konnten. Hier entsteht aber sofort die Frage, ob durch die Anmeldung vom 29. August 1894 die Verjährung der damals bedingten Regreßansprüche des Klägers überhaupt unterbrochen werden konnte. Eine Verjährung bedingter Ansprüche kann wohl auch nach dem sächsischen bürgerlichen Gesetzbuche erst mit dem Eintritte der Bedingung beginnen (§ 158 B.G.B.), vgl. Windscheid, Pandekten Bd. 1 § 107; l. 7 § 4 Cod. de praescr. XXX ann. 7, 39,

und vorher kann auch wohl nicht von einer Unterbrechung der (noch nicht begonnenen) Verjährung die Rede sein. Die Verjährung der Regreßansprüche des Klägers aus den beiden Wechseln vom 15. Juli und 30. Juni 1894 begann erst mit dem Tage des erhobenen Protestes (Art. 78 Abs. 2 W.O.), d. h. am 1. September und 2. Oktober 1894. Vor dem Tage der zweiten, jedenfalls ordnungsmäßig erfolgten Anmeldung, dem 5. Januar 1895, würde bezüglich beider Wechsel die Verjährung (nämlich am 1. Dezember, 2. Januar 1895) abgelaufen gewesen sein. Aber der Prüfungstermin fand statt nach den Protesterhebungen, nachdem also die Verjährung begonnen hatte (8. Oktober 1894), und es würde sich fragen, ob nicht die Anmeldung vom 29. August 1894 — vorausgesetzt, daß sie rücksichtlich der hier in Frage stehenden Forderungen den gesetzlichen Erfordernissen entspräche —, nachdem einmal über sie, wenn auch in Abwesenheit des Klägers, im Prüfungstermine verhandelt worden ist, nicht doch als eine die Verjährung unterbrechende Anmeldung anzusehen wäre. Hieran schlösse sich die weitere Frage, wie lange diese Unterbrechung wirke. Selbst wenn man zu Ungunsten des Klägers annähme, daß die Unterbrechung nicht etwa bis zur Beendigung des Konkursverfahrens oder wenigstens bis zur Zustellung des in § 134 Abs. 1 K.O. genannten Tabellenauszuges, sondern nur bis zur Beendigung des Prüfungstermines dauerte, so würde doch die neu begonnene Verjährung durch die ordnungsmäßig erfolgte zweite Anmeldung vom 5. Januar 1895 wieder unterbrochen worden sein. Es kommt also auch von diesem Gesichtspunkte aus auf die Prüfung der Frage an, ob die Anmeldung vom 29. August 1894 an sich den Vorschriften der Konkursordnung entsprach und deshalb geeignet war, die Unterbrechung der Verjährung der Regreßansprüche des Klägers aus den beiden Wechseln zu bewirken. In dieser Beziehung muß den Ausführungen des Berufungsgerichtes beigetreten werden. Die Wirkung der Unterbrechung der Verjährung ist an die Anmeldung im Konkurse geknüpft (§ 13 K.O. § 3 Abs. 3 Einf.-Ges.), und gerade mit Rücksicht auf diese Wirkung ist, worüber auch die Motive zu §§ 13. 127 K.O. keinen Zweifel lassen, die Anmeldung bei dem Konkursgerichte (nicht bei dem Verwalter) und ein gewisser

Inhalt der Anmeldung, nämlich die Angabe des Betrages und des Grundes der Forderung, als wesentlich vorgeschrieben (§ 127). Die Anmeldung muß, als die im Konkurse mögliche thätige Verfolgung des Anspruches, den in der Konkursordnung hinsichtlich der Bestimmtheit, d. h. der Individualisierung der anzumeldenden Ansprüche, gestellten Anforderungen entsprechen (vgl. auch § 10 K.O.); thut sie dies nicht, so kann durch sie auch die Verjährung nicht unterbrochen werden. Hierüber besteht, so viel zu ersehen, auch in der Litteratur allseitiges Einverständnis. In zutreffender Weise hat das Berufungsgericht ausgeführt, daß die Anmeldung vom 29. August 1894 diesen gesetzlichen Erfordernissen nicht entspricht, soweit sie von dem Kläger auf die jetzt fraglichen Wechselregreßansprüche bezogen werden will. Die Auffassung, daß Kläger nicht diese und andere bestimmte Wechselforderungen, sondern eine unbestimmte Gesamtforderung angemeldet hat, wird noch unterstützt durch das eigene Vorbringen des Klägers in diesem Rechtsstreit, wonach die Wechsel nur Einzelfaktoren eines Kontokorrentsaldos seien, und die hieraus sich ergebende Gesamtforderung die Bedeutung einer Buchforderung habe. Aber auch wenn man annimmt, daß einzelne Forderungen des Klägers aus seinem Wechselverkehre mit W. angemeldet werden sollten, so fehlt eben die Angabe der einzelnen Forderungen nach Rechtsgrund und Betrag; im Gegenteil ist nur allgemein angedeutet, daß es sich um Ansprüche gegen W. als Aussteller, Giranten, auch Acceptanten von Wechseln, also um Ansprüche verschiedener Art, handle. Es ist auch kaum denkbar, daß auf diese Anmeldung hin eine Feststellung hätte erfolgen können ohne die Gefahr eines nachträglichen Streites darüber, welche Forderungen festgestellt seien. Auf das schon zuvor dem Konkursverwalter mitgeteilte Verzeichnis der überhaupt etwa in Frage kommenden Wechsel könnte sich Kläger zur Abwendung der Verjährungseinrede höchstens berufen, wenn er in dem Anmeldungsschreiben vom 29. August 1894 auf dasselbe Bezug genommen und hiermit zu erkennen gegeben hätte, daß er es als Beweisstück (Beilage) für seine Anmeldung (§ 127 Satz 3) benützen wolle. Auch dann wäre übrigens immer noch zu untersuchen, ob und welche einzelnen Forderungen, insbesondere ob die jetzt im Streite befangenen, als angemeldet angesehen werden könnten, ganz abgesehen von der durch das Berufungsgericht hervorgehobenen Abweichung des Verzeichnisses von der Anmeldung.

Nun soll allerdings der Konkursverwalter im Prüfungstermine die Anmeldung sachlich geprüft haben. Worin diese Prüfung bestanden hat und bestanden haben kann, ist nicht ersichtlich. Zur Prüfung lag ihm eben nur vor die allgemein gehaltene Anmeldung, und er hat die ganze angemeldete Forderung bestritten, und zwar ohne Angabe des Grundes seines Bestreitens, wozu er befugt war. Weiteres liegt nicht vor, insbesondere nicht, daß sich der Konkursverwalter auch nur hierbei bewußt war, welche einzelnen Ansprüche, insbesondere ob gerade die jetzt streitigen, Kläger im Konkurse geltend machen wolle. Nun meint die Revision, der Fall einer inhaltlich mangelhaften Anmeldung im Konkurse stehe gleich der Zustellung einer mangelhaft substanziierten Klage; in der Judikatur bestehe kein Zweifel, daß die Unterbrechung der Verjährung auch durch Zustellung einer solchen Klagschrift bewirkt werde; dasselbe müsse gelten von einer mangelhaften Anmeldung. Allein die Unterbrechung der Verjährung ist doch nur an die ordnungsmäßige Klagerhebung, d. h. an die Zustellung eines den Erfordernissen des § 230 (besonders auch der Ziff. 2) C.P.O. entsprechenden Schriftsatzes, geknüpft, und wenn der Mangel eines gesetzlichen Erfordernisses der Klagschrift durch die Unterlassung einer Rüge seitens des Beklagten und bezw. durch die Verbesserung in der mündlichen Verhandlung als gehoben zu betrachten ist, so kommt in Betracht, daß eine etwa im Prüfungstermine auszuübende Rügepflicht des Konkursverwalters (oder der Konkursgläubiger) nicht besteht, und der Kläger seine Anmeldung im Prüfungstermine nicht, wie er gekonnt, verbessert, d. h. ihre Beziehung auf die jetzt streitigen Forderungen klar gelegt, hat. Die Revision scheint an die gemeinrechtlichen Grundsätze über die Fortwirkung der durch eine angebrachtermaßen abgewiesene Klage bewirkten Unterbrechung,

vgl. Seuffert's Archiv Bd. 6 Nr. 133, Bd. 9 Nr. 250, Bd. 20 Nr. 101, Bd. 31 Nr. 161, Bd. 35 Nr. 163; Entsch. des R.G.'s in Civils. Bd. 5 S. 122,

zu denken (siehe übrigens sächsisches B.G.B. § 166, wonach die neue, verbesserte Klage binnen drei Monaten von der Zurückweisung an zu erheben wäre). Allein abgesehen davon, daß solchenfalles das Bestehenbleiben der Unterbrechungswirkung der ersten (abgewiesenen) Klage bis zur Erhebung einer neuen Klage die erkennbare Identität der neuen Klage hinsichtlich des Gegenstandes mit der ersten Klage zur Voraussetzung hat, woran es hier im Verhältnis der ersten Anmeldung zur zweiten, vom 5. Januar 1895, eben fehlt, ist dieser Fall mit dem einer mangelhaften Anmeldung im Konkurse, wenn der Konkursverwalter die in der Anmeldung bezeichnete Forderung bestritten hat, überhaupt nicht zu vergleichen. Ausschlaggebend ist, daß die Konkursordnung als einzigen Weg thätiger Verfolgung des Rechtes im Konkurse, durch den die Verjährung unterbrochen werden kann, nur die in § 127 geordnete Anmeldung bei dem Konkursgerichte kennt. Die Auffassung der Revision, der zweiten Anmeldung vom 5. Januar 1895 komme als einer Verbesserung der ersten Anmeldung selbständige Bedeutung insofern zu, als durch sie die Mängel der ersten Anmeldung gehoben, und diese in Beziehung auf die streitigen Forderungen zu einer ordnungsmäßigen gemacht worden sei, ist unhaltbar. Wenngleich Mängel einer Anmeldung durch bei dem Konkursgerichte eingereichte oder zu Protokoll des Gerichtsschreibers angebrachte Ergänzungen und Berichtigungen oder im Prüfungstermine gehoben werden können, so kann doch, wenn solche Verbesserung nach Ablauf der Verjährungsfrist vorgenommen wird, nicht hierdurch nachträglich die einmal eingetretene Verjährung wieder beseitigt werden. Endlich hat auch die Bestimmung des § 87 Abs. 1 K.O., betreffend die Regelung des für eine streitig gebliebene Forderung zu gewährenden Stimmrechtes, keinen Bezug hierher. Der absoluten Ausschließung solcher Forderungen wird hier vorgebeugt, weil die Nichtberücksichtigung derselben bei Abstimmungen unter Umständen im Hinblick auf frivole und böswillige Bestreitungen bedenklich wäre. Ebenso ist in § 87 Abs. 2 die Zulassung zum Abstimmen in einer Gläubigerversammlung für nicht geprüfte Forderungen vorgesehen, in welchem Falle also noch ganz dahin dasteht, ob die Anmeldung der Forderungen überhaupt eine dem Gesetze entsprechende war.

Aus Vorstehendem ergiebt sich ohne weiteres auch die Hinfälligkeit der Revision gegen den zweiten Teil der Entscheidung. Kann die Anmeldung vom 29. August 1894 nicht als eine solche der jetzt streitigen Wechselregreßforderungen angesehen, und muß davon ausgegangen werden, daß in dem einzigen Prüfungstermine vom 8. Oktober 1894 auf Grund jener Anmeldung eine Prüfung dieser Forderungen nicht stattgefunden hat, so ist die Feststellungsklage auch hinsichtlich des Anspruches aus dem Wechsel vom 9. Juli

1894 über 7500 ℳ nach Maßgabe der Vorschrift in § 134 Abs. 4 K.O. abzuweisen. Den Ausführungen des Berufungsgerichtes ist darin beizutreten, daß Gegenstand der ersten Anmeldung wie der Prüfung im Termine vom 8. Oktober 1894 nur war ein nicht substanziierter Kollektivanspruch, und daß demnach die erhobene Feststellungsklage Ansprüche einführt, welche in der Anmeldung und im Prüfungstermine in der That nicht geltend gemacht worden sind, über welche also der Konkursverwalter und die übrigen Konkursgläubiger sich zu erklären überhaupt noch nicht in der Lage gewesen sind. Die Zulassung der erhobenen Feststellungsklage auf Grund der neuen Anmeldung vom 5. Januar 1895 (und ihrer Beilagen) ginge nur an, wenn im Feststellungsprozesse eine Änderung des das Wesen der Forderung bestimmenden Schuldgrundes statthaft wäre; dies ist eben durch die Vorschrift in § 134 Abs. 4 ausgeschlossen (siehe Motive S. 366). Die Annahme der Revision, sämtliche Beteiligten hätten nie Zweifel darüber gehabt, daß mit der „verbesserten" Anmeldung keine neuen Forderungen aufgestellt werden, ist willkürlich und wird widerlegt durch den insbesondere hinsichtlich des angemeldeten Betrages ganz verschiedenen Inhalt beider Anmeldungen. Es ist zudem nicht ersichtlich, bei welchem Anlaß die übrigen Konkursgläubiger die Überzeugung davon erlangt haben sollten, daß die am 5. Januar 1895 angemeldeten Forderungen unter der ersten Anmeldung begriffen gewesen wären, bezw. von dem Kläger schon (wenn auch als bedingte) geltend gemacht wären. Im Prüfungstermine vom 8. Oktober 1894 konnten sie jedenfalls diese Überzeugung nicht haben, und hierauf allein kommt es an. Der Konkursverwalter hat aber die Identität von Anfang an bestritten, und zwar, wie das Berufungsgericht ausführt, mit vollem Rechte." . . .

---

14. 1. Beginn des Laufes der Verjährung in Art. 226 Abs. 4 H.G.B.

2. Wie ist beim Wechsel der Verjährungsgesetze der Beginn des Laufes der Verjährung zu bestimmen, wenn das ältere Gesetz, unter dessen Herrschaft der Anspruch entstanden ist, die Verjährung mit der

Kenntnis von dem Anspruche, das neue Gesetz mit der Entstehung des Anspruches beginnen läßt und zugleich die Verjährungsfrist ändert?

H.G.B. Art. 226.

A.L.R. I. 6 § 54, I. 9 §§ 512 flg.

I. Civilsenat. Urt. v. 24. April 1897 i. S. S. (Kl.) w. H. Erben (Bekl.). Rep. I. 444/96.

I. Landgericht I Berlin.
II. Kammergericht daselbst.

Die Klägerin war Gläubigerin der B. Aktiengesellschaft für Papierfabrikation und ist in dem in den Jahren 1882/83 durch Verteilung der Masse beendeten Konkurse derselben nur mit 19 Prozent zur Hebung gekommen. Für den Ausfall machte sie den Erblasser der Beklagten verantwortlich, der Gründer, Hauptaktionär und Vorsitzender des Aufsichtsrates der Aktiengesellschaft war, indem sie behauptete, daß mit Wissen desselben auf Grund unrichtiger Bilanzen in den Jahren 1871, 1872, 1873 fiktive Dividenden gezahlt seien, ohne deren Zahlung sich dieser Ausfall um etwa 4858 ℳ niedriger gestellt haben würde. Der im März 1894 erhobenen Klage auf Zahlung dieser Summe setzten die Beklagten unter anderem die Einrede der Verjährung entgegen. Der erste Richter verwarf die Einrede; der Berufungsrichter wies auf Grund derselben die Klage ab. Die Revision der Klägerin ist zurückgewiesen worden aus folgenden

Gründen:

„Der Art. 225b H.G.B. in der Fassung der Novelle vom 11. Juni 1870 ist in der Rechtsprechung dahin aufgefaßt worden, daß durch diese Vorschrift eine persönliche Haftbarkeit der Mitglieder des Aufsichtsrates auch den Gläubigern der Aktiengesellschaft gegenüber ausgesprochen sei. Eine besondere Vorschrift über die Verjährung der auf Art. 225b gestützten Klage war nicht gegeben, sodaß in dieser Beziehung auf das bürgerliche Recht zurückgegriffen werden mußte. Für das Gebiet des preußischen Allgemeinen Landrechtes konnte entweder die gewöhnliche dreißigjährige Verjährung, oder die dreijährige Verjährung des § 54 I. 6 in Frage kommen. Als die Aktiennovelle vom 15. Juli 1884 in Kraft trat (14. August 1884), war für den durch die vorliegende Klage verfolgten Anspruch weder die dreißigjährige, noch die dreijährige Verjährung abgelaufen, wie unter den

Parteien nicht streitig ist, also ein fester Rechtszustand hinsichtlich der Verjährung unter der Herrschaft des alten Gesetzes nicht geschaffen. Der Art. 226 des neuen Gesetzes, welcher den Art. 225b der älteren Fassung in sich aufgenommen hat, führt für die gegen die Mitglieder des Aufsichtsrates zu erhebenden Ersatzansprüche eine fünfjährige Verjährung ein, ohne über den Beginn der Verjährungsfrist eine Bestimmung zu treffen. Aus dem Berichte der Reichstagskommission, aus deren Vorschlägen die Verjährungsvorschrift des Art. 226 herrührt, geht hervor (S. 23), daß absichtlich davon abgesehen worden ist, eine Bestimmung über den Beginn des Laufes der Verjährung zu treffen, weil diese Bestimmung dem bürgerlichen Rechte entnommen werden sollte. Demgemäß wird in der Rechtslitteratur allgemein die Meinung vertreten, daß die Entscheidung über den Beginn des Laufes der Verjährung des Art. 226 aus dem bürgerlichen Rechte zu entnehmen sei, und auch das Reichsgericht hat in einem Urteile vom 12. April 1894,

Entsch. des R.G.'s in Civils. Bd. 29 S. 28,

bereits ausgesprochen, daß der Beginn der durch das Aktiengesetz vom 15. Juli 1884 eingeführten fünfjährigen Verjährung sich nach den gewöhnlichen bürgerlichen Gesetzen richte.

Hiervon ausgehend hat das Landgericht, indem es den Klaganspruch als einen Schadensanspruch außerhalb eines Vertragsverhältnisses ansieht, denselben hinsichtlich des Beginnes der Verjährung dem § 54 A.L.R. I. 6 unterworfen, und demgemäß die Verjährung erst von demjenigen Zeitpunkte ab laufen lassen, in dem die Klägerin von der Entstehung des Schadens und von dessen Urheber Kenntnis erlangt hatte. Das Berufungsgericht erachtet dagegen die Unterordnung des Klaganspruches unter jene Vorschrift nicht für zulässig, weil der § 54 a. a. O. für gewisse Ansprüche eine außerordentliche Verjährung einführe, welcher die Verjährung des Art. 226 gleichfalls als Sondervorschrift gegenüberstehe. Es erwägt weiter, daß, wie aus dem Berichte der Reichstagskommission hervorgehe, eine abgekürzte, fünfjährige Verjährung habe eingeführt werden sollen, um nicht die verantwortlichen Personen in zu langer Schwebe der Besorgnis einer Verfolgung zu lassen, und leitet daraus die Absicht des Gesetzes her, die verantwortlichen Personen binnen einer kurzen, objektiv sicheren Frist außer Gefahr der Verfolgung zu setzen. Da aber dieser Zweck bei Anwendung des § 54 a. a. O. nicht erreicht werde, dann vielmehr die Möglichkeit bestehe, daß infolge einer Unkenntnis des Beschädigten noch nach Jahrzehnten eine Inanspruchnahme der Aufsichtsratsmitglieder stattfinden könne, so gelangt das Berufungsgericht zu der Annahme, daß der Beginn des Laufes der fünfjährigen Verjährung des Art. 226 nicht nach der Spezialvorschrift des § 54 A.L.R. I. 6, sondern nach den allgemeinen Regeln über die Verjährung in den §§ 512 flg. A.L.R. I. 9 zu bestimmen sei, und daß, da die Klägerin ein ihrer Rechtsverfolgung entgegenstehendes, den Beginn der Verjährung ausschließendes Hindernis nicht dargethan habe, die Verjährung vor der Klagerhebung abgelaufen sei.

Die Revision greift diese Ausführung zunächst insofern als rechtsirrtümlich an, als, wenn das neue Gesetz die Erfordernisse der Verjährung vermindere, dies dem Berechtigten nicht schaden könne, vielmehr von den Erfordernissen des älteren Gesetzes ihm gegenüber nicht abgesehen werden dürfe. Dieser Angriff kann keinen Erfolg haben. Richtig ist nur, daß, wenn vor dem Inkrafttreten des neuen Gesetzes eine Verjährung des klägerischen Anspruches erst von dem Zeitpunkte der Kenntnis der Klägerin von der Entstehung und dem Urheber des Schadens ab zu laufen beginnen konnte, dem neueren Gesetze, das von diesem Erfordernisse für den Lauf der Verjährung absieht, nicht die rückwirkende Kraft beigelegt werden kann, daß die Verjährung auch ohne jene Kenntnis schon für die vorausgegangene Zeit in Gang gesetzt sei. Es kann vielmehr die von den Erfordernissen des älteren Gesetzes absehende Verjährung des neuen Gesetzes erst mit dem Inkrafttreten des letzteren beginnen. Andererseits ist ein Recht des Berechtigten, daß auch unter der Herrschaft des neuen Gesetzes die früheren Erfordernisse der Verjährung zu seinen Gunsten aufrecht erhalten werden müßten, nicht anzuerkennen. Da nun aber die ganze fünfjährige Verjährungszeit des Art. 226 zwischen dem Inkrafttreten des neuen Gesetzes (14. August 1884) und der Erhebung der Klage (März 1894) abgelaufen ist, so ist die Verjährung eingetreten, falls im übrigen den Erwägungen des Berufungsgerichtes beizutreten ist.

Die Revisionsklägerin greift diese Erwägungen aber auch nach der Richtung an, daß das Berufungsgericht mit Unrecht als diejenige Vorschrift des bürgerlichen Rechtes, nach welcher der Beginn der fünfjährigen Verjährung des Art. 226 zu bestimmen sei, nicht den § 54 A.L.R. I. 6, sondern die §§ 512 flg. A.L.R. I. 9 gelten lassen wolle, indem sie ausführt, daß die erstere Vorschrift zur Anwendung kommen müsse, weil der verfolgte Anspruch einen außerkontraktlichen Schaden betreffe. Auch dieser Angriff ist nicht begründet.

Der Inhalt des § 54 I. 6 bildet ein Ganzes, insofern die dreijährige Dauer der Verjährungsfrist und der an die Wissenschaft des Beschädigten geknüpfte Beginn derselben in innerem Zusammenhange miteinander stehen. Mit Rücksicht auf die Kürze der Frist ist ausnahmsweise das in der Unkenntnis des Beschädigten liegende subjektive Hindernis der Rechtsverfolgung berücksichtigt worden. Deshalb ist es nicht thulich, diese Ausnahmevorschrift auf eine andere, neu eingeführte Verjährungsfrist lediglich aus dem Grunde zu übertragen, weil dieselbe ebenfalls außerkontraktliche Schadensansprüche, von denen der § 54 A.L.R. I. 6 handelt, betrifft. Hierzu würde es bestimmter Anhaltspunkte für einen darauf gerichteten Willen des Gesetzgebers bedürfen. Nun ergeben aber die von dem Berufungsgerichte in Bezug genommenen Materialien des Gesetzes vom 18. Juli 1884 nichts für einen solchen gesetzgeberischen Willen. Ersichtlich ist nur, daß bei der Einführung der fünfjährigen Verjährungsfrist nicht sowohl an die Erstreckung einer kürzeren, als vielmehr an die Abkürzung einer längeren Verjährungsfrist gedacht worden ist. Daß dabei gleichzeitig eine Abänderung der Erfordernisse für die längere, gewöhnliche Verjährung ins Auge gefaßt worden sei, ist in keiner Weise erkennbar. Mit Recht weist vielmehr das Berufungsgericht darauf hin, daß eine solche Abänderung im Sinne des § 54 A.L.R. I. 6 der Absicht des Gesetzgebers, die verantwortlichen Personen hinsichtlich der Möglichkeit einer Verfolgung nicht zu lange in der Schwebe zu lassen, widerstreiten würde. Es würden sich auch für die Verjährung der Ansprüche der Gläubiger als außerkontraktlicher Ansprüche und der auf einem Vertragsverhältnisse zu den Aufsichtsratsmitgliedern beruhenden Ansprüche der Gesellschaft, für welche der Art. 226 gleichmäßig die fünfjährige Verjährungsfrist vorschreibt, durchaus verschiedene Ergebnisse herausstellen, wenn die eine hinsichtlich ihres Beginnes von der Kenntnis der Beschädigten abhängig gemacht würde, die andere dagegen nicht. Auch diese Verschiedenheit entspricht offenbar dem Willen des Gesetzgebers nicht. Es ist darum der Meinung des

Berufungsgerichtes, daß für den Beginn der fünfjährigen Verjährung des Art. 226 die für die ordentliche Verjährung maßgebenden Vorschriften zur Anwendung zu bringen sind, beizupflichten. Da nach diesen Vorschriften die Verjährung mit dem Inkrafttreten des Gesetzes vom 18. Juli 1884 begonnen hat, also vor der Klagerhebung abgelaufen ist, so ist der erhobene Einwand mit Recht für durchgreifend erachtet worden." ...

---

15. Sind die im § 3 des Gesetzes über die Konsulargerichtsbarkeit vom 10. Juli 1879 bezeichneten Gesetze auch dann maßgebend, wenn eine Rechtsangelegenheit, für die ein Konsulargericht zuständig war, vor einem inländischen Gerichte anhängig gemacht wird?

VI. Civilsenat. Urt. v. 26. April 1897 i. S. Fr. (Kl.) w. v. W. (Bekl.). Rep. VI. 435/96.

I. Landgericht I Berlin.
II. Kammergericht daselbst.

Im April 1892 schlossen die Parteien, beide deutsche Reichsangehörige, während ihres Aufenthaltes in Kairo mündlich einen Kaufvertrag über eine dem Kläger gehörige, damals in Scherm-el-Moyeh befindliche Kanone. Der Kläger sollte dem Beklagten die Kanone vor seiner Abreise nach Ostafrika in Suez übergeben, aber, wie er behauptet, erst nach Bezahlung des Kaufpreises von 4500 ℳ. Der Kaufpreis wurde nicht bezahlt, und der Kläger behielt die Kanone zurück. Er hat im gegenwärtigen Rechtsstreite die Verurteilung des Beklagten zur Zahlung von 2000 ℳ, als einem Teile des Kaufpreises, verlangt. Das Berufungsgericht hat dem Antrage des Beklagten gemäß die Klage abgewiesen.

Die Revision des Klägers ist zurückgewiesen worden.

Aus den Gründen:

... „Nach § 111 A.L.R. I. 5 ist, wie auch die Revision ausführt, die Form eines Vertrages nach den Gesetzen des Ortes, wo er geschlossen worden, zu beurteilen. Der der Klage zu Grunde liegende Vertrag ist zwischen den Parteien mündlich in Kairo, also in

Ägypten, zustande gekommeu. Ob dieser mündliche Vertrag rechtswirksam ist, hängt hiernach von den Vorschriften des in Ägypten geltenden Rechtes ab.

In Ägypten sind nun aber verschiedene Rechtsnormen anzuwenden, je nachdem die betreffende Rechtsangelegenheit im Falle von Streitigkeiten zur Zuständigkeit der einheimischen Gerichtshöfe, oder zu der der gemischten Gerichtshöfe, oder zu der der Konsulargerichte gehört. Die einheimischen Gerichte, welche über die Streitigkeiten der Einheimischen untereinander zu erkennen haben, haben die Codes égyptiens und die sonst noch bestehenden Gesetze und Verordnungen, soweit dieselben den Codes égyptiens nicht widersprechen, anzuwenden.

Vgl. Art. 15 des Décret khédival portant réorganisation des tribunaux indigènes vom 14. Juni 1883.

Für die gemischten Gerichtshöfe, welche für die Streitigkeiten zwischen Einheimischen und Fremden und zwischen Fremden verschiedener Nationalität, abgesehen von Statusklagen, sowie für die Streitigkeiten über Immobilien zuständig sind, sind maßgebend die von Ägypten den Vertragsmächten vorgelegten und von diesen angenommenen Codes.

Vgl. Artt. 1. 5 Code civil; Artt. 9. 34 des Réglement d'organisation judiciaire.

Der Konsulargerichtsbarkeit unterstehen nach § 1 Abs. 2 des Gesetzes vom 10. Juli 1879 in Verbindung mit den Gesetzen, betreffend die Gerichtsbarkeit der deutschen Konsuln in Ägypten, vom 30. März 1874 und 5. Juni 1880 und den dazu ergangenen Kaiserlichen Verordnungen vom 23. Dezember 1875 und 23. Dezember 1880 die bürgerlichen Rechtsstreitigkeiten zwischen den im Konsulargerichtsbezirke wohnenden oder sich aufhaltenden Reichsangehörigen und Schutzgenossen, bei denen es sich nicht um eine unbewegliche Sache handelt. Bezüglich des anzuwendenden Rechtes heißt es im § 3 des Gesetzes vom 10. Juli 1879: „In betreff des bürgerlichen Rechts ist anzunehmen, daß in den Konsulargerichtsbezirken die Reichsgesetze, das preußische Allgemeine Landrecht und die das bürgerliche Recht betreffenden allgemeinen Gesetze derjenigen preußischen Landestheile, in welchen das Allgemeine Landrecht Gesetzeskraft hat, gelten."

Der § 3 schreibt hiernach nicht, wie die Revision meint, vor, nach welchen Gesetzen der Konsul und das Konsulargericht eine bei ihnen anhängig gemachte Sache zu entscheiden haben, sondern daß von der Annahme auszugehen ist, es gelten für diejenigen Sachen, für welche das Konsulargericht, bezw. der Konsul zuständig sein würde, die im § 3 a. a. O. bezeichneten Gesetze. Die betreffenden Personen sollen überhaupt nicht dem Rechte des fremden Staates unterworfen sein, und soll, wenn das Recht ihres Wohnortes oder Aufenthaltsortes nach den für das erkennende Gericht maßgebenden Grundsätzen anzuwenden ist, als solches das im § 3 angegebene Recht angesehen werden. Es würden ja sonst auch, wenn eine derartige Angelegenheit bei einem inländischen Gerichtshofe anhängig gemacht ist, und dieser das in Ägypten geltende Recht anzuwenden hat, Rechtsnormen, die anzuwenden wären, überhaupt nicht vorhanden sein, da die Codes für die Angelegenheiten der Reichsangehörigen untereinander nicht gelten. Müßte ferner das inländische Gericht ein anderes Recht anwenden, als das Konsulargericht, wenn dieses zur Entscheidung angerufen worden wäre, so könnte dies dahin führen, daß der Berechtigte, welcher wegen Entfernung des anderen Teiles aus dem Konsulargerichtsbezirke die Klage nicht mehr bei dem Konsulargerichte geltend machen kann, nach dem für das nunmehr zuständige inländische Gericht maßgebenden Rechte seinen Anspruch nicht durchführen könnte, während er, wenn er seine Klage bei dem Konsulargerichte erhoben hätte, obgesiegt haben würde; ein Resultat, welches vom Gesetzgeber sicher nicht beabsichtigt ist.

Die Entstehungsgeschichte des Gesetzes spricht denn auch nicht für die von der Revision vertretene Ansicht, sondern völlig gegen dieselbe.

Die Motive zu dem Entwurfe des deutschen Gesetzes über die Konsulargerichtsbarkeit sprechen aus, daß es bei der Vorschrift des § 16 des preußischen Gesetzes, nach welcher für die Beurteilung der bürgerlichen Rechtsverhältnisse das preußische Allgemeine Landrecht maßgebend sein solle, so lange und insoweit noch sein Bewenden behalten müsse, als die Reichsgesetzgebung eine Einheit des bürgerlichen Rechtes nicht geschaffen habe. Die verbündeten Regierungen wollten hiernach den § 3 des Gesetzes vom 10. Juli 1879 offenbar in dem Sinne aufgefaßt wissen, welchen der § 16 des preußischen Gesetzes hatte. Der Reichstag hat dieser Auffassung nicht widersprochen, vielmehr den Gesetzentwurf en bloc angenommen.

Der § 16 des preußischen Gesetzes vom 29. Juni 1865 bestimmt nun:

„Bei Beurteilung der bürgerlichen Rechtsverhältnisse der der Konsulargerichtsbarkeit unterworfenen Personen ist anzunehmen, daß in den Konsulatsbezirken das Allgemeine Landrecht und die übrigeu preußischen allgemeinen Gesetzbücher ꝛc gelten."

Diese Vorschrift ordnet also auch ganz allgemein an, daß für die bezeichneten Rechtsangelegenheiten das Allgemeine Landrecht und die dasselbe ergänzenden Gesetze die maßgebenden Rechtsnormen sind. Daß die preußische Regierung dies auch anordnen wollte, ergeben klar die Motive zu § 7 des Gesetzentwurfes, welcher wörtlich mit § 16 des Gesetzes übereinstimmt. Denn in diesen wird zunächst ausgeführt, daß die Konsuln im allgemeinen die Gesetze des Staates zur Richtschnur nehmen, von dem sie angestellt sind, daß in jenen Ländern das Prinzip der Nationalität des Rechtes in Geltung geblieben sei und so lange in Geltung bleiben müsse, als das Recht dieser Länder auf den Europäern fremden Anschauungen beruhe. Sodann heißt es wörtlich:

„Das Prinzip würde aber offenbar nur einen unvollkommenen Ausdruck finden, wenn man auf die Vorschrift sich beschränkte, nach welchem Rechte die Konsuln zu entscheiden hätten. Eine solche Bestimmung würde einesteils zu enge sein, weil sie keine Aushilfe gewährte, wenn ein Fall nicht zur Entscheidung des Konsuls gelangt, sondern vielleicht von einem inländischen Gerichte erkannt wird, ꝛc. Um dem Nationalitätsprinzip die zutreffende Anerkennung zu verschaffen und zur Abwendung ungeeigneter Folgerungen ist daher eine Bestimmung nötig, welche klar ergiebt, daß von der Voraussetzung auszugehen ist: in den Konsulatsbezirken gelte für die der Konsulargerichtsbarkeit unterworfenen Personen das preußische Recht, ꝛc."

Bei den Verhandlungen über den Gesetzentwurf ist in beiden Häusern des Landtages weder gegen die Vorschrift des § 7 des Gesetzentwurfes, noch gegen die Begründung desselben irgend ein Einwand erhoben, und ist deshalb anzunehmen, daß alle gesetzgebenden Faktoren mit der in den Motiven ausgesprochenen Ansicht einverstanden waren.

Der zwischen den Parteien abgeschlossene Vertrag war, wie das Berufungsgericht zutreffend ausführt, keine Handelssache, und war deshalb die Frage, ob er in rechtswirksamer Form abgeschlossen worden, nach dem Allgemeinen Landrechte zu beurteilen." . . .

16. Kann der Verkäufer, welcher eine der nach dem Vertrage succesiv zu bewirkenden Lieferungen vor der Eröffnung des Konkurses über das Vermögen des Käufers an diesen geleistet hat, volle Bezahlung des Preises dieser Lieferung aus der Konkursmasse verlangen, wenn der Konkursverwalter bezüglich des Vertrages von dem Rechte aus § 15 Abs. 1 K.O. Gebrauch gemacht hat?

II. Civilsenat. Urt. v. 27. April 1897 i. S. A. & S. (Kl.) w. Hüstener Gewerkschaft (Bekl.). Rep. II. 57/97.

I. Landgericht Arnsberg.
II. Oberlandesgericht Hamm.

Durch Vertrag vom November 1894 verpflichtete sich die Beklagte, der Klägerin 30 Doppelwaggons Retortenholzkohlen zum Preise von 3 ℳ für 100 Kilogramm auf Abruf für das Jahr 1895 succesiv zu liefern, ohne daß über die Zahlung des Preises besondere Vereinbarungen getroffen wurden. Nachdem die Beklagte 2 Waggons geliefert hatte, wurde am 20. Februar 1895 über das Vermögen der Klägerin der Konkurs eröffnet. Durch Schreiben vom 25. März erklärte der Konkursverwalter der Beklagten, daß er für die Konkursmasse Erfüllung des Vertrages verlange und leisten werde, und forderte Absendung eines bereits vom Gemeinschuldner selbst abgerufenen Waggons. Am 21. Juni 1895 wurde der Konkurs nach Zustandekommen eines Zwangsvergleiches, infolge dessen die Beklagte auf ihre Forderung für die vor der Konkurseröffnung gelieferten 2 Waggons 25 Prozent gezahlt erhielt, aufgehoben. Die Klägerin selbst forderte demnächst die Beklagte auf, einen Waggon Holzkohlen sofort und weitere vier auf Abruf innerhalb zwei Monate zu liefern, indem sie erklärte, daß sie sich verpflichte, jede Ladung per cassa innerhalb 30 Tage zu regulieren, und erhob, da die Beklagte weitere Erfüllung verweigerte, nachdem sie derselben angezeigt hatte, daß sie sich eindecken werde, Klage auf Zahlung der Differenz zwischen den Preisen verschiedener Deckungskäufe und denen des Vertrages.

Die Klage wurde abgewiesen. Das Berufungsgericht erachtete den mit der Klage erhobenen Anspruch auf Schadensersatz wegen Nichterfüllung für ungerechtfertigt, weil die Beklagte nicht gemäß Art. 355 H.G.B. in Übergabeverzug versetzt worden sei; denn 1. sei sie, mangels besonderer Verabredung, nur zur Erfüllung Zug um Zug, nicht, wie Klägerin beansprucht habe, per cassa innerhalb 30 Tage verpflichtet gewesen, 2. habe sie nach den §§ 15. 52 KO. nur gegen Empfang voller Bezahlung der vor der Konkurseröffnung gelieferten 2 Waggons zu liefern gehabt.

Die Revision der Klägerin wurde zurückgewiesen.

Aus den Gründen:

... „Der andere Grund, aus welchem das Berufungsgericht Lieferungsverzug auf seiten der Beklagten verneint, beruht auf der Rechtsanschauung, daß der Konkursverwalter auf Grund des ihm in § 15 K.O. verliehenen Rechtes die weitere Erfüllung des Vertrages nur habe beanspruchen dürfen, wenn er zugleich die Beklagte wegen der früheren Lieferungen voll befriedigte. Den Ausführungen des Oberlandesgerichtes in dieser Beziehung ist lediglich beizutreten. Ein Lieferungsvertrag, durch welchen der Verkäufer sich zu periodischen Lieferungen verpflichtet, darf, selbst wenn aus der Natur des Vertrages, aus der Absicht der Kontrahenten oder aus der Beschaffenheit des zu leistenden Gegenstandes sich ergiebt, daß die Erfüllung des Vertrages auf beiden Seiten teilbar ist, also die Voraussetzungen zur Anwendbarkeit des Art. 359 H.G.B. vorliegen, keineswegs rechtlich so behandelt werden, als hätten die Kontrahenten so viel einzelne Verträge geschlossen, wie Lieferungen geschehen sollen; vielmehr behält die Thatsache, daß ein einziges Rechtsgeschäft abgeschlossen ist, von der Bestimmung des Art. 359 abgesehen, ihre volle rechtliche Bedeutung, wie dies namentlich in der Rechtsprechung des Reichsoberhandelsgerichtes,

vgl. Entsch. des R.O.H.G.'s Bd. 13 S. 104, Bd. 2 S. 84, Bd. 9 S. 55,

bezüglich der Frage wiederholt anerkannt ist, ob wegen Verzuges in Erfüllung einer Rate das in den Artt. 354. 355 H.G.B. gewährte Recht des Rücktrittes den ganzen Vertrag, oder nur die Gegenleistung für jene Rate ergreift. Darum ist auch die Voraussetzung, an welche § 15 K.O. die Befugnis des Konkursverwalters knüpft, von dem anderen Teile die Erfüllung eines noch nicht vollständig erfüllten zweiseitigen Vertrages zu verlangen, nämlich die Voraussetzung, daß der Konkursverwalter seinerseits den Vertrag an Stelle des Gemeinschuldners erfülle, nur dann gegeben, wenn der Konkursverwalter einen Lieferungsvertrag der oben bezeichneten Art in allen seinen Teilen gerade so erfüllt, wie dies dem Gemeinschuldner obgelegen hätte, wenn er nicht in Konkurs verfallen wäre, d. h. sowohl bezüglich des vor, als bezüglich des nach der Konkurseröffnung fällig gewordenen Teiles. War der Gemeinschuldner also Käufer, so kann der Konkursverwalter weitere Lieferungen von dem Verkäufer nur dann verlangen, wenn er auch die vor der Konkurseröffnung geschehenen Lieferungen voll bezahlt. Den Verkäufer wegen des Kaufpreises für die letzteren Lieferungen unter die Zahl der Konkursgläubiger verweisen, hieße eben den Vertrag so behandeln, als hätten die Parteien eine Reihe selbständiger Verträge geschlossen. Dies ist aber so wenig zulässig, wie dem Konkursverwalter zugestanden werden könnte, den Vertrag für die Zukunft zu teilen, indem er etwa nur noch eine oder einige Lieferungen gegen deren volle Bezahlung verlangte. Wie schon das Oberlandesgericht erwähnt, ist in der Litteratur über diese Frage eine abweichende Ansicht nur seitens v. Völderndorff's (Kommentar zur Konkursordnung 1. Aufl. Bd. 1 S. 194) aufgestellt worden; aber auch dieser Schriftsteller hat in der 2. Auflage (Bd. 1 S. 223. 224) seine frühere, nicht mit Gründen versehene Ansicht nur mit einem „ich glaube" aufrecht erhalten, indem er gleichzeitig unter Bezugnahme auf die obenerwähnten Entscheidungen des Reichsoberhandelsgerichtes darauf hinweist, daß diese Entscheidungen zu einer anderen Beurteilung der Frage führen." ...

---

17. Wann beginnt, wenn durch die Zustellung eines Zahlungsbefehles im Gebiete des preußischen Landrechtes eine Wechselverjährung unterbrochen ist, die Verjährung von neuem?

A.L.R. I. 9 § 554.

I. Civilsenat. Urt. v. 12. Mai 1897 i. S. R. (Kl.) w. B. (Bekl.). Rep. I. 148/97.

I. Landgericht II Berlin.
II. Kammergericht daselbst.

Der Kläger hat aus 29 in der Zeit vom 12. November 1894 bis zum 31. Januar 1895 ordnungsmäßig protestierten Wechseln gegen den Beklagten als Indossanten im August 1895 Klage auf Zahlung von zusammen 4105 ℳ nebst Zinsen und 84,45 ℳ Wechselunkosten erhoben, nachdem am 9. Februar 1895 der auf Gesuch des Klägers erlassene Zahlungsbefehl dem Beklagten zugestellt, vom Beklagten Widerspruch erhoben, und der Kläger davon am 14. Februar 1895 benachrichtigt war.

Das Landgericht wies die Klage ab. Die Berufung wurde auf Grund der in zweiter Instanz geltend gemachten Einrede der Verjährung zurückgewiesen, ebenso die Revision, diese aus nachfolgenden

Gründen:

... „Nach Art. 78 W.O. betrug die Verjährungsfrist drei Monate, die für jeden Anspruch mit dem Tage des erhobenen Protestes begann. Die Protesttage fallen in die Zeit vom 12. November 1894 bis zum 31. Januar 1895, und es steht fest, daß wegen der jetzt geltend gemachten Ansprüche auf Gesuch des Klägers ein auf ihren Gesamtbetrag lautender Zahlungsbefehl erlassen, und dieser dem Beklagten am 9. Februar 1895, mithin innerhalb der Verjährungsfrist zugestellt worden ist. Ob angesichts der Bestimmungen des Art. 80 W.O. und des § 13 Abs. 3 Einf.-Ges. zur C.P.O. davon ausgegangen werden darf, daß durch die Zustellung des Zahlungsbefehles die Wechselverjährung unterbrochen worden ist,

vgl. Entsch. des R.G.'s in Civils. Bd. 14 S. 32; Lehmann in Goldschmidt's Zeitschrift Bd. 33 S. 419, Bolze im Archiv für civil. Pr. Bd. 68 S. 1,

kann hier dahingestellt bleiben. Auch wenn man dies bejaht, so ist dennoch, wie das Berufungsgericht mit Recht auf Grund des § 554 A.L.R. I. 9 angenommen hat, die Verjährung eingetreten.

Es folgt aus dem Begriff der Forderungsverjährung als des Verlustes der Forderung durch Nichtgebrauch des Forderungsrechtes während bestimmter Zeit, daß, sobald eine die Verjährung unterbrechende Rechtsbethätigung der Vergangenheit angehört, die Unterbrechung endigt, und die Verjährung von neuem zu laufen anfängt. Eine rationelle Anwendung dieses Grundsatzes auf den Fall der Verjährungsunterbrechung durch Beschreitung des Rechtsweges enthält die Vorschrift des § 554 a. a. O., die auf dem Gedanken beruht, daß die in der Anmeldung der Klage liegende Rechtsbethätigung und folgeweise die Unterbrechung der Verjährung solange, aber auch nur solange als fortdauernd angesehen werden muß, als die Klage ohne Säumigkeit des Klägers weiter verfolgt, dem in Gang gesetzten Verfahren der Fortgang erhalten wird. Nicht also notwendig sofort nach jeder Prozeßhandlung des Klägers, wohl aber dann beginnt die Verjährung mit ihrer ursprünglichen Frist von neuem, wenn der Kläger das Prozeßverfahren in Stillstand geraten läßt. Eine Anmeldung der Klage bei Gericht, durch welche nach § 551 A.L.R. I. 9 die Verjährung unterbrochen wurde, giebt es, seitdem die Civilprozeßordnung in Geltung ist, nicht mehr. Die Unterbrechung der Verjährung ist jetzt mit der Erhebung der Klage im Sinne der Civilprozeßordnung verknüpft. Im übrigen ist aber, wie bereits in einem Urteil des II. Civilsenates,

Entsch. des R.G.'s in Civils. Bd. 32 S. 354,

zutreffend ausgeführt worden ist, an dem § 554 a. a. O. nichts geändert worden. Die Civilprozeßordnung läßt allerdings bei eintretendem Ruhen des Prozeßverfahrens die Rechtshängigkeit fortbestehen. Sie bestimmt aber weder mittelbar noch unmittelbar, daß mit der Rechtshängigkeit die Wirkung fortdauernder Unterbrechung der Verjährung verbunden sein solle. Ein Eingriff in die Vorschriften des bürgerlichen Rechtes über die Dauer einer durch Beschreitung des Rechtsweges eingetretenen Verjährungsunterbrechung ist nicht beabsichtigt.

Der hiernach in Kraft gebliebene § 554 A.L.R. I. 9 findet, da die Sondervorschriften der §§ 908. 909 A.L.R. II. 8 durch die Wechselordnung beseitigt sind, ohne Einschränkung auch Anwendung auf die Wechselverjährung, und seine Bestimmung ist ferner, wenn man voraussetzt, daß auch die Wechselverjährung durch Zustellung eines Zahlungsbefehles unterbrochen wird, maßgebend für die Beantwortung der Frage, wann nach eingeleitetem Mahnverfahren die Verjährung von neuem zu laufen anfängt. Das Mahnverfahren findet im Falle rechtzeitiger Erhebung des Widerspruches mit der Benachrichtigung des Gläubigers von diesem Widerspruch seinen Abschluß, und damit tritt ein Stillstand des gerichtlichen Verfahrens überhaupt ein. Gehört eine wegen des Anspruches zu erhebende Klage vor die Amtsgerichte, so ist, wie sich aus den §§ 635. 636 C.P.O. ergiebt, die Sache im ordentlichen Verfahren bei dem Amtsgericht anhängig, das den Zahlungsbefehl erlassen hat, und sie bleibt anhängig, gleichviel wann die im § 636 Abs. 2 vorgesehene Ladung erfolgt. Diese

Rechtshängigkeit als solche perpetuiert aber nach dem vorher Ausgeführten die Unterbrechung der Verjährung nicht; die Verjährung beginnt vielmehr nach der Benachrichtigung von der Erhebung des Widerspruches von neuem und vollendet sich in Ermangelung eines etwaigen sonstigen Unterbrechungsaktes, wenn nicht innerhalb der Verjährungsfrist geladen und damit auch thatsächlich die Sache in das ordentliche Prozeßverfahren übergeleitet wird. Gehört eine wegen des Anspruches zu erhebende Klage vor die Landgerichte, dann genügt es nach § 637 C.P.O. zur Wahrung der Rechtshängigkeit, wenn binnen sechs Monaten vom Tage der Benachrichtigung von der Erhebung des Widerspruches an die Klage bei dem zuständigen Gerichte erhoben wird. Aber eben auch nur zur Wahrung der Rechtshängigkeit. Ist die Verjährungsfrist eine kürzere, dann muß innerhalb dieser letzteren die Klagerhebung geschehen, wenn durch sie die Verjährung unterbrochen werden soll.

Im vorliegenden Falle ist der Kläger von dem Widerspruch des Beklagten gegen den Zahlungsbefehl am 14. Februar 1895 benachrichtigt, die Klage bei dem zuständigen Landgerichte aber erst Anfang August 1895, mithin für die Unterbrechung der Verjährung zu spät, erhoben worden." ...

---

18. Wird, wenn über das Vermögen einer Aktiengesellschaft oder Kommanditgesellschaft auf Aktien Konkurs eröffnet ist, der nach Artt. 204 Abs. 3. 226 Abs. 3 H.G.B. den Gesellschaftsgläubigern zustehende Anspruch gegen Mitglieder des Aufsichtsrates durch einen vom Konkursverwalter mit denselben abgeschlossenen Vergleich beseitigt?

I. Civilsenat. Urt. v. 19. Mai 1897 i. S. H. u. Gen. (Kl.) w. K. u. Gen. (Bekl.). Rep. I. 16/97.

I. Landgericht Graudenz.
II. Oberlandesgericht Marienwerder.

Gegen die Mitglieder des Aufsichtsrates der Kommanditgesellschaft auf Aktien M.'er Darlehnsbank R.L. war nach Eröffnung des Konkurses über die Gesellschaft von dem Verwalter der Masse, Aktionären und Gläubigern Klage auf Zahlung von 50000 ℳ Schadensersatz wegen Verletzung ihrer Pflichten auf Grund des Art. 204 H.G.B. erhoben, in erster Instanz nach dem Klagantrage erkannt, demnächst aber von dem Verwalter namens der Konkursmasse mit den Beklagten ein Vergleich geschlossen, auf Grund dessen die letzteren 20000 ℳ zur Masse zahlten. Ein Teil der Gläubiger, die bei der Ausschüttung der Masse mit einem Teil ihrer Forderungen ausfielen, hielt sich an den Vergleich nicht gebunden. Auf die nur gegen diese verfolgte Berufung der Beklagten wurde in zweiter Instanz die Klage abgewiesen, weil der Ersatzanspruch nicht für begründet erachtet wurde. Die Revision dieser Kläger ist zurückgewiesen worden aus folgenden

Gründen:

... „Das Reichsgericht hat bereits in einer früheren Entscheidung (Urteil vom 4. April 1889, Rep. VI. 24/89, abgedruckt in der hanseat. Gerichtszeitung 1889 Hauptblatt Nr. 71, auszugsweise mitgeteilt bei Bolze, Bd. 7 Nr. 645) ausgesprochen, daß, wenn der Konkursverwalter einer Aktiengesellschaft den Anspruch auf Ersatz des durch Pflichtwidrigkeiten der Aufsichtsratsmitglieder dem Gesellschaftsvermögen zugefügten Schadens bereits geltend gemacht und darüber einen rechtsgültigen Vergleich abgeschlossen hat, nicht daneben noch ein selbständiger Anspruch wegen derselben Verkürzung des Gesellschaftsvermögens von einem einzelnen Gläubiger erhoben werden kann. Diese Entscheidung bezog sich zwar auf einen nach Art. 225b H.G.B. in der Fassung des Gesetzes vom 11. Juni 1870 zu beurteilenden Fall; allein derselbe Grundsatz ist auch nach den derzeit geltenden Artt. 226 und 204 Abs. 3 H.G.B. aufrecht zu halten. Die angeführten Bestimmungen gewähren den Ersatzanspruch, der in den im zweiten Absatz bezeichneten Fällen der Gesellschaft zusteht, den einzelnen Gesellschaftsgläubigern, sofern sie von der Gesellschaft Befriedigung nicht erlangen können, als einen selbständigen Anspruch, der dadurch nicht beseitigt wird, daß das pflichtwidrige Verhalten der Mitglieder der Gesellschaftsorgane auf einem Beschlusse der Generalversammlung beruht. Es erscheint hiernach folgerichtig, daß auch durch einen von der Gesellschaft erklärten Verzicht oder von ihr geschlossenen Vergleich der den Gläubigern zustehende Anspruch nicht aufgehoben oder verkürzt werden kann.

Das Gesetz erkennt mithin in den Fällen der Artt. 204 und 226

Abs. 2 einen Anspruch der einzelnen Gläubiger an, der unabhängig ist von der Geltendmachung des Ersatzanspruches durch die Gesellschaft, und der begründet sein kann, obwohl ein Ersatzanspruch der Gesellschaft nicht oder nicht mehr besteht. Die Ansprüche der Gesellschaftsgläubiger fallen aber ungeachtet ihrer Selbständigkeit insofern mit dem Anspruche der Gesellschaft zusammen, als sie erlöschen, wenn und insoweit der Gesellschaft Ersatz geleistet ist. Andererseits wird auch durch den einem einzelnen Gläubiger geleisteten Ersatz der Anspruch der Gesellschaft beseitigt oder geschmälert. Der gesetzgeberische Grund für die den Gesellschaftsgläubigern eingeräumte Rechtsstellung ist darin zu finden, daß die Gesellschaftsgläubiger gegen die ihren Interessen widerstreitenden Einflüsse geschützt werden sollen, die sich in Bezug auf die Verfolgung derartiger Ansprüche innerhalb der Gesellschaft geltend machen können.

Die Selbständigkeit des Anspruches der einzelnen Gläubiger erleidet aber eine Einschränkung, wenn über das Gesellschaftsvermögen Konkurs eröffnet ist. Wie in dem vom Berufungsgericht angezogenen Urteil des hanseatischen Oberlandesgerichtes (hanseat. Gerichtszeitung a. a. O. Nr. 61) zutreffend ausgeführt ist, ergiebt sich diese Einschränkung aus dem Wesen des Konkurses. Die Ersatzansprüche gegen die Mitglieder der Gesellschaftsorgane gehören jedenfalls insoweit zur Konkursmasse, als sie bei Eröffnung des Konkurses der Gesellschaft zustehen. Sie sind in diesem Falle Bestandteile des Gesellschaftsvermögens und, wie die übrigen Gesellschaftsaktiva, nach den Vorschriften der Konkursordnung zu gemeinsamer Befriedigung der Konkursgläubiger zu verwenden. Sie können daher während der Dauer des Konkurses auch nur vom Konkursverwalter, nicht von den einzelnen Gläubigern geltend gemacht werden, da sonst der Konkursmasse ein ihr zugehöriger Anspruch entzogen werden würde.

Vgl. die analogen Bestimmungen im neuen Handelsgesetzbuch vom 10. Mai 1897 §§ 171 Abs. 2. 217 Abs. 2, sowie die Denkschrift zum Entwurf S. 123.

Der Konkursverwalter ist aber kraft einer ihm vom Gesetz erteilten Ermächtigung auch befugt, über die Ansprüche der Gesellschaft, eventuell mit Zustimmung des Gläubigerausschusses, Vergleiche zu schließen. Der Abschluß des Vergleiches erfolgt ebenfalls im gemeinsamen Interesse der Gläubiger. Durch einen vom Konkursverwalter abgeschlossenen rechtsbeständigen Vergleich wird daher der Anspruch der einzelnen Gläubiger verbraucht. Dieses Ergebnis wird auch durch die Erwägung gerechtfertigt, daß das gesetzgeberische Motiv, auf welchem die Selbständigkeit des Anspruches der einzelnen Gläubiger beruht, mit der Konkurseröffnung fortfällt. Ein von den Interessen der Gläubiger verschiedenes Gesellschaftsinteresse ist nicht mehr vorhanden; denn die Gesellschaft wird durch die Eröffnung des Konkurses aufgelöst; und es ist schon aus diesem Grunde, aber auch mit Rücksicht auf die Stellung des Konkursverwalters nicht anzunehmen, daß die Einflüsse, die sich außerhalb des Konkurses zum Nachteil der Gläubiger geltend machen können, nach der Konkurseröffnung fortwirken.

Im vorliegenden Falle steht fest, daß der Konkursverwalter sich mit den verklagten Mitgliedern des Aufsichtsrates behufs Abgeltung der namens der Gesellschaft, beziehungsweise ihrer Konkursmasse erhobenen Ersatzansprüche verglichen hat, und daß die Vergleichssumme von ihnen zur Konkursmasse eingezahlt ist. Ein Grund, die Rechtsgültigkeit des Vergleiches zu beanstanden, ist nicht ersichtlich; die Kläger haben dieselbe auch nicht in Abrede gestellt. Der vorstehenden Darlegung zufolge gelten die Kläger daher durch diesen Vergleich und durch die auf Grund desselben an die Konkursmasse geleistete Zahlung auch bezüglich der ihnen nach Art. 204 Abs. 3 zustehenden Ansprüche als abgefunden." ...

---

19. 1. Grundsätze bei der Auslegung einer in englischer Sprache abgefaßten Charteparttie, die für eine englische Rhederei von einem deutschen Schiffsmakler mit einem deutschen Kaufmanne im Inlande abgeschlossen ist.
2. Bedeutung der Indemnity- und der Penalty-Clause in Chartepartien nach englischer Auffassung.

I. Civilsenat. Urt. v. 22. Mai 1897 i. S. J. (Bekl.) w. C. & Co. (Kl.). Rep. I. 451/96.

I. Landgericht Hamburg.
II. Oberlandesgericht daselbst.

Der in Hamburg domiziliierte Beklagte hatte von den Klägern, englischen Rhedern, deren Dampfer F. für die Beförderung einer Zuckerladung von Warnemünde nach London gechartert. Der Vertrag wurde für den Beklagten durch den hamburgischen Schiffsmakler R. mit den londoner Agenten der Kläger, H. & Co., vermittelt und durch Unterzeichnung einer Charteparttie in englischer Sprache beurkundet.

Zur Zeit des Abschlusses der Charteparttie war der Dampfer unterwegs, um eine Eisenladung nach Flensburg zu bringen, nach deren Löschung er nach Warnemünde gehen sollte. Auf der Reise nach Flensburg wurde der Dampfer durch Eissperrungen im Belt aufgehalten, und kam infolgedessen erst am 17. März 1895 in Flensburg und am 21. März 1895 in Warnemünde an. Inzwischen hatte der Beklagte durch Schreiben an R. vom 14. März 1895 erklärt, daß er „von dem ihm laut Charter zustehenden Rechte Gebrauch mache" und „die Charter annulliere", und lieferte dann auch dem Schiffe, als es sich in Warnemünde meldete, keine Ladung.

Die Kläger forderten Schadensersatz wegen Bruchs der Charter in Höhe der Fracht, die für die Zuckerladung vereinbart war. Sie stützten diesen Anspruch in erster Linie auf die in der Charteparttie enthaltene gedruckte Klausel:

„Indemnity for non-performance of this agreement the estimated amount of freight,"

spezifizierten indes auf Erfordern des Landgerichtes den Schaden, den sie durch Nichteinhaltung der Charter erlitten haben wollen, auch näher.

Der Beklagte bestritt, daß er auf Grund der angeführten Klausel zum Ersatze eines im einzelnen nicht näher nachgewiesenen Schadens angehalten werden könne, lehnte aber überhaupt jede Schadensersatzpflicht ab, indem er sich zur Rechtfertigung seines Rücktrittes auf eine dem Kontraktsformulare schriftlich beigefügte Eisklausel berief.

Der erste Richter sprach den Klägern einen Teil der von ihnen liquidierten Schadensbeträge zu, wies aber im übrigen die Klage ab. Auf die Berufung beider Teile sprach das Oberlandesgericht den Klägern die volle Fracht zu. Die Revision ist zurückgewiesen aus folgenden

Gründen:

„Der Ausführung des Oberlandesgerichts, daß die der Charteparttie beigefügte Eisklausel den Rücktritt des Beklagten nicht rechtfertige, ist beizutreten." (Wird näher ausgeführt.)

„Ist hiernach vom Berufungsrichter mit Recht angenommen, daß der Beklagte unrechtmäßigerweise vom Vertrage zurückgetreten ist, so fragt sich weiter, ob und inwieweit der von den Klägern geforderte Schadensersatz seinem Betrage nach durch die Klausel:

„Indemnity for non-performance of this agreement the estimated amount of freight,“

gerechtfertigt wird. In dieser Beziehung hatte das Landgericht unter Bezugnahme auf den in den Entsch. des R.G.'s in Civils. Bd. 19 S. 34 mitgeteilten Rechtsfall angenommen, daß es dieser Klausel nach englischer Auffassung an jeder Bedeutung fehle, und hatte den Klägern daher nur soviel als Ersatz zugesprochen, wieviel an Schaden dem Gerichte nachgewiesen erschien. Das Berufungsgericht dagegen hat den Klägern die volle, ihnen entgangene Fracht zugesprochen, indem es erwägt, daß es an einem genügenden Grunde fehle, für die Auslegung der Klausel auf die englische Rechtsauffassung zurückzugehen; nach deutschem Rechte aber unterliege die Wirksamkeit der Klausel keinem Bedenken.

Diese Begründung kann nicht für richtig erachtet werden.

Allerdings darf davon ausgegangen werden, daß die Verpflichtungen des Beklagten, da der Vertrag für ihn in Warnemünde zu erfüllen war, nach deutschem Rechte zu beurteilen sind. Für die Auslegung des schriftlichen Frachtvertrages aber, um die es sich in dieser Frage handelt, läßt sich ein weiterer Satz als der des Art. 278 H.G.B.,

daß der Richter den Willen der Kontrahenten erforschen und nicht am buchstäblichen Sinne des Ausdruckes haften soll,

aus dem deutschen Rechte nicht gewinnen. Gerade dieser Satz aber nötigt dazu, für die Ermittelung der Bedeutung und Tragweite der einzelnen Klauseln der Chartepartie auf englische Rechtsauffassungen zurückzugehen. Der Berufungsrichter verkennt, daß das hier benutzte Formular durchweg von der dem englischen Rechte eigentümlichen Auffassung des Seefrachtgeschäftes getragen ist. Handelte es sich bloß um die Übersetzung eines von deutschen Rechtsgedanken und deutscher Rechtsauffassung zeugenden Kontraktes, so würde auf die Wahl der Sprache allerdings kein Gewicht zu legen sein. Das ist aber offensichtlich nicht der Fall. Denn außer der hier in Rede stehenden, dem englischen Geschäftsverkehre eigentümlichen Klausel enthält der Vertrag auch in seinen anderen Teilen Bestimmungen, die in englischen Charte-partien allgemein üblich sind, die in einer gewissen seit langer Zeit herkömmlichen Form ausgedrückt werden, und mit denen man in England im Geschäftsverkehre und in der Rechtspflege einen bestimmten, keineswegs immer schon aus dem bloßen Wortlaute abzuleitenden Sinn verknüpft. So die bekannte exception clause:

„The Act of God, peril of the sea, fire, barratry of the Master and Crew etc. etc. excepted,"

und die cesser of liability clause:

„For the freight ... the Captain is to hold himself to the Cargo ..., and not to the Shippers, ... whose responsibility shall cease whenever the Cargo is put on board."

Es kann nicht angehen, den Sinn dieser Klauseln einfach durch eine Übersetzung ins Deutsche ermitteln zu wollen. Vielmehr muß angenommen werden, daß, wenn sich die Parteien derartiger, im englischen Seefrachtverkehre allgemein eingebürgerter Wendungen bedienen, sie damit auch den Sinn verbinden wollen, der diesen Klauseln in England beigemessen wird.[1]

Im vorliegenden Falle kommt hinzu, daß die Charter im Interesse einer englischen Rhederei angeboten und so abgeschlossen ist, wie sie vorliegt, und daß sie sich auf ein englisches Schiff und eine in England endigende Reise bezieht. Demgegenüber kann es nicht entscheidend in Betracht kommen (worauf das Oberlandesgericht Gewicht legt), daß die Charter in Hamburg durch einen hamburgischen Schiffsmakler mit einem deutschen Hause zum Abschlusse gebracht, und daß dabei ein Druckformular benutzt ist, das dieser Makler dauernd in seinem Geschäftsverkehre mit den Beklagten verwendet.

Wäre es also richtig, daß der hier fraglichen Klausel nach der ihr in England allgemein beigelegten Bedeutung eine besondere Wirksamkeit nicht zukommt, der vertragstreue Teil vielmehr allemal die Schäden, deren Ersatz er fordern will, trotz der Klausel besonders liquidieren muß, so kann die Klausel auch nicht dadurch die Bedeutung einer nach deutschem Rechte zu beurteilenden Konventionalstrafe gewinnen, daß der Vertrag in Hamburg zwischen einem deutschen

---

[1] Vgl. jedoch diese Sammlung Bd. 11 S. 104 flg. D. R.

Schiffsmakler und einem deutschen Kaufmanne zum Abschlusse gekommen ist.

Aber kommt der Klausel diese Bedeutung zu? Das Oberlandesgericht hat sich hierüber nicht ausgesprochen. Das Reichsgericht ist in der Lage, diese Frage — ohne daß es einer Zurückverweisung bedürfte — selbst zu beantworten.

Es ist nicht gerechtfertigt, wenn das Landgericht die hier gebrauchte Klausel

„Indemnity for non-performance" ...

mit der Klausel

„Penalty for non-performance" ...

als gleichbedeutend erachtet, die in dem Rechtsfalle in den Entsch. des R.G.'s in Civils. Bd. 19 S. 34 vorlag.

Über die Penalty-Klausel handelt Voigt im Neuen Archiv für Handelsrecht Bd. 1 S. 187 flg. (1858). Er zeigt, daß diese Strafklausel seit einem Gesetze vom Jahre 1697 ihre ursprüngliche strenge Bedeutung verloren habe, und ihre Beibehaltung seitdem im Grunde nur auf Schlendrian beruhe. Der Gläubiger könne immer nur sein nachzuweisendes Interesse fordern; auch für die Verteilung der Beweislast sei die Klausel ohne Bedeutung. Damit stimmen denn auch die bekannteren Werke über englisches Seerecht noch heute überein.

Vgl. Abbott, Law relative to Merchant Ships and Seamen. 13. ed. S. 244 (1892); Maclachlan, A treatise on the law of merchant shipping. 4. ed. S. 405 (1892); Carver, Carriage of goods by sea. 2. ed. S. 748 (1891).

Aber das Gesagte gilt nur von einer wirklichen Strafklausel, „because the courts are leaning against penalties". Durchaus zulässig ist es, das Interesse an der Erfüllung eines Kontraktes im voraus vertragsmäßig festzusetzen. „If the sum fixed is reasonable and is in effect liquidated damages, and not penalty, it will be sustained." Ob die Parteien eine penalty, oder liquidated damages beabsichtigt haben, soll aus der Gesamtheit der Umstände ermittelt werden, ohne daß der gebrauchte Ausdruck als absolut entscheidend angesehen werden darf.

Vgl. namentlich Foard, A treatise on the law of merchant shipping and freight (1880) S. 456, wo sich die englische Rechtsprechung über diesen Punkt zusammengestellt findet.

Wendet man diese Sätze auf den vorliegenden Fall an, so liegen Umstände nicht vor, aus denen abgeleitet werden könnte, daß die Parteien hier an ein eigentliches Strafgedinge gedacht hätten. Der offenbar absichtlich gewählte Ausdruck „Indemnity" spricht vielmehr dafür, daß das Interesse an der Erfüllung im voraus vertragsmäßig festgesetzt werden sollte. Auch spricht für diese Auslegung weiter der Umstand, daß nach den meisten Seerechten, wie namentlich auch nach dem deutschen Handelsgesetzbuch (Artt. 581—585), die Entschädigung des Verfrachters für den Rücktritt des Befrachters auch gesetzlich in einem Teilbetrage oder im ganzen Betrage der vereinbarten Fracht besteht. Daß die festgesetzte Summe mit Rücksicht auf die Dauer der vereinbarten Frachtreise als mäßig und angemessen gelten darf, unterliegt keinem Bedenken." ...

---

20. Verleiht § 54 Ziff. 5 K.O. Hauskindern ein Vorrecht im Konkurse des Vaters nur wegen solcher Ansprüche, die durch die vom Vater kraft Gesetzes über ihr Vermögen geführte Verwaltung entstanden sind?

VI. Civilsenat. Urt. v. 24. Mai 1897 i. S. der minderjährigen N. (Kl.) w. N. Konkursverw. (Bekl.). Rep. VI. 443/96.

I. Landgericht Chemnitz.
II. Oberlandesgericht Dresden.

Aus den Gründen:

... „Die Vorinstanz sieht als erwiesen an, daß die verw. N. im Jahre 1891 ihrem Sohne, dem nachmaligen Gemeinschuldner, 3000 ℳ dargeliehen und die ihr hierdurch erwachsene Forderung im Jahre 1892 schenkungsweise an die Klägerin" (d. i. an die noch im Kindesalter stehende Tochter des Gemeinschuldners) „abgetreten habe. Eine vertragsmäßige Änderung des durch diese Abtretung zwischen der Klägerin und ihrem Vater entstandenen Schuldverhältnisses habe nicht stattgefunden.

Bezüglich der Frage, ob bei diesem Sachstande der Klägerin das in § 54 Ziff. 5 K.O. bestimmte Vorrecht im Konkurse ihres Schuldners zustehe, wird folgendes ausgeführt:

Nach dem hier maßgebenden sächsischen Rechte (B.G.B. §§ 1811. 1808) habe dem Gemeinschuldner an dem Vermögen der Klägerin das Recht des Nießbrauches und der Verwaltung zugestanden; den Gegenstand desselben habe, was die jetzt in Frage befangene Darlehnsforderung betrifft, lediglich diese Forderung selbst, nicht deren Gegenstand gebildet. Der Umstand, daß der Gemeinschuldner selbst der Schuldner gewesen sei, habe das Rechtsverhältnis zwischen ihm und seiner neuen Gläubigerin in keiner Weise geändert; die Darlehnsforderung als solche mit allen Nebenrechten sei bestehen geblieben; nur die Kündbarkeit und Klagbarkeit habe infolge des Nießbrauchsrechtes für dessen Dauer geruht. Der Gemeinschuldner habe somit eine doppelte Rechtsstellung gehabt: er sei einmal Schuldner aus der Darlehnsforderung, und dann Verwalter der Forderung gewesen. In dieser letzteren Funktion würde er, ganz ebenso, als wenn ein Dritter Schuldner gewesen wäre, seinen Verpflichtungen genügen, wenn er nach Beendigung seines Nießbrauchs- und Verwaltungsrechtes die Forderung selbst der Klägerin zur Verfügung stellen würde; weitergehende Ansprüche würde die Klägerin aus dem Nießbrauch und der Verwaltung ihres Vaters gegen diesen nur dann haben, wenn er die ihm als Nießbraucher und Verwalter obliegende Pflicht zur Bewahrung der Forderung — z. B. durch Säumnis in der Einziehung und Sicherstellung — schuldhafterweise verletzt hätte. Daß ihm eine solche Verschuldung zur Last falle, sei nicht erwiesen. Es fehle an dem Nachweise dafür, daß seine Vermögensverhältnisse zu der Zeit, als die Klägerin durch Cession Inhaberin der Darlehnsforderung geworden sei, dergestalt günstig gewesen seien, daß damals neben seinen übrigen Gläubigern die Klägerin volle Befriedigung hätte erlangen können. Nur wenn dies der Fall gewesen wäre, könnte der Ausfall, den die Klägerin im Konkurs etwa erleide, auf eine schuldhafte Unterlassung der Verwaltungspflichten des Gemeinschuldners zurückgeführt werden. Eine Vermutung in dieser Richtung lasse sich nicht rechtfertigen; ein Beweis sei nicht erbracht und würde auch durch die benannten Beweismittel nicht erbracht werden können; die Angaben, welche die Klägerin selbst über die Ursachen des wirtschaftlichen Zusammenbruches ihres Vaters gemacht habe, wiesen auf eine Verschuldung desselben hieran und auf eine ihn als Verwalter und Nießbraucher des Kindesvermögens treffende Schuld nicht hin. Begründet erscheine deshalb nur eine Darlehnsforderung der Klägerin; für diese aber stehe ihr ein Vorzugsrecht nach § 54 Ziff. 5 K.O. nicht zu. Danach gebühre nämlich den Kindern ein Vorrecht nur für Forderungen aus der gesetzlichen Verwaltungsübertragung, nicht auch für solche, die, obwohl sie der Verwaltung des Vaters unterworfen gewesen seien, doch auf einem anderen Rechtsgrunde beruhten, mithin unabhängig von der Verwaltung des Vaters entstanden seien.

Zur Begründung dieser Annahme nimmt das Berufungsgericht Bezug auf eine Entscheidung des VII. Civilsenates des Königl. sächsischen Oberlandesgerichtes vom 7. November 1895, welche in den Annalen dieses Gerichtshofes Bd. 17 S. 261 flg. abgedruckt ist. In dieser Entscheidung wird, unter Abweichung von einer in derselben Zeitschrift Bd. 10 S. 140 flg. und in Seuffert's Archiv Bd. 44 S. 477 flg. veröffentlichten Entscheidung des V. Civilsenates des Oberlandesgerichtes, ausgeführt: für die Auslegung, daß das Vorrecht aus § 54 Ziff. 5 K.O. nur für Forderungen der Kinder aus der gesetzlichen Verwaltungsübertragung bestehen solle, spreche zunächst der Wortlaut des Gesetzes, ferner die in den Motiven betonte Absicht des Gesetzgebers, die Vorrechte möglichst einzuschränken, und der Rechtszustand, der bis zum Erlaß der Konkursordnung in Deutschland bestanden habe; ihm gegenüber würde die Bestimmung des § 54 Ziff. 5 K.O., wenn man sie nicht in dem erwähnten engeren Sinne auslege, nicht eine Einschränkung, sondern eine Erweiterung der Vorrechte der Kinder und Pflegebefohlenen bedeuten.

Dieser Auslegung der angezogenen Gesetzesbestimmung ist jedoch nicht beizupflichten. In der vom Berufungsgericht angezogenen Entscheidung, der es sich angeschlossen hat, ist zur Begründung der engeren Auslegung des § 54 Ziff. 5 K.O. zunächst auf den Wortlaut des Gesetzes Bezug genommen, und in dieser Richtung bemerkt: nach demselben seien bevorrechtigt „Forderungen in Ansehung . . . des Vermögens", nicht dieses Vermögen selbst. Hätten auch Forderungen lediglich deshalb bevorrechtigt sein sollen, weil sie der Verwaltung gesetzlich unterworfen seien, so hätte der in Rede befangenen Vorschrift die Fassung: „Forderungen der Kinder . . . des Gemeinschuldners, deren Vermögen gesetzlich der Verwaltung desselben unterworfen ist," gegeben werden müssen. Sei daher eine Forderung Gegenstand der Verwaltung des Gemeinschuldners, so könnten nach dem Wortlaute des Gesetzes als bevorrechtigt angesehen werden nur Ansprüche der Kinder „in Ansehung" dieser Forderung, nicht aber diese Forderung selbst, gleichviel ob der Gemeinschuldner, oder ein Dritter der Schuldner sei.

Wenn hierbei zunächst hervorgehoben wird, daß nach dem Gesetze bevorrechtigt sein sollten „Forderungen in Ansehung dieses Vermögens", nicht dieses Vermögen selbst, so ist dem entgegen zu halten, daß die Vorschrift in § 54 Ziff. 5 K.O. nicht dazu bestimmt ist, im allgemeinen zu regeln, welche Rechte den Kindern im Konkurse des Vaters bezüglich ihres Vermögens zustehen, sondern sich, wie der § 54 überhaupt, grundsätzlich nur auf Forderungen bezieht; es hat also eine Fassung, welche den Kindern im allgemeinen bezüglich ihres Vermögens eine bevorrechtigte Stellung angewiesen hätte, überhaupt nicht in Frage kommen können. Aber auch eine dem Zwecke des § 54 Rechnung tragende eingeschränkte Fassung etwa dahin, daß das Vorrecht bestehen solle wegen derjenigen den Kindern des Gemeinschuldners an diesen zustehenden Forderungen, die gesetzlich seiner Verwaltung unterworfen seien, mußte ausgeschlossen erscheinen, weil sie zu eng gewesen wäre. Es kann keinem Zweifel unterliegen, daß des Vorrechtes jedenfalls auch Forderungen teilhaftig sein sollen, welche den Kindern aus der Verwaltung ihres Vermögens durch den Vater an diesen erwachsen sind. Dies würde durch die erwähnte Fassung in verständlicher Weise nicht zum Ausdrucke gekommen sein. Denn man bezeichnet, wenn ein Vater bezüglich des in seine Verwaltung gekommenen Kindesvermögens etwas gethan oder unterlassen hat, was ihn zu einer Ersatzleistung an das Kind verpflichtet, als das der Verwaltung des Vaters unterworfene Vermögen nicht die dem Kinde erwachsene Ersatzforderung, sondern die Vermögenswerte, bezüglich deren der Vater die ihn zum Ersatze verpflichtende Handlung vorgenommen oder etwas unterlassen hat.

Die von der Vorinstanz angenommene Auslegung des § 54 Ziff. 5 K.O. kann aber auch nicht mit Grund darauf gestützt werden, daß das Gesetz sich der Redewendung: „die Forderungen der Kinder rc in Ansehung ihres gesetzlich der Verwaltung des Gemeinschuldners unterworfenen Vermögens", bedient hat. Der erwähnte, von v. Völderndorff (Kommentar zur Konkursordnung 2. Aufl. Bd. 1 S. 640) als etwas unbestimmt bezeichnete Ausdruck läßt nach dem allgemeinen Sprachgebrauche nicht mehr erkennen, als daß das Vorrecht nur insoweit bestehen soll, als das gesetzliche Verwaltungsrecht des Vaters das Kindesvermögen ergriffen hat. Eine andere Bedeutung ist auch nicht aus der Art und Weise zu entnehmen, in welcher die Worte „in Ansehung" in der Konkursordnung an anderen Stellen angewendet sind. Diese Redewendung ist vornehmlich in § 41 Ziff. 1—9 gebraucht, und zwar um auszudrücken, daß die Gleichstellung der dort bezeichneten Gläubiger mit Faustpfandgläubigern auf bestimmte Objekte beschränkt sein soll. Dem entspricht es, die Worte „in Ansehung" in § 54 Ziff. 5 dahin auszulegen, daß das Vorrecht der Kinder wegen ihrer Forderungen seine Grenze finden soll durch die Schranken, welche dem gesetzlichen Verwaltungsrechte des Vaters am Kindesvermögen gezogen sind. Dieser Gedanke würde, wie gegenüber den Ausführungen der Vorinstanz hervorzuheben ist, keinen genügenden Ausdruck gefunden haben, wenn das Gesetz die von dieser angegebene Fassung erhalten hätte. Würde das Gesetz vorgeschrieben haben, es seien vor den gemeinen Konkursforderungen bevorrechtigt an fünfter Stelle zu befriedigen: Forderungen der Kinder .... des Gemeinschuldners, deren Vermögen gesetzlich der Verwaltung desselben unterworfen ist, so wäre nicht berücksichtigt, daß das Kindesvermögen im allgemeinen der Verwaltung des Vaters unterliegen, ein Teil desselben aber hiervon ausgenommen sein kann, wie dies z. B. auch nach sächsischem Rechte (§ 1811 B.G.B.) der Fall ist, und es würde nach dem Wortlaute die Annahme nicht ausgeschlossen sein, daß das Vorrecht dem Kinde auch dann zustehen solle, wenn sein Vermögen im allgemeinen der Verwaltung des Vaters unterlegen hat, einzelne Bestandteile aber hiervon ausgenommen gewesen sind, und hierzu die speziell in Betracht kommende, dem Kinde an den Vater zustehende Forderung gehört hat.

In der Entscheidung, welcher das Berufungsgericht sich angeschlossen hat, wird ferner entscheidendes Gewicht auf die Motive zur Konkursordnung gelegt. Dort sei ausgesprochen, daß die Beseitigung aller Vorrechte im Konkurse das Ziel sein müsse, das die Gesetzgebung nicht aus dem Auge verlieren dürfe,

vgl. Hahn, Materialien zur Konkursordnung S. 238,

und speziell über das Vorrecht der Kinder und Pflegebefohlenen bemerkt (S. 246. 247), es werde dadurch begründet, daß ohne ihr Zuthun ihr Vermögen von Rechts wegen in die Hände der Eltern oder des Vormundes gelange, das Gesetz aber eine gute Verwaltung nicht ausreichend zu sichern imstande sei; das Gewicht dieses Grundes lasse sich nicht verkennen; es stünden ihm aber nicht unwichtige Bedenken gegenüber, und deswegen führe der Entwurf das Vorrecht auf das notwendige Maß zurück. Aus dieser Begründung wird gefolgert, daß der Gesetzgeber bestrebt gewesen sei, lediglich diejenigen Nachteile, die den Kindern aus der gesetzlich bestimmten Verwaltung ihres Vermögens entstehen könnten, durch Gewährung eines Vorrechtes auszugleichen, und daß man jedes Vorrecht, welches nicht auf die Schutzbedürftigkeit des Kindes gegenüber der Verwaltung des Vaters, bezw. Vormundes zurückzuführen sei, als völlig ungerechtfertigt angesehen habe. Die Kinder sollten durch das Vorrecht nicht gegen Verluste geschützt sein, die sie auch betroffen haben würden, wenn ihr Vermögen nicht einer fremden Verwaltung unterworfen gewesen wäre. Hiergegen kommt indes folgendes in Betracht. Die erwähnten Bemerkungen der Motive lassen nur erkennen, daß das Vorrecht der Kinder „auf das notwendige Maß" zurückgeführt werden sollte, nicht aber, was als dieses Maß angesehen wurde. Hierüber geben erst die späteren Ausführungen der Motive unter 1 und 2,

vgl. Hahn, a. a. O. S. 247 flg.,

Aufschluß. Dort ist gesagt: „Der Entwurf erkennt das Vorrecht ausschließlich an in betreff solchen Vermögens, dessen Verwaltung der Gemeinschuldner kraft des Gesetzes, in seiner Eigenschaft als gesetzlicher Vertreter des Verfügungsunfähigen oder als gesetzlicher Nutzungsberechtigter, zu führen hatte ....; es soll Platz greifen gegen die Eltern, insoweit sie den Nießbrauch oder an Stelle eines Vormunds die Verwaltung des Vermögens der Kinder von Rechts wegen haben."

Diese Darlegungen ergeben keine weitere Beschränkung des Vorrechtes der Kinder, als die vorstehend aus dem Wortlaute des Gesetzes abgeleitete. Wenn sich, wie nicht verkannt werden soll, in den unmittelbar vorhergehenden Ausführungen der Motive Erwägungen finden, die dazu hätten führen können, das Vorrecht der Kinder und Pflegebefohlenen in der von der Vorinstanz angenommenen Weise zu beschränken, so ist das für die Ermittelung dessen, was der Entwurf vorzuschreiben beabsichtigte, nicht entscheidend; denn diese Bemerkungen sind Teil einer Ausführung, die nur bezweckt, die verschiedenen Gründe einander gegenüber zu stellen, die für eine größere oder eine minder weitgehende Beschränkung des Vorrechtes der Kinder sprechen; welche Erwägungen den Vorzug verdienten, ist dort noch nicht ausgesprochen; vielmehr gipfeln die Ausführungen in dem Satze, daß es schwer sei, das richtige Maß zu finden. Dagegen sind die Darlegungen, denen die eben wiedergegebenen Sätze entnommen sind, ausgesprochenermaßen dazu bestimmt, die vom Entwurfe schließlich vorgeschlagenen, wörtlich in das Gesetz übergegangenen Bestimmungen zu erläutern.

Wie die Vorinstanz selbst hervorgehoben hat, kann für die von ihr bekämpfte Auslegung auf eine Äußerung Bezug genommen werden, die in der Reichstagskommission von dem Abgeordneten Hullmann gethan worden ist;

vgl. Hahn, a. a. O. S. 559;

das Oberlandesgericht spricht ihr aber Bedeutung um deswillen ab, weil von keiner Seite eine Erwiderung erfolgt, es daher ungewiß sei, aus welchen Gründen man dem von Hullmann angeregten Bedenken keine Folge gegeben habe, ob man insbesondere die von ihm aus dem Entwurfe gezogene Schlußfolgerung für irrtümlich, oder den von ihm erwähnten, aus der vom Entwurfe vorgeschlagenen Bestimmung sich ergebenden Übelstand für unwesentlich gehalten habe. Naturgemäß läßt sich dieser Einwurf nicht strikt widerlegen; doch ist es nach der ganzen Sachlage, insbesondere mit Rücksicht auf die noch zu erwähnende Auslegung, welche die betreffenden Bestimmungen der preußischen Konkursordnung in der Judikatur gefunden hatten, überaus wahrscheinlich, daß von den übrigen Kommissionsmitgliedern und den Regierungsvertretern die von Hullmann augenscheinlich mit Rücksicht auf diese Auslegung des preußischen Gesetzes aus dem Entwurfe abgeleitete Folgerung als richtig anerkannt, das danach gegen den Entwurf herzuleitende Bedenken aber nicht als durchschlagend anerkannt worden sei. Wenn die Vorinstanz meint, es sei auch nicht zweifellos, was Hullmann mit seiner Äußerung habe zum Ausdruck bringen wollen, wie er den Entwurf verstanden habe, so kann dem nicht beigepflichtet werden; die Äußerung bietet zu dem von der Vorinstanz angeregten Zweifel nicht Anlaß.

In den von dieser gebilligten Gründen des Urteiles vom 7. November 1895 wird ferner ausgeführt, nach dem Rechtszustande, wie er in den wichtigsten Gebieten Deutschlands vor 1879 bestanden habe, seien die Kinder und Pflegebefohlenen bezüglich ihrer Ansprüche an den Vater und den Vormund weniger günstig gestellt gewesen, als sie es jetzt sein würden, wenn der Bestimmung des § 54 Ziff. 5 K.O. die vom Oberlandesgerichte bekämpfte Bedeutung beizulegen wäre. Es würde dann also der Entwurf der Konkursordnung nicht, wie er beabsichtigt habe, die Vorrechte der Kinder und Pflegebefohlenen gemindert, sondern erweitert haben. Dem ist jedoch folgendes entgegen zu halten:

Wie der Wortlaut unzweifelhaft ergiebt, hat sich der Entwurf der Konkursordnung bei der hier in Frage befangenen Bestimmung angelehnt an die Vorschrift, welche in § 80 der preuß. K.O. vom 8. Mai 1855 über das Vorrecht der Kinder und Pflegebefohlenen enthalten war, und dahin ging, unter den Ansprüchen der Konkursgläubiger kämen an achter Stelle zur Hebung „die Ansprüche der Kinder und Pflegebefohlenen des Gemeinschuldners wegen ihres gesetzlich in die Verwaltung und Nutznießung, oder nur in die Verwaltung des Gemeinschuldners gekommenen Vermögens".

Diese Bestimmung ist von dem vormaligen preußischen Obertribunal in dem Urteile vom 3. Mai 1865,

Entsch. des Obertribunals Bd. 55 S. 268 flg.,

dahin ausgelegt worden, daß den Kindern das Vorrecht im Konkurse des Vaters auch dann zustehe, wenn eine an sich nicht mit Vorrecht ausgestattet gewesene Einbringensforderung ihrer Mutter durch Erbgang auf sie übergegangen sei. Dieser Auffassung hat sich das Reichsoberhandelsgericht in einem Urteile vom 4. November 1875 angeschlossen,

vgl. Entsch. desselben Bd. 18 S. 375 flg.,

und dabei ausgesprochen: § 80 der K.O. vom 8. Mai 1855 räume ein Vorrecht den Pflegebefohlenen — es handelte sich um die Forderung eines Kindes im Konkurse des Vormundes — überhaupt in betreff des Vermögens ein, welches in dessen Verwaltung gekommen sei; es beschränke sich nicht auf die Verluste, welche durch die Verwaltung entstanden seien, sondern es habe das verwaltete Vermögen selbst zum Gegenstande, bei zu demselben gehörigen Geldforderungen an den Vormund also den Geldbetrag (a. a. O. S. 380. 381). In derselben Entscheidung ist (S. 378) ausgeführt, daß die Forderungen der Kinder und die der Pflegebefohlenen an den Vormund in der hier in Frage befangenen Richtung rechtlich einander gleich stünden.

Es lag also zur Zeit der Aufstellung des Entwurfes und der Kommissionsberatungen eine Entscheidung des obersten preußischen Gerichtshofes, und zur Zeit der Beratungen im Plenum des Reichstages auch eine übereinstimmende des Reichsoberhandelsgerichtes vor, nach welchen die damals bestehende preußische Vorschrift dahin auszulegen war, daß sich das Vorrecht der Kinder nicht auf Forderungen beschränke, die ihnen aus der gesetzlichen Vermögensverwaltung des Vaters entstanden seien. Es kann nicht angenommen werden, daß, wenn der Gesetzgeber beabsichtigt hätte, eine Bestimmung zu treffen, die von dem in der Rechtsprechung angenommenen Inhalte des preußischen Gesetzes wesentlich abweichen sollte, er dem neuen Gesetze eine an die preußische Vorschrift sich durchaus anlehnende Fassung gegeben haben sollte, ohne daß dabei der Wille, von dem preußischen Rechte abzuweichen, zum Ausdrucke gebracht worden wäre, umsoweniger, als sich dann, wenn das, was das Oberlandesgericht annimmt, hätte angeordnet werden sollen, leicht eine dies deutlich erkennbar machende Fassung — vgl. z. B. das sächsische Gesetz vom 4. Juni 1829 § 14 und die österreichische (noch weiter gehende) Konkursordnung § 44, die beide in den Motiven der Konkursordnung angezogen sind — dargeboten haben würde.

Es ist nach alledem der von der vorigen Instanz vertretenen Auslegung nicht beizupflichten, vielmehr anzunehmen, daß ein Kind, dem eine Forderung an den Vater erwachsen ist, wegen derselben in dessen Konkurse bevorzugte Befriedigung immer dann beanspruchen kann, wenn die Forderung der Verwaltung des Vaters kraft Gesetzes unterlegen hatte. Diese Auffassung wird auch von den Auslegern der Konkursordnung allgemein geteilt.

Vgl. die Kommentare von Petersen u. Kleinfeller, 3. Aufl. S. 278 flg.; v. Völderndorff, 2. Aufl. Bd. 1 S. 639 flg.; v. Wilmowski, 5. Aufl. S. 253 flg.; Stieglitz, S. 381 Note 2c; v. Sarwey, 3. Aufl. S. 354; Hullmann, S. 208 Bem. 14; Wengler, S. 386 flg.; abweichend — vielleicht — Kohler, Lehrbuch des Konkursrechts S. 339 Anm. 3; vgl. noch Entsch. des R.G.'s in Civils. Bd. 17 S. 41 flg.

Es ist nicht zu verkennen, daß das Gesetz in dem vorstehend gebilligten Sinne ausgelegt namentlich dann, wenn, wie hier, ein nicht bevorrechtigter Gläubiger seine Forderung durch Rechtsgeschäft unter Lebenden auf ein Kind des Kridars übertragen hat, zu schwerer und der Billigkeit nicht wohl entsprechender Verletzung der übrigen Gläubiger führen kann, und sich nach dem jetzigen Stande der Gesetzgebung für diese Gläubiger nicht immer ein Weg finden wird — im vorliegenden Falle ist das gar nicht versucht worden —, dem durch Anfechtung des betreffenden Rechtsgeschäftes oder sonstwie mit Erfolg entgegenzutreten. Indes können diese gegen die Zweckmäßigkeit der Bestimmung in § 54 Ziff. 5 K.O. gewiß vorliegenden Bedenken gegenüber den oben geltend gemachten Erwägungen nicht die vom Oberlandesgerichte angenommene Auslegung rechtfertigen.

Es war deshalb, da das Bestehen der Forderung von den Vorinstanzen festgestellt ist, und die Voraussetzungen, an welche das Vorzugsrecht geknüpft ist, vorliegen, auf die Revision das erstinstanzliche Urteil wieder herzustellen." ...

---

21. Anfechtung einer aus dem Vermögen des Gemeinschuldners vor Eröffnung des Konkursverfahrens durch Einzelanfechtung erlangten Sicherung oder Befriedigung.

Anfechtungsgesetz vom 21. Juli 1879 § 13 Abs. 3.
K.O. § 33 Abs. 2.

VI. Civilsenat. Urt. v. 24. Mai 1897 i. S. J. Ehefr. Konkursverw. (Kl.) w. Th. Ehefr. (Bekl.). Rep. VI. 11/97.

I. Landgericht Chemnitz.
II. Oberlandesgericht Dresden.

Aus den Gründen:

„Die Frau Ida J., über deren Vermögen am 9. Mai 1893 das Konkursverfahren eröffnet worden ist, hat durch Vertrag vom 29. Juli

1892 vier Grundstücke in B.... gekauft. Mittels protokollarischer Verhandlung vom 3. August 1892 trat sie ihr Kaufrecht an ihre drei unmündigen Kinder ab, welche infolgedessen am 5. August 1892 als Eigentümer der Grundstücke in das Grundbuch eingetragen wurden. Die Frau Th. hat wegen einer ihr rechtskräftig zuerkannten Forderung gegen die Frau J. im Betrag von 20000 *M* nebst Zinsen die Kaufrechtsabtretung auf Grund des § 3 Ziff. 2. 3 des Anfechtungsgesetzes vom 21. Juli 1879 gegen die J.'schen Kinder mit dem Erfolge angefochten, daß dieselben verurteilt wurden, die Eintragung der Th.'schen Forderung auf den genannten Grundstücken geschehen zu lassen. Diese Eintragung erfolgte am 7. März 1893 im Zwangsvollstreckungswege in Höhe von 21455,75 *M*. Hiernächst focht auch der Verwalter im J.'schen Konkurse das erwähnte Abtretungsgeschäft gegen die J.'schen Kinder an und erlangte die Verurteilung derselben dahin, daß sie die Grundstücke an ihn als Konkursverwalter herauszugeben und seine Eintragung als Eigentümer geschehen zu lassen haben. Dieses Urteil ist in der Weise vollzogen worden, daß die Eintragung der J.'schen Kinder gelöscht, und deren Mutter Ida J. als Eigentümerin eingetragen wurde. Jetzt ficht der Konkursverwalter mit der gegen die Th. erhobenen Klage die am 7. März 1893 erfolgte Eintragung der Zwangshypothek, welche noch in Höhe von 9131,76 *M* besteht, an. Gestützt ist die Klage auf die Behauptung, daß die J. schon im Herbst 1892 ihre Zahlungen eingestellt gehabt, und die Beklagte hiervon auch am 7. März 1893 Kenntniß gehabt habe. Das Gericht erster Instanz hat die Beklagte nach dem Klagantrage verurteilt, in die Löschung der Zwangshypothek zu willigen. Auf die Berufung der Beklagten hat das Oberlandesgericht die Klage abgewiesen.

Der Revision ist der Erfolg zu versagen.

Das Gericht erster Instanz läßt die Frage, ob die J., beziehungsweise wann sie ihre Zahlungen eingestellt, und ob die Beklagte zur entscheidenden Zeit hiervon Kenntnis hatte, dahingestellt und sieht deshalb auch von Anwendung des § 13 Abs. 3 des Anfechtungsgesetzes vom 21. Juli 1879 ab. Es ist der Ansicht, daß durch diese Vorschrift die Bestimmungen der Konkursordnung über die Anfechtung nicht eingeengt, sondern erweitert werden, und daß die Anfechtung der Zwangshypothek schon nach § 33 Abs. 2 Ziff. 1 K.O. begründet sei. Der Konkursverwalter habe nämlich die Veräußerung der fraglichen Grundstücke an die J.'schen Kinder mit Erfolg angefochten; die Beklagte sei bezüglich der Zwangshypothek Rechtsnachfolgerin der J.'schen Kinder, sofern ihre Anfechtung die Verpflichtung derselben, in ihre auf anfechtbare Weise erworbenen Grundstücke die Eintragung der Hypothek geschehen zu lassen, herbeigeführt habe. Die Beklagte habe aber auch, als sie die Eintragung der Hypothek erwirkte, gewußt, daß die Frau J. die Veräußerung der Grundstücke in der bei Veräußerungen unter so nahen Verwandten nach dem Gesetze zu vermutenden Absicht, ihre Gläubiger zu benachteiligen, vorgenommen habe. Denn sie habe im Prozesse gegen die J.'schen Kinder selbst sich auf diese Absicht berufen, indem sie die Anfechtung auf § 3 Ziff. 2 des Anfechtungsgesetzes gestützt und den ihrer Eintragung unterliegenden Schuldtitel auf Grund dieser Gesetzesbestimmung erlangt habe. Das Berufungsgericht vermag diesem Gedankengang der ersten Instanz nicht zu folgen. Es führt aus: die im Zwangsvollstreckungswege erfolgte Eintragung der fraglichen Hypotheken sei eine Rechtshandlung, durch welche der Beklagten eine Sicherung, auf welche sie zur Zeit der Eintragung noch keinen Anspruch gehabt habe, aus dem Vermögen der kurze Zeit danach in Konkurs verfallenen Ida J. gewährt worden sei. Wenn auch das Urteil, auf welches die Eintragung sich stützte, in einem gegen die Kinder der J. geführten Rechtsstreit erstritten worden sei, so habe es eben thatsächlich nur jenes Ergebnis gehabt. Die Klage der jetzigen Beklagten, mit der sie die Kaufrechtsabtretung vom 3. August 1892 angefochten, sei allerdings gegen die J.'schen Kinder als die eingetragenen Eigentümer gerichtet gewesen, und demgemäß hätte das damalige Prozeßgericht nach dem Wortlaut des § 7 des Anfechtungsgesetzes die verklagten J.'schen Kinder zur Rückgabe der Grundstücke an ihre Mutter verurteilen müssen, worauf die jetzige Beklagte mit ihren Zwangsvollstreckungsanträgen gegen letztere selbst hätte vorgehen können. Allein einem für derartige Fälle in der gerichtlichen Praxis in Aufnahme gekommenen Grundsatze folgend habe das Prozeßgericht den kürzeren und zu dem gleichen Erfolg führenden Weg der Verurteilung der J.'schen Kinder zur Gestattung der Eintragung der Forderung auf den Grundstücken gewählt, und daraufhin habe die jetzige Beklagte dieselbe Zwangshypothek erlangt, welche sie auf dem ersteren, streng dem § 7 des Anfechtungsgesetzes entsprechenden Wege nach einer vorgängigen Rückübertragung der Grundstücke durch Zwangsvollstreckung gegen die J. hätte erreichen können. Und nachdem nun auch der jetzige Kläger im Interesse der Konkursgläubiger die Kaufrechtsabtretung angefochten und dadurch erreicht habe, daß unter Löschung des auf die J.'schen Kinder lautenden Eintrages die Gemeinschuldnerin als Eigentümerin der Grundstücke eingetragen worden, trete deutlich hervor, daß durch die Zwangseintragung vom 7. März 1893 thatsächlich das Vermögen der Gemeinschuldnerin betroffen worden sei, da die Grundstücke auch nach dem durch die Wiedereintragung der J. bewirkten Eigentumswechsel belastet blieben. Die jetzige Beklagte erscheine nicht als Rechtsnachfolgerin der J.'schen Kinder. Dies zu werden habe sie mit Erhebung der Anfechtungsklage gegen dieselben nicht beabsichtigt; ihr Zweck sei vielmehr nur gewesen, ein Zwangsvollstreckungsobjekt an den in das Eigentum der J. zurückzuführenden Grundstücken zu erwerben. Andererseits hätten auch die J.'schen Kinder nicht beabsichtigt, die jetzige Beklagte zu ihrer Rechtsnachfolgerin zu machen; ihre Verurteilung, und demnächst die Eintragung der Zwangshypothek sei wider ihren Willen erfolgt, und thatsächlich liege nicht ein Erwerb aus dem Vermögen der J.'schen Kinder, sondern aus dem Vermögen der Gemeinschuldnerin vor. Hiernach komme es nur auf die Prüfung an, inwieweit die Bestimmungen der §§ 23—25 K.O. dem Kläger bei der Anfechtung dieses Erwerbes (nämlich der Sicherheit aus dem Vermögen der Gemeinschuldnerin) zur Seite stehen. Von Anwendung des § 25 könne selbstverständlich keine Rede sein, ebensowenig von der des § 24, da keins von den in Ziff. 2 daselbst erwähnten persönlichen Verhältnissen zwischen der J. und der Beklagten bestehe, und hinsichtlich der Ziff. 1 in Betracht komme, daß die Eintragung der Zwangshypothek ohne alles Zuthun der J. und ihrer Kinder, ja gegen deren Willen erfolgt sei. Hiernach kommen für die Entscheidung nur noch die Bestimmungen in § 23 Ziff. 1. 2 in Betracht. Es sei jedoch nicht bewiesen und nicht erweisbar, daß die J. zu den nach diesen Bestimmungen entscheidenden Zeitpunkten ihre Zahlungen eingestellt gehabt habe.

Die Revision wirft dem Berufungsgerichte die Verletzung des § 33 Abs. 2 Ziff. 1 K.O., eventuell des § 13 Abs. 3 des Anfechtungsgesetzes vom 21. Juli 1879 durch Nichtanwendung, sowie die Verkennung des Begriffes der Zahlungseinstellung vor.

Der Auffassung des Berufungsgerichtes steht das Bedenken entgegen, daß es die doch nur durch die nachträgliche erfolgreiche Anfechtung der Kaufrechtsabtretung seitens des Konkursverwalters vermittelte thatsächliche Wirkung der Eintragung der Zwangshypothek auf das Vermögen der Gemeinschuldnerin für entscheidend, beziehungsweise diese Wirkung als genügende Grundlage für die Anwendung des § 23 Ziff. 1. 2 K.O. auf die jetzt in Frage stehende Anfechtungsklage erachtet. Die frühere Anfechtungsklage der Beklagten war gegen die J.'schen Kinder gerichtet und hatte den Erfolg, daß auf Grund des gegen dieselben ergangenen Urteiles gegen sie als damals eingetragene Eigentümer der fraglichen Grundstücke die Zwangshypothek zu Gunsten der Beklagten eingetragen worden ist. Rechtlich kommt darauf, daß diese Art der Verurteilung der J.'schen Kinder einer Praxis der Gerichte entsprechen soll, und daß die Beklagte (damals Klägerin) damit auf kürzerem Wege dasselbe erreichte, was sie bei einer dem § 7 des Anfechtungsgesetzes entsprechenden Verurteilung der J.'schen Kinder erst im Wege der Zwangsvollstreckung gegen ihre Schuldnerin, die Frau J. selbst, hätte erreichen können, nichts an. Hierdurch wird nichts daran geändert, daß, wie die Verurteilung, so auch die zwangsweise Eintragung der Hypothek gegen die J.'schen Kinder erfolgt ist, somit weder eine Rechtshandlung der Frau J., noch eine solche gegen sie vorliegt. Ebensowenig aber kann man sagen, daß nachträglich, nachdem der Konkursverwalter durch seine Anfechtung der Kaufrechtsabtretung die Rückübertragung des Eigentumes an den Grundstücken auf die Gemeinschuldnerin J. durchgesetzt hatte, die gegen die J.'schen Kinder erfolgte Eintragung der Zwangshypothek rechtlich als ein gegen die Gemeinschuldnerin vorgenommener Rechtsakt angesehen werden müsse. Bedenklich erscheint auch die aus den Ausführungen des Berufungsgerichtes hervorleuchtende prinzipielle Auffassung, daß von einer Rechtsnachfolge im Sinne des § 33 K.O. nicht die Rede sein könne, wo gegen denjenigen, mit welchem der Gemeinschuldner das erste (anfechtbare) Rechtsgeschäft vorgenommen hat, ein dritter im Wege der Zwangsvollstreckung ein Recht an dem Gegenstande jenes Rechtsgeschäftes erworben hat. Aber die Vorschrift des § 33 Abs. 2 Ziff. 1 findet, abgesehen davon, daß die Klage gar nicht in einer dieser Vorschrift entsprechenden Weise begründet worden ist, auf den gegenwärtigen Fall, wo es sich um eine vor Ausbruch des Konkurses durch siegreiche Anfechtung nach dem Anfechtungsgesetze vom 21. Juli 1879 erlangte Sicherung eines Konkursgläubigers (§ 2 K.O.) handelt, überhaupt keine Anwendung. Maßgebend ist vielmehr die Vorschrift des § 13 Abs. 3 des Anfechtungsgesetzes. Der § 13 bestimmt, soweit er hier interessiert, die Einwirkung des Konkursverfahrens auf die von einem (jetzigen) Konkursgläubiger vor der Eröffnung des Konkursverfahrens unternommene oder mit Erfolg durchgeführte Anfechtung einer Rechtshandlung, durch welche aus dem Vermögen seines Schuldners (jetzt Gemeinschuldners) etwas an einen dritten gelangt ist. In den Abss. 1. 2 ist direkt (vgl. jedoch Entsch. des R.G.'s in Civils. Bd. 30 S. 67 flg.) der Einfluß des Konkurses auf anhängige Anfechtungsprozesse, in Abs. 3 dessen Einfluß auf die infolge der Anfechtung erlangte Sicherung oder Befriedigung normiert. Soweit hiernach der Gläubiger aus dem Zurückzugewährenden eine Sicherung oder Befriedigung erlangt hatte, finden auf die Anfechtung derselben die Vorschriften des § 23 Ziff. 1 K.O. entsprechende Anwendung. Die Motive (vgl. Materialien des Anfechtungsgesetzes zu § 12 des Entwurfs, S. 28. 30) äußern sich hierüber folgendermaßen: „Hatte die Geltendmachung des Anfechtungsanspruches bereits zu einer freiwillig oder im Wege der Zwangsvollstreckung geleisteten Befriedigung oder infolge einer Pfändung zu einem Pfandrecht des anfechtenden Gläubigers an dem Zurückzugewährenden geführt, so hat es hierbei sein Bewenden, es sei denn, daß dem Gläubiger zur betreffenden Zeit die Zahlungseinstellung des Schuldners oder der Konkursantrag bekannt war. In diesem Falle erscheint in gleicher Weise wie in den Fällen des § 23 Ziff. 1 der Konkursanspruch der übrigen Gläubiger verletzt, da es sich um Sicherung oder Befriedigung aus Vermögensstücken handelt, welche rechtlich als zum Vermögen des Gläubigers anzusehen sind. Entsprechend den erwähnten Vorschriften der Konkursordnung muß daher auch hier die Anfechtung stattfinden. Eine ausdrückliche Bestimmung dessen empfiehlt sich, weil die unmittelbare Anwendbarkeit der Vorschriften aus dem Grunde bezweifelt werden könnte, daß die Handlung nicht von dem Schuldner oder gegen ihn erfolgt ist." Daß § 13 Abs. 3 hiernach auf den Fall Anwendung findet, wenn der Gläubiger zufolge seiner Einzelanfechtung durch zwangsweise Eintragung einer Hypothek auf vom Gemeinschuldner veräußerten Grundstücken Sicherung erlangt hatte, ist nicht zu bezweifeln. Ohnedies wäre eine solche Sicherung überhaupt nicht anfechtbar. Denn § 13 Abs. 3 gestattet, worüber nicht mehr gestritten werden kann, und worin die Doktrin,

vgl. Petersen u. Kleinfeller, Konkursordnung für das Deutsche Reich, 3. Aufl., zu § 13 des Anfechtungsgesetzes, S. 694; v. Wilmowski, Deutsche Reichs-Konkursordnung, 5. Aufl., Bem. 6 zu § 23 S. 129, Bem. 2b zu § 29 S. 157; Cosack, das Anfechtungsrecht der Gläubiger u. s. w. S. 361,

mit den Motiven einig ist, nur die Anfechtung nach § 23 Ziff. 1, nicht auch nach § 33 K.O. Der Gläubiger, der zufolge seiner Anfechtung die Sicherung oder Befriedigung erlangt hat, erscheint insoweit nicht als Rechtsnachfolger im Sinne des § 33. Nach der hier anwendbaren Vorschrift des § 23 Ziff. 1 Falles 2 muß aber von dem anfechtenden Konkursgläubiger vor allem bewiesen werden, daß die Rechtshandlung, welche dem Konkursgläubiger Sicherung oder Befriedigung gewährte, nach der Zahlungseinstellung oder dem Eröffnungsantrage erfolgte. Behauptet ist im vorliegenden Falle, daß die Gemeinschuldnerin schon vor dem 7. März 1893, dem Tage der Eintragung der Zwangshypothek, ihre Zahlungen eingestellt gehabt habe. Das Berufungsgericht hält diesen Beweis nicht für erbracht. Es kommt also auf die Prüfung der in dieser Richtung erhobenen Rügen an." (Folgt die Darlegung, daß diese nicht begründet seien.) . . .

---

22. Fällt der Anspruch auf Entschädigung für die wegen Rotzes auf polizeiliche Anordnung getöteten Tiere auch dann weg, wenn der Besitzer der Tiere nach Tötung derselben die zur Abwehr der Seuchengefahr polizeilich angeordneten Schutzmaßregeln übertreten hat?

Gesetz, betr. die Abwehr und Unterdrückung von Viehseuchen, vom 23. Juni 1880 §§ 57. 63 Ziff. 3.

VI. Civilsenat. Urt. v. 31. Mai 1897 i. S. K. (Bekl.) w. Ostpreuß. Provinzialverband (Kl.). Rep. VI. 23/97.

I. Landgericht Insterburg.
II. Oberlandesgericht Königsberg i. Pr.

Infolge der Feststellung des Rotzes, bezw. Rotzverdachtes wurden am 12. und 28. Dezember 1891 auf polizeiliche Anordnung zwölf dem Beklagten gehörige, auf seiner Besitzung befindliche Pferde getötet. Sämtliche Pferde wurden rotzkrank befunden. Der zuständige Provinzialverband weigerte sich, dem Beklagten eine Entschädigung für die getöteten Pferde zu zahlen, zahlte dagegen einem anderen Besitzer für dessen im Dezember 1891 und Januar 1892 wegen Rotzverdachtes getöteten Pferde die gesetzliche Entschädigung. Er verlangte sodann im Wege der Klage Erstattung des verauslagten Betrages vom Beklagten, weil die zuletzt erwähnten Pferde durch das schuldhafte Verhalten desselben angesteckt worden seien. Beklagter beantragte Abweisung der Klage, und widerklagend Verurteilung des Klägers zur Zahlung von 2767,50 *M*, drei Vierteln des Wertes der zwölf getöteten ihm gehörigen Pferde. Der Kläger beantragte Abweisung der Widerklage, und zwar unter anderem auch deshalb, weil Beklagter den am 12. Dezember 1891 polizeilich angeordneten Sperrmaßregeln zuwider im Januar 1892 andere Pferde auf seinem Grundstücke eingestellt hatte.

Das Berufungsgericht wies die, hier allein interessierende, Widerklage ab. Das Urteil ist auf die Revision des Beklagten aufgehoben worden aus folgenden

Gründen:

„Das Berufungsgericht hat zur Begründung seiner Entscheidung ausgeführt, daß Beklagter für die auf polizeiliche Anordnung am 12. und 28. Dezember 1891 getöteten Pferde auf Grund des § 57 des Gesetzes, betreffend die Abwehr 2c von Viehseuchen, vom 23. Juni 1880 an sich würde Entschädigung verlangen können ..., daß der geltend gemachte Anspruch aber deshalb nicht gerechtfertigt sei, weil Beklagter die zur Abwehr der Seuchengefahr polizeilich angeordneten Schutzmaßregeln übertreten habe. Sei diese Übertretung auch erst nach der Tötung der Pferde, deren Wert Beklagter ersetzt verlange, erfolgt, so sei derselbe dadurch doch seines bis dahin bestehenden Entschädigungsanspruches verlustig gegangen.

Diese Annahme, daß durch eine Übertretung der angeordneten Schutzmaßregeln auch der Entschädigungsanspruch für die vor der Verfehlung getöteten Pferde verwirkt werde, beruht, wie die Revision zutreffend rügt, auf rechtsirriger Auslegung des § 63 Ziff. 3 des angeführten Gesetzes.

Das Berufungsgericht gründet seine Ansicht zunächst darauf, daß im § 63 gesagt ist: „der Anspruch auf Entschädigung fällt weg", und meint, daß dieser Ausdruck einen bereits vorher entstandenen Entschädigungsanspruch voraussetze, welchen der Besitzer wieder verlieren solle, wenn er auch nach der Tötung der seuchenverdächtigen Tiere die noch nicht aufgehobenen Schutzmaßregeln verletze. Der Gesetzgeber habe den Ausdruck „fällt weg" auch offenbar absichtlich im § 63 gewählt, da im § 61 bestimmt sei: „keine Entschädigung wird gewährt". In den Fällen des § 61 entstehe also überhaupt kein Entschädigungsanspruch; in den Fällen des § 63 gehe dagegen der bereits erworbene Anspruch wieder verloren.

Diese Ausführung ist unrichtig, wie aus den übrigen Bestimmungen des § 63 hervorgeht. Denn nach denselben soll dem Besitzer der getöteten Tiere keine Entschädigung gewährt werden, wenn er die vorgeschriebene Anzeige vom Ausbruche oder Verdachte der Seuche schuldhafterweise unterlassen oder verzögert hat — Ziff. 1 —, oder wenn er eins der Tiere mit der Seuche behaftet in Kenntnis dieses Umstandes erworben hat — Ziff. 2 —, oder wenn die Tiere, nachdem sie gewissen Beschränkungen unterworfen waren, infolge verbotwidriger Benutzung oder Aufenthaltes an verbotenen Orten getötet worden sind — Ziff. 3 —. In allen diesen Fällen liegt die Handlung, welche den Wegfall der Entschädigungsforderung bedingt, vor dem Tode der Tiere. Sie bewirkt mithin, daß ein Anspruch auf Entschädigung, der nach § 57 dieses Gesetzes erst mit dem Tode der Tiere erworben wird, überhaupt nicht entsteht. Denn ein bereits vorhandenes Schuldverhältnis kann nur durch solche Thatsachen beeinflußt werden, welche sich nach seiner Entstehung zugetragen haben. Hat sich dagegen eine Thatsache vor diesem Zeitpunkte ereignet, so hat sie entweder die Entstehung des Schuldverhältnisses ganz oder teilweise verhindert, oder berührt dasselbe überhaupt nicht. Sie kann aber für sich allein nicht bewirken, daß der Anspruch zunächst entsteht und dann wieder verloren geht. Die Vorschrift des § 63 besagt mithin ganz allgemein, daß in den bezeichneten Fällen auch für die auf polizeiliche Anordnung getöteten Tiere eine Entschädigung nicht beansprucht werden kann.

Das Berufungsgericht beruft sich für die Richtigkeit seiner Auslegung des § 63 sodann auf die Begründung des Entwurfes, aus der hervorgehe, daß der Gesetzgeber die Besitzer der Tiere für die Zwecke des Gesetzes, die Unterdrückung der Seuchenausbreitung, habe interessieren und sie namentlich habe bewegen wollen, trotz der ihnen drohenden lästigen und kostspieligen behördlichen Anordnungen den Ausbruch oder Verdacht der Seuche zur Anzeige zu bringen. Um dies zu erreichen, sei den Besitzern für die Beobachtung der Schutzmaßregeln und namentlich für die rechtzeitige Anzeige eine Entschädigung für den Fall in Aussicht gestellt, daß ihr Vieh wegen Seuchenverdachtes sollte getötet werden. Der Besitzer habe daher nach der Absicht des Gesetzgebers nur dann eine Entschädigung zu beanspruchen, wenn er genau und gewissenhaft die im Gesetze vorgesehenen Maßregeln beobachtet und auch seinerseits alles dazu beigetragen habe, die Seuchengefahr zu unterdrücken. Diese Pflicht verletze aber ein Besitzer in gleicher Weise, wenn er vor, oder nach der Tötung der Tiere die noch nicht aufgehobenen Schutzmaßregeln unbeachtet lasse.

Dieser Ausführung steht entgegen, daß der Anspruch auf Entschädigung im Gesetze nicht davon abhängig gemacht ist, daß der Besitzer alle vorgeschriebenen Maßregeln beobachtet hat. Der Anspruch steht ihm vielmehr für die getöteten Tiere unbedingt zu und fällt nur in bestimmten Fällen fort. Die Motive zu § 57 des Gesetzes sagen auch nur: „Es ist vom höchsten praktischen Interesse, dem Bestreben nach der Verheimlichung von Seuchenausbrüchen durch Inaussichtstellung von Entschädigungen entgegenzuwirken". Hieraus kann wohl geschlossen werden, daß der Gesetzgeber demjenigen eine Entschädigung nicht zubilligen wird, welcher den Ausbruch der Seuche nicht rechtzeitig angezeigt hat (§ 63 Ziff. 1). Dagegen ist aus dem vorstehenden Inhalte der Motive nicht zu entnehmen, daß der einmal begründete Anspruch auf Entschädigung wieder verloren gehen soll, wenn der Besitzer nach der Tötung der Tiere die polizeilich angeordneten Schutzmaßregeln verletzt.

Die Vorschriften des § 63 selbst ergeben nun zweifellos — und dies ist auch in den Motiven zu den §§ 61—63 ausdrücklich ausgesprochen —, daß in den Fällen des § 63 wegen des Verschuldens des Besitzers der Tiere ein Anspruch auf Entschädigung nicht gewährt werden soll. Nach dem Gesetze braucht zwar der ursächliche Zusammenhang zwischen dem schuldhaften Verhalten des Besitzers und dem ihm durch die Tötung der Tiere erwachsenen Schaden nicht nachweisbar zu sein. Der Grund der Vorschriften des § 63 ist trotzdem offenbar der, daß der eingetretene Schade in den bezeichneten Fällen durch das schuldhafte Verhalten des Besitzers herbeigeführt sein kann, und es soll wegen dieser Möglichkeit eine Entschädigung nicht gewährt werden. Durch eine nach der Tötung der Tiere vorgenommene Handlung kann aber der aus dieser Tötung hervorgegangene Schade nicht verursacht sein. Wäre im Gesetze angeordnet, daß der Anspruch auf Entschädigung auch infolge einer späteren Verfehlung des Besitzers wieder verloren gehen soll, so müßte auch eine bereits empfangene Entschädigung zurückgezahlt werden, wenn der Besitzer nach Empfang derselben die im § 63 bezeichneten Vorschriften übertreten hat. Das Gesetz enthält aber keine Bestimmung, daß die gezahlten Entschädigungen infolge später eingetretener Umstände wieder zurückgefordert werden können, bestimmt auch darüber nichts, bis zu welchem Zeitpunkte eine Verfehlung des Besitzers den Anspruch auf Entschädigung wieder aufheben soll.

Es muß aber angenommen werden, daß der Gesetzgeber, wenn er eine derartige, von den allgemeinen Grundsätzen über Ansprüche auf Schadensersatz in erheblichem Maße abweichende Bestimmung hätte treffen wollen, dies auch deutlich ausgesprochen haben würde; und daß er, da er dies nicht gethan hat, auch nicht hat anordnen wollen, daß ein bereits entstandener Anspruch auf Entschädigung verloren gehen solle, wenn der Berechtigte später gegen das Gesetz handelt.

Der Beklagte hat hiernach den Anspruch auf Schadensersatz für die im Dezember 1891 auf polizeiliche Anordnung getöteten Pferde nicht dadurch verloren, daß er nach der Tötung der Tiere die zur Abwehr der Seuchengefahr angeordneten Schutzmaßregeln übertreten hat." ...

---

23. Kann ein Gläubiger eine Veräußerung des dem Schuldner gehörenden Aktivvermögens, welche eine gleichmäßige Befriedigung aller vorhandenen Gläubiger herbeiführen soll, auch dann mit Erfolg

anfechten, wenn feststeht, daß im Falle der Ablehnung dieses Vertrages sofort das Konkursverfahren eröffnet worden wäre, und daß er zufolge des Vertrages mindestens ebensoviel, ja voraussichtlich mehr erhalten wird, wie wenn das Konkursverfahren eröffnet und durchgeführt worden wäre?

II. Civilsenat. Urt. v. 15. Juni 1897 i. S. K. u. Gen. (Bekl.) w. Kreditkassenverein F. (Kl.). Rep. II. 106/97.

I. Landgericht Kottbus.
II. Kammergericht Berlin.

Die Handelsgesellschaft E. & N., welche dem klagenden Vereine auf Grund von Wechseln verschiedene Beträge schuldete, stellte am 25. April 1896 ihre Zahlungen ein und schloß am nämlichen Tage im Einverständnisse mit der großen Mehrzahl ihrer Gläubiger, deren Forderungen sich nach der Behauptung der Beklagten auf neun Zehntel aller Verbindlichkeiten belaufen sollen, mit fünf Gläubigern einen Vertrag ab, durch welchen nach der Erklärung der Beteiligten eine gleichmäßige und möglichst vollständige Befriedigung ihrer Gläubiger herbeigeführt werden sollte. Sie übertrug nämlich ihr ganzes Vermögen den erwähnten fünf Gläubigern, wogegen diese die Verpflichtung übernahmen, das Aktivvermögen zu verwalten, möglichst vorteilhaft zu verwerten und den Erlös gleichmäßig unter alle vorhandenen Gläubiger zu verurteilen. Der klagende Verein war anscheinend mit diesem Vorgehen nicht einverstanden. Er bewirkte wegen eines bestimmten Wechsels ein Urteil gegen die Teilhaber der Gesellschaft und erhob dann Klage gegen die Gläubiger, welchen das Vermögen übertragen worden war, mit dem Antrage, dieselben zu verurteilen, die Zwangsvollstreckung in das in ihrem Besitze befindliche Vermögen der Schuldnerin zu dulden. Zur Begründung dieses Antrages wurde ausgeführt, es handele sich um einen Scheinvertrag; jedenfalls sei der Vertrag dem Kläger gegenüber nach § 3 des Anfechtungsgesetzes unwirksam. Die Beklagten machten geltend, der Vertrag enthalte eine ernstliche Veräußerung und gereiche allen Gläubigern, auch dem Kläger, zum Vorteile. Sie beantragten Abweisung der Klage, und mittels Widerklage eine Feststellung, daß dem Kläger auch wegen seiner übrigen Forderungen ein Recht auf Zwangsvollstreckung in das streitige Vermögen nicht zustehe. Das Landgericht sprach die Klage zu, weil § 3 Ziff. 1 des Anfechtungsgesetzes zutreffe, und wies die Widerklage ab; das Kammergericht wies die Berufung der Beklagten zurück. Auf deren Revision wurde aber das angefochtene Urteil vom Reichsgerichte hinsichtlich der Entscheidung über die Klage aufgehoben, und die Sache zu anderweiter Verhandlung und Entscheidung an das Berufungsgericht zurückverwiesen.

Aus den Gründen:

... „Soweit es sich hinsichtlich der Klage um den Begriff der Benachteiligung eines Gläubigers im Sinne des Reichsgesetzes vom 21. Juli 1879 handelt, ist zwar das Berufungsgericht, das sich im wesentlichen an die Rechtsprechung des Reichsgerichtes angeschlossen hat, von richtigen Sätzen ausgegangen. Es hat mit Recht angenommen, jeder Gläubiger, dem durch eine vom Schuldner vorgenommene Veräußerung der an sich mögliche Zugriff auf dessen Vermögen oder auf einzelne Bestandteile desselben unmöglich gemacht werde, sei durch diesen Vertrag benachteiligt, sofern dadurch nicht ein Entgelt in das Vermögen des Schuldners gelange, das einen Ersatz für die veräußerten Gegenstände bilde und zu seiner Befriedigung dienen könne. Die in dieser Richtung erhobenen Angriffe konnten deshalb keinen Erfolg haben. Der Umstand, daß der die Veräußerung anfechtende Gläubiger infolge des angefochtenen Vertrages ebensoviel erhalten werde, als bei einer gleichmäßigen Verteilung des vorhandenen Vermögens unter alle Gläubiger auf ihn treffen würde, schließt nicht aus, daß er durch diesen Vertrag benachteiligt wird; denn er hat, solange ein Konkursverfahren nicht eröffnet worden ist, das Recht, sich durch einseitiges Vorgehen gegen den Schuldner auf dem Wege der Zwangsvollstreckung volle Befriedigung zu verschaffen. Wird ihm dieses lediglich dadurch unmöglich gemacht, daß der Schuldner sein ganzes Vermögen oder einzelne Teile desselben veräußert, so wird ihm dadurch eine Befriedigung entzogen, auf welche er Anspruch hatte. Diese Benachteiligung braucht er sich nicht aus dem Grunde gefallen zu lassen, weil er immerhin soviel erhalte, wie die übrigen Gläubiger. Im vorliegenden Falle ist nun dem Kläger durch den angefochtenen Vertrag der Zugriff auf das Vermögen seines Schuldners dadurch unmöglich gemacht worden, daß dieses Vermögen von letzterem unter Zustimmung der großen Mehrzahl seiner Gläubiger auf die Beklagten übertragen wurde, welche dagegen die Verpflichtung übernahmen, die vorhandenen Vermögensstücke bestmöglich zu verwerten und den Erlös gleichmäßig unter alle Gläubiger zu verteilen. Auch ist der von den Revisionsklägern erhobene Einwand, die letztere Verpflichtung bilde ein hinreichendes Entgelt für die veräußerten Vermögensbestandteile, mit dem sich auch der Kläger begnügen müsse, nicht durchschlagend. Diese Gegenleistung kann nämlich für den Kläger nicht den Gegenstand einer Zwangsvollstreckung bilden; sie giebt ihm, da das vorhandene Vrrmögen nicht zur Befriedigung aller Gläubiger ausreicht, nicht die Möglichkeit, sich vollständige Befriedigung zu verschaffen. Hätte er, falls der angefochtene Vertrag nicht abgeschlossen worden wäre, Aussicht gehabt, diese mittels Pfändung zu erlangen, so würde deshalb ohne weiteres anzunehmen sein, er sei durch diesen Vertrag benachteiligt worden. Anders liegt die Sache aber, wenn eine solche Aussicht nicht bestand, sondern unzweifelhaft feststeht, daß lediglich der Abschluß des Vertrages die Eröffnung des Konkursverfahrens verhinderte, also, wenn er nicht zustande gekommen wäre, eine Pfändung überhaupt nicht hätte erfolgen können, oder, wenn sie stattgefunden hätte, doch unzweifelhaft mit Erfolg angefochten worden wäre. In einem solchen Falle steht nicht ohne weiteres fest, daß die Veräußerung des Vermögens dem anfechtenden Gläubiger zum Nachteile gereicht. Liegt aber eine Benachteiligung nicht vor, so kann er eine seine Befriedigung in gleichem oder in höherem Maße als das Konkursverfahren sichernde Veräußerung des ganzen Vermögens ebensowenig mit Erfolg anfechten, wie die Veräußerung eines Grundstückes, das mit Pfandrechten überlastet ist, durch dessen zwangsweise Veräußerung er sich sonach Befriedigung nicht verschaffen könnte. Im vorliegenden Falle hatten nun die Beklagten in der Berufungsinstanz den Beweis erboten, daß das Konkursverfahren ohne weiteres beantragt und eröffnet worden wäre, wenn die Gläubiger nicht den angefochtenen Vertrag mit dem Schuldner abgeschlossen hätten, daß sonach Kläger niemals volle Befriedigung, sondern nur eine Konkursdividende hätte erlangen können, welche in keinem Falle mehr, voraussichtlich sogar weniger als dasjenige betragen hätte, was er von den Beklagten erhalten werde. Die Erhebung dieses Beweises hat das Berufungsgericht unterlassen; die dafür gegebene Begründung reicht aber nicht aus, um die Ablehnung des Beweisanerbietens zu rechtfertigen. Der vom Berufungsgerichte hervorgehobene Umstand, daß dem Kläger, abgesehen von einer etwaigen Anfechtung, das Recht auf vollständige Befriedigung zustand, verliert nämlich jede Bedeutung, wenn festgestellt wird, daß es zu einer Pfändung überhaupt nicht kommen konnte, oder sie unter allen Umständen mit Erfolg angefochten worden wäre. In dieser Beziehung kommt auch in Betracht, daß der Kläger, wie der Thatbestand des Urteiles erster Instanz ergiebt, erst am 27. Mai 1896 ein Urteil gegen die Schuldner erwirkt hat, während diese schon am 25. April 1896 ihre Zahlungen eingestellt und nach einer stattgehabten Gläubigerversammlung den angefochtenen Vertrag mit den Beklagten abgeschlossen hatten,. also von vornherein eine große Wahrscheinlichkeit dafür spricht, daß ohne diese Vereinbarung viel früher, als der Kläger zur Zwangsvollstreckung schreiten konnte, das Konkursverfahren eröffnet worden wäre. Eine Benachteiligung des Klägers könnte zwar dessenungeachtet durch den angefochtenen Vertrag herbeigeführt worden sein, wenn die Personen der Beklagten ihm keine genügende Bürgschaft dafür böten, daß er in gleicher Weise Befriedigung erhalten werde, wie es im Falle der Konkurseröffnung zu erwarten gewesen wäre. Dies hat jedoch das Berufungsgericht nicht festgestellt. Es hat die durch den Vertrag geschaffene Sachlage nicht mit dem zu erwartenden Ergebnis eines Konkursverfahrens, sondern lediglich mit dem Falle verglichen, daß der Kläger eine wirksame Pfändung und damit ein Pfändungspfandrecht erlangt haben würde. Durch den angebotenen Beweis soll aber gerade festgestellt werden, daß dieser Fall vollständig ausgeschlossen war. Ob von dem erwähnten Gesichtspunkte aus in dem streitigen Vertrage eine Benachteiligung des Klägers enthalten ist, wird noch zu prüfen sein. Die Gläubiger brauchen sich allerdings nicht gefallen zu lassen, daß ihnen durch Mehrheitsbeschluß ein außergerichtliches Liquidationsverfahren aufgezwungen wird, sondern können verlangen, daß ein gerichtliches Konkursverfahren eröffnet werde. Wenn aber ein Gläubiger, wie es der Kläger gethan hat, hiervon absieht und einseitig auf dem Wege der Zwangsvollstreckung vorgehen will, um dadurch einen Vorzug vor den übrigen Gläubigern zu erlangen, kann er Veräußerungen der vorliegenden Art gemäß § 3 des Anfechtungsgesetzes nur dann mit Erfolg anfechten, wenn er nachweisen kann, daß er dadurch benachteiligt worden ist. Nur in diesem Falle, nicht unter allen Umständen, kann er verlangen, daß der Vertrag ihm gegenüber für unwirksam erklärt werde. Steht, wie die Beklagten behaupten, unzweifelhaft fest, daß ohne den Vertrag sofort das Konkursverfahren eröffnet worden wäre, und daß ihre Thätigkeit dem Kläger volle Sicherheit dafür gewährt, er werde mindestens eine ebenso hohe, wahrscheinlich eine höhere Dividende erhalten, als im Falle der Konkurseröffnung, gereicht ferner, wie auch der Kläger früher selbst zugegeben haben soll, der Vertrag sämtlichen Gläubigern im Vergleiche mit einem Konkursverfahren zum Vorteile, so kann der Kläger nicht mit der Behauptung durchdringen, daß er durch diesen Vertrag benachteiligt worden sei. Daß ihm (theoretisch) ein Recht auf vollständige Befriedigung zustand, und er diese, falls es nicht zum Konkursverfahren gekommen wäre, ohne den angefochtenen Vertrag und das Dazwischenkommen anderer Gläubiger vielleicht hätte erreichen können, genügt nicht zur Begründung der Anfechtungsklage." ...

---

24. Ist für die Frage, ob der Konkursverwalter die von ihm nach § 74 der Konkursordnung zu vertretende Sorgfalt beobachtet oder verletzt habe, das Landesrecht maßgebend? Rechtsirrtum des Konkursverwalters über zweifelhafte Rechtsfragen.

VI. Civilsenat. Urt. v. 5. Juli 1897 i. S. M. (Kl.) w. B. (Bekl.). Rep. VI. 204/97.

I. Landgericht I Berlin.
II. Kammergericht daselbst.

Gründe:

„Am 17. Januar 1893 wurde von dem Amtsgerichte Sch. infolge einer dies anordnenden Entscheidung des Landgerichtes zu A. der Konkurs über das Vermögen der Waldbrauerei-Aktiengesellschaft Bergedorf in B. eröffnet; zum Konkursverwalter wurde der Beklagte bestellt. Der Betrieb der Brauerei wurde fortgesetzt; zum Zwecke desselben lieferte der Kläger auf Bestellung des Beklagten im März 1893 drei Ballen Hopfen zum Preise von 1585 ℳ, der am 15. Juli 1893 gezahlt werden sollte. Der Beschluß, durch den die Konkurseröffnung verfügt war, wurde auf Beschwerde durch oberlandesgerichtlichen Beschluß vom 20. April 1893 wieder aufgehoben, und die hiergegen erhobene Beschwerde vom Reichsgericht durch Beschluß vom 16. Mai 1893, der am 1. Juni zugestellt wurde, verworfen; darauf hat das Amtsgericht die Aufhebung des Konkursverfahrens verfügt und am 10. Juni 1893 bekannt gemacht.

Der Beklagte, der genügende Mittel zur Befriedigung des Klägers in der Hand hatte, lieferte, ohne dessen Forderung zu bezahlen oder für deren Sicherstellung Vorkehrung zu treffen, die Masse alsbald an die Aktiengesellschaft ab. Von dieser wurde Zahlung ebenfalls nicht geleistet; vielmehr wurde am 8. August 1893 nochmals und nunmehr endgültig über deren Vermögen Konkurs eröffnet; in diesem ist eine erhebliche Dividende nicht zu erwarten.

Der Kläger verlangt deshalb unter dem Erbieten zur Abtretung des auf seine Forderung im Konkurse entfallenden Betrages Bezahlung derselben von dem Beklagten, indem er unter Bezugnahme auf das in den Entsch. des R.G.'s in Civils. Bd. 36 S. 93 flg. veröffentlichte Urteil vom 15. November 1895 angenommen wissen will, daß der Beklagte verpflichtet gewesen sei, die Masseforderung des Klägers zu befriedigen oder sicher zu stellen, und sich durch Nichterfüllung dieser Obliegenheit für den dem Kläger verursachten Schaden persönlich haftbar gemacht habe.

Die erste Instanz hat angenommen, daß der Beklagte die bezeichnete Verpflichtung nicht gehabt habe, und aus diesem Grunde die Klage abgewiesen. Das Oberlandesgericht hat dahingestellt gelassen, ob dieser Auffassung des Landgerichtes beizustimmen sei, und die Klagabweisung in folgender Weise begründet: da der Beklagte mit dem Kläger nicht für seine Person, sondern als Verwalter der Konkursmasse Rechtsgeschäfte abgeschlossen, und sich dabei in den Grenzen der ihm gesetzlich zugewiesenen Funktion gehalten habe, sei ein vertragsmäßiger Anspruch des Klägers gegen ihn nicht begründet; ein Anspruch könnte vielmehr nur dann angenommen werden, wenn der Beklagte die ihm gesetzlich obliegenden Verpflichtungen schuldhafterweise verletzt und dadurch den Kläger geschädigt hätte. Da die Verwaltung an einem im Gebiete des gemeinen Rechtes gelegenen Orte geführt worden sei, müßten dessen Bestimmungen — neben denjenigen der Konkursordnung — für das streitige Rechtsverhältnis als maßgebend erachtet werden. Nun sei die Forderung des Klägers aus den von ihm mit dem Beklagten abgeschlossenen Kaufverträgen erst am 15. Juli 1893 fällig geworden; es hätten auch bis zur Aufhebung des Konkurses keine besonderen Umstände vorgelegen, welche einen Anspruch des Klägers auf Sicherstellung seiner Forderung zu begründen geeignet gewesen wären. Eine Verschuldung des Beklagten könnte somit allein darin gefunden werden, daß er es in der Zeit zwischen der Zustellung der die Aufhebung des Konkurses anordnenden reichsgerichtlichen Entscheidung und dem zweiten Tage nach Veröffentlichung der Konkursaufhebung unterlassen habe, die Forderung des Klägers zu bezahlen oder sicher zu stellen, obwohl, wie unstreitig sei, hierzu genügende Mittel vorhanden gewesen seien. Ein Verschulden sei aber hierin auch dann nicht zu erblicken, wenn man sich bezüglich der Auslegung der Konkursordnung auf den von dem Reichsgerichte in dem Urteile vom 15. November 1895 vertretenen Standpunkt stelle. Denn die Konkursordnung enthalte keine ausdrückliche Bestimmung, durch welche dem Beklagten das bezeichnete Verhalten vorgeschrieben gewesen wäre; ebensowenig sei zu der hier in Betracht kommenden Zeit die nachmals vom Reichsgerichte angenommene Auffassung in der Theorie und Praxis die herrschende oder, soviel ersichtlich, nur überhaupt ausgesprochen gewesen. Bei dieser Sachlage, und da die Frage, wie der Konkursverwalter in einem Falle der in Rede stehenden Art zu verfahren habe, jedenfalls als zweifelhaft bezeichnet werden müsse, sei es nach gemeinem Rechte entschuldbar, wenn der Beklagte, wie er glaubhaft versichere, der Meinung gewesen sei, daß er zur Bezahlung oder Sicherstellung der Forderung des Klägers nicht verpflichtet, noch auch nur berechtigt sei, auch wenn diese Meinung als rechtsirrtümlich angesehen werden müßte. Die Revision hat diese Ausführungen nur insoweit angegriffen, als sie dahin gehen, daß der dem Beklagten beigemessene Rechtsirrtum entschuldbar, und sein durch denselben veranlaßtes Verhalten nicht als Verschuldung anzusehen sei; es können aber die insoweit erhobenen Angriffe, wenigstens hinsichtlich des Ergebnisses, zu dem die Vorinstanz gelangt ist, nicht als begründet anerkannt werden.

Diese Angriffe würden sich ohne weiteres als unbeachtlich darstellen, wenn, wie die Revision angenommen wissen will, die Frage, ob ein Rechtsirrtum des Beklagten entschuldbar sei, oder nicht, nach gemeinem Rechte zu beurteilen wäre; denn bei dieser Annahme würden die die Bejahung dieser Frage begründenden rechtlichen Darlegungen der Vorinstanz der Nachprüfung des Reichsgerichtes im vorliegenden Falle entzogen sein, weil das gemeine Recht nicht zu den im Gebiete des Berufungsgerichtes geltenden Rechtsnormen gehört (§ 511 C.P.O.). Indes kann diese Erwägung für die Beurteilung der Revision nicht entscheidend sein, weil nach der Bestimmung in § 74 K.O., wonach der Konkursverwalter die Sorgfalt eines ordentlichen Hausvaters anzuwenden hat, nicht nur für die Frage, welches Maß von Sorgfalt er hinsichtlich der Erfüllung seiner Obliegenheiten zu vertreten hat, sondern auch für die, durch welche Umstände bei einem Verstoße gegen die Vorschriften der Konkursordnung ein Verschulden desselben ausgeschlossen wird, die Beurteilung nach landesrechtlichen Rechtsnormen unstatthaft erscheint. Es muß nämlich, wie dies bei ähnlichen Bestimmungen von Reichsgesetzen, z. B. bei Art. 282 H.G.B., bei den §§ 1. 2 des Haftpflichtgesetzes vom 7. Juni 1871, geschehen ist, auch bei § 74 K.O. angenommen werden, daß dadurch einheitliches Recht für das ganze Deutsche Reich hat geschaffen werden sollen; es ist dies auch in den Motiven zu diesem Paragraphen ausdrücklich hervorgehoben worden, indem sie aussprechen, es wäre unangemessen, den Grad der Verantwortlichkeit des Verwalters nicht für das ganze Reichsgebiet gleichmäßig festzusetzen. Die hiernach beabsichtigte Einheitlichkeit des Rechtes würde nicht bestehen, wenn die in den einzelnen deutschen Rechtsgebieten geltenden landesrechtlichen Bestimmungen darüber, in welchen Fällen die Sorgfalt eines ordentlichen Hausvaters als gewahrt, oder verletzt zu gelten habe, und welche Bedeutung insoweit insbesondere einem Irrtum beizumessen sei, zur Anwendung zu bringen wären. Es muß deshalb diese Frage bei Anwendung des § 74 K.O. nach einheitlichen, aus der Natur der Sache und allgemeinen Rechtsprinzipien abzuleitenden Erwägungen beurteilt werden, und die gemein- und partikularrechtlichen Sondervorschriften kommen nur insoweit in Betracht, als sie Bezeugungen der in Deutschland zur Herrschaft gelangten allgemeinen Rechtsanschauung sind, nicht aber als an sich maßgebende Rechtsnormen.

Von diesem Standpunkte aus muß nun allerdings davon ausgegangen werden, daß sich regelmäßig niemand den Folgen seiner Handlungsweise durch die Berufung darauf, daß er das geltende

Recht nicht gekannt oder falsch verstanden habe, entziehen könne. Im vorliegenden Falle handelt es sich aber um einen Anspruch, der lediglich auf ein angeblich schuldhaftes Verhalten des Beklagten gestützt wird, und ein solches kann begriffsmäßig nur angenommen werden, wenn das in Frage stehende Verhalten nicht nur objektiv wider das Gesetz verstößt, sondern auch dem, der dafür haftbar gemacht werden soll, subjektiv zum Vorwurfe gemacht werden kann. Die Frage, ob der Beklagte für den dem Kläger erwachsenen Schaden aufkommen müsse, könnte deshalb auch bei Annahme der in dem Urteil vom 15. November 1895 vertretenen Auslegung der Konkursordnung ohne weiteres nur dann bejaht werden, wenn sich von dem oben bezeichneten Standpunkte aus mit Grund behaupten ließe, daß ein Irrtum über den Inhalt einer Rechtsnorm immer schlechthin als unentschuldbar gelten müsse. Das ist nicht der Fall. Aus logischen Erwägungen oder unter Berücksichtigung der Erfahrungen des Rechtslebens läßt sich ein solcher Satz unzweifelhaft nicht begründen; der Gesetzgeber selbst ist sich der Thatsache, daß die Gesetze in ihrer Bedeutung und Tragweite nicht selten zweifelhaft sind, und demnach auch bei gewissenhaftester Prüfung Rechtskundige bezüglich derselben Rechtsfrage zu abweichenden Ergebnissen gelangen können, sehr wohl bewußt und hat dies z. B. durch die Vorschrift in § 137 G.V.G. geradezu anerkannt; er ist also von der Anschauung, die Kühne in dem in den Jahrbüchern für Dogmatik rc. Bd. 17 S. 11 flg. veröffentlichten Aufsatze vertreten hat, weit entfernt. Aber auch Gründe der Zweckmäßigkeit, insbesondere die hier in Betracht kommende Rücksicht auf die Verkehrssicherheit, haben in Deutschland nicht dazu geführt, den Satz, daß Rechtsirrtum nicht als entschuldbar behandelt werden dürfe, zur ausnahmslosen Regel zu machen. Nach gemeinem Rechte ist die Regel ignorantiam juris cuique nocere unbestritten durch verschiedene Ausnahmen, welche insbesondere den subjektiven Verhältnissen des Irrenden Rechnung tragen, durchbrochen; der Streit, der insoweit besteht, beschränkt sich darauf, wieweit diese Ausnahmen sich erstrecken; das sächsische Bürgerliche Gesetzbuch erkennt, wenn es in § 97 den Satz aufstellt, daß sich in der Regel niemand auf die Unkenntnis eines gehörig bekannt gemachten Gesetzes beziehen könne, an, daß Ausnahmen möglich sein sollen; auch für das Gebiet des preußischen Landrechtes ist in dem Urteil des V. Civilsenates des

Reichsgerichtes vom 13. März 1887 (Entsch. des R.G.'s in Civilf. Bd. 18 S. 261 flg.) ausgesprochen, daß, soweit nicht die Bestimmung in § 12 Einl. zum A.L.R. entgegensteht, unter Umständen auch ein Rechtsirrtum als entschuldbar gelten dürfe. Das neue deutsche Bürgerliche Gesetzbuch steht ebenfalls auf diesem Standpunkte; in dem der Kommission zur Ausarbeitung des Entwurfes eines Bürgerlichen Gesetzbuches von dem Redaktor des allgemeinen Teiles vorgelegten Entwurfe war ein dahin gehender Satz in § 106 ausdrücklich ausgesprochen; er wurde auch von der Kommission gebilligt (Protokoll über die 29. Sitzung) und ging — in veränderter Fassung — in den im Jahre 1888 veröffentlichten Entwurf der Kommission (§ 146) über. Später ist die betreffende Bestimmung allerdings beseitigt worden; jedoch nur, weil angenommen wurde, daß sie entbehrlich sei, indem es genüge, daß daß Gesetz zwischen thatsächlichem und rechtlichem Irrtum nicht unterscheide (Beratungen der Kommission für die zweite Lesung, 29. Sitzung).

Hiernach muß es als ein in der jetzigen deutschen Rechtsanschauung zur Anerkennung gelangtes Prinzip angesehen werden, daß ein Rechtsirrtum nicht immer und nicht schlechthin als eine Verschuldung des Irrenden behandelt werden dürfe. Bei der hiernach erforderlichen Prüfung, ob im vorliegenden Falle das Verhalten des Beklagten, seine objektive Rechtswidrigkeit angenommen, als Vernachlässigung der Sorgfalt eines ordentlichen Hausvaters zu betrachten sei, ist der dies verneinenden Auffassung der Vorinstanz und den dafür geltend gemachten Erwägungen zuzustimmen. Eine ausdrückliche Vorschrift darüber, wie sich der Verwalter dann, wenn der die Konkurseröffnung anordnende Gerichtsbeschluß mit Erfolg angefochten, und deshalb das — zu Unrecht eingeleitete — Verfahren wieder aufgehoben wird, bezüglich der Masseschulden zu verhalten habe, enthält die Konkursordnung nicht; die Meinung, daß in solchem Falle der Verwalter Masseschulden, die noch nicht fällig sind, sicherstellen müsse, war auch zu der hier maßgebenden Zeit in keinem der gebräuchlichen Kommentare oder Lehrbücher aufgestellt; ebensowenig waren etwaige dies aussprechende richterliche Entscheidungen, dafern solche überhaupt ergangen sein sollten, allgemein bekannt geworden. Der Beklagte hätte daher zu der Ansicht, daß er in der bezeichneten Weise vorzugehen habe, nur durch theoretische Erwägungen gelangen können. Es mag nun zugegeben werden, daß die Auffassung, daß die in § 176 Abs. 1 K.O. für den Fall des Zwangsvergleiches aufgestellte Regel keine ausschließlich für diesen Spezialfall berechnete Sondervorschrift sei, sondern auch sonst noch Platz zu greifen habe, für die in den §§ 188 flg. K.O. geregelten Fälle geboten erscheint; es ist dies auch in den Motiven zu § 191 K.O. ausdrücklich hervorgehoben. Allein es kann nicht anerkannt werden, daß die Anwendbarkeit jener Regel für den hier vorliegenden Fall, wo der die Konkurseröffnung aussprechende Gerichtsbeschluß von der Oberinstanz wieder beseitigt, und das Verfahren nicht eingestellt, sondern aufgehoben wird, dergestalt zweifellos sei, daß sich die entgegengesetzte Meinung als schlechthin unhaltbar bezeichnen ließe; es deuten auch die Motive hier in keiner Weise an, daß dem Verwalter eine Fürsorge für die Massegläubiger obliege, und von zwei der namhaftesten Bearbeiter des Konkursrechtes, v. Wilmowski und Petersen, ist die in dem reichsgerichtlichen Urteile vom 15. November 1895 befolgte Gesetzesauslegung direkt bekämpft worden.

War hiernach die Frage, in welcher Weise der Beklagte nach der Zustellung der den Konkurseröffnungsbeschluß aufhebenden oberrichterlichen Entscheidungen bezüglich der nicht fälligen Forderung des Klägers zu verfahren hatte, dergestalt zweifelhaft, daß sich auch für die von ihm befolgte Meinung gute Gründe anführen lassen, so kann ihm ein Verschulden nicht zur Last gelegt werden. Im gemeinen Recht ist die Frage, ob bei bestrittenen Rechtssätzen ein Irrtum entschuldbar sei, oder nicht, streitig; sie wird von angesehenen Rechtslehrern, z. B. von v. Savigny, Baron, v. Wächter (auf welchen letzteren sich die Revision mit Unrecht für die gegenteilige Meinung berufen hat; vgl. seine Pandekten § 72 Anm. II, 1 S. 355, sein Württembergisches Privatrecht Bd. 1 § 21 unter 1 S. 124, seine Schrift: Die bona fides ꝛc S. 121) bejaht. Ob dem für das gemeine Recht gegenüber den in den Quellen enthaltenen Einzelbestimmungen beizutreten sei, kann hier dahingestellt bleiben; jedenfalls muß hier, von dem oben gekennzeichneten Standpunkte aus, das Vorhandensein einer Verschuldung dann verneint werden, wenn der Inhalt des Gesetzes mehrfache Deutungen zuläßt, und die den Vorzug verdienende Auslegung durch die Wissenschaft und Praxis noch nicht festgelegt ist. Das römische Recht begründet den Satz, daß Rechtsirrtum regelmäßig nicht entschuldbar sei, mit der Erwägung: „cum jus finitum et possit esse et debeat" (l. 2 Dig. de jur. et f. ign. 22, 6); gerade diese Erwägung aber erfordert die Konsequenz, daß eine Verschuldung nicht angenommen werden darf, wenn das in Betracht kommende Gesetz unbestimmt ist und auch für den Rechtskundigen eine mehrfache Auffassung zuläßt. Die weitere Erwägung, daß man in zweifelhaften Fragen den Rat von Rechtsverständigen einholen müsse,

vgl. l. 9 § 3 h. t., Windscheid, Pandektenrecht § 79a Anm. 5, Bd. 1 S. 239 der 6. Aufl.,

kann im gegebenen Falle schon deswegen nicht gegen den Beklagten verwertet werden, weil er selbst Rechtsanwalt war; übrigens liegt nicht der mindeste Anhalt dafür vor, daß, wenn er bei einem der Rechtskundigen, die sich speziell mit der Bearbeitung des Konkursrechtes befaßt haben, angefragt hätte, ihm eine Bescheidung zu teil geworden wäre, die mit der in dem Urteil vom 15. November 1895 angenommenen Auffassung übereingestimmt hätte; der Umstand, daß v. Wilmowski und Petersen später dieser Auffassung entgegengetreten sind, weist vielmehr auf die gegenteilige Annahme hin. Es wäre daher unmöglich, zwischen der Unterlassung einer solchen Ratseinholung und dem für den Kläger erwachsenen Schaden einen ursächlichen Zusammenhang zu statuieren.

Auch der von Hölder in seinen Pandekten § 45 Anm. 4 S. 233 ausgesprochene Satz, wer seine Unsicherheit durch eigene Wissenschaft oder erhaltene Belehrung kenne, der handele auf seine Gefahr, kann wenigstens in einem Falle der hier vorliegenden Art nicht zur Annahme einer Verschuldung führen. Der Beklagte hatte nicht die Wahl, ob er überhaupt etwas thun, oder lassen wollte; er mußte in der einen oder anderen Weise verfahren; bei solcher Sachlage kann von einem Handeln eines Konkursverwalters auf eigene Gefahr nicht die Rede sein.

Wenn endlich die Revision meint, der Beklagte hätte, wenn der richtige Weg zweifelhaft war, den minder gefährlichen wählen müssen, und das sei der gewesen, die Forderung des Klägers sicher zu stellen, so ist auch das unzutreffend. Es handelte sich nicht bloß darum, ob der Beklagte eine solche Sicherstellung vornehmen mußte, sondern auch darum, ob er es durfte. Ist die von v. Wilmowski und

Petersen vertretene Gesetzesauslegung die richtige, so handelte der Beklagte rechtswidrig, wenn er der Waldbrauerei nicht alsbald deren gesamtes in seine Verwaltung gekommenes Vermögen zurückgab; es war auch durchaus nicht ausgeschlossen, daß der Brauerei, wenn der Beklagte sie in der freien Verfügung über die vorhandenen Werte durch Sicherstellung der Massegläubiger beschränkte, Schade erwachsen konnte. Der Beklagte konnte sich daher durch Zweckmäßigkeitsrücksichten der von der Revision bezeichneten Art nicht leiten lassen.

Es war nach alledem der vorigen Instanz in dem Ergebnisse, zu dem sie gelangt ist, beizupflichten, und demgemäß die Revision zurückzuweisen. Allerdings hat der III. Civilsenat in seinem oft-erwähnten Urteile ausgesprochen, daß der Beklagte „für die schuldhafte Nichterfüllung" seiner Pflicht zur Befriedigung oder Sicherstellung des damaligen Klägers persönlich aus § 74 K.O. verantwortlich sei. Dies nötigt indes nicht, das in § 137 G.V.G. vorgeschriebene Verfahren einzuschlagen. Einmal erhellt nicht, daß in dem früheren Falle die Forderung des Klägers erst nach der Aufhebung des Konkursverfahrens fällig gewesen ist, also der gleiche Sachstand vorgelegen hat, wie jetzt. Abgesehen aber hiervon hat in dem älteren Prozesse die Frage, ob der Beklagte, wenn er irrig die Konkursordnung in dem von dem III. Civilsenat reprobierten Sinne ausgelegt, schuldhaft gehandelt habe, nicht den Gegenstand des Streites gebildet; es hat vielmehr damals, so viel ersichtlich, der Beklagte einen Einwand dahin, daß sein etwaiger Rechtsirrtum entschuldbar sei, gar nicht erhoben." ...

---

25. Sind ausländische Aktien, welche nicht zum vollen Betrage eingezahlt sind, nur mit dem eingezahlten Betrage, oder mit ihrem vollen Nennwerte zur Reichsstempelsteuer heranzuziehen?

Reichsstempelgesetz vom 27. April 1894 Tarifnummer 1b.

III. Civilsenat. Urt. v. 13. Juli 1897 i. S. preuß. Fiskus (Bekl.) w. Frankfurter Filiale der D. B. (Kl.). Rep. III. 85/97.

I. Landgericht Kassel, Kammer für Handelssachen.
II. Oberlandesgericht daselbst.

Die Bank für elektrische Unternehmungen in Zürich hat nach Einzahlung von 50 Prozent des Nennwertes Aktien ausgegeben, welche auf ihrer Vorderseite die Aufschrift tragen:

„Fr. 1000
Aktie
von
Eintausend Franken.

Der Inhaber dieser Aktie ist nach Maßgabe des auf dieselbe einbezahlten Betrages bei der Bank für elektrische Unternehmungen als Aktionär mit allen Rechten und Pflichten beteiligt, die statutengemäß mit dem Besitze von Aktien der Gesellschaft verbunden sind.

Auf diese Aktie sind zur Zeit 50% gleich Fünf Hundert Franken einbezahlt.
Weitere Einzahlungen werden am Fuße dieses Titels bescheinigt."

Bei Gelegenheit der inländischen Versteuerung von 1000 Stück dieser Aktien forderte das Hauptsteueramt zu F. die Reichsstempelsteuer mit 12 ℳ ($1^1/_2$ Prozent von 1000 Frs. oder 800 ℳ) für jede Aktie ein; die zahlungspflichtige Bankfiliale gestand nur 6 ℳ ($1^1/_2$ Prozent von 400 ℳ) zu, zahlte den Mehrbetrag nur mit Vorbehalt und forderte ihn auf dem Klagewege zurück. Erstinstanzlich wurde diese Klage abgewiesen, zweitinstanzlich zugesprochen, in der Revisionsinstanz aber die erstinstanzliche Entscheidung wieder hergestellt aus folgenden

Gründen:

„Es steht in Frage, ob die steuerpflichtigen Aktien mit dem vollen Nennwert von je 1000 Frs.=800 ℳ, wie die erste Instanz erkannt hat, oder nur mit dem darauf eingezahlten Betrage von je 500 Frs.=400 ℳ, wie die zweite Instanz angenommen hat, zur Reichsstempelsteuer heranzuziehen sind. Die hierfür maßgebende Vorschrift des Reichsstempelgesetzes vom 27. April 1894, Tarifnummer 1b, wonach ausländische Aktien, wenn sie im Inlande ausgehändigt, veräußert, verpfändet 2c werden, einer Abgabe von $1^1/_2$ Prozent vom Nennwerte, ausländische Interimsscheine über Einzahlungen auf solche Wertpapiere unter der gleichen Voraussetzung einer Abgabe von $1^1/_2$ Prozent vom Betrage der bescheinigten Einzahlungen unterliegen, ist an sich klar und unzweideutig. Zweifel sind nur dadurch entstanden, daß die Bank für elektrische Unternehmungen in Zürich in Gemäßheit von Art. 636 des schweizerischen Gesetzes über das Obligationenrecht und auf Grund von § 12 ihrer Statuten (abweichend von Art. 215c Abs. 3 des deutschen Handelsgesetzbuches) schon nach Einzahlung von 50 Prozent des Nennwertes, also von 500 Frs., volle Inhaberaktien über je 1000 Frs. ausgegeben hat, und daß diese Aktien in den inländischen Verkehr gelangt sind. Mit Recht will die Revision diese Zweifel zu Gunsten der Versteuerung des vollen Nennwertes entschieden wissen.

In erster Instanz hatte die Klägerin ihr Verlangen, daß die Steuer nur von dem eingezahlten Betrage erhoben werde, auf die Auffassung gestützt, daß derartige, nicht voll eingezahlte Aktien ebenso wie Interimsscheine zu behandeln seien. Zutreffend hat indes bereits das Landgericht diese Auffassung verworfen. Denn derartige Aktien, welche die vollen Rechte des Aktionärs gewähren, unterscheiden sich wesentlich von den Interimsscheinen, welche die Aktien nur bis zu deren Ausgabe vertreten und das Recht auf den Bezug derselben verleihen; beide werden auch in der schweizerischen Gesetzgebung, und insbesondere in dem vorliegenden Statut der Bank für elektrische Unternehmungen, §§ 5, 8, 12, voneinander unterschieden. Der bestimmten und unzweideutigen Vorschrift des in Betracht kommenden Steuergesetzes gegenüber erscheint daher eine entsprechende Anwendung der für Interimsscheine gegebenen Vorschrift hier ausgeschlossen.

Auf eine andere Erwägung hat der vorige Richter die von ihm angenommene Beschränkung der Besteuerung gestützt. Derselbe geht davon aus, daß die Stempelsteuer auf der Aktie als der Urkunde über das Anteilsrecht am Gesellschaftsvermögen ruhe, und daß, wenn aus der Aktie selbst hervorgehe, daß nicht der Betrag, über welchen sie ausgestellt ist, sondern ein geringerer Betrag die Anteilsziffer des Aktionärs an dem Gesellschaftsvermögen darstellt, nur dieser geringere Betrag als Nennwert zu versteuern sei. Da nun im vorliegenden Falle aus der Aktie hervorgehe, daß nur 500 Frs. auf die über 1000 Frs. ausgestellte Aktie eingezahlt seien, und daß der Inhaber nach Maßgabe dieser Einzahlung als Aktionär beteiligt sei, so werde nur der Betrag von 500 Frs. von der Steuerpflicht getroffen. Allein das Berufungsgericht übersieht hierbei, daß, wenn auch die Steuer an sich auf der Aktie als der Urkunde über das Anteilsrecht des Aktionärs ruht, doch nach dem Reichsstempelgesetz für den Betrag der Steuer lediglich der Nennwert, zu dem sich die Aktie selbst darstellt, maßgebend ist, daß in dieser Beziehung die ausländischen Aktien, sobald sie einmal mit voller rechtlicher Wirksamkeit ausgegeben sind, den inländischen gleichstehen, und daß in dem Gesetze („die Abgabe ist von jedem Stück nur einmal zu entrichten") nur von der einmaligen Versteuerung jeder Aktie, nicht aber von der Nachversteuerung späterer darauf geleisteter Einzahlungen die Rede ist. Es unterliegt ferner keinem Zweifel, daß der den vorliegenden Aktien aufgedruckte Nennwert von 1000 Frs. durch die spätere Bemerkung, daß „auf die Aktie zur Zeit 500 Frs. einbezahlt seien, und weitere Einzahlungen am Fuße dieses Titels bescheinigt werden", nicht beseitigt oder abgemindert wird, wie denn auch das Statut der Bank im § 5 nur „30000 auf den Inhaber lautende Aktien à 1000 Franken", nicht aber Aktien im wechselnden Betrage von 500 bis 1000 Frs. aufführt.

Endlich sagt auch die von dem Berufungsrichter angezogene Entscheidung des IV. Civilsenates des Reichsgerichtes,

Entsch. des R.G.'s in Civils. Bd. 21 S. 26 flg.,

nur, daß die aus den Stammaktien von je 600 ℳ gegen Zuzahlung von 20 Prozent dieses Nennwertes gebildeten Stammprioritäten — mit vorzugsweiser Beteiligung an dem Abwurf und dem Vermögen der betreffenden Aktiengesellschaft — als neue, stempelpflichtige Aktien (von gleichem Nennwert) anzusehen seien, nicht aber, daß wegen dieser Zuzahlungen von je 120 ℳ und wegen dieser Vorzugsrechte ein anderer, als der aufgedruckte Nennwert von 600 ℳ zu versteuern sei.

Es war daher, nach dem Wortlaute des Steuergesetzes, die Besteuerung der in Frage stehenden Aktien zu ihrem vollen Nennwerte geboten, deshalb aber unter Aufhebung der abweichenden Entscheidung des Berufungsrichters das Urteil erster Instanz, welches diese Besteuerung für gerechtfertigt erachtet und den Anspruch der Klägerin auf Herausgabe zu viel bezahlter Steuer abgewiesen hat, wieder herzustellen."

---

26. Erstreckt sich die Wirkung des Zwangsvergleiches im Konkurse auf eine Forderung, die der Gemeinschuldner auf Grund vorläufig vollstreckbaren Urteiles zur Abwendung der Zwangsvollstreckung vor der Konkurseröffnung an den Gläubiger bezahlt hat?

K.O. § 178.

I. Civilsenat. Urt. v. 13. Februar 1897 i. S. W. (Bekl.) w. v. M. (Kl.). Rep. I. 337/96.

I. Landgericht Stolp.
II. Oberlandesgericht Stettin.

Der Beklagte war durch vorläufig vollstreckbares Urteil in erster Instanz zur Zahlung von 3000 ℳ nebst Zinsen verurteilt, hatte zur Abwendung der Zwangsvollstreckung 3216,65 ℳ an den Kläger gezahlt, aber Berufung mit dem Antrage auf Abweisung der Klage und Rückzahlung der gezahlten Summe eingelegt. Im Laufe der Berufungsinstanz wurde im November 1888 über das Vermögen des Beklagten der Konkurs eröffnet. In demselben meldete der Kläger die Klagforderung an; der Konkursverwalter bestritt die Forderung und nahm den anhängigen Prozeß auf. Nachdem dann der Konkurs durch Zwangsvergleich vom 29. März 1893 beendet worden, trat der Beklagte selbst wieder in den Prozeß ein und erhob nunmehr eventuell den Einwand, daß der Kläger nur die Akkordquote von 5 Prozent fordern könne. Das Berufungsgericht wies die Berufung des Beklagten zurück.

Die Revision des Beklagten ist zurückgewiesen aus folgenden

Gründen:

... „Der einzige Angriff des Revisionsklägers richtet sich gegen die Beurteilung der auf den Zwangsvergleich im Konkurse des Beklagten gestützten Einrede. Das Berufungsgericht hat diese Einrede mit der Begründung verworfen, daß der Kläger, der die Klagsumme auf Grund des ersten Urteiles bereits vor der Konkurseröffnung von dem Beklagten beigetrieben habe, bezüglich der Klagforderung mit dem Konkurse gar nichts zu thun gehabt habe, weil er nach erfolger Beitreibung der Forderung in Bezug auf dieselbe nicht mehr Gläubiger des Beklagten gewesen und deshalb der Bestimmung des § 178 K.O. nicht unterworfen sei. Die von der Revision hiergegen geltend gemachten rechtlichen Bedenken sind unbegründet. Diese Bedenken werden daraus hergeleitet, daß die Klagforderung zur Zeit der Konkurseröffnung Gegenstand eines anhängigen Rechtsstreites, und ihre Beitreibung auf Grund des vorläufig vollstreckbaren Urteiles erster Instanz nur eine vorläufige gewesen sei, welche den Kläger seiner Eigenschaft als Konkursgläubigers nicht entkleidet habe. Hierbei läßt der Revisionskläger der durch die Beitreibung der Klagforderung eingetretenen Veränderung in der rechtlichen Lage der Parteien nicht die gebührende Berücksichtigung zu teil werden.

Nach § 178 K.O. sind der Wirksamkeit des Zwangsvergleiches alle nicht bevorrechtigten Konkursgläubiger unterworfen. Konkursgläubiger sind aber nach § 2 K.O. diejenigen persönlichen Gläubiger, welche zur Zeit der Eröffnung des Konkursverfahrens einen Vermögensanspruch an den Gemeinschuldner haben, der aus der Konkursmasse zu befriedigen ist. Der Kläger würde also nur dann zu den Konkursgläubigern gehören und als solcher dem Zwangsvergleich unterworfen sein, wenn ihm zur Zeit der Konkurseröffnung eine aus der Konkursmasse, dem zur Zeit der Konkurseröffnung dem Gemeinschuldner gehörenden Vermögen, zu befriedigende Forderung zugestanden hätte. Dies war jedoch nicht der Fall; denn der Kläger war wegen seiner im Prozeß befangenen Forderung schon vor der Konkurseröffnung von dem Gemeinschuldner durch Zahlung befriedigt worden. Er hatte nichts mehr aus der Konkursmasse zu fordern und war deshalb kein Konkursgläubiger. Hieran wurde dadurch, daß der Rechtsstreit über die Forderung noch fortdauerte, ebensowenig etwas geändert, wie dadurch, daß die Befriedigung nur eine vorläufige war; denn weder die Fortdauer des Rechtsstreites, noch die rechtliche Natur der geleisteten Zahlung als einer nur vorläufigen hatte die Folge, daß die dem Kläger gezahlte Summe noch zur Konkursmasse des Beklagten gehörte. Zu dieser gehörte nur das durch die Aufhebung des Urteiles erster Instanz bedingte Recht der Rückforderung des gezahlten Betrages; denn jede auf Grund eines der Aufhebung fähigen, vorläufig vollstreckbaren Urteiles geleistete Zahlung trägt den Vorbehalt des zahlenden Schuldners in sich, die Zahlung zurückfordern zu dürfen, sobald das die Zahlung veranlassende Urteil aufgehoben wird. Solange diese Bedingung nicht eingetreten und der Kläger damit zur Rückzahlung der empfangenen Summe verpflichtet war, blieb er befriedigt und hatte folgeweise keine Forderung gegen die Konkursmasse.

Zu der entgegengesetzten Auffassung, daß der Kläger in Höhe seiner noch im Streite befangenen Forderung Konkursgläubiger geworden sei, könnte man nur gelangen, wenn man der Konkurseröffnung die Wirkung beilegen wollte, daß damit die Vollstreckbarkeit des Urteiles erster Instanz beseitigt, und der Kläger zur Rückzahlung der eingezogenen Summe zur Konkursmasse verpflichtet sei. Diese Wirkung kann aber die Konkurseröffnung nicht haben. Sie würde unverträglich sein mit dem wesentlichen Zwecke der vorläufigen Vollstreckbarkeit, den Gläubiger gegen die Gefahr später eintretender Vermögensunzulänglichkeit des Schuldners zu schützen. Der Gläubiger, der durch Beitreibung der Schuldsumme seine vorläufige Befriedigung erlangt hat, kann nicht schlechter gestellt sein, als derjenige, dem der Schuldner zur Abwendung der Zwangsvollstreckung eine Sicherheit bestellt hat. Braucht in letzterem Falle der Gläubiger sich auf den demnächst über das Vermögen des Schuldners eröffneten Konkurs nicht einzulassen, weil er sich als absonderungsberechtigter Pfandgläubiger an die bestellte Kaution halten kann,

vgl. Entsch. des R.G.'s in Civils. Bd. 12 S. 222.

so kann noch weniger dem Gläubiger, der, wenn auch nur vorläufig, Zahlung empfangen hat, zugemutet werden, das Empfangene zurückzuzahlen und sich auf die Konkursmasse verweisen zu lassen, wenn die beigetriebene Forderung auch in der höheren Instanz als begründet erkannt wird. Die gleiche Zumutung aber wird dem Kläger von dem Beklagten gestellt, indem der letztere sich auf den Zwangsvergleich beruft, dem Kläger also nur soviel belassen will, als er ihm nach dem Zwangsvergleiche an Stelle der Konkursdividende zahlen müßte.

Auch aus dem Gesichtspunkte, daß durch den Zwangsvergleich die Forderung des Klägers auf den Betrag der Akkordrate herabgemindert sei, nur noch in dieser Höhe bestehe, kann die Einrede des Beklagten nicht durchdringen; denn der Zwangsvergleich ist kein Vergleich über die Forderungen der Gläubiger. Er betrifft nicht deren Feststellung, sondern nur das Maß der dafür von dem Gemeinschuldner zu erlangenden Befriedigung. Deshalb läßt er alle Forderungen, für welche eine solche Befriedigung nicht mehr verlangt werden kann, unberührt, also auch die Forderung des Klägers." ...

27. Steht bezüglich des nach § 96 des Unfallversicherungsgesetzes vom 6. Juli 1884 geltend zu machenden Regreßanspruches durch die nach §§ 51 flg. des Unfallversicherungsgesetzes erfolgte Feststellung der Entschädigungspflicht der Berufsgenossenschaft für den Civilrichter bindend fest, daß und wie viel Entschädigung die Genossenschaft dem Beschädigten zu zahlen habe?

II. Civilsenat. Urt. v. 7. Mai 1897 i. S. Südwestl. Baugewerks-Berufsgenossenschaft (Kl.) w. R. (Bekl.). Rep. II. 62/97.

I. Landgericht Karlsruhe.
II. Oberlandesgericht daselbst.

Gründe:

„Die Klage der Südwestlichen Baugewerks-Berufsgenossenschaft gegen Maurer V. R. — in dessen Dienste am 3. Mai 1892 Maurer L. G. durch Einstürzen einer Giebelmauer eines von R. dem Schuhmacher E. Sch. im Akkord errichteten Neubaues am Kopfe verletzt wurde, und welcher (R.) sodann, als Betriebsunternehmer wegen dieser Verletzung G.'s strafrechtlich verantwortlich gemacht, von der Strafkammer des Landgerichtes Karlsruhe unterm 13. Juli 1892 wegen unter Außerachtlassung der Aufmerksamkeit, zu der er vermöge seines Gewerbes besonders verpflichtet war, begangener fahrlässiger Körperverletzung verurteilt wurde — begehrt auf Grund des § 96 des Unfallversicherungsgesetzes vom 6. Juli 1884 (R.G.Bl. von 1884 S. 69 flg.) den Ersatz von Aufwendungen, welche die Klägerin unter der Annahme einer auch nach der dreizehnten Woche seit Eintritt des Unfalles vorhandenen Erwerbsunfähigkeit G.'s gemacht und noch künftig zu machen habe. Der Beklagte hat (nebst einem anderen, von den Vorderinstanzen zurückgewiesenen Einwand) entgegengehalten, G. habe durch den Unfall vom 3. Mai 1892 nur eine vierzehntägige Arbeitsunfähigkeit erlitten, sei am 3. August 1892 (dem Beginn der vierzehnten Woche nach Eintritt des Unfalles) und seitdem vollständig erwerbsfähig gewesen, und es sei daher die klagende Berufsgenossenschaft zu Aufwendungen für G. infolge des Unfalles desselben nicht verpflichtet gewesen. Das Oberlandesgericht hat die Klage abgewiesen; dasselbe ging hierbei von der rechtlichen Anschauung aus, es genüge für den Regreßanspruch der Klägerin gegen den verklagten Betriebsunternehmer nicht der Umstand, daß thatsächlich die Klägerin die geltend gemachten Aufwendungen gemacht habe, sondern er sei durch das Maß der Aufwendungen bedingt, welche die Berufsgenossenschaft auf Grund des Unfallversicherungsgesetzes zu machen verpflichtet gewesen sei; es habe ferner über die Frage, ob die im Regreßwege geltend gemachten Beträge in der That auf Grund des Unfallversicherungsgesetzes zu leisten gewesen seien, bezw. zu leisten seien, der Civilrichter selbständig zu befinden, ohne hierin an die Entscheidungen der Versicherungsinstanzen gebunden zu sein; es treffe die Beweislast für die Gesetzmäßigkeit der im Regreßwege gegen den Betriebsunternehmer erhobenen Ansprüche den regreßnehmenden Versicherungsträger, und es liege hiernach der Klägerin der Beweis ob, daß sie zu den von ihr zufolge des Unfalles vom 3. Mai 1892 seit dem 3. August 1892 für L. G. gemachten, klagend geforderten Aufwendungen durch das Unfallversicherungsgesetz vom 6. Juli 1884 und bezw. das Gesetz vom 11. Juli 1887 über die Unfallversicherung der bei Bauten beschäftigten Personen verpflichtet, also eine Erwerbsbeeinträchtigung des L. G. in der Zeit vom 3. August 1892 ab vorhanden gewesen und durch den Unfall vom 3. Mai 1892 verursacht worden sei; in thatsächlicher Hinsicht aber erachtete das Oberlandesgericht den letzteren Beweis für vollständig mißlungen.

Der Vertreter der Klägerin hat nun zur Rechtfertigung der Revision auszuführen gesucht, es stehe bezüglich des nach § 96 des Unfallversicherungsgesetzes vom 6. Juli 1884 zu machenden Regreßanspruches durch die nach § 51 flg. des Unfallversicherungsgesetzes erfolgte Feststellung der Entschädigungspflicht der Berufsgenossenschaft für den Civilrichter bindend fest, daß und wieviel die Genossenschaft dem Beschädigten zu zahlen habe, und es komme dem Civilrichter keine Nachprüfung der Richtigkeit der nach Maßgabe der §§ 51 flg. des Unfallversicherungsgesetzes erfolgten Feststellung zu; es sei daher das Oberlandesgericht zur Erörterung und Prüfung des Umstandes nicht berechtigt gewesen, ob eine Erwerbsbeeinträchtigung des L. G. in der Zeit vom 3. August 1892 vorhanden gewesen und durch den Unfall vom 3. Mai 1892 verursacht worden sei. Es konnte jedoch dieser Revisionsausführung nicht beigetreten, und in der entgegengesetzten rechtlichen Ansicht des Oberlandesgerichtes ein Rechtsirrtum nicht erblickt werden. Das Reichsgericht geht hierbei von folgenden Erwägungen aus.

In vorderster Reihe kommt in Betracht, daß für einen an sich vor dem Civilrichter auszutragenden Anspruch im Zweifel auch die einzelnen Grundlagen dieses Anspruches in dem bezüglichen Rechtsstreit zwischen den Parteien zu erörtern und durch den Civilrichter festzustellen sind. Abweichungen von diesem Grundsatze für den einzelnen Fall sind daher nur da anzunehmen, wo ein klarer besonderer Ausspruch in einem Gesetze oder das ganze System eines solchen hierzu berechtigt. Diese Voraussetzung fehlt jedoch für den vorliegenden Fall.

Zunächst nötigt zu einer Abweichung von dem eben bezeichneten Grundsatze in dem von dem Vertreter der Revision verteidigten Sinne nicht die Ausdrucksweise in § 96 des Unfallversicherungsgesetzes: „Diejenigen Betriebsunternehmer ... haften für alle Aufwendungen, welche infolge des Unfalls auf Grund dieses Gesetzes oder des Gesetzes, betreffend die Krankenversicherung der Arbeiter, vom 15. Juni 1883 (R.G.Bl. S. 73) von den Genossenschaften oder Krankenkassen gemacht worden sind." Bei dieser Bestimmung ist vielmehr, wie bereits das Oberlandesgericht ausgeführt hat, das entscheidende Gewicht auf die Worte „auf Grund dieses Gesetzes oder des Gesetzes, betreffend die Krankenversicherung der Arbeiter, vom 15. Juni 1883" zu legen, welche erkenntlich machen, daß die in § 96 des Unfallversicherungsgesetzes festgesetzte Haftung nur für solche Aufwendungen eintritt, zu welchen die Genossenschaften oder Krankenkassen nach dem Unfallversicherungsgesetze, bezw. dem Gesetze vom 15. Juni 1883 verpflichtet waren.

Zu der von dem Vertreter der Revision verteidigten Anschauung nötigen ferner nicht die Motive zu § 96 des Unfallversicherungsgesetzes (§ 93 des Entwurfes dieses Gesetzes). Die bezüglichen Motive besagen:

„Die zweite Ausnahme von der Regel wird durch § 93 statuiert. Hiernach soll der Betriebsunternehmer gegenüber den Genossenschaften und Krankenkassen, zu denen auch die Gemeindekrankenversicherung gehört (vgl. oben zu §§ 78—81), für alle Aufwendungen, welche sie infolge eines Unfalls zu machen verpflichtet waren, regreßpflichtig sein, wenn durch strafgerichtliches Urteil festgestellt worden ist, daß er den Unfall vorsätzlich oder durch Fahrlässigkeit mit Außerachtlassung derjenigen Aufmerksamkeit, zu welcher er vermöge seines Amtes, Berufes oder Gewerbes besonders verpflichtet ist (vgl. §§ 222. 230 St.G.B.), herbeigeführt hat. Liegt ein solches strafgerichtliches Urteil vor, so ist damit ein erkennbares Kriterium für die Regreßpflicht des Betriebsunternehmers gegeben. Das „grobe Verschulden", welches nach der früheren Vorlage diese Regreßpflicht begründen sollte, ist ein unsicherer Rechtsbegriff; das Vorhandensein des groben Verschuldens würde im Wege des Prozesses jedesmal erst dargethan werden müssen. Nach den Bestimmungen des Entwurfes dagegen werden die Civilprozesse über die Regreßpflicht als solche abgeschnitten, indem die Entscheidung der Regreßfrage, vorbehaltlich eines nachfolgenden Civilprozesses über die Höhe des Schadensersatzes, durch die Feststellungen des Strafgerichtes unmittelbar getroffen wird."

Es berechtigt der in diesen Motiven zum Ausdruck gebrachte Umstand, daß rücksichtlich der subjektiven Voraussetzungen für die in § 96 des Unfallversicherungsgesetzes festgesetzte Regreßpflicht der hierin bezeichneten Personen das gegen dieselbe ergangene Strafurteil die erschöpfende Grundlage bildet, in keiner Weise zu der von der Normierung der bezeichneten Tragweite des Strafurteiles völlig verschiedenen, die Tragweite der Entscheidungen der Versicherungsinstanzen betreffenden Schlußfolgerung, es stehe bezüglich der Regreßpflicht durch die nach §§ 51 flg. des Unfallversicherungsgesetzes erfolgte Feststellung der Entschädigungspflicht der Berufsgenossenschaft für den Civilrichter bindend fest, daß und wieviel die Genossenschaft dem Beschädigten zu zahlen habe. Umgekehrt ergeben die angeführten Motive einen Anhalt dafür, daß dem Richter in dieser Hinsicht das Recht der Nachprüfung gegeben sei. Zwar hat der Vertreter der Revision geltend gemacht: auch bei der von ihm verteidigten, eine civilrechtliche Nachprüfung der bezeichneten, von den Versicherungsinstanzen erfolgten Feststellung der Entschädigungspflicht der Berufsgenossenschaft ausschließenden, Auslegung des § 96 des Unfallversicherungsgesetzes habe der Civilrichter über die „Höhe des Schadensersatzes" zu entscheiden; er habe nämlich darüber zu befinden, auf welchen Betrag die von der Genossenschaft zu leistende Entschädigung nach Maßgabe der §§ 51 flg. des Unfallversicherungsgesetzes festgestellt worden sei, worüber gleichfalls Streit bestehen könne, und er habe ferner über die Schadenshöhe insofern zu entscheiden, als er, wenn die Genossenschaft nach Abs. 3

des § 96 des Unfallversicherungsgesetzes die Vergütung des Kapitalwertes der Rente beanspruche, diesen Kapitalwert zu bestimmen habe. Allein es ist offensichtlich, daß, wenn die angeführten Motive von einem dem Strafurteile „nachfolgenden Civilprozesse über die Höhe des Schadensersatzes" sprechen, sie damit nicht eine bloße civilrichterliche Feststellung in den zwei von dem Vertreter der Revision ererwähnten Punkten gemeint haben.

Weiter kann auch für die von dem Vertreter der Revision verteidigte Anschauung kein Beweisgrund entnommen werden aus der Stelle der Motive zu dem, die Haftung dritter, in den §§ 95. 96 nicht bezeichneter Personen, betreffenden § 98 des Unfallversicherungsgesetzes (§ 95 des Entwurfes dieses Gesetzes): „Selbstverständlich hat die Forderung des Entschädigungsberechtigten gegen den Dritten insoweit auf die Genossenschaft überzugehen, als der Entschädigungsberechtigte auf Grund der §§ 5 und 6 von der Genossenschaft Leistungen empfängt." Denn wenn man auch unter der Annahme, es habe das Gesetz die Aufgabe des Civilrichters hinsichtlich der Prüfung der Feststellung der Versicherungsinstanzen über die von der Berufsgenossenschaft zu machenden Leistungen in den Fällen der §§ 96 und 98 des Unfallversicherungsgesetzes in gleicher Weise bestimmen wollen, für die Auslegung des § 96 des Unfallversicherungsgesetzes die erwähnte Stelle der Motive zu § 98 desselben berücksichtigt, so kommt in Betracht, daß mit den Worten „von der Genossenschaft Leistungen empfängt" die Frage, welche Aufgabe dem Civilrichter in der vorhin angegebenen Hinsicht zukomme, nicht entschieden, sondern nur im allgemeinen der Umfang, bezw. die Schranke bezeichnet werden will, über welche der Anspruch der Berufsgenossenschaft gegen Dritte im Falle des § 98 des Unfallversicherungsgesetzes nicht hinausgehe. Die im § 98 des Unfallversicherungsgesetzes selbst gewählten Worte: „Jedoch geht die Forderung der Entschädigungsberechtigten an den Dritten auf die Genossenschaft insoweit über, als die Verpflichtung der letzteren zur Entschädigung durch dieses Gesetz begründet ist", sprechen aber ihrerseits für ein dem Civilrichter in der angegebenen Hinsicht zukommendes Recht der Nachprüfung.

Für das erwähnte, dem Civilrichter im Falle eines nach § 96 des Unfallversicherungsgesetzes erhobenen Regreßanspruches zustehende Recht der Nachprüfung spricht ferner in entscheidender Weise folgende Betrachtung.

Zwar wird nach § 54 des Unfallversicherungsgesetzes dem Betriebsunternehmer Gelegenheit zur Teilnahme an der Untersuchung der Ortspolizeibehörde nach § 53 des Unfallversicherungsgesetzes über die in § 53 bezeichneten Punkte gegeben; dagegen finden die in §§ 57—63 des Unfallversicherungsgesetzes — welches Vorschriften nach Art der §§ 69—71 C.P.O. nicht enthält — vorgesehenen Entscheidungen durchaus ohne Zuziehung des Betriebsunternehmers und der sonstigen in § 96 des Unfallversicherungsgesetzes als haftbar bezeichneten Personen statt, und stehen denselben insbesondere die in §§ 62. 63 des Unfallversicherungsgesetzes gegebenen Rechtsmittel nicht zu; es ist ferner das Verfahren für die in § 57 des Unfallversicherungsgesetzes vorgesehene Feststellung der Entschädigung ein im Verhältnisse zu dem Verfahren vor dem Civilrichter summarisches. Unter diesen Umständen kann es nicht als der Wille des Gesetzes erachtet werden, es seien bezüglich des in § 96 des Unfallversicherungsgesetzes festgesetzten Regreßanspruches die nach §§ 51 flg. des Unfallversicherungsgesetzes erfolgten Entscheidungen über die Entschädigungspflicht bindend für den Civilrichter. Anderenfalls würde man bei einer Gleichstellung der §§ 96 und 98 des Unfallversicherungsgesetzes auch in dem, die Haftung dritter, in den §§ 95 und 96 nicht bezeichneter Personen betreffenden, Falle des § 98 des Unfallversicherungsgesetzes zu dem hier ebenfalls unannehmbaren Ergebnisse gelangen, es seien in einem nach §§ 98 des Unfallversicherungsgesetzes geführten Rechtsstreite die nach § 51 flg. des Unfallversicherungsgesetzes erfolgten Entscheidungen bindend für den Civilrichter.

Auch die Aufstellung, es sprächen „Zweckmäßigkeitsgründe“ — nämlich der Umstand, daß der Civilprozeß über den Regreßanspruch sich regelmäßig in einem viel späteren, den Beweis vor dem Civilrichter erschwerenden Zeitpunkte abspiele, als die Feststellung nach §§ 51 flg. des Unfallversicherungsgesetzes — für die von dem Vertreter der Revision verteidigte Anschauung, kann gegenüber den obigen Erörterungen nicht dazu führen, die von demselben verteidigte Abweichung von allgemeinen Rechtsgrundsätzen als von dem Gesetze gewollt zu erachten.

Nach dem Gesagten war die Revision zurückzuweisen.“ ...

28. 1. Können Maschinen oder Maschinenteile unter Gebrauchsmusterschutz gestellt werden?
2. Welche Anforderungen sind in Bezug auf die Neuheit eines Modelles zu stellen, das als Gebrauchsmuster geschützt werden soll?
3. Inhalt und Bedeutung der Anmeldung des Modelles.

Gesetz, betr. den Schutz der Gebrauchsmuster, vom 1. Juni 1891 §§ 1. 2.

I. Civilsenat. Urt. v. 8. Mai 1897 i. S. H. (Bekl.) w. K. (Kl.). Rep. I. 3/97.

I. Landgericht Halle a. S., Kammer für Handelssachen.
II. Oberlandesgericht Naumburg a. S.

Für den Beklagten ist in die Rolle des Patentamtes ein Gebrauchsmuster unter der Bezeichnung eingetragen:

„Filterplatte für Filterpressen, bei welcher die Kanäle und Ablaufrinnen der einen Plattenseite gegen diejenigen der anderen Seite versetzt liegen."

Der Kläger hat die Klage auf Löschung dieses Gebrauchsmusters erhoben und diese Klage in der ersten Instanz auf den Mangel der Neuheit des eingetragenen Modelles, in der zweiten auch auf den Mangel der Gebrauchsmusterfähigkeit gegründet.

Der erste Richter hat nach erhobenem Beweise die Neuheit des Modelles verneint und den Beklagten verurteilt, in die Löschung des Gebrauchsmusters zu willigen. Das Oberlandesgericht dagegen hält das Modell zwar für neu, hat aber die Berufung des Beklagten verworfen, weil Filterplatten überhaupt nicht zu den Gegenständen gehörten, worauf sich der Schutz des Gesetzes über die Gebrauchsmuster vom 1. Juni 1891 beziehe.

Auf die Revision des Beklagten ist das Urteil aufgehoben worden aus folgenden

Gründen:

„I. . . .

II. Die Frage, ob eine Filterplatte überhaupt ein des Musterschutzes fähiger Gegenstand sein könne, ist vom Berufungsgerichte aus folgenden Gründen verneint. Es sei davon auszugehen, daß grundsätzlich Maschinen nicht zu den „Arbeitsgerätschaften oder Gebrauchsgegenständen" zählten, auf die sich der Schutz des Gesetzes vom 1. Juni 1891 allein beziehe. Ob dieser Grundsatz ausnahmslos zur Anwendung zu bringen sei, könne dahingestellt bleiben; jedenfalls könne eine Filterpresse, bei der ein Dampfbetrieb mit einem Drucke von 4—8 Atmosphären vorkomme, als eine solche Ausnahme nicht angesehen werden. Was aber von der Filterpresse als Ganzem gelte, das müsse auch von den Platten, die dabei zur Verwendung kommen, als Teilen der Presse gelten. Auch sie seien daher unfähig, als Gebrauchsmuster geschützt zu werden.

Diese Erwägungen sind rechtsirrtümlich.

Nach § 1 des Gesetzes vom 1. Juni 1891 sind geschützt Modelle von Arbeitsgerätschaften oder Gebrauchsgegenständen oder von Teilen derselben, insoweit sie dem Arbeits- oder Gebrauchszwecke durch eine neue Gestaltung, Anordnung oder Vorrichtung dienen sollen. In den Motiven zu dieser Bestimmung ist bemerkt:

> „Indem ... die zu schützenden Neuerungen als solche an Gerätschaften für Arbeitszwecke oder an Gegenständen des Gebrauches charakterisiert werden, soll damit ausgedrückt werden, daß ... Maschinen und Betriebsvorrichtungen für den Musterschutz außer Betracht bleiben."

Als Aufklärung über die Absichten des Gesetzgebers wird diese Bemerkung bei der Anwendung des Gesetzes für eine richtige Absteckung der Grenze zwischen Patent und Gebrauchsmuster nicht übersehen werden dürfen. Dabei bleibt aber zweierlei zu beachten:

1. Der Begriff der „Maschine" ist weder im Gesetze, noch in den Motiven näher bestimmt und kann auch nicht als ein allgemein feststehender gelten. Man versteht darunter sowohl die sogenannten Kraftmaschinen, die durch Naturkräfte in Bewegung gesetzt werden, als auch die sog. Arbeitsmaschinen, die eine bestimmte Thätigkeit entwickeln, andererseits aber auch einfache Geräte, mit deren Hilfe eine gewisse Arbeit durch menschliche Thätigkeit leichter ausgeführt werden kann.

2. Der Gedanke des Ausschlusses der Maschinen vom Gebiete des Musterschutzes hat im Gesetze selbst nur durch die Wahl der Worte „Arbeitsgerätschaften oder Gebrauchsgegenstände" Ausdruck gefunden.

Daraus folgt, daß der Schutz des Gesetzes nicht bloß deswegen versagt werden kann, weil der Gegenstand in diesem oder jenem Sinne als „Maschine" bezeichnet werden kann. Vielmehr ist von Fall zu Fall zu prüfen, ob der zu schützende Gegenstand nach dem allgemeinen Sprachgebrauche „Arbeitsgerätschaft oder Gebrauchsgegenstand" ist. Unter „Arbeitsgerätschaften" und „Gebrauchsgegenständen" aber versteht man im allgemeinen, wie das Reichsgericht bereits ausgesprochen hat,

vgl. Entsch. des R.G.'s in Civils. Bd. 36 S. 18,

„relativ einfache Werkzeuge und Vorrichtungen, nicht aber künstliche, aus vielen ineinander greifenden Arbeitsmitteln zusammengesetzte, zur Bewegung durch Naturkräfte bestimmte Maschinen oder die Gesamtheit einer Reihe selbständiger, zum Zwecke eines auf einer Mehrheit von Arbeitsvorgängen aufgebauten Betriebes zusammengefügter Vorrichtungen". In Anwendung dieser Grundsätze hat der jetzt erkennende Senat in der angeführten Entscheidung einem Pasteurisierapparate, der aus einer Reihe selbständiger Vorrichtungen bestand, die in ihrer Gesamtwirkung die Pasteurisierung von Bier in Fässern ermöglichen sollten, die Musterschutzfähigkeit versagt. Und in Anwendung derselben Grundsätze hat der I. Strafsenat des Reichsgerichtes,

Entsch. des R.G.'s in Strafs. Bd. 28 S. 185,

den Gebrauchsmusterschutz für einen Webstuhl zur Anfertigung von Rohrdecken für Gärtnereien zugelassen.

Bei der Frage, ob eine Filterpresse ein dem Musterschutze zugänglicher Gegenstand sei, hat das Oberlandesgericht, wie aus der Anführung der beiden genannten Entscheidungen des Reichsgerichtes erhellt, dieselben Grundsätze anwenden wollen. Als eine richtige Anwendung kann es aber nicht gelten, wenn der Filterpresse lediglich aus dem Grunde die Schutzfähigkeit als Gebrauchsmuster versagt wird, weil sie ihre Arbeit unter einem Dampfdrucke von 4—8 Atmosphären verrichtet. Hätte das Berufungsgericht nicht an diesem unerheblichen Umstande gehaftet, und sich die verhältnismäßige Einfachheit des Apparates vergegenwärtigt, der aus einem mit Zuleitungsrohren und mit Ablaufskanälen versehenen Gestell zur Aufnahme der Platten und Rahmen mit den Filtertüchern besteht, so würde es voraussichtlich zur Bejahung der Schutzfähigkeit der Presse selbst gelangt sein.

Es bedarf dieser Punkt jedoch keiner positiven Entscheidung; denn den Gegenstand des gewährten Schutzes bildet hier nicht die Presse, sondern die Platte, die in der Presse ihre Verwendung finden soll. Und unrichtig ist jedenfalls der weitere Satz des Oberlandesgerichtes, daß, wenn eine Filterpresse als Ganzes nicht schutzfähig sei, auch die dabei Verwendung findenden Platten dem Musterschutze verschlossen wären. Daß ein Gegenstand bestimmt ist, als Teil eines zusammengesetzten Apparates zu dienen, kann ihm den Schutz des Gesetzes nicht nehmen, wenn er nur sonst die im Gesetze aufgestellten Erfordernisse in sich vereinigt, d. h. wenn er Arbeitsgerät oder Gebrauchsgegenstand ist, und wenn er der Darstellung durch ein „Modell" fähig ist. Diese Frage hat sich das Berufungsgericht nicht vorgelegt. Da die Verhandlungen der Vorinstanzen die Natur des geschützten Gegenstandes in genügender Weise erkennen lassen, ist das Reichsgericht in der Lage, die Frage selbst zu beantworten. Sie ist zu bejahen.

Der geschützte Gegenstand ist eine (in der Regel aus Eisen hergestellte, aber auch aus anderem Material herstellbare) quadratisch geformte Platte, deren Flächen auf beiden Seiten derart gestaltet sind, daß innerhalb eines im Profil etwas vortretenden ebenen Randes ein System von Furchen angebracht ist. Mehrere dieser Platten werden nebeneinander zwischen Leinwandtüchern, die die eigentliche Filterarbeit verrichten, im Gestell der Presse aufgehängt und nach Beendigung der Filtrierung wieder herausgenommen. Die Furchen der Platten dienen teils als Kanäle für die Aufnahme der zu pressenden Masse, teils als Ablaufsrinnen für die auszuscheidende Flüssigkeit. Ein derartiger Gegenstand, wie ihn das geschützte Modell darstellt, darf unbedenklich als Arbeitsgerät im Sinne des Gesetzes angesehen werden. Er dient der Arbeit, die von der Presse verrichtet wird. Und es ist um so gewisser, daß der Gebrauchsmusterschutz für einen Gegenstand dieser Art nicht von vornherein versagt werden darf, als gerade bei Teilen einer bereits bekannten Maschine oder sonstigen Vorrichtung Verbesserungen denkbar sind, die, weil sie eine Erfindung mit einem wesentlich neuen bedeutenderen technischen Erfolge nicht darstellen, des Patentschutzes nicht teilhaftig werden können, die aber ein besonders passendes Gebiet für den Modellschutz bilden, zumal wenn es sich dabei um einfachere Körperformen handelt, deren zweckmäßigere Ausgestaltung die Gesamtwirkung der Maschine oder sonstigen Vorrichtung nicht wesentlich ändert, sodaß sich also die Neuerung schon im Modelle des Gegenstandes selbst vollständig verkörpert.

III. Nach dem Vorstehenden hängt die Entscheidung des Rechtsstreites von der zwischen den Parteien weiter streitigen Frage nach der Neuheit des für den Beklagten eingetragenen Modelles ab. Das Oberlandesgericht hat diese Frage zu Gunsten des Beklagten bejaht. Die Gründe, die dafür angeführt werden, beruhen indes zum Teil auf einer unrichtigen Auffassung des Begriffes der Neuheit eines Musters, zum Teil auf einer unvollständigen Würdigung des vorliegenden thatsächlichen Materiales. Die Sache konnte hiernach noch nicht als spruchreif angesehen werden, war vielmehr zur anderweitigen Verhandlung und Entscheidung an das Berufungsgericht zurückzuverweisen.

Nach der Bezeichnung des für den Beklagten eingetragenen Modelles besteht das Wesentliche der geschützten Filterplatte darin, daß die Kanäle und Ablaufrinnen der einen Plattenseite gegen die der anderen Seite versetzt liegen. Die Anmeldung führt aus, daß die bisher benutzten Filterplatten den Übelstand aufzeigten, daß die Kanäle und Ablaufsrinnen der einen Plattenseite gerade gegenüber denen der anderen Seite angeordnet sind. Eine solche Anordnung (bei der mithin jede Furche im Querprofil als dünne Stelle der Platte erscheint) vermindere die Widerstandsfähigkeit der Platten (die während des Filtrationsprozesses einem starken Drucke Widerstand leisten müssen) erheblich und gebe häufig zu Brüchen Anlaß. Die Neuerung des Beklagten vermeide diesen Übelstand, indem sie da, wo auf der einen Seite das Thal der Furchen verlaufe, auf der anderen die Erhöhung anordne.

Auf Grund der von ihm erhobenen Beweise war das Landgericht zu der Ansicht gelangt, daß sich die Behauptung des Klägers bestätigt habe, daß Platten dieser Art, d. h. Platten mit versetzten Kanälen und Ablaufrinnen, vor der beklagtischen Anmeldung auch anderweitig bereits hergestellt und in Fabriken offenkundig benutzt worden seien. Gegenüber dem hiernach auf Löschung des Gebrauchsmusters lautenden Urteile der ersten Instanz hatte der Beklagte in der Berufungsinstanz geltend gemacht, daß die nachgewiesenermaßen vorher benutzten Platten von dem für ihn geschützten Modelle abwichen. Das Oberlandesgericht hat über diese angeblichen Abweichungen einen Sachverständigen vernommen und seine Entscheidung alsdann, wie folgt, begründet. Nach der Anmeldung und der Eintragung des beklagtischen Gebrauchsmusters beziehe sich der bestehende Schutz auf Platten, bei denen alle Kanäle und Ablaufrinnen gegeneinander versetzt seien. Auf den Platten aber, deren Vorbenutzung nachgewiesen sei, lägen die unteren Ablaufrinnen nicht gegeneinander versetzt. Ob dieses Modell nichtsdestoweniger ebenso zweckmäßig eingerichtet sei, wie das dem Beklagten geschützte, sei gleichgültig. Es genüge, daß das Muster des Beklagten in diesem Punkte, der eine Förderung des Arbeitszweckes im Auge habe, von den früher benutzten Platten abweiche. Davon abgesehen habe übrigens das Gericht aus der Darlegung des Sachverständigen die Überzeugung geschöpft, daß das Modell des Beklagten den Zweck, durch seine neue Gestaltung dem Arbeitszwecke zu dienen, auch thatsächlich erreiche.

Der erste Teil dieser Ausführung scheint auf der Auffassung zu beruhen, als wenn jede, auch eine geringfügige und gleichgültige, Formveränderung gegenüber dem bereits Bekannten zum Musterschutze berechtige. Das wäre eine unrichtige Auffassung. Aus dem Zwecke des Gesetzes ergiebt sich, daß der Modellschutz ebenso wie der Patentschutz demjenigen das geistige Eigentum sichern will, dem ein gewisser technischer Fortschritt gelungen ist. Daß an die Bedeutung des Erfindergedankens auf dem Gebiete des Modellschutzes geringere Ansprüche zu machen sind, als auf dem Gebiete des Patentschutzes, ist richtig, darf aber nicht dahin führen, auf jenem Gebiete ganz von ihm zu abstrahieren. Auch der Modellschutz soll nur Platz greifen, wo die neue Form bestimmt ist, den Gebrauchs- oder Arbeitszweck gegenüber dem bisher Bekannten zu fördern. In der Begründung des Gesetzes ist mit Recht bemerkt, daß es im Begriffe der Neuheit liege, daß die Abweichung von bereits bekannten Gestaltungen oder Vorrichtungen eine selbständige, eigenartige sein muß. Wenn das Modell „ohne Zuhilfenahme eines weiteren selbständigen Gedankens“ nur bereits Bekanntes reproduziert, ist es nicht schutzfähig. Ob dies der Fall ist, hat im Streitfalle das Gericht zu entscheiden. Darauf wird freilich die Prüfung nicht auszudehnen sein, ob sich die Neuerung bewährt, und ob der angestrebte Zweck in vollem Umfange erreicht wird. Aber eine Änderung, in der eine selbständige, eigenartige Neuerung nicht zu Tage tritt, und bei der nicht erkennbar ist, inwiefern sie bestimmt und geeignet ist, den Arbeits- oder Gebrauchszweck besser und wirksamer als das bisher Bekannte zu fördern, ist nach dem Gesetze nicht schutzfähig.

Das Berufungsgericht bemerkt nun allerdings, die Abweichung in der Gestaltung der unteren Ablaufrinnen beim Muster des Beklagten habe „die Förderung des Arbeitszweckes im Auge". Eine Darlegung aber, inwiefern diese Abweichung bestimmt sein soll, den Arbeitszweck, dem die Platten dienen, zu fördern, giebt das Urteil nicht. Und über diesen wesentlichen Punkt läßt sich auch aus dem Gutachten des Sachverständigen, das sich das Berufungsgericht kurzerhand zu eigen macht, ein schlüssiges Urteil nicht entnehmen. Anscheinend geht die Meinung des Sachverständigen dahin, daß die Anlage der unteren Ablaufrinnen bei den älteren Platten eine Verschwächung der Widerstandskraft der Platten bedeute, die das Modell des Beklagten vermeide. Es bedarf indes der Aufklärung, ob dabei nicht übersehen ist, daß die sich deckenden unteren Ablaufrinnen der älteren Platten in deren verstärktem Rande verlaufen, also an einer Stelle, wo das Material — selbst in der Tiefe der beiden einander gegenüberliegenden Furchen gemessen — ohnehin eine größere Stärke zeigt, als sonst.

Sollte sich bei der erneuten Verhandlung ergeben, daß die Abweichungen des beklagtischen Gebrauchsmusters gegenüber den älteren Platten nicht bloß nebensächlicher und bedeutungsloser Natur, sondern in der That bestimmt und geeignet sind, dem Arbeitszwecke, der mit den Platten verfolgt wird, besser zu dienen, so würde noch ein weiterer Punkt in Betracht zu ziehen sein. Nach § 2 Abs. 2 des Gesetzes vom 1. Juni 1891 muß die Anmeldung angeben, „welche neue Gestaltung oder Vorrichtung dem Arbeits- oder Gebrauchszwecke dienen soll". Diese Angabe ist ein wesentlicher Bestandteil der Anmeldung und für die Tragweite des erlangten Schutzes von entscheidender Bedeutung.

Vgl. Entsch. des R.G.'s in Civils. Bd. 33 S. 99.

Es kann nicht zugelassen werden, daß der Berechtigte im Streitfalle an die Stelle dessen, was seine Anmeldung über die Neuerung und die Zwecke, denen sie zu dienen bestimmt ist, angiebt, etwas anderes setzt, was sie nicht angiebt. Bleibt es also dabei, daß die entscheidende Neuerung der Platte des Beklagten darin zu finden ist, daß das bereits bekannte Prinzip der gegenseitigen Versetzung der Kanäle und Rinnen auch bei den unteren Ablaufrinnen, die im Rande der Platten verlaufen, durchgeführt ist, so würde noch zu prüfen sein, ob die darin liegende Förderung des Arbeits- oder Gebrauchszweckes bei der Anmeldung zum Ausdrucke gelangt ist. Soweit sich bis jetzt übersehen läßt, scheint das nicht der Fall zu sein, da die Anmeldung die Neuerung nur allgemein in der Versetzung der Kanäle und Platten findet (die doch bekannt war), nicht aber in der strengeren Durchführung dieses Prinzipes auch im Rande der Platte."

---

29. Besteht der in Art. 29 W.O. vorgesehene Anspruch auf Sicherstellung nur für die Zeit, während deren der Wechsel noch nicht fällig ist? Ist danach eine nach Eintritt der Fälligkeit gewährte Sicherung eine solche, auf welche der Wechselgläubiger keinen Anspruch hatte (K.O. §§ 23 Ziff. 2)?

II. Civilsenat. Urt. v. 25. Juni 1897 i. S. E. & Sch. (Bekl.) w. Kl. & A. Konkursm. (Kl.). Rep. II. 119/97.

I. Landgericht Dortmund.
II. Oberlandesgericht Hamm.

Die verklagte Firma erwirkte am 25. Juni 1895 gegen Kl. & A. zur Sicherung von zwei Wechselforderungen einen Arrestbefehl, auf Grund dessen sie am 27. Juni zwei ihrer Schuldnerin angeblich zustehende Forderungen pfänden ließ. Am 11. Juli wurde das Konkursverfahren über das Vermögen der Firma Kl. & A. eröffnet. Der Konkursverwalter focht nun mittels Klage den Arrest und die daraufhin vorgenommene Pfändung an. Vom Landgericht wurde die Klage abgewiesen. Das Oberlandesgericht erkannte sie dagegen im wesentlichen zu. Die gegen dessen Entscheidung von der Beklagten eingelegte Revision wurde zurückgewiesen.

Aus den Gründen:

... „Das Oberlandesgericht hat die Anfechtung der von der Beklagten erwirkten Arrestpfändungen für begründet erklärt, weil alle

Voraussetzungen zur Anwendung von § 23 Ziff. 2 K.O. gegeben seien. Diese Auffassung wird von der Revisionsklägerin nur insoweit beanstandet, als das Berufungsgericht angenommen hat, sie habe die ihr aus der Pfändung erwachsene Sicherung überhaupt nicht, jedenfalls nicht der Art nach zu beanspruchen gehabt, in welcher sie erfolgt sei. Auch geben im übrigen, nämlich soweit es sich um die Feststellung der Zahlungseinstellung und um den der Beklagten nach § 23 Ziff. 2 K.O. obliegenden Beweis handelt, die Ausführungen des Oberlandesgerichtes zu keinerlei Bedenken Veranlassung. Es handelt sich also nur darum, ob das Oberlandesgericht ohne Rechtsirrtum angenommen hat, der Beklagten habe der von ihr behauptete, aus Art. 29 W.O. abgeleitete Anspruch auf die erlangte Sicherheit (nämlich das von ihr beanspruchte Pfandrecht) zur Zeit der Pfändung nicht zugestanden. Diese Annahme wurde vom Oberlandesgerichte darauf gestützt, daß Art. 29 W.O. einen Anspruch auf Sicherstellung nur bezüglich noch nicht fälliger Wechsel unter bestimmten Voraussetzungen vorsehe, am Tage der Pfändung — 27. Juni 1895 — aber die beiden Wechsel der Klägerin bereits verfallen gewesen seien. Der Auffassung des Oberlandesgerichtes liegt ein Rechtsirrtum nicht zu Grunde. Deshalb kann dahingestellt bleiben, ob die Beklagte, wenn es sich anders verhielte, und ihr ein allgemeiner Anspruch auf Sicherung zugestanden hätte, gerade die durch die Arrestpfändung erlangte Sicherheit, d. h. ein Pfändungspfandrecht, hätte beanspruchen können.

Vgl. das Urteil des Reichsgerichtes vom 7. November 1888, veröffentlicht in Seuffert's Archiv Bd. 44 S. 378 und in Bolze, Bd. 7 Nr. 293, sowie die hier in Bd. 14 Nr. 214. 215 angeführten weiteren reichsgerichtlichen Urteile.

Die Ansicht des Oberlandesgerichtes steht nicht, wie die Revisionsklägerin behauptet hat, in Widerspruch mit den Grundsätzen, die in dem Plenarbeschlusse des Reichsgerichtes vom 6. Dezember 1883,

Entsch. des R.G.'s in Civils. Bd. 10 S. 33,

ausgesprochen worden sind. Dort wurde dargelegt, daß der Anspruch auf Befriedigung nicht einen Anspruch auf Sicherung in sich enthalte, diese beiden Ansprüche vielmehr voneinander unabhängig seien. Daraus folgt, daß derartige Ansprüche nebeneinander bestehen können, nicht aber auch, daß ein Anspruch auf Sicherung stets so lange fortbestehen muß, bis der Gläubiger Befriedigung erlangt hat. Auch in Ansehung fälliger Forderungen kann unzweifelhaft ein Anspruch auf besondere Sicherstellung (im Gesetze oder durch Vertrag) eingeräumt werden; so kommt z. B. die sog. Urteilshypothek, wo sie besteht, derartigen Forderungen zu gute. Aber der Anspruch auf Bestellung einer besonderen Sicherheit kann auch in der Weise gewährt werden, daß er nur bis zum Eintritt der Fälligkeit der Forderung geltend gemacht werden darf. Um einen solchen Anspruch handelt es sich in den Artt. 26. 29 W.O., welche dem Wechselgläubiger unter bestimmten Voraussetzungen ausnahmsweise das Recht einräumen, vor Eintritt des Verfalltages Klage auf Bestellung einer Sicherheit zu erheben. In diesen Vorschriften ist zwar die erwähnte Beschränkung nicht ausdrücklich ausgesprochen; daß aber nur in dem Zeitraume vor der Fälligkeit des Wechsels, also solange eine Klage auf Zahlung nicht zulässig ist, die Bestellung einer besonderen Sicherheit gefordert werden darf, ergiebt sich deutlich aus Grund und Zweck der erwähnten Bestimmungen. In den beiden hier geregelten Fällen bestand ein Bedürfnis zur Einräumung einer Klage auf Sicherstellung, als die Wechselordnung erlassen wurde, nur in Ansehung desjenigen Zeitraumes, in dem eine Klage, insbesondere eine Inanspruchnahme der Vormänner, ohne eine besondere gesetzliche Bestimmung ausgeschlossen war. In denjenigen Fällen, in welchen der Wechsel bereits fällig war, konnte der Gläubiger mit der Klage auf Zahlung denselben Erfolg erzielen, wie mit der Klage auf Sicherheitsleistung. Erst durch § 23 Ziff. 2 K.O. und die darauf bezügliche Rechtsprechung hat die Frage, ob der Anspruch auf Sicherstellung auch für die Zeit nach der Fälligkeit des Wechsels fortbesteht, praktische Bedeutung erlangt. Dieser Umstand konnte aber bei Erlaß der Wechselordnung nicht vorausgesehen werden und deshalb nicht in Betracht kommen. Eine für die Zeit vor Verfall des Wechsels gegebene Klage genügte dem Gläubiger; andererseits wären die Vormänner des Wechselinhabers großen und zwecklosen Belästigungen ausgesetzt gewesen, wenn diesem für die spätere Zeit zwei Klagen eingeräumt worden wären, von denen er nebeneinander oder nacheinander hätte Gebrauch machen können. Hiernach kann der Wechselinhaber nach Eintritt der Fälligkeit des Wechsels weder nach Art. 26 W.O. wegen verweigerter Annahme, noch auf Grund des Art. 29 wegen erfolgter Zahlungseinstellung ꝛc Bestellung einer Sicherheit fordern, sondern in beiden Fällen nur auf Zahlung klagen. Im letzteren Falle ist es auch gleichgültig, ob die Zahlungseinstellung erst nach Eintritt der Fälligkeit, oder schon vorher erfolgte. Der in den Artt. 26. 29 W.O. vorgesehene Anspruch auf Sicherstellung besteht nur so lange, als nicht Zahlung gefordert werden darf; sobald ein Anspruch auf Befriedigung besteht, darf nur noch dieser, nicht auch daneben eine besondere Sicherstellung verlangt werden. Ist dies richtig, so kann ein Wechselgläubiger, der erst nach der Fälligkeit des Wechsels eine Sicherstellung erlangte, auch nicht mit Erfolg geltend machen, er habe einen Anspruch darauf gehabt; denn in § 23 Ziff. 2 K.O. wird, wie allgemein anerkannt ist, ein klagbarer Anspruch vorausgesetzt. Die dargelegte Auffassung ist übrigens auch schon früher vom VI. Civilsenate des Reichsgerichtes in einem Urteile vom 25. November 1886,

vgl. Bolze, Bd. 3 Nr. 380,

und ebenso vom III. Strafsenate in einem Urteile vom 28. März 1889,

vgl. Juristische Wochenschrift 1889 S. 229 Nr. 16,

ausgesprochen worden.[1]

Die Revisionsklägerin hat sich zwar noch darauf berufen, daß bezüglich des einen Wechsels der Arrestbefehl schon am Tage vor Eintritt der Fälligkeit erwirkt worden sei. Dieser Umstand ist aber nicht entscheidend; denn nicht durch den Arrestbefehl, sondern erst durch die Pfändung, welche als die nach den §§ 23. 28 K.O. angefochtene Rechtshandlung anzusehen ist, hat die Beklagte die in § 23 Ziff. 2 K.O. erwähnte Sicherheit erlangt. Es kann daher nur darauf ankommen, ob noch am Tage der Pfändung der Anspruch auf Sicherstellung bestand. Diese Frage hat aber das Oberlandesgericht ohne Rechtsirrtum verneint." ...

[1] So auch Hartmann, Wechselrecht S. 358 (unter Bezugnahme auf Liebe und Brauer); ferner Rehbein, Wechselordnung Art. 29 S. 57, und Petersen-Kleinfeller, Konkursordnung § 23 S. 121. D. E.

30. Zur Anwendung der Tarifnummer 4a 2 des Reichsstempelgesetzes vom 27. April 1894.

II. Civilsenat. Urt. v. 25. Juni 1897 i. S. G. (Kl.) w. bad. Fiskus (Bekl.). Rep. II. 125/97.

I. Landgericht Karlsruhe, Kammer für Handelssachen.
II. Oberlandesgericht daselbst.

In der Generalversammlung der „Maschinenfabrik G., Aktiengesellschaft in Durlach" vom 26. Mai 1894 war die Erhöhung des Aktienkapitals um 500000 M durch Ausgabe weiterer 500 Aktien zu 1000 M „nominal" beschlossen worden. Das Generalversammlungsprotokoll besagt hierher gehörend:

„Die Erhöhung soll innerhalb drei Monate von heute ab stattfinden, und zunächst Einzahlung von 40 Prozent mit 6 Prozent Zinsen vom 1. Januar 1894 eingerufen werden. Die neuen Aktien sollen vom 1. Januar 1894 an dividendenberechtigt sein.

Eine Offerte der Bankhäuser Ed. K. in K., B. L. H. in K., Deutsche Unionbank in F. wird vom Aufsichtsrat und der Direktion vorgelegt und einstimmig angenommen.

Die Übernahme geschieht demnach zu 115 Prozent mit 40 Prozent Einzahlung, d. i. 400 M pro Aktie plus 15 Prozent Agio = 150 M plus 6 Prozent Zinsen vom 1. Januar 1894."

Der von den genannten Bankhäusern über dieses Geschäft ausgestellte „Zeichnungsschein" lautet:

„Wir zeichnen hiermit 500 Aktien resp. Interimsscheine à 1000 M zum Kurse von 115 Prozent ... mit einer ersten Einzahlung von 40 Prozent und Zinsen à 6 Prozent von diesen 40 Prozent des Nominalbetrags vom 1. Januar 1894 bis 1. Juli 1894."

In dem Bericht des Vorstandes der erwähnten Aktiengesellschaft an den Registerrichter (Amtsgericht Durlach) vom 6. Juli 1894 über die Art der Ausführung des erwähnten Beschlusses auf Erhöhung des Aktienkapitales ist gesagt:

„Die Generalversammlung beschloß am 26. Mai 1894, das Aktienkapital um 500000 M zum Kurse von 115 Prozent zu erhöhen. Es wurde in Ausführung dieses Beschlusses die Offerte des Konsortiums ..., welches den Kurs von 115 Prozent zuzüglich laufender

Zinsen à 6 Prozent vom 1. Januar 1894 bis 1. Juli 1894 offerierte, angenommen, und hat die erste Barzahlung von 40 Prozent sowie Agio von 15 Prozent ... unter dem Datum vom 1./2. Juli 1894 stattgefunden."

Die noch verbliebenen 60 Prozent wurden im Verlaufe des Jahres 1895 durch die genannten Bankhäuser auf Einrufen bezahlt, und wurden nach nunmehr erfolgter Volleinzahlung die Aktien an die zeichnenden Bankhäuser ausgehändigt. Die ursprünglich geplante Ausgabe von Interimsscheinen war unterblieben.

Über die erwähnte Zeichnung der 500 000 ℳ neue Aktien wurde eine Schlußnote vom 26. Mai 1894 ausgestellt; in derselben sind als Gegenstand des Geschäftes bezeichnet 500 000 ℳ neue Maschinenfabrik G. Aktien mit 40 Prozent Einzahlung; als Lieferungstermin ist der 1. Juli 1894, als Preis oder Kurs 115 Prozent, als Wert des Gegenstandes 275 000 ℳ angegeben. Letzterer Angabe entsprechend wurde das Geschäft nach Tarifnummer 4a des Reichsstempelgesetzes vom 27. April 1894 mit 55 ℳ versteuert.

Als durch Beschluß der Generalversammlung der genannten Aktiengesellschaft vom 4. Mai 1896 die Erhöhung des Aktienkapitales um weitere 500 000 ℳ beschlossen, und dem Großherzoglich badischen Hauptsteueramte Karlsruhe wegen des Aktienstempels dieserhalb Anzeige gemacht wurde, kam letzteres mit einer Verfügung vom 21. Juli 1896 auf die Schlußnote vom 26. Mai 1894 zurück und rügte, daß in derselben als Wert des Gegenstandes nur die damals einberufenen 40 Prozent und 15 Prozent Agio mit 275 000 ℳ, nicht der ganze Emissionspreis entsprechend Ziff. 6 Lit. B der Anweisung des Bundesrates vom 25. September 1885 mit 575 000 ℳ versteuert sei, wogegen die Maschinenfabrik G. bestritt, daß eine höhere Versteuerung als geschehen einzutreten habe.

Die Großherzoglich badische Zolldirektion trat der Auffassung des Hauptsteueramtes Karlsruhe bei und ordnete die Erhebung der Stempelsteuer nach Tarifnummer 4a aus weiteren 300 000 ℳ mit 60 ℳ an. Die Maschinenfabrik G. zahlte am 2. Oktober 1896 diese 60 ℳ mit Vorbehalt und erhob hierauf bei dem Landgericht Karlsruhe gegen den Großherzoglich badischen Fiskus nach § 33 des Reichsstempelgesetzes vom 27. April 1894 Klage auf Rückzahlung der 60 ℳ. Durch das Landgericht wurde die Klage abgewiesen, von dem Oberlandesgerichte die Berufung zurückgewiesen. Die Revision wurde zurückgewiesen aus folgenden

Gründen:

„Der Vertreter der Revisionsklägerin hat zur Rechtfertigung der Revision auszuführen gesucht, es habe am 26. Mai 1894 überhaupt kein zur Erhebung einer Reichsstempelsteuer berechtigender Akt vorgelegen, insbesondere nicht die Voraussetzung der von dem Oberlandesgericht angewendeten Bestimmung der Tarifnummer 4a 2 des Reichsstempelgesetzes vom 27. April 1894, daß den Kauf- und sonstigen Anschaffungsgeschäften auch „die Ausreichung von Wertpapieren an den ersten Erwerber" gleichstehe. Dieser Ausführung konnte nicht beigetreten werden.

Aus den Verhandlungen des Reichstages über das Gesetz vom 27. April 1894 wegen Abänderung des Gesetzes, betreffend die Erhebung von Reichsstempelabgaben, vom $\frac{\text{1. Juli 1881}}{\text{29. Mai 1885}}$ geht hervor, daß mit diesem Gesetze unter anderem auch Zweifel beseitigt werden sollten auf dem Gebiete, mit welchem sich die in das eben erwähnte Gesetz vom 27. April 1894 als Zusatz zu Tarifnummer 4a 2 neu aufgenommene Bestimmung: „den Kauf- und sonstigen Anschaffungsgeschäften steht gleich die bei Errichtung einer Aktiengesellschaft oder Kommanditgesellschaft auf Aktien erfolgende Zuteilung der Aktien auf Grund vorhergehender Zeichnung, die bei Errichtung einer Aktiengesellschaft stattfindende Übernahme der Aktien durch die Gründer und die Ausreichung von Wertpapieren an den ersten Erwerber", befaßt, und daß insbesondere der in dem Beschlusse der Vereinigten Civilsenate des Reichsgerichtes vom 30. Juni 1892,

Entsch. des R.G.'s in Civils. Bd. 31 S. 17flg.,

— welcher die Frage der Unterordnung der im Falle des Art. 209d H.G.B. erfolgenden Übernahme der Aktien durch die Gründer unter das Reichsstempelgesetz vom $\frac{\text{1. Juli 1881}}{\text{29. Mai 1885}}$ zum Gegenstande hat — zum Ausdrucke gelangten Annahme entgegengetreten werden sollte, es sei zur Unterordnung eines Geschäftes als Anschaffungsgeschäftes unter dieses Gesetz erforderlich, daß die Sache, welche Gegenstand eines Anschaffungsgeschäftes sein solle, sich bereits vorher, schon als solche rechtlich existierend, in fremdem Eigentume befunden habe, aus welchem sie in dasjenige des Anschaffenden übergehen solle.

Der Gesetzgeber hat sich, um seine Absicht in vollem Umfange zu erreichen, hierbei nicht begnügt, lediglich den durch den bezeichneten Plenarbeschluß speziell vorbeschiedenen Fall gesetzlich (und zwar abweichend von dem Plenarbeschlusse) zu normieren, sondern hat hierbei auch die anderen ähnlichen Fälle in entsprechender Weise geregelt. Zu diesem Zwecke hat er in das Gesetz auch die Bestimmung aufgenommen, daß den Kauf- und sonstigen Anschaffungsgeschäften „die Ausreichung von Wertpapieren an den ersten Erwerber" gleichstehe. Mit dieser letzteren — ihrem Wortlaute nach allerdings Anlaß zu Bedenken bietenden — Bestimmung wollte hiernach auch nicht etwa, wie der Vertreter der Revisionsklägerin annimmt, unter Aufstellung eines neuen, zu einer engen Gesetzesauslegung nötigenden Prinzipes, eine ganz neue Kategorie von Vorgängen der Reichsstempelsteuer unterworfen werden, sondern wollte (wie namentlich die Begründung zu dem Entwurfe des Gesetzes vom 27. April 1894, Drucksachen des Reichstages, IX. Legislaturperiode, II. Session 1893/94, Bd. 1 Nr. 52, ergiebt) für ähnliche Fälle, wie die in den zwei ersten Sätzen des Zusatzes zu Tarifnummer 4a 2 speziell bezeichneten, in allgemeiner Weise eine solche Abgabenentrichtung gesichert werden, wie sie nach der Auffassung der Begründung zu dem genannten Gesetzesentwurfe für solche Fälle schon in dem Willen des bisherigen Gesetzes gelegen gewesen sei.

Mit der Bestimmung, daß den Kauf- und sonstigen Anschaffungsgeschäften „die Ausreichung von Wertpapieren an den ersten Erwerber" gleichstehe, wollte ferner nicht etwa, wie der Vertreter der Revisionsklägerin zu unterstellen scheint, der physische Akt der Aushändigung der betreffenden Wertpapiere der Besteuerung nach Tarifnummer 4a 2 des Reichsstempelgesetzes unterworfen werden, sondern — wie neben der bisherigen Darlegung der ganze Zusammenhang dieser Bestimmung mit den übrigen in dem neuen Zusatze enthaltenen Bestimmungen und der Wortlaut des § 7 des Reichsstempelgesetzes, insbesondere Abs. 1 desselben, ergiebt, wonach „die unter Tarifnummer 4 angeordnete Abgabe von allen im Inlande abgeschlossenen Geschäften der bezeichneten Art zu erheben ist" — das Geschäft, durch welches „für den ersten Erwerber" der Anspruch auf Auslieferung der betreffenden Wertpapiere an ihn begründet wird (welchen Ausdruck „Auslieferung" die Gesetzesmotive in der Stelle der Begründung gebrauchen: „Soweit bisher bei Errichtung einer Aktiengesellschaft die

Aktien auf Grund vorheriger Zeichnung zugeteilt oder von den Gründern übernommen, oder in anderen Fällen Wertpapiere dem ersten Erwerber ausgeliefert wurden, ist in der Praxis der Gerichte und der Verwaltungsbehörden übereinstimmend das Vorliegen eines stempelpflichtigen Anschaffungsgeschäftes angenommen worden. Neuerdings haben jedoch die Vereinigten Civilsenate des Reichsgerichtes dahin entschieden ꝛc. Der Entwurf sucht die Abgabenentrichtung in solchen Fällen auch ferner zu sichern, indem er jene Vorgänge in Ansehung der Steuerpflicht den Anschaffungsgeschäften gleichstellt", während sie in einer späteren Stelle der Begründung sich dahin ausdrücken: „Nach Abs. 2 der Tarifnummer 4a 2 soll, wie nach der bisherigen Praxis, auch fernerhin die Ausreichung von Wertpapieren an den ersten Erwerber als stempelpflichtiges Anschaffungsgeschäft behandelt werden").

Im vorliegenden Falle wurde nun für das vereinigte Bankkonsortium Ed. K. in K., V. L. H. in K. und Deutsche Unionbank in F. als „ersten Erwerber" der Anspruch gegen die Aktiengesellschaft G. auf die Aktien, welche die Aktiengesellschaft G. zur Erhöhung ihres Grundkapitales auszugeben beschloß, und daher auch auf Auslieferung der betreffenden Wertpapiere durch die von seiten der zuständigen Organe der Aktiengesellschaft G. am 26. Mai 1894 erfolgte Annahme des Angebotes des bezeichneten Bankkonsortiums zur Übernahme der neu auszugebenden Aktien begründet. Durch das hiermit zustande gekommene Geschäft wurde die Voraussetzung zur Anwendung der Bestimmung der Tarifnummer 4a 2 des Reichsstempelgesetzes vom 27. April 1894, wonach den Kauf- und Anschaffungsgeschäften „die Ausreichung von Wertpapieren an den ersten Erwerber" gleichsteht, gegeben.

Außer dem bisher erörterten Angriffe hat der Vertreter der Revisionsklägerin zur Rechtfertigung der Revision einen weiteren Angriff nicht erhoben, insbesondere auch nicht einen eventuellen Angriff dahin, daß, sofern Tarifnummer 4a 2 des Reichsstempelgesetzes auf den vorliegenden Fall Anwendung finde, der in dieser Tarifnummer bezeichneten Abgabe nicht die Summe von 575 000 ℳ, sondern nur die Summe von 275 000 ℳ hätte zu Grunde gelegt werden dürfen. In dieser Richtung liegt übrigens eine Gesetzesverletzung auch nicht vor. Das Oberlandesgericht hat ohne Rechtsirrtum als Inhalt des erwähnten, am 26. Mai 1894 zustande gekommenen Geschäftes zwischen der Aktiengesellschaft G. und dem angegebenen Bankkonsortium als „erstem Erwerber" von Wertpapieren angenommen, es habe sich damit das Bankkonsortium zur Zahlung von 115 Prozent (nicht etwa überhaupt nur von 55 Prozent) des Nominalbetrages der neu auszugebenden Aktien verpflichtet, von welchen 115 Prozent 40 Prozent und die 15 Prozent Agio auf den 1. Juli 1894 zu zahlen, die weiteren 60 Prozent bis auf Einrufen weiterer Einzahlungen gestundet gewesen seien, sodaß die Verpflichtung des Bankkonsortiums, auf Einrufen auch diese weiteren 60 Prozent einzuzahlen, sich als Teil der durch das fragliche Geschäft übernommenen Verpflichtung dargestellt habe, nicht als bloße rechtliche Folge des Anteiles an dem Gesellschaftsvermögen, welchen das Bankkonsortium erlangt habe. Das Oberlandesgericht hat auf dieser Grundlage zutreffend die rechtliche Folgerung gezogen, es habe hiernach der vereinbarte Geldbetrag, welchen das Bankkonsortium auf Grund des Geschäftes vom 26. Mai 1894 der Aktiengesellschaft G. zu leisten gehabt habe, und welcher den Wert des Geschäftsgegenstandes ausmache, 575 000 ℳ, nicht bloß 275 000 ℳ betragen. Mit Recht hat das Oberlandesgericht auf der festgestellten Grundlage insbesondere der Stundung von 60 Prozent an den 115 Prozent des Nominalbetrages der neu auszugebenden Aktien nicht den Einfluß eingeräumt, daß diese 60 Prozent bei Berechnung der Stempelsteuer für das Geschäft vom 26. Mai 1894 außer Betracht zu bleiben hätten, und es hat mit Recht auf die Verschiedenheit der maßgebenden Faktoren bei Bemessung des Wertes für das in Frage stehende Geschäft zwischen der Aktiengesellschaft und dem ersten Erwerber von jenen für ein Umsatzgeschäft zwischen dem letzteren und einem Dritterwerber über noch nicht voll einbezahlte Aktien hingewiesen.

Nach dem Gesagten war die Revision zurückzuweisen." ...

---

31. 1. Imitation als Gestaltung im Sinne des Gesetzes, betr. den Schutz von Gebrauchsmustern.

2. Ist in der Bestimmung eines Gegenstandes zur Herstellung eines Schmuckgegenstandes ein Gebrauchszweck im Sinne des Gesetzes enthalten?

Reichsgesetz vom 1. Juni 1891 § 1.

I. Civilsenat. Urt. v. 22. September 1897 i. S. L. (Bekl.) w. Fr. u. Gen. (Kl.). Rep. I. 122/97.

I. Landgericht I Berlin.
II. Kammergericht daselbst.

Für die Beklagten ist in der Gebrauchsmusterrolle als Muster eingetragen: „Aus einer Pfauschwanzfeder bestehende imitierte Reiher- oder Paradiesvogel-Feder" und: „Imitierte Reiherfederbüschel oder dergl., welche aus den Halmen der Pfauschwanzfeder bestehen". Die Anmeldung zu 1 sagt, daß die echte Reiher- und Paradiesvogelfeder und der aus ihr gefertigte Phantasiefederschmuck sehr teuer, und giebt eine Zubereitung und Bearbeitung der Pfauschwanzfeder an, durch welche diese der echten Reiher- und Paradiesvogelfeder ähnlich und der Federschmuck billiger herzustellen sei. Zu 2 giebt die Anmeldung an, daß auf diese Weise Federbüschel aus Pfauschwanzfedern herzustellen, die den Reiherfederbüscheln äußerst ähnlich seien.

Die Kläger erhoben Klage auf Löschung beider Muster, weil sie nicht neu seien, und die Voraussetzungen der Schutzfähigkeit auch sonst nicht vorlägen. Der erste Richter wies die Klage ab; auf die Berufung der Kläger wurde dagegen nach der Klage erkannt.

Auf die Revision der Beklagten ist dieses Urteil aufgehoben, und die Sache an das Berufungsgericht zurückverwiesen worden, aus folgenden

Gründen:

„Das Berufungsurteil beruht auf der Ausführung, daß das geschützte Fabrikat kein Gebrauchsmuster, sondern ein Geschmacksmuster darstelle, weil die Pfauenfeder sowohl im Urzustande wie als Imitation der Reiherfeder lediglich Schmuckgegenstand, ihr auch durch das in den Anmeldungen beschriebene Verfahren keine neue Gestaltung, Anordnung oder Vorrichtung, und noch weniger eine solche Gestaltung, Anordnung oder Vorrichtung gegeben sei, die dem wirtschaftlichen oder technischen Nutzzwecke diene. Die Imitation diene nur dem Verzierungszwecke.

Die von der Revision angeregte Frage, ob der Berufungsrichter sich nicht durch seine Annahme, daß ein Geschmacksmuster vorliege, mit dem Urteile des Reichsgerichtes vom 6. Mai 1893 in Sachen L. w. Sch. u. K., Rep. I. 58/93, in Widerspruch gesetzt habe, kann auf sich beruhen. Denn dem Berufungsrichter kann darin nicht beigetreten werden, daß die eingetragene imitierte Feder (Büschel) kein Gebrauchsmuster sei.

Richtig ist, daß dem Beklagten das in seinen Anmeldungen beschriebene Verfahren zur Herstellung der Imitation als solches und getrennt von dem Produkte als Muster nicht geschützt werden kann. Das Reichsgericht hat auch ausgesprochen, daß ein Schmuckgegenstand als solcher kein Gebrauchsgegenstand im Sinne des Gesetzes vom 1. Juni 1891, und daß der Gebrauchszweck im Sinne dieses Gesetzes ein wirtschaftlicher oder technischer Nutzzweck ist.

Vgl. Entsch. des R.G.'s in Civils. Bd. 36 S. 57.

Angemeldet und eingetragen als Muster ist aber auch nur die imitierte Reiher-(Paradiesvogel-)Feder und der imitierte Reiherfederbüschel. Die Anmeldung, die nach § 2 Abs. 2 des Gesetzes die neue, dem Gebrauchszwecke dienende Gestaltung oder Vorrichtung angeben muß und das Muster durch diese Angabe charakterisiert,

vgl. Entsch. des R.G.'s in Civils. Bd. 33 S. 99,

bezeichnet nach dem Zusammenhange ihrer Angaben nicht das Verfahren als das Neue, sondern die Imitation, d. h. die Gestaltung der Reiherfeder und des Reiherfederbüschels aus einer Pfauenfeder. Weder der Begriff der Gestaltung, noch der Zweck des Gesetzes steht entgegen, in solcher Imitation eine Gestaltung zu finden. Und diese *einzelne* imitierte Reiherfeder (Reiherfederbüschel) ist nicht als Schmuckgegenstand gedacht, auch nicht zu denken, sondern *als Faktor oder Material zur Herstellung* von Schmuckgegenständen. Wird dieser, in der mündlichen Verhandlung vom Beklagten mit Recht hervorgehobene, Gesichtspunkt beachtet, so fehlt es der Imitation und der in ihr enthaltenen Gestaltung nicht an dem wirtschaftlichen Nutzzweck des Gesetzes, der eben *in der Verwendung zur Herstellung eines anderen Gebrauchsgegenstandes besteht*, wobei darauf nichts ankommt, daß dieser Gebrauchsgegenstand ein Schmuckgegenstand ist.

Danach ist die Begründung, durch die der Berufungsrichter zu dem Urteile auf Löschung der Muster gelangt ist, nicht durchgreifend. Es fragt sich nur, ob die Gestaltung der Pfauenfeder zu einer imitierten Reiherfeder als eine *neue* Gestaltung im Sinne des Abs. 2 des § 1 des Gesetzes anzusehen ist. Der Beklagte behauptet, daß vor seiner Anmeldung die imitierte Reiherfeder aus Pfauenfeder und Pfauenfederbüschel unbekannt gewesen sei. Nach dieser Richtung hin enthält das Berufungsurteil eine sichere und klare Feststellung nicht." ...

---

32. Verhältnis der Beschränkungen der Verlöbnisfreiheit zu den Bestimmungen über die Voraussetzungen der Eheschließung mit Rücksicht auf § 39 des Reichsgesetzes vom 6. Februar 1875 über die Beurkundung des Personenstandes und die Eheschließung.

VI. Civilsenat. Urt. v. 30. September 1897 i. S. unverehel. B. (Kl.) w. R. Wwe. (Bekl.). Rep. VI. 142/97.

I. Landgericht Hamburg.
II. Oberlandesgericht daselbst.

Die Entscheidung ist unten unter „Gemeines Recht" Nr. 48 S. 188 abgedruckt.

---

33. 1. Ist der Begriff des Gewerbes im Sinne des § 3 des Reichsgesetzes vom 13. Mai 1870 wegen Beseitigung der Doppelbesteuerung einheitlich für das ganze Reich, oder nach Landesrecht zu bestimmen?
2. Ist im Sinne des § 3 des bezeichneten Gesetzes die Ausübung der Heilkunde durch approbierte Ärzte ein Gewerbe?

VI. Civilsenat. Urt. v. 30. September 1897 i. S. Dr. A. (Kl.) w. die hamburgische Steuerdeputation (Bekl.). Rep. VI. 167/97.

I. Landgericht Hamburg.
II. Oberlandesgericht daselbst.

Die Revision des Klägers ist zurückgewiesen worden aus den folgenden

Gründen:

„Die mit der Klage geforderte Summe ... ist dem Kläger als hamburgische Einkommensteuer für das Jahr 1896, weil er außer in seinem Wohnorte Altona auch in Hamburg das Gewerbe eines Arztes betreibe und von dem in Hamburg daraus erzielten Einkommen nach § 3 des Reichsgesetzes wegen Beseitigung der Doppelbesteuerung vom 13. Mai 1870, bezw. nach der entsprechenden Bestimmung des hamburgischen Einkommensteuergesetzes in Hamburg steuerpflichtig sei, von der verklagten Behörde abverlangt und von ihm nur mit Vorbehalt der Rückforderung gezahlt worden. Der Kläger bestreitet die hier fragliche Steuerpflicht deshalb, weil die Ausübung der ärztlichen Praxis kein Gewerbebetrieb im Sinne des angeführten § 3 sei, und daher, da er in Preußen seinen Wohnsitz habe, die Besteuerung des aus jener Praxis in Hamburg erzielten Einkommens der in § 1 desselben Gesetzes aufgestellten Regel widerstreite. Wenn er sich dabei auf die Auktorität des preußischen Oberverwaltungsgerichtes berufen hat, so würde diese freilich in erster Reihe keineswegs ihm zu gute kommen. Denn das genannte Gericht hat,

vgl. Entsch. des preußischen Oberverwaltungsgerichts in Staatssteuersachen Bd. 2 S. 449 flg.,

bei der Frage der Doppelbesteuerung angenommen, daß die Begriffe „Gewerbe" und „Gewerbebetrieb", bei dem Fehlen einer ausdrücklichen reichsgesetzlichen Definition, rein landesrechtlich zu bestimmen seien. Ginge man von dieser Auffassung aus, welche auch die von der Beklagten in erster Linie verfochtene ist, so wäre die Sache sofort zu Ungunsten des Klägers entschieden. Nach der *hamburgischen* Gesetzgebung nämlich ist die ärztliche Praxis zweifellos zu den Gewerben zu rechnen, wie für die vorliegende Sache durch die entsprechende Entscheidung des Berufungsgerichtes wegen der Irrevisibilität der in Betracht kommenden Rechtsnormen nunmehr auch formell feststeht. Aber jener Auffassung kann allerdings nicht beigetreten werden, wie sich auch das Berufungsgericht ihr keineswegs angeschlossen hat. Das Reichsgesetz wegen Beseitigung der Doppelbesteuerung ist zu dem Zwecke erlassen, die Frage für das Reich *einheitlich* zu regeln, und zwar *in der praktischen Anwendung* gleichmäßig zu regeln, und damit wäre es ganz unvereinbar, wenn die erheblichen Begriffe in den verschiedenen Einzelstaaten in *verschiedenem* Sinne genommen werden dürften. Noch dazu war zu der Zeit, als das hier in Rede stehende Gesetz erlassen wurde, das Gewerbewesen durch die Gewerbeordnung vom 21. Juni 1869 schon für das ganze Reich (bezw. damals für den ganzen Norddeutschen Bund) in den wesentlichsten Punkten einheitlich geregelt, und damit ein Anhalt für die Begriffsbestimmung des Gewerbes auch im Sinne des Doppelbesteuerungsgesetzes gegeben. Wenn das preußische Oberverwaltungsgericht in der angeführten Entscheidung die Erheblichkeit des Inhaltes der Gewerbeordnung für die hier streitige Frage mit der Bemerkung verneint hat, daß es außerhalb der Zwecke der Gewerbeordnung liege, steuerrechtlich verwertbare Normen aufzustellen, so kann der Wert dieser Bemerkung im übrigen dahingestellt bleiben; was den Sinn des Reichsgesetzes wegen Beseitigung der Doppelbesteuerung anlangt, so ist es völlig ausgeschlossen, denselben unter Außerachtlassung des nur ein Jahr vorher erlassenen für das ganze Gewerbewesen des Deutschen Reiches grundlegenden Gesetzes, dessen das öffentliche Interesse damals in hohem Maße erregender Inhalt dem Gesetzgeber in frischer Erinnerung sein mußte, zu ermitteln.

Eben diese Berücksichtigung der Gewerbeordnung mußte nun aber freilich bei der Feststellung der Bedeutung des § 3 des Doppelbesteuerungsgesetzes in betreff der Frage, ob die ärztliche Praxis ein „Gewerbe“ sei, zu Ungunsten des Klägers den Ausschlag geben; während ihm allerdings in dieser Frage die Rechtsprechung des preußischen Oberverwaltungsgerichtes insofern zur Seite steht, als dasselbe vom Standpunkte der preußischen Steuergesetzgebung aus die Frage wiederholt verneint hat. Es sind hierfür außer der schon berührten Entscheidung anzuführen die Urteile in den Entscheidungen des preußischen Oberverwaltungsgerichts Bd. 15 S. 45 flg., Bd. 23 S. 42 flg., Bd. 24 S. 322, und wenn das genannte Gericht sich scheinbar einmal,

vgl. Entsch. des preußischen Oberverwaltungsgerichts in Staatssteuersachen Bd. 2 S. 132 flg.,

entgegengesetzt ausgesprochen hat, so ist das dort doch nicht eigentlich so gemeint,

vgl. ebenda S. 451 flg.,

und stellt sich wohl eher nur als eine etwas unvorsichtige Formulierung dar. Man kann nicht sagen, daß die Gründe, welche in jenen Entscheidungen vom preußischen Oberverwaltungsgerichte geltend gemacht sind, wegen des abweichenden Ausgangspunktes bei der jetzt zu entscheidenden Frage gar nicht in Betracht kämen; denn da sich auch in der preußischen Gesetzgebung keine ausdrückliche Definition von „Gewerbe" findet, so sind die von jenem Gerichte angestellten Erwägungen zum Teil allgemeinerer Natur und könnten insofern an sich auch für die Auslegung des Doppelbesteuerungsgesetzes verwertet werden. Das Reichsgericht ist jedoch, schon was diese allgemeineren Erwägungen anlangt, geneigt, den Ausführungen, die das Berufungsgericht zur vorliegenden Sache gemacht hat, den Vorzug zu geben, nach welchen kein Grund ersichtlich ist, bei Auslegung des Doppelbesteuerungsgesetzes von einem anderen Begriffe des Gewerbes auszugehen, als von dem weitesten, der im gewöhnlichen Sprachgebrauche heutzutage mit diesem Worte verbunden wird, nach welchem demgemäß jede zum Zwecke des Erwerbes als unmittelbare Einnahmequelle betriebene dauerndere Thätigkeit darunter verstanden ist, mit Ausnahme der rein wissenschaftlichen und rein künstlerischen Berufe, sowie derjenigen der öffentlichen Beamten und der Geistlichen. Wenn es hiernach auf den ersten Blick vielleicht scheinen könnte, als müßte dann auch die Anwaltspraxis unter den Begriff des Gewerbebetriebes gezogen werden, so würde sich dieses Bedenken durch einen Hinweis auf die öffentlich-rechtliche Stellung erledigen, die den Rechtsanwälten zugleich angewiesen ist.

Es kommt jedoch auf diese Erwägungen nicht einmal entscheidend an, weil, wie schon angedeutet ist, der Inhalt der Gewerbeordnung für die Auffassung der Ausübung der ärztlichen Praxis als eines Gewerbebetriebes den Ausschlag giebt, was auch das Oberlandesgericht nicht völlig erkannt hat. Die Gewerbeordnung regelt die Ausübung der Heilkunde, und zwar auch mit Rücksicht auf die approbierten Ärzte, in mehrfacher Beziehung, woraus den Schluß auf die Auffassung derselben als eines Gewerbes zu ziehen schon im allgemeinen nahe liegt. An sich kommt es hier auf die vom Oberlandesgerichte hervorgehobenen §§ 6, 29 und 144, denen übrigens auch noch die §§ 53, 80 und 147 anzureihen sind, natürlich in ihrer Fassung vom Jahre 1869, nicht in der von 1883 an; indes hat in dem letzteren Jahre in den hier erheblichen Beziehungen von den genannten Paragraphen nur der § 6 eine Änderung erlitten, welche zudem nicht einmal recht wesentlich ist, indem früher die Ausübung der Heilkunde unter denjenigen Betrieben genannt war, auf welche die Gewerbeordnung keine Anwendung finde, nur mit der Parenthese: „vorbehaltlich der

Bestimmungen in den §§" 2c, während jetzt diejenigen Betriebe, auf welche die Gewerbeordnung nur insoweit Anwendung finde, als sie „ausdrückliche Bestimmungen" darüber enthalte, in einem besonderen Satze zusammengestellt sind. Übrigens wird dem mehr negativen Inhalte gerade des § 6 die geringste Bedeutung für die vorliegende Frage beizumessen sein. Wenn aber überhaupt das Berufungsgericht die Bedeutung des Umstandes, daß in der Gewerbeordnung sich verschiedene Bestimmungen über die Ausübung der Heilkunde finden, und insbesondere der Überschrift vor § 29: „Gewerbetreibende, welche einer besonderen Genehmigung bedürfen", durch die Erwägung abschwächen zu müssen gemeint hat, daß jene Ausübung ja jedenfalls dann ein Gewerbe sei, wenn sie nicht von seiten eines approbierten Arztes erfolge, so ist dabei der völlig entscheidende Umstand übersehen, daß der § 29 in den Absätzen 3 und 5 direkt vom „Gewerbe", bezw. vom „Gewerbebetriebe" der approbierten Ärzte spricht.

Demgegenüber kann es nicht darauf ankommen, daß, wie der Revisionskläger hervorgehoben hat, die dem Reichstage vorgelegte Denkschrift zum Entwurfe des neuen Handelsgesetzbuches zu § 2 bemerkt, der Ausdruck „gewerbliches Unternehmen" genüge vermöge der Bedeutung, welche ihm nach dem allgemeinen Sprachgebrauche zukomme, um, wie die Ausübung der Kunst und der Rechtsanwaltschaft, so auch die des ärztlichen Berufes auszuschließen. Es darf dabei auf sich beruhen, ob diese Bemerkung für die Auslegung des § 2 des neuen Handelsgesetzbuches von 1897 zutrifft, oder nicht.

Da auch feststeht, daß der Kläger, indem er während des Jahres 1896 dauernd ein ärztliches Sprechzimmer, in welchem er täglich während einer Stunde anzutreffen war, in Hamburg unterhielt, daselbst eine ärztliche Niederlassung hatte, so ergiebt sich also, daß die von der Beklagten verfügte Besteuerung des Klägers dem Doppelbesteuerungsgesetze nicht widerstreitet, und folglich seine Revision zurückzuweisen war." . . .

---

34. Sind Renten- und Schuldverschreibungen ausländischer Staaten, Korporationen, Aktiengesellschaften oder industrieller Unternehmungen zu versteuern, wenn sie nicht für den Handelsverkehr bestimmt sind?

Reichsstempelgesetz vom 27. April 1894, Tarif Ziff. 2b (R.G.Bl. S. 381).

IV. Civilsenat. Urt. v. 4. Oktober 1897 i. S. preuß. Fiskus (Bekl.) w. Berl. Handelsgesellschaft u. Gen. (Kl.). Rep. IV. 39/97.

I. Landgericht I Berlin.
II. Kammergericht daselbst.

Die Kläger haben im Juni 1895 aus einem zwischen der Königlich rumänischen Regierung und der Ungarischen Kommerzialbank zu Pest über die Ausgabe von Schatzscheinen geschlossenen Geschäfte je 1 000 000 ℳ Schatzscheine übernommen. Die Schatzscheine enthalten die Verpflichtung der rumänischen Regierung, an die Commerzialbank oder an deren Order die Summe von 400000 ℳ zu zahlen. Von einem jeden Geschäfte ist seitens der Steuerbehörde auf Grund des Tarifes zum Reichsstempelgesetze vom 27. April 1894 Ziff. 4a 2 in Verbindung mit Ziff. 2b des Tarifes und § 7 des Gesetzes ein Stempel von 100 ℳ erfordert, der von den Klägern — zusammen mit 300 ℳ — unter Vorbehalt gezahlt und im gegenwärtigen Rechtsstreite zurückverlangt ist. Während der erste Richter abweisend erkannt hat, ist auf die Berufung der Kläger der Beklagte der Klage gemäß verurteilt. Die Revision des Beklagten ist zurückgewiesen worden aus folgenden

Gründen:

... „Bei der Entscheidung handelt es sich um die Auslegung der Ziff. 2b des Tarifes zum Gesetze vom 27. April 1894. Nach Ziff. 4a 2 des Tarifes unterliegen Kauf- und sonstige Anschaffungsgeschäfte über Wertpapiere der unter Ziff. 1, 2 und 3 des Tarifes bezeichneten Art der Besteuerung, und Ziff. 2b des Tarifes führt folgende Wertpapiere auf:

„Renten- und Schuldverschreibungen ausländischer Staaten, Korporationen, Aktiengesellschaften oder industrieller Unternehmungen und sonstige für den Handelsverkehr bestimmte ausländische Renten- und Schuldverschreibungen."

Der Berufungsrichter ist davon ausgegangen, daß diese Vorschrift nur solche Renten- und Schuldverschreibungen *ausländischer* Staaten, *Korporationen*, *Aktiengesellschaften* und *industrieller* Unternehmungen umfaßt, die *für den Handelsverkehr* bestimmt sind, und da nach der unter Zugrundelegung einer Auskunft der Ältesten der Kaufmannschaft von Berlin getroffenen Feststellung die in Rede stehenden, von der rumänischen Regierung ausgestellten Schatzscheine keine für den Handelsverkehr bestimmten Schuldverschreibungen sind, ist die Stempelforderung des Beklagten für nicht begründet erachtet.

Bei der Auslegung der fraglichen Tarifnummer hat der Berufungsrichter auf das dort gebrauchte Wort „sonstige" Gewicht gelegt, indem er angenommen hat: dieses Wort lasse erkennen, daß nicht nur die im Anschlusse daran aufgeführten Renten- und Schuldverschreibungen, sondern auch die vorher genannten Wertpapiere solche sein müssen, die für den Handelsverkehr bestimmt seien, da anderenfalls das Wort „sonstige", das in gleicher Weise, wie das im Art. 271 H.G.B. gebrauchte Wort „andere", auf das Vorangegangene zurückweise, nicht hätte gebraucht werden dürfen, sondern gerade fortzulassen gewesen wäre.

Diese Auffassung ist von der Revision mit der Ausführung angegriffen: das Wort „sonstige" setze die Renten- und Schuldverschreibungen ausländischer Staaten, Korporationen, Aktiengesellschaften und industrieller Unternehmungen in Gegensatz zu anderen ausländischen Renten- und Schuldverschreibungen, habe aber nicht der Bedeutung der Gleichstellung, wie das Wort „andere" haben könnte; daher bezögen sich die Worte „für den Handelsverkehr bestimmte" nur auf derartige Verschreibungen letzterer Art; hätte der Gesetzgeber ein anderes beabsichtigt, so würde er diese Worte, wie in Position 2a des Tarifes, an die Spitze der Ziff. 2b gesetzt haben.

Der Angriff kann als begründet nicht anerkannt werden. Die Wortfassung läßt eine andere Auslegung des Gesetzes, als die ihm vom Berufungsrichter gegebene, nicht zu. Das Wort „sonstige", welches hier begrifflich dasselbe besagt, wie das Wort „andere", hätte, wie der Berufungsrichter zutreffend hervorgehoben hat, wenn das Gesetz den ihm von dem Beklagten beigelegten Sinn hätte haben sollen, nicht gebraucht werden dürfen, da sonst der beabsichtigte Sinn des Gesetzes entstellt worden wäre. Der Hinweis auf die Ziff. 2a des Tarifes ist verfehlt. Dort sind als stempelpflichtige Wertpapiere bezeichnet:

„Inländische für den Handelsverkehr bestimmte Renten- und Schuldverschreibungen ..., sofern sie nicht unter Nummer 3 fallen" ...,

und dabei ist eine Einschränkung hinzugefügt inbetreff der Renten- und Schuldverschreibungen des Reiches und der Bundesstaaten, die von der Besteuerung befreit sind. Diese Vorschrift belegt also generell, sodaß unter sie auch die Renten- und Schuldverschreibungen des Reiches und der Bundesstaaten fallen würden, wenn diesen nicht hinterher eine Ausnahmestellung gegeben wäre, nur solche inländische Renten- und Schuldverschreibungen mit der Steuer, die für den Handelsverkehr bestimmt sind. Dafür, daß das Gesetz die ausländischen Renten- und Schuldverschreibungen einer weitergehenden Stempelpflichtigkeit hat unterwerfen und namentlich zwischen den Renten- und Schuldverschreibungen ausländischer Staaten, Korporationen, Aktiengesellschaften und industrieller Unternehmungen einerseits und den sonstigen ausländischen Renten- und Schuldverschreibungen andererseits in dem Sinne hat unterscheiden wollen, daß die ersteren auch dann der Steuer unterliegen sollten, wenn sie nicht für den Handelsverkehr bestimmt sind, fehlt es an jedem Anhalte. Weder der Wortlaut noch der innere Zusammenhang oder die Entstehungsgeschichte des Gesetzes sprechen für eine solche Unterscheidung. Es sollten die ausländischen Wertpapiere in demselben Umfange, wie die inländischen, mit einer entsprechenden, wenn auch höheren, Steuer belegt werden, damit nicht der inländische Markt mit ausländischen Papieren überfüllt und infolgedessen der Handel mit inländischen Papieren geschädigt werde. Das Gesetz bezweckt im allgemeinen, die im Handelsverkehre und insbesondere im Börsen- und Bankverkehre vorkommenden Geschäfte und Wertpapiere mit einer Abgabe zu belegen, und deshalb haben auch nur solche Wertpapiere durch die Abgabe betroffen werden sollen, die die Bestimmung haben, Gegenstand des Handelsverkehres zu sein. Daß die Wortfassung der Ziff. 2b des Tarifes von der Fassung der Ziff. 2a abweicht, ist darauf zurückzuführen, daß einerseits besonders zum Ausdrucke gebracht werden sollte, daß die Renten- und Schuldverschreibungen ausländischer Staaten, Korporationen, Aktiengesellschaften und industrieller Unternehmungen der Abgabe unterliegen, und daß es andererseits hat vermieden werden sollen, den Gebrauch des Wortes „ausländische" (Renten- und Schuldverschreibungen) zu häufen. Die Fassung entspricht auch der Fassung der Gesetze vom 1. Juli 1881 und 29. Mai 1885 (R.G.Bl. 1881 S. 185, 1885 S. 179), sowie der Gesetzentwürfe aus den Jahren 1869, 1875, 1878, 1880 (Drucksachen des Reichstages Nr. 192 der Session 1869, Nr. 43 der Session 1875/76, Nr. 22 der Session 1878, Nr. 96 der Session 1880).

Daß die in Rede stehenden Schatzscheine zur Zeit des Geschäftsabschlusses keine zum Handelsbetriebe bestimmten Schuldverschreibungen gewesen sind, hat der Berufungsrichter einwandsfrei festgestellt." ...

---

35. 1. Steht dem Anspruche des Bewucherten auf Rückgewähr die Einrede der rechtskräftigen Entscheidung entgegen, wenn er die wucherlichen Vermögensvorteile wechselmäßig versprochen hatte und durch Versäumnisurteil zur Zahlung des Wechsels verurteilt worden ist?

2. Kann in der Erwirkung eines solchen Urteiles die Erlangung eines neuen wucherlichen Vermögensvorteiles gefunden werden?

I. Civilsenat. Urt. v. 6. Oktober 1897 i. S. Gr. (Bekl.) w. W. Ehel. (Kl.). Rep. I. 298/97.

I. Landgericht I Berlin.
II. Kammergericht daselbst.

Der Mitkläger, Ehemann W., bat den Beklagten um ein Darlehn von 10000 ℳ und erhielt ein solches gegen einen von der Ehefrau acceptierten, von ihm selbst girierten Wechsel über 10000 ℳ, ausgestellt am 10. Mai, fällig am 10. September 1893, unter der Bedingung, daß die Wechselsumme nicht nur mit 6 Prozent im Jahre, sondern außerdem mit $2^1/_2$ Prozent im Monat verzinst werden müsse. Bei der Zahlung der Valuta zog Beklagter 1000 ℳ als je $2^1/_2$ Prozent Zinsen für die ersten vier Monate und überdies noch 2000 ℳ als „Provision" für sich ab. Nach Fälligkeit des Wechsels erhob er Klage und erwirkte ein Versäumnisurteil, durch das die jetzigen Kläger verurteilt wurden, die Wechselsumme nebst 6 Prozent Zinsen seit dem 12. September 1893 und Kosten an ihn zu bezahlen. Wie die Kläger behaupten, hat der Ehemann W. damals den Einwand des Wuchers erheben wollen, hat jedoch hiervon Abstand genommen, weil der Beklagte ihm erklärt habe, er, der Beklagte, werde den Wechsel nur pro forma einklagen und dann das Urteil liegen lassen; sollte dagegen der Kläger Widerspruch erheben, so werde er wegen einer ihm an einem Grundstücke der Ehefrau W. für die Wechselforderung eingeräumten Hypothek die Subhastation beantragen. Thatsächlich brachte der jetzige Beklagte sodann das Urteil nicht sofort zur Vollstreckung. Dagegen ließ er sich am 21. September 1893 wegen fernerer Zinsen für vier Monate einen Wechsel über 1000 *M*, fällig am 10. November 1893, ausstellen, klagte auch diesen ein und erwirkte, nachdem er angeblich auch in diesem Falle den Ehemann W. in gleicher Weise wie bezüglich des Wechsels über 10000 *M* von der Erhebung eines Einwandes abgehalten hatte, gegen die jetzigen Kläger ein Versäumnisurteil vom 25. November 1893. Sodann brachte er das ihm verpfändete Grundstück zur Zwangsversteigerung und erhielt aus den Kaufgeldern die Wechselforderung von 10000 *M* nebst Zinsen und Kosten bar ausbezahlt.

In Anlaß der vorstehend beschriebenen und ähnlicher Geschäfte ist der Beklagte wegen Wuchers zu Gefängnis- und Geldstrafe verurteilt worden.

Nunmehr forderten die Kläger die von dem Beklagten erlangten wucherlichen Vermögensvorteile zurück und verlangten unter anderem Zahlung der bei Auszahlung des Darlehnsbetrages in Abzug gebrachten 3000 *M* nebst 5 Prozent p. a. Zinsen seit dem 24. Oktober 1894 (dem Tage nach der Kaufgelderbelegung im Subhastationsverfahren) und Herausgabe des Wechsels vom 21. September 1893 über 1000 *M* nebst dem Urteile vom 25. November 1893.

In erster Instanz wurden die Kläger abgewiesen; auf ihre Berufung wurde jedoch abändernd nach dem Klagantrage erkannt. Auf die Revision des Beklagten ist das Berufungsurteil aufgehoben, und die Sache an das Berufungsgericht zurückverwiesen worden, aus folgenden

Gründen:

„Beide Gerichte der Vorinstanzen haben übereinstimmend angenommen, daß Beklagter sich durch Ausbedingung und Annahme der oben erwähnten Vermögensvorteile für das den Klägern gewährte Darlehn des Wuchers im Sinne des § 302a St.G.B. schuldig gemacht habe. Diese Feststellung giebt zu rechtlichen Bedenken in keiner Beziehung Anlaß. Es kann deshalb, was die Ansprüche auf Zahlung der bei der Auszahlung des Darlehns einbehaltenen 3000 *M* und Zurückgabe des am 21. September 1893 ausgestellten Wechsels nebst Herausgabe des in Ansehung dieses Wechsels erstrittenen Versäumnisurteiles vom 25. November 1893 anbelangt, keinem Zweifel unterliegen, daß diese Ansprüche nach Art. 3 des Gesetzes vom 24. Mai 1880 (R.G.Bl. S. 109) und des, bei Ausstellung des zweiten Wechsels schon geltenden, Gesetzes vom 19. Juni 1893 (R.G.Bl. S. 197) an sich begründet sein würden. Das Landgericht hat gleichwohl auf Abweisung erkannt, weil Kläger zur Zahlung sowohl des über das Darlehn von 10000 ℳ, als des über die Zinsforderung von 1000 ℳ ausgestellten Wechsels rechtskräftig verurteilt worden seien, die Rechtskraft der ergangenen Urteile aber den jetzt erhobenen Ansprüchen entgegenstehe. Das Berufungsgericht erachtet diese Erwägung für nicht zutreffend, weil Kläger in dem gegenwärtigen Rechtsstreite Ersatz des ihnen durch eine strafbare Handlung des Beklagten verursachten Schadens verlangten, dieser Anspruch aber ihre Verurteilung zur Zahlung der vom Beklagten eingeklagten Wechselforderungen unberührt lasse. Die Revision findet hierin einen Verstoß gegen § 293 C.P.O. und muß mit dieser Rüge insofern gehört werden, als die Begründung des angefochtenen Urteiles nicht haltbar erscheint.

Durch die beiden im Wechselverfahren ergangenen Urteile ist entschieden, daß dem Beklagten die von ihm eingeklagten Wechselforderungen gegen die jetzigen Kläger zustehen, und diese Urteile haben die Rechtskraft beschritten. Deshalb aber dürfen die damaligen Beklagten jetzt nicht mehr Einwendungen vorbringen, durch die nicht etwa die erlassenen Urteile selbst angegriffen werden sollen, sondern die nur darauf abzielen, den rechtlichen Bestand der durch jene Urteile festgestellten Forderungen in Frage zu stellen. Dies aber geschieht, wenn der Wucher des Gläubigers geltend gemacht wird, um die auf Grund der Wechsel eingeklagten und zuerkannten Summen ganz oder zum Teil deshalb zurückzuerlangen, weil die Wechsel auf Grund eines ungültigen Geschäftes ausgestellt seien. Denn es sind zwar, wie das Berufungsgericht hervorhebt, die beiden in Rede stehenden Wechsel gültig, und nur die zu Grunde liegenden Rechtsgeschäfte sind nach der Vorschrift in Art. 3 Abs. 1 der erwähnten Reichsgesetze ungültig gewesen. Diese Ungültigkeit hätte aber, als die Wechsel eingeklagt wurden, von den jetzigen Klägern geltend gemacht werden können (Art. 82 W.O.). Dies ist nicht geschehen, und deshalb rechtskräftig entschieden, daß dem Beklagten die Wechselforderungen einwandsfrei zustehen. Gegen diese Entscheidungen kann auch nicht geltend gemacht werden, daß nach den Bestimmungen in Art. 3 Abs. 2 der Wuchergesetze die von dem Wucherer erlangten Vermögensvorteile zurückgewährt werden müssen. Es mag richtig sein, daß diese Bestimmungen insofern auf zwei verschiedenen Grundlagen beruhen, als sie einerseits die Folge der in Abs. 1 ausgesprochenen Ungültigkeit der wucherlichen Geschäfte, andererseits eine Folge der von dem Wucherer begangenen strafbaren Handlung und der hieraus entspringenden Verpflichtung zum Schadensersatze sind. Hieraus darf jedoch nicht abgeleitet werden, daß dem Bewucherten gegen den Wucherer zwei ihrem Begriffe nach verschiedene Ansprüche zustehen, sondern ihm erwächst nur ein Anspruch, der, mag er nun auf den einen oder den anderen Gesichtspunkt gestützt werden, seinem Grunde und Betrage nach derselbe bleibt, nämlich ein Anspruch, der sich auf den Wucher stützt und die Zurückgewährung der von dem Schuldner geleisteten Vermögensvorteile zum Gegenstande hat. Ist also entschieden, daß diese Vermögensvorteile nicht auf Grund eines wucherlichen Geschäftes erlangt sind, so kann diese Entscheidung nicht mehr in Frage gestellt werden. Eine derartige Entscheidung wird aber auch durch eine im Wechselverfahren erlassene endgültige Verurteilung getroffen, wenn ein wegen der Forderung des Gläubigers ausgestellter Wechsel eingeklagt war. Daß das Urteil im Versäumnisverfahren erging, kann keinen Unterschied machen. Wollte man dies nicht anerkennen, so müßte man die Klage auf Rückzahlung auf Grund des Wuchers auch dann zulassen, wenn eine dahingehende Einrede erhoben, aber rechtskräftig verworfen worden wäre.

Dagegen würden die vorstehenden Erwägungen den erhobenen Ansprüchen nicht im Wege stehen, wenn diese auf einen von den ursprünglichen Verträgen unabhängigen Grund gestützt werden könnten. In dieser Beziehung kommt die Behauptung des Mitklägers W. in Betracht, daß Beklagter ihn durch die oben wiedergegebene Erklärung abgehalten habe, gegen die beiden Wechselklagen die Einrede aus dem Wucher vorzuschützen. Wäre dies wahr, und sollte die Lage der Kläger so gewesen sein, daß sie sich noch in Not befanden und einerseits befürchten mußten, den Wucher damals nicht beweisen zu können, andererseits aber in diesem Falle die rücksichtslosesten Maßnahmen des Beklagten zu erwarten hatten und auf einige Schonung nur hoffen durften, wenn sie das Versäumnisurteil über sich ergehen ließen, so würde Beklagter sich durch den Vertrag, durch den er sie zum Stillschweigen bewog, einer neuen Ausbeutung ihrer Notlage schuldig gemacht und dadurch gegen § 302a St.G.B. in der damals schon geltenden Fassung des Gesetzes vom 19. Juni 1893 verfloßen haben, alsdann aber verpflichtet sein, die infolgedessen erlangten Vermögensvorteile, also den beigetriebenen Geldbetrag nach Abzug des von seiner Seite geleisteten Betrages und das in Ansehung des zweiten Wechsels erlangte Versäumnisurteil, herauszugeben. Das nämliche würde der Fall sein, wenn zwar die angeblichen Erklärungen des Beklagten nicht erwiesen werden könnten, dagegen die Lage der Kläger die geschilderte gewesen wäre. Auch civilprozessualische Handlungen können das Mittel sein, durch welches der Wucherer die Notlage des Schuldners ausbeutet, und die Unterwerfung des Schuldners unter die Verfolgung des wucherischen Wechsels durch Klage mit der zufolge des unterlassenen Widerspruches erlangten Verurteilung kann als ein Vermögensvorteil aufgefaßt werden, den sich der Wucherer von seinem Schuldner gewähren läßt. Begnügt sich der Gläubiger nicht mit dem über eine übermäßige Summe ausgestellten Wechsel seines Schuldners, sondern erhebt er aus dem Wechsel die Wechselklage, so lange er den Schuldner noch in der Hand hat, um eine von ihm für unanfechtbar gehaltene rechtskräftige Verurteilung des Schuldners zu erlangen und sich auf diese Weise die von dem Schuldner in der Ausstellung und Acceptation des Wechsels versprochenen übermäßigen Vermögensvorteile zu sichern, und unterwirft sich der Schuldner, welcher die Absicht des Gläubigers erkennt, in seiner fortdauernden Notlage dessen Beginnen, so liegt darin, ohne daß man gerade ein stillschweigendes Abkommen zwischen Gläubiger und Schuldner heranzuziehen braucht, eine Fortsetzung des wucherischen Treibens, und der so ausgebeutete Schuldner ist wohl berechtigt, die durch Geltendmachung des Urteiles zwangsweise eingezogenen übermäßigen Vermögensvorteile zurückzufordern. Ein ähnlicher Sachverhalt würde hier vorliegen, wenn der Beklagte die Zwangslage, in welcher Kläger sich zufolge Bewilligung der Hypothek und sonst dem Beklagten gegenüber befanden, mißbrauchte, um die Wechsel einzuklagen, so lange sich Schuldner in einer Notlage befanden. Auch wenn er es nicht aussprach, konnten die Kläger Grund haben anzunehmen, daß der Beklagte die ihm bewilligte Macht mißbrauchen würde, um die Kläger zu gefährden, wenn sie sich der Klage nicht unterwärfen. Und die Unterwerfung kann in der Absicht erfolgt sein, um jene drohenden Nachteile abzuwenden. Daß ein solcher Sachverhalt hier vorliegen könne, ist insofern nicht unwahrscheinlich, als Kläger sich, was sie anderenfalls nicht gethan haben würden, noch im September 1893 herbeigelassen haben, einen Wechsel über die Wucherzinsen auszustellen, und als sie im Januar 1894 nicht das erforderliche bare Geld beschaffen konnten, um dem Kläger die mit nicht weniger als 36 Prozent im Jahre zu verzinsende Forderung zu bezahlen, obwohl sie, wie der Ausfall der Subhastation ihres ... Grundstückes zeigt, noch eine Priorität hätten gewähren können, die für 10000 *M* völlig genügende Sicherheit bot. Die in Betracht kommenden thatsächlichen Verhältnisse sind indes nicht hinlänglich festgestellt, um darauf hin eine Entscheidung treffen zu können. Es ist daher die Sache zurückverwiesen, um die Thatsachen und auch die von den Klägern verfolgte Absicht, nötigenfalls unter Ausübung des richterlichen Fragerechtes, besser aufzuklären. Bemerkt mag nur noch werden, daß der von dem Landgericht erörterte Gesichtspunkt des Zwanges nicht in Frage kommen würde, wenn das Vorbringen der Kläger so, wie es vorstehend aufgefaßt ist, zu verstehen wäre, und daß in diesem Falle auch nicht davon die Rede sein könnte, daß Kläger das angebliche Abkommen mit dem Beklagten in der Exekutionsinstanz hätten geltend machen müssen." ...

---

36. Kann ein ablösbares Bann- und Zwangsrecht gegen diejenigen Personen oder Gewerbetreibenden ausgeübt werden, welche erst nach dem Inkrafttreten des § 10 Gew.O. ihren Wohnsitz in den Bannbezirk verlegt oder daselbst den belasteten Gewerbebetrieb begonnen haben?

Vereinigte Civilsenate. Beschl. v. 8. Juli 1897 i. S. Z. u. Gen. (Bekl.) w. K. (Kl.). Rep. V. 176/96.

I. Landgericht Potsdam.
II. Kammergericht Berlin.

Der Kläger war Eigentümer eines in der Stadt Rathenow belegenen, im Grundbuch als „Scharfrichterei" bezeichneten Grundstückes und erhob als solcher gegen 17 Fleischermeister in Rathenow Klage mit dem Antrage, die Beklagten zu verurteilen, anzuerkennen, daß ihm — dem Kläger — als Eigentümer des — näher bezeichneten — Grundstückes das Recht zustehe, zu verlangen und darauf zu halten, daß die Beklagten ihm die Kadaver der beim Schlachten in ihrem Gewerbebetriebe . . . unrein, bezw. zur menschlichen Nahrung ungeeignet befundenen Schlachttiere (Schafe ausgenommen) . . . einschließlich der Häute überlassen rc.

Seinen Anspruch gründete der Kläger auf das seinem Vorbesitzer G. K. erteilte Königl. Privilegium und Patent vom 10. September 1809 „über die Scharfrichterei und Abdeckerei zu Rathenow", in welchem u. a. bestimmt ist, daß sämtliche Bewohner von Rathenow und einer Anzahl umliegender Ortschaften, sobald ihnen etwas von großem oder kleinem Vieh (Schafe ausgenommen) verreckt oder auch beim Schlachten unrein befunden wird, solches keinesweges verschweigen ..., sondern dem Scharfrichter sofort ansagen, auch im Falle der Zuwiderhandlung . . . dem Scharfrichter die entzogene Haut und Talg zu bezahlen schuldig sein sollen.

Beide Vorderrichter erachteten den Kläger zur Ausübung der mit seinem Grundstücke verbundenen Abdeckereigerechtigkeit für befugt, der erste Richter aber den Beklagten gegenüber nur insoweit, als dieselben vor dem 1. Januar 1873 ihren Wohnsitz in Rathenow gehabt und das Fleischergeschäft dort betrieben haben oder durch Erbgang in das schon vor jenem Zeitpunkte betriebene Geschäft eingetreten seien. Demgemäß verurteilte der erste Richter nur diejenigen Beklagten, bei denen diese Voraussetzung zutraf. Der Berufungsrichter verurteilte dagegen die sämtlichen Beklagten klagegemäß.

Der V. Civilsenat beabsichtigte die von den Beklagten eingelegte Revision zurückzuweisen, sah sich aber daran durch ein Urteil des VI. Civilsenates vom 16. November 1891 (abgedruckt in den Entsch. des R.G.'s in Civils. Bd. 28 S. 122 flg.) verhindert. In dem dieser Entscheidung zu Grunde liegenden Falle handelte es sich gleichfalls um ein nach § 8 Ziff. 1 der Reichsgewerbeordnung der Ablösung unterliegendes Zwangs- und Bannrecht, nämlich um das Recht der Stadt Dresden, von denen, welche in der Stadt das Brauereigewerbe betreiben, zu verlangen, daß sie sich nur der ihnen von der Stadtgemeinde überwiesenen Braupfanne bedienen und dafür einen Zins an die Stadtkasse entrichten, und es bestand Streit darüber, ob dieses Recht auch die Inhaber der erst nach dem Inkrafttreten der Reichsgewerbeordnung errichteten Brauereien verbinde. Der VI. Civilsenat hatte dies verneint und den (beim Abdruck des Urteiles in Frageform formulierten) Satz angenommen,

> daß ein ablösbares Zwangs- und Bannrecht denjenigen gegenüber nicht ausgeübt werden könne, welche vor dem 1. Januar 1873 dem Rechte noch nicht unterworfen waren.

Dieser Rechtssatz, der in dem nunmehr vorliegenden Falle zur Aufhebung des Berufungsurteiles und Wiederherstellung des ersten Urteiles hätte führen müssen, beruhte auf Auslegung des § 10 Abs. 1 der Reichsgewerbeordnung, aus welcher Vorschrift der VI. Civilsenat die in der dem V. Civilsenate vorliegenden Sache vom ersten Richter adoptierte Folgerung zog:

> „daß die frühere Verleihung des Zwangs- und Bannrechtes vom 1. Januar 1873 ab aufgehört hat, einen Titel für die Beschwerung solcher Personen zu bilden, welche dem Bannrechte bis dahin nicht unterlagen."

Die sonach zwischen dem V. und VI. Civilsenate streitig gewordene Rechtsfrage ist durch Beschluß der Vereinigten Civilsenate im Sinne des V. Civilsenates bejahend entschieden worden.

Gründe:

„In betreff der Zwangs- und Bannrechte bestimmt die Reichsgewerbeordnung, was folgt:

§ 7.

„Vom 1. Januar 1873 ab sind, soweit die Landesgesetze solches nicht früher verfügen, aufgehoben:

2. die mit den ausschließlichen Gewerbeberechtigungen verbundenen Zwangs- und Bannrechte, mit Ausnahme der Abdeckereiberechtigungen;
3. alle Zwangs- und Bannrechte, deren Aufhebung nach dem Inhalte der Verleihungsurkunde ohne Entschädigung zulässig ist."

§ 8.

„Von dem gleichen Zeitpunkte (§ 7) ab unterliegen, soweit solches nicht von der Landesgesetzgebung schon früher verfügt ist, der Ablösung:

1. diejenigen Zwangs- und Bannrechte, welche durch die Bestimmungen des § 7 nicht aufgehoben sind, sofern die Verpflichtung auf Grundbesitz haftet, die Mitglieder einer Korporation als solche betrifft, oder Bewohnern eines Ortes oder Distriktes vermöge ihres Wohnsitzes obliegt."

§ 10.

„Ausschließliche Gewerbeberechtigungen oder Zwangs- und Bannrechte, welche durch das Gesetz aufgehoben oder für ablösbar erklärt worden sind, können fortan nicht mehr erworben werden."

Nach diesen Vorschriften liegt die Sache so, daß vom 1. Januar 1873 ab die zu dieser Zeit noch bestehenden Zwangs- und Bannrechte teils aufgehoben, teils — soweit dies durch die Landesgesetze nicht schon früher geschehen — für ablösbar erklärt sind, neue Zwangs- und Bannrechte aber „fortan" — d. h. seit dem Inkrafttreten des Gesetzes — nicht mehr entstehen können. Von einer Einschränkung oder Abänderung der nur für ablösbar erklärten Berechtigungen enthält die Reichsgewerbeordnung nichts. Diese bestehen also, bis ihre Ablösung erfolgt, mit demselben Rechtsinhalte, wie sie am 1. Januar 1873 bestanden haben, unverändert fort.

Unter einem Zwangs- und Bannrecht versteht man die (in der Regel mit dem Besitze eines Grundstückes verbundene oder einem dauernden Gemeinwesen zustehende) Befugnis, von den Einwohnern eines bestimmten Bezirkes oder gewissen Klassen derselben zu verlangen, daß sie die Anschaffung gewisser Bedürfnisse oder die Anfertigung gewisser Arbeiten bei keinem Anderen, als dem Berechtigten bewirken.

Vgl. Beseler, Deutsches Privatrecht 4. Aufl. Bd. 2 S. 991; Gerber, Deutsches Privatrecht 17. Aufl. S. 319; Eichhorn, § 185; Runde, § 278; Weiske, Rechtslexikon Bd. 15 S. 702; Landmann, Kommentar zur Reichs-Gewerbeordnung Bd. 1 S. 81; preußisches Allgemeines Landrecht Tl. I. Tit. 23 §§ 2. 4.

Wenn nun auch über die Natur (d. h. über die juristische Konstruktion und Einreihung in das System) der Zwangs- und Bannrechte keine Übereinstimmung unter den Rechtslehrern herrscht, so findet sich doch nirgends ein Anklang an die dem erwähnten Urteile des VI. Civilsenates,

Entsch. des R.G.'s in Civils. Bd. 28 S. 122 flg.,

zu Grunde liegende Auffassung, die das Rechtsverhältnis in eine unbestimmte Zahl von einzelnen Zwangs- und Bannrechten auflöst, für deren Erwerb das „Bannrecht als solches" als „Gesamtrecht" nur den Rechtsgrund, die ursprüngliche Verleihung den Titel bilde. Vielmehr erscheint, gleichviel ob man die Zwangs- und Bannrechte mit Gerber, a. a. O. § 183 S. 319, und anderen den Forderungsrechten zuzählt, oder ob man ihnen einen dinglichen oder quasidinglichen Charakter beimißt,

vgl. Beseler a. a. O.; Entsch. des preuß. Obertribunals Bd. 80 S. 11,

die Berechtigung selbst als eine einheitliche, welche, ähnlich wie ein in dem betreffenden Bezirke geltendes Gesetz, alle in dem Bannbezirke wohnenden oder der belasteten Klasse zugehörigen Personen gleichmäßig bindet und wohl zu unterscheiden ist von den individuellen Forderungsrechten, die auf dem Boden dieses Rechtsverhältnisses durch ein Zuwiderhandeln gegen die Berechtigung oder aus einem Rechtsgeschäfte oder Ereignisse erwachsen, worauf die Berechtigung sich bezieht.

Diese Berechtigung selbst wird dadurch, daß jemand aus dem naturgemäß wechselnden Kreise der ihm unterworfenen Personen ausscheidet oder in denselben eintritt, nicht verändert. Sie bleibt dieselbe wie zuvor. Wenn also jemand seinen Aufenthalt im Bereiche eines noch bestehenden Zwangs- und Bannrechtes nimmt, oder dort einen diesem unterworfenen Gewerbebetrieb beginnt, so wird dadurch nicht ein neues Zwangs- und Bannrecht begründet, sondern es tritt der neu Zugezogene unter das in dem Bezirke geltende Bannrecht, welches dadurch keine substantielle Veränderung oder Erweiterung erfährt. Umgekehrt aber würde die seit dem 1. Januar 1873 der Ablösung unterliegende, bis zur Ablösung aber fortbestehende Berechtigung, zu deren Inhalt es wesentlich gehört, daß ihr alle Einwohner eines bestimmten Bezirkes, oder innerhalb des letzteren einer gewissen Klasse unterworfen sind, eine Änderung in ihrer Substanz erlitten haben, wenn in Konsequenz der Entscheidung des VI. Civilsenates angenommen werden müßte, daß seit dem 1. Januar 1873 das Zwangs- und Bannrecht nicht mehr gegen alle Einwohner des Bezirkes oder Angehörige der belasteten Klasse wirksam sei.

Dafür, daß eine solche substantielle Änderung der bis zur Ablösung bestehen bleibenden Zwangs- und Bannrechte eintreten solle, bieten die Vorschriften der Gewerbeordnung, wie schon erwähnt, keinen

Anhalt. Die allgemeine, auf Beseitigung der Gewerbeprivilegien gerichtete Tendenz des Gesetzes vermag einen solchen Anhalt nicht zu gewähren. Daß aber die Gewerbeordnung in ihren oben citierten Bestimmungen unter Zwangs- und Bannrechten etwas anderes verstanden, als wie insoweit übereinstimmend, die Rechtswissenschaft lehrt, ein einheitliches Recht gegenüber einer unbestimmten Menge von Verpflichteten, dafür fehlt ebenfalls jede Andeutung. Umsoweniger kann dies angenommen werden, als auch die frühere Landesgesetzgebung, auf welche die Reichsgewerbeordnung §§ 7. 8 Bezug nimmt, auf der gleichen Anschauung beruht. Es ergiebt sich dies insbesondere aus den Vorschriften über die Ablösung derartiger Rechte, wonach, wenn die Bewohner eines Ortes oder Distriktes vermöge ihres Wohnsitzes dem Zwangs- und Bannrechte unterworfen sind, nicht die Pflichtigen, sondern nur die Gemeinden auf Ablösung antragen können, und auch die „künftigen" Einwohner des Bannbezirkes an die ergehenden Entscheidungen gebunden sind.

Vgl. §§ 34. 44 des preuß. Entschädigungsgesetzes vom 17. Januar 1845, § 10 des preuß. Gesetzes vom 17. März 1868.

Die gleiche Auffassung liegt auch den übrigen hierauf bezüglichen deutschen Landesgesetzen zu Grunde.

Vgl. unter anderen das hannoversche Gesetz vom 17. April 1852 §§ 12 flg., das württembergische Gesetz vom 8. Juni 1849 Art. 5, das sachsen-weimarische Gesetz vom 19. April 1865 § 3, das sächsische Gesetz vom 27. März 1838 § 28.

Nach alledem kann es keinem Bedenken unterliegen, daß auch im Sinne der Gewerbeordnung ein Zwangs- und Bannrecht als ein einheitliches Recht, dem (in der Regel) eine unbestimmte Mehrheit von Verpflichteten gegenübersteht, angesehen werden muß, und daß der § 10 a. a. O. nur die künftige Entstehung solcher einheitlichen Rechte ausschließen, nicht aber bestimmen will, daß die erst nach diesem Zeitpunkte in den Bannkreis, d. h. in die betreffenden thatsächlichen Verhältnisse, eintretenden Personen durch das im übrigen fortbestehende Recht nicht gebunden sein sollen." . . .

37. Umfang der Verpflichtung aus dem Konnossemente.

I. Civilsenat. Urt. v. 9. Oktober 1897 i. S. Br. (Kl.) w. P. & Co. u. die Hamb. Quaiverwaltung (Bekl.). Rep. I. 177/97.

I. Landgericht Hamburg.
II. Oberlandesgericht daselbst.

Die Klägerin hatte von der Firma G. E. & Co. in R. 25 Fässer gekochten Leinöles gekauft, die auf dem Seewege nach Hamburg gebracht und dort Anfang Aprils 1895 am Quai gelöscht wurden. Der Klägerin wurde ein an Order lautendes, in blanco indossiertes Konnossement zugestellt, welches von der mitverklagten Firma H. J. P. & Co., dem Korrespondentrheder des Schiffes, mit dem das Leinöl gekommen war, ordnungsmäßig abgestempelt worden war. Sie besichtigte das Öl, lehnte die Empfangnahme jedoch ab und sandte das Konnossement an die Verkäuferin zurück, mit der Erklärung, daß die Ware für deren Rechnung am Quai lagere. Die Klägerin erhielt das Konnossement sofort zurück, mit dem Ersuchen, das Öl auf Lager zu nehmen; sie lehnte jedoch die Empfangnahme durch Schreiben an die Verkäuferin nochmals ab, behielt indes das Konnossement in Händen. Demnächst verlangte die Klägerin von der Quaiverwaltung die Auslieferung der 25 Fässer. Diesem Verlangen konnte jedoch nicht entsprochen werden, weil die Quaiverwaltung inzwischen die Fässer an die Firma H. J. P. & Co. auf deren Verlangen ausgeliefert hatte. Letzteres war im Einverständnisse mit der Verkäuferin geschehen, von der die Rechte auf Auslieferung des Konnossementes demnächst förmlich an die beiden Beklagten cediert worden waren. Nunmehr erhob die Klägerin gegen die Firma H. J. P. & Co. und die Quaiverwaltung Klage und erwirkte ein am 7. März 1896 erlassenes Urteil, durch das beide Beklagte in solidum schuldig erkannt wurden, die 25 Fässer Leinöl herauszugeben. Diesem Urteile konnten die Beklagten nicht nachkommen, weil das Öl inzwischen versandt und verkauft worden war. Die Klägerin klagte deshalb auf Ersatz ihres Interesses, bemerkte, daß der Fakturawert des Leinöles 1922,28 ℳ betrage, sie sich indes mit dem von den Beklagten selbst angegebenen Erlöse in Höhe von 1822,31 ℳ — unter Vorbehalt weitergehender Rechte — begnügen wolle, und beantragte Verurteilung der Beklagten zur Zahlung dieses Betrages nebst Zinsen seit dem 25. November 1895, dem Tage der Erhebung der Vorklage. In erster Instanz wurde die Klage abgewiesen; die dagegen eingelegte Berufung blieb ohne Erfolg. Auf die Revision der Kläger ist nach dem Klagantrage erkannt, aus folgenden

Gründen:

„Beide Vorinstanzen gehen davon aus, daß die Beklagten der Klägerin gegenüber eine Besitzstörung durch eigenmächtige Entziehung des Besitzes begangen haben, daß sie durch das im Vorprozesse erlassene Urteil zur Wiederherstellung des gestörten Besitzstandes schuldig erkannt worden seien, und daß Klägerin, da jenes Urteil nicht thatsächlich vollstreckt werden könne, ihr Interesse fordern dürfe. Sie verneinen jedoch, daß Klägerin, wie diese wolle, ohne weiteres den vollen Sachwert fordern dürfe, und gelangen zur Abweisung der Klage, weil Klägerin das ihr wirklich zustehende Interesse nicht dargelegt, jede Darlegung vielmehr abgelehnt habe. Zu Grunde gelegt sind hierbei die Vorschriften des gemeinen Rechtes über die Schätzung des Wertes eines widerrechtlich entzogenen Besitzes.

Die Revision vertritt die Ansicht, daß Klägerin, ohne ihrerseits zu einer weiteren Begründung verpflichtet zu sein, auf Grund der Thatsache, daß ihr der Besitz entzogen sei, die Zahlung des vollen Sachwertes fordern dürfe, und daß es Sache der Beklagten sein würde, den Nachweis zu führen, daß das Interesse der Klägerin dahinter zurückbleibe. Sie beruft sich zur Rechtfertigung ihrer Ansicht auf die heutige Gestaltung des, übrigens auch bereits diesen Grundsatz enthaltenden, römischen Rechtes.

Dem Berufungsgerichte ist darin beizustimmen, daß die vorliegende Klage als Judikatsklage zu betrachten, und daß Klägerin berechtigt ist, den in Geld zu veranschlagenden Wert der ihr zukommenden Leistung, da diese nicht mehr erzwungen werden kann, zu fordern. Ob dieser Wert, also das Interesse der Klägerin, bei Anwendung der Vorschriften des gemeinen Rechtes auf den von ihr geforderten Betrag zu bemessen wäre, mag dahingestellt bleiben; im Ergebnisse ist die Forderung der Klägerin für gerechtfertigt zu erachten.

Nach dem unstreitigen Sachverhalte waren die in Rede stehenden Fässer Leinöl auf dem Seewege in Hamburg eingegangen und dort nach beschaffter Landung auf dem Quai von der Quaiverwaltung übernommen werden. Zufolge der Bestimmungen der Hamburger Betriebs- und Gebühren-Ordnung für die Quai-Anlagen vom 22. Dezember 1893 (G.S. der Freien und Hansestadt Hamburg S. 68) im § 19 haftet die Quaiverwaltung den Abladern und Empfängern für von ihr übernommene Güter und darf dieselben nach § 8 nur gegen Einlieferung der Konnossemente ausliefern, auf welchen der Vertreter des Schiffes bescheinigen muß, daß der Auslieferung seinerseits Bedenken nicht entgegenstehen. Ein solches Konnossement hatte Klägerin in Händen, und zwar ein an Order lautendes, auf dem von der mitverklagten Firma H. J. P. & Co., unbestritten Korrespondentrheder des betreffenden Schiffes, die Unbedenklichkeit der Auslieferung bescheinigt war. Hieraus aber folgt, daß beide Beklagte der Klägerin auf Grund des Konnossementes obligatorisch verpflichtet waren. Letzteres wird von dem Berufungsgericht nicht anerkannt; in dem angefochtenen Urteile wird vielmehr ausgesprochen, daß die Firma H. J. P. & Co. durch die Abstempelung des Konnossementes und die Überlassung des Konnossementsgutes an die Klägerin der Verpflichtung, die sie als Korrespondentrheder traf, genügt, und die Quaiverwaltung dieses Gut schon längst nicht mehr als Vertreterin des Schiffes in Händen gehalten hätte. Hierin kann jedoch dem Berufungsgerichte nicht zugestimmt werden. Die Quaiverwaltung war durch die Übernahme der Güter an die Stelle des Schiffes getreten, haftete also, wie dieses, bis zur ordnungsmäßigen Auslieferung. Eine solche hatte aber nicht stattgefunden. Zwar waren einige Fässer der Klägerin zur Besichtigung ausgeantwortet, jedoch von ihr zurückgeliefert worden, und die Quaiverwaltung hatte dann auf der Rückseite des Konnossementes bescheinigt, daß auch die Fässer wiederum am Quai lagern blieben. Die Verhaftung der Quaiverwaltung und ihre dem Konnossementsinhaber gegenüber begründete Verbindlichkeit dauerte daher fort; insbesondere durfte sie nach Art. 661 H.G.B. auch etwaigen Anweisungen des Abladers nur Folge leisten, wenn ihr zuvor sämtliche Exemplare des Konnossementes zurückgegeben wurden, was unbestritten nicht geschehen war. Sodann hatte auch die Firma H. J. P. & Co. ihren Verbindlichkeiten als Korrespondentrheder noch nicht genügt; d. h. sie hatte diese nicht so erfüllt, daß sie nunmehr der Klägerin als Konnossementsinhaberin ganz wie eine unbeteiligte dritte Person gegenüber gestanden hätte. Da sie Korrespondentrheder war, galten ihre Handlungen als solche des Schiffes. Bis zur wirklichen Auslieferung der Güter durfte sie daher nicht einseitig über die Konnossementsgüter verfügen, sondern blieb sie dem Konnossementsinhaber verantwortlich. Aus diesen Erwägungen, die auch in dem in dem Vorprozesse erlassenen Urteile vom 7. März 1896 Ausdruck gefunden haben, ergiebt sich, daß dasselbe nicht die Bedeutung einer Verurteilung zur Herstellung eines seitens unbeteiligter dritter Personen gestörten Besitzstandes, sondern, die einer Verurteilung aus einer Obligation hat, die von der Quaiverwaltung durch unbefugte Auslieferung der Güter, von der Firma H. J. P. & Co. durch unbefugte in Vertretung des Schiffes erteilte Anweisung verletzt worden war.

Die aus dem Konnossement folgende Obligation aber war eine selbständige, die der Klägerin als Konnossementsinhaberin das Recht auf Auslieferung der Güter gegen das Schiff als selbständiges Recht gewährte. Es kann deshalb nicht, wie das Berufungsgericht erörtert, darauf ankommen, welche Rechte die Klägerin durch die Entgegennahme des Konnossementes an den Gütern selbst — ob Eigentum, oder nur Innehabung — erworben habe, oder welche Rechte ihr gegen die Verkäuferin auf Grund des Kaufvertrages oder wegen sonstiger Beziehungen in Ansehung der Güter zugestanden haben. Es handelt sich im vorliegenden Fall lediglich darum, den Umfang der Leistung zu bestimmen, die an die Stelle der Verbindlichkeit aus dem Konnossement tritt, wenn diese von dem dazu Verpflichteten nicht erfüllt werden kann. Hierbei kommt in Betracht, daß in Art. 612 H.G.B. für den Fall des Art. 607 der Umfang des Ersatzes für den Verlust von Gütern auf den näher bestimmten Wert der verlorenen Güter festgesetzt worden ist. Ob diese Vorschrift und die in ihr liegende Beschränkung stets Platz zu greifen hat, wenn Ersatz für nicht gelieferte Konnossementsgüter zu leisten ist, kann im vorliegenden Falle unentschieden bleiben. Zweifellos ist, daß mindestens der Sachwert gefordert werden kann. Hierin kann auch der Umstand nichts ändern, daß dieser Sachwert möglicherweise höher ist, als der Betrag, der dem Konnossementsinhaber nach dem unterliegenden Rechtsverhältnisse zukommt. Hierauf kann keine Rücksicht genommen werden (Art. 661 H.G.B.); vielmehr muß es den Beteiligten überlassen bleiben, das materielle Rechtsverhältnis anderweitig zur Geltung zu bringen.

Klägerin hat lediglich den Sachwert gefordert, über dessen Höhe kein Streit herrscht. Dieser kommt ihr daher zu." ...

II. Gemeines Recht.

38. Können minderjährige Kinder auf dem Prozeßwege gegen ihren Vater die Aberkennung seines Erziehungsrechtes wegen Mißbrauches desselben erwirken?

III. Civilsenat. Urt. v. 30. März 1897 i. S. der minderjährigen Geschwister S. (Kl.) w. J. S. (Bekl.). Rep. III. 326/96.

I. Landgericht Frankfurt a. M.
II. Oberlandesgericht daselbst.

Den drei minderjährigen Kindern des J. S. zu F. war auf den Antrag ihrer (von dem genannten S. geschiedenen und anderweit verheirateten) Mutter von dem zuständigen Vormundschaftsgericht zur Wahrung ihrer Rechte gegen ihren Vater, welchem ungebührliche Mißhandlung und Vernachlässigung der Kinder zur Last gelegt wurde, ein Pfleger bestellt worden. Dieser beantragte zunächst bei dem Vormundschaftsgericht, dem S. das Erziehungsrecht über seine Kinder zu entziehen, wurde aber mit diesem Antrag auf Grund erfolgter Beweiserhebung vom Amtsgericht und (auf eingelegte Beschwerde) auch vom Landgericht abgewiesen. Hiernächst erhob er gegen den Vater seiner Pflegebefohlenen Klage mit dem Antrage, demselben das Erziehungsrecht über seine Kinder wegen Mißbrauches desselben abzuerkennen.

Die in erster und in zweiter Instanz ausgesprochene Abweisung dieser Klage wurde in der Revisionsinstanz aufrecht erhalten aus folgenden

Gründen:

... „Die Vorinstanzen gehen übereinstimmend davon aus, daß im vorliegenden Falle die Aberkennung des Erziehungsrechtes des Vaters von dem Pfleger der Kinder nicht auf dem Klagewege bei dem Prozeßgericht, sondern nur im Verfahren der freiwilligen Gerichtsbarkeit bei dem Vormundschaftsgericht begehrt und erwirkt werden könne. Dieser Auffassung ist beizutreten.

Neben dem Erziehungsrecht des Vaters besteht, in gewissem Maße schon nach römischer, jedenfalls aber nach neuerer Rechtsanschauung, bei welcher die Stellung des Vaters als natürlichen Vormundes seiner Kinder in den Vordergrund tritt, auch die Pflicht desselben zur ordnungsmäßigen Ausübung dieses Rechts. Bei Mißbrauch oder Vernachlässigung der Erziehungsgewalt ist daher das Vormundschaftsgericht, dem auch über die in väterlicher Gewalt befindlichen Kinder nicht jede Einwirkung entzogen ist, berechtigt und verpflichtet, dem Vater die Erziehung seiner Kinder zu entziehen und deren Bevormundung herbeizuführen. Anerkannt wird dies nicht nur in der neueren Gesetzgebung — preuß. Allgemeines Landrecht Teil II. Titel 2 §§ 90. 91. 266, sächs. Bürgerliches Gesetzbuch § 1803, weimarisches Gesetz vom 27. März 1872 über die elterliche Gewalt und das Vormundschaftswesen § 16, B.G.B. für das Deutsche Reich § 1666 —, sondern auch im gemeinen Recht — Dernburg, Pandekten Bd. 3 § 31 Anm. 6; Sintenis, Civilrecht Bd. 3 § 141 Anm. 42 a. E.; Rudorff, Vormundschaft Bd. 1 S. 177; Burchardi, das gemeinrechtliche Erziehungsrecht, im Archiv für die civilistische Praxis Bd. 8 S. 177; Mittermaier, Deutsches Privatrecht § 362; v. Roth, Deutsches Privatrecht Bd. 2 § 159 Ziff. 4; Stobbe, Deutsches Privatrecht Bd. 4 § 252 bei Anm. 2 u. 3; Seuffert's Archiv Bd. 31 Nr. 244, Bd. 36 Nr. 203; Johow, Jahrbuch der Entscheidungen des Kammergerichts Bd. 12 S. 64 (abweichend anscheinend Windscheid, Pandektenrecht Bd. 2 § 525 Ziff. 2, sowie im Anschluß an ihn die Motive zum Bürgerlichen Gesetzbuch Bd. 4 S. 806) —, und namentlich auch in dem hier maßgebenden Frankfurter Territorialrecht — Frankfurter Reformation VII. 2 § 11; Souchay, Anmerk. dazu Bd. 2 S. 1147, Frankfurter juristische Rundschau 1878 S. 151, 1879 S. 67.

Es fragt sich aber weiter, ob nicht neben dem Vorgehen des Vormundschaftsgerichtes auch eine Klage auf Aberkennung des väterlichen Erziehungsrechtes gegeben ist. Für die Beantwortung dieser Frage kommt nicht, wie die Vorinstanz und namentlich die Revision ausführt, die in Frankfurt a. M. geltende preußische Vormundschaftsordnung vom 5. Juli 1875 in Betracht; dieselbe bestimmt insbesondere in ihrem, vom Berufungsrichter angeführten, § 86:

„die in väterlicher Gewalt stehenden Personen ... erhalten einen Pfleger für Angelegenheiten, bei welchen die Ausübung der väterlichen Rechte ... erforderlich ist, aber aus thatsächlichen oder rechtlichen Gründen nicht stattfinden kann",

nur die Voraussetzungen, unter welchen den in väterlichen Gewalt befindlichen Kindern ein Pfleger bestellt werden soll, nicht aber den Weg, auf welchem derselbe vorgehen soll, um dem Vater das Erziehungsrecht zu entziehen. Hierfür ist vielmehr das sonstige bürgerliche Recht, hier also das in Frankfurt a. M. geltende gemeine Recht, maßgebend. Nach diesem ist allerdings ein Klaganspruch auf Entziehung des väterlichen Erziehungsrechtes dann gegeben, wenn derselbe auf ein eigenes (subsidiäres) Erziehungsrecht des klagenden Teiles gegenüber dem Vater gestützt wird, wenn also namentlich die Mutter ihm gegenüber wegen Unfähigkeit desselben u. s. w. ihr alsdann in Kraft tretendes Erziehungsrecht geltend macht (l. 1 § 3. l. 3 § 5 Dig. de lib. exhib. 43, 30).

Vgl. Seuffert, Archiv Bd. 36 Nr. 203.

Anders aber im vorliegenden Fall, wo die Kinder in ihrem eigenen Interesse durch den ihnen bestellten Pfleger gegen den Vater auftreten. Die Kinder haben gegenüber dem Vater wohl ein Recht auf Alimentation, nicht aber ein klagbares Recht darauf, daß derselbe die Erziehungsgewalt ordnungsmäßig ausübe und nicht mißbrauche. Insoweit besteht wohl eine sittliche und moralische, aber keine rechtliche Verpflichtung des Vaters.

Vgl. Windscheid, Pandektenrecht Bd. 2 § 475 Anm. 12, § 514 Ziff. 3 a. E.; Stobbe, a. a. O. Bd. 4 § 252.

Bei Nichterfüllung dieser Pflicht ist daher lediglich für das Einschreiten der Obrigkeit im Interesse der schutzbedürftigen Kinder Raum und Anlaß gegeben, namentlich dann, wenn, wie hier, die (gechiedene und anderweit verheiratete) Mutter sich der Kinder nicht annehmen kann. Es würde auch zu einem wenig annehmbaren Ergebnis führen, wenn man den Kindern außer dem ihnen von Amts wegen zu teil werdenden Schutze noch ein Klagerecht gegen den Vater, und damit die Möglichkeit gewähren wollte, eine vom Vormundschaftsgericht innerhalb seiner

Zuständigkeit getroffene (ablehnende) Entscheidung auf dem Prozeßwege wieder zu beseitigen.

Vgl. Entsch. des R.G.'s in Civils. Bd. 32 S. 169." . . .

---

39. 1. Begriff des guten Glaubens als Voraussetzung des Erwerbes dinglicher Rechte.
2. Inwiefern kann bei der Pfändung der Gerichtsvollzieher privatrechtlich als Vertreter des Gläubigers in Betracht kommen?

VI. Civilsenat. Urt. v. 8. April 1897 i. S. E. (Bekl.) w. B. Wwe. (Kl.). Rep. VI. 381/96.

I. Landgericht Hamburg.
II. Oberlandesgericht daselbst.

Aus den Gründen:

„Die Klage ist eine nach Maßgabe des § 690 Abs. 1 C.P.O. erhobene Interventionsklage. Die Klägerin macht geltend, daß ihr an den auf Betreiben des Beklagten bei ihrem Sohne A. W. B. gepfändeten Gegenständen das Eigentumsrecht zur Zeit der Pfändung zugestanden habe und noch zustehe. Das Berufungsgericht hat dies ... als richtig anerkannt auf Grund der am 15. März 1889 von seiten ihres Sohnes an sie geschehenen Veräußerung, indem die Sachen damals ihr verkauft, zugleich aber von ihr dem Sohne precario belassen, also durch constitutum possessorium an sie übertragen worden seien. . . .

Bedenken gegen die Feststellung des Eigentumserwerbes der Klägerin sind nicht zu erheben, insofern es als unbestritten angesehen werden darf, daß zur Zeit der Veräußerung an sie ihr Sohn Eigentümer der Sachen war. Sollte aber dies selbst nicht als feststehend zu gelten haben, so würde doch immerhin die Klägerin durch den Kauf und die Übergabe der Sachen mittels eines constitutum possessorium das Publicianische Recht an ihnen erworben haben, das hier zur Begründung des Klagantrages ebenso dienlich sein würde, wie das Eigentum.

Der Beklagte hat aber eingewandt, daß das Eigentum der Klägerin hier nach hamburgischem Rechte deshalb nicht als „ein die Veräußerung hinderndes Recht" im Sinne des § 690 C.P.O. gelten könne, weil er durch die in gutem Glauben vollzogene Pfändung der Sachen trotzdem ein Pfändungspfandrecht an denselben erlangt habe. Das Berufungsgericht hat die Richtigkeit der Annahme, daß eine solche Pfändung nach hamburgischem Rechte (Statuten 2, 2, 7) in der That ein Pfandrecht auch an Sachen, die dem Schuldner nicht gehören, begründe, mindestens unterstellt, weitere Folgerungen aus derselben für den vorliegenden Fall aber deshalb abgelehnt, weil es bei der hier in Rede stehenden Pfändung an dem guten Glauben gefehlt habe, insofern der pfändende Gerichtsvollzieher S. auf die ihm eutlich entgegengetretene (d. h. zum Bewußtsein gekommene) Gefahr hin, ihm früher als Eigentum der Klägerin bezeichnete Sachen zu pfänden, die Zwangsvollstreckung ausgeführt habe. Diesen Entscheidungsgrund hat jetzt der Beklagte in mehrfacher Beziehung als gegen revisible Rechtsnormen verstoßend angegriffen.

Zuvörderst hat er es als unrichtig bezeichnet, den Gerichtsvollzieher bei der Pfändung als einen Vertreter des Gläubigers aufzufassen, dessen böser Glaube dem letzteren schade. Das Reichsgericht hat indes schon in dem in dieser Sache am 10. Oktober 1895 gefaßten Beschlusse[1] die entgegengesetzte Ansicht dargelegt und muß auch jetzt an derselben festhalten. Es handelt sich dabei natürlich nur um eine Art von Regelung der Zwangsvollstreckung, wie sie gerade in der jetzt geltenden deutschen Civilprozeßordnung getroffen worden ist, nach welcher der Gerichtsvollzieher auf Grund eines ihm individuell (wenn auch, wie in Hamburg, durch Vermittelung des staatlichen Gerichtsvollzieheramtes) vom Gläubiger erteilten Auftrages thätig wird. Wenn er auch den Rechtsakt der Pfändung nur in seiner Eigenschaft als Beamter vollziehen kann, so handelt er doch bei demjenigen Besitzerwerbe, durch welchen nach § 712 Abs. 1 und § 713 verglichen mit § 709 C.P.O. der Gläubiger an der betreffenden körperlichen Sache das Pfändungspfandrecht erwirbt, zugleich als beauftragter Vertreter des Gläubigers, und es muß daher auch der bei ihm in Ansehung der Voraussetzungen des Pfandrechtserwerbes bestehende böse Glaube dem Gläubiger insoweit schaden, als gerade dieser Erwerb nach dem maßgebenden bürgerlichen Rechte von der Gutgläubigkeit

[1] Dieser betraf die einstweilige Einstellung der Zwangsvollstreckung. D. E.

des Erwerbers abhängt. Dies gilt ganz unabhängig von der Frage, ob, wie das Reichsgericht laut der Entscheidungen in Civilsachen Bd. 9 S. 361 flg. angenommen hat, bei der Anfechtung eines Pfändungspfandrechtes das Wissen nur des pfändenden Gerichtsvollziehers von der Zahlungseinstellung außer Betracht zu bleiben hat; denn die Frage nach den Voraussetzungen eines Rechtserwerbes durch Besitzerwerb ist wesentlich verschieden von derjenigen nach den Voraussetzungen einer Anfechtbarkeit. Das Reichsgericht findet auch nicht, daß seine Ansicht durch die Ausführungen, welche ein anderer Senat des hanseatischen Oberlandesgerichtes laut des Beiblattes zur Hanseatischen Gerichtszeitung von 1897, S. 37 flg., gemacht, und auf welche jetzt der Revisionskläger sich bezogen hat, widerlegt wird, sieht vielmehr die dort einander gegenübergestellten Begriffe von „Rechtshandlungen" und „Amtshandlungen" nicht als sich ausschließende Gegensätze an nnd findet einen inneren Widerspruch darin, wenn nach jenen Ausführungen der Gerichtsvollzieher zwar für den durch bei der Pfändung entgegengenommene Anzeigen hervorgerufenen bösen Glauben, aber für keine andere Entstehungsart des bösen Glaubens als ein in Betracht kommender Vertreter des Gläubigers gelten soll.

Der Kläger hat aber außerdem noch gerügt, daß die Begriffe des guten und des bösen Glaubens sich durch die Art der Begründung der dem Gerichtsvollzieher S. beigemessenen Bösgläubigkeit als verkannt zeigten. Man könnte vielleicht bezweifeln, ob es sich hierbei, da doch zunächst von der Anwendung der irrevisibeln Bestimmung der Hamburger Statuten 2, 2, 7 die Rede ist, überhaupt um eine revisible Rechtsnorm handle. Indes läßt sich die Auffassung verteidigen, daß das Oberlandesgericht bei Anwendung dieser statutarischen Norm doch davon ausgegangen sei, daß sich auch hier jene Rechtsbegriffe nur nach dem in Hamburg subsidiär geltenden gemeinen Rechte bestimmen. Auch von diesem Standpunkte aus erscheint aber jene Rüge als grundlos. Daß der Beklagte den S. beauftragt hatte, „gegen jedes Hindernis zu pfänden", ist allerdings in der jetzt in Rede stehenden Beziehung wenig erheblich, aber auch vom Berufungsgerichte nur beiläufig erwähnt worden. Der entscheidende Grund, dem pfändenden Gerichtsvollzieher den guten Glauben in Ansehung des Eigentumsrechtes des Schuldners an den zu pfändenden Sachen abzusprechen, lag vielmehr für das Oberlandesgericht darin, daß, wie dasselbe thatsächlich festgestellt hat, der Gerichtsvollzieher sich des früheren Vorganges noch erinnerte, bei welchem er, in derselben Wohnung gegen denselben Schuldner pfändend, in einer ihm selbst und seinem damaligen Auftraggeber glaubwürdigen Weise erfahren hatte, daß die damals dort vorhandenen Sachen nicht dem Schuldner, sondern der jetzigen Klägerin gehörten, und deshalb den Schuldner schließlich für unpfändbar erklärt hatte, und daß ihm daher bei der jetzigen Pfändung die nahe liegende Möglichkeit, Sachen zu pfänden, die dem Schuldner nicht gehörten, deutlich vor Augen stand. Warum dies nicht genügen sollte, um dem S. den guten Glauben bei der Pfändung abzusprechen, ist nicht abzusehen. Mit Unrecht hat der Kläger behauptet, hierfür hätte erst festgestellt werden müssen, daß der Gerichtsvollzieher positive Kenntnis davon gehabt hätte, daß die sämtlichen in Frage kommenden Sachen nicht dem Schuldner gehörten. Beim Besitzerwerbe ist nach gemeinem Rechte unter „bösem Glauben" nur das Fehlen des guten Glaubens zu verstehen, und der letztere besteht nach der freilich nicht unbestrittenen, aber zweifellos richtigen Ansicht in dem im wesentlichen ungestörten Glauben an die Abwesenheit jedes Rechtsmangels (vgl. l. 4 pr. l. 6 § 1 Dig. pro emt. 41, 4). Wie stark der Zweifel sein muß, bei welchem der gute Glaube aufhört, und der böse anfängt, das läßt sich freilich in eine bestimmte Regel nicht fassen, ist vielmehr vom richterlichen Ermessen zu beurteilen. Im vorliegenden Falle hat nun aber das Berufungsgericht in dieser Hinsicht die Grenzen des sachgemäßen Ermessens sicherlich nicht überschritten.

Da auch sonst kein Grund zur Aufhebung des angefochtenen Urteiles ersichtlich war, so mußte die Revision zurückgewiesen werden." ...

---

40. Können nach gemeinem Rechte Zahlungen, die zur Tilgung von Spielschulden, insbesondere von Schulden aus Differenzgeschäften, geleistet sind, zurückgefordert werden?

I. Civilsenat. Urt. v. 24. April 1897 i. S. Z. Konkursverw. (Kl.) w. P. u. Gen. (Bekl.). Rep. I. 446/96.

I. Landgericht Hamburg.
II. Oberlandesgericht daselbst.

Aus den Gründen:

„Bezüglich des auf Zahlung von 154 599,28 ℳ gerichteten Klagantrages ist die Revision nicht begründet. Das angefochtene Urteil wird hinsichtlich dieses Anspruches durch den Entscheidungsgrund getragen, daß Zahlungen, die zur Tilgung von Schulden aus Differenzgeschäften geleistet sind, nach gemeinem Rechte nicht zurückgefordert werden können. Mit Recht hat das Berufungsgericht eine Bestätigung dieses Grundsatzes aus dem Urteile des jetzt erkennenden Senates vom 29. Februar 1896 in Sachen H. wider N.[1] entnommen. Hier ist bereits ausgesprochen, daß das sog. reine Differenzgeschäft im Gebiete des gemeinen Rechtes zwar nicht klagbar ist, aber eine genügende causa für die Erfüllung darbietet. Das Revisionsgericht findet sich auch bei erneuter Prüfung nicht bewogen, von diesem Grundsatze abzuweichen. Die entgegengesetzte, von der Revision vertretene Auffassung stützt sich auf die Gleichstellung des reinen Differenzgeschäftes mit dem Spiele und auf die Stellen des römischen Rechtes, die die Rückforderung des auf eine Spielschuld Gezahlten zulassen. Die letztgedachten Bestimmungen müssen indes, wie das Reichsgericht mit dem Berufungsgericht annimmt, wofern sie überhaupt als recipiert gelten können, auf diejenigen Spiele eingeschränkt werden, die durch das Strafgesetz oder durch ein besonderes Verbotsgesetz für unerlaubt erklärt sind. In betreff der übrigen Spiele geht die deutsche Rechtsanschauung dahin, daß die Rechtsordnung zwar kein Mittel gewähren soll, um dem Gewinner zur Erlangung des Spielgewinnes zu verhelfen, daß aber auch kein öffentliches Interesse besteht, die freiwillige Leistung des Verlierers als ungültig zu behandeln. Dieser Rechtsanschauung entspricht nach der Ansicht des Revisionsgerichtes die allerdings nicht unbestrittene Gestaltung des gemeinen Rechtes. Geht man hiervon aus, so muß das Differenzgeschäft den erfüllbaren Spielverträgen zugerechnet werden. Die Gleichstellung mit dem Spiele beruht darauf, daß das Differenzgeschäft in Bezug auf seinen wirtschaftlichen und sittlichen Wert oder Unwert dem Glücksspiele nahe verwandt ist und ebenso wie der Spielvertrag einer vom Rechte als Verpflichtungsgrund anerkannten Grundlage entbehrt. Zu den unerlaubten Geschäften im obigen Sinne gehört das Differenzgeschäft

[1] Rep. I. 389/95. D. E.

als solches indes weder nach gemeinem Rechte, noch nach dem für den Streitfall in Betracht kommenden Reichsrecht, noch — wie das Berufungsgericht feststellt — nach dem derzeit in Hamburg geltenden Rechte. Auch in Bezug auf die allgemeine Behandlung des Spielvertrages weicht nach der Feststellung des Berufungsgerichtes das Hamburger Partikularrecht nicht vom gemeinen Rechte ab.

Die Revision hat auf die Entscheidungen anderer Civilsenate des Reichsgerichtes hingewiesen, mit denen die vorstehend gebilligte Auffassung in Widerspruch treten soll, und anheim gegeben, ob hiernach nicht gemäß § 137 G.V.G. eine Entscheidung der vereinigten Civilsenate über die streitige Rechtsfrage einzuholen sei. Dieses Bedenken ist nicht zutreffend. Angeführt sind die Urteile des III. und des V. Civilsenates vom 19. März 1889 und vom 1. Juli 1896,

Entsch. des R.G.'s in Civils. Bd. 23 S. 138, Bd. 37 S. 416,

ferner das in der Juristischen Wochenschrift von 1896 S. 106 Nr. 24 veröffentlichte Urteil des III. Civilsenates vom 10. Januar 1896. In der Begründung der erstgenannten beiden Urteile findet sich die Bemerkung, daß gemeinrechtlich das Differenzgeschäft als ein dem verbotenen Spielvertrage gleichstehendes Geschäft zu betrachten sei. Allein in diesen Entscheidungen handelte es sich um die von der vorliegenden verschiedene Frage, ob das reine Differenzgeschäft geeignet sei, die Grundlage eines rechtswirksamen Anerkenntnisses oder Vergleiches zu bilden. Die Verneinung dieser Frage steht mit der Auffassung des jetzt erkennenden Senates durchaus im Einklang. Weitergehende Folgerungen sind in den angeführten Entscheidungen aus der Analogie des verbotenen Spieles nicht hergeleitet. Das zuletzt erwähnte Urteil des III. Civilsenates betrifft einen Fall, in dem das Berufungsgericht die Rückforderung der auf ein Differenzgeschäft geleisteten Zahlung nach dem in Schleswig geltenden Rechte für statthaft erklärt hatte. Das Reichsgericht nahm an, daß die hierauf gegründete Entscheidung des Instanzgerichtes nicht zu beanstanden sei, jedenfalls in der Revisionsinstanz nicht gerügt werden könne. Das angezogene Urteil des Reichsgerichtes bezieht sich demnach nicht auf das gemeine Recht. Eine beiläufige Verweisung auf letzteres ist in den Entscheidungsgründen enthalten, aber ohne eine bestimmte Ansicht über die hier vorliegende Frage zum Ausdrucke zu bringen.

Hiernach wird durch keine der von der Revision angeführten

Entscheidungen ein Konflikt im Sinne des Gerichtsverfassungsgesetzes begründet.

Die Revision hat ferner geltend gemacht, daß, wenn auch das reine Differenzgeschäft nicht allgemein als unerlaubtes Geschäft zu betrachten sei, doch im vorliegenden Falle die vom klägerischen Gemeinschuldner eingegangenen Geschäfte den Charakter unerlaubter Handlungen hatten, da derselbe die hierzu erforderlichen Mittel durch Veruntreuung erlangt habe. Auch dieser Gesichtspunkt führt indes nicht zu einem der Revision günstigen Ergebnisse. Nicht die vom Gemeinschuldner eingegangenen Differenzgeschäfte, sondern die Veruntreuungen fremder Gelder behufs Abwickelung seiner Verbindlichkeiten enthielten hiernach den Thatbestand einer unerlaubten Handlung. Dieser Umstand aber vermag ein Rückforderungsrecht weder für den Gemeinschuldner, noch für seine Konkursmasse zu begründen." ...

---

41. Kann der Schuldner der Klage des Cessionars mit dem Einwande begegnen, die Cession sei nur an Stelle einer Einziehungsvollmacht erteilt, und der Auftrag zur Einziehung erloschen?

III. Civilsenat. Urt. v. 4. Mai 1897 i. S. B. (Kl.) w. R. (Bekl.). Rep. III. 108/97.

I. Landgericht Hanau.
II. Oberlandesgericht Kassel.

Aus den Gründen:

„Das Berufungsgericht hat nach der Beweisaufnahme festgestellt, daß trotz der schriftlichen Cessionserklärung das Gläubigerrecht in betreff der streitigen Forderung bei dem Cedenten ... verbleiben sollte, und die Cessionsurkunde vom 7. Mai 1894 dem Kläger nur zum Zwecke seiner Legitimation bei Eintreibung der damals rückständigen Zinsen behändigt wurde.

Diese Feststellung begründet, wie die Revision mit Recht ausgeführt hat, sowenig die Beanstandung der Aktivlegitimation des Klägers, wie die Einrede der Simulation. Die Befugnis des Klägers zur

Geltendmachung der Forderung folgt aus der vorbehaltlos schriftlich erklärten Cession, und sollte dieselbe nach dem Willen der Kontrahenten keineswegs ein bedeutungsloser Rechtsakt sein, sondern der Cessionar die Rechte eines solchen dem Schuldner gegenüber erhalten, um die Einziehung der Zinsen aus eigenem Rechte betreiben zu können.

Vgl. Entsch. des R.G.'s in Civils. Bd. 24 S. 63, Bd. 25 S. 207 flg., Bd. 37 S. 106.

Die getroffene Sachentscheidung wird jedoch durch die weitere Feststellung des Berufungsgerichtes begründet, daß der, inzwischen verstorbene, Cedent die Cession widerrufen hat, und hiervon dem Kläger noch vor Erhebung der Klage Kenntnis gegeben ist. Wenn, wie hier, die Cession thatsächlich nur an Stelle einer Einziehungsvollmacht gegeben war, so stand es dem Cedenten jederzeit frei, seinen Auftrag zu widerrufen, nnd der Cessionar durfte die Cession in gutem Glauben nur so lange gegen den Schuldner geltend machen, wie dies dem Willen des Cedenten entsprach. Mochte er nach dem Widerrufe des Auftrages dadurch, daß die Cessionsurkunde in seinen Händen verblieben war, bezw. eine Rückcession der Forderung nicht stattgefunden hatte, formell noch zur Erhebung von Ansprüchen gegen den Schuldner legitimiert sein, so hatte er doch kein berechtigtes eigenes Interesse, den Schuldner zur Zahlung zu zwingen, und steht ihm die Einrede der Arglist entgegen, wenn er nach dem Erlöschen seiner Vollmacht den formalen Stand der Sache zum Nachteile des Schuldners zu verwerten versuchte." ...

---

42. Kann die Erfüllung des Judikates auf Zahlung einer Einlage, durch welche das Recht, als Teilhaber in ein kaufmännisches Geschäft einzutreten, erworben werden soll, noch gefordert werden, nachdem der Gläubiger und Inhaber des kaufmännischen Geschäftes in Konkurs verfallen ist?

I. Civilsenat. Urt. v. 5. Juni 1897 i. S. B. (Kl.) w. E. Konkursverw. (Bekl.). Rep. I. 121/97.

I. Landgericht Hamburg.
II. Oberlandesgericht daselbst.

Der Kläger und E. G. E. schlossen im August 1895 einen Vertrag, daß der Kläger Mitte September 1895 als Teilhaber in das Geschäft des E. G. E. eintreten, bei seinem Eintreten 12000 ℳ und im Januar 1896 28000 ℳ zahlen sollte. Der Kläger trat nicht ein, wurde aber in einem Vorprozeß durch rechtskräftiges Urteil vom 12. November 1895 zur Zahlung von 12165,35 ℳ nebst Zinsen an E. G. E. verurteilt. Am 4. Februar 1896 wurde über das Vermögen des E. G. E. der Konkurs eröffnet, und vom Verwalter fruchtlos die Vollstreckung des Judikates versucht. Der Kläger hat jetzt durch Klage auf Grund des § 686 C.P.O. beantragt, die Zwangsvollstreckung aus dem Urteile für unzulässig zu erklären, weil durch die Konkurseröffnung über E. G. E. seine Aufnahme in das Geschäft desselben unmöglich geworden sei. Die Klage ist in beiden Instanzen abgewiesen, auf die Revision des Klägers aber das Berufungsurteil aufgehoben, und unter Abänderung des ersten Urteiles die Zwangsvollstreckung für unzulässig erklärt, aus folgenden

Gründen:

„Dem Berufungsgerichte ist darin beizustimmen, daß das Urteil des Hauptprozesses nicht, wie das Landgericht angenommen hat, schlechthin eine Verpflichtung des Widerspruchsklägers zur Zahlung von 12000 ℳ an den früheren Kläger, jetzt dessen Konkursmasse, begründet hat. Da das Urteil über den erhobenen Anspruch ergeht, so ist die Urteilsformel, welche den Beklagten klagegemäß verurteilt, nur zu verstehen im Zusammenhange mit der Begründung des Klaganspruches. So stellt auch hier das im Hauptprozesse ergangene Versäumnisurteil, gegen dessen Vollstreckung sich die jetzt erhobene Widerspruchsklage richtet, nur diejenige Verpflichtung des Beklagten fest, auf die der Anspruch des Klägers gerichtet war, nämlich die Verpflichtung zu einer Einlage von 12000 ℳ in die zwischen ihm und dem Kläger zu begründende offene Handelsgesellschaft, zu deren Begründung der Kläger sich in der Klage bereit erklärt hatte.

Aus dieser rechtlichen Natur der durch das Urteil des Hauptprozesses für den jetzigen Kläger begründeten Verpflichtung folgt aber, wie von der Revision mit Recht ausgeführt worden ist, die Unhaltbarkeit der ergangenen Entscheidung. Diese wird auf die Erwägung gestützt, daß der Kläger schon vor Ausbruch des Konkurses über das Vermögen von E. G. E. die 12000 ℳ in die Gesellschaftskasse zu zahlen gehabt habe, und daß, wenn trotz dieser Zahlung der Konkurs ausgebrochen wäre, die gedachte Summe oder deren Wert sich in der Masse befunden haben und den Gläubigern des bisherigen Alleininhabers der Firma haften würde. Daraus wird hergeleitet, daß der Konkursverwalter berechtigt sei, dasselbe Ergebnis durch Zwangsvollstreckung aus dem Urteil herbeizuführen, ohne daß ihm die ursprüngliche Einschränkung des Urteiles entgegenstehe. Diese Erwägung beruht auf rechtsirriger Auffassung der durch das Versäumnisurteil vom 12. November 1895 festgestellten Verpflichtung des Klägers. Der Kläger ist zur Erfüllung des mit dem Beklagten über den Eintritt als Gesellschafter in dessen Geschäft unter Einbringung einer Einlage von 12000 ℳ in die Gesellschaft geschlossenen Abkommens verurteilt. Aus diesem Urteile erwuchs für den Beklagten kein Forderungsrecht auf Zahlung von 12000 ℳ an ihn, sondern an die künftige Gesellschaft, auf welche gleichzeitig die Aktiva und Passiva des bis dahin von dem Beklagten allein betriebenen Geschäftes übergehen sollten. Zur Begründung dieser Gesellschaft ist es aber niemals gekommen und kann es, nachdem der Beklagte in Konkurs verfallen ist, nicht mehr kommen, da der Konkurs die Auflösung der Gesellschaft, falls sie bestände, zur Folge haben würde, also ihre Entstehung ausschließt. Der Konkursverwalter ist außer stande, dem Kläger das zu gewähren, was der Beklagte diesem als Gegenleistung zu gewähren gehabt haben würde, nämlich den Eintritt als Gesellschafter in sein Handelsgeschäft mit den sich daraus für den Kläger ergebenden Rechten und Pflichten. Er kann deshalb auch die Zahlung der vom Kläger versprochenen und judikatmäßig von ihm zu leistenden Einlage nicht fordern, weil dieselbe nicht mehr in das Vermögen der Gesellschaft gelangen kann, sondern, wenn der Kläger sie zahlen müßte, in die Konkursmasse des Beklagten als Einzelkaufmannes gelangen würde. Die Erfüllung des Judikates ist durch die Eröffnung des Konkurses über das Vermögen des Beklagten unmöglich geworden.

Ist diese Unmöglichkeit durch den Kläger verschuldet, weil derselbe dem Urteile nicht nachgekommen ist, obgleich der Beklagte zu seiner Aufnahme als Gesellschafter bereit war, so kann sich aus dieser Verschuldung des Klägers ein Schadensersatzanspruch für den Beklagten ergeben, der unter Umständen seiner Höhe nach der Einlage von 12000 ℳ gleichkommen könnte, und dieser Schadensersatz ist mit der Konkurseröffnung in die Konkursmasse gefallen. Über diesen Schadensersatzanspruch aber ist bisher ein Urteil nicht ergangen, und es ist unzulässig, dem auf Erfüllung des Abkommens über den Eintritt des Klägers in eine Handelsgesellschaft mit dem Beklagten lautenden Urteil den Sinn unterzulegen, daß damit auch der Schadensersatzanspruch des Beklagten auf den Betrag der Einlage von 12000 ℳ festgestellt sei. Darauf aber laufen die Erwägungen des Berufungsgerichtes hinaus." ...

---

43. 1. Geht der Redhibitionsanspruch verloren, wenn der Käufer den Kaufgegenstand nach der Dispositionsstellung unter Verschlechterung der Substanz fortbenutzt?

2. Kann mit der actio redhibitoria zugleich ein Schade geltend gemacht werden, den der Käufer in seinen kontraktlichen Beziehungen zu Dritten infolge der Mängel der Ware erlitten hat?

3. Zeitliche Grenze des Wahlrechtes zwischen actio redhibitoria und actio quanti minoris.

III. Civilsenat. Urt. v. 11. Mai 1897 i. S. B. & M. (Kl.) w. Gebr. E. & G. (Bekl.). Rep. III. 396/96.

I. Landgericht Dessau.
II. Oberlandesgericht Naumburg a. S.

Die Klägerin, welche für die Str.'er Zuckerfabrik die Herstellung einer Schnitzeltrocknungsanlage zum Preise von etwa 63000 ℳ übernommen hatte, bestellte eine zu dieser Anlage gehörende Maschine bei der Beklagten. Die Beklagte lieferte die Maschine und stellte sie auf. Am 9. November 1892 begann der Betrieb. Unter dem 23. November machte die Klägerin der Beklagten Mängelanzeige, und stellte durch Schreiben vom 6. Dezember die Maschine, die ihr von der Fabrik zur Verfügung gestellt war, auch ihrerseits der Beklagten zur Verfügung. Sie erklärte in ihrem Schreiben weiter: „Wir stellen Ihnen anheim, die Maschine sofort abzubrechen, bemerken aber, daß sich dadurch, weil dann keine Schnitzel mehr getrocknet werden können, der Schade ganz beträchtlich erhöhen wird, oder die Maschine, so gut es eben angeht, arbeiten zu lassen, in welchem Falle wir Sie selbstredend auch für die großen Mengen von Öl und den übermäßigen Verbrauch von Dampf in Anspruch nehmen müssen." In ihrer Antwort vom 6. Dezember „weist die Beklagte diese Zumutung mit allen ihren Anhängseln höflichst, aber entschieden zurück" und bestreitet die gerügten Mängel. Sie hat sich auch im Verlaufe der Verhandlungen zur Zurücknahme der Maschine nicht bereit erklärt.

Nach Behauptung der Klägerin hat die Zuckerfabrik den Preis für die ganze Anlage wegen der schlechten Leistungen der Maschine auf Grund einer sie hierzu berechtigenden Vertragsbestimmung nicht schon am Schlusse der Campagne 1892/93, sondern erst am Schlusse der nächsten Campagne bezahlt. Mit der auf Aufhebung des Vertrages und Rückzahlung des teilweise gezahlten Kaufpreises gerichteten Klage forderte die Klägerin auch Ersatz des einjährigen Zinsverlustes von 3483 ℳ. Die Beklagte beantragte Abweisung der Klage, und widerklagend die Verurteilung der Klägerin zur Zahlung von 1559,80 ℳ, d. i. des Restes des Kaufpreises, und einiger ihr aus dem Vertragsverhältnisse noch weiter zustehenden Forderungen. Die Klägerin beantragte Abweisung der Widerklage und schützte die exceptio quanti minoris mit der Begründung vor, daß die Maschine ohne die Mängel zwar 5000 ℳ wert gewesen sei, wegen ihrer Mängel aber noch nicht den Wert des vierten Teiles gehabt habe. Das Landgericht hat die Vorklage abgewiesen und die Klägerin nach dem Widerklagantrage verurteilt. Auf die Berufung der Klägerin hat das Berufungsgericht die Klägerin auf die Widerklage unter Abweisung des Mehrbetrages nur zur Zahlung von 59,80 ℳ verurteilt, im übrigen aber die Berufung zurückgewiesen.

Das Berufungsgericht nimmt an, daß bei der Bestellung der Maschine die Beklagte nicht von deren besonderer Zweckbestimmung und der ihr zugemuteten Arbeitsleistung in der Trocknungsanlage unterrichtet worden ist. Es stellt ferner fest, daß die Zurückweisung der Maschine seitens der Zuckerfabrik nur wegen ihrer zu geringen Stärke erfolgt ist. Hiernach erachtet es die an der gelieferten Maschine allerdings vorhandenen und von der Beklagten zu vertretenden Mängel nicht als kausal für den Zinsverlust der Klägerin und weist daher den Schadensersatzanspruch der Klägerin zurück. Anlangend den Wandlungsanspruch der Klägerin nimmt das Berufungsgericht zwar an, daß die Maschine — abgesehen von ihrer von der Beklagten nicht zu vertretenden zu geringen Stärke und Größe — von fehlerhafter Beschaffenheit gewesen ist und gegenüber dem unbestritten dem Kaufpreise entsprechenden Werte einer fehlerlosen Maschine einen Minderwert von 1500 ℳ gehabt hat; es weist aber den Redhibitionsanspruch zurück, weil die Klägerin die Maschine nach der Dispositionsstellung unter Verschlechterung der Substanz jedenfalls noch bis zum 20. Dezember 1892 gebraucht hat, und besondere Umstände, die ausnahmsweise eine solche Fortsetzung des Gebrauches hätten entschuldigen können, nach Ansicht des Berufungsgerichtes nicht dargelegt worden sind. Dagegen erachtet es den Minderungsanspruch für begründet und, unter Berufung auf Staub, § 39 zu Art. 347 H.G.B., auch für zulässig. Es kürzt daher den Widerklaganspruch um den festgestellten Minderwert von 1500 ℳ.

Die Revision der Klägerin ist zurückgewiesen, und auf die Anschlußrevision der Beklagten die Berufung der Klägerin ganz zurückgewiesen, aus folgenden

Gründen:

. . . „Die Revision der Klägerin greift die Entscheidung über die Wandlungsklage mit der Ausführung an, daß an sich nach gemeinem Rechte ein mit Abnutzung verbundener Gebrauch der gekauften Sache nicht die Verwirkung des Redhibitionsanspruches, sondern nur die Schadensersatzpflicht des Käufers zur Folge habe, und daß der Wille zur Aufrechterhaltung des Vertrages aus dem Gebrauche schon aus dem Grunde nicht entnommen werden könne, weil die Klägerin mit der am 3. Dezember 1892 erklärten und am 6. Januar 1893 wiederholten Dispositionsstellung den entgegengesetzten Willen bestimmt ausgesprochen habe, überdies der Gebrauch im Interesse der schadensersatzpflichtigen Beklagten erfolgt sei. Dieser Angriff hat jedoch nicht für begründet erachtet werden können. Denn wie im Verkehre, so hat auch in der Rechtsprechung immer mehr der Grundsatz Geltung gewonnen, daß der Käufer, wenn er nach der Dispositionsstellung in einer Weise über die Ware verfügt, wie sie bei unterstellter Redlichkeit nur dem Willen auf Aufrechthaltung des Vertrages entsprechen kann, damit auf das Redhibitionsrecht verzichtet, und daß insbesondere auch ein mit Wertverminderung der Ware verbundenes Ingebrauchnehmen und Fortgebrauchen den Willen der Aufrechthaltung des Vertrages und des Verzichtes auf die Redhibition nach Treue und Glauben enthält, mithin auch eine gleichzeitige oder voraufgegangene Dispositionsstellung unwirksam erscheinen läßt. Das Berufungsgericht irrt nicht, wenn es von diesem Grundsatze als Regel ausgeht und zur Annahme eines Ausnahmefalles die Darlegung besonderer, die Fortsetzung des Gebrauches entschuldigender Umstände fordert. Auch ist in den Erwägungen des Berufungsgerichtes über die Umstände, auf welche die Klägerin sich zu ihrer Entschuldigung berufen hat, ein Rechtsirrtum nicht erkennbar. Die Klägerin hat die Fortsetzung des Gebrauches nicht erbeten, und wenn die Beklagte sich in zwei Schreiben mit der Fortsetzung einverstanden erklärt hat, so hat das Berufungsgericht diese Erklärung ohne Rechtsirrtum dahin auffassen können, daß sie nur von dem entgegengesetzten Standpunkte der Beklagten zu verstehen ist und keineswegs eine Gestattung des Weitergebrauches auch für den Fall der Aufrechthaltung der Dispositionsstellung enthält. Die Beklagte hatte sich ja auch gegen die Dispositionsstellung „mit allen ihren Anhängseln" unter Bestreitung der behaupteten Mängel ausdrücklich verwahrt, und andererseits hatte die Klägerin für den Fall des Weitergebrauches die Beklagte für den größeren Verbrauch von Öl und Dampf verantwortlich gemacht. Daß die Beklagte auch bei solcher Sachlage noch ausdrücklich den Weitergebrauch bei Aufrechthaltung der Dispositionsstellung nach Treue und Glauben habe untersagen müssen, und daß die Klägerin aus dem Schweigen der Beklagten deren Einwilligung habe entnehmen dürfen, hat von der Revision nicht begründet werden können. Das Berufungsgericht hat weiter zur Zurückweisung der klägerischen Ausführung, daß der Weitergebrauch nach Lage der Sache habe erfolgen müssen und im eigenen Interesse der Beklagten gelegen habe, in Betracht gezogen, daß die Klägerin auf ihre in erster Instanz aufgestellte Behauptung, daß eine Ersatzmaschine sich nicht habe beschaffen lassen, in zweiter Instanz nicht zurückgekommen ist, daß aber auch der Weitergebrauch einen Schaden von der Zuckerfabrik thatsächlich nicht hat abwenden können, weil bei der Schwäche der Maschine ein regelrechter oder ein einigermaßen zufriedenstellender Betrieb der Trocknungsanlage nicht zu erreichen gewesen ist. Hiernach ist die Entscheidung des Berufungsgerichtes frei von Rechtsirrtum und zureichend begründet.

Die Zurückweisung des von der Klägerin geltend gemachten

Schadensersatzanspruches ist gerechtfertigt, weil die von der Beklagten nur zu vertretende Fehlerhaftigkeit der Maschine nicht kausal gewesen ist für die Zurückweisung der Maschine seitens der Fabrik und die Hinausschiebung der Zahlung des Kaufpreises für die Trocknungsanlage. Überdies kommt in Betracht, daß die Geltendmachung jenes Anspruches mit der erhobenen Klage nicht zulässig war. Denn es nicht die actio emti, sondern die actio redhibitoria erhoben, und wenn auch vielleicht mit dieser Klage zugleich der dem Käufer durch die gekaufte Sache verursachte Schade gefordert werden kann, so ist doch mit dieser Klage keinenfalls die Verurteilung des Verkäufers zum Ersatze des Schadens zu erreichen, den der Käufer dadurch erlitten haben will, daß er wegen Mangelhaftigkeit der Sache in seinen kontraktlichen Verhältnissen zu Dritten Nachteile erlitten hat; vgl. l. 29 § 3 Dig. de aed. ed. 21, 1.

Die Anschlußrevision der Beklagten macht geltend, daß der Minderungsanspruch der Klägerin ausgeschlossen sei, nachdem die Klägerin nach der Dispositionsstellung durch Fortsetzung des Gebrauches in einer mit der Dispositionsstellung in Widerspruch tretenden Weise verfügt habe. Sie stützt sich auf die Bd. 17 S. 68 der Entsch. des R.G.'s in Civils. abgedruckte Entscheidung, die in dem nach der Dispositionsstellung vorgenommenen Weiterverkaufe der Ware eine jeden Anspruch wegen Mängel ausschließende Genehmigung der Ware sieht. Allein dem Weiterverkaufe kann für die Frage der Genehmigung der Ware die Ingebrauchnahme oder die Fortsetzung des Gebrauches nicht gleichgestellt werden. In dem Gebrauchen liegt an sich noch keineswegs ein Verzicht auf Kürzung des Kaufpreises um den Betrag, den die Sache wegen des Fehlers weniger wert ist, und dies auch nicht nach der Dispositionsstellung, weil der Käufer, wenn der Verkäufer sie zurückweist, seine Wahl ändern kann. Die Anschlußrevision ist aber aus einem anderen Gesichtspunkte begründet. Der Käufer hat die Wahl zwischen der actio redhibitoria und der actio quanti minoris. Kann er nun auch die von ihm getroffene Wahl ändern, solange nicht seine Erklärung vom Verkäufer angenommen worden ist, so setzt doch nach gemeinem Rechte wegen desselben Mangels nicht erst das rechtskräftige Urteil dem Wahlrechte die Grenze, sondern bereits der Prozeßbeginn; vgl. l. 112 pr. Dig. de V. O. 45, 1 und Windscheid, Pandektenrecht Bd. 1 § 125. Danach hat die Klägerin, nachdem sie die redhibitorische Klage erhoben hatte, auf den Minderungsanspruch nicht mehr zurückkommen dürfen. Mit dem Prozeßbeginne war das Wahlrecht erloschen, und der Anspruch der Klägerin aus der Mangelhaftigkeit der Maschine an die Entscheidung über die Redhibitionsklage geknüpft." ...

---

44. Aus welchen Anordnungen ist die Stiftung eines Familienfideikommisses zu folgern?

III. Civilsenat. Urt. v. 11. Mai 1897 i. S. H. (Bekl.) w. v. M. (Kl.). Rep. III. 16/97.

I. Landgericht Hildesheim.
II. Oberlandesgericht Celle.

Aus den Gründen:

... „In der Sache ist nach dem Inhalt des Berufungsurteiles unbestritten, daß der Beklagte den Kaufpreis für die vom Kläger an ihn verkauften Wiesen zahlen muß, wenn seine Einrede, dieselben seien Fideikommißgut, unbegründet ist. Das Berufungsgericht hat nun festgestellt, daß diese Wiesen die Fideikommißeigenschaft nicht haben, und hat daher, ohne die weiteren streitigen Parteibehauptungen zu prüfen, den Beklagten zur Zahlung des eingeklagten Kaufgeldrestes verurteilt. Dieses Urteil beruht auf der Auslegung des Testamentes vom 31. Januar 1772, in welchem das Berufungsgericht nicht die Errichtung eines Familienfideikommisses, sondern nur die Einführung einer besonderen Successionsordnung bei, des Lehnsverhältnisses halber, bereits bestehender successiver Erbfolge gefunden hat.

Wenngleich nun die Testamentsauslegung als solche der Nachprüfung entzogen ist, so erscheint doch das Berufungsurteil im Revisionswege anfechtbar, weil dessen gesamte Begründung erkennen läßt, daß das Berufungsgericht die gemeinrechtlichen Grundsätze über die Errichtung von Familienfideikommissen nicht richtig gewürdigt hat und bei deren zutreffender Anwendung aus den von ihm angeführten Gründen nicht zur getroffenen Auslegung hätte gelangen können. In dem für die Zeit der Testamentserrichtung allein in Betracht kommenden gemeinen Rechte sind besondere Formvorschriften für die Errichtung von Familienfideikommissen nicht gegeben; dieselben können namentlich in jeder rechtsgültigen letztwilligen Verfügung, wie in der hier vorliegenden divisio parentis inter liberos, angeordnet werden. Unerheblich ist danach, ob die Bezeichnung der Stiftung als Fideikommiß ausdrücklich gebraucht ist, oder nicht, und ob die Unveräußerlichkeit des Gutes besonders verordnet ist, wenn nur aus dem Inhalt der getroffenen Dispositionen der Wille des Stifters erhellt, daß ein bestimmtes Vermögen unveräußerlich sein und durch dauernde Vererbung in seiner Familie verbleiben solle. Es begründet hierbei auch keinen Unterschied, ob sich die getroffene Anordnung auf Lehngut, oder allodialen Besitz bezieht, da auch bei Lehngütern die Stiftung von Familienfideikommissen keiner grundsätzlichen Beschränkung unterliegt.

Wenn es sich weiter fragt, aus welchen Merkmalen die Eigenschaft einer Anordnung als Fideikommißstiftung dann zu entnehmen ist, wenn es an der wörtlichen Benennung und der speziellen Hervorhebung des Veräußerungsverbotes fehlt, so ist auf die Ausführungen in den Entsch. des R.G.'s in Civils. Bd. 18 S. 206 flg. zu verweisen, welche sich nicht nur auf die Rechtsverhältnisse des hohen Adels beziehen, sondern auf die Beurteilung und Auslegung von Fideikommißstiftungen überhaupt, und auf die Schriften der dort in Bezug genommenen Rechtslehrer, welche darin übereinstimmen, daß die Unveräußerlichkeit des Gutes nicht besonders ausgesprochen zu werden braucht, sondern schon aus der Anordnung einer Individualsuccession, wie Majorat oder Primogenitur, folgt, weil die ewige Vererbung in einer bestimmten Familie nur durch die Unveräußerlichkeit herbeigeführt werden kann. Damit steht auch die Entscheidung des Reichsgerichtes vom 26. Oktober 1880,

Seuffert, Archiv N. F. Bd. 6 S. 194,

nicht im Widerspruch, da sich dieselbe auf einen besonderen Thatbestand bezieht und nur dagegen richtet, daß der mutmaßliche Wille des Erblassers aus unklaren Dispositionen entnommen werde, nicht dagegen, daß die Anordnung der Unveräußerlichkeit auch ohne wörtliche Bestimmung aus solchen Dispositionen gefolgert werde, welche für einen dahingehenden Willen des Erblassers mit Sicherheit schlüssig sind und nach ihrem Inhalt als ein Ausdruck dieses Willens aufgefaßt werden müssen." . . .

45. Inwieweit hat der Versicherungsnehmer für die an seiner Stelle vom Agenten der Versicherungsgesellschaft bewirkte wahrheitswidrige Beantwortung der im Versicherungsantrage enthaltenen Fragen einzustehen?

III. Civilsenat. Urt. v. 29. Juni 1897 i. S. der Versicherungsgesellschaft Hanseat. Lloyd (Bekl.) w. S. (Kl.). Rep. III. 62/97.

I. Landgericht Stuttgart.
II. Oberlandesgericht daselbst.

Im Mai 1892 hatte sich der Kläger von der Beklagten gegen Unfall versichern lassen. In dem Antragsformulare, welches der Kläger (in blanco) unterschrieben, der Agent der Beklagten, G., aber ausgefüllt hatte, waren

Frage 7c: Haben Sie einen Bruch?
„ 7g: Haben Sie schon körperliche Verletzungen erlitten?
„ 8b: Haben Sie bei einer anderen Gesellschaft noch eine Lebens- oder Unfallversicherung genommen?

verneint. Als der Kläger am 20. Januar 1894 einen Unfall erlitten hatte und deshalb die vertragsmäßige Entschädigung wegen dauernder Beeinträchtigung seiner Erwerbsfähigkeit begehrte, verweigerte die Gesellschaft diese Entschädigung, weil die Beantwortung obiger Fragen eine wahrheitswidrige, und damit der Versicherungsanspruch verwirkt sei. In erster und zweiter Instanz wurde diese Einrede verworfen, in der Revisionsinstanz aber für durchschlagend erachtet.

Aus den Gründen:

... „Rechtsirrtümlich hat ... der Berufungsrichter die Einrede der Beklagten verworfen, daß der Kläger den Entschädigungsanspruch wegen wahrheitswidriger Verneinung der Fragen 7c und g, sowie 8b des Versicherungsantrages nach § 7 Abs. 1. § 15 der allgemeinen Versicherungsbedingungen verwirkt habe. Der Berufungsrichter verkennt nicht, daß die angeführten Fragen an sich wahrheitswidrig beantwortet sind, und der Kläger, da er den Versicherungsantrag unterschrieben, dies gegen sich gelten zu lassen hat. Er sieht aber denselben gleichwohl für entschuldigt an. In dieser Beziehung stellt er fest, daß der Agent der Beklagten, G., dem Kläger das Antragsformular zunächst unausgefüllt zur Unterzeichnung vorgelegt, daß der Kläger diese Unterzeichnung bewirkt und dabei dem G. zu den erwähnten Fragen eine wahrheitsgemäße Auskunft erteilt, insbesondere den ihm anhaftenden Leistenbruch, die frühere Versicherung beim Allgemeinen Deutschen Versicherungsverein und den früher erlittenen Unfall sowie die dafür erhaltene Entschädigung von 24 ℳ mitgeteilt, und daß G. darauf in Abwesenheit des Klägers das Antragsformular in der erwähnten, der erhaltenen Mitteilung direkt zuwiderlaufenden Weise ausgefüllt hat. Auf Grund dieser Feststellung nimmt der Berufungsrichter an, daß die unrichtige Beantwortung der mehrerwähnten Fragen lediglich dem Agenten G. zur Last falle. Diese Annahme ist an sich nicht zu beanstanden.

Nun enthält aber das vom Kläger unterzeichnete Antragsformular in seinem Eingange die Worte:

„Die in dem Antragsformular enthaltenen Fragen sind deutlich, vollständig und wahrheitsgemäß durch den Antragsteller zu beantworten, und bleibt der letztere für die Richtigkeit und Vollständigkeit der Antworten verantwortlich, auch wenn eine andere Person deren Niederschrift für ihn bewirkt."

Ferner bestimmt § 7 Abs. 2 der allgemeinen Versicherungsbedingungen:

„Für die Richtigkeit und Vollständigkeit der im Versicherungsvertrage und dessen Nachträgen gemachten Angaben ist der Versicherungsnehmer allein verantwortlich, auch wenn dieselben von einem Vertreter der Gesellschaft oder sonst einem Dritten niedergeschrieben sind. Der Versicherungsnehmer hat daher die nachteiligen Folgen, welche für ihn aus einer wahrheitswidrigen Beantwortung der im Antragsformulare enthaltenen Fragen, sowie durch Verschweigung eines hierauf bezüglichen Umstandes, der für die richtige Beurteilung des von der Gesellschaft zu übernehmenden bezw. übernommenen Risikos irgend von Einfluß ist, selbst zu tragen."

Die Vorinstanz hat diese Bestimmungen nicht unberücksichtigt gelassen, aber zunächst gegen die Anwendbarkeit der Vorschrift in § 7 Abs. 2 der allgemeinen Versicherungsbedingungen ausgeführt, daß sich dieselbe in solchem Umfange in dem Antragsformulare nicht wiederfinde, dort vielmehr nur von der Niederschrift durch eine „andere Person“, nicht durch „einen Vertreter der Gesellschaft“, und nicht von der hierfür festgesetzten Haftpflicht des Versicherungsnehmers die Rede sei. Allein im wesentlichen ist schon im Eingange des Antragsformulares die in dem § 7 Abs. 2 nur weiter ausgeführte Bestimmung enthalten, da zu den „anderen Personen“ auch die „Vertreter der Gesellschaft“ gehören. Sodann aber ist auch die unmittelbare Anwendbarkeit des § 7 Abs. 2 deshalb nicht zu bezweifeln, weil in dem Schlußsatze des Antragsformulares, über der Unterschrift des Klägers, die Worte stehen: „Ich erkläre zugleich, daß mir die allgemeinen Bedingungen des Hanseatischen Lloyd für die von mir beantragte Versicherung bekannt sind, und unterwerfe mich denselben.“

Nach diesen Bestimmungen des Antragsformulares und des § 7 Abs. 2 der allgemeinen Versicherungsbedingungen, die an sich klar, auch von der Vorinstanz nicht in abweichendem Sinne ausgelegt sind, soll für Unrichtigkeiten bei der Ausfüllung des Antragsformulares, auch wenn sie einem Dritten, insbesondere einem Vertreter der Gesellschaft, zur Last fallen, der Versicherungsnehmer allein haften, in diesem Punkte also der Mangel eigenen Verschuldens ihn nicht entschuldigen. Eine derartige Vertragsklausel mag die Schadloshaltung, welche der Versicherungsnehmer bei eintretendem Unfalle von der Versicherung erhofft, nicht selten vereiteln, und deshalb von der Eingehung eines derartigen Vertrages überhaupt abhalten; sie enthält aber an sich keinen Verstoß gegen die Grundlagen der Unfallversicherung, bei welcher allgemein die unrichtige Angabe eines erheblichen Umstandes, mag sie auf einem Verschulden des Versicherten beruhen, oder nicht, als Verwirkungsgrund vereinbart werden kann, wie sie dies bei der Seeversicherung schon nach gesetzlicher Vorschrift (Art. 813 H.G.B.) ist.

Vgl. die Entscheidung des jetzt erkennenden Senates vom 25. Oktober 1895 in Sachen der Kölnischen Unfallversicherungs-Aktiengesellschaft (Bekl.) gegen S. (Kl.) in der Juristischen Wochenschrift Jahrg. 1895 S. 540 Nr. 21.

Es verstößt daher weder die Aufstellung einer solchen Bestimmung gegen die guten Sitten, noch die Berufung auf eine derartige, vom Versicherungsnehmer vorbehaltlos eingegangene Verwirkungsklausel gegen Treue und Glauben. Besondere Umstände aber, welche dieser Bestimmung ungeachtet die Verwirkung des Versicherungsanspruches auszuschließen vermöchten, liegen hier nicht vor. Das Berufungsgericht hat zwar in dieser Beziehung ausgeführt, der Kläger habe, nachdem er dem Agenten G. die erforderte Auskunft wahrheitsgemäß erteilt, darauf vertrauen dürfen, daß dieser Angestellte der Gesellschaft das Formular der Auskunft gemäß ausfüllen werde, und habe nicht schuldhaft gehandelt, wenn er unter solchen Umständen die Nachprüfung unterlassen habe; es komme hier wesentlich in Betracht, daß der Kläger den Agenten nicht als seinen Beauftragten, sondern als Vertrauensmann, die ihm gegebene Auskunft als der Beklagten gegeben ansehen durfte. Diese Auffassung steht jedoch mit den bezüglich dieser Frage in der Rechtsprechung des Reichsgerichtes wiederholt ausgesprochenen Grundsätzen nicht im Einklange. Das Vorgehen des Agenten mag dem Versicherungsnehmer zur Entschuldigung gereichen, wenn der erstere in seiner Eigenschaft als Angestellter der Gesellschaft dem Versicherungsnehmer über das bei der Versicherung zu beobachtende Verfahren, den Sinn und die Handhabung der Versicherungsbedingungen 2c eine unrichtige und irreführende Auskunft erteilt. Davon ist aber hier nicht die Rede; vielmehr handelte hier der Agent G., indem er für den Versicherungsnehmer die Antworten niederschrieb, nicht als Angestellter der Gesellschaft, sondern als Beauftragter des Klägers, und zwar umsomehr, als zur Frage 7c und g sowie 8b Thatsachen in Betracht kamen, welche der Agent nicht nach seiner eigenen, selbständigen Wahrnehmung und Beurteilung, sondern nur nach der Mitteilung des Klägers niederschreiben konnte.

Vgl. Entsch. des R.G.'s in Civils. Bd. 22 S. 207 a. E., Bd. 27 S. 153; Ehrenberg, Versicherungsrecht Bd. 1 S. 242 bei Anm. 52, S. 249 lit. b.

Sache des Klägers war es hiernach, die von seinem Beauftragten aufgenommene Beantwortung der erwähnten Fragen nachzuprüfen, und wenn bei Unterlassung dieser Vorsichtsmaßregel der Versicherungsgesellschaft eine unrichtige Beantwortung zuging, so kann er sich deshalb nur an den Agenten halten, sich aber nicht der Gesellschaft gegenüber auf dessen Verschulden berufen." ...

46. 1. Kann der Fideikommißbesitzer Servituten an Fideikommißgrundstücken mit für die Fideikommißfolger verbindlicher Kraft bestellen? 2. Wird durch die Bestellung wenigstens für die Dauer seines Fideikommißbesitzes ein dingliches Recht begründet, oder nur die persönliche Verpflichtung, die Ausübung zu gestatten?

III. Civilsenat. Urt. v. 2. Juli 1897 i. S. Ostseebad B. Konkursverw. (Kl.) w. Fürst P. (Bekl.). Rep. III. 71/97.

I. Landgericht Greifswald.
II. Oberlandesgericht Stettin.

Gründe:

„In dem Vertrage vom 23. August 1888 verkaufte der Beklagte an die Rechtsvorgänger der Aktiengesellschaft Ostseebad B. zunächst einen näher bezeichneten Streifen Land, und sodann wurde im § 5 bestimmt:

„Seine Durchlaucht der Herr Fürst W. zu P. bewilligt für sich und seine Nachfolger im Besitz des Fürstlich P.'schen Familienfideikommisses ein für alle Male den Erwerbern das Recht, nach ihrem Belieben Badeanstalten zu errichten und dieselben durch Brücken oder auf andere geeignete Weise mit dem Strande zu verbinden, ebenso eine Landungsbrücke für die Dampfschiffe zu errichten, und räumt den Erwerbern, sowie allen Personen, welche von den Erwerbern miet-, pacht- oder kaufweise Grundstücke von diesem Terrain erwerben, das Recht ein, während der Saison auf dem Strande sich aufzuhalten, zu promenieren und über den Strand in die Badeanstalten zn gehen. Dieses Recht erstreckt sich auf den Strand, soweit er zwischen der Ostsee und dem im ersten Artikel bezeichneten Terrain liegt, ist eine diesem letzteren Terrain zustehende Grundgerechtigkeit, und als solche zum Grundbuche einzutragen."

Als der Beklagte sich weigerte, die Eintragung in das Grundbuch zu veranlassen, hat der Verwalter im Konkurse der genannten Aktiengesellschaft klagend dessen Verurteilung begehrt, die Eintragung dieser dinglichen Rechte zu beantragen, sowie die erforderliche Genehmigung seiner fideikommissarisch berechtigten Familienangehörigen und der Aufsichtsbehörde zu beschaffen, eventuell wenigstens die Eintragung der beanspruchten Grundgerechtigkeit für die Zeit zu bewilligen, in der ihm die Nutznießung des Fürstlich P.'schen Fideikommisses zustehe. Das Berufungsgericht, welches das im § 5 an erster Stelle genannte Recht als irreguläre Personalservitut, das zweite als Grundgerechtigkeit ansieht, hat in Übereinstimmung mit dem ersten Richter die Klage in vollem Umfange abgewiesen, weil der Beklagte wegen der, auch den Erwerbern bekannten, Fideikommißqualität des Strandes dingliche Rechte an demselben nicht habe begründen können, und im Vertrage die Verpflichtung, die zur Gültigkeit erforderliche Genehmigung herbeizuschaffen, nicht übernommen habe.

Die Entscheidung und ihre Begründung lassen einen Rechtsirrtum nicht erkennen. Daß der Besitzer des Fideikommisses dieses mit gegen den Fideikommißfolger wirksamen Servituten nicht belasten kann, folgt schon aus dem gesetzlichen Veräußerungsverbote und entspricht der herrschenden Ansicht. Zweifelhaft kann nur sein, ob die Servitut wenigstens mit der Wirkung begründet werden könne, daß sie als dingliches Recht für die Besitzdauer des Bestellers bestehe und mit dem Eintritte des Fideikommißfolgers erlösche, oder ob überhaupt kein dingliches Recht zur Entstehung gelange, sondern höchstens die persönliche Verpflichtung des Bestellers, die Vornahme der Handlungen zu gestatten, zu denen die Servitut berechtigen würde. Für das gemeine Recht ist von den Vorinstanzen mit Recht das letztere angenommen. Aus dem gesetzlichen Veräußerungsverbote folgt, daß die Übertragung des Eigentumes am Fideikommißgrundstücke völlig wirkungslos ist, auch nicht für die Lebenszeit des Fideikommißbesitzers den Übergang des Eigentumes bewirkt. Es fehlt an jedem Grunde, für die in der Bestellung von Servituten liegende beschränkte Veräußerung eine andere Wirkung anzunehmen, zumal diese der rechtlichen Natur eines, von der Person des späteren Erwerbers des belasteten Grundstückes unabhängigen, dinglichen Rechtes wenig entsprechen würde. Wenn aber ein dingliches Recht nicht entstand, so kann die nach dem Wortlaute des Vertrages nur auf die Eintragung eines solchen gerichtete Verpflichtung nicht geltend gemacht werden, wenn, wie das Berufungsgericht in Auslegung des Vertrages feststellt, nicht zugesagt ist, die zur Entstehung des dinglichen Rechtes erforderliche Genehmigung der Fideikommißanwärter und der Fideikommißbehörde herbeizuführen. Ein Mangel an Begründung, den die Revision rügt, liegt umsoweniger vor, als das Berufungsgericht nicht ohne Grund nach Lage der Sache annimmt, daß die Kontrahenten, denen die Fideikommißqualität bekannt war, der irrigen Rechtsansicht gewesen seien, auch ohne jene Genehmigung sei die Bestellung von Servituten gültig. Die Eintragung einer etwa entstandenen persönlichen Verpflichtung aber wird von den Kontrahenten schon deshalb nicht gewollt sein, weil die Abteilung II des Grundbuches nur für die Eintragung dinglicher oder doch durch die Eintragung zu dinglichen werdender Rechte bestimmt ist."

---

47. Haftung des Staates für die Folgen der Übertretung polizeilicher, zur Abwendung von Gefahr erlassener Vorschriften seitens seiner Beamten.

I. Civilsenat. Urt. v. 29. September 1897 i. S. Reichsfiskus (Bekl.) w. Nordd. Vers.-Ges. u. Gen. (Kl.). Rep. I. 132/97.

I. Landgericht Kiel.
II. Oberlandesgericht daselbst.

Am Vormittag des 13. August 1895 fand auf der Kieler Föhrde ein Zusammenstoß zwischen einem im Eigentume der Firma J. C. & H. C. K. stehenden Schleppdampfer und dem Lotsendampfer „Berlin" statt, wobei der Schleppdampfer eine Beschädigung erlitt. Die Reparaturkosten und die Abschätzung des Schadens erstatteten die beiden klagenden Gesellschaften, bei denen der Schleppdampfer zu je 50 Prozent versichert war, an die Eigentümerin mit je 2107,15 ℳ, wogegen deren Schadensersatzansprüche auf sie übergingen. Herbeigeführt war der Zusammenstoß durch ein dem Schiffer des „Berlin" zur Last fallendes Verschulden. Dieser Dampfer gehörte dem Reichsfiskus, wurde für die Verwaltung des Kaiser-Wilhelms-Kanals gehalten, war bei Friedrichsort stationiert und diente dazu, Lotsen auf Privatschiffe, die durch den Kanal fahren wollten, zu versetzen. Eine Vergütung wird hierfür nicht gezahlt. Auch für das Lotsen wird eine besondere Gebühr nicht entrichtet; vielmehr ist,

vgl. den Abgabentarif für den Nord-Ostsee-Kanal vom 4. Juni 1895, R.G.Bl. S. 241, unter I Ziff. 7,

der Ersatz für das Lotsen in den zu zahlenden Tonngeldern einbegriffen.

Zur Mitnahme eines Lotsen sind die den Kanal durchfahrenden Privatschiffe verpflichtet.

Die Klägerinnen hielten den Reichsfiskus zum Ersatze des Schadens für verpflichtet und beantragten klagend seine Verurteilung zur Zahlung von je 2107,15 ℳ nebst Zinsen. Der Beklagte bestritt jede Ersatzverbindlichkeit. In erster Instanz wurde nach dem Klagantrage erkannt. Die Berufung des Beklagten wurde mit der Maßgabe, daß Beklagter nur mit dem Schiffe „Berlin“ hafte, zurückgewiesen. Auch seine Revision ist zurückgewiesen worden, aus folgenden

Gründen:

„In beiden Vorinstanzen ist der Reichsfiskus für schuldig erachtet, den durch den Zusammenstoß verursachten Schaden zu tragen, weil er Rheder des Dampfers „Berlin“ sei. Das Landgericht ist hierzu durch die Annahme gelangt, daß der Fiskus mittels dieses Schiffes das Lotsengewerbe betreibe. Das Berufungsgericht hält diese Auffassung nicht für statthaft, weil sich im vorliegenden Falle die Einrichtung des Lotsenbetriebes nicht von der Kanalverwaltung trennen lasse und als eine lediglich zur Sicherheit für die den Kanal wählenden Fahrzeuge und zum Schutze dieser Wasserstraße selbst gegen Beschädigung durch unrichtige Navigierung getroffene Veranstaltung anzusehen sei. Das Berufungsgericht ist jedoch der Ansicht, daß der Reichsfiskus durch die entgeltliche Darbietung des Kaiser-Wilhelms-Kanales zur Benutzung durch die Schiffahrt ein Gewerbe betreibe, hierzu das Halten des Lotsendampfers gehöre, und deshalb eine Rhederei anzunehmen sei. Die Revision meint, daß diese Entscheidung auf einer Verletzung des Art. 54 Abs. 4 der Reichsverfassung beruhe, weil danach das Reich den Kanal zur Erzielung von Gewinn nicht benutzen dürfe, letzteres auch thatsächlich nicht der Fall sei, daher aber von einem Erwerbe durch den Kanal und folgeweise durch das Lotsenschiff nicht die Rede sein könne. Auch abgesehen davon könne ein Rhedereibetrieb in Ansehung jenes Schiffes nicht als vorliegend erachtet werden.

Es kann dahingestellt bleiben, ob diese Angriffe der Revision zutreffend sind; auch bedarf es eines Eingehens auf die Erwägungen des Berufungsgerichtes nicht. Denn die angefochtene Entscheidung stellt sich, insoweit sie den Fiskus zum Ersatze verurteilt, als richtig dar, ohne daß auf die von den Gerichten der Vorinstanzen erörterte

Frage, ob der Lotsendampfer dem Fiskus zum Erwerbe dient, etwas ankommen kann.

Nach dem unbestrittenen Sachverhalte ereignete sich der Zusammenstoß deshalb, weil der Führer des Lotsendampfers, nachdem er den Schleppdampfer an dessen Backbordseite passiert hatte, nunmehr — um an die Anlegebrücke am Eingange des Kanales zu gelangen — vor dem Bug des Schleppdampfers herumfuhr, während er hätte stoppen und den Schleppdampfer mit dem von diesem geführten Leichter vorbeifahren lassen müssen, bevor er selbst an die Brücke heranfuhr. Hierdurch hat der Schiffer das Lotsendampfers gegen Art. 18 der nach ihrem Eingange auch für die Kieler Föhrde gültigen Kaiserlichen Verordnung vom 7. Januar 1880 (R.G.Bl. S. 1) verstoßen, und dies genügt, um den Reichsfiskus als Eigentümer des Lotsendampfers zum Ersatze zu verpflichten.

Für die Erfüllung der aus Vertragsverhältnissen hervorgehenden und der durch spezielle Gesetze auferlegten Verpflichtungen hat die juristische Person gleich den physischen Personen zu haften. Dies trifft namentlich auch dann zu, wenn zur Abwendung von Gefahr erlassene besondere polizeiliche Vorschriften nicht befolgt worden sind, und ein Schade hierdurch entstanden ist. Selbstverständlich kann in solchem Falle eine Haftung der juristischen Person nur eintreten, wenn die Nichtbefolgung der Vorschrift nicht auf einem unabwendbaren Zufall, sondern darauf beruht, daß eine zum Handeln für die juristische Person berufene physische Person die Vorschrift außer acht ließ. Liegt aber dies vor, so ist die juristische Person zum Ersatze des Schadens verbunden und darf den Beschädigten nicht an ihren Vertreter oder Beamten verweisen. Dieser Grundsatz ist sowol für das Gebiet des Allgemeinen Landrechtes als für das des gemeinen Rechtes seit langer Zeit zur Anwendung gelangt und von dem vormaligen preußischen Obertribunale, dann von dem Reichsoberhandelsgerichte und endlich von dem Reichsgerichte in zahlreichen Entscheidungen angewendet worden.

Vgl. Entsch. des preuß. Obertribunals Bd. 14 S. 92, Bd. 37 S. 32, Bd. 61 S. 1, Bd. 73 S. 263; Striethorst, Archiv Bd. 97 S. 169; Entsch. des R.O.H.G.'s Bd. 8 S. 205, Bd. 18 S. 136; Entsch. des R.G.'s in Civils. Bd. 8 S. 236, Bd. 17 S. 105, Bd. 25 S. 53, Bd. 38 S. 220; Seuffert, Archiv Bd. 42 Nr. 210,

Bd. 44 Nr. 83; Gruchot, Beiträge Bd. 24 S. 507, Bd. 26 S. 930, Bd. 29 S. 871; Bolze, Praxis Bd. 7 Nr. 314, Bd. 5 Nr. 318, Bd. 12 Nr. 223, Bd. 17 Nr. 191, Bd. 1 Nr. 1197, Bd. 4 Nr. 338, Bd. 3 Nr. 813, Bd. 10 Nr. 553, Bd. 5 Nr. 317, Bd. 9 Nr. 490.

Die Begründung der Urteile ist allerdings nicht übereinstimmend. Insbesondere wird einerseits betont, daß nur die Versehen von Vertretern, d. h. von solchen Personen, die berufen sind, innerhalb einer verfassungsmäßig ihnen zugewiesenen Thätigkeit einen Willensentschluß namens der juristischen Person zu bilden und auszuführen, eine Haftbarkeit der letzteren begründen könnten;

vgl. Entsch. des R.G.'s in Civils. Bd. 19 S. 348, Bd. 31 S. 249 unten;

andererseits wird ausgesprochen,

vgl. Bolze, Bd. 9 Nr. 490,

daß es unerheblich sei, ob den Beamten, deren Versehen in Frage stehe, mit Recht die Eigenschaft von Willensorganen oder Repräsentanten beigelegt sei. Die hierdurch gemachte Unterscheidung ist insofern zweifellos berechtigt, als es unstatthaft sein würde, eine juristische Person für die Versehen aller ihrer Angestellten schlechthin haften zu lassen, also auch für die Versehen von Angestellten, die während der Verrichtung von Dienstleistungen vorfallen, bei denen dieselben nicht selbständig thätig werden, sondern zu anderen ihrer Beamten in einem Verhältnisse stehen, das eine Verantwortlichkeit für eine physische Person, wenn diese der Dienstherr wäre, nicht begründen würde. Es ist deshalb daran festzuhalten, daß für solche Hilfsbeamte eine juristische Person, abgesehen von besonderen Gründen (ungeeignete Auswahl, Mangel an Aufsicht), nicht haften kann.

Vgl. Seuffert, Archiv Bd. 42 Nr. 277, Bd. 43 Nr. 114.

Dagegen darf der Kreis derjenigen Personen, deren Handlungen als Handlungen der juristischen Person selbst zu gelten haben, nicht so weit eingeschränkt werden, daß hierunter nur solche Personen zu verstehen seien, die zur Vertretung der juristischen Person im Willen berufen sind. Denn bei Festhaltung dieser Einschränkung wird entweder dem Zwecke der zur Abwendung von Gefahr im öffentlichen Interesse erlassenen Vorschriften und überhaupt dem Interesse des Verkehres nicht entsprochen, oder es wird der Begriff der Willensvertretung auf Personen angewendet, die in Wahrheit zu solcher Vertretung nicht berufen sind. Man wird vielmehr zu einem befriedigenden Ergebnisse nur gelangen, wenn man anerkennt, daß die juristische Person die Handlungen derjenigen Personen als die ihrigen zu vertreten hat, die verfassungsmäßig zum Handeln, und zwar innerhalb des ihnen angewiesenen Geschäftskreises zum selbständigen Handeln, für sie berufen sind.

In solcher Lage befand sich der Schiffer des hier in Rede stehenden Lotsendampfers kraft seines Dienstverhältnisses zum Reichsfiskus, und deshalb hat der letztere die Folgen der in Ausübung seiner Dienstverrichtungen von dem Schiffer begangenen Versehen zu tragen. Diese Begründung steht der Sache nach mit dem Urteile des VI. Civilsenates des Reichsgerichtes vom 10. November 1887,

Entsch. des R.G.'s in Civils. Bd. 19 S. 348,

im Einklange und tritt mit den Urteilen des III. Civilsenates vom 19. Dezember 1893,

Entsch. a. a. O. Bd. 32 S. 144,

und vom 23. Oktober 1896,

Entsch. a. a. O. Bd. 38 S. 183,

nicht in Widerspruch. Denn in beiden ist auf die Frage, deren Beantwortung die Grundlage der vorliegenden Entscheidung bildet, nicht eingegangen, sondern im wesentlichen erörtert, ob und inwieweit ein Verschulden zu den Bedingungen einer Ersatzverbindlichkeit gehört. In dieser Beziehung enthält die jetzt getroffene Entscheidung nichts abweichendes; denn sie beruht auf der thatsächlichen Feststellung, daß der Schiffer des Lotsendampfers einen ihm als Verschulden anzurechnenden Verstoß gegen die Kaiserliche Verordnung vom 7. Januar 1880 begangen habe. Diese Verordnung aber ist zur Verhütung von Unfällen erlassen, begründet also für jeden, der die Schiffahrt — sei es zum Erwerbe, oder nicht — betreibt, besondere, in ihrer Beobachtung bestehende Verpflichtungen und hat deshalb im Einklange mit den oben nachgewiesenen, seit langer Zeit befolgten Grundsätzen die Haftung des Beklagten für den durch ihre Übertretung verursachten Schaden zur Folge. Beklagter hat daher keinen Grund zur Beschwerde." ...

48. 1. Natur des aus dem Verlöbnisse entspringenden Forderungsrechtes; ob alternativ, oder zunächst nur auf Eheschließung?

2. Rechtliche Wirkung eines Selbstmordes, durch den die Erfüllung des Anspruches auf Eheschließung unmöglich geworden ist.

3. Verhältnis der Beschränkungen der Verlöbnisfreiheit zu den Bestimmungen über die Voraussetzungen der Eheschließung, insbesondere mit Rücksicht auf § 39 des Reichsgesetzes vom 6. Februar 1875 über die Beurkundung des Personenstandes und die Eheschließung.

VI. Civilsenat. Urt. v. 30. September 1897 i. S. unverehel. B. (Kl.) w. R. Wwe. (Bekl.). Rep. VI. 142/97.

I. Landgericht Hamburg.
II. Oberlandesgericht daselbst.

Aus den Gründen:

„Die gegen den A. R. erhobene Klage begehrte die alternative Verurteilung desselben, die Klägerin zu ehelichen oder ihr eine Entschädigung von 6000 ℳ zu zahlen, und war auf ein von demselben mit der Klägerin am 25. November 1894 eingegangenes Verlöbnis gestützt. Während die Sache in erster Instanz anhängig war, ist der ursprüngliche Beklagte verstorben, und zwar, wie die Klägerin behauptet, durch Selbstmord, und darauf ist gegen seine als Erbin in den Prozeß eingetretene Mutter der Klagantrag nur noch auf Verurteilung zur Zahlung von 6000 ℳ gestellt, die Klage aber in beiden Instanzen abgewiesen worden. Der hiergegen gerichteten Revision der Klägerin war der Erfolg nicht zu versagen.

Zwar muß dem Berufungsgerichte darin beigestimmt werden, daß aus dem Verlöbnisse gemeinrechtlich kein alternativer Anspruch auf Eheschließung oder Entschädigung entsteht, sondern nur ein einfacher Anspruch auf die erstere, an dessen Stelle nur bei Nichterfüllung, da die Erfüllung nicht erzwingbar ist (vgl. § 774 Abs. 2 C.P.O.), der Anspruch auf Entschädigung tritt. Mit Recht hat übrigens das Berufungsgericht in der hiernach formell unzutreffenden Fassung des ersten Klagantrages noch keinen Grund zur Abweisung der Klage gefunden.... Das Oberlandesgericht hat andererseits mit Recht jene richtige Bemerkung über die Natur des aus einem Verlöbnisse entspringenden Anspruches materiell dahin verwertet, daß nicht etwa der Rechtssatz hier angewandt werden dürfe, wonach, wenn bei einer alternativen Obligation die eine Leistung ohne Schuld des Gläubigers unmöglich wird, dann die andere schlechtweg geschuldet wird. Aber wenn das Berufungsgericht umgekehrt annimmt, daß wegen eingetretener Unmöglichkeit der Erfüllung der ganze Anspruch schlechtweg aufgehoben sei, so ist damit gegen gemeinrechtliche Normen verstoßen.

Richtig ist zwar, daß diejenige Handlung, die bis zum Augenblicke des Todes des A. R. den Gegenstand seiner Verpflichtung bildete, nämlich die Ehelichung der Klägerin, durch seinen Tod unmöglich geworden ist. Indes giebt es im Obligationenrechte doch den allgemeinen Satz, daß der Schuldner nur durch zufällige, von ihm nicht verschuldete Unmöglichkeit der Erfüllung frei wird, daß dagegen im Falle einer von ihm verschuldeten Unmöglichkeit an die Stelle seiner ursprünglichen Verbindlichkeit die Verpflichtung zur Leistung des Interesses tritt. Warum dieser Satz hier keine Anwendung finden sollte, ist nicht abzusehen. Nach gemeinem deutschen Rechte ist die Verbindlichkeit des Verlobten zur Eheschließung eine vertragsmäßige Obligation, wie irgend eine andere, wenn sie auch zunächst nicht eine vermögensrechtliche, sondern eine familienrechtliche Leistung zum Gegenstande hat. Denn es steht außer Zweifel, daß in Deutschland der römische Satz von der Klaglosigkeit der Verlöbnisse nicht recipiert ist, und daß vielmehr, obgleich auch im kanonischen Rechte in c. 17. 29 X. de sponsal. 4, 1 der römische Standpunkt festgehalten zu sein scheint, doch im Anschlusse an andere Stellen des kanonischen Rechtes, wie c. 10. 22 X. cit. und c. un. pr. in VI. eod. 4, 1, gewohnheitsrechtlich ein klagbarer Anspruch auf Vollziehung der versprochenen Ehe anerkannt, mithin dem Verlöbnisse die Natur eines obligatorischen Vertrages beigelegt ist.

Vgl. J. H. Boehmer, Jus ecclesiast. Prot. Lib. IV tit. 1 §§ 48—53. 145; G. L. Boehmer, Principia juris canonici (ed. 4) § 371 p. 255; Glück, Erläuterung der Pandecten Bd. 3 S. 89 flg.; Göschen, Vorlesungen Bd. 3 Abt. 1 § 669 S. 9; v. Keller, Pandekten (2. Aufl.) Bd. 2 § 390 S. 179 flg.; v. Wächter, Pandekten Bd. 2 § 232 S. 555; Windscheid, Pandektenrecht (7. Aufl.) Bd. 2 § 489 Anm. 3 S. 764; Dernburg, Pandekten (5. Aufl.) Bd. 3 § 7 S. 12; Richter-Dove-Kahl, Kirchenrecht (8. Aufl.) § 289 S. 1198; Friedberg, Kirchenrecht (4. Aufl.) § 158 S. 430 flg.; Bartels,

Ehe und Verlöbnis S. 194 flg.; v. Scheurl, Eherecht S. 374. 376 flg.; Entsch. des R.G.'s in Civils. Bd. 23 S. 177, Bd. 29 S. 98; Motive zu dem Entwurfe eines Bürgerlichen Gesetzbuches für das Deutsche Reich Bd. 4 S. 1.

Allerdings ist diese vertragsmäßige Obligation auf eine höchst persönliche Leistung gerichtet; aber wenn der zu einer solchen Verpflichtete dieselbe durch absichtlichen Selbstmord unmöglich macht, so ist das eben ein civilrechtliches Verschulden, welches ihn zum Schadensersatze verpflichtet, und welches sich sogar — worauf es indes nicht einmal ankommt — dann zur Arglist steigert, wenn der Thäter zur Zeit der That sich der ihm obliegenden höchst persönlichen Verbindlichkeit bewußt ist, arg. l. 13 § 2. l. 20 § 6. l. 25 §§ 2. 6 Dig. de H. P. 5, 3; l. 9 § 4 Dig. ad exh. 10, 4. Hier steht nun die Thatsache der schuldhaften Herbeiführung der Unmöglichkeit der Erfüllung formell fest. Behauptet ist sogar, daß der ursprüngliche Beklagte sich eigens zu diesem Zwecke getötet habe. Wenn nun auch insoweit die Behauptung der Klägerin bestritten ist, so muß doch der Selbstmord an sich als zugestanden angesehen werden." (Wird näher dargelegt.)

„Es kann dem Oberlandesgerichte auch keineswegs zugegeben werden, daß dieser Fall der von einem Verlobten verschuldeten Unmöglichkeit der Heirat rechtlich anders läge, als derjenige, wo ein Verlobter die gleiche Unmöglichkeit durch seine anderweitige Verehelichung herbeigeführt hätte. Daß der ursprüngliche Schuldner in dem letzteren Falle noch lebt, begründet rechtlich keinen Unterschied; denn es genügt, daß er in unserem Falle die schuldvolle Handlung, durch welche die Unmöglichkeit bewirkt ist, während seines Lebens begangen hat; ebendeshalb verwandelt sich im Augenblicke seines Todes die Verbindlichkeit zur Ehelichung in eine Verbindlichkeit zur Leistung des Interesses, die, wie jede andere Geldschuld, auf die Erben des Schuldners übergeht.

Der Entscheidung des Berufungsgerichts scheint allerdings in gewisser Hinsicht das von ihm angeführte, in einer Lübecker Sache ergangene Urteil des früheren Oberappellationsgerichtes zu Lübeck,

Wunderlich, Jurisprudenz des Oberappellationsgerichtes der vier freien Städte in bürgerlichen Rechtssachen aus Lübeck Tl. 2 Nr. 425 S. 256 flg., und Seuffert, Archiv Bd. 19 Nr. 111, zur Seite stehen. Dort lag indes der Fall nicht so, daß der auf Erfüllung des Eheversprechens Belangte seinen während des Rechtsstreites erfolgten Tod selbst verschuldet hatte, sondern konnte es sich nur darum handeln, ob er wegen eines ihm zur Last fallenden Erfüllungsverzuges auch für die an sich zufällig eingetretene Unmöglichkeit der Erfüllung zu haften habe. Auch diese Frage ist dort jedoch nicht einmal direkt verneint, sondern nur die, jedenfalls abwegig formulierte, Frage, ob „die Sache durch die Litiskontestation auf die Erben perpetuiert worden" sei. Auch für den vorliegenden Fall würde übrigens eventuell in Frage kommen, ob nicht auch wegen Verzuges des ursprünglichen Beklagten im Augenblicke seines Todes seine Verbindlichkeit sich in eine Schadensersatzpflicht verwandelt habe; nach Lage der Sache bedarf jedoch dieser Punkt gegenwärtig keiner Entscheidung.

Ist sonach ein Grund zur Aufhebung des angefochtenen Urteiles jedenfalls gegeben, so könnte sich noch fragen, ob nicht dasselbe nach § 526 C.P.O. dennoch auf Grund des von der Beklagten eventuell vorgeschützten Einwandes, daß das Verlöbnis ihres Sohnes wegen Mangels ihrer Einwilligung ungültig gewesen sei, aufrecht erhalten werden müsse. Ihre Zustimmung ist nämlich von seiten der Klägerin jedenfalls nicht behauptet, eigentlich sogar wohl stillschweigend zugestanden, daß eine solche nicht erfolgt sei, und der Grund, aus welchem das Oberlandesgericht diesen ganzen Einwand für unerheblich erklärt hat, beruht auf einer rechtsirrigen Anwendung des Reichsgesetzes vom 6. Februar 1875 über die Beurkundung des Personenstandes und die Eheschließung. Allerdings trifft es zu, daß A. R., der zur Zeit des Verlöbnisses vom 25. November 1894 bereits im 28. Jahre stand . . ., damals nach § 39 vgl. mit § 29 des Gesetzes vom 6. Februar 1875 zu seiner Verehelichung nicht mehr der Zustimmung seiner Mutter bedurft haben würde; aber die Annahme des Berufungsgerichtes, daß durch dieses Reichsgesetz zugleich die über den Kreis der Ehehindernisse hinausgehenden Beschränkungen der Verlöbnisfreiheit beseitigt seien, ist unbegründet. Das fragliche Gesetz läßt seinem ausdrücklichen Inhalte nach das Rechtsinstitut des Verlöbnisses völlig unberührt, und die Betrachtung, daß das Verlöbnis ein minder wichtiger Vorbereitungsakt für die Eheschließung sei, reicht nicht aus, um positive Gesetzesnormen zu ersetzen, die nirgends gegeben sind. Die Bezugnahme des Oberlandesgerichtes auf Hinschius beruht auf einem Mißverständnisse. Dieser Schriftsteller spricht an der vom Berufungsgerichte angeführten Stelle der ersten Auflage seines Kommentares zu jenem Reichsgesetze, Anm. 49 zu § 29, zuletzt speziell von dem Verhältnisse desselben zu den Vorschriften des sächsischen Bürgerlichen Gesetzbuches über die Erforderlichkeit der Zustimmung von Ascendenten und Vormündern zum Verlöbnisse, auf welche der von der Eheschließung handelnde § 1600 zurückverweist, und nimmt an, daß nach der wahren Meinung des sächsischen Gesetzbuches jene Vorschriften nunmehr als im Sinne des § 29 des Reichsgesetzes geändert angesehen werden müßten, obschon das Reichsgesetz als solches nicht die Materie des Verlöbnisses regele. Diese ganze Erörterung ist in den späteren Auflagen des Hinschius'schen Kommentares weggelassen, weil inzwischen dieser, an sich übrigens recht zweifelhafte, Punkt durch § 1 des sächsischen Gesetzes vom 5. November 1875 entsprechend geordnet worden war. Dagegen hebt jetzt Hinschius in der dritten Auflage, Anm. 97 a. E. zu § 29, gerade ausdrücklich hervor, daß die partikularrechtlichen Vorschriften über die Einwilligung zum Verlöbnisse durch den § 29 nicht berührt werden, und daß daraus allerdings Inkonsequenzen entstehen können, insofern andere Personen die Einwilligung zum Verlöbnisse, andere eine solche zur Eheschließung zu geben haben. Außer Sachsen führt er nur noch Hessen als einen Staat an, wo diese Differenz durch ein besonderes Gesetz (vom 18.[1] April 1877, für die Provinzen Starkenburg und Oberhessen, Art. 2) beseitigt sei. Ganz übereinstimmend äußert sich v. Sicherer, Personenstand und Eheschließung, Bem. XII zu § 29 des Gesetzes, S. 176. Freilich ist anderer Ansicht v. Scheurl, Eherecht S. 371 flg., übrigens nicht bloß in Beziehung auf das Reichsgesetz vom 6. Februar 1875, sondern indem er auch schon für alles ältere Recht den Satz aufstellt, daß genau so weit, aber auch nur so weit, wie zur Rechtsgültigkeit der Eheschließung die Zustimmung dritter Personen erforderlich sei, dasselbe auch von der Rechtsgültigkeit der Verlöbnisse gelten müsse. Diese Ansicht verdient jedoch keine Billigung. Wenn man sich z. B. auf den Standpunkt der katholischen Kirche stellt, so ist nicht zu bezweifeln, daß es als sittliche

[1] Hinschius hat versehentlich: 12. April. D. E.

Pflicht der Kinder erscheint, sich nicht ohne Einwilligung ihrer Eltern zu verloben oder zu verheiraten; gleichwohl gilt freilich die ohne solche Einwilligung eingegangene Ehe wegen der dem Sakramente zukommenden Bedeutung für rechtsgültig und unauflöslich; aber um so wichtiger, möchte man sagen, erscheint es, an der Ungültigkeit des gegen den Willen der Eltern geschlossenen bloßen Verlöbnisses festzuhalten, damit nicht ein auf diese Art Verlobter auf dem Rechtswege gezwungen werden könne, in seinem unsittlichen Verhalten noch weiter fortzuschreiten, und zwar bis zu einem Punkte, wo keine Rückgängigmachung mehr möglich ist; wobei hier dahingestellt bleiben soll, wie sich die Praxis des kanonischen Rechtes in dieser Beziehung thatsächlich gestaltet hat. Mit v. Scheurl stimmt auch keineswegs überein Bartels, Ehe und Verlöbniß S. 166 flg., und noch weniger G. L. Boehmer, Principia juris canonici § 368, und Glück, Erläuterung der Pandecten Bd. 23 S. 45 flg.

Wenn mithin die Frage, welchen Einfluß der Mangel der mütterlichen Zustimmung auf die Gültigkeit des Verlöbnisses des ursprünglichen Beklagten haben mag, vom Reichsgesetze vom 6. Februar 1875 jedenfalls nicht unmittelbar berührt wird und nach Landesrecht zu entscheiden ist, so kann dennoch eine Aufrechthaltung der vorigen Entscheidung aus diesem Grunde nicht erfolgen. Dies könnte nur geschehen, wenn klar vorläge, daß nach dem maßgebenden Landesrechte auch die Verlobung eines über 27 Jahre alten Mannes, dessen Mutter noch lebt, mindestens dann, wenn er keinen Vater am Leben hat, ohne die Einwilligung der Mutter schlechtweg ungültig ist. Käme als maßgebendes Landesrecht hier nur das gemeine deutsche Recht in Betracht, so würde es zur Aufgabe des Reichsgerichtes gehören, die aufgestellte Frage sofort zu erörtern. So liegt die Sache aber nicht." (Dies wird sodann weiter ausgeführt, und dargelegt, daß es in dieser Beziehung noch erst einer Zurückverweisung der Sache an das Berufungsgericht bedürfe.) . . .

---

49. 1. Wann beginnt für den Rückversicherer die Beteiligung an einer Landtransportversicherung, wenn der Rückversicherte die Gefahr für seewärts anlangende und mit der Eisenbahn weiter zu befördernde Güter bereits „ab Bord des Seeschiffes" übernommen hat?

2. Wie ist für den Rückversicherer im Falle eines Excedentenvertrages das Risiko zu bestimmen, wenn es sich um eine Landtransportversicherung von Gütern handelt, die nicht mit einem einzigen Zuge hätten weiterbefördert werden können, und ein Schade eintritt, bevor die Güter an die Eisenbahnverwaltung eingeliefert sind?

I. Civilsenat. Urt. v. 25. September 1897 i. S. Oberrhein. Vers.-Ges. (Kl.) w. Württemb. Transp.-Vers.-Ges. (Bekl.). Rep. I. 155/97.

I. Landgericht Hamburg.
II. Oberlandesgericht daselbst.

Laut Police für Landtransportversicherung vom 29. Januar 1889 versicherte die Rhenania den Kaufleuten G. & H. für Rechnung „wen es angeht" auf 3000 Ballen Baumwolle für die Reise von dem Einladungsorte ab Bord Sebastopol nach Station Orechowo der Nischnii-Bahn die Summe von 1 012 500 ℳ. Die Baumwolle traf zur See in Sebastopol ein, wurde gelöscht und auf dem Quai behufs Verladung in Eisenbahnwagen neben dem Eisenbahngleise gelagert. Dort wurde am 5. Februar 1889, und zwar bevor die Baumwolle noch in den Gewahrsam der Bahnverwaltung gelangt war, ein großer Teil durch Feuer zerstört. Die Rhenania leistete hierauf an die Versicherten Zahlungen, von denen zu ihren Lasten 537 674,55 ℳ verblieben.

Von der Versicherungssumme hatte die Klägerin, die Oberrheinische Versicherungsgesellschaft, 10 Prozent als Hauptversicherer übernommen. Außerdem war diese auf Grund eines Rückversicherungsvertrages an dem das Maximum der Rhenania von 90 000 ℳ übersteigenden Betrage mit 50 Prozent (bis zur Höhe von 180 000 ℳ) beteiligt. Dementsprechend leistete sie an die Rhenania einen Beitrag zu dem von dieser getragenen Schadensersatze, und zwar zahlte sie 1. 10 Prozent der oben erwähnten Summe von 537 674,15 ℳ; 2. auf Grund des Rückversicherungsvertrages 157 424,33 ℳ, zusammen 211 191,74 ℳ.

Die Klägerin hatte ihrerseits unter dem 4. Januar/16. Februar 1889 mit der Beklagten einen Rückversicherungsvertrag für Binnengewässer- und Landtransportversicherungen geschlossen, durch den sie in Art. 1 die Beklagte an ihren sämtlichen Transportversicherungen auf Flüssen, Kanälen und Binnengewässern, sowie zu Lande in der

Art beteiligte, daß sie der Beklagten 50 Prozent des Überschusses über das von ihr selbst zu tragende, in verschiedenen zu dem Vertrage gehörenden Tabellen näher festgesetzte Risiko zu überweisen hatte, und zwar für Waren bis zum anderthalbfachen Betrage des eigenen Maximums. Für die Versicherung von trockenen Gütern in einem Eisenbahnzuge war das Maximum der Klägerin auf 90000 *M* festgesetzt.

Auf Grund dieses Vertrages verlangte die Klägerin von der Beklagten teilweisen Ersatz. In erster Instanz wurde die Beklagte zur Zahlung von 32527,30 *M* nebst 6 Prozent p. a. Zinsen seit dem 17. Januar 1895 und 191,25 *M* nebst Prozeßzinsen verurteilt. Auf Berufung der Beklagten wurde ihre Verurteilung auf Zahlung von 13899,65 *M* nebst Zinsen und 81,70 *M* nebst Zinsen beschränkt. In der Revisionsinstanz erzielte sie eine noch weitere Herabsetzung auf 4728 *M* und 27,53 *M* nebst Zinsen.

Aus den Gründen:

„I. Der Excedentenvertrag der Parteien hat Transportversicherungen zum Gegenstande, und deshalb ist zunächst streitig gewesen, ob das von der Rhenania übernommene Risiko, aus dem die Verpflichtung der letzteren zum Ersatze des hier in Rede stehenden Schadens folgte, unter jenen Excedentenvertrag falle. Beide Vorinstanzen habe diese Frage in Übereinstimmung mit einem Urteile des erkennenden Senates vom 24. Februar 1894 (mitgeteilt in der Hanseat. Gerichtsz. für 1894 Hauptbl. S. 265) bejaht. Die Revision erachtet diese Entscheidung für unzutreffend, kann indes mit dieser Rüge keinen Erfolg haben. Die versicherte Baumwolle ist vom Feuer ergriffen worden, nachdem sie ab Bord gebracht war. Allerdings ist der Schade eingetreten, bevor die Baumwolle in den Gewahrsam der Eisenbahnverwaltung gelangt war; es ist ferner richtig, daß die Rhenania zufolge ihrer gedruckten Bedingungen die Gefahr für den Transport von Gütern auf Eisenbahnen regelmäßig erst „mit dem Zeitpunkte der reglementsmäßigen Einlieferung auf der Absendungsstation" übernimmt, und daß ihre Haftung schon für die Zeit vom Abbordbringen der Baumwolle an nur durch eine der Police handschriftlich hinzugefügte Klausel begründet wurde. Durch diese Klausel hatte die Rhenania aber nicht, wie die Revision auch jetzt noch geltend macht, ein Lager- oder Standrisiko neben einem sich daran anschließenden Transportrisiko übernommen; sie hatte vielmehr eine einheitliche, und zwar eine

Transportversicherung abgeschlossen und durch jene Klausel nur den Umfang der regelmäßig zu übernehmenden Gefahr erweitert. Dies war für die jetzige Klägerin wegen ihrer Beteiligung an der von der Rhenania gezeichneten Versicherung maßgebend; es ist aber nicht minder für die jetzige Beklagte in ihrem Verhältnisse zur Klägerin, d. h. für ihre Beteiligung an dem von dieser übernommenen Risiko, maßgebend, und zwar nach der Bestimmung in Art. 6 des Excedentenvertrages, dessen Eingang lautet:

„Die Rückversicherung geschieht zu denselben Prämien und Bedingungen, zu welcher die Originalversicherung abgeschlossen ist, und stellt sich die Württembergische als Mitversicherer für alle Teile dieses Vertrags ganz und gar an den Platz der Oberrheinischen, genehmigt im voraus alle Klauseln und Bedingungen der Originalpolice.“ ...

II. Für die Beantwortung der ferneren Frage, in welcher Weise das Risiko der Beklagten und folgeweise ihr Anteil an dem zu tragenden Schaden festzustellen seien, sind sehr auseinandergehende Ansichten aufgestellt worden.

Die Klägerin hatte für ihren Anspruch drei verschiedene Berechnungen geltend gemacht.

1. In erster Linie meinte Klägerin, daß die oben aus Art. 1 des Excedentenvertrages wiedergegebene Verteilung nicht unmittelbar, sondern nur insofern zur Anwendung kommen könne, als die dort aufgestellten Grundsätze zu beobachten seien. Grundsätzlich aber sei dort ausgesprochen, daß von jedem Risiko zunächst Klägerin ein Maximum behalten, und sodann Beklagte den anderthalbfachen Betrag übernehmen solle. Hierzu sei sodann zu beachten, daß Klägerin mit einer anderen Gesellschaft, der Münchener Rückversicherungsgesellschaft, einen ganz gleichen Rückversicherungsvertrag geschlossen gehabt habe. Danach müsse der von Klägerin gedeckte Schade in 4 Teile zerlegt werden, von denen Klägerin 1 Teil, die Beklagte $1^1/_2$ Teile, und die Münchener auch $1^1/_2$ Teile zu tragen habe. Gezahlt habe Klägerin 211191,74 *M*. Hiervon seien $^1/_4$ (1 Teil) 52797,93 *M*, also $^3/_8$ ($1^1/_2$ Teile) 79196,90 *M*. Dies ist deshalb die im Klagantrag in erster Linie geforderte Summe. Nach denselben Grundsätzen will Klägerin die von ihr berechneten Zinsen und Kosten verteilen.

2. Eventuell meinte Klägerin, daß man, falls vorstehendes nicht gebilligt werden sollte, den ganzen von ihr übernommenen Betrag des

Risikos als eine einheitliche Versicherungssumme behandeln, hiervon das vertragsmäßige Maximum der Klägerin absetzen und von dem gesamten Excedenten den Anteil der Beklagten an der Versicherungssumme, folgeweise auch dem Schaden, bestimmen müsse. Beteiligt gewesen sei Klägerin mit einer Versicherungssumme von 376 876 M. Werde hiervon das Maximum der Klägerin, also 90 000 M, abgezogen, so bleiben als Excedent 286 876 M; davon entfielen auf Beklagte $1^1/_2$ Maximum der Klägerin, mithin 135000 M. Dies ergebe einen verhältnismäßigen Anteil am Schaden (nach dem Ansatze 376 876 — 211 191,74 — 135 000) von 75 656,56 M.

3. Endlich berief Klägerin sich auf die Thatsache, daß einige Tage vor dem Brandfalle andere 3000 Ballen Baumwolle, aus dem Schiffe „Eglantine", ebenfalls von Sebastopol aus weiter befördert seien. Dies sei mit 4 Zügen geschehen, und zwar Zügen von sehr ungleicher Beladung mit Baumwolle, sodaß der 2. und 3. Zug Baumwolle von weit unter, der 1. und 4. Zug Baumwolle von weit über 90 000 M an Wert mitgeführt, und sich nur bei dem 1. und 4. Zuge ein Excedent ergeben habe. Klägerin war der Ansicht, daß man ganz eventuell annehmen müsse, die hier in Rede stehende Baumwolle würde ganz ebenso verladen worden sein. Alsdann aber würde nach einer zu den Akten überreichten Rechnung ... von der Versicherungssummme von 376 876 M auf Beklagte 58 046 M und als Schadensanteil 32 527,30 M entfallen.

Die Zinsen und Kosten wollte Klägerin in beiden Fällen auch nach Verhältnis des von ihr für Beklagte berechneten Risikos verteilen.

Beklagte hatte jede Ersatzpflicht abgelehnt, weil sich nicht bestimmen lasse, mit wie viel Zügen die Baumwolle weiter befördert worden wäre, und deshalb jeder Anhalt dafür fehle, daß überhaupt das Risiko der Klägerin für die einzelnen Transporte das von ihr selbst zu tragende Maximum überschritten haben würde. Eventuell aber müsse, falls 4 Züge und eine Verteilung der Baumwolle auf diese 4 Züge angenommen werden sollten, die Verteilung wenigstens gleichmäßig erfolgen. Dann aber ergebe sich, was rechnerisch als richtig anerkannt wurde, bei einem Werte der 3000 Ballen von 1 012 500 M für jeden Zug ein Wert von 253 125 M, und als Anteil der Klägerin ein Risiko von je 94 218,75 M, also gegenüber ihrem Maximum von 90 000 M ein Excedent von je 4218,75 M oder für alle 4 Züge von 16 875 M, mithin für Beklagte ein Risiko von 8437,50 M und daher ein Schadensanteil von 4728 M. Beklagte machte hierzu geltend, daß diese letztere Berechnung für den Fall, daß sie überhaupt für ersatzpflichtig erachtet werden sollte, schon deshalb maßgebend sein würde, weil Klägerin den von ihr der Rhenania gegenüber zu tragenden Anteil an dem gesamten Risiko vertragsmäßig auf die oben genannte Summe von 4 mal 94 218,75 M festgestellt habe.

Das Landgericht hat die von der Klägerin an letzter Stelle (unter Ziff. 3) vorgeschlagene Berechnung für richtig gehalten, da man nach den obwaltenden Verhältnissen annehmen müsse, daß 4 Züge erforderlich gewesen sein würden, eine gleichmäßige Belastung der Züge aber wahrscheinlich nicht erfolgt wäre, und deshalb nichts übrig bleibe, als die thatsächlich stattgehabte Verteilung der Ladung aus der „Eglantine" zu Grunde zu legen. Auch das Berufungsgericht geht davon aus, daß die Baumwolle in 4 Zügen weiter befördert sein würde. Es hält ebenfalls eine gleiche Verteilung der Ladung für unwahrscheinlich, andererseits aber auch die Annahme, daß es wie bei der Ladung aus der „Eglantine" verhalten sein würde, für unberechtigt und gelangt zu dem Schlusse, daß man den Durchschnitt der von beiden Parteien angegebenen Verteilung zu Grunde legen müsse. Als solchen hat es ein Risiko von 24 803,50 M angenommen und darnach die oben mitgeteilten Anteile der Beklagten an dem Schaden festgesetzt. Wie diese, dem rechnerischen Durchschnitt nicht entsprechenden, Ziffern gefunden sind, ist in dem angefochtenen Urteile nicht erläutert worden.

Für die Begründung ihrer Rechtsmittel sind beide Parteien bei den von ihnen vertretenen Ausführungen geblieben. Klägerin hält insbesondere die an zweiter Stelle (oben Ziff. 2 mitgeteilt) gegebene Berechnung für die richtigste. Jedoch will sie anerkennen, daß vielleicht der Betrag des von ihr gedeckten Schadens nach dem in Art. 1 des Excedentenvertrages gegebenen Maßstab zu teilen sei. Danach würden von der gezahlten Summe von 211 191,74 M für Klägerin 90 000 M bleiben, und die überschießenden 121 191,74 M auf Beklagte und die Münchener Rückversicherungsgesellschaft zu gleichen Teilen, also mit je 60 595,87 M, entfallen.

Bei der Würdigung dieser verschiedenen Berechnungsarten ist davon auszugehen, daß die Beteiligung der Beklagten an den von der Klägerin übernommenen Versicherungen nach dem maßgebenden Vertrage jedesmal davon abhängig ist, ob und in welcher Höhe das von der Klägerin im einzelnen Falle übernommene Risiko thatsächlich einen Excedenten ergiebt. Hieraus folgt, daß die von der Klägerin an erster Stelle verteidigte Berechnung (Ziff. 1) unzutreffend ist. Es folgt aber ferner daraus, daß die an zweiter Stelle (Ziff. 2) gegebene Berechnung, und ebenso die jetzt hinzugefügte Maßgabe gleichfalls unzulässig sein würde.

Ferner ist — mit den Instanzgerichten — davon auszugehen, daß Klägerin darzulegen hat, wie hoch das von ihr übernommene Risiko gewesen ist, der Klägerin also die Beweislast dafür obliegt, daß und in welcher Höhe ein Excedent vorhanden gewesen sei. Dabei ist, was die Instanzgerichte aussprechen, anzuerkennen, daß der Klägerin die Führung eines unmöglichen Beweises nicht zugemutet werden darf. In dem vorliegenden Falle ist nun zweifellos, daß die Weiterbeförderung der 3000 Ballen Baumwolle mit nur einem Zuge unmöglich gewesen wäre, daß vielmehr eine Verteilung auf mehrere Züge hätte stattfinden müssen, und daß deshalb das von der Rhenania übernommene, sowie folgeweise das von der Klägerin zu tragende Risiko sich in mehrere Einzelrisikos geteilt hätte. Wie viele Züge aber genommen worden wären, läßt sich nicht mit Sicherheit beweisen; es ist indes in einem Falle der vorliegenden Art, wo ein der Gesellschaft ähnliches Verhältnis der Parteien zu einander besteht, ein Nachweis genügend, der der Wahrscheinlichkeit nahe kommt, weil eine Beteiligung der Beklagten an einem Risiko der in Rede stehenden Art offenbar dem in dem Excedentenvertrage zum Ausdrucke gelangten Parteiwillen entspricht, alsdann aber die Billigkeit es erfordert, daß Beklagte, auch wenn ein Schade entsteht, und es sich nicht um die Teilung der Prämie, sondern um den Ersatz des Schadens handelt, sich mit dem Nachweise derjenigen Ziffer begnügt, die das Risiko, wenn der Schade nicht eingetreten wäre, aller Wahrscheinlichkeit nach erreicht hätte.

Ob in dem vorliegenden Falle die Anwendung dieser Grundsätze zu der von dem Landgerichte oder zu der von dem Berufungsgerichte gefundenen Ziffer führen würden, kann indes dahingestellt bleiben, weil diese Frage teilweise bereits eine für die Parteien maßgebende Lösung anderweitig gefunden hat. Es ist richtig, daß Klägerin sich mit der Rhenania über den von dieser zu leistenden Ersatz gütlich geeinigt und zu diesem Behufe ihre Beteiligung an der Gesamtversicherungssumme auf 101250 ℳ wegen ihrer Quotenbeteiligung und auf 275626 ℳ als ihren Anteil an dem Excedenten der Rhenania mit dieser festgesetzt hat. Letztere Summe ergiebt sich, wenn eine Verteilung der gesamten versicherten Baumwolle auf 4 gleichmäßig beladene Eisenbahnzüge, und deshalb für jeden Zug ein von Klägerin übernommener Excedent der Rhenania in Höhe von 4218,75 ℳ angenommen wird. Dies wird von der Klägerin nicht bestritten. Wohl aber bestreitet Klägerin, und zwar unter Berufung auf das Zeugnis des Direktors der Rhenania, daß bei dem Vergleiche zwischen dieser Gesellschaft und der Klägerin thatsächlich eine gleichmäßige Belastung von 4 Zügen zu Grunde gelegt worden sei. Das Berufungsgericht hat gleichwohl angenommen, daß dies geschehen sein müsse, weil sich nur so die obigen Ziffern ergeben. Letzteres ist nicht richtig; denn die in dem Vergleiche mit der Rhenania als Gesamtrisiko der Klägerin festgestellte Summe von 376876 ℳ (richtiger 376875 ℳ) ergiebt sich bei der Annahme von 4 Zügen stets und bei jeder nur denkbaren Belastung dieser 4 Züge, wenn nur die Verteilung so erfolgt, daß jeder Zug mit einem Werte belastet wird, der nach Abzug von 10 Prozent als Quotenanteil der Klägerin noch einen von Klägerin (zum Teil) zu übernehmenden Excedenten über das Maximum der Rhenania von 90000 ℳ ergiebt. Aus dem von der Klägerin mit der Rhenania abgeschlossenen Vergleich, der nur die Ziffer des auf Klägerin entfallenden Risikos angiebt, kann deshalb nicht mehr entnommen werden, als daß vereinbart worden ist, es solle eine Weiterbeförderung der Baumwolle mit vier Zügen und eine Belastung dieser Züge so, daß Klägerin bei jedem der 4 Züge als Excedentenversicherer beteiligt sei, angenommen werden. Insoweit ist der Vergleich für das Verhältnis der jetzt streitenden Parteien maßgebend, und zwar nach Art. 11 ihres Vertrages, in dem bestimmt worden ist, „die Oberrheinische reguliert sämtliche vorkommende Schäden und Verluste selbständig, und billigt die Württembergische im voraus jedwede Regulierung à l'amiable oder Bezahlung nach Dispache; auch steht ihr das Recht zu, Vergleiche abzuschließen."

Hiernach ist nun zwar nur festgestellt, daß 4 Züge, und bei jedem Zuge ein Risiko der Klägerin angenommen werden muß. Auf welchen Betrag dieses Risiko zu veranschlagen sei, ist dagegen noch offen gelassen. In dieser Beziehung muß jedoch der Grundsatz Platz greifen, daß Klägerin den Beweis zu führen, also darzulegen hat, bei welchen Zügen und in welchem Umfange ihr Risiko das von ihr selbst zu tragende Maximum von 90000 ℳ überstieg. Für die Beantwortung dieser Frage fehlen aber alle Anhaltspunkte, und zwar so sehr, daß nicht einmal gesagt werden kann, was das Wahrscheinlichste gewesen wäre. Deshalb muß angenommen werden, daß das Risiko der Klägerin bei jedem der 4 Züge ihr Maximum überstieg; alsdann aber gelangt man — die Rechnung mag im übrigen angelegt werden, wie man will — stets nur zu einem Excedenten von 16875 ℳ und daher immer nur zu einem Risiko der Beklagten in Höhe von 8437,50 ℳ. Hieraus folgt sodann, daß Beklagte an dem Schaden der Klägerin nur in Höhe der dieser jetzt zuerkannten Beträge beteiligt ist." . . .

III. Preußisches Recht.

50. Ist ein Schuldbekenntnis ohne Angabe des zu Grunde liegenden Rechtsverhältnisses nach dem preußischen Allgemeinen Landrechte klagbar?

IV. Civilsenat. Urt. v. 1. Oktober 1896 i. S. v. P. (Bekl. u. Widerkl.) w. v. N. (Kl. u. Widerbekl.). Rep. IV. 80/96.

I. Landgericht Potsdam.
II. Kammergericht Berlin.

Aus den Gründen:

„Der Kläger hat in einer notariellen Urkunde vom 23. August 1892 erklärt:

Ich verschulde dem ... Herrn v. P. — (dem Beklagten) — den Betrag von 32000 *M*. Ich verpflichte mich, diesen Betrag mit fünf Prozent von heute ab in vierteljährlichen, an den Kalenderquartalsersten fälligen Raten zu verzinsen und nach einmonatiger Kündigung zurückzuzahlen. In Höhe dieser meiner Schuld unterwerfe ich mich der sofortigen Zwangsvollstreckung.

Die Angabe eines Schuldgrundes ist in dieser Erklärung nicht enthalten. . . .

Die Entscheidung über die vom Kläger gegen die Gültigkeit der fraglichen Urkunde auf Grund des § 705 Abs. 5 C.P.O. im Wege der Klage erhobenen Einwendungen hängt hiernach in erster Linie von Beantwortung der Frage ab, ob nach den Bestimmungen des hier zur Anwendung kommenden preußischen Allgemeinen Landrechtes ein

Schuldanerkenntnis oder ein Schuldversprechen für rechtswirksam erachtet werden kann, obwohl in dem darüber ausgestellten Schriftstücke die Angabe des Schuldgrundes fehlt. Das frühere Obertribunal hat bei seiner Rechtsprechung im wesentlichen an der Ansicht festgehalten, daß die Schuldanerkennung nur insofern zur Begründung eines Forderungsrechtes dienen könne, als sich daraus die rechtsgültige Entstehung des betreffenden Anspruches herleiten lasse, und daß eine Schuldverschreibung ohne jede Bezeichnung der causa debendi wirkungslos sei.

Vgl. Entsch. des Obertrib. Bd. 11 S. 345, Bd. 57 S. 308, sowie Striethorst, Archiv Bd. 8 S. 195, Bd. 26 S. 316, Bd. 30 S. 282, Bd. 82 S. 60, Bd. 86 S. 16, Bd. 100 S. 184. 194.

Daneben ist jedoch vom Obertribunale die rechtliche Möglichkeit eines konstitutiven, d. h. neue Rechte schaffenden, Anerkennungsvertrages nicht in Abrede gestellt worden; vielmehr hat es insbesondere für den Fall eines auf Grund voraufgegangener Abrechnung abgegebenen Anerkenntnisses ausdrücklich ausgesprochen, daß in dem Bekenntnisse, den festgestellten Saldo zu verschulden, eine über den Bereich des Zugeständnisses von Thatsachen hinausgehende Willenserklärung gefunden werden könne, welche geeignet sei, eine civilrechtliche Schuldverbindlichkeit zu begründen.

Vgl. Striethorst, Archiv Bd. 41 S. 199, Bd. 67 S. 358, Bd. 84 S. 180.

Dieser letzteren Annahme hat sich auch das Reichsgericht angeschlossen. Namentlich ist in dem Urteile des I. Hilfssenates vom 5. Oktober 1880,

Entsch. des R.G.'s in Civils. Bd. 2 S. 337,

ausgeführt worden, daß im Falle einer vertragsmäßigen Feststellung des berechneten Saldos der ausgesprochene Verpflichtungswille, gestützt auf das gewonnene Resultat des bisherigen Geschäftsverkehres der Beteiligten, als ein selbständiger und genügender Verpflichtungsgrund anzusehen sei, sodaß es danach zur klageweisen Begründung des anerkannten Anspruches in solchem Falle auf die causa praecedens nicht mehr ankomme. Anknüpfend hieran hat der III. Civilsenat des Reichsgerichtes im Urteile vom 26. April 1895 in Sachen der T.'schen Erben wider N., Rep. III. 15/95,

Gruchot, Beiträge Bd. 39 S. 910,

weiter ausgeführt, daß, in Übereinstimmung mit der für das gemeine

Recht neuerdings herrschend gewordenen Rechtsmeinung, auch nach den Bestimmungen des preußischen Allgemeinen Landrechtes die Frage schlechthin bejaht werden müsse, ob der Willenserklärung der Beteiligten die Kraft beigelegt sei, eine Schuld, welche ursprünglich auf einem materiellen Schuldgrunde beruhte, von diesem Fundamente loszulösen und ihr in der Vereinbarung ein neues und selbständig wirkendes Fundament zu geben. Der Fall, welcher damals zur Entscheidung stand, war jedoch wesentlich anders geartet, als der jetzt vorliegende. Es hatte in jenem Rechtsstreite der aus einem Darlehn in Anspruch genommene Beklagte eingewendet, der Erblasser der Kläger habe ihm nach Hingabe des Darlehns die Schuld erlassen; vom Berufungsrichter wurde aber festgestellt, daß der Beklagte später, in der Absicht, sich rechtsverbindlich zu verpflichten, dem Vertreter der klagenden Erben gegenüber mündlich und schriftlich wiederholt anerkannt habe, die empfangene Darlehnssumme nach Maßgabe des darüber ursprünglich ausgestellten Schuldscheines zu verschulden. Hiernach lag damals der Fall einer sog. cautio indiscreta, d. h. einer Schuldverschreibung ohne Angabe des Schuldgrundes, überhaupt nicht vor; vielmehr war das ursprüngliche, der neuen Schuldübernahme zu Grunde liegende Schuldverhältnis genau bezeichnet. Dementsprechend hat auch der III. Civilsenat eine Entscheidung in jenem Urteile darüber nicht ausdrücklich getroffen, ob ein Schuldbekenntnis ohne Angabe des zu Grunde liegenden Rechtsverhältnisses oder sogar ein von jedem Schuldgrunde absehendes Zahlungsversprechen nach preußischem Rechte klagbar sei. Diese Frage aber muß, abgesehen von den Fällen, in welchen eine Formalobligation vom Gesetze ausdrücklich anerkannt worden ist, nach dem Geiste des Allgemeinen Landrechtes und auch im Hinblicke auf die Vorschrift des § 127 A.L.R. I. 5 in Verbindung mit § 730 I. 11 ebenda verneint werden." ...

---

51. Bildet die Röhrenleitung, durch welche eine Gasanstalt den Straßenlaternen und sonstigen Beleuchtungsapparaten eines Gemeindebezirkes das Gas zuführt, einen Bestandteil der Gasanstalt?

IV. Civilsenat. Urt. v. 21. Dezember 1896 i. S. preuß. Steuerfiskus (Bekl.) w. J. C. Gas-Assoziation (Kl.). Rep. IV. 201/96.

I. Landgericht I Berlin.
II. Kammergericht daselbst.

Die L.'er Gas-, Wasser- und Terrain-Aktiengesellschaft hatte das Recht erworben, im Gebiete der Gemeinde Gr.-L. in den Straßen und Plätzen Röhren zum Zwecke der Gasleitung zu legen, und zwar war ihr dieses Recht für einen grundbuchmäßig abgegrenzten Bezirk ohne Zeitbeschränkung, im übrigen aber nur für die Dauer eines bestimmten Zeitraumes verliehen worden. Mittels notariellen Vertrages vom 19. Juni 1891 veräußerte sie ihre desfallsigen Rechte, sowie die ihr gehörigen, dem Gasbeleuchtungsunternehmen dienenden körperlichen Gegenstände an die Klägerin. Im § 1 dieses Vertrages sind jene Befugnisse zur Legung von Gasröhren näher bezeichnet. Hieran schließt sich die Bemerkung:

In Ausübung dieser Berechtigungen betreibt die L.'er ... Gesellschaft auf dem ihr gehörigen, im Grundbuche ... von Gr.-L. ... verzeichneten Grundstücke eine Gasanstalt.

Als Gegenstände des Verkaufes sind sodann im § 2 aufgeführt:

a) das vorbezeichnete Grundstück nebst seinen gesetzlichen Zubehörungen und allen darauf befindlichen Gebäuden;
b) alle auf diesem Grundstücke befindlichen zum Betriebe des Gasbeleuchtungsunternehmens erforderlichen Maschinen, Apparate und Geräte;
c) die sämtlichen „zur Gasanstalt gehörigen" Röhrenleitungen, sowie sämtliche im Betriebe befindliche Laternen, Kandelaber, Gasmesser und sonstige Zubehörungen des Beleuchtungsunternehmens.

Im § 3 trat außerdem die veräußernde Gesellschaft alle ihr gegen die Gemeinde Gr.-L., sowie gegen einzelne Besitzer dieser Gemeinde zustehenden Rechte und Befugnisse, insbesondere auch das Recht zur Benutzung der Straßen und anderer Grundstücke zur Verlegung von Gasröhren, an die Klägerin ab. Nach § 5 wurde als Entgelt im ganzen der Betrag von 515000 ℳ festgesetzt, mit dem Hinzufügen, daß davon 135000 ℳ auf die abgetretenen Rechte und eine im § 4 von der Verkäuferin übernommene Verpflichtung, sowie 200000 ℳ auf die mitverkauften beweglichen Gegenstände und das gesamte Rohrnetz entfallen. Von diesen 200000 ℳ sind unstreitig 68771,24 ℳ auf denjenigen Teil des Rohrnetzes zu rechnen, welcher sich in solchen

Straßen und Plätzen befindet, für welche das Recht zur Röhrenlegung ohne zeitliche Beschränkung verliehen worden ist. Der Beklagte vertrat die Ansicht, daß der auf diesen Teil des Rohrnetzes mit 68771,24 ℳ entfallende Kaufpreis nicht dem dafür verwendeten Mobiliarkaufstempel von $^1/_3$ Prozent, sondern dem Immobiliarkaufstempel von einem Prozent unterliege. Die Klägerin führte die aus diesem Grunde nachgeforderten 458,50 ℳ an den Beklagten ab und klagte auf Rückerstattung dieses Betrages nebst Zinsen.

Der erste Richter wies die Klage ab, in zweiter Instanz wurde dagegen auf Verurteilung des Beklagten erkannt. Das Reichsgericht hob das Berufungsurteil auf und stellte das Urteil erster Instanz wieder her aus folgenden

Gründen:

... „Die Entscheidung des ersten Richters beruht im wesentlichen auf folgenden Erwägungen: die in Rede stehende Gasanstalt sei zwar zur Gaserzeugung bestimmt, indes nur, um das erzeugte Gas mittels des Rohrnetzes durch die Straßen und Plätze von Gr.-L. zu leiten; dementsprechend befänden sich unter den Maschinen der Fabrik auch solche, welche das gewonnene Gas in die Röhren hineintrieben. Der letzte Endzweck der Gasanstalt sei also nach ihrer ganzen Einrichtung darauf gerichtet, den Gemeindebezirk von Gr.-L. mit Gas zu versorgen. Dazu sei aber das mit der Gasanstalt mechanisch verbundene, übrigens tief in den Erdboden versenkte und zum Teil vermauerte Rohrnetz unumgänglich notwendig. Durch eine Wegnahme der Leitungsröhren werde der Gasanstalt die Eigenschaft einer Beleuchtungsanlage für L. entzogen, und das Rohrnetz, ohne welches die fragliche Gasanstalt nicht das sein könne, wozu sie bestimmt worden, erscheine daher nicht als ein Zubehörstück, sondern als ein Substanzteil der Gasanstalt.

Der Berufungsrichter hat demgegenüber ausgeführt: die mitverkauften Röhren seien nicht als Substanzteile, sondern als bewegliche Zubehörstücke des zur Gasfabrikation eingerichteten, an die Klägerin veräußerten Grundstückes anzusehen. Die Teileigenschaft bilde nach § 4 A.L.R. I. 2 eine wesentliche Voraussetzung jedes Substanzteiles. Es erscheine aber begrifflich ausgeschlossen, daß Röhren, welche außerhalb eines bebauten Grundstückes liegen, als Teile dieses Grundstückes aufgefaßt werden könnten. Hiernach würden die an sich beweglichen Röhren, selbst in dem Falle, wenn die Gasanstalt ohne diese Röhren das nicht sein könnte, was sie vorstellen solle, doch nur als Pertinenzstücke zu bezeichnen sein. Es sei aber auch nicht anzuerkennen, daß die begriffliche Existenz der verkauften Gasanstalt durch das Vorhandensein der mit ihr in Verbindung gesetzten, hier in Frage stehenden Röhren bedingt werde; denn die Gasanstalt könne als solche, d. h. als ein zur Gaserzeugung bestimmtes Etablissement, fortexistieren, auch wenn der Absatz des fabrizierten Gases nicht mittels der Röhrenleitung, sondern auf andere Weise bewirkt würde.

Bei dieser Ausführung hat der Berufungsrichter verkannt, daß es für die Ermittelung der Substanzteile einer Sache nicht auf die abstrakte, sondern auf die konkrete Bestimmung der Sache ankommt, und daß die Frage, welche besondere Bestimmung eine Sache hat, nur in Hinblick auf das, was gerade diese Sache vorstellen soll, beantwortet werden kann.

Vgl. insbesondere Gruchot, Beiträge Bd. 37 S. 961, sowie Entsch. des R.G.'s in Civils. Bd. 2 S. 253, Bd. 36 S. 264.

Die hier in Rede stehende Gasanstalt war unstreitig zu dem Zwecke hergestellt und eingerichtet worden, um das daselbst gewonnene Gas mittels einer Röhrenleitung den Laternen und sonstigen Beleuchtungsapparaten im Gemeindebezirke Gr.=L. zuzuführen und in dieser Weise die Beleuchtung der Straßen, Plätze und Gebäude zu bewirken. Dem ersten Richter ist deshalb darin beizutreten, daß die besondere Bestimmung der fraglichen Gasanstalt vereitelt und die den Beleuchtungszwecken dienende einheitliche Anlage teilweise zerstört werden würde, wenn man das Rohrnetz von der Gasanstalt thatsächlich abtrennen oder ganz beseitigen wollte. Hieraus ergiebt sich, daß auch begrifflich die durch die verschiedenen Straßen verzweigten Adern des Röhrensystems, mit dessen Hilfe die einzelnen Beleuchtungsflammen von dem Fabrikgrundstücke aus gespeist werden sollen, als Substanzteile der immobilen Gasanstalt anzusehen sind.

Dieser Auffassung steht auch der Umstand nicht entgegen, daß die fraglichen Röhren sich über die Grenzen des mit der Gasanstalt bebauten Grundstückes weit hinaus erstrecken, und daß sie in fremdem Grund und Boden liegen; denn hierdurch erhielten diese Röhren rechtlich nicht die Eigenschaft von Bestandteilen der betreffenden fremden Grundstücke, sondern sie blieben, trotz ihrer thatsächlichen Einfügung in den Körper der Straßen und Plätze, Eigentum der die Beleuchtung betreibenden Gesellschaft und konnten deshalb auch als Bestandteile der Gasanstalt mit dieser an die Klägerin veräußert werden." ...

---

52. Ist der Hypothekenschuldner, dem der Gläubiger nachträglich durch Vertrag günstigere Zahlungsbedingungen, als im Grundbuche eingetragen sind, zugestanden hat, ohne sich ausdrücklich zur Eintragungsbewilligung zu verpflichten, berechtigt, zu verlangen, daß die Abänderung der Zahlungsmodalitäten im Grundbuche vermerkt werde? und steht ihm dieses Recht auch gegen den Cessionar zu, wenn dieser bei dem Erwerbe der Hypothek von der Abänderung Kenntnis hatte?

Eig.-Erw.-Ges. vom 5. Mai 1872 § 23.

A.L.R. I. 11 § 402.

V. Civilsenat. Urt. v. 6. Februar 1897 i. S. H. (Kl.) w. St. (Bekl.). Rep. V. 259/96.

I. Landgericht I Berlin.
II. Kammergericht daselbst.

Auf dem Grundstücke des Klägers zu P. F.-straße Nr. 8 stand für die Frau P. eine Darlehnshypothek von 60 000 ℳ nebst 5 Prozent Zinsen mit der Bestimmung eingetragen, daß das Kapital bei pünktlicher — d. i. binnen 8 Tagen nach der Fälligkeit erfolgender — Zinszahlung am 1. Oktober 1899 nach voraufgegangener sechsmonatlicher Kündigung, bei nicht pünktlicher Zinszahlung aber auf Verlangen der Gläubigerin sofort zurückzuzahlen sei. Von dieser Hypothek wurde ein Teilbetrag von 48 000 ℳ an den Beklagten abgetreten und unterm 15. Februar 1895 im Grundbuch auf diesen umgeschrieben. Vorher, nämlich am 31. Mai 1894, war zwischen dem mit Vollmacht seiner Frau versehenen Ehemanne der Hypothekengläubigerin und dem Kläger ein Vertrag (Vergleich) abgeschlossen worden, in welchem es (§ 4) heißt:

„Die auf dem Grundstück des Herrn H. zu P. F.-straße Nr. 8 eingetragene Hypothek von 60 000 ℳ verpflichten sich die P.'schen

Eheleute unter der Bedingung drei Jahr länger, als im Grundbuch verzeichnet ist, stehen zu lassen, daß die Hypothekenzinsen stets pünktlich bis zum 15. jedes Quartals entrichtet werden." Von dieser Vereinbarung erhielt der Beklagte bei dem Erwerb der Teilhypothek Kenntnis.

Auf die (im persönlichen Gerichtsstande erhobene) Klage des Hypothekenschuldners wurde Beklagter in erster Instanz verurteilt, die Eintragung der veränderten Zahlungsbedingungen bei der ihm abgetretenen Teilhypothek zu bewilligen. Dagegen hat das Berufungsgericht die Klage abgewiesen.

Das Reichsgericht hat dieses Urteil aufgehoben und das Urteil erster Instanz wiederhergestellt aus folgenden

Gründen:

... „Der erste Richter stellt als den Willen der Kontrahenten des Vergleiches vom 31. Mai 1894 fest, daß dieselben „eine direkte Abänderung der im Grundbuch eingetragenen Zahlungsmodalitäten festzusetzen beabsichtigten, und daß dem Kläger aus § 4 des Vertrages sofort ein unentziehbares absolutes, d. h. auch gegen jeden späteren Erwerber zustehendes, Recht erwachsen sollte".

Der Berufungsrichter weicht von dieser thatsächlichen Feststellung des Vertragswillens nicht ab. Auch er nimmt an, daß die P.'schen Eheleute nach § 4 des Vertrages vom 31. Mai 1894 verpflichtet sind, die auf dem Grundstücke des Klägers eingetragene Hypothek von 60 000 *M* bei pünklicher Zinszahlung drei Jahre länger, als im Grundbuch vermerkt ist, stehen zu lassen, und nimmt ebenso an, daß diese Verpflichtung auf den Beklagten, der dieselbe bei dem Erwerbe der Teilhypothek gekannt hat, übergegangen ist.

Nur der weiteren Folgerung tritt der Berufungsrichter entgegen, der Folgerung nämlich, daß die P.'schen Eheleute und demnach auch der Beklagte zur Einwilligung in die Eintragung der fraglichen Abänderung ins Grundbuch verpflichtet seien. Der Berufungsrichter meint: es sei nirgends vorgeschrieben, daß derartige Verpflichtungen im Grundbuch vermerkt werden müßten; es hätte daher, wenn die Absicht der Kontrahenten auf Eintragung im Grundbuch gerichtet gewesen wäre, dies im Vertrage zum Ausdruck gebracht werden müssen. Diese Ansicht ist rechtirrtümlich.

Die Gültigkeit einer Hypothek ist bedingt durch die Existenz der ihr zu Grunde liegenden Forderung, und nur insoweit besteht die Hypothek materiell zu Recht, als sie mit der durch sie gesicherten Forderung sich deckt. Jede Verminderung der letzteren, z. B. durch Erlaß von Kapital oder durch dauernde (nicht an die Person des Gläubigers oder Schuldners geknüpfte) Herabsetzung des Zinsfußes,

vgl. Turnau, Grundbuchordnung 5. Aufl. Bd. 1 S. 396 Anm. 8,

vermindert auch die hypothekarische Haftung, also das Hypothekenrecht, sofern dieses nicht infolge eines dazwischentretenden redlichen und entgeltlichen Erwerbes in Kraft bleibt. Nicht wesentlich anders aber liegt die Sache, wenn die mit dem Schuldgrunde der Hypothek zu Gunsten des Schuldners vorgenommene Veränderung nicht die Substanz der Forderung oder das Zinsrecht, sondern, wie im vorliegenden Fall, die Bedingungen der Rückzahlung betrifft; denn nach § 23 Eig.-Erw.-Ges. (§ 43 G.B.O.) gehören auch diese zum wesentlichen Inhalt der Eintragungsbewilligung und des Eintragungsvermerkes einer Hypothek oder Grundschuld, wenn auch bei der Hypothek die etwa fehlende Angabe aus dem Gesetz ergänzt werden kann.

Vgl. Turnau, a. a. O. S. 377.

Auch in diesem Fall also deckt sich die Eintragung in einem wesentlichen Punkte nicht mehr mit dem Inhalte der zu Grunde liegenden Forderung. In allen diesen Fällen ist der Hypothekenschuldner schon kraft seines Eigentums am Pfandgrundstücke befugt, negatorisch auf Beseitigung oder Berichtigung der eine höhere Belastung seines Grundstückes, als sie noch besteht, kundmachenden Eintragung zu klagen.

Nun ist allerdings die vorliegende Klage nicht als dingliche Klage und auch nicht im dinglichen Gerichtsstande erhoben. Sie gründet sich vielmehr unmittelbar auf die Vereinbarung in § 4 des Vergleichs vom 31. Mai 1894. Hat aber in dieser Vereinbarung, wie sich aus den Feststellungen der Instanzrichter ergiebt, die damalige Hypothekengläubigerin nicht etwa bloß für ihre Person dem Kläger eine Stundung gewähren wollen, ist vielmehr der beiderseitige Vertragswille auf eine definitive Abänderung der Rückzahlungsbedingungen gegangen, so folgt hieraus zunächst, auch ohne ausdrückliche Zusage, die Vertragspflicht der damaligen Gläubigerin, ihre Einwilligung in die zur vollen Verwirklichung des dem Kläger zugestandenen Rechtes notwendige Berichtigung des Grundbuches zu geben.

Steht nun auch dem Kläger gegen den Beklagten selbst ein Klagerecht auf Erfülung aus dem mit der verehelichten P. abgeschlossenen Vertrage unmittelbar nicht zu, so ist doch dieser Vertrag, wie auch der Berufungsrichter annimmt, auch für den Cessionar, der nicht durch den Glauben des Grundbuches (§ 38 Eig.-Erw.-Ges.) gedeckt wird, insofern bindend, als er das Gläubigerrecht nur unter den ihm bekannt gewordenen Modalitäten erwerben konnte und erworben hat, wie sie in dem Vertrage vom 31. Mai 1894 festgesetzt sind. Hieraus folgt aber weiter, daß der Beklagte sich den Konsequenzen unterwerfen muß, die sich aus dem Rechtsverhältnisse ergeben, wie dasselbe durch die Cession auf ihn übergangen ist (§ 402 A.L.R. I. 11). Der Beklagte kann daher dem Kläger die Einwilligung in die Berichtigung der mit dem persönlichen Schuldverhältnisse nicht mehr übereinstimmenden Eintragung nicht versagen. Seine grundlose Weigerung verletzt das dem Kläger als Schuldner aus § 4 des Vertrages vom 31. Mai 1894 erwachsene Recht, das der Beklagte als Cessionar der Gläubigerin anerkennen muß.

Hiernach erscheint die erhobene Klage auch als persönliche Klage begründet." ...

---

53. In welchem Umfange tritt der Ersteher eines verpachteten Grundstückes in den von ihm gekündigten Pachtvertrag bis zur Räumung durch den Pächter ein?

A.L.R. I. 21 §§ 350. 415. 418. 466. 597.

V. Civilsenat. Urt. v. 6. Februar 1897 i. S. Sch. (Kl.) w. E. v. S. (Bekl.). Rep. V. 344/96.

I. Landgericht Köslin.
II. Oberlandesgericht Stettin.

Der Beklagte hatte in der Zwangsversteigerung das seinem Bruder H. v. S. gehörig gewesene Rittergut B. erstanden und durch Zuschlagsurteil vom 25. April 1896 zugeschlagen erhalten. Zu der Zeit, als dieses Urteil erging, befand sich das Gut im Pachtbesitze der Klägerin, die es durch notariellen Vertrag vom 25. Juli 1895 „mit Inventar und Vorräten" von H. v. S. bis zum 1. Juli 1919 gepachtet und übergeben erhalten hatte. Unstreitig war auch das Inventar, welches die Klägerin, nachdem sie den Pachtbesitz angetreten hatte, durch notariell beglaubigten Vertrag vom 20. August 1895 von dem Verpächter gekauft hatte, noch zur Zeit des Versteigerungstermines und des Zuschlages auf dem Gute vorhanden. Am 22. Mai 1896 wurde der Beklagte als Ersteher auf Anordnung des Vollstreckungsgerichtes von dem Gerichtsvollzieher Sp. in den Besitz des Gutes nebst Zubehör eingewiesen. Nachdem dies geschehen, ließ der Beklagte trotz des Widerspruches der Klägerin und ihres Ehemannes das gesamte Gutsinventarium durch hierzu mitgebrachte Leute, die auf seine Anweisung handelten, von dem Gute wegschaffen und anderwärts unterbringen. Dieser Sachverhalt war, obwohl ihn der Beklagte, was die eigenmächtige Wegschaffung des Inventares anlangt, bestritt, durch die von den Klägern beigebrachten eidesstattlichen Versicherungen und das in Abschrift vorgelegte Protokoll des Gerichtsvollziehers Sp. glaubhaft gemacht (§ 266 C.P.O.). Gestützt hierauf, verlangten die Kläger zum Schutze ihres Pachtrechtes den Erlaß einer einstweiligen Verfügung, durch die der Beklagte angehalten werden sollte, das von ihm weggebrachte Inventar des Pachtgutes auf dieses zurückzuschaffen und der Klägerin zu übergeben. Letztere hatte die Pacht, wie im Laufe des Verfahrens unstreitig geworden, auf Grund der von dem Ersteher erfolgten Kündigung (§§ 350 flg. A.L.R. I. 21) am 1. Juli 1897 zu räumen, wollte aber bis dahin ihr Pachtrecht ausüben.

Das Landgericht wies den Antrag auf Erlaß der einstweiligen Verfügung nach mündlicher Verhandlung zurück. Die hiergegen von den Klägern eingelegte Berufung blieb ohne Erfolg. Auf ihre Revision hat das Reichsgericht das Berufungsurteil aufgehoben und dem Antrage der Kläger auf Erlaß der einstweiligen Verfügung stattgegeben aus folgenden

Gründen:

... „Die Kläger verlangen die Zurückgewähr des Inventariums zunächst deshalb, weil die mitklagende Ehefrau durch Kauf und Übergabe Eigentümerin desselben geworden sei. Sie stützen sich hierfür auf den ... Kaufvertrag vom 20. August 1895, der zwischen der

Klägerin, nachdem sie bereits den Pachtbesitz angetreten hatte, und dem Verpächter abgeschlossen worden ist. Demgegenüber legt der Berufungsrichter auf die von den Klägern zugestandene Thatsache entscheidendes Gewicht, daß sämtliche Gegenstände, auf die sich der Kaufvertrag beziehe, von dem Verpächter und früheren Eigentümer zum Inventar des Gutes bestimmt worden seien; er schließt hieraus, daß sie auch nach dem Verkaufe an die Klägerin Zubehörstücke des Gutes geblieben, und daß sie als Zubehör, da sie sich unstreitig zur Zeit des Versteigerungstermines und des Zuschlages auf dem Gute befunden hätten, von dem Ersteher mitgekauft und ihm durch das Zuschlagsurteil mitübereignet worden seien. Das Eigentum der Klägerin sei erloschen, weil sie es im Zwangsversteigerungsverfahren nicht gemäß §§ 70. 71 des Gesetzes vom 13. Juli 1883 geltend gemacht habe.

Ob dieser Entscheidungsgrund zutrifft, kann dahingestellt bleiben. Die eigentümliche Gestaltung des Falles läßt zwar einen Widerspruch mit dem vom Reichsgerichte wiederholt ausgesprochenen Rechtsgrundsatze, daß das dem Pächter gehörige Inventar von der Zwangsversteigerung nicht mitergriffen werde,

vgl. unter anderen das Urteil vom 22. Mai 1895 in Rassow-Küntzel, Beiträge Bd. 39 S. 1053,

nicht erkennen; es kommt aber darauf, ob der Beklagte durch den Zuschlag Eigentümer des hier fraglichen Inventares geworden ist, überhaupt nicht an. Denn auch wenn dies der Fall wäre, ist der Anspruch der Kläger auf Zurückgewähr des Inventares begründet, weil die mitklagende Ehefrau unstreitig Pächterin des versteigerten Gutes ist, und das Pachtverhältnis erst am 1. Juli 1897 sein Ende erreicht.

Die Frage, in welche rechtliche Stellung der Ersteher bis zur Beendigung eines Pachtverhältnisses tritt, wenn der zur Zeit der Zwangsversteigerung bestehende und durch Übergabe vollzogene Pachtvertrag nach Maßgabe der §§ 350 flg. A.L.R. I. 21 gekündigt worden, ist in dem Urteile des erkennenden Senates vom 23. März 1887,

Entsch. des R.G.'s in Civils. Bd. 17 S. 284 flg.,

ausführlich behandelt worden. Es ist dort in bewußter Abweichung von der Judikatur des früheren Königlichen Obertribunales,

vgl. Rehbein u. Reincke, Allgemeines Landrecht Anm. 108 zu § 350 a. a. O., und von einer diese billigenden Entscheidung des I. Hilfssenates des Reichsgerichtes vom 1. April 1881,

Entsch. des R.G.'s in Civils. Bd. 4 S. 285,

ausgeführt, daß die bis zur Auflösung des Pachtverhältnisses laufende Frist nicht als bloße Räumungsfrist aufgefaßt werden könne, innerhalb deren zwischen dem Ersteher und Pächter Rechte und Pflichten aus dem Pachtvertrage überhaupt nicht beständen, daß vielmehr, auch wenn nach § 350 a. a. O. von dem Kündigungsrechte Gebrauch gemacht worden sei, der abgeschlossene Pachtvertrag in der Zeit vom Zuschlage bis zur Räumung als normgebend für das Verhältnis zwischen dem Pächter und dem Ersteher angesehen werden müsse.

Vgl. auch die Erkk. des R.G.'s in Rassow-Küntzel, Beiträge Bd. 32 S. 393 und Bd. 39 S. 424.

An dieser Auffassung, die auch die Zustimmung der neueren Doktrin gefunden hat,

vgl. Eccius, Preußisches Privatrecht 7. Aufl. Bd. 2 S. 196; Krech-Fischer, Kommentar zum Gesetz vom 13. Juli 1883 3. Aufl. S. 158; Jaeckel, Zwangsvollstreckung 3. Aufl. S. 181,

hat der erkennende Senat demnächst in dem Urteile vom 10/27. Mai 1893,

Entsch. des R.G.'s in Civils. Bd. 31 S. 250 flg.,

grundsätzlich festgehalten. Daraus folgt freilich nicht, daß ohne jede Unterscheidung alle Rechte und Pflichten, die in dem Pachtvertrage zwischen den ursprünglichen Kontrahenten begründet sein mögen, auch zwischen dem Pächter und Ersteher als fortlaufend anzuerkennen seien, wie denn gerade das zuletzt erwähnte Urteil einen Fall betrifft, in welchem der Ersteher eine Haftung aus dem Vertrage (es handelte sich um Aufrechnung einer ihm nicht ausgeantworteten Pachtkaution) ablehnen durfte; wohl aber ergiebt sich aus jenem Grundsatz, daß diejenigen Rechte und Pflichten zwischen Adjudikatar und Pächter bis zur Räumung bestehen bleiben, die unmittelbar aus dem Pachtverhältnisse hervorgehen und in dieses — seinen Inhalt und Umfang bestimmend — eingreifen. Gerade hierin zeigt sich die normgebende Wirkung, die der Pachtvertrag, auch wenn er gekündigt worden ist, zwischen Pächter und Ersteher bis zur Auflösung des Pachtverhältnisses haben soll. Wie hieraus einerseits der Ersteher den Anspruch auf den vertragsmäßig festgesetzten Pachtzins und alle übrigen dem

Pächter nach dem Vertrage obliegenden Leistungen, die im unmittelbaren Zusammenhange mit dem Pachtverhältnisse stehen, für die Zeit bis zur Räumung erheben kann, so muß er andererseits auch bis dahin diejenigen Verpflichtungen übernehmen, die vertragsmäßig oder — in Ermangelung vertraglicher Festsetzung — gesetzmäßig dem Verpächter als solchem obliegen. Will man mit Rücksicht hierauf von einem Eintritt des Erstehers in den von ihm oder den Realgläubigern gekündigten Pachtvertrag bis zur Räumung des Pächters sprechen,

vgl. Eccius a. a. O.,

so mag damit das Rechtsverhältnis im wesentlichen richtig bezeichnet sein, wofern dabei festgehalten wird, daß der Ersteher nur in dem vorstehend gedachten Umfange, nicht aber schlechthin und in jeder Beziehung die Stelle der Vertragspartei zu vertreten habe.

Prüft man auf dieser Grundlage den von den Klägern erhobenen Anspruch, so kann seine Berechtigung nicht zweifelhaft sein. Die Verpflichtung des Verpächters, das zu dem Pachtgute gehörige Inventar der Pachtnutzung durch den Pächter mit zu überlassen, ist eine unmittelbare Folge des Pachtverhältnisses und wird als solche vom Gesetze anerkannt. Nach § 415 A.L.R. I. 21 soll bei jeder Pacht vermutet werden, daß alle Inventarienstücke, welche zur Kultur und Benutzung des Gutes bisher bestimmt gewesen sind, dem Pächter zum Gebrauch überlassen worden seien. Nach § 418 das. muß der Verpächter sowohl bei der Übergabe, als während der Pachtzeit dem Pächter die ungehinderte Benutzung der ihm verpachteten Grundstücke und Rechte gewähren; nach §§ 466 flg. daselbst muß er unter Umständen verloren gegangene Stücke des Wirtschaftsgerätes ersetzen, und nach § 597 daselbst hat der Pächter erst nach geendigten Pachtjahren „das Gut und dessen Zubehör" an den Verpächter zurückzugeben. Diese Bestimmungen lassen keinen Zweifel darüber, daß jeder Pachtvertrag über ein Landgut, wenn nicht geradezu eine gegenteilige Absicht der Kontrahenten aus dem Pachtvertrage oder sonst erhellt, auch das Inventarium mitergreift, und daß es daher zu den gesetzlichen — wenn nicht schon zu den vertragsmäßigen — Pflichten des Verpächters gehört, denen sich auch der Ersteher nicht entziehen kann, das auf dem Pachtgute vorhandene Inventar dem Pächter für die Dauer der Pachtzeit, bezw. bis zur Räumung des gekündigten Vertrages zu überlassen. Im vorliegenden Falle kommt hinzu, daß der Pachtvertrag ausdrücklich „Inventar und Vorräte" als mitverpachtet bezeichnet. Daß hierin durch den Abschluß des Kaufvertrages vom 20. August 1895 etwas geändert worden sei, ist nicht richtig. Die Klägerin hat durch diesen Vertrag nicht auf Rechte verzichten wollen, ohne die ihr eine Fortsetzung der Pacht überhaupt unmöglich wurde. Der Berufungsrichter hätte daher, da er annimmt, daß durch den Kaufvertrag das Inventar seine Zubehöreigenschaft nicht verloren habe, auch konsequent zu der Annahme gelangen müssen, daß der Beklagte verpflichtet ist, der Pächterin des Gutes das Inventar für die ihr noch zustehende Pachtzeit zu belassen. Seine gegenteilige Annahme ist rechtsirrtümlich und verstößt gegen die oben entwickelten Rechtsgrundsätze.

War sonach der Anspruch der Kläger rechtlich begründet und — wie bereits hervorgehoben — genügend glaubhaft gemacht, so mußte ihrem Antrage auf Erlaß der einstweiligen Verfügung stattgegeben werden. Der Beklagte hat unbefugterweise in das ihn bis zum 1. Juli 1897 bindende Pachtverhältnis eingegriffen, wenn er nach geschehener Besitzeinweisung das Wirtschaftsinventar von dem Gute weggeschafft und es dadurch dem Pachtbesitz der Klägerin entzogen hat. Er ist daher verpflichtet, es zurückzuschaffen und der Klägerin zu übergeben." ...

---

54. Wird durch die Erhebung einer Klage auf Schadensersatz, in welcher der volle Schade dargelegt und beziffert ist, die Verjährung des ganzen Anspruches unterbrochen, wenn der Klagantrag vorläufig nur auf einen Teilbetrag gerichtet, aber im Laufe des Rechtsstreites auf den vollen Betrag erweitert ist?

A.L.R. I. 9 §§ 570. 571.

I. Civilsenat. Urt. v. 10. Februar 1897 i. S. J. (Kl.) w. G. (Bekl.). Rep. I. 330/96.

I. Landgericht Prenzlau.
II. Kammergericht Berlin.

Der Kläger hat von dem Beklagten aus wissentlich falscher Empfehlung Schadensersatz verlangt, in der Klage den Schaden auf 26 845,05 *M* beziffert, indes erklärt, daß er hiervon vorläufig nur einen Teilbetrag von 15000 ℳ einklagen wolle, und Verurteilung des Beklagten zur Zahlung von 15000 ℳ nebst Zinsen beantragt. Zunächst wurde über den Grund des Anspruches verhandelt, und dieser rechtskräftig für gerechtfertigt erklärt. Als darauf über den Betrag des Anspruches verhandelt wurde, erweiterte Kläger seinen Klagantrag und forderte nunmehr Ersatz des vollen, auf 26845,05 ℳ angegebenen Betrages nebst Zinsen. In erster Instanz wurden jedoch dem Kläger zwar 15000 ℳ nebst 6 Prozent jährlicher Zinsen zugesprochen; dagegen wurde die Mehrforderung aus § 54 A.L.R. I. 6 für verjährt erachtet. Die Berufung blieb ohne Erfolg.

Auf Revision des Klägers ist das angefochtene Urteil aufgehoben und die Sache in die Vorinstanz zurückverwiesen worden aus folgenden

Gründen:

„Der von dem Beklagten erhobene Einwand der Verjährung ist mit Unrecht für zutreffend erachtet worden.

Die Vorschrift in § 551 A.L.R. I. 9, daß der Lauf der erlöschenden Verjährung durch Anmeldung der Klage unterbrochen werde, gilt jedenfalls jetzt nicht mehr, da diese Unterbrechung nach § 239 C.P.O. mit Erhebung, also in der Regel mit Zustellung der Klage eintreten soll. Der § 239 enthält jedoch insofern nicht eine prozessuale, sondern eine Vorschrift des materiellen Rechtes. Es ist deshalb nicht der Eintritt der Rechtshängigkeit des betreffenden Anspruches für die Unterbrechung entscheidend, sondern die Erhebung des Anspruches in Form einer Klage.

Vgl. Entsch. des R.G.'s in Civils. Bd. 32 S. 354, Bd. 33 S. 394.

Demgemäß bleibt die Wirkung der Unterbrechung bestehen, wenn die Klage angebrachtermaßen abgewiesen wird,

vgl. Entsch. des R.G.'s in Civils. Bd. 5 S. 122, Bd. 24 S. 202,

und tritt ein, selbst wenn die Klage bei einem unzuständigen Gerichte erhoben war (ebendaselbst Bd. 24 S. 199), während freilich diese Wirkung nach dem in den Entsch. in Civils. Bd. 33 S. 394 mitgeteilten Urteile durch Zurücknahme der Klage wieder beseitigt wird.

Danach ist zur Unterbrechung zweifellos nötig, daß der Anspruch wirklich klagend geltend gemacht wird. Ob aber dies der Fall sei, ist, wenn nur ein Teil eines Anspruches geltend gemacht wird, oder wenn verschiedene aus dem nämlichen Rechtsgrunde entspringende Ansprüche in Frage stehen, für den Geltungsbereich des Allgemeinen Landrechtes auch jetzt noch nach §§ 570. 571 I. 9 daselbst zu beantworten. Dies anlangend, ist bereits von dem vormaligen preußischen Obertribunal in einem Urteile vom 10. Januar 1867,

Striethorst, Archiv Bd. 67 S. 20,

anerkannt, daß der bloße Vorbehalt weiterer Ansprüche in einer Klage zur Unterbrechung der Verjährung nicht genüge, wenn dem Vorbehalte nur die Bedeutung einer Ankündigung, in späterer Zeit diese Ansprüche erheben zu wollen, beigelegt werden könne. In gleicher Weise ist von dem Reichsgerichte in den bei Gruchot, Bd. 28 S. 453, bei Bolze, Bd. 20 Nr. 156, in den Entsch. des R.G.'s in Civils. Bd. 22 S. 314 mitgeteilten Urteilen erkannt worden, und ebenso in dem in den Entsch. des R.G.'s in Civils. Bd. 10 S. 103 veröffentlichten Urteile, in welchem insbesondere ausgesprochen ist, daß die Einklagung des Teiles einer Geldforderung die Verjährung hinsichtlich des später eingeklagten Restbetrages nicht unterbrochen habe.

Andererseits ist von dem Reichsgerichte in dem bei Bolze, Bd. 12 Nr. 163 mitgeteilen Urteile entschieden, daß durch die am 1. September 1886 zugestellte Klage auf Ersatz des für 1885—1886 gezahlten Jahresbetrages eines verschwiegenen Erbzinses und Kanons von zusammen 142,50 M die Verjährung des Anspruches auf Ersatz der Ablösungssumme von 2850 M, welche im Laufe desselben Prozesses durch Erweiterung des Klagantrages am 22. Januar 1889 gefordert wurde, unterbrochen worden sei (die Verjährungsfrist betrug nach § 344 A.L.R. I. 5 ein Jahr). Endlich ist in dem, auch vom Berufungsgerichte berücksichtigten, Urteil des erkennenden Senates vom 19. Dezember 1894,

Entsch. des R.G.'s in Civils. Bd. 34 S. 260,

die Verjährung eines Schadensersatzanspruches von 1785,55 M durch eine Klage, in welcher „vorläufig" ein Teilbetrag von 300 M gefordert war, in Ansehung des ganzen, später in dem nämlichen Verfahren mittels Erweiterung des Klagantrages geforderten Betrages für unterbrochen erachtet worden.

Alle diese Urteile stehen miteinander im Einklange; denn es ist, wie schon hervorgehoben wurde, die Rechtshängigkeit des Anspruches für die Unterbrechung der Verjährung nicht erforderlich, und es ist ferner Thatfrage, wie eine Klage auszulegen ist. In dieser Beziehung wird in einem Urteile des VI. Civilsenates des Reichsgerichtes vom 4. März 1895 (Bolze, Bd. 20 Nr. 156) gesagt:

„Gemäß § 570 A.L.R. I. 9 erhält, wer einen Teil seines Rechts ausübt, dadurch das ganze Recht. Vorausgesetzt ist hierbei, daß die Absicht des Handelnden nicht auf eine beschränkte Bethätigung des Rechts ging. Die Ausübung des Teils muß die Absicht auf die Erhaltung des Gesamtrechts rechtfertigen."

Ferner in einem Urteile des V. Civilsenates des Reichsgerichtes vom 7. März 1891 (Bolze, Bd. 12 Nr. 163):

„Wie in Lehre und Rechtsprechung anerkannt wird, ist diese Bestimmung — § 570 A.L.R. I. 9 — und die in dem folgenden § 571 gegebene Einschränkung derselben dahin zu verstehen, daß allemal dann durch die teilweise Ausübung das ganze Recht erhalten wird, wenn diese Ausübung nach der Absicht des Handelnden eine Bethätigung des ganzen Rechts enthalten soll und den Umständen nach enthalten kann."

Dieselben Erwägungen liegen dem Urteile vom 19. Dezember 1894 zu Grunde. Zwar kam in jener Sache auch eine von dem Beklagten auf Grund des § 253 C.P.O. erhobene Widerklage vor. Aber durch Erhebung dieser Widerklage wäre die Verjährung nicht unterbrochen worden; denn einerseits enthält der Antrag auf Feststellung, daß dem Kläger die — zum Teil eingeklagte — Forderung nicht zustehe, nicht die Erhebung eines Anspruches des Klägers, und andererseits würde, falls man die Erhebung der Incident-Widerklage für die Verjährung in Betracht ziehen wollte, eine dem Beklagten nachteilige Wirkung an eine eigene Handlung desselben, die zu seiner Verteidigung vorgenommen wird, geknüpft werden, da in solchem Falle der Antrag des Klägers auf Abweisung der Widerklage nicht als die Erhebung eines die Unterbrechung rechtfertigenden Anspruches angesehen werden könnte. Das Urteil vom 19. Dezember 1894 beruht denn auch, wie aus der Begründung hervorgeht, darauf, daß der Senat damals in der Erhebung der Klage die Unterbrechung der Verjährung gefunden hat. Dies entspricht dem Institut der Verjährung, welches nicht dazu bestimmt ist, wohlbegründete Rechte zu gefährden, sondern nur dazu dienen soll, den Schuldner vor Unbilligkeit, insbesondere hinsichtlich seiner Verteidigung, zu schützen, und seine Rechtfertigung in der Saumseligkeit des Gläubigers findet.

Vgl. einerseits Entsch. des R.G.'s in Civils. Bd. 5 S. 122, Bd. 24 S. 202, andererseits Striethorst, Archiv Bd. 38 S. 32. Von einer Saumseligkeit kann aber nicht die Rede sein, wenn die Klage „vorläufig" auf einen Teil des Anspruches beschränkt und der Antrag im Laufe des Verfahrens erweitert wird. Der Einwand, daß dann die Einklagung eines Teiles einer Forderung stets die Verjährung der ganzen Forderung unterbreche und auch eine neue Klage gegen die Einrede der Verjährung schütze, geht fehl, da es eben Thatfrage ist, ob eine Klage eine Bethätigung des ganzen Rechtes enthalte. Wird der Klagantrag auf einen Teil des Anspruches beschränkt und demnächst nicht erweitert, so kann die Folgerung berechtigt sein, daß der Anspruch nur in dem beschränkten Umfange geltend gemacht worden sei. Wird dagegen die Erweiterung ausdrücklich oder auch nur stillschweigend in der Klage vorbehalten, erhellt also nicht, daß mit der klagend geltend gemachten Forderung das ganze Recht ausgeübt sein soll, und wird dann der Klagantrag in zulässiger Weise erweitert, so ist schon in der Klage das ganze Recht bethätigt. Dies trifft im vorliegenden Falle zu. Kläger hat schon in der Klage ... jeden einzelnen Posten, aus dem sich der Gesamtbetrag seiner Forderung zusammensetzt, aufgeführt und seinen Antrag nur „vorläufig" auf 15000 ℳ beschränkt. Es war daher über die Rechtmäßigkeit der ganzen Forderung zu entscheiden, und Beklagter hatte sich gegen die ganze Forderung, über deren Umfang bei ihm kein Zweifel obwalten konnte, zu verteidigen. Daß nach Erweiterung des Klagantrages über den Grund des Anspruches, soweit dieser nunmehr über den ursprünglichen Betrag von 15000 ℳ hinausging, nochmals entschieden werden mußte, ist ohne Belang, da die Rechtshängigkeit der Forderung nicht zu den Bedingungen der Unterbrechung der Verjährung gehört.

Vgl. Bolze, Bd. 12 Nr. 163.

Eine Verjährung des Klaganspruches ist daher, da die ganze Forderung schon in der Klage geltend gemacht, und diese innerhalb der in § 54 A.L.R. I. 6 bezeichneten Frist zugestellt worden ist, nicht eingetreten." ...

55. Ist, wenn zwei Miteigentümer ein gemeinschaftliches Haus verkaufen, und für den einen der Kaufvertrag nichtig ist, der Vertrag für die ideelle Hälfte des anderen Miteigentümers allein als verbindlich anzusehen?

III. Civilsenat. Urt. v. 12. Februar 1897 i. S. St. (Bekl.) w. R. u. Gen. (Kl.). Rep. III. 264/96.

I. Landgericht Aurich.
II. Oberlandesgericht Celle.

Aus den Gründen:

... „Nach der Feststellung des Berufungsgerichtes ist bei Errichtung des notariell beglaubigten Kaufvertrages vom 29. Januar 1889 R. R., der eine Miteigentümer des verkauften Hauses, schreibensunkundig gewesen. Das Berufungsgericht folgert daraus ohne Rechtsirrtum, daß die in diesem Vertrage zugleich erklärte Vollmacht unwirksam, daher, da für diese der Mangel durch die Auflassung nicht habe geheilt werden können, auch diese, und mit ihr der Kaufvertrag für die ideelle Hälfte des schreibensunkundigen Miteigentümers ungültig sei, und hat deshalb den Beklagten zur Auflassung dieser ideellen Hälfte an die Mitklägerinnen unter 1 verurteilt. ...

Soweit die Klage den Anteil der Witwe R. R. betrifft, ist sie abgewiesen, und dagegen richtet sich mit gleichem Antrage sowohl die Revision dieser Mitklägerin als auch die Anschlußrevision der Mitkläger unter 1. Zur Begründung dieser Entscheidung führt das Berufungsgericht nur an, die Bemerkung in der Urkunde, daß die beiden Miteigentümer das Grundstück für einen — einheitlich bestimmten — Preis dem Beklagten verkaufen, sei dahin zu verstehen, daß jeder von ihnen seine ideelle Hälfte verkaufe und auf die Hälfte des Preises berechtigt sein solle, auch zu seinem Teile den Bevollmächtigten für die Auflassung bestelle. Allerdings habe bei Errichtung der Urkunde kein Unterzeichner daran gedacht, der Vertrag könne für den einen verbindlich sein, für den anderen nicht; daraus folge aber nicht, daß die Mitklägerin 2 die für den anderen Teil bestehende Unverbindlichkeit für sich geltend machen könne. Der Käufer hätte sich vielleicht darauf berufen können, daß das Eigentum nur einer Hälfte für ihn keinen Wert habe; er habe sich aber im Prozesse entgegengesetzt erklärt.

Die Entscheidung verstößt zwar nicht, wie schon der Wortlaut des früheren Revisionsurteiles ergiebt, gegen den § 528 C.P.O.; aber diese Gründe sind nicht genügend, sie zu rechtfertigen. Schon nach gemeinem Rechte würden sie, trotz des ziemlich lockeren Bandes unter den Miteigentümern, nicht ausreichen, noch weniger nach den Grundsätzen des preußischen Landrechtes. Daß hier das Band ein festeres ist, zeigt sich schon darin, daß für die Benutzung der gemeinschaftlichen Sache regelmäßig der Beschluß der Mehrheit maßgebend ist. Zwar erkennt auch das Landrecht die Befugnis des einzelnen Miteigentümers an, seinen ideellen Anteil allein an Dritte zu veräußern, aber nicht in allen Fällen (§ 60 A.L.R. I. 17), und den Miteigentümern steht ein Vorkaufsrecht zu. Umsomehr ist erforderlich, daß der Wille, eventuell wenigstens einen ideellen Teil zu veräußern, erkennbar hervorgetreten sei; er folgt nicht ohne weiteres daraus, daß sämtliche Miteigentümer über das gemeinschaftliche Grundstück ungeteilt zu einem Gesamtpreise verfügen. Es ist nicht wahrscheinlich, daß sie den Vertrag auch für den Fall gewollt haben, daß er nur zum Eindringen eines neuen Miteigentümers führen würde, und mindestens ebenso unwahrscheinlich ist es, daß der Käufer die Absicht gehabt habe, eventuell nur einen ideellen Teil des Grundstückes zu erwerben, zumal er dann an der beabsichtigten Benutzung und Verwendung des Grundstückes gehindert gewesen wäre. Daß er jetzt infolge der besonderen späteren Gestaltung der Sache diesen Wunsch ausgesprochen hat, läßt auf einen gleichen früheren Vertragswillen nicht schließen. Da nun die Verhandlungen gar keinen Anhalt dafür geben, daß beim Vertragsschlusse die Parteien für den eingetretenen Fall den Verkauf der einen ideellen Hälfte gewollt haben, ist für diesen Fall der Vertrag nicht geschlossen, dieser vielmehr in vollem Umfange ungültig. Diese Beurteilung entspricht auch der Rechtsprechung des früheren preußischen Obertribunales, das einen gleichliegenden Fall ebenso entschieden hat.

Vgl. Striethorst, Archiv Bd. 96 S. 252.

Allerdings haben die Kläger unter 1 nicht dargelegt, daß sie befugt seien, die gegen die Mitklägerin 2 ergangene Entscheidung anzugreifen, und deshalb ist ihre Anschlußrevision unbegründet; aber dieser Mitklägerin selbst kann diese Befugnis umsoweniger abgesprochen werden, als es sich nicht um eine Anfechtung des Vertrages, sondern darum handelt, daß ein Kaufvertrag über ihre ideelle Hälfte nicht geschlossen ist.

Nach der hiernach gebotenen teilweisen Aufhebung des Urteiles in der Sache selbst zu erkennen, ist unbedenklich, da es, wie das Berufungsgericht selbst anerkennt, an jedem Anhalt für eine andere Absicht der Kontrahenten fehlt."

---

56. 1. Wird der Vertragserbe, welcher sein Erbrecht gegen den Testamentserben erstreitet, durch die im Testamente ausgesetzten Vermächtnisse bis auf den 20. Teil des Nachlasses belastet, auch wenn ihm im Testamente die Verpflichtung nicht besonders auferlegt ist?

A.L.R. I. 12 §§ 277—280. 628.

2. Kann das Recht, die den Hauptbestandteil des Nachlasses bildenden Grundstücke gegen einen bestimmten Preis aus dem Nachlasse zu erwerben, Gegenstand eines Vermächtnisses sein, dessen Geltung nach den Bestimmungen der §§ 161 flg. 628 A.L.R. I. 12 auf den 20. Teil des Nachlasses beschränkt ist?

IV. Civilsenat. Urt. v. 15. Februar 1897 i. S. Hei. Wwe. (Kl.) w. Ha. Wwe. (Bekl.). Rep. IV. 229/96.

I. Landgericht Breslau.
II. Oberlandesgericht daselbst.

Klägerin schloß mit ihrem Ende Juli 1893 verstorbenen Ehemanne J. H. vor der Eingehung der Ehe den notariellen Ehe- und Erbvertrag vom 22. August 1877, dessen § 5 wörtlich lautet:

Stirbt einer oder der andere der Ehegatten mit Hinterlassung von ehelichen Kindern, so tritt lediglich die gesetzliche Erbfolge ein.

Dieser Abmachung zuwider setzte J. H., welcher einen in der Ehe mit der Klägerin erzeugten Sohn hinterließ, in seinem Testamente vom 21. Juli 1893 diesen Sohn zum Alleinerben ein, während er der Klägerin nur ein Legat von 1500 ℳ aussetzte und zu Gunsten der Beklagten im § 3 folgendes bestimmte:

Meine Schwester ... Wwe. Ha. soll berechtigt sein, sämtliche mir gehörigen ... Grundstücke nebst totem und lebendem Inventar ... für den Preis von 54000 ℳ aus meinem Nachlasse zu erwerben.

Klägerin hielt gegenüber dem Erbvertrage vom 22. August 1877 das Testament vom 21. Juli 1893 überhaupt und insbesondere auch das der Beklagten im § 3 eingeräumte Recht für unwirksam, da ihr Ehemann zu letztwilligen Verfügungen, abgesehen von den 20. Teil seines Nachlasses nicht übersteigenden Legaten, nicht mehr befugt gewesen sei, und beantragte die Beklagte zur Abgabe eines entsprechenden Anerkenntnisses zu verurteilen.

Durch die übereinstimmenden Urteile erster und zweiter Instanz wurde die Klägerin mit ihrer Klage abgewiesen. Auch die Revision der Klägerin ist zurückgewiesen worden aus folgenden

Gründen:

„Unter den Parteien besteht Einverständnis darüber, daß durch die Bestimmung im § 5 des Ehe- und Erbvertrages vom 22. August 1877 die aus § 628 A.L.R. I. 12 sich ergebende Befugnis der Vertragsgenossen nicht hat ausgeschlossen werden sollen, Vermächtnisse bis auf den 20. Teil des Nachlasses zu errichten. Dagegen ist streitig, einmal, ob auch nur in dieser Höhe das der Beklagten im § 3 des Testamentes vom 21. Juli 1893 ausgesetzte Legat, bei der Unwirksamkeit des Testamentes im übrigen, die Klägerin als Vertragserbin binde, und sodann, ob das der Beklagten legierte Recht überhaupt Gegenstand eines nach § 628 a. a. O. zulässigen Vermächtnisses sein könne.

Der Berufungsrichter bejaht beide Fragen.

1. Er gelangt hierzu bezüglich der ersten Frage, weil nach allgemeinen Grundsätzen die gültige Anordnung des Vermächtnisses durch die ungültige Ernennung des Erben nicht berührt werde, und im vorliegenden Falle der Inhalt des Testamentes nicht die Absicht des Testators ergebe, daß die Legatanordnung von dem Bestande der Erbeseinsetzung abhängig sein solle und nur gewollt sei, wenn auch die Erbesernennung in Kraft bleibe. Dagegen macht die Revision geltend, daß gemäß §§ 279. 280 A.L.R. I. 12 die Annahme des Berufungsrichters sich nur dem Intestaterben gegenüber rechtfertige, nicht ohne weiteres auch gegenüber dem Vertragserben. Denn der Regel nach sei davon auszugehen, daß der Testator sein Testament als gültig erachte und, wenn er ein Vermächtnis bestimme, die Last desselben nicht demjenigen auferlegen wolle, dem er ein Erbe nicht hinterlasse. Jedenfalls bedürfe es im Einzelfalle der Feststellung, daß der Testator

das von ihm dem Testamentserben auferlegte Legat auch für den Fall angeordnet habe, daß dem Testamente zuwider der Vertragserbe die Erbschaft erlange. Für eine solche Annahme sei hier kein Anhalt gegeben, und es fehle in dem Berufungsurteile dafür an einer anderen als der auf die hervorgehobenen allgemeinen Grundsätze gestützten Rechtfertigung.

Der Revision ist zuzugeben, daß die im § 279 a. a. O. enthaltene Bestimmung, nach welcher beim Wegfalle des Testamentserben die gemäß §§ 277. 278 a. a. O. nunmehr berufenen Intestaterben nur an die Stelle der eingesetzten Erben treten und gleich diesen den Verordnungen des Erblassers in Ansehung der Vermächtnisse und sonst Genüge leisten müssen, ausdrücklich nur die Stellung der gesetzlichen Erben bei Destitution der Erbeseinsetzung zu den sonstigen Anordnungen des Erblassers regelt. Diese Beschränkung auf die Intestaterben erklärt sich indes aus dem Zusammenhange der §§ 277—280 a. a. O., deren Zweck es nach dem Marginale zu § 277 ist, die Folgen der Entsagung sämtlicher Testamentserben zu bestimmen. Dabei konnte zunächst nur an die Intestaterben gedacht werden, da ja die Errichtung eines Testamentes gerade zur Voraussetzung hat, daß der Testator sich nicht der Befugnis dazu durch einen gültigen Vertrag begeben hat (§ 10 a. a. O.). Daraus ergiebt sich aber, daß der gesetzgeberische Inhalt des § 279 sich mit der Anwendung des darin ausgesprochenen Grundsatzes der Aufrechterhaltung der sonstigen Verordnungen des Erblassers auf die Intestaterben nicht notwendig erschöpft, daß vielmehr zu prüfen ist, ob damit nicht ein allgemeiner und auf andere, ähnliche Fälle anwendbarer Grundsatz hat ausgesprochen werden sollen. In dieser Beziehung kommt wesentlich in Betracht, daß die §§ 277—280 a. a. O. dazu bestimmt sind, die nach römischem Rechte zur Aufrechterhaltung der testamentarischen Vermächtnisse bei Wegfall der Erbeseinsetzung erforderliche sog. Kodizillarklausel zu ersetzen, nämlich die Erklärung des Testators, daß seine letztwilligen Erklärungen nötigenfalls so behandelt werden sollen, als wenn sie ein Intestatkodizill bildeten. „Die allzugroße Abhängigkeit der Legate" — so äußert sich Svarez bei der Schlußrevision — (vgl. v. Kamptz, Jahrbücher Bd. 41 S. 80) „von dem Bestehen oder Fallen der Erbeseinsetzung ist geändert. Nach römischem Recht fallen alle Legate weg, nicht nur, wenn das Testament wegen Vernachlässigung der äußeren Solennitäten nichtig war, sondern auch, wenn dasselbe wegen eines Mangels in der Erbeseinsetzung nicht aufrecht erhalten werden konnte, oder wenn es durch die Repudiation des eingesetzten Erben bei Ermangelung eines Substituti destituiert wurde; und nur unter gewissen Umständen konnten die in einem solchen Testamente verordneten Legate und Fideikommisse durch die clausulam codicillarem konserviert werden. An sich ist gar kein vernünftiger Grund abzusehen, warum deswegen, weil der eingesetzte Erbe die Erbschaft nicht übernehmen kann oder will, auch die Legatarien der von dem Testator ihnen zugedachten Vorteile verlustig gehen sollen. Es ist vielmehr der Intention des Testators, welcher den von ihm vorzüglich geliebten und seinen Verwandten vorgezogenen Testamentserben mit dergleichen Vermächtnissen dennoch graviert hat, offenbar gemäß, daß, wenn dieser nicht Erbe wird, sondern der Nachlaß an die Intestaterben gelangt, diese noch viel mehr als jener, da sie minder geliebt sind, die Lasten übernehmen müssen. Deswegen ist in den §§ 277—280 verordnet, daß, wenn in Ermangelung des eingesetzten Erben der Nachlaß an die Intestaterben gelangt, diese dennoch den Verordnungen des Erblassers in Ansehung der Vermächtnisse und sonst Genüge leisten sollen." Nach dieser Begründung hat der § 279 in erster Reihe dem Gedanken Ausdruck geben sollen, daß bei Wegfall der Erbeseinsetzung die sonstigen Verordnungen des Erblassers bei Kräften bleiben, woraus sich dann gewissermaßen von selbst die weitere Anordnung ergiebt, daß die an Stelle des wegfallenden Testamentserben eintretenden Intestaterben diesen Verordnungen Genüge zu leisten haben. Danach tritt bei Legaten, die lediglich aus dem Nachlasse oder aus Mitteln desselben zu gewähren sind, die Person des Erben zurück; vielmehr gelten derartige Zuwendungen, wie Dernburg, Lehrbuch des Preußischen Privatrechts Bd. 3 § 103 a. E., zutreffend bemerkt, nach dem Allgemeinen Landrechte als Belastungen des Nachlasses und verhaften daher jeden, der den Nachlaß erwirbt. Nur wenn die Verordnung des Erblassers mit Rücksicht auf die Person des eingesetzten Erben getroffen ist, wird sie, wie dies in § 280 a. a. O. noch besonders vorgesehen ist, folgerichtig bei Wegfall der Erbeseinsetzung ebenfalls hinfällig. Vom Standpunkte des Erblassers, dessen an sich berechtigte letztwillige Anordnungen nach der Absicht des Gesetzes thulichst aufrecht erhalten werden sollen, erscheint es nun aber durchaus gleichgültig, ob, nachdem die von ihm verordnete Erbeseinsetzung hinfällig geworden, die von ihm dem eingesetzten Erben auferlegten Legate aus dem Nachlasse nunmehr von einem Intestaterben, oder von einem Vertragserben entrichtet werden. Es ist deshalb auch unbedenklich, als Absicht des Testators, der gegen einen zuvor von ihm geschlossenen Erbvertrag ein Testament errichtet hat, die Belastung seines Vertragserben mit den von ihm gleichzeitig ausgesetzten testamentarischen Legaten für den Fall anzunehmen, daß dieser sein Erbrecht gegen den testamentarischen Erben erstreiten sollte. Nur eine solche Auslegung entspricht der allgemeinen Auslegungsvorschrift im § 74 A.L.R. I. 4, wonach jede Willenserklärung im zweifelhaften Falle so zu deuten ist, daß sie nicht ohne alle Wirkung bleibe, und der besonderen Auslegungsregel für letztwillige Verordnungen im § 519 A.L.R. I. 12, daß dieselben im zweifelhaften Falle so zu deuten sind, wie sie nach den Vorschriften der Gesetze am besten bestehen können.

Diesem Ergebnisse gegenüber kann der entgegenstehenden allgemeinen Erwägung des vormaligen preußischen Obertribunales in dem Urteile vom 1. März 1869,

vgl. Striethorst, Archiv Bd. 74 S. 70,

daß es überhaupt an einer gesetzlichen Vorschrift fehle, welche den Vertragserben verpflichte, für die Legate in irgend einer Art aufzukommen, welche der Erblasser einem in seinem Testamente ernannten dritten, unberechtigten Erben auferlegt hat, ein entscheidendes Gewicht nicht beigelegt werden. Dagegen hat der erkennende Senat in dem von der Revision in Bezug genommenen Urteile vom 6. Juni 1889 — mitgeteilt in Gruchot's Beiträgen Bd. 33 S. 958 flg. — bereits ausgesprochen, daß auch dem Vertragserben gegenüber, welcher mit Erfolg die dem Erbvertrage widersprechende testamentarische Erbeseinsetzung angefochten hat, der erkennende Richter gesetzlich nicht gehindert sei, in Auslegung des Testamentes anzunehmen, daß die darin errichteten Vermächtnisse auch dem Vertragserben auferlegt seien, und ferner rechtlich anzunehmen, daß diese Vermächtnisse, wenngleich sie dem § 627 a. a. O. gegenüber nicht bestehen, demungeachtet dem Vertragserben gegenüber in der Beschränkung bis auf den 20. Teil des Nachlasses — § 628 a. a. O. — gültig seien. Ob die Belastung des Vertragserben in dieser Höhe ohne weiteres angenommen werden könne, sofern sich nicht aus der Verordnung des Erblassers eine anderweite, nur auf die Belastung des Testamentserben gerichtete Absicht des Erblassers ergebe, darüber war damals nicht zu entscheiden, nachdem der Berufungsrichter in Auslegung des Testamentes festgestellt hatte, daß die in dem Testamente angeordneten Vermächtnisse auch dem Vertragserben auferlegt seien.

Hiernach erscheint die analoge Anwendung der §§ 279. 280 A.L.R. I. 12 auf den Vertragserben, welcher sein Erbrecht gegen den Testamentserben erstritten hat, gerechtfertigt, sofern es sich um Vermächtnisse handelt, zu deren Anordnung der Erblasser ungeachtet des Erbvertrages nach der Vorschrift des § 628 a. a. O. gleichwohl befugt war. Dies ist aber der Standpunkt des Berufungsrichters, wenn er die allgemeinen Grundsätze, nach welchen die gültige Anordnung des Vermächtnisses durch die ungültige Ernennung des Erben nicht berührt wird, auch auf den vorliegenden Fall für anwendbar erachtet. Der hiergegen gerichtete Revisionsangriff ist daher nicht begründet.

2. Der zweite Grund, aus welchem Klägerin das der Beklagten in § 3 des Testamentes vom 21. Juli 1893 legierte Recht für unwirksam erachtet, ist der, daß Gegenstand eines nach § 628 A.L.R. I. 12 zulässigen, den 20. Teil des Nachlasses nicht übersteigenden Legates nur einzelne Sachen oder Summen, nicht aber Rechte sein könnten, die einer etwa notwendig werdenden Zurückführung aller Legate bis auf den 20. Teil des Nachlasses gemäß § 166 a. a. O. entgegenstehen würden. Der Berufungsrichter erachtet diese Ausführungen nicht für zutreffend, weil eine solche Unterscheidung in den einschlagenden Vorschriften der §§ 161 flg. A.L.R. I. 12, die von Legaten und Vermächtnissen ganz allgemein sprächen, nicht getroffen sei, und Schwierigkeiten bei der Zurückführung auch bei dem Vermächtnisse einer bestimmten Sache eintreten könnten. Der hiergegen gerichtete Angriff der Revision macht in erster Reihe geltend, daß es sich bei der vorliegenden Anordnung, welche die Substanz fast des gesamten Nachlasses ergreife, überhaupt nicht um ein Legat handele, das ein Zwanzigstel des Nachlasses nicht übersteige. Sodann aber betreffe der § 628 A.L.R. I. 12 nur Zuwendungen einzelner Sachen oder Summen von einem im Verhältnisse zum Nachlasse geringen Werte.

Auch bei diesem Angriffe kann der Revision nicht beigetreten werden. Zunächst ist es unbedenklich, bei der Bestimmung des Inhaltes des im § 628 a. a. O. dem Erbvertragsgenossen erteilten Rechtes zur Errichtung von Vermächtnissen, die den 20. Teil seines Nachlasses nicht übersteigen, auf diejenigen Vorschriften zurückzugehen, durch welche diese Errichtung im Zusammenhange und umfassend geordnet ist, nämlich auf die §§ 161—174 A.L.R. I. 12. Diese Bestimmungen geben aber ebensowenig wie der § 628 a. a. O. selbst einen Anhalt dafür, daß diese Vermächtnisse einer anderen Beschränkung als der, daß sie den 20. Teil des Nachlasses nicht überschreiten und anderenfalls auf diesen Teil zurückgeführt werden sollen, unterliegen. Es bestimmt zwar der § 6 A.L.R. I. 12, daß einzelne bestimmte in einem Testament oder Kodizill jemandem hinterlassene Sachen oder Summen Legate oder Vermächtnisse genannt werden; indes der Ausdruck ist hier in dem allgemeinen Sinne der §§ 1. 2 A.L.R. I. 2 gebraucht worden, zufolgedessen „im Sinne des Gesetzes Sache überhaupt alles heißt, was der Gegenstand eines Rechts oder einer Verbindlichkeit sein kann, und auch die Handlungen der Menschen, ingleichen ihre Rechte, insofern dieselben den Gegenstand eines anderen Rechtes ausmachen, unter der allgemeinen Benennung von Sachen mitbegriffen sind."

Vgl. Erkenntnis des vormaligen preußischen Obertribunals vom 18. Dezember 1843, Entsch. desselben Bd. 11 S. 276.

Danach muß angenommen werden, daß Gegenstand der Vermächtnisse und Legate der in §§ 628. 161—174 A.L.R. I. 12 bestimmten Art Sachen im weiteren Sinne sein können, und nicht bloß Sachen im engeren Sinne (§ 3 A.L.R. I. 2). Als eine solche Sache im weiteren Sinne ist aber das der Beklagten vermachte Recht anzusehen, die sämtlichen Nachlaßgrundstücke für 54 000 ℳ zu übernehmen. Richtig ist nun allerdings, daß sowohl die Vorschrift im § 628, wie die Vorschriften in den §§ 161—174 durch die Erwägung veranlaßt worden sind, dem Erblasser die Verfügung über geringere Wertobjekte zu ermöglichen und bezw. zu erleichtern. So heißt es in der revisio monitorum zum ungedruckten Entwurfe,

vgl. **Bornemann**, Systematische Darstellung des preußischen Civilrechts [2. Ausgabe] Bd. 6 S. 143,

daß es doch hart wäre, wenn der durch einen Vertrag gebundene Erblasser nicht einmal seinen guten Freunden ein Andenken und denjenigen, die ihm in seiner letzten Krankheit beistehen, eine Belohnung zuwenden könnte. Und ebenso bemerkt **Svarez** in den amtlichen

Vorträgen bei der Schlußrevision (v. Kamptz, Jahrbücher Bd. 41 S. 78), nachdem die gerichtliche Form der letztwilligen Verordnungen eingehend begründet ist, folgendes: „Nur für den Fall mußte gesorgt werden, wenn ein Sterbender in seinen letzten Stunden noch irgend einem Freunde, einem Domestiken, der ihn z. E. in der letzten Krankheit gepflegt, ein Andenken oder eine Belohnung hinterlassen wollte, und dies ist durch die §§ 161—174 geschehen." Aber diese Erwägungen, welche den Anlaß zu den in Rede stehenden Vorschriften gegeben haben, sind in dem Gesetze selbst nicht zu einem erkennbaren Ausdruck gekommen. Die Befugnis zur Errichtung von Vermächtnissen bis in Höhe eines Zwanzigstels des Nachlasses in der erleichterten außergerichtlichen Form ist dem Erblasser schlechthin und ohne Rücksicht auf den Beweggrund und den Zweck der Anordnung erteilt (§ 161), und zwar so, daß selbst ein Überschreiten der Grenze nicht etwa die Hinfälligkeit der Verordnung nach sich zieht, sondern nur die Folge hat, daß die Gesamtsumme der Vermächtnisse um den Mehrbetrag gekürzt wird (§ 165). Gerade hieraus ergiebt sich mit Sicherheit, daß die alleinige Schranke für die Befugnis des Erblassers die vorgeschriebene Wertgrenze bildet, während es darauf nicht ankommt, worauf die Revision Gewicht legt, ob die Anordnung den ganzen Nachlaß ergreift oder es sich um eine Sache handelt, die im Verhältnisse zum Nachlasse von großem Werte ist.

Hiernach läßt sich auch aus dem Inhalte des der Beklagten im § 3 des Testamentes vom 21. Juli 1893 legierten Rechtes die Unwirksamkeit desselben an sich nicht herleiten. Es kommt vielmehr allein darauf an, ob der Wert des Rechtes den 20. Teil des Nachlasses übersteigt, oder nicht. In letzterem Falle ist der Klaganspruch ohne weiteres hinfällig. Die Annahme des Berufungsrichters, daß der Wert des legierten Rechtes der Beklagten dargestellt werde durch den Unterschied zwischen dem wahren Werte der Nachlaßgrundstücke und dem angeordneten Übernahmepreise von 54 000 ℳ, ist nicht zu beanstanden, und ebensowenig die auf Grund des stattgehabten Sachverständigenbeweises erfolgte Feststellung des Gesamtwertes der Nachlaßgrundstücke auf höchstens 53 228,20 ℳ welchen der Annahmepreis von 54 000 ℳ sogar noch um 771,80 ℳ überschreitet. Bei dieser Sachlage kann aber, ohne daß es noch auf eine Ermittelung der Höhe des Nachlasses ankommt, von einer Überschreitung des

20. Teiles desselben durch das Vermächtnis der Beklagten nicht die Rede sein.

Hiernach hat der Berufungsrichter mit Recht die Berufung der Klägerin gegen das sie mit der Klage abweisende erstinstanzliche Urteil zurückgewiesen, und mußte daher auch die Revision erfolglos bleiben." ...

---

57. Erlangt der mit der Beschaffung eines Darlehns beauftragte Mäkler den Anspruch auf die Provision schon durch Vermittelung eines klagbaren Darlehnsversprechens (pactum de mutuo dando)?

VI. Civilsenat. Urt. v. 18. Februar 1897 i. S. M. (Bekl.) w. K. (Kl.). Rep. VI. 323/96.

I. Landgericht I Berlin.
II. Kammergericht daselbst.

Aus den Gründen:

„Der Kläger hat behauptet, daß der Beklagte, der das Grundstück zu Sch., H.=straße 2, von der B.'er Bank zu erwerben gedachte, ihm den Auftrag zur Beschaffung, „bezw. Nachweisung" eines erststelligen Hypotheken= und Baugelderdarlehns auf dieses Grundstück erteilt habe, und fordert die angeblich zugesicherte Provision. Der Inhalt des Auftrages ist vom Beklagten nicht bestritten worden. Es steht auch fest, daß durch die Vermittelung des Klägers zwischen dem Beklagten und der N.'er Bank der Vertrag vom 12. März 1895 zustande gekommen ist, in welchem sich die letztere zur Hergabe eines auf dem gedachten Grundstücke einzutragenden Darlehns in näher bestimmtem Betrage verpflichtete, daß aber der Beklagte das Darlehn nicht erhielt, weil er das Grundstück nicht erworben hat, die Eintragung also auch nicht bewirken konnte.

Das Berufungsgericht geht in seiner Entscheidung davon aus, daß die Vermittlergebühr für die Beschaffung eines Darlehns mit dem Abschlusse des Vertrages verdient sei, der dem Darlehnssucher einen klagbaren Anspruch auf Gewährung des Darlehns giebt, also nicht erst mit der Auszahlung des Darlehns. Der gewerbsmäßige

Vermittler habe regelmäßig nur die Absicht, dem Darlehnssucher zur Erlangung solchen Anspruches zu verhelfen, und mehr beanspruche auch der Darlehnssucher nicht, der die Dienste des Vermittlers unter der Zusage ihrer Vergütung in Anspruch nehme.

Wenn hiermit auch nicht in Abrede gestellt ist, daß die Provisionsforderung des Mäklers erst durch das Zustandekommen des zu vermittelnden Geschäftes zur Entstehung gelangt, so verstößt doch das Berufungsgericht gegen diesen in der Rechtsprechung anerkannten Rechtssatz, indem es die Provision für die Beschaffung eines Darlehns allgemein und von den Umständen des Einzelfalles absehend lediglich vom Zustandekommen eines klagbaren Darlehnsversprechens abhängig macht. Das Darlehn als Realvertrag kommt erst durch die Übergabe des Geldes an den Darlehnssucher zum Abschluß (§ 653 A.L.R. I. 11). Aus dem Vertrage, durch welchen sich jemand zur Hergabe eines Darlehns verpflichtet, entsteht zwar ein Anspruch auf die Hergabe des Darlehns (§ 654 daselbst), also auf Abschließung des Darlehnsvertrages; es ist aber jener Vorvertrag noch nicht das Darlehnsgeschäft selbst, von dessen Zustandekommen die Provisionsforderung abhängt.

Dieser Standpunkt wird auch in der Rechtsprechung und Theorie überwiegend vertreten.

Vgl. Urteile des Oberappellationsgerichtes zu Dresden vom 2. März 1869 in der Zeitschrift für das gesamte Handelsrecht Bd. 22 S. 262, des Oberlandesgerichtes zu Dresden vom 30. Dezember 1891 im Sächsischen Archiv Bd. 3 S. 335, des Oberlandesgerichtes zu Braunschweig vom 20. Februar 1882 in Seuffert's Archiv Bd. 37 Nr. 307; Dernburg, Preußisches Privatrecht Bd. 2 (5. Aufl.) S. 542 § 190; Förster-Eccius, Preußisches Privatrecht Bd. 2 (7. Aufl.) S. 281. 282 § 138; Behrend, Lehrbuch des Handelsrechts Bd. 1 S. 414 Anm. 16; Riesenfeld bei Gruchot, Beiträge Bd. 37 S. 545. 546.

Die gegnerische Ansicht,

vgl. Staub, Kommentar zum Handelsgesetzbuch 3. Aufl. § 11 des ersten Zusatzes zu Buch I S. 135. 136,

kann nicht darauf gestützt werden, daß das Darlehn ein Konsensualvertrag sei. Diese Theorie entspricht jedenfalls nicht der landrechtlichen Anschauung und hat auch sonst keine allgemeine Anerkennung gefunden.

Vgl. dazu § 607 des neuen Bürgerlichen Gesetzbuches und Motive zu § 453 des ersten Entwurfes.

Mit Unrecht werden ferner für die gegnerische Meinung die Urteile des Reichsgerichtes vom 8. April 1889 (Rep. VI. 27/89) und vom 20. Mai 1889 (Rep. VI. 74/89) herangezogen. Dem ersteren lag ein Mäklervertrag zu Grunde, in welchem die Provision von derjenigen Summe versprochen war, „die ihm (dem Auftraggeber) die G. leiht oder zu leihen erklärt, sofort nach dieser Erklärung", und es wurde hierin der Ausdruck dafür gefunden, daß die Provision nach der Absicht der Parteien schon bei dem Abschlusse eines gültigen Darlehnsvorvertrages verdient sein sollte. Im letzteren Falle ging der Auftrag auf Anschaffung eines Darlehns gegen drei Prozent Provision für den Fall der Bewilligung desselben. Das Urteil ergiebt nicht, daß die Parteien darum gestritten hätten, daß das klagbare Darlehnsversprechen zur Entstehung der Provisionsforderung ausreichte. Dagegen hatte der Beklagte, der die Annahme des Darlehns verweigert hatte, den Einwand erhoben, daß er den Mäklerauftrag rechtzeitig widerrufen habe; dieser Einwand wurde aus hier nicht interessierenden Gründen verworfen.

Dem Klaganspruche steht hiernach entgegen, daß das Darlehnsgeschäft nicht zustande gekommen ist, falls der Kläger nicht beweist, daß der Darlehnsvorvertrag das zu vermittelnde Geschäft war. Die Klagebehauptung, daß der Auftrag auf „Beschaffung, bezw. Nachweisung" eines Darlehns gegangen sei, läßt nicht erkennen, daß der bloße Nachweis eines zahlungsbereiten Darlehnsgebers oder der Abschluß eines Darlehnsvorvertrages mit diesem derjenige Erfolg war, zu dessen Herbeiführung die Thätigkeit des Klägers in Anspruch genommen war. Dabei soll nicht verkannt werden, daß, wenn der Auftrag auf Beschaffung eines Darlehns ging, die Umstände dennoch ergeben könnten, daß die Parteien dabei nur an den Abschluß eines die Bewilligung des Darlehns enthaltenden klagbaren Vertrages gedacht haben. Es ist daher eine weitere Prüfung in dieser Richtung erforderlich. . . .

Wenn der Beklagte nach Abschluß des Vertrages vom 12. März 1895 das Darlehn in willkürlicher Weise abgelehnt hätte, so könnte allerdings die Frage entstehen, ob er nicht zur Bezahlung der Mäklerprovision selbst dann verpflichtet wäre, wenn das Darlehn, und nur dieses, das durch die Vermittelung des Klägers herbeizuführende Geschäft war.

Vgl. das oben angezogene Urteil des Oberlandesgerichtes zu Braunschweig in Seuffert's Archiv Bd. 37 Nr. 307.

Im vorliegenden Falle lag indes das Hindernis für das endliche Zustandekommen des Darlehns nicht in der bloßen Willkür des Beklagten, sondern in Umständen, die nicht allein von seinem Willen abhingen. Deshalb kann von der Frage, welcher Erfolg hier nach der Absicht der Parteien durch die Thätigket des Klägers vermittelt werden sollte, keinesfalls abgesehen werden. Ob und welche Schadensansprüche etwa dem Kläger zustehen würden, wenn ihm das Hindernis verschwiegen worden wäre, und er den Auftrag daher unter der irrigen Voraussetzung angenommen und ausgeführt hätte, daß der Eintragung des Darlehns nichts im Wege stehen werde, muß hier unerörtert bleiben." ...

---

58. Kann ein Versehen des Grundbuchrichters im Sinne des § 118 der preußischen Grundbuchordnung auch dann vorliegen, wenn er genau nach dem Wortlaute der von zuständiger Seite gestellten und an sich zulässigen Anträge verfährt?

Grundbuchordnung vom 5. Mai 1872 § 118.
Einführungsgesetz für Schleswig-Holstein vom 27. Mai 1873 § 41.

III. Civilsenat. Urt. v. 19. Februar 1897 i. S. S. (Kl.) w. H. (Bekl.). Rep. III. 275/96.

I. Landgericht Altona.
II. Oberlandesgericht Kiel.

Gründe:

„Im Grundbuche der Stadt Altona waren nach dem alten Stadtbuchrechte außer anderen auch die Hypothekenposten 14 und 15 mit fester Rangordnung eingetragen. Da ein Aufrücken in die Stelle gelöschter vorgehender Posten nach diesem alten Rechte nicht stattfand, konnten an Stelle der gelöschten mit deren Rang neue Posten eingetragen werden. Nachdem die preußische Grundbuchgesetzgebung infolge des Einführungsgesetzes vom 27. Mai 1873 für Schleswig-Holstein in Kraft getreten, auch bereits nach diesem neuen Rechte die später auf den Kläger übergegangene Forderung von 20000 ℳ eingetragen war, wurden die Posten 14 und 15 auf die Löschungsbewilligung der beiden Gläubiger und den Antrag des Eigentümers gelöscht; zugleich wurde daneben in der Rubrik „Veränderungen" bemerkt: „Nr. 14 und 15 wieder eingetragen, s. Post Nr. 28," und an demselben Tage unter Nr. 28 eine neue Hypothekenforderung von 6000 ℳ zu Gunsten des Beklagten mit dem Zusatze eingetragen: „an Stelle der gleichzeitig gelöschten Posten 14 und 15". Bei der Zwangsversteigerung des Pfandgrundstücks ist der Kläger mit seiner Forderung Nr. 25 der unter 28 eingetragenen nachgesetzt, infolgedessen mit einem erheblichen Teile ausgefallen, und verlangt klagend die Zustimmung zur Auszahlung des auf Nr. 28 gefallenen und hinterlegten Betrages.

Das Berufungsgericht hat den § 41 des nicht revisibeln Einführungsgesetzes für Schleswig-Holstein zu Gunsten des Klägers dahin ausgelegt, daß der Eigentümer, wenn er die Posten 14 und 15 löschen ließ, nicht berechtigt war, an deren Stelle, also mit dem Vorrang vor dem Posten 25 des neuen Rechtes, den gleichen Hypothekenbetrag von 6000 ℳ für den Beklagten als neuen Gläubiger eintragen zu lassen, daß vielmehr die eingetragenen Posten des neuen Rechtes vorrückten, während der noch eingetragene alte Stadtbuchposten auf seiner Stelle verblieb. Trotzdem hat das Berufungsgericht die Abweisung der Klage bestätigt, weil der Grundbuchrichter die Posten 14 und 15 aus Versehen gelöscht habe. Offenbar habe nämlich der Eigentümer dem Beklagten die Hypothekenrechte dieser Posten gewähren wollen; nur hierauf, nicht auf die Löschung der Posten sei es ihm angekommen. Er habe den eingeschlagenen Weg für den richtigen gehalten und würde, wenn er sich nicht im Rechtsirrtum befunden hätte, seine Anträge nach den Vorschriften der §§ 63. 64 des Eigentumserwerbsgesetzes vom 5. Mai 1872 gestellt haben. Auch der Grundbuchrichter habe diesen Zweck erkannt, aber sich in demselben Rechtsirrtum befunden, während er bei richtiger Gesetzesauslegung, um den Zweck zu erreichen, die Posten 14 und 15 nicht habe löschen, sondern nur deren Hypothekenrechte habe übertragen dürfen. Es liege daher ein Versehen im Sinne des § 118 der Grundbuchordnung vor, und der Grundbuchrichter müsse dies rückgängig machen. Daß dies wegen der inzwischen erfolgten Zwangsversteigerung thatsächlich nicht mehr geschehen könne, hindere das Vorrecht des Beklagten nicht.

Die sich anschließende fernere Ausführung des Berufungsgerichtes, daß dies auch dem Kläger gegenüber wirke, weil er bei dem späteren Erwerbe seiner Forderung nicht in gutem Glauben gewesen sei, bedarf keiner Prüfung und Entscheidung, weil die Anwendung des § 118 auf den vorliegenden Fall auf Rechtsirrtum beruht.

Wie die insoweit in der mündlichen Verhandlung vorgetragenen Grundakten ergeben, ist in dem Löschungsantrage vom 3. November 1890 nur die Löschung ohne jede Einschränkung beantragt, dagegen die Absicht der Eintragung einer anderen Forderung nicht erwähnt. Zugleich ist eine von demselben Tage datierte, zu Gunsten des Beklagten einheitlich auf 6000 *M* lautende neue Schuldverschreibung zur Eintragung in das Grundbuch, und zwar „an Stelle der unter 14 und 15 als bezahlt quittierten und zu löschenden Posten", eingereicht. Genau diesen beiden Anträgen entsprechend hat der Grundbuchrichter verfahren; irgend ein Versehen liegt nicht vor. Hätte er das Bedenkliche dieser Anträge erkannt, so möchte es sich vielleicht empfohlen haben, den Antragsteller darauf aufmerksam zu machen; aber weder in diesem Falle, noch wenn er die Anträge für zweckmäßig hielt, lag darin, daß er ihnen entsprach, ein Versehen oder, wie es in dem § 526 A.L.R. I. 20 hieß, eine „Löschung zur Ungebühr". Er konnte gar nicht anders handeln, als er gehandelt hat; für eine Übertragung der Hypothek auf die neue Forderung, die er nach der Meinung des Berufungsgerichtes in Anwendung der §§ 63. 64 des Eigentumserwerbsgesetzes vom 5. Mai 1872 hätte vornehmen sollen, fehlte es ihm an allen nötigen Urkunden. Es lag nicht eine Cession des bisherigen Gläubigers für den neuen vor, sondern nur eine Löschungsbewilligung, auch nicht ein Antrag auf Umschreibung für den Eigentümer und eine Cession von diesem oder auch letztere allein, sondern nur ein Löschungsantrag und eine ganz neue Schuldverschreibung zu Gunsten eines neuen Gläubigers; der Grundbuchrichter würde sich persönlich verantwortlich gemacht haben, wenn er von den Anträgen abwich, und daraus Nachteile entstanden.

Auch der frühere Gläubiger hat sich nicht geirrt; er war befriedigt, hat Löschungsbewilligung erteilen wollen und auch erteilt; der aus einem neuen Schuldgrunde eingetragene Beklagte aber kommt für die Löschung der ihm niemals zustehenden Posten 14 und 15 überhaupt nicht in Betracht. Nicht einmal von einem Versehen des Eigentümers kann gesprochen werden. Dieser hat genau das gewollt, was er erklärt hat; er hat sich nur in einem Rechtsirrtum über die Folgen befunden; das kann in keinem Falle zu einer dem Beklagten günstigen Entscheidung führen." ...

---

59. 1. Geht im Gebiete des gemeinen Rechtes eine Grundgerechtigkeit durch Konfusion auch dann unter, wenn sie nach den preußischen Grundeigentumsgesetzen in das Grundbuch eingetragen ist? Wird sie wieder wirksam, wenn das eine der beiden in einer Hand vereinigten Grundstücke wieder veräußert wird?

2. Wirkung der auf Grund des § 12 Eig.=Erw.=Ges. vom 5. Mai 1872 in Abt. II des Grundbuches erfolgten Eintragung von dinglichen Rechten Dritten gegenüber.

3. Bedeutung des § 3 des die preußischen Grundbuchgesetze in den Bezirk des Appellationsgerichtes zu Kassel einführenden Gesetzes vom 29. Mai 1873 für diese Fragen.

III. Civilsenat. Urt. v. 23. Februar 1897 i. S. E. (Kl.) w. K. (Bekl.). Rep. III. 261/96.

I. Landgericht Kassel.
II. Oberlandesgericht daselbst.

Aus den Gründen:

„Die Beklagte K. verkaufte im Jahre 1885 von ihrem in der Gemarkung W. belegenen Grundbesitze mehrere Parzellen an die Eheleute W., während sie den Rest mit dem darauf erbauten Hause Nr. 130 zurückbehielt. In dem Vertrage übernahmen die Käufer die Verpflichtung, den gesamten Raum der gekauften Parzellen von der nördlichen Grenze des belasteten Grundstückes bis zu einer von Westen nach Osten gedachten Linie, die parallel der Südseite des K.'schen

Hauses Nr. 130 und von dieser 10 Meter südlich entfernt vorbeilaufen würde, von jeder Baulichkeit freizulassen, weder als Lager- noch als Arbeitsplatz zu benutzen und über diese Grundstücke keinerlei öffentliche Wege zu legen. Diese Belastung wurde auf jene Parzellen unter Hinweisung auf den Kaufvertrag in das Grundbuch eingetragen. Im Jahre 1890 erwarben die Eheleute W. auch das herrschende Grundstück Nr. 130 von der Beklagten und besaßen dann, ohne jene Eintragung löschen zu lassen, sämtliche Grundstücke bis zu der im Jahre 1894 erfolgenden Zwangsversteigerung. In dieser wurden dem Kläger die belasteten Parzellen mit der Bemerkung zugeschlagen, daß jene in Abt. II eingetragene Belastung auf den Ersteher kraft des Gesetzes übergehe, während das herrschende Grundstück Nr. 130 von der Beklagten zurückerworben wurde. Der Kläger hat in dem vorliegenden Rechtsstreite die Verurteilung der Beklagten beantragt, die Löschung jener Belastung zu bewilligen, ist jedoch in beiden Vorinstanzen abgewiesen. Seine Revision erscheint begründet.

... Durch die in der Hand seiner Vorbesitzer, der W.'schen Eheleute, erfolgte Vereinigung des herrschenden und des dienenden Grundstückes, also durch Konfusion, ist die bestellte Grundgerechtigkeit untergegangen. Das Berufungsgericht hat dies verneint, weil das preußische Landrecht die Servitut zwar, ebenso wie das gemeine Recht, durch Konfusion erlöschen lasse, aber im § 54 Tl. I. Tit. 22 ausdrücklich bestimmt habe, daß die im Hypothekenbuche eingetragene Grundgerechtigkeit wieder in ihre Wirkung trete, wenn die Vereinigung aufgelöst werde, und jetzt schon aus der Bestimmung des § 12 Eig.-Erw.-Ges. vom 5. Mai 1872 folge, daß dingliche Rechte, die auf einem privatrechtlichen Titel beruhen, ihre Wirksamkeit durch Löschung verlieren; da diese während der Vereinigung nicht erfolgt sei, bestehe die Grundgerechtigkeit noch fort.

Durch diese Gründe wird die Entscheidung nicht gerechtfertigt; da im vorliegenden Falle das gemeine Recht anzuwenden ist, sind die abweichenden Bestimmungen des preußischen Landrechtes ohne Bedeutung. Der § 12 aber, den das Berufungsgericht, vielleicht veranlaßt durch eine ungenaue Fassung bei mehreren Schriftstellern, in dem Sinne versteht, daß eingetragene dingliche Rechte *nur* durch Löschung untergehen, enthält eine solche Bestimmung nicht. Wirksamkeit gegen Dritte *erlangen* zwar die auf privatrechtlichem Titel beruhenden dinglichen Rechte nur durch Eintragung, und diese Wirkung verlieren sie schon durch Löschung, auch wenn das Recht fortbesteht; wann aber das Recht untergeht, das richtet sich nach dem allgemeinen Civilrechte; darüber bestimmen die Grundbuchgesetze, insbesondere der § 12, nichts.

Vgl. Achilles, Das preußische Gesetz über das Grundeigentum 4. Aufl. Anm. 4 zu § 12.

Ganz abweichend lautet daher auch der § 57 desselben Gesetzes; nach diesem wird das Hypotheken- und Grundschuldrecht nur durch Löschung aufgehoben. Entscheidend für den Untergang ist daher das gemeine Recht, und nach diesem tritt er durch Vereinigung des herrschenden und des dienenden Grundstückes in derselben Hand ohne weiteres und für immer ein; es kann daher die Löschung des nicht mehr bestehenden Rechtes gefordert werden.

Auch der Zweifel, ob nicht der gutgläubige Erwerber eines eingetragenen dinglichen Rechtes zu schützen sei, und wenigstens insoweit das Recht nur durch Löschung aufgehoben werden könne, erscheint bei näherer Prüfung nicht gerechtfertigt. Einen allgemeinen Rechtssatz jenes Inhaltes kennt das preußische Grundbuchrecht nicht. Zwar wird nach § 9 Eig.-Erw.-Ges. der gutgläubige Erwerber des Eigentumes, nach § 38 der von Hypotheken und Grundschulden in weitem Umfange geschützt; aber diese Bestimmungen stehen in den besonderen Abschnitten 1 und 3, während in dem Abschnitte 2 „über die dinglichen Rechte an Grundstücken" eine ähnliche sich nicht findet. Insbesondere handelt der § 12 nur von dem Verhältnisse des eingetragenen Berechtigten zu dem Eigentümer des dienenden Grundstücks, gegen dessen neuen Erwerber es nur geltend gemacht werden kann, wenn, soweit und solange es eingetragen ist. Wiederholt hat das Reichsgericht in diesem Sinne sich ausgesprochen (Entsch. des R.G.'s in Civils. Bd. 28 S. 236. 325. — Urt. des V. Civilsenates vom 9. Dezember 1896 in S. Grube W. w. B., V. 192/96. — Vgl. auch Turnau, Grundbuchordnung 5. Aufl. S. 692 Anm. 12 S. 753; Achilles, a. a. O. S. 94 Anm. d und 4, S. 97 Anm. 2, S. 98. 204 Anm. 6). Speziell über die Aufhebung des eingetragenen dinglichen Rechtes spricht sich das Urteil des V. Civilsenates vom 29. April 1893 in S. B. w. Gr., V. 286/92, dahin aus:

„... Daß der eingetragene Eigentümer das von einem Dritten

beanspruchte dingliche Recht an seinem Grundstücke anfechten und dessen Löschung im Grundbuche durchsetzen kann, wird in der Rechtsprechung und in der Litteratur anerkannt. Auf den Grund, aus welchem das dingliche Recht aufgehoben ist, kommt nichts an. Es macht namentlich keinen Unterschied, ob der negatorisch klagende Eigentümer selbst die Aufhebung bewirkt hat, oder ob diese von einem Vorbesitzer im Grundstücke oder von einem Dritten oder ohne menschliches Zuthun durch ein Ereignis herbeigeführt ist. Da eine Succession in die Stelle des Berechtigten infolge der Befriedigung oder Abfindung desselben bei den dinglichen Rechten der II. Abteilung des Grundbuchs nicht stattfindet, bleibt nach Aufhebung des dinglichen Rechts nichts übrig, was den Gegenstand einer Berechtigung bilden könnte. Ob das dingliche Recht nach seiner Aufhebung im Grundbuche gelöscht wird, oder nicht, ist für seine Existenz nicht von Bedeutung, da die Eintragung im Grundbuche nur die Wirkung des dinglichen Rechts gegen Dritte begründet, und die Löschung nur diese Wirkung aufhebt (§ 12 Eig.=Erw.=Ges.), dagegen die Begründung des dinglichen Rechts und seine Aufhebung außerhalb des Grundbuchs und unabhängig von der Eintragung darin erfolgt."

Es bleibt daher nur noch zu prüfen, ob etwa durch den § 3 des die Grundbuchgesetze in den Bezirk des Appellationsgerichtes zu Kassel einführenden Gesetzes vom 29. Mai 1873 für diesen Bezirk abweichende Grundsätze aufgestellt sind. Der Abs. 2 des § 3 sagt:

„Verträge über Grundgerechtigkeiten, sowie ... erhalten dingliche Wirksamkeit nur durch Eintragung im Grundbuche."

Damit sind die auf Vertrag beruhenden Grundgerechtigkeiten den nach § 12 Eig.=Erw.=Ges. der Eintragung bedürfenden dinglichen Rechten nur gleichgestellt. Der einzige Unterschied liegt darin, daß nach diesem § 12 „die Wirksamkeit gegen Dritte", nach § 3 des Einführungsgesetzes „die dingliche Wirksamkeit" durch die Eintragung bedingt ist. Ganz abgesehen davon, daß das dingliche Recht seine Hauptbedeutung in dem Verhältnisse zu Dritten hat, zeigt schon die Entstehungsgeschichte des § 12, daß diese Abweichung für die vorliegende Frage unerheblich ist. Außerdem giebt es auch im preußischen Landrechte Rechtsverhältnisse, die, unter § 12 fallend, erst durch Eintragung dingliche Wirksamkeit erlangen, namentlich die vertragsmäßigen

Vorkaufsrechte, und auch diese gehen, unabhängig von der Eintragung, nach den Grundsätzen des allgemeinen Civilrechtes unter.

Auch die Motive des Gesetzes, und speziell zu § 3, geben keinen Anhalt für die Annahme, daß irgend eine Abweichung vom preußischen Rechte in den Folgen der Eintragung für den Fortbestand des dinglichen Rechtes beabsichtigt sei; daß aber die erwähnte Bestimmung des § 54 A.L.R. I. 22 nicht hat eingeführt werden sollen, ergiebt deutlich der § 7 Abs. 1 des Einführungsgesetzes, der nur die Unzulässigkeit von Ersitzung und Verjährung gegenüber eingetragenen dinglichen Rechten aus dem preußischen Landrechte übernimmt.

Endlich fehlt es auch an Anhaltspunkten dafür, daß bei der Zwangsversteigerung die erloschene Servitut neu habe begründet werden sollen; die Bemerkung im Zuschlagsbescheide, daß die eingetragene Belastung kraft Gesetzes übergehe, erfüllt nur die Vorschrift des § 200 des Gesetzes über die Zwangsvollstreckung in das unbewegliche Vermögen vom 13. Juli 1883, ohne darüber bestimmen zu wollen, ob das Recht noch bestehe." ...

---

60. Konflikt zwischen zwei im Grundbuche auf verschiedenen Blättern als Eigentümern desselben Grundstückes Eingetragenen.

V. Civilsenat. Urt. v. 24. Februar 1897 i. S. K. u. Gen. (Bekl.) w. F. (Kl.). Rep. V. 286/96.

I. Landgericht Magdeburg.
II. Oberlandesgericht Naumburg a. S.

Eine Schloßkapelle, welche den nordwestlichen Teil der Burg Z. bildet, war auf zwei Hypothekenblättern, wie aus den Gründen näher ersichtlich wird, eingetragen. Die Parteien stritten über das Eigentum an derselben. Da die Beklagten das von dem Kläger beanspruchte Eigentum an der Schloßkapelle nicht anerkannten, so beantragte der Kläger, die Beklagten zu verurteilen: 1. anzuerkennen, daß ihm das Eigentum an der Schloßkapelle in Burg Z., soweit deren Ziegeldach reiche, sowohl rücksichtlich des Grundes und Bodens, als auch rücksichtlich des Gebäudes zustehe; 2. einzuwilligen, daß die Kapelle ausgemessen und vom Gutsgehöfte der Beklagten, der Burg Z., Kartenblatt 13 Nr. 402, gesondert werde; 3. die Schloßkapelle zu räumen und sich jeder ferneren Benutzung derselben bei Vermeidung von Strafe zu enthalten. Der erste Richter hat die Beklagten nach diesem Antrage verurteilt. Die Berufung und die Revision der Beklagten sind zurückgewiesen worden, letztere aus folgenden

Gründen:

... „Nach den Bestimmungen der Hypothekenordnung von 1783, welche der Grundlage des Katasters entbehrte, wurde das Grundstück nicht in seinen einzelnen Bestandteilen und Pertinenzien, sondern als Ganzes unter einem Kollektivnamen und nach den Kennzeichen, wodurch es sich von anderen gleicher Art unterschied, eingetragen (I. § 33). Pertinenzstücke und Gerechtigkeiten, welche zum Gute gehörten, wurden nur dann im Hypothekenbuche desselben besonders vermerkt, wenn sie unter einer anderen Gerichtsbarkeit lagen (I. § 34). Das Hypothekenbuch wies mit öffentlichem Glauben immer nur das Eigentum am Grundstücke überhaupt, nicht aber bezüglich der einzelnen Bestandteile nach. Als solche galten diejenigen, und waren durch die Eintragung des Grundstückes auf dem Titelblatte mit eingetragen, welche thatsächlich zur Zeit der Anlegung des Hypothekenbuches das Grundstück bildeten. Dieser durch das Hypothekenbuch auf Grund der thatsächlichen Verhältnisse nachgewiesene Bestand galt so lange als unverändert, bis die veräußerten oder sonst getrennten Pertinenzstücke auf dem Titelblatte vom Grundstücke abgeschrieben wurden (I. § 36).

Vgl. Entsch. des R.G.'s in Civils. Bd. 22 S. 308 flg.; Entsch. des Obertrib. Bd. 30 S. 1; Preuß. Just.-Min.-Bl. 1855 S. 179; Jurist. Wochenschr. 1886 S. 454.

Da die streitige Kapelle von dem Hypothekenblatte Bd. I Nr. 14, welches für das Domänengut Z. angelegt ist und die Kapelle als einen Teil dieses Gutes umfaßte, niemals abgeschrieben, vielmehr ausdrücklich bei der Übertragung der zur Bildung des Hauptgutes Z. abgetrennten Parzellen von der Abschreibung ausgeschlossen ist, so ist sie auf dem Hypothekenblatte Bd. I Nr. 14 zurückgeblieben, und dieses besteht für sie noch fort. Wenn nun später bei der Zurückführung des für das abgeschriebene Hauptgut Z. angelegten Grundbuchblattes Bd. I Nr. 13 auf dessen Titel als Bestandteil des schriftsässigen Gutes Burg Z. „I 1 auf der Gemarkung Z. Art. 1 238 ha 71 ar

30 qm", und später bei Übertragung des Gutsgehöftes auf das Grundbuchblatt Bd. 18 Nr. 587 als Bestandteil die Parzelle Kartenblatt 13 Nr. 402 1 ha 44 ar 30 qm eingetragen wurden, und in diesen Bestandteilen, wie feststeht, die Kapelle enthalten ist, so existierten von da an für die Kapelle zwei Grundbuchblätter, das alte Blatt Bd. I Nr. 14 und das neue Blatt Bd. 18 Nr. 587, deren jedes eine andere Person als Eigentümer auswies, das alte den Kläger, und das neue die Beklagten, bezw. deren Rechtsvorgänger.

Ist dies der Fall, dann heben sich beide Eigentumseintragungen in ihren Wirkungen gegenseitig auf, da zwei verschiedene Eigentümer eines und desselben Grundstückes wegen der Ausschließlichkeit des Eigentumsrechtes nicht bestehen können. Der Glaube des Grundbuches versagt; keiner der beiden Eigentümer kann sich zum Nachweise seines Eigentumsrechtes auf den Inhalt des Grundbuches berufen; der Konflikt ist nicht durch Anwendung des § 7 Eig.-Erw.-Ges. zu lösen, sondern die Entscheidung muß nach den Grundsätzen des materiellen Rechtes über Eigentumserwerb getroffen werden.

Vgl. Entsch. des Obertrib. Bd. 83 S. 270; Entsch. des R.G.'s in Civils. Bd. 11 S. 275, Bd. 13 S. 248; Rassow-Küntzel, Beiträge Bd. 33 S. 1069; Bolze, Bd. 12 Nr. 45, Bd. 19 Nr. 51; Jurist. Wochenschr. 1893 S. 261 Nr. 51, 1895 S. 458 Nr. 23.

Zu diesen Grundsätzen gehört auch die Bestimmung des § 101 der Einl. zum A.L.R., nach welcher niemand dem anderen mehrere Rechte übertragen kann, als er selbst besitzt. Unstreitig hat Kläger im Jahre 1815 mit dem Eigentume des Domänengutes Z. auch das Eigentum an der Schloßkapelle erworben. Das Eigentum an der Kapelle hat er niemals abgetreten. Bei dem Verkaufe der zum Hauptgute Z. verwendeten Grundstücke an H. hat er vielmehr die Kapelle ausdrücklich von der Veräußerung ausgeschlossen. Da H. nicht Eigentümer der Kapelle war, konnte er das Eigentum daran auch nicht an seinen Abkäufer übertragen, und da jeder der ferneren Erwerber sein Eigentumsrecht mittelbar nur von H. ableiten kann, hat auch keiner derselben bis auf die Beklagten herab das Eigentum an der Kapelle erworben. Beklagte müssen demnach dem Kläger als dem wahren Eigentümer weichen.

Der Anspruch der Beklagten auf Erstattung dessen, was sie dem Vorbesitzer für die Kapelle gezahlt haben, ist nicht berechtigt. Nachdem am 22. Juni 1893 im Grundbuche des Rittergutes Burg Z. eingetragen war, daß die Kapelle kein Bestandteil des zu diesem Gute gehörigen Flächenabschnittes 402 des Kartenblattes 13 sei, konnten die Beklagten beim Abschlusse des Kaufvertrages über dieses Rittergut am 21. Juli 1893 nicht des Glaubens sein, sie erwerben mit dem Rittergute auch die Kapelle, weil das Eigentum daran seinem Vorbesitzer zustehe (§ 19 A.L.R. I. 4). Zum mindesten hatten die Beklagten Ursache an der Gültigkeit des Kaufvertrages, soweit dieser die Kapelle betraf, zu zweifeln. Da der Kaufvertrag sich nunmehr in diesem Bestandteile als unrechtmäßig und unwirksam erwiesen hat, sind die Beklagten bezüglich der Kapelle einem unredlichen Erwerber gleich zu achten (§ 15 A.L.R. I. 7). Sie müssen daher die Kapelle dem Kläger als berechtigtem Rückforderer unentgeltlich herausgeben (§ 17 A.L.R. I. 15).

Die Angriffe der Beklagten sind nicht begründet.

Daß die streitige Kapelle nicht besonders auf dem Titel des Grundbuchblattes Bd. I Nr. 14 als Bestandteil aufgeführt ist, sowie daß im Abschreibungsvermerke vom 19. März 1822 nicht ausdrücklich die Kapelle, sondern die im § 2 des Vertrages vom 19. Juni 1819 bezeichneten Pertinenzstücke von der Abschreibung ausgeschlossen sind, sodaß erst durch Einsicht des Vertrages, in dessen § 2 unter f die Kapelle von der Veräußerung ausgenommen war, die Kenntnis vom Zurückbleiben der Kapelle auf dem Grundbuchblatte Bd. I Nr. 14 erlangt werden kann, ist nach den mitgeteilten Bestimmungen der früheren Hypothekenordnung von keiner Bedeutung. Das Grundbuchblatt Bd. I Nr. 14 blieb für die Kapelle bestehen, auch wenn nicht unmittelbar aus dem Vermerke auf dem Titel das Vorhandensein der Kapelle zu erkennen war. Hieran änderte auch nichts die den Beteiligten nicht eröffnete Notiz des Grundbuchrichters aus dem Jahre 1876, in welcher ausgesprochen war, daß sich eine Zurückführung des Grundbuchblattes Bd. I Nr. 14 erübrige, weil von diesem Blatte alle Grundstücke abgeschrieben seien. Diese Notiz konnte auch die Beklagten nicht irre führen, da sie aus dem im Jahre 1893 im Grundbuche eingeschriebenen Vermerke ersahen, daß jene Notiz unrichtig sei, und daß die Kapelle zu dem Grundstücke nicht gehöre, welches sie erwerben wollten. Die Annahme des Berufungsgerichtes endlich, daß der Kläger durch den Ausschluß der Kapelle von der Veräußerung im Jahre 1819 nicht bloß Eigentümer des Kapellgebäudes, sondern auch der Grundfläche, auf welcher die Kapelle sich befindet, geblieben sei, ist nach Lage der Sache durch die Hinzufügung des Wortes „selbstverständlich" ausreichend begründet, da von einem superfiziarischen Rechte, vermöge dessen die Kapelle auf dem Grundstücke steht, nichts bekannt ist." . . .

---

61. Haftung des Bankiers, der einen Prospekt über ein Aktienunternehmen veröffentlicht, gegenüber einem Dritten, der sich auf Grund des Prospektes entschließt, Aktien zu kaufen.

A.L.R. I. 13 §§ 217—223.

I. Civilsenat. Urt. v. 24. Februar 1897 i. S. v. M. (Kl.) w. M. (Bekl.). Rep. I. 313/96.

I. Landgericht I Berlin.
II. Kammergericht daselbst.

Im Dezember 1886 wurde in Berlin die Aktiengesellschaft Cementfabrik B. errichtet und ins Handelsregister eingetragen. Der Beklagte, der zu den Gründern gehörte und Vorsitzender des Aufsichtsrates war, legte im April 1889 in mehreren Zeitungen die Aktien zum Preise von $114^3/_4$ Prozent zur Subskription auf und veröffentlichte dabei einen von dem Direktor der Gesellschaft unterzeichneten Prospekt, der eine Reihe von Angaben über die Gründung, den Vermögensstand und die Rentabilität des Unternehmens enthielt. Am 17. April 1889 kauften die Bankiers A. & F. im Auftrage des Klägers als dessen Kommissionäre 24 Aktien beim Beklagten zum Kurse von $116^1/_2$ Prozent und lieferten sie dem Kläger. Bald nachher ging der Kurs der Aktien stark zurück. Die Gesellschaft hat seitdem Dividenden nicht verteilt, und die Aktien waren später angeblich höchstens zu 20 Prozent verkäuflich.

Der Kläger forderte vom Beklagten Erstattung des ihm durch den nachteiligen Ankauf erwachsenen Schadens, mit der Behauptung, daß er durch den Prospekt zum Ankaufe der Aktien bewogen sei, der

Prospekt aber Unrichtigkeiten über eine Reihe von für die Beurteilung des Wertes der Aktien wesentlichen Thatsachen, die Anschaffungs- und Herstellungskosten, die Verkaufspreise des Cements, den Umfang der Produktion und die zur Zeit der Veröffentlichung des Prospektes im Jahre 1889 bereits abgeschlossenen Verkäufe, enthalte. Auch die im Prospekte näher mitgeteilte Bilanz von 1888 und die im Gewinnergebnisse kurz erwähnte Bilanz von 1887 sollten unrichtige Posten enthalten. Der Kläger behauptete, daß sich der Beklagte dieser Unrichtigkeiten bewußt gewesen sei, oder daß sie ihm doch nur unter Außerachtlassung der Sorgfalt, die er als Emittent der Aktien und als Mitglied und Vorsitzender des Aufsichtsrates bei der Veröffentlichung des Prospektes hätte aufwenden müssen, hätten entgehen können.

Der Beklagte bestritt dies und erklärte den Rückgang des Unternehmens durch den Eintritt einer Reihe von widrigen Umständen, die man zur Zeit der Veröffentlichung des Prospektes nicht habe voraussehen können. Auch leugnete er seine rechtliche Verantwortlichkeit für etwaige Unrichtigkeiten, insbesondere gegenüber dem Kläger, mit dem er in einem Vertragsverhältnisse nicht stehe. Der erste Richter wies die Klage ab; der Berufungsrichter machte die Entscheidung von einem Eide des Beklagten über die Richtigkeit der Angabe des Prospektes über die Produktion im Geschäftsjahre 1889 abhängig. Auf die Anschließung des Beklagten ist dieses Urteil, unter Zurückweisung der Revision des Klägers, aufgehoben, und die Sache an das Berufungsgericht zurückverwiesen worden, aus folgenden

Gründen:

„Der Kläger hat den Kauf der Aktien, durch den er geschädigt sein will, durch die Bankiers A. & F. besorgen lassen, die bei der Ausführung des Auftrages die Aktien im eigenen Namen vom Beklagten gekauft haben. Eine Übertragung etwaiger Rechte von A. & F. auf den Kläger ist nicht behauptet. Mit Recht gehen daher beide Instanzgerichte davon aus, daß ein Vertragsverhältnis zwischen den Parteien nicht besteht, und die Klage sonach nur auf eine außerkontraktliche, deliktsmäßige Haftung des Beklagten gegründet werden kann. Insoweit ist denn auch in der Revisionsinstanz ein Angriff nicht erhoben.

Für die hiernach allein in Betracht kommende Klagebegründung aus einem Delikte stellt das Berufungsgericht zunächst zwei Punkte fest:

1. daß der Kläger durch den in mehreren Zeitungen veröffentlichten Prospekt zum Ankaufe der Aktien bewogen worden sei, und

2. daß der Beklagte in seiner doppelten Eigenschaft als Vorsitzender des Aufsichtsrates der Cementfabrik B. und als alleiniger Inhaber der emittierenden Firma bei der Abfassung des Prospektes mitgewirkt und dessen Veröffentlichung veranlaßt habe, und daß er daher die Verantwortung für die Veröffentlichung nicht ablehnen könne.

In diesen Feststellungen ist ein rechtlicher Verstoß nicht zu erblicken, und es ist denn auch nach diesen Richtungen ein Revisionsangriff von den Parteien nicht erhoben.

Das Berufungsgericht geht sodann davon aus, daß der Beklagte, falls der Prospekt objektiv unrichtige Angaben enthalte, dem Kläger schadensersatzpflichtig sei, wenn er die Unrichtigkeit der Angaben bei der Veröffentlichung gekannt oder doch seine Unkenntnis durch grobes oder mäßiges Versehen verschuldet habe.

Diese Rechtsauffassung ist zwar insoweit nicht zu beanstanden, als sie eine Haftung des Beklagten für Angaben statuiert, deren Unrichtigkeit er kannte oder doch nur infolge eines ihm zur Last fallenden groben Versehens nicht kannte. Wenn aber darüber hinaus auch eine Haftung für solche Unrichtigkeiten angenommen ist, die dem Beklagten infolge eines nur mäßigen Versehens unbekannt geblieben waren, so wird dies vom Beklagten mit Recht angefochten.

Das Handelsgesetzbuch enthält über die Verantwortlichkeit der sog. Emissionshäuser nur zwei Bestimmungen. Der Art. 213b bürdet ihnen in einer bestimmten zeitlichen Begrenzung eine Mitverantwortlichkeit für den Gründungshergang auf. Diese Haftung, die nur gegenüber der Gesellschaft, und nicht gegenüber den einzelnen Aktionären besteht, kommt hier nicht in Frage. Sodann bezieht sich auch die Bestimmung des Art. 249d auf die Emissionshäuser. Hier wird mit Strafe bedroht, „wer in öffentlichen Bekanntmachungen wissentlich falsche Thatsachen vorspiegelt oder wahre Thatsachen entstellt, um zur Beteiligung an einem Aktienunternehmen zu bestimmen". Mit Recht nimmt das Kammergericht an, daß der Beklagte, falls ihm ein solches Vergehen nachgewiesen würde, dem durch die Bekanntmachung Geschädigten nach bürgerlichem Rechte (§§ 10. 24—26 A.L.R. I. 6) auch auf Schadensersatz hafte. Zur Begründung einer Haftung für eine bloße Nachlässigkeit aber kann die angezogene Bestimmung des Handelsgesetzbuches nicht dienen, da sie sich nur auf wissentliche Unrichtigkeiten bezieht. Die Verantwortlichkeit des Emissionshauses für Fahrlässigkeiten, deren es sich bei den erlassenen Veröffentlichungen schuldig gemacht hat, muß vielmehr ausschließlich aus dem allgemeinen bürgerlichen Rechte, hier also aus dem Allgemeinen Landrechte, abgeleitet werden. Daraus läßt sich aber eine weitergehende Haftung, als für grobes Versehen, nicht entnehmen. Wer Veröffentlichungen der vorliegenden Art erläßt, wendet sich an einen nicht begrenzten Kreis von Personen, denen er die zum Kaufe ausgebotenen Aktien unter Mitteilung von Thatsachen, die für die Beurteilung ihres Wertes und ihrer Rentabilität von Bedeutung sind, zur Anschaffung empfiehlt. Danach sind die in den §§ 217—223 A.L.R. I. 13 enthaltenen Bestimmungen vom Rate und von der Empfehlung zur Anwendung zu bringen. Auf Grund dieser Bestimmungen ist es dann zunächst wiederum gerechtfertigt, dem Beklagten nach § 218 eine Schadensersatzpflicht wegen wissentlicher Unrichtigkeiten aufzuerlegen. Außerdem aber rechtfertigt es sich aus § 219, dem Beklagten auch eine Verantwortlichkeit für grobe Versehen zuzuschieben; denn als Bankier hat er in Bezug auf die Bewertung von Aktien, die er in Ausübung seines Gewerbebetriebes in den Verkehr einführt, als Sachverständiger zu gelten. Für die Anwendung des § 220 aber, der bei einem gegen Bezahlung oder Belohnung erteilten Rate auch ein mäßiges Versehen für vertretbar erklärt, ist kein Raum. Denn es ergiebt sich aus den thatsächlichen Feststellungen des Kammergerichtes, daß der Beklagte eine Bezahlung oder Belohnung für die Veröffentlichung des Prospektes überall nicht erhalten, daß er diese Veröffentlichung vielmehr im eigenen Geschäftsinteresse und im Interesse seiner Mitgründer vorgenommen hat.

Die Erwägungen, die das angefochtene Urteil anstellt, um eine Verantwortlichkeit des Beklagten über die Grenzen eines groben Versehens hinaus zu begründen, können gegenüber den angezogenen gesetzlichen Bestimmungen als stichhaltig nicht angesehen werden. Der Satz, daß die Emissionshäuser außerhalb eines Vertragsverhältnisses dritten Personen gegenüber, die durch den Prospekt bewogen worden sind, Aktionäre zu werden, für ein bei der Veröffentlichung begangenes mäßiges Versehen hafteten, wird denn auch weder in der Rechtsprechung noch in der Rechtswissenschaft vertreten.

Vgl. Cosack, Lehrbuch des Handelsrechts 3. Aufl. S. 347; Ring, Das Reichsgesetz betreffend die Kommanditgesellschaften ꝛc 2. Aufl. S. 321; Endemann, Handbuch des deutschen Handels-, See- und Wechselrechts Bd. 3 S. 872; Bolze, Praxis des Reichsgerichts Bd. 19 Nr. 534; Bericht der Börsen-Enquete-Kommission, Berlin 1893, S. 66.

Und auch das während des Prozesses in Kraft getretene Börsengesetz vom 22. Juni 1896, das die vorliegende Materie in den §§ 43—47 mit der Absicht, die Verantwortlichkeit der Emissionshäuser zu verschärfen, für das Reich einheitlich neu geregelt hat, beschränkt die civilrechtliche außerkontraktliche Haftung derjenigen, welche den Prospekt erlassen haben, oder von denen er ausgeht, auf den Fall, daß sie Unrichtigkeiten in den Angaben gekannt haben oder ohne grobes Verschulden hätten kennen müssen; und für Unvollständigkeiten in den Angaben soll sogar nur dann gehaftet werden, wenn sie auf einem böslichen Verschweigen oder auf böslicher Unterlassung einer ausreichenden Prüfung beruhen.

Der Umstand aber, daß der Beklagte den Prospekt nicht bloß als alleiniger Inhaber der emittierenden Firma veröffentlicht, sondern daß er zugleich als Mitglied und Vorsitzender des Aufsichtsrates der Gesellschaft bei dessen Abfassung mitgewirkt hat, kann zu seiner Verantwortlichkeit dem Kläger gegenüber nichts hinzuthun und nichts daran mindern. Einer der Fälle, in denen das Handelsgesetzbuch eine civilrechtliche Haftung der Mitglieder des Aufsichtsrates gegenüber der Gesellschaft oder gegenüber deren Gläubigern statuiert (Artt. 213c. 226), liegt nicht vor. Es braucht deshalb nicht noch darauf hingewiesen zu werden, daß in diesen Fällen neben der Haftung gegenüber der Gesellschaft und den Gläubigern nicht auch noch eine Haftung gegenüber dem einzelnen Aktionär besteht.

Vgl. Ring, a. a. O. S. 481; Behrend, Handelsrecht Bd. 1 S. 863; Staub, Kommentar 4. Aufl. zu Art. 241 § 6.

Die Haftung des Beklagten in seiner Eigenschaft als Aufsichtsratsmitgliedes kann daher dem Kläger gegenüber ebenfalls nur auf Grund der allgemeinen Bestimmungen des bürgerlichen Rechtes, also lediglich in der bereits erörterten Weise begründet werden.

Vgl. Entsch. des R.G.'s in Civils. Bd. 22 S. 138.

Das Urteil des Berufungsgerichtes geht demnach von einem Rechtsirrtume aus, wenn es den Nachweis eines bloß mäßigen Versehens für ausreichend erachtet, um zu einer Verurteilung des Beklagten zu gelangen. Gleichwohl würde das Rechtsmittel des Beklagten zurückzuweisen sein, wenn das Versehen, auf dessen Annahme die ausgesprochene bedingte Verurteilung des Beklagten beruht, bereits in bedenkenfreier Weise festgestellt wäre, und wenn sich zugleich ergeben sollte, daß dieses Versehen rechtlich als ein grobes Versehen im Sinne der Bestimmungen des Allgemeinen Landrechtes gelten muß. Eine bedenkenfreie Feststellung eines so zu beurteilenden Versehens des Beklagten findet sich aber im Berufungsurteile nicht, sodaß das Urteil auf Grund der Anschlußrevision des Beklagten aufgehoben werden mußte." (Wird weiter ausgeführt.)

---

62. Kann der zweite Cessionar den ihm aus der Verfolgung der cedierten nicht existierenden Forderung gegen den Schuldner erwachsenen Schaden auf Grund einer Cession des seinem Cedenten gegen den ersten Cedenten zustehenden Gewährleistungsanspruches oder als Erbe seines Cedenten gegen den ersten Cedenten geltend machen, auch wenn ihm gegen seinen Cedenten ein Gewährleistungsanspruch nicht zusteht?

A.L.R. I. 11 § 420.

I. Civilsenat. Urt. v. 10. März 1897 i. S. H. u. Gen. (Kl.) w. Aktiengesellschaft Baugesellschaft 2c in Liq. (Bekl.). Rep. I. 373/96.

I. Landgericht I Berlin.
II. Kammergericht daselbst.

Für den Kommissionsrat R. H. zu B. war eine als Darlehn bezeichnete Forderung auf einem der Frau K. gehörigen Grundstücke hypothekarisch eingetragen. Die hypothekarische Forderung war ihm von der Beklagten cediert. Er ließ das Grundstück subhastieren und cedierte die Ausfallsforderung an seine vier Söhne, die Kläger. Diese klagten die Forderung als Darlehnsforderung gegen die Schuldnerin zu einem Teilbetrage ein, nahmen die Klage aber zurück, nachdem die damalige Beklagte beschworen hatte, daß sie niemals von der jetzigen Beklagten ein Darlehn erhalten habe. Auf ihre Widerklage ward ausgesprochen, daß den Klägern eine derartige Ausfallsforderung an die Widerklägerin nicht zustehe. Jetzt haben die Kläger wider die Beklagte Klage auf Erstattung der ihnen in jenem Prozesse erwachsenen Kosten erhoben, die sie unter anderem mit der Behauptung begründet haben, daß ihr Vater, der Kommissionsrat H., verstorben und von ihnen und drei Geschwistern beerbt sei. Diese drei Geschwister haben den Anspruch ihres Vaters auf Gewährleistung gegen die Beklagte, soweit er auf sie vererbt sei, den Klägern abgetreten. Der erste Richter hat die Beklagte zur Zahlung verurteilt, auf die Berufung der Beklagten aber das Kammergericht die Klage abgewiesen. Auf die Revision der Kläger ist das Berufungsurteil aufgehoben, und die Sache an das Berufungsgericht zurückverwiesen worden, aus folgenden

Gründen:

„Nach § 420 A.L.R. I. 11 ist der Cedent dem Cessionar für die Richtigkeit und Rechtsgültigkeit der abgetretenen Forderung zu haften verpflichtet. Dem Kommissionsrat H. stand danach gegen die Beklagte als seine Cedentin ein Gewährleistungsanspruch zu. Dieser Anspruch war auch vererblich; er ist, soweit die Kläger Erben ihres Vaters geworden sind, auf diese übergegangen. Der Gewährleistungsanspruch konnte auch von seinem Inhaber abgetreten werden. Haben die Miterben der Kläger ihren Brüdern diesen Gewährleistungsanspruch abgetreten, soweit er auf sie vererbt war, so sind die Kläger die alleinigen Inhaber des Gewährleistungsanspruches geworden.

Ergiebt sich aus diesem Gewährleistungsanspruche überhaupt eine Haftung der Beklagten für Kosten eines verlorenen Prozesses, in welchem die abgetretene Forderung gegen die Schuldnerin verfolgt wurde, so umfaßt er auch die Haftung für die Kosten, welche den Cessionaren des ersten Cessionars durch ihre Prozeßführung erwachsen sind, sofern nur auf die zweiten Cessionare der Gewährleistungsanspruch, der ihrem Cedenten gegen dessen Cedenten zustand, übergegangen ist. Dabei ist es unerheblich, ob die Kläger gegen ihren Vater aus dem Rechtsgeschäfte, mittels dessen dieser die Forderung an sie abtrat, einen Gewährleistungsanspruch hatten, oder nicht. Es ist ebenso unerheblich, ob der Gewährleistungsanspruch des Vaters auf die Kläger vor, oder nach ihrer Prozeßführung wider die Schuldnerin übergegangen ist.

Soweit der Gewährleistungsanspruch des Kommissionsrates H. auf die Kläger als seine Erben übergegangen ist, verkennt das Berufungsgericht die rechtliche Bedeutung des Erbrechtes, wenn es den Satz ausspricht:

„Diese Kosten sind eben nur den Klägern, und zwar nicht in ihrer Eigenschaft als Erben des Kommissionsrates H., sondern in ihrer Eigenschaft als dessen Cessionare entstanden. Haftet der Kommissionsrat H. oder sein Nachlaß den Cessionaren überhaupt nicht, so fehlt es an jeder Unterlage, auf welcher er oder sein Nachlaß gegen die Beklagte Regreß nehmen könnte."

Eine solche Scheidung zwischen der Rechtsstellung des Erben ohne Vorbehalt in dieser Funktion und bezüglich seines eigenen Vermögens ist nach dem Erbschaftserwerbe rechtsgrundsätzlich und für die Regel nicht mehr statthaft. Beide Vermögensmassen fließen in der Person des Erben zusammen. Das gilt sowohl nach dem preußischen Allgemeinen Landrechte wie nach gemeinem Rechte. Auf die einzelnen Fälle, in denen die beiden Funktionen getrennt zu denken sind, ist hier nicht einzugehen. Sie berühren unsere Frage nicht.

Dem Erben steht zufolge jener Regel die exceptio rei venditae et traditae entgegen, wenn er eine Sache, die ihm vor dem Erbschaftserwerbe gehörte, von dem dritten Besitzer vindiziert, dem sie der Erblasser verkauft und übergeben hatte (l. 1 § 1. l. 3 § 1 Dig. de exc. r. vend. et trad. 21, 3; § 10 A.L.R. I. 15). Ebenso tritt mit der Beerbung eine Konfusion von Recht und Verbindlichkeit ein; die Schuld des Erben an den Erblasser erlischt wie seine Forderung an denselben (§ 476 A.L.R. I. 16). Wären also die Kläger die alleinigen Erben des Kommissionsrates H. ohne Vorbehalt geworden, und wäre ihnen nicht, wie das Kammergericht festgestellt hat, die Forderung an die K. unentgeltlich, sondern gegen Entgelt cediert, so würde ihnen zwar, solange ihr Vater lebte, an diesen ein Gewährleistungsanspruch zugestanden haben, und sie hätten deshalb damals auch nach der Rechtsansicht des Kammergerichtes von ihrem Vater Abtretung des Gewährleistungsanspruches an die Beklagte fordern und, wenn ihnen unter jener Voraussetzung der Gewährleistungsanspruch gegen die Beklagte abgetreten wäre, Ersatz der ihnen erwachsenen Kostenforderung von dieser beanspruchen können. Starb aber der Vater, bevor sie ein solches Ansinnen an denselben gestellt hatten, und bevor demselben von dem Vater entsprochen war, so war damit der Gewährleistungsanspruch der Söhne an den Vater erloschen. Die Brücke, welche zum Regreßanspruch der Söhne nach der Ansicht des Berufungsgerichtes führen soll, war in diesem Falle abgebrochen. Es bedurfte aber auch gar nicht mehr einer Cession. Denn was den Söhnen hätte durch eine Cession des Vaters erteilt werden können, das hatten sie nun kraft des Erbrechtes erlangt; sie hatten den Gewährleistungsanspruch des Vaters ererbt. Und wie die nachträgliche Cession des Gewährleistungsanspruches in jenem Falle für die Personen, denen der Schaden erwachsen war, bevor sie die Inhaber eines Gewährleistungsanspruches an die Beklagte geworden waren, die Kläger legitimiert haben würde, diesen Gewährleistungsanspruch behufs Wiedererlangung der von ihnen aufgewendeten Kosten jetzt zu erheben, so muß die nachträgliche Erwerbung dieses Gewährleistungsanspruches ausreichen, um dieselbe Legitimation zu erbringen.

Hat aber der Übergang des väterlichen Gewährleistungsanspruches durch Erbgang diese Rechtswirkung, obschon gerade mit der Beerbung der Regreßanspruch der Söhne gegen den Vater erlosch, so muß er dieselbe Wirkung haben, wenn ein solcher Regreßanspruch vor der Beerbung nicht begründet war. Daß Gewährleistungsanspruch gegen die erste Cedentin und erlittener Schade jetzt und zufolge der Beerbung in einer Person zusammentreffen, reicht aus, um den Beschädigten den Erstattungsanspruch gegen die Cedentin zu gewähren. Führt die Einheit der beiden Vermögensmassen von Erblasser und Erben, die unitas personarum, dazu, daß die aus der Veräußerung, die sich der Erblasser an Sachen des Erben erlaubt hat, entstandene Verpflichtung, dem Erwerber die Sache zu lassen, bezw. die Gewährleistungspflicht des Erblassers gegenüber dem dritten Erwerber das Vermögen und die Person des Erben ergreift, so muß auch umgekehrt der Gewährleistungsanspruch, den der Erblasser aus einer demnächst an den späteren Erben schenkungsweise abgetretenen Erwerbung gegen den Dritten erlangt hat, den zufolge dieser Erwerbung in dem Vermögen des Erben entstandenen Defekt wieder ausgleichen.

Da aber die Kläger nicht die alleinigen Erben des Kommissionsrates H. geworden sind, so bedurften sie einer Cession ihrer Miterben, um die vollständige Legitimation zur Erhebung des Gewährleistungs- und Kostenerstattungsanspruches gegen die Beklagte zu erlangen. Diese Cession des Gewährleistungsanspruches konnten ihnen auch die Miterben vollwirksam erteilen, auch wenn ihrem Erblasser und folgeweise ihnen kein unmittelbarer Schade durch Aufwendung von Kosten entstanden war, und wenn ihr Erblasser und folgeweise sie ihren Brüdern, den Klägern, auf Erstattung solcher Kosten nicht hafteten. Denn es ist keineswegs richtig, wie in den kammergerichtlichen Urteilen unterstellt wird, daß der Gewährleistungsanspruch des Cessionars gegen seinen Cedenten zur Voraussetzung hat, daß die Nachteile, welche die Nichtexistenz der Forderung zur Folge gehabt hat, in der Person des Cedenten und ersten Cessionars entstanden sein müßten, oder daß er seinem Cesssonar auf Erstattung dieser Schäden haftete. Das ist begrifflich so wenig bei dem Gewährleistungsanspruche des Cessionars, wie bei dem Gewährleistungsanspruche des Käufers oder eines Erwerbers von Sachen aus einem anderen Rechtsgrunde der Fall. Nur das ist Voraussetzung, daß die späteren Veräußerungsgeschäfte sich angeschlossen haben an die Veräußerung des Regreßpflichtigen, sodaß der an letzter Stelle eingetretene Erwerb oder Mangel im Erwerbe eine Folge davon war, daß der Regreßpflichtige etwas als vollgültig, als sein ihm zustehendes Recht, als mängelfrei u. s. w. veräußert hat, was eben so beschaffen nicht war oder ihm nicht zustand. Liegen diese Voraussetzungen vor, so kann der, welcher infolge dieses Mangels an letzter Stelle zu leiden hat, den Gewährleistungsanspruch gegen den ersten Veräußerer erheben, wenn ihm derselbe von dessen unmittelbarem Rechtsnachfolger abgetreten wird. Das ist eine notwendige Folge der freien Veräußerlichkeit von Sachen und Rechten, welche durch die weitere Veräußerung den Verfügungen anderer Personen unterstellt werden, die andere Zwecke verfolgen und andere Vermögensinteressen haben. Der erste Cedent oder Verkäufer weiß das. Wenn er durch seine Abtretung einer Forderung oder durch seinen Verkauf einer ihm nicht gehörigen oder mangelhaften Sache diese Sache oder jene Forderung in Lauf setzt, so muß er sich sagen, daß, wenn er auch nur mit seinem Cessionar oder mit seinem Käufer kontrahiert, also nur diesen Personen *gewährleistungspflichtig* wird, der sich ergebende Schade bei einer anderen Person eintreten und unter Umständen eine ganz andere Gestalt und einen ganz anderen Umfang gewinnen kann, wenn Sache oder Forderung durch Abveräußerung in dritte Hand gelangt. Es liegt auch für den ersten Veräußerer sehr nahe, vorauszusehen, daß sein Cessionar, wenn er die ihm abgetretene Forderung frei weiter cedieren kann, sich auch in der Lage befindet, den Gewährleistungsanspruch, der ihm gegen seinen Gegenkontrahenten zusteht, abzutreten und so seinen mittelbaren oder unmittelbaren Rechtsnachfolger in die Lage zu setzen, den ihm erwachsenen Schaden gegen den ersten Veräußerer zu verfolgen.

Das römische Recht hat auch diese Konsequenz gezogen. Der Pfandgläubiger, welcher als solcher veräußert, steht, wenn er diese Haftung nicht besonders übernimmt, nicht dafür ein, daß der Pfandgeber Eigentümer war. Er ist nicht verpflichtet dem Ersteher Ersatz zu leisten, wenn diesem die erkaufte Sache evinziert wird (l. 10 Dig. de distract. pign. 20, 5; l. 1 Cod. creditorem evict. non debere 8, 46 [45]). In der Person des Pfandgläubigers entsteht also kein Schade, wenn der dritte Eigentümer dem Ersteher die von diesem gekaufte Sache evinziert Gleichwohl kann er den Gewährleistungsanspruch, der ihm gegen den Verpfänder zusteht, dem Käufer mit dem Erfolge abtreten, daß der Verpfänder dem Käufer regreßpflichtig wird. Und weil er solchen Gewährleistungsanspruch gegen den Verpfänder in der actio pignoraticia contraria hat, wird er sogar verpflichtet erachtet, obwohl er sonst nicht haftet, diesen Gewährleistungsanspruch seinem Käufer abzutreten.

L. 38 Dig. de evict. 21, 2: „cui enim non aequum videbitur vel hoc saltem consequi emptorem, quod sine dispendio creditoris futurum est?“

Dieselbe Cessibilität eines Anspruches, an welchem der Cedent ein persönliches Interesse nicht hat, wird auch in anderen Fällen angenommen, in denen der Cedent dem Cessionar sonst nicht haftet.

Vgl. u. a. l. 25 Dig. de admin. et peric. 26, 7.

Es ist nicht ersichtlich, daß das preußische Allgemeine Landrecht in diesen Beziehungen von anderen Rechtsgrundsätzen ausgeht. Kann aber der nicht regreßpflichtige Cedent hiernach seinen Cessionar durch nachträgliche Abtretung des Gewährleistungsanspruches gegen den ersten Cedenten legitimieren, den Ersatzanspruch wegen des Schadens, der dem späteren Cessionar aus dem Mangel im Rechte des ersten Cedenten erwachsen ist, gegen den ersten Cedenten zu verfolgen, so darf man zurückschließen, daß auch der zweite Cessionar, wenn er Benefizialerbe des ersten Cessionars wird, durch die Beerbung ebenso, wie der Erbe ohne Vorbehalt, zur Verfolgung des Schadens legitimiert wird, den er vor der Beerbung erlitten hat." ...

---

63. Ist der Erwerb des Eigentumes an einem Grundstücke durch Ersitzung auch dann gemäß § 6 Eig.-Erw.-Ges. ausgeschlossen, wenn auch der Ersitzende im Grundbuche auf verschiedenen Blättern als Eigentümer des den Gegenstand der Ersitzung bildenden Grundstückes eingetragen ist?

V. Civilsenat. Urt. v. 15. März 1897 i. S. K. (Kl.) w. D. (Bekl.). Rep. V. 312/96.

I. Landgericht Köslin.
II. Oberlandesgericht Stettin.

Die in der Überschrift gestellte Frage ist vom Reichsgericht verneint worden aus folgenden

Gründen:

... „Nach § 6 Eig.-Erw.-Ges. findet die Ersitzung gegen denjenigen nicht statt, der als Eigentümer des zu ersitzenden Grundstücks im Grundbuche eingetragen steht. Wer also nicht eingetragener Eigentümer ist oder, wenn auch als Eigentümer eingetragen, als solcher rechtlich nicht gelten kann, darf sich auf den § 6 nicht berufen. Nach der konstanten Praxis des preußischen Obertribunales und des Reichsgerichtes,

vgl. Turnau, Grundbuchordnung Bd. 1 S. 647 Anm. 5,

heben sich zwei widersprechende Eintragungen in ihrer Wirkung auf; keiner der beiden auf verschiedenen Blättern als Eigentümer desselben Grundstücks Eingetragenen kann ein Übergewicht aus seiner Eintragung herleiten. Wer von beiden der wahre Eigentümer ist, kann nicht nach dem formellen Recht aus der Eintragung, sondern muß nach den außerhalb des Grundbuchrechtes geltenden materiellen Rechtsgrundsätzen entschieden werden. Diesen Grundsätzen unterliegt auch der Erwerb eines Grundstückes durch Ersitzung. Er ist daher lediglich nach den Bestimmungen des Allgemeinen Landrechtes in dessen Geltungsgebiete zu beurteilen und wird nicht beschränkt durch Bestimmungen des Grundbuchrechtes. Das Allgemeine Landrecht enthält allerdings im § 511 I. 9 den Satz: „Rechte auf unbewegliche Sachen, die in das Hypothekenbuch eingetragen sind, können weder durch bloßen Nichtgebrauch erlöschen, noch kann ein denselben entgegenstehendes Recht mittels der Verjährung durch Besitz erworben werden". Diese Bestimmung kann aber, wie vom Obertribunal stets festgehalten und auch vom Reichsgericht angenommen ist, nur auf einzelne dingliche Rechte, nicht auf das Eigentum bezogen werden.

Vgl. Entsch. des Obertrib. Bd. 34 S. 128; Entsch. des R.G.'s in Civils. Bd. 15 S. 228, Bd. 27 S. 199; Just.-Min.-Bl. 1891 S. 155.

Dafür, daß der § 6 Eig.-Erw.-Ges. bei doppelter Eintragung des zu ersitzenden Grundstückes nicht anwendbar ist, spricht auch, daß der innere Grund für den Ausschluß der Ersitzung gegen den eingetragenen Eigentümer in der mangelnden bona fides des Ersitzenden zu finden ist. Wer es weiß oder wissen muß (§ 19 A.L.R. I. 4), daß bereits ein anderer als Eigentümer des Grundstückes im Grundbuche eingetragen ist, kann sich nicht für den Eigentümer desselben Grundstückes halten, muß zum mindesten an der Rechtmäßigkeit seines Eigenbesitzes zweifeln; wer dagegen selbst als Eigentümer des Grundstückes eingetragen ist, hat keine Veranlassung, an der Rechtmäßigkeit seines Eigentumes zu zweifeln bloß deshalb, weil auch ein anderer als Eigentümer eingetragen ist. Hiernach kann nicht bezweifelt werden, daß die Anwendung des § 6 a. a. O. in dem vorausgesetzten Falle der Doppeleintragung ausgeschlossen ist." . . .

---

64. Beteiligung der Lehrer an Reliktenkassen nach dem Inkrafttreten des Gesetzes vom 11. Juni 1894 (G.S. S. 109).

IV. Civilsenat. Urt. v. 18. März 1897 i. S. der Stadtgemeinde E. (Bekl.) w. B. (Kl.). Rep. IV. 312/96.

I. Landgericht Elbing.
II. Oberlandesgericht Marienwerder.

Von dem Provinzialverbande der Provinz Westpreußen wurde im Jahre 1884 eine Kasse unter der Bezeichnung „Westpreußische Provinzial-Witwen- und Waisenkasse" gegründet, welche den Zweck haben sollte, den Witwen und Waisen der Beamten des Provinzialverbandes Westpreußens und der Kreis- und Amtsverbände, sowie der Stadt- und Landgemeinden dieser Provinz Witwen- und Waisengeld zu gewähren. Die verklagte Stadtgemeinde schloß sich dieser Kasse für eine Anzahl der an ihrer höheren Töchterschule angestellten Lehrer, zu denen auch der Kläger gehörte, auf deren Antrag an, nachdem der Kläger und die anderen Lehrer sich der Stadt gegenüber schriftlich verpflichtet hatten, mindestens die Hälfte der auf sie entfallenden reglementmäßig an die Reliktenkasse abzuführenden Beiträge selbst herzugeben. Dementsprechend entrichtete der Kläger in der Folgezeit die Hälfte der ihn betreffenden von der Beklagten an die Kasse abgeführten Beiträge. Nachdem sodann das Gesetz vom 11. Juni 1894, betreffend das Ruhegehalt und die Fürsorge für die Hinterbliebenen der Lehrer und Lehrerinnen an den öffentlichen nicht staatlichen mittleren Schulen, in Kraft getreten war, zeigte der Kläger dem Magistrate an, daß er seine Mitgliedschaft bei der Westpreußischen Provinzialreliktenkasse unter den bisherigen Bedingungen fortsetzen und also die Hälfte der Beiträge weiter zahlen wolle. Der Magistrat eröffnete ihm darauf, daß den Versicherten ein selbständiges Recht darauf, in der Kasse zu verbleiben, nicht zustehe, und daß die bisher von den Lehrern der höheren Töchterschule zur Provinzialreliktenkasse gezahlten Beiträge vom 1. Oktober 1894 ab zufolge eines Gemeindebeschlusses auf städtische Fonds übernommen worden seien. Die gegen diesen Bescheid vom Kläger erhobenen Beschwerden blieben erfolglos. Im vorliegenden Rechtsstreite hat deshalb der Kläger die Feststellung begehrt, daß er zur Fortzahlung der von ihm übernommenen Beiträge zur Provinzialreliktenkasse auch nach dem 1. Oktober 1894 berechtigt, und die Beklagte nicht befugt sei, von den seinen Hinterbliebenen aus dieser Kasse dereinst zufallenden Bezügen die als Entgelt für die von ihm fortzuleistenden Beiträge anzusehende Quote auf die nach Maßgabe des Gesetzes vom 11. Juni 1894 zu gewährenden Witwen- und Waisengelder anzurechnen.

Diesem Antrage entsprechend ist in erster und zweiter Instanz erkannt worden. Das Reichsgericht hat die Revision der verklagten Stadtgemeinde zurückgewiesen aus folgenden

Gründen:

... „Der Kläger will an der ursprünglichen Ordnung des in Frage kommenden Rechtsverhältnisses festhalten und demgemäß den von ihm zur Zahlung übernommenen Teil der an die Westpreußische Provinzial-Witwen- und Waisenkasse abzuführenden Beiträge auch ferner entrichten, um dadurch seinen Hinterbliebenen eine Mehreinnahme neben den ihnen nach dem Gesetze vom 11. Juni 1894 gebührenden Bezügen zu sichern. Die Beklagte hält sich dagegen für befugt, an Stelle des Klägers dessen Beitragsquote zu übernehmen, um so durch Entrichtung des vollen Betrages der an die Reliktenkasse abzuführenden Zahlungen das Recht zu erlangen, diejenigen Beträge, welche diese Kasse dereinst den Angehörigen des Klägers zu zahlen haben wird, voll auf das denselben von der Beklagten nach dem Gesetze zu gewährende Witwen- und Waisengeld in Anrechnung bringen zu können. Der hiernach von der Beklagten eingenommene Standpunkt würde berechtigt sein, wenn im vorliegenden Falle die Vorschriften des § 7 Abss. 3. 4 des Gesetzes vom 11. Juni 1894 anwendbar wären, welche dahin lauten:

„Den zur Aufbringung des Witwen- und Waisengeldes Verpflichteten ist gestattet, für die Stellen derjenigen Lehrer, welche gegenwärtig Mitglieder der Elementarlehrer-Witwen- und Waisenkassen sind, die Mitgliedschaft unter Fortzahlung der bisherigen Gemeindebeiträge und Übernahme der etwa von den Lehrern zu entrichtenden Beiträge auf die Dauer der Besetzung mit den gegenwärtigen Mitgliedern fortzusetzen.

Den Lehrern selbst steht diese Befugnis nicht zu."

Diese Bestimmung bezieht sich jedoch ausschließlich auf die infolge des Staatszuschusses besondere Vorteile gewährenden Elementarlehrer-Witwen- und Waisenkassen und trifft daher hier, wo es sich um die Beteiligung an einer Provinzialreliktenkasse handelt, nicht zu. Bezüglich der ferneren Beteiligung an derartigen und ähnlichen Kassen bestimmt zwar der § 7 Abs. 1 a. a. O.:

„Kein Lehrer ... einer öffentlichen nicht staatlichen mittleren Schule ist fortan verpflichtet, einer Ruhegehaltskasse oder einer die Fürsorge für die Hinterbliebenen bezweckenden Veranstaltung beizutreten oder, sofern er ... einer solchen auf Grund einer ihm ... dahin auferlegten Verpflichtung beigetreten ist, in derselben zu verbleiben."

Freiwillig aber können die Lehrer — wie in den Motiven ausdrücklich hervorgehoben worden ist — derartigen Interessentenkassen (abgesehen von den im § 7 Abss. 2. 3. 4. 6 bezüglich der Elementarlehrer-Witwen- und Waisenkassen und hinsichtlich der Allgemeinen Witwenverpflegungsanstalt gegebenen besondern Vorschriften) nach wie vor beitreten oder angehören.

Vgl. Motive Bd. 2 S. 725 der Anlagen zu den Stenographischen Berichten des Abgeordnetenhauses von 1894.

Andererseits ist auch den zur Aufbringung des Ruhegehaltes, des Gnadenquartales und des Witwen- und Waisengeldes Verpflichteten die Befugnis belassen worden, zum Zwecke der Versorgung der in den Ruhestand versetzten Lehrer und deren Hinterbliebener Veranstaltungen z. B. durch Versicherungen, Einkauf in die Provinzialkassen u. s. w. zu treffen,

vgl. Motive a. a. O.,

und der § 8 des Gesetzes gestattet ausdrücklich, daß die den Lehrern und deren Hinterbliebenen aus solchen Veranstaltungen zufließenden Bezüge auf das nach Maßgabe des Gesetzes zu gewährende Ruhegehalt, Gnadenquartal, Witwen- und Waisengeld angerechnet werden dürfen. In den Motiven wird hierzu jedoch bemerkt:

„Bestand .... eine Verpflichtung der Lehrpersonen zum Beitritt, und bleiben dieselben jetzt freiwillig bei den Kassen, oder sind sie überhaupt freiwillig beigetreten und setzen sie dieses Verhältnis fort, so erhalten sie auch voll die aus diesen Veranstaltungen ihnen zukommenden Bezüge. Die Gemeinden und sonstigen zur Entrichtung des Ruhegehalts u. s. w. Verpflichteten können auf die von ihnen zu leistenden Zahlungen jene Bezüge anrechnen, soweit solche nicht Entgelt für die Beiträge der Lehrpersonen sind."

Dieser Gedanke ist im Gesetz selbst, § 8 Abs. 1 a. E., dahin formuliert worden:

„Eine Anrechnung findet nicht statt, soweit diese Bezüge als Entgelt für diejenigen Beiträge anzusehen sind, welche von den

Lehrern .... zu diesen Veranstaltungen nach dem Inkrafttreten dieses Gesetzes fortgeleistet werden."

Der Gesetzgeber hat also besonders vorgesehen, daß eine Fortleistung von Beiträgen seitens der Lehrer stattfinden kann, und ausdrückliche Vorschriften für solchen Fall getroffen.

Hiernach läßt sich aus dem Gesetze vom 11. Juni 1894 für die Auffassung der Beklagten nichts herleiten." ...

---

65. Welche Rechtswirkung hat die Vertragsschließung namens einer „Genossenschaft", deren Eintragung in das Genossenschaftsregister beabsichtigt war, aber unterblieben ist?

A.L.R. I. 17 § 239.

I. Civilsenat. Urt. v. 27. März 1897 i. S. Gebr. D. (Kl.) w. R. u. Z. (Bekl.). Rep. I. 412/96.

I. Landgericht II Berlin.
II. Kammergericht daselbst.

Die Entscheidung ist oben unter „Reichsrecht" Nr. 9 S. 25 abgedruckt.

---

66. 1. Wirkung des Widerrufes der von der höheren Verwaltungsbehörde erteilten Genehmigung zur Bestellung eines besonderen Standesbeamten.

Reichsgesetz über die Beurkundung des Personenstandes vom 6. Februar 1875 § 4 Abss. 2, 4. § 5.

2. Kann im Falle dieses Widerrufes der ausgeschiedene Standesbeamte auf Grund des § 56 Ziff. 6 der preußischen Städteordnung vom 30. Mai 1853 die Fortzahlung seines Gehaltes verlangen?

IV. Civilsenat. Urt. v. 29. März 1897 i. S. H. (Kl.) w. Stadtgemeinde M. (Bekl.). Rep. IV. 326/96.

I. Landgericht Erfurt.
II. Oberlandesgericht Naumburg a. S.

Der Kläger, welcher in M. das Amt eines besonderen Standesbeamten gegen ein Jahresgehalt von 1000 ℳ bekleidete, schied aus diesem Amte aus, weil die zu seiner Anstellung erteilte Genehmigung von dem Oberpräsidenten widerrufen wurde. Gleichwohl beanspruchte der Kläger die Fortzahlung seines Gehaltes, indem er geltend machte, daß er durch seine Anstellung als besonderer Standesbeamter alle Rechte eines nach § 56 Ziff. 6 der preußischen Städteordnung vom 30. Mai 1853 auf Lebenszeit angestellten Gemeindebeamten erlangt habe. Mit diesem, von der Beklagten bestrittenen, Anspruche wies das Berufungsgericht den Kläger ab, und das Reichsgericht hat diese Entscheidung gebilligt aus folgenden

Gründen:

... „Die durch den Gemeindevorstand unter Genehmigung der höheren Verwaltungsbehörde ernannten besonderen Standesbeamten sind allerdings nach § 4 Abs. 4 des Reichsgesetzes über die Beurkundung des Personenstandes vom 6. Februar 1875 Gemeindebeamte. Sie sind dies aber nur in ihrer Eigenschaft als Standesbeamter, und zwar auf Grund der Bestimmung des gedachten Reichsgesetzes, welches daneben in § 5 ausspricht, daß die durch die höhere Verwaltungsbehörde erfolgte Genehmigung zur Bestellung jederzeit widerruflich ist. Macht die Verwaltungsbehörde von diesem Widerrufsrechte Gebrauch, so erledigt sich damit das Amt des besonderen Standesbeamten. Dem Berufungsrichter muß deshalb darin beigetreten werden, daß der Kläger, welcher in solcher Weise, infolge eines die Genehmigung zu seiner Bestellung widerrufenden Oberpräsidialerlasses, aus seiner standesamtlichen Stellung geschieden ist, die Eigenschaft eines Gemeindebeamten gleichzeitig mit dem ihm übertragen gewesenen Amte verloren hat, und daß er sich demgegenüber für die von ihm behauptete Fortdauer seiner Gemeindebeamtenqualität auf die Vorschrift des § 56 Ziff. 6 der Städteordnung vom 30. Mai 1853 nicht berufen kann, weil er von dem Gemeindevorstande nur als Standesbeamter mit der sich aus § 5 des genannten Reichsgesetzes ergebenden Beschränkung angestellt worden war.

Dieser Auffassung steht auch die Entstehungsgeschichte der hier in Frage kommenden Bestimmungen des Gesetzes vom 6. Februar 1875 nicht entgegen.

In dem ursprünglichen Entwurfe lautete der bis auf die Schlußworte unverändert gebliebene zweite Absatz des § 3 dahin:

„Die Bestellung erfolgt, soweit nicht im § 4 ein Anderes bestimmt ist, durch die höhere Verwaltungsbehörde und ist widerruflich."

Dazu wurde in den Motiven (S. 23) hervorgehoben, daß die Bestellung der Standesbeamten in allen Fällen nur auf Widerruf erfolgen solle. Um diesem Gedanken einen noch präziseren Ausdruck zu geben, wurde, infolge eines auf Anregung des Abgeordneten Dr. Schwarze (durch v. Seydewitz und Genossen) gestellten Antrages, die jetzt dem § 5 entsprechende Bestimmung, unter Streichung der drei letzten Worte des § 3 Abs. 2, hinter § 4 dahin eingeschoben:

„Die durch die höhere Verwaltungsbehörde erfolgte Bestellung und Genehmigung zur Bestellung ist jederzeit widerruflich."

Vgl. Stenographische Berichte S. 991.

Erst nachdem dieser Abänderungsantrag ohne Widerspruch geblieben war, wurde bei der weiteren Beratung des § 4, in welchem nach der damaligen Vorlage der vierte Absatz noch fehlte, vom Abgeordneten Miquel die Frage angeregt, ob die durch den Gemeindevorstand unter Genehmigung der höheren Verwaltungsbehörde ernannten Standesbeamten Gemeindebeamte, oder Staatsbeamte seien. Er bat in dieser Beziehung um eine authentische Erklärung, weil auf Grund einer ähnlichen Bestimmung des preußischen Civilstandsgesetzes Zweifel darüber hervorgetreten seien, ob solche Standesbeamte als Gemeindebeamte angesehen werden müßten, und ob sie dem Magistrate unterstellt und seiner Disziplin unterworfen seien. Da vom Bundesratstische hierüber zunächst eine Erklärung nicht abgegeben wurde, stellte der Abgeordnete Miquel bei der dritten Lesung einen von ihm näher begründeten Antrag dahin, dem § 4 die (jetzt dem Abs. 4 entsprechende) Bestimmung beizufügen:

„Die durch den Gemeindevorstand ernannten besonderen Standesbeamten und deren Stellvertreter sind Gemeindebeamte."

Der Bevollmächtigte zum Bundesrat für das Königreich Preußen, Unterstaatssekretär Dr. Friedberg, erklärte darauf: es werde anerkannt, daß ein von Gemeindewegen bestellter besonderer Standesbeamter in seinen amtlichen Funktionen in die Hierarchie der Gemeindebehörden eingereiht sei und demgemäß unter der Kontrole und Botmäßigkeit der Gemeindebehörde stehe; wenn aber das Amendement ausspreche: „diese Personen sind Gemeindebeamte", so gehe das Amendement über das hinaus, was hier notwendig zu sagen sei; viele Personen, z. B. frühere Offiziere, die sich gern dazu hergegeben hätten, die Funktionen eines Standesbeamten zu übernehmen, würden möglicherweise großes Bedenken tragen, einfach in die Reihe der „Gemeindebeamten" im strikten Sinne einzurücken. Diese Darlegungen wurden vom Abgeordneten Grumbrecht als unklar bekämpft, und der Antragsteller Miquel erklärte sodann: „er würde kein Bedenken getragen haben, sein Amendement zurückzuziehen, wenn der Vertreter des Bundesrates sich darauf beschränkt hätte, zu sagen: „Wir halten es für zweifellos, daß inhalts dieses Gesetzes auch ohne Annahme des Amendements die betreffenden Beamten in der Hierarchie der Gemeindebeamten stehen und der Kontrole und der Aufsicht des Magistrates unterworfen sind"; die hinzugefügten weiteren Bemerkungen des Bundesratsvertreters hätten aber die Sache wieder dunkel gemacht. Nach seiner Ansicht sei die Sachlage eine höchst einfache: es seien die fraglichen Personen Gemeindebeamte mit dem Auftrage, staatliche Funktionen zu versehen.

Vgl. Stenographische Berichte S. 995 und 1226 bis 1229.

Aus diesen Vorgängen ergiebt sich, daß man mit der im vierten Absatze des § 4 a. a. O. enthaltenen Bestimmung im wesentlichen nur die Absicht verfolgt hat, jeden Zweifel darüber zu beseitigen, daß die durch den Gemeindevorstand ernannten besonderen Standesbeamten in der Hierarchie der Gemeindebeamten stehen und der Kontrole und der Aufsicht der Gemeindebehörde unterstellt sind. Dagegen bieten die Reichstagsverhandlungen keinen Anhalt dafür, daß man den fraglichen Beamten ein Recht darauf habe einräumen wollen, auch dann noch Gemeindebeamte zu bleiben, wenn sie aufhören würden, Standesbeamte zu sein. Vielmehr lassen die bei der zweiten Lesung voraufgegangenen Verhandlungen, welche zur Einschiebung des § 5 a. a. O. geführt hatten, deutlich erkennen, daß man sich bei der Annahme des Amendements Miquel voll bewußt gewesen ist, daß die amtliche Stellung, um deren Qualifizierung es sich handelte, nur als eine widerrufliche sollte übertragen werden können." ...

67. Öffentlicher Glaube des Grundbuches.

Gesetz über das Grundbuchwesen im Bezirke des Appellationsgerichtes zu Kassel vom 29. Mai 1873 § 25.

III. Civilsenat. Urt. v. 30. März 1897 i. S. v. B. (Kl.) w. Kreissparkasse zu W. (Bekl.). Rep. III. 309/96.

I. Landgericht Kassel.
II. Oberlandesgericht daselbst.

Das Reichsgericht hat die Revision zurückgewiesen aus den folgenden

Gründen:

„Das Berufungsgericht geht davon aus, daß der Kläger, welcher nicht Allodialerbe seines Vaters geworden ist, berechtigt war, die das Fideikommißgut belastenden Hypotheken über 24000 ℳ und 26000 ℳ anzufechten, weil dieselben dem am 22. September 1830 gerichtlich bestätigten Fideikommißstiftungsvertrage zuwider laufen, und weil der Kläger an den die Verpfändung der Fideikommißgrundstücke innerhalb bestimmter Grenzen gestattenden Vertrag vom 25. November 1869, abgesehen von dessen Zulässigkeit im allgemeinen, nicht gebunden ist, da mehrere zur Zeit des Vertragsschlusses lebende Anwärter, welche nicht Allodialerben der Paciscenten geworden sind, ihre Zustimmung nicht erklärt haben. Die dennoch erfolgte Klagabweisung beruht auf der Erwägung, daß die Beklagte nach § 11 des Eigentumserwerbsgesetzes durch den Inhalt des Grundbuches und den Erwerb der Hypotheken in gutem Glauben gegen die erhobene Anfechtung des Rechtsbestandes derselben gedeckt sei. Der wesentliche, die Dispositionsbeschränkung betreffende Inhalt der Fideikommißstiftung von 1830 und des Vertrages von 1869 war in das Generalwährschafts- und Hypothekenbuch von Z. eingetragen. Der letztere Eintrag war allerdings von dem Richter des Amtsgerichtes W. nicht mit unterschrieben; dagegen hatte derselbe den Vermerk vom 13. Dezember 1869 über die geschehene Eintragung mit vollzogen. Unter diesen Umständen hat das Berufungsgericht festgestellt, daß der Eintrag dem Willen des Amtsrichters entspreche, und angenommen, daß die Unterlassung seiner Mitunterschrift nur einen Formverstoß gegen die Vorschriften des Kurfürstlichen Ministerialausschreibens vom 9. Mai 1822 enthalte, welcher die Wirksamkeit des Eintrages selbst nicht beeinträchtige. Diese auf thatsächlichen Erwägungen und partikulären Normen beruhende Annahme konnte im Revisionswege nicht angefochten werden, und rechtfertigt sich danach auch die weitere Annahme, daß bei Anlegung des Grundbuches gemäß § 25 des Gesetzes über das Grundbuchwesen im Bezirke des Appellationsgerichtes zu Cassel vom 29. Mai 1873 der Inhalt des älteren Währschafts- und Hypothekenbuches im obigen Umfange in das Grundbuch zu übernehmen war und übertragen sein soll.

Zur Bestätigung dessen kann in der hier interessierenden Richtung der in den Entscheidungsgründen des Berufungsurteiles angezogene Vermerk hinter Nr. 12 Abteilung II des Grundbuches nicht verwertet werden; denn der dort erwähnte Eintrag aus dem Generalwährschafts- und Hypothekenbuche ... bezieht sich nicht auf die hier fraglichen Dispositionsbeschränkungen ... Indes auch hiervon abgesehen mußten die Eintragungen zum Grundbuche in dem vom Berufungsgericht angenommenen Sinne verstanden werden.

Von denselben kann hier nur der Vermerk zu Nr. 1 der Abteilung II maßgebend sein, da der später, im Jahre 1885, erfolgte Nachtrag zu Nr. 13 Abteilung II, welcher die Bestimmungen des Vertrages vom 25. November 1869 im einzelnen anführt, erst nach der Entstehung der streitigen Hypotheken eingetragen ist. Aber auch der Eintrag zu Nr. 1 Abteilung II, welcher nur den Vermerk enthält: „Fideikommißqualität und Unveräußerlichkeit der Immobilien aus dem Vertrage vom 22. September 1830 und Nachträgen vom 5. Mai 1854, 25. November 1869, 3. und. 4. April 1872“, konnte nach dem Zusammenhange mit dem Inhalt des zu übertragenden Generalwährschafts- und Hypothekenbuches nur dahin verstanden werden, daß ein Veräußerungsverbot nur insoweit bestehe, wie sich dasselbe aus diesen Verträgen in ihrer Gesamtheit ergebe. Wenn der eine Hypothek erwerbende Gläubiger, welcher die Sachlage nach dem Inhalt des Grundbuches zu prüfen hatte, bei der Kürze des dortigen Eintrages den Umfang des bestehenden Veräußerungsverbotes nicht erkennen konnte, so war er dadurch, daß es sich um Übertragungen aus dem älteren Generalwährschaftsbuch handelte, darauf verwiesen, dessen Inhalt einzusehen. Fand er dort, daß neben dem Vertrage von 1830 der eine Verpfändung innerhalb bestimmter Grenzen gestattende Inhalt des Vertrages von 1869 speziell eingetragen war, so wurde er hierdurch direkt zu der Annahme veranlaßt, daß ein Veräußerungsverbot nur mit der aus dem Vertrage von 1869 vermerkten Modifikation eingetragen sei.

Die rechtlichen Bedenken, welche im Rechtsstreit gegen den Inhalt dieser Eintragungen erhoben sind, waren vom Erwerber der Hypotheken nicht zu erwägen, und es entzog sich seiner Kenntnis, ob zur Zeit des Vertragsschlusses Agnaten der Paciscenten lebten, welche ihre erforderliche Zustimmung nicht gegeben haben. Es war daher der Angriff der Revision zurückzuweisen, daß die Beklagte es an genügender Prüfung habe fehlen lassen, und daß sie sich wegen dieses Verschuldens nicht auf den Glauben des Grundbuches berufen dürfe.

Unbegründet ist auch der Angriff der Revision dagegen, daß der schon in erster Instanz gestellte Beweisantrag in betreff der Verwendung der fraglichen Darlehen zum Zwecke der Konsolidation übergangen ist. Es genügte, daß die Eintragung der Hypotheken zum erklärten Zwecke der Abfindung eines Mitberechtigten geschah, und daß dieselbe innerhalb der Grenzen der Verschuldung der Fideikommißgrundstücke lag, bis zu welchen der aus dem Vertrage von 1869 im Generalwährschaftsbuch vermerkte Eintrag die Verschuldung zum Zwecke der Konsolidation als statthaft bezeichnete. Die thatsächliche Verwendung der so erlangten Geldmittel entzog sich der Kenntnis des Darlehnsgebers und berührte den Rechtsbestand der für ihn konstituierten Hypotheken nicht." ...

---

68. Ungültigkeit eines Vertrages, durch welchen jemand von dem konzessionierten Schankwirte die Fortführung der Schankwirtschaft für eigene Rechnung übernimmt, wenn zugleich bestimmt ist, daß der Übernehmer die polizeiliche Erlaubnis für seine Person nicht nachsuchen solle, vielmehr nach außen als Stellvertreter des Inhabers der Schankkonzession aufzutreten habe.

VI. Civilsenat. Urt. v. 1. April 1897 i. S. H. (Kl.) w. Sch. Wwe. (Bekl.). Rep. VI. 371/96.

I. Landgericht Dortmund.
II. Oberlandesgericht Hamm.

Gründe:

„Im schriftlichen Vertrage vom 31. Januar 1893 übertrug die Beklagte dem Kläger „die Verwaltung und Führung" ihrer Schankwirtschaft auf 4 Jahre, jedoch mit der Bestimmung, daß Kläger die Schankwirtschaft aus eigenen Mitteln und auf eigenes Risiko fortsetzen solle. Zugleich wurden im Vertrage dem Kläger die zum Betriebe der Schankwirtschaft gehörigen Räume nebst verschiedenen Wohn- und anderen Räumen und dem Wirtschaftsinventar für jährlich 2400 ℳ von der Beklagten vermietet; die vorhandenen Getränke, Cigarren ꝛc hatte Kläger zum Kostenpreise zu übernehmen. Die Parteien sind darüber einig, daß die Bestimmung, wonach Kläger die Verwaltung der Schankwirtschaft führen sollte, nur den Zweck hatte, den Kläger nach außen hin, der Polizeibehörde gegenüber, als Stellvertreter der Beklagten im Schankbetriebe auftreten zu lassen.

Die Beklagte hat den schriftlichen Vertrag vernichtet, nachdem sie dem Kläger mitgeteilt hatte, daß sie von demselben zurücktrete. Kläger verlangt Anerkennung des Vertrages und Einweisung in den Mietsbesitz, ist aber in zweiter Instanz mit der Klage abgewiesen. Die dagegen eingelegte Revision des Klägers kann keinen Erfolg haben.

Unangefochten ist die, auch zu keinerlei rechtlichen Bedenken Anlaß gebende, Ausführung des Berufungsgerichtes, daß, wer für eigene Rechnung das Schankgewerbe betreibt, nicht als Stellvertreter im Sinne des § 45 der Gewerbeordnung anzusehen ist, und nach § 33 daselbst einer auf seine Person lautenden polizeilichen Erlaubnis bedarf, sich auch nach § 147 Ziff. 1 daselbst strafbar macht, wenn er ohne solche Erlaubnis das Schankgewerbe betreibt.

Vgl. die schon vom Berufungsgerichte in Bezug genommenen Urteile des Reichsgerichtes vom 4. März 1881, Entsch. des R.G.'s in Straff. Bd. 3 S. 419, und vom 22. November 1881, abgedruckt in Gruchot, Beiträge Bd. 26 S. 896, speziell S. 898.

Die Revision richtet sich gegen die Feststellung des Berufungsgerichtes, daß die Parteien, da es ungewiß gewesen sei, ob Kläger die polizeiliche Erlaubnis erhalten, und Beklagte nach deren Aufgabe sie bei Beendigung des Pachtvertrages wieder erhalten werde, behufs Umgehung des Gesetzes und Täuschung der Behörde übereingekommen seien, daß der Kläger zum Scheine als Stellvertreter der Beklagten im Schankbetriebe auftreten sollte. Hieraus folgert das Gericht die

Nichtigkeit des Vertrages. Die Revision macht geltend, daß der Vertrag selbst, wie auch das Berufungsgericht annehme, keinen Zweifel darüber lasse, daß der Kläger das Geschäft für eigene Rechnung betreiben, also nicht Stellvertreter sein sollte, worin sich dieser Fall von dem im eben angezogenen Urteile vom 22. November 1881 entschiedenen Falle unterscheide. Der Kläger würde sich, wenn er der Behörde gegenüber als Stellvertreter aufgetreten wäre, zwar strafbar gemacht haben; dies habe aber auf die Gültigkeit des Vertrages keinen Einfluß.

Der Angriff geht fehl. Nach der Feststellung des Berufungsgerichtes war es ein wesentlicher Bestandteil der Vertragsabreden der Parteien, daß der Kläger, wenngleich ihm die Schankwirtschaft zum Betriebe für eigene Rechnung und auf eigene Verantwortung verpachtet wurde, doch die polizeiliche Erlaubnis für seine Person nicht nachsuchen sollte, was ohne Aufgabe der Konzession der Beklagten nicht hätte geschehen können, sondern daß er unter dem Scheine einer Stellvertretung die der Beklagten erteilte Konzession für sich benutzen sollte. Diese Feststellung, die auf dem Inhalte des Vertrages selbst und auf den Erklärungen der Parteien beruht und keine Bedenken gegen sich hat, rechtfertigt die Annahme der Nichtigkeit des Vertrages, der, insofern er eine Übertragung der Konzession der Beklagten auf den Kläger bezweckt, gegen § 5 A.L.R. I. 4, und insofern der Kläger zu einer in den Gesetzen verbotenen Handlung — nämlich der Benutzung einer fremden Konzession zur Ausübung der Schankwirtschaft auf eigene Rechnung — berechtigt und verpflichtet wurde, gegen § 6 daselbst und § 68 I. 5 verstieß. Daß, wie das Berufungsgericht allerdings sagt, schon der schriftliche Vertrag selbst deutlich die Absicht der Parteien erkennen läßt, dem Kläger die Vertretung der Beklagten nur zum Scheine zu übertragen, spricht nicht für die Gültigkeit des Vertrages; es erhellt daraus nur, daß es sich hier um eine in den schriftlichen Vertrag mit aufgenommene, nicht aber um eine mündliche Nebenabrede handelt. An sich stand auch nichts entgegen, die widersprechenden Bestimmungen des Vertrages im Wege der Auslegung dahin zu vereinigen, daß die dem Kläger im Vertrage übertragene Stellvertretung, da sie neben der Überlassung der Schankwirtschaft zum Betriebe auf eigene Rechnung als eine wirkliche Vertretung nicht bestehen konnte, nach der Absicht der Parteien nur eine scheinbare war, um dem Kläger den thatsächlichen Betrieb der Schankwirtschaft ohne eigene Konzession zu ermöglichen.

Wollte man übrigens letzteres bezweifeln und als festgestellt nur den Inhalt einer mündlichen Abrede dahin ansehen, daß Kläger nach außen hin zum Scheine als Stellvertreter der Beklagten aufzutreten habe, in Wirklichkeit es aber nicht sein sollte, so würde dies nicht zur Aufrechthaltung des Vertrages führen. Eine mündliche Nebenabrede im Sinne der §§ 128. 129 A.L.R. I. 5 liegt nicht vor. Diese Bestimmungen finden ihre Geltung, wie § 129 ergiebt, bei der Regelung der Art und Weise, wie das Geschäft zu erfüllen ist. Haben die Kontrahenten darüber besondere Bestimmungen getroffen, die sie jedoch in den schriftlichen Vertrag absichtlich nicht aufgenommen haben, so ist anzunehmen, daß sie sich in dieser Beziehung der Regelung nach Maßgabe des Gesetzes unterworfen haben, und es können daher solche, vom Gesetze abweichende mündliche Bestimmungen keine rechtliche Anerkennung beanspruchen.

Vgl. Entsch. des Obertribunals Bd. 76 S. 58. 59.

Anders verhält es sich aber mit Abreden, die dem Inhalte des schriftlichen Vertrages zuwiderlaufen, sodaß der letztere nicht als gewollt erscheint, sowie mit denjenigen mündlichen Abreden, die nach der Intention der Kontrahenten eine für den Bestand des Geschäfts wesentliche Voraussetzung enthalten.

Vgl. Striethorst, Archiv Bd. 29 S. 283, Bd. 87 S. 147; Dernburg, Preußisches Privatrecht 5. Aufl. Bd. 1 § 99 S. 209.

Dergleichen Abreden unberücksichtigt zu lassen, geht nicht an, weil dadurch den Parteien ein ihnen fremder Wille aufgedrängt, und das Geschäft zu etwas ganz anderem gemacht werden würde, als es nach der — wenn auch nur mündlich — zum Ausdruck gelangten Absicht der Kontrahenten sein sollte. Im vorliegenden Falle ging die Abrede der Parteien dahin, daß die im schriftlichen Vertrage dem Kläger übertragene Vertretung der Beklagten nur scheinbar, und in Wirklichkeit der Kläger nicht Vertreter sein sollte. Es übernahm ferner die Beklagte keine Verpflichtung, ihre Konzession aufzugeben, damit der Kläger dieselbe für sich erlangen könnte; es sollte auch dieser Weg nach der Abrede der Parteien nicht eingeschlagen werden, und es war im Sinne der Kontrahenten eine den Bestand des Geschäfts bedingende

Bestimmung, daß der Kläger zum Scheine als Vertreter auftrat. Ist hiernach die Abrede zu berücksichtigen, so mag dies zwar bei der Notwendigkeit der Schriftform nicht in der Weise geschehen können, daß die Abrede als Bestandteil eines formell gültigen Vertrages angesehen wird; es ergiebt sich dann vielmehr, daß der Vertrag, weil er nicht vollständig in die Schriftform gebracht ist, wegen Formmangels unverbindlich war. Aber auch dies müßte zur Abweisung der Klage führen.

Die Revision war daher zurückzuweisen."

---

69. Kann ein Miterbe, obwohl ihm nicht Miteigentum zu seiner Erbquote an den einzelnen Nachlaßsachen zusteht, zum Zwecke der Auseinandersetzung die Zwangsversteigerung eines Nachlaßgrundstückes betreiben?

Zwangsvollstreckungsgesetz vom 13. Juli 1883 §§ 180. 185.
A.L.R. I. 17 §§ 89 flg. 115. 117. 123.

V. Civilsenat. Urt. v. 3. April 1897 i. S. S. (Bekl.) w. P. (Kl.).
Rep. V. 177/96.

I. Landgericht Ratibor.
II. Oberlandesgericht Breslau.

Die in der Überschrift gestellte Frage ist vom Reichsgericht bejaht worden aus folgenden

Gründen:

..."Diese Frage ist streitig. Sie wird bejaht von Dernburg (Preußisches Privatrecht Bd. 1 § 224 Anm. 5), von den Kommentatoren des Zwangsvollstreckungsgesetzes vom 13. Juli 1883, Krech und Fischer (Anm. 5 zu § 185), Jaeckel (Anm. 4 Abs. 2 zu § 180), Knorr (Anm. 3a zu § 180), sowie von Jastrow (Rechtsgrundsätze der Entscheidungen des Kammergerichts, Neue Folge, S. 36 Anm. 1); verneint vom Kammergericht (Johow, Entsch. Bd. 9 S. 123) und von Eccius (Förster-Eccius, Preußisches Privatrecht Bd. 3 § 182 Anm. 95). Das Reichsgericht trägt kein Bedenken, der ersteren Ansicht zu folgen. Das Gesetz vom 13. Juli 1883 spricht im § 180

Ziff. 2 und im § 185 Ziff. 1 allerdings nur von der Zwangsversteigerung auf Antrag eines Miteigentümers zum Zwecke der Auseinandersetzung. Daraus ist jedoch etwas Bestimmtes zu Gunsten der einen oder anderen Meinung nicht herzuleiten. Insbesondere läßt sich daraus, daß das Gesetz auch für die Gebiete des gemeinen Rechts bestimmt ist, in welchen die Miterben unstreitig die Befugnis zum Antrage auf Zwangsversteigerung der Nachlaßgrundstücke haben, nicht folgern, daß dies auch im Gebiete des Allgemeinen Landrechtes der Fall sein müsse. Denn in diesen beiden Gebieten ist die Rechtsstellung der Erben verschieden: während nach gemeinem Recht die Miterben schon vor der Erbteilung Miteigentümer der einzelnen Nachlaßsachen nach dem Verhältnisse ihrer Erbquoten sind, steht ihnen nach dem Allgemeinen Landrecht nur Miteigentum zu bestimmten Quoten an der Erbschaft im ganzen, nicht aber an jeder einzelnen Nachlaßsache zu. Aus dieser Rechtsstellung läßt sich für die Beantwortung der Frage überhaupt nichts entnehmen. In dem Antrage auf Zwangsversteigerung zum Zweck der Auseinandersetzung ist eine dem einzelnen Miterben nicht zustehende Verfügung über das Nachlaßgrundstück nicht zu erblicken. Durch die Zwangsversteigerung soll nur zur Vorbereitung der Erbteilung an die Stelle des Nachlaßgrundstückes, über dessen reale Teilung keine Einigung zu erzielen ist, ein teilbarer Gegenstand, das Kaufgeld, beschafft werden (A.L.R. I. 17, §§ 89 flg.). Da jeder Erbe, dessen Anteil nicht in sich selbst, sondern nur im Verhältnisse gegen das Ganze bestimmt ist, auf die Teilung der Erbschaft antragen kann (§ 117 a. a. O.), so kann ihm auch nicht verwehrt sein, solche Maßregeln zu beantragen, die nur zur Erleichterung der Teilung dienen. Eine Bestimmung, welche dies hindert, ist im Allgemeinen Landrecht nicht enthalten. Aus § 115, nach welchem die gemeinschaftlichen Rechte der Miterben nach den allgemeinen Grundsätzen über Miteigentum zu beurteilen sind, und aus dem § 123, wonach die Art der Teilung nach den Regeln über Miteigentum zu bestimmen ist, ergiebt sich vielmehr, daß der § 89, welcher jeden Miteigentümer zum Antrag auf öffentlichen Verkauf der gemeinschaftlichen Sache berechtigt, auch auf Miterben Anwendung finden muß. Der Wortlaut der §§ 180 und 185 des Gesetzes vom 13. Juli 1883, obwohl danach nur über den Antrag des Miteigentümers auf Zwangsversteigerung Bestimmung getroffen wird, steht nicht entgegen, unter dem Miteigentümer auch den Miterben zu verstehen. Denn daß die einzelnen Nachlaßsachen den Miterben gehören, kann keinem Zweifel unterliegen. Wer sonst sollte der Eigentümer sein? Miteigentum ist also auch bei den preußischen Miterben vorhanden. Die hier vertretene Auffassung findet, wie auch Eccius in der neuesten (siebenten) Auflage seines Preußischen Privatrechtes a. a. O. anerkennt, einen gesetzlichen Anhalt in der Vorschrift Abs. 3 der Pos. 32 „Kauf- und Tauschverträge" des Stempeltarifes zum Stempelsteuergesetz vom 31. Juli 1895 (G.S. S. 450), wonach bei einer Versteigerung zum Zwecke der Auseinandersetzung im Falle der Gemeinschaft unter Miterben bezüglich der Berechnung des Stempels jeder Miterbe als Miteigentümer nach Verhältnis seines ideellen Anteiles am Nachlaß gilt.

Vgl. auch Kostengesetz vom 18. Juli 1883 § 3 Abs. 3 und Johow, Entsch. des Kammergerichtes Bd. 15 S. 181." ...

---

70. Übernahme des ganzen Gebäudes im Falle einer demselben im Enteignungswege auferlegten Beschränkung in Anwendung der §§ 12. 9 Abs. 3 des Enteignungsgesetzes.

V. Civilsenat. Urt. v. 3. April 1897 i. S. Z. (Kl.) w. preuß. Eisenbahnfiskus (Bekl.). Rep. V. 21/97.

I. Landgericht I Berlin.
II. Kammergericht daselbst.

Bei der im Jahre 1891 vorgenommenen Verlegung der Eisenbahnstrecke von Berlin nach Pankow wurde der Eisenbahndamm um einige Meter erhöht und eine Unterführung der Garten- und der Liesenstraße in Berlin vorgenommen, die deshalb an ihrer Kreuzung — über welche die Bahn auf einer Brücke führte — gesenkt werden mußten. Auf Antrag des verklagten Eisenbahnfiskus ist gegen die dadurch betroffenen Grundstücke, zu denen auch das Haus des Klägers, Gartenstraße 79, gehörte, das Enteignungsverfahren eingeleitet, und durch Enteignungsbeschluß eine entsprechende dauernde Beschränkung des Eigentums ausgesprochen worden, die für das Haus des Klägers darin bestand, daß er die Senkung der Straße mit Bürgersteig vor seinem Hause abschüssig von 1,44 bis 1,78 Meter dulden sollte. Das Haus bestand aus einem Kellergeschoß, 4 Läden zu ebener Erde und 4 Stöcken mit je 4 Wohnungen. Die Senkung hatte zur Folge, daß das Haus seine Zugänglichkeit von der Straße zunächst verlor, daß insbesondere die Läden fast 2 Meter über der Straße zu liegen kamen, dementsprechend auch die Wohnungen, und daß die in den Bürgersteig vorspringenden Kellerbrüstungen (Lichtschächte vor den Kellerfenstern) wegfielen.

Im Enteignungsverfahren ist der Antrag des Klägers auf Übernahme des Hauses durch den Eisenbahnfiskus abgewiesen, und dem Kläger eine Entschädigung von 31 993,50 ℳ zugesprochen worden, nämlich 10 756,25 ℳ als Kosten des erforderlichen Umbaues, 2157,25 ℳ für Mietausfälle während des Umbaues, und 19 080 ℳ als demnächstiger Minderwert des Hauses. Es ist hierbei vom Polizeipräsidium (der Enteignungsbehörde) ein Umbauprojekt zu Grunde gelegt worden, das eine Senkung des bisherigen Erdgeschosses mit den Läden und dem Hofraum auf die bisherige Kellersohle vorsieht, sodaß die Keller in Wegfall kommen würden. Der Kläger hat gegen diese Entscheidung den Rechtsweg beschritten und zunächst wieder die Abnahme des Hauses, und zwar gegen eine Entschädigung von 200 000 ℳ — wenn nicht der Beklagte eine Abfindung von weiteren 50 000 ℳ vorziehe —, eventuell eine Erhöhung der Entschädigungssumme um 50 000 ℳ beantragt.

In erster Instanz wurde der Beklagte verurteilt, das Haus gegen eine Entschädigung von 169 680 ℳ zu übernehmen. Beide Parteien legten Berufung ein. Im Laufe der Berufungsinstanz ist das Haus subhastiert worden, und zwar auf Antrag der Polizeibehörde gemäß § 40 A.L.R. I. 8, weil der Kläger sich weigerte, den im Interesse der öffentlichen Sicherheit notwendig gewordenen Umbau des Hauses vorzunehmen. Der Ersteher St. hat dann das Haus nach seinen eigenen Plänen umgebaut. Mit Rücksicht auf die veränderte Sachlage hielt der Kläger in der Berufungsinstanz seinen Antrag auf Abnahme des Hauses gegen 200 000 ℳ nur als eventuellen aufrecht und beantragte in erster Linie, ihm eine Entschädigung von ferneren 50 000 ℳ zuzusprechen. Diesen Hauptantrag begründete er in doppelter Weise, nämlich außer der Behauptung, daß die Wertverminderung des Hauses um 50 000 ℳ höher als im Enteignungsverfahren geschehen zu veranschlagen sei, mit der Ausführung: daß die Subhastation durch den Abnahmeverzug des Beklagten verschuldet worden sei, und dieser daher nach wie vor den Wert des ganzen Hauses zahlen müsse, der, unter Anrechnung des Subhastationserlöses und der im Enteignungsverfahren festgesetzten Summe, noch 49921,50 ℳ betrage. Der Beklagte beantragte dagegen die gänzliche Abweisung der Klage. Er bestritt nach wie vor, zur Abnahme des Hauses verpflichtet zu sein, folglich auch, daß er sich damit im Verzuge befunden habe, behauptete vielmehr, daß der Kläger auf die Abnahme des Hauses verzichtet und die Subhastation selbst verschuldet habe; was wieder vom Kläger bestritten wurde.

Der Berufungsrichter hat das erste Urteil dahin abgeändert, daß der Beklagte dem Kläger außer den im Enteignungsverfahren festgesetzten 31993,50 ℳ noch fernere 22114,50 ℳ zahlen und $^1/_7$ der Kosten tragen solle, während $^6/_7$ der Kosten dem Kläger zur Last fallen.

Auf die Revision des Klägers ist dieses Urteil aufgehoben, und die Sache in die Berufungsinstanz zurückverwiesen worden.

Aus den Gründen:

„Der Berufungsrichter hat, abweichend vom ersten Richter, den Anspruch des Klägers auf Abnahme des Hauses abgewiesen und dem Kläger nur eine Entschädigungssumme zugesprochen, die aber nicht die Hälfte von der Summe beträgt, die der Kläger verlangt. Es handelt sich auch jetzt zunächst um die Frage, ob der Kläger die Abnahme des Hauses verlangen konnte, weil er auch seinen in erster Linie gestellten Antrag auf Zahlung einer Entschädigungssumme in der im Thatbestand angegebenen Weise mit auf die Ausführung gestützt hat, daß der Beklagte durch seinen Abnahmeverzug die Subhastation des Hauses verschuldet habe und daher dem Kläger ersetzen müsse, was dieser bei rechtzeitiger Abnahme gehabt haben würde. Der Berufungsrichter, der den Anspruch auf Abnahme des Hauses überhaupt für unbegründet erachtete, konnte von diesem Standpunkte aus — wie geschehen — sowohl den behaupteten Abnahmeverzug des Beklagten, als auch die umgekehrte Behauptung des Beklagten, daß Kläger selbst die Subhastation verschuldet habe, und die weitere Behauptung des Beklagten, daß der Kläger in näher angegebener Weise auf die Abnahme des Hauses verzichtet habe, unerörtert lassen. Die nötigen thatsächlichen Feststellungen und die Entscheidung hierüber sind jetzt vom Berufungsrichter nachzuholen, da seine verneinende Entscheidung über die Abnahmeverpflichtung des Beklagten nicht gebilligt werden kann, und die Sache schon aus diesem Grunde in die Berufungsinstanz zurückverwiesen werden mußte.

Der Berufungsrichter hat seine Entscheidung über den erhobenen Anspruch auf Abnahme des Hauses in folgender Weise begründet. Er führt zunächst aus, daß die gegen das Hausgrundstück des Klägers in Anwendung gebrachte Enteignung nicht einen körperlichen Teil des Grundstückes betroffen, sondern diesem nur eine dauernde Beschränkung auferlegt habe, nämlich die Beschränkung, daß Kläger sich, entgegen der Bestimmung in § 187 A.L.R. I. 8, die Erniedrigung des Grundes und Bodens (der Straße) innerhalb der in § 187 festgesetzten Entfernung von 3 Fuß von seinem Grundstücke gefallen lassen müsse. Daraus wird dann gefolgert, daß der § 9 des Enteignungsgesetzes, der sich nur auf die Enteignung körperlicher Teile eines Grundstückes bezieht und die Bedingungen festsetzt, unter denen ausnahmsweise die Übernahme des ganzen Grundstückes verlangt werden kann, auf den vorliegenden Fall keine unmittelbare Anwendung finde. Es wird aber auch die Möglichkeit einer entsprechenden Anwendung des § 9 verneint, obwohl der § 12 vorschreibt, daß die Entschädigung für Beschränkungen eines Grundstückes nach denselben Grundsätzen, wie für die Entziehung des Grundeigentumes bestimmt werden soll. Der Berufungsrichter nimmt nämlich an, daß die dem Grundstücke des Klägers auferlegte Beschränkung nicht direkt zu einer im § 9 vorausgesetzten Zerstückelung des Grundstückes oder des Gebäudes geführt habe, sondern daß die Notwendigkeit eines Umbaues des Hauses unmittelbare Folge einer im öffentlichen Interesse getroffenen polizeilichen Anordnung gewesen, nicht vom Beklagten im Enteignungswege in Anspruch genommen sei, also sich nur als eine mittelbare Folge der Enteignung darstelle und als solche nur einen Entschädigungsanspruch, nicht einen Anspruch auf Übernahme des ganzen Gebäudes begründe. Gebäudeteile seien aber auch nicht einmal in mittelbarer Folge der Straßensenkung angegriffen worden; denn die Behauptung des Klägers, daß bei dem erforderlich gewordenen Umbau die Plinthen (Fußgesims) des Hauses in Wegfall kommen müßten, sei thatsächlich unrichtig, und die allerdings in Wegfall kommenden Kellerbrüstungen könnten nicht als Substanzteile des Hauses angesehen werden.

Es läßt sich nun freilich nicht verkennen, daß es Ausnahmefälle sind, in denen das Enteignungsgesetz (§§ 9 und 12) dem Grundstücksbesitzer das Recht einräumt, die Übernahme auch der von der Enteignung nicht betroffenen Grundstücksteile vom Unternehmer der Enteignung verlangen zu dürfen, und daß aus diesem Grunde die hierauf bezüglichen Bestimmungen streng ausgelegt werden müssen. Aber der Berufungsrichter irrt, wenn er den Übernahmeanspruch im Falle einer auferlegten Eigentumsbeschränkung an die Voraussetzung gebunden glaubt, daß die dadurch angeblich eintretende geringere Nutzbarkeit des Grundstückes den unmittelbaren, und überhaupt den Gegenstand der Enteignung gebildet haben müsse. Er irrt weiter auch darin, daß er die Notwendigkeit eines Umbaues des klägerischen Hauses nicht als unmittelbare Folge der dem Hause im Wege der Enteignung auferlegten Beschränkung, sondern als unmittelbare Folge der polizeilichen Anordnung des Umbaues ansieht. Auch in dem im § 9 Abs. 1 behandelten Fall der körperlichen Teilenteignung und dadurch herbeigeführten Unverwendbarkeit des Restes zu seiner bisherigen Bestimmung, für welchen Fall dort ein Anspruch auf Übernahme des ganzen Grundstückes gegeben wird, ist Gegenstand der Enteignung nicht die Verminderung der Nutzbarkeit des Restgrundstückes, sondern der abgetretene Grundstücksteil, gerade so wie im vorliegenden Falle die dem Grundstücke des Klägers auferlegte Beschränkung. Die verminderte Nutzbarkeit des nicht enteigneten Restes, an welchen der § 9 Abs. 1 den Übernahmeanspruch anknüpft, ist auch dort lediglich eine Folge der Enteignung, gerade so wie im vorliegenden Falle die Notwendigkeit eines Umbaues des klägerischen Hauses eine Folge der im Wege der Enteignung auferlegten Beschränkung des Hausgrundstückes gewesen ist. Diese Beschränkung hatte zur unmittelbaren Folge, daß das Haus seine Zugänglichkeit zur Straße, ja sogar seine Haltbarkeit verlor und umgebaut werden mußte, wenn es wieder bewohnbar gemacht und vor dem Einsturze bewahrt werden sollte. Daß wegen der Einsturzgefahr sich schließlich auch die Polizei ins Mittel legte, ist für die Frage nach der Ursache der Umbaunotwendigkeit ein unerheblicher Umstand.

Die Gründe, aus denen der Berufungsrichter dahin gelangt ist, eine *entsprechende* Anwendbarkeit der Bestimmungen des § 9 des Enteignungsgesetzes auf den vorliegenden Fall zu verneinen, sind demnach unrichtig.

Darin war dem Berufungsrichter beizutreten, daß eine *direkte* Anwendung des § 9 ausgeschlossen ist. Es ist dies hervorzuheben gegenüber der Ausführung der Revision, daß die Beseitigung der Plinthen und der Kellerbrüstungen, da ohne sie eine Senkung der Straße nicht möglich gewesen sei, eine teilweise Inanspruchnahme des Gebäudes selbst darstelle und deshalb nach § 9 Abs. 3 ohne weiteres den Anspruch auf Abnahme des ganzen Hauses begründe. Dies ist bezüglich der *Plinthen* schon aus dem Grunde unrichtig, weil nach Feststellung des Berufungsrichters die Plinthen — mögen sie auch von dem jetzigen Eigentümer bei Vornahme des Umbaues thatsächlich beseitigt worden sein — trotz der Straßensenkung hätten bestehen bleiben können. Und was die *Kellerbrüstungen* anbelangt, denen der Berufungsrichter die Eigenschaft als Substanz des Hauses abgesprochen hat, so mag es dahingestellt bleiben, ob diese, auf die *Bestimmung* der Kellerbrüstungen gestützte, Annahme des Berufungsrichters mangels einer Feststellung über die Art der *baulichen Verbindung* mit dem Hause in thatsächlicher Beziehung genügend begründet worden sei, da in der Beseitigung der Kellerbrüstungen keinesfalls eine teilweise Inanspruchnahme des Gebäudes im Sinne des § 9 Abs. 3 gefunden werden kann. Es kann verständigerweise nicht jede durch eine Enteignung herbeigeführte Beschädigung eines beliebigen bisherigen Bestandteiles eines Gebäudes als eine teilweise Inanspruchnahme des Gebäudes im Sinne des § 9 Abs. 3, mit der die sonstigen Rechtsregeln durchbrechenden Wirkung einer Verpflichtung des Unternehmers zur Übernahme des ganzen Gebäudes, angesehen werden. Von einer Inanspruchnahme des *Gebäudes*, auch einer nur teilweisen, kann vielmehr höchstens dann gesprochen werden, wenn die bisherige Benutzung des Gebäudes beeinträchtigt wird. Dabei kann dahingestellt bleiben, ob *jede* Beeinträchtigung der Benutzung hierzu ausreiche, da im vorliegenden Falle durch die Beseitigung der Kellerbrüstungen gar keine Beeinträchtigung in der Benutzung des Hauses eingetreten ist. Die Kellerbrüstungen, die Ummauerung der Lichtschächte vor den Kellerfenstern, hatten ihren Zweck verloren und waren vielmehr nur hinderlich, seitdem durch Senkung der Straße die Lichtschächte selbst überflüssig geworden waren. Eher ließe sich die Frage aufwerfen, ob nicht die Beseitigung der bisherigen Keller im Hause des Klägers eine teilweise Inanspruchnahme des Gebäudes selbst im Sinne des § 9 Abs. 3 enthalte; aber auch diese Frage wäre zu verneinen, weil der § 9 Abs. 3, insoweit es sich um dessen direkte Anwendung handelt, einen Eingriff in die körperliche Unversehrtheit des Gebäudes voraussetzt, und ein solcher Eingriff nicht vorliegt, wenn die früheren Kellerräume bestehen bleiben und nur nicht mehr als Keller benutzt werden können.

Wenn nun auch dem Vorstehenden nach eine körperliche Teilenteignung, an die sich die Wirkung des § 9 anknüpfen ließe, nicht vorliegt, so ist gleichwohl der erhobene Anspruch auf Abnahme des Gebäudes auf Grund des § 12 als berechtigt anzuerkennen. Darnach ist die Entschädigung für Beschränkungen des Grundeigentumes nach denselben Grundsätzen wie für die Entziehung des Grundeigentumes zu bestimmen. Zu diesen Grundsätzen gehört auch der, daß unter gewissen (den in § 9 festgesetzten) Voraussetzungen eine Übernahme auch der nicht enteigneten Teile verlangt werden kann; es unterliegt daher die sinngemäße Anwendbarkeit der Bestimmungen des § 9 auf Fälle des § 12 keinem Zweifel.

Vgl. Loebell, Enteignungsgesetz zu § 12 Anm. 2; Eger, Enteignungsgesetz zu § 12 Anm. 98, Bd. 1 S. 362, zu § 9 Anm. 75 S. 245 flg.

Auch die sinngemäße Anwendbarkeit des Abs. 3 des § 9 auf diese Fälle kann keinem begründeten Bedenken unterliegen, also der Bestimmung, daß bei Gebäuden, welche teilweise in Anspruch genommen werden, die Übernahmeverpflichtung jedenfalls das ganze Gebäude umfasse, wobei es dann auf die im Abs. 1 des § 9 verlangte Voraussetzung: daß das Restgrundstück nach seiner bisherigen Bestimmung nicht mehr zweckmäßig benutzt werden könne, nicht erst ankommt.

Vgl. Eger, a. a. O. Anm. 75 S. 245.

Es würde allerdings zu weit gehen — wie anscheinend die Revision will —, wenn man unterschiedslos in allen Fällen, wo einem Gebäude im Enteignungswege eine Beschränkung auferlegt wird, die Verpflichtung des Unternehmers zur Übernahme des ganzen Gebäudes eintreten lassen wollte, von dem Gedanken aus, daß die Beschränkung allemal eine Teilenteignung darstelle und deshalb, wenn sie ein Gebäude betreffe, unter die Bestimmung des § 9 Abs. 3 falle. Der durch diese Bestimmung verfolgte unbedingte Schutz der Gebäude findet, wie Loebell in Anm. 7 zu § 9 zutreffend sagt, seinen rechtlichen Grund in der Unteilbarkeit der Gebäude; es erscheint darum sowohl bei der sinngemäßen wie bei der direkten Anwendung dieser Bestimmung eine Auslegung derselben geboten, die dieser erkennbaren Absicht des Gesetzgebers gerecht wird. Es ist deshalb zu fragen, ob die Beschränkung des Gebäudes dessen einheitlichen Charakter zerstöre oder doch, wie es oben ausgedrückt wurde, die fernere Benutzbarkeit des Gebäudes beeinträchtige. Daß das aber bei dem Hause des Klägers der Fall gewesen ist, und zwar in sehr erheblichem Maße, kann keinem Zweifel unterliegen. Es mag dahingestellt bleiben, ob schon die höhere Lage der Wohnräume des Hauses gegen früher hierher gerechnet werden dürfe; eine unbestreitbare Verringerung der Benutzbarkeit des Hauses ist jedenfalls dadurch eingetreten, daß es durch die Senkung der Straße seine Keller verloren hat und in weiterer Folge davon keinesfalls so gut wie früher zur Wiedereinrichtung von Läden geeignet ist. Es kommt hinzu, daß das Haus bei der beträchtlichen Tieferlegung der Straße um 1,44 bis 1,78 Meter seine Zugänglichkeit zur Straße völlig einbüßte und diese sowie die Möglichkeit einer zweckmäßigen Weiterbenutzung erst durch einen Umbau wiedergewinnen konnte, der im Enteignungsverfahren auf einen Kostenaufwand von 10756,25 ℳ eigentlicher Baukosten und von 2157,25 ℳ während des Baues entgehender Mieten geschätzt worden ist, und auch dann noch den Wert des Hauses um 19080 ℳ gegen früher zurückbleiben ließ. Aber auch damit nicht genug: das Haus war nach der eigenen Darstellung des Beklagten durch die Senkung der Straße in die Gefahr gekommen, einzustürzen, sodaß das Zwangsmittel der Subhastation aus § 40 A.L.R. I. 8 von der Polizei hat in Anwendung gesetzt werden müssen. Es braucht hier nicht untersucht zu werden, ob der an sich richtige Satz, daß die Enteignung den davon betroffenen Grundeigentümer nur zum Dulden der Enteignung, nicht zu einem Thun verpflichte,

vgl. dazu z.B. Loebell, a.a.O. S. 58 in Abs. 3 der Anm. 10 zum § 8,

den Eigentümer von jeder, auch der geringfügigsten, Mitwirkung entbinde, wenn eine seinem Gebäude auferlegte Beschränkung irgend welche Schwierigkeiten für die fernere Benutzung des Gebäudes herbeiführt, die beseitigt werden können. Im vorliegenden Fall handelt es sich um einen Umbau, der so erhebliche Kosten erforderte und ein so bedeutendes Risiko auferlegte, daß, ganz abgesehen von der Vermögenslage des im Armenrecht prozessierenden Klägers, dessen thatsächliche Ausführbarkeit in jedem Falle zweifelhaft erscheinen mußte. Auf derartige Aufwendungen zur Beseitigung eines ihm aufgezwungenen Zustandes braucht sich im Falle des § 9 Abs. 3 des Enteignungsgesetzes kein Eigentümer einzulassen, selbst wenn seine Vermögenslage es ihm gestatten würde.

Da aus diesen Gründen der Anspruch des Klägers auf Abnahme des Hauses an sich als gerechtfertigt erscheint, bedurfte es nicht erst einer Erörterung der Frage, ob nicht auch eine sinngemäße Anwendung der Bestimmung in Abs. 1 des § 9 zu demselben Ergebnisse führen müßte." ...

---

71. Kann eine Ehefrau, welche mit Zustimmung ihres Mannes einen Wechsel acceptiert hat, die Verurteilung zur Bezahlung der Wechselsumme durch den Einwand abwenden, daß sie in westfälischer Gütergemeinschaft lebe?[1] Wie wirkt der Umstand ein, daß über das Vermögen des Mannes der Konkurs eröffnet ist?

Preuß. Gesetz vom 16. April 1860.

II. Civilsenat. Urt. v. 6. April 1897 i. S. E. Ehefr. (Bekl.) w. A. (Kl.). Rep. II. 49/97.

I. Landgericht Hagen.
II. Oberlandesgericht Hamm.

Die Beklagte, welche mit ihrem Ehemanne in westfälischer Gütergemeinschaft lebte, hatte mit Genehmigung des Ehemannes zur Sicherung des Klägers für Geschäftsforderungen an den letzteren einen vom Kläger an eigene Order auf sie gezogenen Sichtwechsel acceptiert. Nachdem über das Vermögen des Ehemannes der Konkurs eröffnet worden war, erhob der Kläger gegen die Beklagte im Beistande ihres

[1] Vgl. unten Nr. 91 S. 367. D. R.

Ehemannes Klage auf Zahlung der Wechselsumme, welche das Landgericht mit der Erwägung abwies, daß die Wechselschuld, wenn sie zu Recht bestehe, auf dem gütergemeinschaftlichen Vermögen hafte, welches in seiner Gesamtheit durch den Konkurs ergriffen werde, sodaß eine Geltendmachung außerhalb des Konkurses ausgeschlossen sei. Auf Berufung des Klägers wurde die Beklagte nach dem Klagantrage verurteilt.

Die Revision der Beklagten wurde zurückgewiesen aus folgenden

Gründen:

... „Die Revisionsklägerin bekämpft nicht die Annahme des Berufungsgerichtes, daß sie durch die mit Zustimmung ihres Ehemannes geschehene Acceptation des vom Kläger auf sie gezogenen Wechsels sich dem Kläger gegenüber rechtsgültig verpflichtet habe; auch steht dieser Annahme weder eine allgemeine Vorschrift des preußischen Landrechts oder der Wechselordnung, noch ein besonderer aus den Grundsätzen der allgemeinen Gütergemeinschaft sich ergebender Rechtsgrund entgegen. Auf dieser Grundlage aber ergiebt sich die vom Berufungsgericht ausgesprochene Verurteilung der Beklagten als notwendige rechtliche Folge; denn wer einen Wechsel gültig acceptiert hat, ist verpflichtet, Zahlung zu leisten, und muß, wenn er die Zahlung verweigert, auf Klage des Gläubigers seine Verurteilung zur Zahlung über sich ergehen lassen, ohne mit dem Einwande gehört werden zu können, daß es ihm an den nötigen Mitteln zur Zahlung fehle.

Die Revisionsklägerin bekämpft die Richtigkeit dieser Folgerung durch den Hinweis auf die für ihre Ehe geltende westfälische Gütergemeinschaft (Gesetz vom 16. April 1860), deren Bestehen einmal überhaupt ausschließe, daß die Ehefrau, welche kein Sondergut besitze, während der Ehe zu einer Leistung verurteilt werde, diese Wirkung aber jedenfalls dann habe, wenn, wie im vorliegenden Falle geschehen, über das Vermögen des Mannes der Konkurs eröffnet worden sei.

Der erstere Angriff wird insbesondere durch Bezugnahme auf die in dem Urteil des Reichsgerichtes Bd. 29 S. 164 flg. der Entscheidungen des R.G.'s in Civils. enthaltenen Ausführungen gestützt; er kann aber sowenig wie der zweite für begründet erachtet werden. Aus der Vorschrift des § 3 des Gesetzes vom 16. April 1860, wonach dem Ehemanne allein die Verwaltung des gütergemeinschaftlichen Vermögens gebührt, und alle von ihm gemachte Schulden für dasselbe verbindlich sind, und aus § 389 A.L.R. II. 1, wonach die Schulden der Ehefrau nur ausnahmsweise in Ansehung des gemeinschaftlichen Vermögens verbindlich sind, ergiebt sich zwar, daß, solange die Ehefrau kein Sondergut besitzt, welches von der Gütergemeinschaft ausgeschlossen und zugleich nach den Prozeßgesetzen pfändbar ist, die Gläubiger derselben, denen das Gesamtgut nicht haftet, thatsächlich nicht in der Lage sind, die Zwangsvollstreckung mit Erfolg gegen die Frau zu betreiben; keineswegs aber folgt daraus, daß diese Gläubiger zu einer Klage gegen die Frau überhaupt nicht, oder wenigstens nicht zur Leistungsklage, nur etwa zur Feststellungsklage befugt sind. So wenig wie sonst ein Schuldner dem auf Leistung klagenden Gläubiger entgegenhalten kann, daß er zur Zeit die Mittel nicht besitze, den Gläubiger zu befriedigen, so wenig steht dieser Einwand der gütergemeinschaftlichen Ehefrau, welche persönlich verpflichtet ist, zu; auch kann dem Gläubiger nicht zugemutet werden, die Leistungsklage durch den Nachweis eines besonderen Interesses an Erlangung eines Urteiles auf Leistung zu begründen, da er einfach ein Recht darauf hat, für seine Forderung einen vollstreckbaren Titel zu erlangen, um sich desselben zur geeigneten Zeit bedienen zu können.

Auch die Eröffnung des Konkurses über das Vermögen des Ehemannes ändert hieran durchaus nichts, selbst wenn (entgegen der Entscheidung des Reichsgerichtes in den Entsch. des R.G.'s in Civils. Bd. 8 S. 102) angenommen werden dürfte, daß das gütergemeinschaftliche Vermögen ohne weiteres, d. h. ohne vorherige Auseinandersetzung zwischen den Eheleuten, zur Konkursmasse gehöre, da die vor der Konkurseröffnung begründete Schuldnereigenschaft der Ehefrau durch den Konkurs über das Vermögen des Ehemannes in keiner Weise berührt wird.

Ob die Rechtsausführungen in dem reichsgerichtlichen Urteile Bd. 29 S. 164 flg. der Entsch. des R.G.'s in Civils., auf welche sich die Revisionsklägerin beruft, mit dem Vorstehenden durchweg im Einklang stehen, kann dahingestellt bleiben; denn in dem damals entschiedenen Rechtsfalle hatte der Gläubiger, nachdem er mit seiner Klage zur Zeit abgewiesen war, weil eine Befriedigung aus dem gütergemeinschaftlichen Vermögen während der Gütergemeinschaft unzulässig sei, von neuem Klage mit dem ausdrücklichen Antrage erhoben, die Ehefrau zur Zahlung bei Vermeidung der Zwangsvollstreckung in ihr nicht zur Gütergemeinschaft gehöriges Vermögen zu verurteilen, sodaß die Entscheidung des Reichsgerichtes, welche die Zusprechung dieser Leistungsklage von der Führung des Beweises abhängig macht, daß pfändbares Sondergut der Ehefrau vorhanden sei, sich auf einen besonderen, hier nicht vorliegenden Fall bezieht." ...

---

72. Ist der Hypothekenschuldner, der die Fälligkeit der Hypothek herbeigeführt hat und Zahlung leisten will, befugt, die Herausgabe des Hypothekenbriefes auch von einem Dritten zu verlangen, dem der Hypothekengläubiger an ihm ein Pfand- oder Zurückbehaltungsrecht eingeräumt hat?

V. Civilsenat. Urt. v. 24. April 1897 i. S. R. (Kl.) w. H. (Bekl.). Rep. V. 361/96.

I. Landgericht Halle a. S.
II. Oberlandesgericht Naumburg a. S.

Auf dem Grundstücke des Klägers standen 15600 ℳ ursprünglich für die Witwe T. hypothekarisch eingetragen, und die Beklagte befand sich auf Grund einer Verpfändungserklärung vom 3. Juni 1891 — ausgestellt von Ernst T. zufolge einer ihm von seiner Mutter erteilten Ermächtigung — im Besitze des über diese Post gebildeten Hypothekenbriefes. Nachdem die Witwe T. im Jahre 1892 gestorben war, wurde die Post bei der Nachlaßteilung zu Teilbeträgen von 6700 ℳ und 2200 ℳ verschiedenen Erben überwiesen. Der Kläger kündigte die gesamten 15600 ℳ zur Rückzahlung am 1. Januar 1896 und hinterlegte diesen Betrag nebst Zinsen zuständigen Ortes, weil die Beklagte die Herausgabe des Hypothekenbriefes verweigerte. Er wurde sodann mit dem Antrage, sie zu dieser Herausgabe zu verurteilen, klagbar.

Die Vorinstanzen haben die Klage abgewiesen. Auf die Revision des Klägers ist das Berufungsurteil aufgehoben, und die Beklagte unter Abänderung des ersten Urteiles nach dem Klagantrage verurteilt worden.

Aus den Gründen:

... „Die Beklagte macht an dem in ihrem Besitz befindlichen Hypothekenbriefe über die für die Witwe T. auf dem Grundstücke des Klägers eingetragenen 15600 ℳ auf Grund der Verpfändungserklärung des Ernst T. vom 3. Juni 1891 ein Pfandrecht geltend. Ob ihr ein solches mit Rücksicht darauf zusteht, daß Ernst T. nicht bloß den Hypotheken**brief**, sondern auch die Hypothek, über die er lautet, der Beklagten verpfändet hat, oder ob — wofern Ernst T. zu einer Verpfändung der Hypotheken**forderung** nicht befugt gewesen sein sollte — die Beklagte an dem Hypothekenbriefe nur ein Zurückbehaltungsrecht in Anspruch nehmen kann,

vgl. Entsch. des R.G.'s in Civils. Bd. 16 S. 169,

darüber bedarf es hier keiner Entscheidung. Denn in beiden Fällen wird dieses Recht durch den Anspruch des Hypothekenschuldners auf Herausgabe des Dokumentes gegen Zahlung der fällig gewordenen Hypothekenschuld überwunden.

Daß der zahlende Schuldner die Rückgabe des über die berichtigte Schuld ausgestellten Instrumentes zu verlangen befugt ist, schreibt § 126 A.L.R. I. 16 ausdrücklich vor, und es besteht kein Zweifel darüber, daß in der Verpflichtung des Gläubigers, gegen Zahlung der fällig gewordenen Schuld den über sie lautenden Hypothekenbrief dem Schuldner zurückzugeben, durch die Bestimmungen des Gesetzes über den Eigentumserwerb vom 5. Mai 1872 nichts geändert worden ist.

Vgl. **Turnau**, Grundbuchordnung Anm. 7 zu § 63.

Diese Befugnis des Schuldners kann auch nicht dadurch beseitigt oder eingeschränkt werden, daß der Gläubiger einseitig einem Dritten die Hypothekenforderung und die über sie lautende Urkunde verpfändet oder an letzterer ein Zurückbehaltungsrecht bestellt; dies ergiebt sich ohne weiteres daraus, daß niemand mehr Rechte auf einen Anderen übertragen kann, als ihm selbst zustehen. Der Hypothekenschuldner muß also, wenn er die Fälligkeit der Forderung herbeigeführt hat und Zahlung leisten will, unter allen Umständeu befugt sein, die Herausgabe des Hypothekenbriefes zu verlangen, und in Frage kann nur kommen, ob er dieses Verlangen auch an den Pfandinhaber und Retentionsberechtigten stellen darf, oder ob er es lediglich an den ursprünglichen Gläubiger zu richten hat. Diese Frage wird nicht, wie der Berufungsrichter anzunehmen scheint, durch den Hinweis darauf erledigt, daß dem an dem Hypothekenbriefe begründeten Pfand- oder Retentionsrechte dingliche Wirkung beizumessen ist. Denn der Hypothekenbrief ist nicht — wie andere körperliche Sachen — ein selbständiges, für sich bestehendes Vermögensobjekt; er ist auch nicht Träger der Obligation, wie die auf den Inhaber ausgestellten Wertpapiere; vielmehr ist er an die Forderung, über die er lautet, gebunden; wird diese bezahlt, so erlischt seine Funktion, und er ist dazu bestimmt, alsdann dem Schuldner zurückgegeben zu werden. Dies muß auch der Dritte, der an ihm ein Pfand- oder Zurückbehaltungsrecht erworben hat, gegen sich gelten lassen, weil es sich um eine Beschränkung seines Rechtes handelt, die unmittelbar aus der rechtlichen Bestimmung des ihm überlassenen Objektes folgt, und ohne die er daher ein Recht an diesem Objekte nicht erwerben konnte. Der Dritte kann mithin auch dem Hypothekenschuldner die Herausgabe des Briefes nur dann verweigern, wenn hierzu der Hypothekengläubiger selbst berechtigt war, und er ist auch ihm unter denselben Voraussetzungen zur Zurückgabe des Dokumentes verpflichtet, unter denen der Hypothekengläubiger selbst das Dokument hätte zurückgeben müssen. Es trifft daher nicht zu, wenn der Berufungsrichter angenommen hat, daß die Beklagte passiv zur Sache nicht legitimiert sei, weil Kläger die Herausgabe des Briefes nicht von ihr, sondern von den Erben der Witwe T. hätte verlangen müssen. Vielmehr kommt es nur darauf an, ob die Hinterlegung eine rechtmäßige war. War sie dies, so begründet sie für den Kläger den Anspruch auf Herausgabe des Hypothenbriefes nicht bloß gegen den ursprünglichen Gläubiger, sondern auch gegen jeden Dritten, der von ihm Rechte auf den Besitz des Dokumentes herleitet.

Daß nun aber im vorliegenden Falle die Hinterlegung eine rechtmäßige war, läßt sich mit Grund nicht bezweifeln." (Dies wird näher ausgeführt.)

---

73. 1. Ist eine Klage, die sich gegen eine mit Korporationsrechten nicht ausgestattete Erwerbsgesellschaft, vertreten durch ihren Vorstand, richtet, als gegen die Mitglieder der Gesellschaft gerichtet anzusehen? Enthält die im Laufe des Prozesses erfolgende Bezeichnung bestimmter Mitglieder, gegen welche die Klage gerichtet wird, eine unzulässige Klagänderung?

2. Kann unter Umständen die Erwerbsgesellschaft, vertreten durch ihren Vorstand, als parteifähig betrachtet werden?

VI. Civilsenat. Urt. v. 26. April 1897 i. S. D. (Kl.) w. S. und die Kalibohrgesellschaft Gustavshall (Bekl.). Rep. VI. 432/96.

I. Landgericht I Berlin.
II. Kammergericht daselbst.

Aus den Gründen:

„Es ist außer Zweifel, daß die mitverklagte „Kalibohrgesellschaft Gustavshall" weder eine Handelsgesellschaft, noch, als reine Erwerbsgesellschaft, eine juristische Person ist. Voraussetzung der — materiellen oder civilrechtlichen — Parteifähigkeit ist aber die Fähigkeit, Subjekt von Rechten und Verbindlichkeiten zu sein, und diese Fähigkeit geht der verklagten Gesellschaft bei dem Mangel der juristischen Persönlichkeit ab.

Vgl. Wach, Handbuch des Deutschen Civilprozeßrechts Bd. 1 S. 519 flg.; Planck, Lehrbuch des Deutschen Civilprozeßrechts, Bd. 1 S. 209 flg.

Die Frage ist nur, ob hier die formelle oder prozeßrechtliche Parteifähigkeit Platz greift, vermöge deren in gewissen Fällen eine Personenmehrheit — insbesondere die Gesamtheit der Mitglieder einer Gesellschaft — unter einem Kollektivnamen, ohne Bezeichnung der einzelnen Personen, die als die eigentlichen Prozeßbeteiligten zu betrachten sind, klagen oder verklagt werden kann.

Das Berufungsgericht verneint dies, führt aber auch aus, daß der Kläger im vorliegenden Falle die Gesellschaft nicht als die Gesamtheit der Gesellschafter, sondern als ein eigenes, von den Personen der Mitglieder unabhängiges Rechtssubjekt habe verklagen wollen. Wäre dies richtig, so würde allerdings nicht bloß der prinzipale Antrag auf Verurteilung der Gesellschaft schon aus dem Grunde, weil die Gesellschaft juristische Persönlichkeit nicht besitzt, hinfällig sein, und würde es eines Eingehens auf die Frage der formellen Parteifähigkeit nicht erst bedürfen, sondern es würde alsdann auch der, erst in zweiter Instanz gestellte, eventuelle Antrag, der sich gegen einzelne Mitglieder der Gesellschaft, nämlich gegen die im Klagerubrum als Vorstandsmitglieder genannten und gegen den Rechtsanwalt Dr. R. S., richtet, aus dem zutreffenden Grunde zurückgewiesen sein, weil damit die Klage gegen andere Personen gerichtet werde, was eine unzulässige Klagänderung enthalte.

Das Revisionsgericht vermag sich indes dieser Auffassung der Klage nicht anzuschließen. Darauf, daß die Klage nicht gegen „die Mitglieder der Kalibohrgesellschaft Gustavshall“, sondern gegen „die Kalibohrgesellschaft Gustavshall“ gerichtet ist, kann kein entscheidendes Gewicht gelegt werden; denn Gesetz und Sprachgebrauch verstehen unter „Gesellschaft“ jede Personenvereinigung zur Erreichung gemeinschaftlicher Zwecke, und zwar vorzugsweise gerade solche Vereinigungen, die keine Korporation bilden. Der Ausdruck bedeutet in diesem Falle nichts Anderes, als die Gesamtheit der Mitglieder. Daß der Kläger die Gesellschaft Gustavshall nicht als eine Korporation ansieht, folgt daraus, daß er sie als eine den Bestimmungen des Titels 17 Teils I des Allgemeinen Landrechtes unterliegende Gesellschaft bezeichnet hat. Wenn er hinzufügte, er habe nicht die einzelnen Mitglieder verklagt, weil nach § 8 des Statuts der Vorstand die Gesellschaft in Prozessen vertrete, so kann dies nicht dahin gedeutet werden, daß der Kläger gemeint habe, die Gesellschaft sei durch jene Bestimmung des Statuts oder überhaupt durch die Verfassung, die sie sich gegeben hat, zu einer Korporation geworden, was auf dem Wege der bloßen Vereinbarung zwischen den Gesellschaftern nicht geschehen konnte. Das Berufungsgericht beruft sich für seine Auffassung darauf, daß der Kläger den Rechtsanwalt Dr. R. S. neben der Gesellschaft besonders mitverklagt habe, sowie auf einen Vorgang in der Verhandlung vom 22. Februar 1896. Beides erscheint nicht zutreffend. Die besondere Klage gegen den Rechtsanwalt Dr. R. S. beruht auf dessen (durch den Eid im Prozesse widerlegtem) Bürgschaftsversprechen; sie ist insoweit gegen ihn unabhängig von seiner Eigenschaft als Mitgliedes der Gesellschaft angestellt, woraus sich zur Genüge erklärt, daß der Kläger dieses gesonderte Fundament auch im Rubrum so, wie geschehen, zum Ausdruck gebracht hat. In der Verhandlung vom 22. Februar 1896 ferner stellte der Anwalt der *verklagten Gesellschaft* in Aussicht, daß die Vorstandsmitglieder einer lediglich gegen sie gerichteten Klage den Einwand der mangelnden Passivlegitimation nicht entgegensetzen würden. Eine ähnliche Erklärung gab Rechtsanwalt Dr. S. für sich ab, worauf die Parteien übereinstimmend die Ansetzung eines neuen Termines beantragten. Die Vorstandsmitglieder haben darauf ihre Zustimmung zu der „beabsichtigten Prozeßführung" verweigert. Der Vorgang ist ohne Bedeutung für den Prozeß geblieben; es ist aber auch nicht ersichtlich, was daraus gegen die Auffassung, daß der Kläger die Mitglieder der Gesellschaft unter dem Kollektivnamen der Gesellschaft habe verklagen wollen, sich entnehmen lassen könnte. Aus der einzigen Erklärung, die der Kläger damals abgegeben hat, — der Bitte um einen neuen Termin — in Verbindung mit den vorangegangenen gegnerischen Erklärungen folgt höchstens eine gewisse Geneigtheit des Klägers, die bisher gegen alle Gesellschafter gerichtete Klage auf die in der Klage als Vorstandsmitglieder genannten Gesellschafter und auf den Rechtsanwalt Dr. S. zu beschränken.

Danach läßt sich die Frage der formellen Parteifähigkeit der verklagten Gesellschaft nicht umgehen. Sie ist aber, mit dem Berufungsgericht, zu verneinen, sodaß die Abweisung des principalen Klagantrages gerechtfertigt erscheint. Für die in §§ 11 flg. A.L.R. II. 6 behandelten Personenvereine (erlaubten Privatgesellschaften) ist zwar im Urteil des Reichsgerichtes vom 25. September 1890,

Entsch. des R.G.'s in Civils. Bd. 27 S. 183,

Parteifähigkeit angenommen worden, obwohl sie nach § 13 daselbst nach außen keine juristische Person vorstellen. Es steht dies jedoch in ersichtlichem Zusammenhange einerseits damit, daß solche Gesellschaften unter sich die inneren Rechte der Korporationen haben (§§ 14. 15. 42 flg. daselbst), andererseits mit der Bestimmung im § 12 daselbst, wonach die Mitglieder erlaubter Privatgesellschaften bei Handlungen, woraus Rechte und Verbindlichkeiten gegen Andere entstehen, nur als Teilnehmer eines gemeinsamen Rechts oder einer gemeinsamen Verbindlichkeit betrachtet werden. Diese gemeinsame Berechtigung und Verpflichtung wird von der Rechtsprechung nicht als solidarische aufgefaßt.

Vgl. Entsch. des Obertribunals Bd. 20 S. 328, Bd. 75 S. 255.

Die Gemeinsamkeit der Verpflichtung hat zur Folge, daß die Klage gegen alle Mitglieder der Gesellschaft gerichtet werden muß, und daß der nur gegen einzelne Mitglieder gerichteten Klage der Einwand der mangelnden Passivlegitimation entgegensteht. Hieraus ergiebt sich bei einer großen Zahl von Mitgliedern das dringende praktische Bedürfnis, die Klage gegen die Mitglieder insgesamt unter dem Namen der Gesellschaft zuzulassen.

Vgl. das erwähnte Urteil, Entsch. des R.G.'s in Civils. Bd. 27 S. 186. Dergleichen Erwägungen greifen jedoch bei den nach §§ 169 flg. A.L.R. I. 17 zu beurteilenden reinen Erwerbsgesellschaften, zu denen die verklagte Gesellschaft gehört, nicht Platz. Für die von solchen Gesellschaften eingegangenen Verbindlichkeiten haften, und zwar solidarisch, die Gesellschafter, die zur Zeit des Eingehens der Verbindlichkeit die Gesellschaft bildeten (§§ 239. 300 A.L.R. I. 17). Später hinzugetretene Gesellschafter treten nicht von selbst in die bestehenden Verbindlichkeiten ein. Dem Gläubiger steht daher hier nur eine Mehrzahl solidarisch verpflichteter Schuldner gegenüber, deren Zusammenfassung unter dem Namen der Gesellschaft schon deshalb unthulich ist, weil damit nur die Gesamtheit der gegenwärtigen Mitglieder der Gesellschaft gemeint sein könnte, die Mitgliedschaft zur Zeit der Klage aber zur Begründung der Verpflichtung der Einzelnen weder notwendig ist, noch ausreicht. Der Gläubiger hat diejenigen Personen in Anspruch zu nehmen, mit denen — als damaligen Gesellschaftern — das zu Grunde liegende Geschäft von ihm abgeschlossen ist. Dies kann nicht durch eine gegen die Gesellschaft gerichtete Klage geschehen. Zugleich aber läßt die solidarische Verhaftung dieser Personen die Frage des praktischen Bedürfnisses in anderem Lichte erscheinen, weil es nicht unzulässig ist, die Klage nur gegen einen oder einige von den Mitschuldnern zu richten.

Es kann demnach der Revision nicht beigetreten werden, die die Statthaftigkeit der Klage gegen die Gesamtheit der Verpflichteten unter dem Namen der Gesellschaft aus der großen Zahl der Mitglieder, die statutengemäß bis zu 1000 steigen kann, in Verbindung mit der durch das Statut geordneten konstanten Vertretung herzuleiten sucht. Eine andere Beurteilung würde freilich eintreten müssen wenn die korporationsähnliche Verfassung der Gesellschaft die Anwendung der Bestimmungen der §§ 11 flg. A.L.R. II. 6 auf die in Rede stehende Gesellschaft rechtfertigte. Dies würde einer neueren Doktrin entsprechen.

Vgl. Rosin in Gruchot's Beiträgen Bd. 27 S. 108; vgl. auch Bd. 31 S. 759; Dernburg, Preußisches Privatrecht 5. Aufl. Bd. 1 § 59 S. 123.

Das Reichsgericht hat es jedoch bereits im Urteile vom 7. April 1886

(Entsch. des R.G.'s in Civils. Bd. 16 S. 196. 197) abgelehnt, mit Rücksicht auf moderne Verkehrsbedürfnisse ein dem Gesetze fremdes Kriterium für den Unterschied zwischen erlaubten Privatgesellschaften und reinen Erwerbsgesellschaften aufzustellen. Weder ist in den §§ 1. 2 A.L.R. II. 6 die korporative Gestaltung als ein begriffliches Merkmal der erlaubten Privatgesellschaften aufgestellt, noch sind durch die Vorschriften des 17. Titels des Teils I solche Gesellschaftsverträge ausgeschlossen, durch welche die Erwerbsgesellschaft sich eine den Korporationen nachgebildete Gestalt giebt, wie dies hier geschehen ist. Entscheidend für den Unterschied beider Arten von Gesellschaften ist — und hieran kann sich ohne eine Änderung des Gesetzes nichts ändern — der Zweck der Gesellschaft. Ob man mit dem erwähnten Urteil vom 7. April 1886 für die erlaubten Privatgesellschaften einen immateriellen Zweck verlangt, oder weitergehend eine solche Gesellschaft auch dann als vorhanden ansehen will, wenn der Zweck zwar auf vermögensrechtlichem Gebiete liegt, aber doch ein gemeinnütziger, nicht auf Verteilung des Gewinnes an die Mitglieder gerichteter ist,

vgl. Förster-Eccius, Preußisches Privatrecht 6. Aufl. Bd. 4 § 281; Gruchot, Beiträge Bd. 27 S. 964; Striethorst, Archiv Bd. 61 S. 47, Bd. 70 S. 58; andererseits Entsch. des Obertribunals, Bd. 69 S. 160; Bd. 76 S. 297,

kann im vorliegenden Falle unerörtert bleiben, da die in Rede stehende Gesellschaft ohne Frage weder der einen, noch der anderen Art von Vereinigungen angehört.

Erscheint danach die Abweisung des prinzipalen Klagantrages gerechtfertigt, so gilt das gleiche doch nicht von der Abweisung des eventuellen Antrages. Von dem oben eingenommenen Standpunkte aus, daß die Klage von vornherein als gegen die Gesamtheit der Mitglieder der Gesellschaft gerichtet anzusehen sei, ist der Grund des Berufungsgerichtes, daß mit dem gegen einzelne Mitglieder gerichteten eventuellen Antrage eine Klage gegen andere Personen angestellt sei, nicht zutreffend. Es liegt vielmehr darin nur eine Beschränkung der Klage auf gewisse, schon nach Inhalt der Klage als Mitbeklagte zu betrachtende Personen. In dieser Beschränkung ist eine unzulässige Klagänderung nicht zu finden, und ebensowenig greift bei dieser Auffassung der noch hinzugefügte Grund des Berufungsgerichts durch, daß der Kläger den Prozeß gegen die einzeln aufgeführten Mitglieder nur eventuell geführt wissen wolle, eine bedingte Klage aber nicht zulässig sei.

Zur Aufrechterhaltung des Urteiles bezüglich des eventuellen Antrages läßt sich auch nicht geltend machen, daß die Klage den zu 2 des Rubrums genannten Vorstehern der Gesellschaft nur in dieser ihrer Eigenschaft zugestellt ist, und daß, wenn sie auch als Vorsteher zugleich Mitglieder sein müssen, doch nach § 157 Abs. 3 C.P.O. die Zustellung an einen von ihnen genügte. Die etwaigen Mängel der Klagezustellung sind durch den Verzicht der Genannten geheilt, da sie erklärt haben, sich für ihre Person auf den Rechtsstreit einlassen zu wollen. Dem Rechtsanwalt Dr. R. S. ist die Klage als Mitbeklagtem zugestellt.

Wenn ferner die Verpflichtung der mit dem eventuellen Antrage in Anspruch Genommenen anscheinend davon abhängt, daß sie zu der Zeit, wo der der Klage zu Grunde liegende Vertrag geschlossen wurde, Mitglieder der Gesellschaft waren (worüber hier jedoch nicht entschieden wird), so würde der Mangel einer genügenden Begründung der Klage in dieser Richtung nicht zur Abweisung derselben führen können. Es wird darüber vielmehr gemäß § 130 C.P.O. weiter zu verhandeln sein." ...

---

74. Gehen bei dem Zwangsverkaufe eines Hausgrundstückes die in dem Hause befindlichen dem Eigentümer des letzteren gehörigen Möbel auf den Ersteher über?

A.L.R. I. 11 § 88.

Zwangsvollstreckungsgesetz vom 13. Juli 1883 § 1 Abs. 2.

V. Civilsenat. Urt. v. 28. April 1897 i. S. der Schl. Holzindustriegesellschaft, vorm. R. & Sch. (Kl.) w. T. (Bekl.). Rep. V. 417/96.

I. Landgericht Hirschberg.
II. Oberlandesgericht Breslau.

Die Klägerin hat an K., den ehemaligen Besitzer des Weinbergrestaurants in W., Möbel verkauft und übergeben, sich aber das Eigentum bis zur vollständigen Bezahlung des Kaufpreises vorbehalten.

Nach der Behauptung des Beklagten hat K. die sämtlichen Möbel zur Ausstattung der Restaurationsräume und der Fremdenzimmer verwendet, nach der Behauptung der Klägerin dagegen einige, nicht näher bezeichnete Sachen zu seinem persönlichen Gebrauche bestimmt. Das Restaurant des K. kam zur Subhastation. Im Versteigerungstermine meldete die Klägerin, welche behauptete, daß sie den Kaufpreis noch nicht vollständig erhalten habe, ihre Eigentumsansprüche an. Das Grundstück wurde unter Vorbehalt ihrer Rechte ausgeboten und mit diesem Vorbehalte dem Beklagten zugeschlagen.

Mit der Klage ward Herausgabe sämtlicher Möbel begehrt. Beklagter verlangte Abweisung der Klage, weil die Möbel Zubehör des Restaurants und mit diesem durch den Zuschlag in sein Eigentum übergegangen seien. Er behauptete auch, daß die Klägerin wegen des Kaufpreises voll befriedigt worden sei. Der erste Richter wies die Klage ab, und die Berufung der Klägerin wurde zurückgewiesen. Auf die Revision der Klägerin ist das Berufungsurteil aufgehoben, und die Sache in die Vorinstanz zurückverwiesen worden.

Gründe:

„Die seitens der Revision gegen das Berufungsurteil erhobenen Angriffe können nicht für begründet erachtet werden. Sie richten sich gegen die mit der Rechtsprechung des Reichsgerichtes im Einklange stehende Annahme, daß auch die sogenannten thatsächlichen Zubehörstücke von den Wirkungen des Zuschlages in der Subhastation mit betroffen werden, und daß der bloße Vorbehalt der angemeldeten Rechte des Eigentümers solcher Sachen nicht ausreiche, um jene Wirkungen auszuschließen, daß dazu vielmehr erforderlich sei, daß sie entweder durch die Versteigerungsbedingungen vom Mitverkaufe ausgeschlossen werden, oder Einstellung oder Aufhebung des Zwangsversteigerungsverfahrens seitens des Eigentümers herbeigeführt wird. Von diesen Grundsätzen abzugehen, liegt umsoweniger Veranlassung vor, als sie im § 55 des Reichsgesetzes über die Zwangsversteigerung und die Zwangsverwaltung vom 24. März 1897 . . . gesetzliche Anerkennung gefunden haben.

Dagegen bietet das Berufungsurteil nach einer anderen Richtung hin zu Bedenken Anlaß, welche zu seiner Aufhebung führen. Die Klägerin hat nämlich behauptet, daß ein Theil der Möbel nicht zur Ausstattung der Restaurationsräume und Fremdenzimmer, sondern zur

Ausstattung der eigenen Wohnung vom Subhastaten bestimmt und verwendet worden sei. Der Berufungsrichter erklärt dies für unerheblich, weil, selbst wenn diese Behauptung richtig sein sollte, doch auch dieser Teil der Möbel vom Eigentümer zum Zubehör des subhastierten Grundstückes bestimmt sein würde. Der Sinn dieser Ausführung ist schwer verständlich. Es kann damit gemeint sein, auch die zur Ausstattung der Wohnung eines Gasthofsbesitzers dienenden Möbel seien zum Zubehör des Gasthofes zu rechnen. Das wäre falsch, weil nach dem klaren Wortlaute des § 90 A.L.R. I. 2 nur die für den eigentlichen Betrieb der Gastwirtschaft bestimmten Möbel Zubehöreigenschaft haben. Wahrscheinlicher ist es, daß der Berufungsrichter der Ausführung des ersten Richters hat beitreten wollen, auch die zum persönlichen Gebrauche des Restaurateurs bestimmten und verwendeten Möbel seien deshalb mit dem Zuschlage auf den Beklagten übergegangen, weil die Subhastation ein Verkauf in Bausch und Bogen sei, und bei einem solchen Verkaufe eines Hauses nach § 88 A.L.R. I. 11 dem Käufer alle Möbel gehören, welche zur Zeit des geschlossenen Kaufes in dem Hause befindlich und zur bequemen Wohnung erforderlich und dienlich sind. Auch diese Ausführung beruht jedoch auf Rechtsirrtum. Die Möbel eines Wohnhauses und die zum persönlichen Gebrauche eines Gasthofsbesitzers bestimmten und verwendeten Möbel werden von dem Immobiliarzwangsverkaufe nicht ergriffen. Gemäß § 757 Abs. 2 C.P.O. bestimmt sich nach Landesgesetzen, welche Sachen und Rechte in Ansehung der Zwangsvollstreckung zum unbeweglichen Vermögen gehören. Im Anschlusse hieran bestimmt § 1 Abs. 2 des Zwangsvollstreckungsgesetzes vom 13. Juli 1883 (in wörtlicher Übereinstimmung mit § 1 Abs. 2 des Gesetzes, betreffend die Zwangsvollstreckung in das unbewegliche Vermögen, vom 4. März 1879 und in inhaltlicher Übereinstimmung mit §§ 20 Abs. 2. 55 Abs. 2 des Reichsgesetzes über die Zwangsvollstreckung vom 24. März 1897):

„Zu der Immobiliarmasse gehören auch diejenigen beweglichen Gegenstände, auf welche das bezüglich eines unbeweglichen Gegenstandes bestehende Pfand- oder Vorzugsrecht kraft Gesetzes sich miterstreckt.“

Daß damit bewegliche Sachen, welche dem Hypothekengläubiger nicht haften, den Wirkungen der Subhastation entzogen sind, ist nicht zweifelhaft. Darüber, auf welche beweglichen Gegenstände die Hypothek sich erstreckt, giebt § 30 Eig.-Erw.-Ges. Auskunft, nach welchem unter anderem das bewegliche, dem Eigentümer gehörige Zubehör, solange bis es veräußert und vom Grundstücke räumlich getrennt worden ist, dem Hypothekengläubiger haftet. Was als bewegliches Zubehör unbeweglicher Sachen anzusehen ist, bestimmen die §§ 48 flg. A.L.R. I. 2. Nur die hier aufgeführten Gegenstände haften also als Zubehör gemäß § 30 Eig.-Erw.-Ges. dem Hypothekengläubiger (§ 444 A.L.R. I. 20),

vgl. Turnau, Grundbuchordnung 5. Aufl. Bd. 1 S. 730. 731 Anm. VII 1. 2, und Dernburg, Hypothekenrecht Bd. 2 S. 151 § 21,

und nur sie würden daher an sich von dem Zwangsverkaufe des Grundstückes ergriffen werden. Mit Rücksicht auf die Natur der Zwangsversteigerung und die Art, in welcher sie sich vollzieht, ist jedoch eine gewisse Erweiterung des Kreises der Zubehörstücke gegenüber den §§ 48 flg. A.L.R. I. 2 geboten. Nach letzteren haben Sachen, welche ihrer Beschaffenheit nach zu den Zubehörstücken zu rechnen sein würden, dann nicht Zubehöreigenschaft, wenn sie zur Bewirtschaftung der unbeweglichen Sache nicht erforderlich sind (z. B. §§ 49. 53. 54), oder wenn sie Dritten gehören (§§ 60. 108). Nun ist nach dem gewöhnlichen Laufe der Dinge der Bieter beim Zwangsverkaufe nicht in der Lage, sich darüber Gewißheit verschaffen zu können, ob die beweglichen auf dem Grundstücke befindlichen Sachen, welche ihrer Natur nach Zubehörstücke sein können, auch wirklich solche sind, ob sie nicht Superinventar sind oder einem Dritten gehören. In Wahrung berechtigter Verkehrsinteressen hat das Reichsgericht mit Rücksicht hierauf angenommen, daß der Bieter in der Subhastation davon ausgehen dürfe, alle beweglichen Sachen, welche ihrer Natur nach unter die §§ 48 flg. A.L.R. I. 2 fallen können, seien auch wirklich Zubehör, daß also insoweit der Zwangsverkauf ein Verkauf in Bausch und Bogen sei. Daher muß nach der Rechtsprechung des Reichsgerichtes,

vgl. Entsch. des R.G.'s in Civils. Bd. 19 S. 321 flg.,

der dritte Eigentümer solcher Sachen dafür sorgen, daß sie von dem Verkaufe in der Subhastation ausgeschlossen werden, widrigenfalls sie mit dem Grundstücke auf den Ersteher übergehen, und daher kann dem Ersteher nicht mit Erfolg entgegengehalten werden, daß dergleichen im Gewahrsame des Subhastaten befindlich gewesene Sachen vom Eigentümer nicht zum Zubehör bestimmt oder zur Bewirtschaftung des Grundstückes nicht erforderlich seien.

Vgl. Gruchot, Beiträge Bd. 28 S. 1171, Bd. 38 S. 958 flg.

Zu solchen Sachen, welche ihrer Natur nach Zubehör sein können, gehören die in den §§ 83—86 A.L.R. I. 11 aufgeführten, wie eine Vergleichung mit den §§ 49. 52. 66 A.L.R. I. 2 ergiebt. Sie gehen, wie bei dem freihändigen Pauschalverkaufe eines Grundstückes, so auch bei der Subhastation auf den Ersteher über. Anders steht es dagegen mit den im § 88 A.L.R. I. 11 aufgeführten Möbeln. Diese haben ihrer Natur nach nicht Zubehöreigenschaft (§§ 77. 78 A.L.R. I. 2), können daher den Hypothekengläubigern als solchen nicht haften und gehören eben daher nicht zu der von der Subhastation allein ergriffenen Immobiliarmasse, wenn sie auch bei einem freihändigen Verkaufe in Bausch und Bogen auf den Käufer des Hauses mit übergehen. Demgemäß, und da der Umfang des zu einem Gasthofe nach § 90 A.L.R. I. 2 gehörigen Zubehörs in den §§ 83 flg. A.L.R. I. 11 eine Erweiterung nicht erfahren hat, stellt sich die Entscheidung der Vorinstanzen insoweit als verfehlt dar, als die Behauptung der Klägerin, ein Teil der in Rede stehenden Möbel sei zum persönlichen Gebrauche des Restaurateurs bestimmt und verwendet worden, für unerheblich erklärt worden ist."...

---

75. Wann beginnt, wenn durch die Zustellung eines Zahlungsbefehles eine Wechselverjährung unterbrochen ist, die Verjährung von neuem?

I. Civilsenat. Urt. v. 12. Mai 1897 i. S. R. (Kl.) w. B. (Bekl.). Rep. I. 148/97.

I. Landgericht II Berlin.
II. Kammergericht daselbst.

Die Entscheidung ist oben unter „Reichsrecht" Nr. 17 S. 59 abgedruckt.

76. Ist gegenüber der Klage aus einem Termingeschäfte zwischen Parteien, welche durch den Agenten der einen Partei miteinander in Verbindung gesetzt worden sind, der Einwand des reinen Differenzgeschäftes schon durch die Thatsache begründet, daß bei früheren, durch die Korrespondenz des Agenten vermittelten Geschäften der Parteien der Agent und der Beklagte über den Ausschluß der Effektivlieferung einig gewesen sind?

II. Civilsenat. Urt. v. 28. Mai 1897 i. S. A. (Bekl.) w. D. & W. (Kl.). Rep. II. 97/97.

I. Landgericht Magdeburg.
II. Oberlandesgericht Naumburg a. S.

Laut Schlußscheines vom 5. September 1895 verkaufte die Klägerin für den Beklagten 1500 Sack Zucker auf Lieferung im März 1896 unter Bezugnahme auf die Schlußscheinbedingungen des deutschen Zuckerexportvereines zu Magdeburg und die besonderen Bedingungen der Klägerin, nach denen die aus dem Geschäft entspringenden Streitigkeiten durch den Vorstand des genannten Vereins entschieden werden sollen. Da der Beklagte beim Steigen der Zuckerpreise sein nur 1700 *M* betragendes Depot bei der Klägerin auf Verlangen nicht erhöhte, so deckte diese sich durch Einkauf von 1500 Sack Zucker ein und verlangte von dem Beklagten Bezahlung des aus diesen Geschäften sich zu ihren Gunsten ergebenden Saldos. Da der Beklagte Zahlung verweigerte, rief die Klägerin das genannte Schiedsgericht an, welches den Beklagten zur Zahlung von 6474,45 *M* nebst Zinsen verurteilte, in den Gründen den vom Beklagten erhobenen Einwand, daß es sich um ein reines Differenzgeschäft handele, verwerfend. Die Klägerin erhob hierauf Klage mit dem Antrage, die Zwangsvollstreckung aus dem genannten Schiedsspruche für zulässig zu erklären, wogegen der Beklagte Abweisung auf Grund des erwähnten Einwandes erhob, den er durch folgende Behauptungen begründete: er selbst sei zur Zeit des Geschäftsabschlusses weder Kaufmann noch vermögend gewesen und habe keinen Sack Zucker besessen; seine Einführung bei der Klägerin sei durch den Agenten derselben, B. in Br., geschehen, dem er sofort eröffnet habe, daß er weder abnehmen noch liefern könne und nur an der Differenz gewinnen wolle. Demzufolge seien denn auch die von

B. vermittelten Geschäfte durch Ausgleichung der Differenz erledigt worden. Nach einer Anfrage bei der Klägerin, ob er die „letzte kleine Schlappe", d. h. den zuletzt erlittenen Verlust, durch Kauf wieder einbringen könne, sei auf Anraten der Klägerin das jetzt in Rede stehende Geschäft zustande gekommen, bezüglich dessen auch die vorher geführte Korrespondenz ergebe, daß die Parteien hier effektive Lieferung ausgeschlossen haben wollten. Die Klägerin bestritt diese Behauptungen und erwiderte: sie habe bei Übertragung ihrer Vertretung an B. diesem durch Schreiben vom 3. Oktober 1893 eröffnet, daß es sich bei ihren Termins-Transaktionen nicht um sog. nicht klagbare Differenzgeschäfte, sondern um wirkliche Verkäufe und Käufe handele; hierauf solle er in jedem einzelnen Falle die Kommittenten aufmerksam machen, widrigenfalls im Falle eines Spieleinwandes sie auf ihn zurückgreifen werde. B. habe den Beklagten, der als Kaufmann im Adreßbuch von Br. eingetragen sei, als Primaauftraggeber bezeichnet, der vermögend sei, großartig auftrete, Pferd und Wagen halte u. s. w. Übrigens sei es gleichgültig, ob die durch B. vermittelten Geschäfte Differenzgeschäfte gewesen, da das gegenwärtige direkt zwischen den Parteien geschlossen sei. Der Beklagte bestritt diese Behauptungen und machte noch geltend, daß die Eröffnung in dem Schreiben vom 3. Oktober 1893 nur zur Verschleierung der wahren Absicht habe dienen sollen.

Das vom Landgericht nach dem Klagantrage erlassene Erkenntnis wurde vom Oberlandesgericht in der Berufungsinstanz mit folgender Begründung bestätigt: der Einwand des Differenzgeschäftes sei zwar gegenüber der erhobenen Klage an sich zulässig; auch könne angenommen werden, daß Beklagter dem B. die Absicht, nur um die Differenz zu spielen, kundgethan habe, und daß die Klägerin diese Kenntnis ihres Agenten gegen sich gelten lassen müsse; allein dies treffe nur zu bezüglich der durch Vermittelung des B. abgeschlossenen Geschäfte, nicht bezüglich des gegenwärtigen, von dem Beklagten unmittelbar mit der Klägerin abgeschlossenen Geschäftes. Sollte der Beklagte bei diesem Geschäft ebenfalls die Spielabsicht gehabt haben, so genüge dies nicht; vielmehr habe er gegenüber dem ein Effektivgeschäft beurkundenden Schlußschein den Beweis zu führen, daß auch die Klägerin den Willen gehabt habe, Effektivlieferung auszuschließen. Diesen Beweis habe der Beklagte nicht geführt; derselbe ergebe sich weder aus den

Äußerungen des Beklagten gegenüber B., noch aus der dem Abschluß vorhergegangenen Korrespondenz, insbesondere nicht aus der Erwähnung der „letzten kleinen Schlappe". Die angebliche Vermögenslosigkeit des Beklagten sei der Klägerin, die von B. nur günstige Berichte erhalten, unbekannt gewesen, sodaß sie eine Erhöhung des nur 1700 ℳ betragenden Depots des Beklagten für entbehrlich halten durfte. Möge auch Beklagter Kaufmann im technischen Sinne nicht gewesen sein, so habe er doch, wie die Verhandlung ergeben, kaufmännischen Geschäften nicht fern gestanden; es lasse sich daher aus seiner Lebensstellung sowenig, wie aus dem Nichtbesitz eines Sackes Zucker auf die Spielnatur des Geschäftes schließen.

Die Revision des Beklagten wurde zurückgewiesen aus folgenden

Gründen:

„In erster Linie macht der Revisionskläger folgendes geltend: wenn, wie das Berufungsgericht annehme, beim Abschluß des der Klage zu Grunde liegenden Geschäftes er, der Beklagte, die Absicht gehabt habe, um die Differenz zu spielen, die Klägerin aber einen wirklichen Verkaufsauftrag habe übernehmen wollen, so sei wegen mangelnder Willensübereinstimmung ein Geschäft zwischen den Parteien überhaupt nicht zustande gekommen, und schon aus diesem Grunde die Klage unbegründet. Es kann dahingestellt bleiben, ob dieser Angriff mit Rücksicht darauf, daß in den Vorinstanzen der Beklagte auf die Ungültigkeit des Geschäftes wegen mangelnder Willensübereinstimmung einen Einwand nicht gegründet hat, nach §§ 511. 512 C.P.O. in der Revisionsinstanz überhaupt zulässig ist; jedenfalls ist er im Bejahungsfalle unbegründet, da die Parteien ihren Willen übereinstimmend als Erteilung und Übernahme eines Verkaufsauftrages so erklärt haben, wie es in der Schlußnote niedergeschrieben ist, und der Beklagte bei Abschluß des Geschäftes der Mitkontrahentin mit keinem Worte Mitteilung davon gemacht hat, daß es nicht seine Absicht sei, sich in dieser Form zu binden. Auf den bloßen inneren Vorbehalt der einen Vertragspartei kann bei Feststellung des erklärten Vertragswillens vom Richter keine Rücksicht genommen werden.

In zweiter Linie bezeichnet der Revisionskläger als unzulässig, daß das Berufungsgericht zwar gegenüber den von B. vermittelten Geschäften den Einwand des Spieles zulassen wolle, dagegen das der

Klage zu Grunde liegende, durch direkte Korrespondenz der Parteien zustande gekommene Geschäft als Effektivgeschäft ansehe; denn die von B. als dem Agenten der Klägerin dem Beklagten gegenüber abgegebene Erklärung, er halte den Widerspruch der Klägerin gegen reine Differenzgeschäfte für leere Form, müsse auf alle zwischen den Parteien abzuschließende Geschäfte bezogen werden und dürfe nicht geteilt werden; indem das Berufungsgericht solche Teilung vornehme, setze es sich in direkten Widerspruch mit den in dem Urteile des Reichsgerichtes Entsch. des R.G.'s in Civils. Bd. 30 S. 29 flg. entwickelten Grundsätzen. Auch dieser Angriff geht fehl. Es mag zwar als eine der Regel nach zutreffende thatsächliche Vermutung hingestellt werden können, daß Vertragsparteien, welche durch die Korrespondenz eines Agenten eine Reihe von Spielgeschäften miteinander geschlossen haben, diese Spielabsicht auch haben werden, wenn sie im Anschluß an jene Geschäfte („um die letzte kleine Schlappe einzubringen") ein äußerlich gleichartiges Geschäft durch direkte Korrespondenz miteinander abschließen. Allein ein Rechtssatz dieses Inhaltes besteht nicht; das Oberlandesgericht konnte also unter Berücksichtigung der thatsächlichen Umstände, wozu namentlich gehört, daß die Klägerin von den Verhandlungen zwischen B. und dem Beklagten niemals Kenntnis erhalten hat, recht wohl zu der Ansicht gelangen, daß die Klägerin selbst das der Klage zu Grunde liegende Geschäft, wie alle früheren auch, als Effektivgeschäfte gewollt habe, und der abweichende Wille des Beklagten hier nicht, wie bei den früheren, in Betracht komme, weil dieses Geschäft nicht durch B. vermittelt worden, Klägerin also nicht an die Äußerungen desselben gegenüber dem Beklagten gebunden sei. Daß das Oberlandesgericht hierdurch mit Rechtsgrundsätzen in Widerspruch trete, welche das Reichsgericht in der erwähnten Entscheidung entwickelt habe, kann nicht anerkannt werden. In dem damals entschiedenen Rechtsfalle handelte es sich allerdings auch um ein durch direkte Korrespondenz der Parteien zustande gekommenes Geschäft, und es wurde dennoch der Spieleinwand auf Grund der Thatsache zugelassen, daß der Beklagte der Klägerin durch ihren Agenten empfohlen worden war, mit welchem er das Spielen um die Differenz vereinbart hatte; allein der Inhalt der Entscheidungsgründe ergiebt auch, daß diesem Urteil die weitere thatsächliche Annahme zu Grunde liegt, der Agent sei von der Klägerin beauftragt gewesen, den Kunden Auskunft über die Grundlage des Verkehres mit ihr zu erteilen; woran die Folgerung geknüpft wird, daß die Klägerin die von dem Agenten über die Ausschließung der Effektivlieferung getroffene Vereinbarung gegen sich gelten lassen müsse, sofern sie erkannt habe, daß das Geschäft von dem Agenten vermittelt sei; als durch den Agenten vermittelt wird hier das zwischen den Parteien direkt abgeschlossene Geschäft deshalb bezeichnet, weil der Agent die Parteien aufeinander aufmerksam gemacht hatte. Im vorliegenden Falle nimmt das Oberlandesgericht dagegen als feststehend an, daß die Klägerin ihren Agenten ausdrücklich angewiesen hatte, den Kunden eine besondere Mitteilung über die Nichtzulassung von Spielgeschäften zu machen, und erachtet sie deshalb nicht für verpflichtet, eine abweichende Spielabsicht des Beklagten für das mit diesem direkt abgeschlossene Geschäft gegen sich gelten zu lassen, indem es zugleich zuläßt, daß man bezüglich der von dem Agenten vermittelten, d. h. hier der durch Korrespondenz desselben zustande gekommenen, Geschäfte mit Rücksicht auf die Ausführungen in dem Urteile des Reichsgerichtes Entsch. des R.G.'s in Civils. Bd. 30 S. 214 flg. zu einer anderen Ansicht gelange. Das angefochtene Urteil tritt also mit keinem Rechtssatze des Urteiles Entsch. des R.G.'s in Civils. Bd. 30 S. 29 flg. in Widerspruch, insbesondere nicht mit einem Rechtssatze etwa des Inhaltes, daß ein Bankier bezüglich der Geschäfte, welche er mit einem ihm durch seinen Agenten zugeführten Kunden direkt abschließt, die zwischen letzteren über den Ausschluß der Effektivlieferung getroffene Vereinbarung gegen sich gelten lassen müsse, welche er für die bisher durch Korrespondenz des Agenten zustande gekommenen Geschäfte anerkennen mußte. Ein solcher Rechtssatz ist in der mehrerwähnten Entscheidung nicht aufgestellt und konnte nicht aufgestellt werden, da es einem Bankier nicht verwehrt sein kann, mit einer Person, mit welcher er sich gestern auf Spielgeschäfte eingelassen hat, heute Effektivgeschäfte zu machen; und ebensowenig ist in jenem Urteile ein Rechtssatz aufgestellt, wonach der Agent des Bankiers eine gesetzliche Vollmacht habe, zum voraus den Geschäften, welche letzterer mit den ihm zugeführten Kunden abschließen wird, den Charakter als Spielgeschäfte zu geben. Über die Wirkungen der von dem Agenten gegenüber den Kunden gethanen Äußerungen auf den Inhalt des zwischen letzterem und dem Bankier geschlossenen Geschäftes kann vielmehr immer nur nach Lage des einzelnen Falles geurteilt werden, da, wenn kein Bevollmächtigter inmitten ist, immer zu prüfen bleibt, welches der von den Parteien selbst erklärte Wille war, und die Äußerungen Beauftragter hierbei nur insofern in Betracht kommen, als sie dem Willen der Parteien selbst entsprechen." ...

---

77. Kann der Träger eines Familiennamens gegen Staatsbehörden, die sein Recht auf Führung dieses Namens bestreiten, Feststellungsklage dahin erheben, daß er zur Führung jenes Namens berechtigt sei, und daß die Beklagten nicht berechtigt seien, ihm die Führung desselben zu verbieten?

III. Civilsenat. Urt. v. 1. Juni 1897 i. S. v. H. (Kl.) w. den Regierungspräsidenten und die Polizeidirektion zu H. (Bekl.). Rep. III. 26/97.

I. Landgericht Hannover.
II. Oberlandesgericht Celle.

Die Königliche Polizeidirektion zu H. hat gegen den Kläger, der sich ihr gegenüber von H. nannte, im Auftrage des Regierungspräsidenten nach voraufgegangener Verwarnung wegen unbefugter Führung des ihm nicht zukommenden Adelsprädikates eine bei der Polizeikasse zu erlegende Strafe von 30 ℳ, event. 3 Tagen Haft, festgesetzt. Im schöffengerichtlichen Verfahren ist der Kläger freigesprochen, in der Berufungsinstanz aber zu einer Strafe von 10 ℳ verurteilt worden, weil er weder adelig, noch auch einen bürgerlichen Namen von H. zu führen berechtigt sei. Seine Revision hat das Oberlandesgericht zurückgewiesen. Noch vor Erledigung des Strafverfahrens hat er gegen den Königlichen Regierungspräsidenten und die Königliche Polizeidirektion zu H. Klage mit dem Antrage erhoben, festzustellen, daß er berechtigt sei, den Familiennamen „von H." zu führen, und daß die Beklagten nicht berechtigt seien, ihm die Führung dieses Namens zu verbieten. Er nimmt die Partikel „von" nicht als Adelsprädikat, sondern lediglich als Bestandteil seines bürgerlichen

Namens in Anspruch. Die Klage ist wegen Unzulässigkeit des Rechtsweges abgewiesen, und die Berufung des Klägers zurückgewiesen worden.

Die Revision des Klägers ist zurückgewiesen aus folgenden

Gründen:

... „Soweit der Kläger in der Verwarnung und der polizeilichen Straffestsetzung Eingriffe in seine Privatrechtssphäre sieht, kann die Unzulässigkeit des Rechtsweges nicht zweifelhaft sein. Die Verwarnung ist keine polizeiliche Verfügung im Sinne der Verordnung vom 11. Mai 1842, und noch weniger liegen die Voraussetzungen der §§ 2 u. 4 jener Verordnung vor. Die Straffestsetzung aber kann nur im schöffengerichtlichen Verfahren und dem weiter zugelassenen Rechtsgange angefochten werden. Die Strafgerichte entscheiden auch über präjudizielle bürgerliche Rechtsverhältnisse, und der Angeklagte hat nicht die Befugnis, über das vom Strafgerichte entschiedene Rechtsverhältnis auch noch die Entscheidung der Civilgerichte durch eine gegen die Staatsorgane zu erhebende Klage anzurufen.

Der Rechtsweg ist aber auch dann nicht gegeben, wenn man die Klage dahin auffaßt, daß der Kläger in den erwähnten polizeilichen Maßnahmen nur die Veranlassung zur Klagerhebung, den eigentlichen Klaggrund aber in der Nichtanerkennung und der Störung des von ihm behaupteten Privatrechts durch Organe des Staates sieht. Auch soweit der Kläger die Partikel „von" vor seinem Namen nur als Bestandteil seines bürgerlichen Familiennamens in Anspruch nimmt, hat er unter den vorliegenden Verhältnissen keine Civilklage gegen den Staat und seine Organe auf Anerkennung und Unterlassung von Störungen. Allerdings gehört das Recht auf Führung eines bestimmten Namens auch dem Privatrechte an, und es sind daher vom Reichsgerichte schon wiederholt Klagen der Angehörigen einer bestimmten Familie gegen Dritte wegen unbefugter Anmaßung des Familiennamens zugelassen worden. Es handelt sich bei der Führung eines bestimmten Namens aber keineswegs um ein ausschließlich dem Privatrechte angehörendes Recht, sondern ebenso sehr um die im öffentlichen Rechte begründete Verpflichtung des Einzelnen, nur den durch Geburt oder Rechtsakt erworbenen Familiennamen zu führen. Dieser Pflicht des Einzelnen entspricht das Recht des Staates und seiner Organe, mit den zulässigen Mitteln gegen jeden einzuschreiten, der sich eines ihm nicht zukommenden Namens bedient. Daß aber in vorliegender

Sache die Organe des Staates gegen den Kläger nur aus diesem Rechte und allein in Ausübung öffentlichrechtlicher Funktionen eingeschritten sind, unterliegt nach der Sachlage einem Bedenken überall nicht. Erachtet der Kläger sich hierdurch für verletzt, so kann er das von ihm behauptete Recht keinenfalls im Wege des Civilprozesses gegen die betreffenden Behörden verfolgen." ...

---

78. Welches örtliche Recht ist maßgebend für Verbindlichkeiten, welche ein Gesetz an einen bei der Flußschiffahrt vorgekommenen Unglücksfall knüpft?

VI. Civilsenat. Urt. v. 21. Juni 1897 i. S. M. Ehefrau u. Gen. (Bekl.) w. den mecklenburg-schwerinschen Fiskus (Kl.). Rep. VI. 54/97.

I. Landgericht Magdeburg.
II. Oberlandesgericht Naumburg a. S.

Die Revision der Beklagten ist vom Reichsgerichte zurückgewiesen worden aus folgenden

Gründen:

„Die 2000 M, welche dem Kläger im angefochtenen Urteile zugesprochen sind, sind eingeklagt als ein Teilbetrag derjenigen Kosten, welche von der mecklenburg-schwerinschen Strompolizeibehörde aufgewandt waren zur Herausschaffung des durch einen Unglücksfall gesunkenen Elbkahnes der Beklagten ... aus dem mecklenburgischen Fahrwasser der Elbe, nachdem diese selbst vergebens zur Fortschaffung des Wrackes, das ein Hindernis für die Schiffahrt bildete, aufgefordert worden waren. Die Verurteilung ist gestützt auf den § 45 der mecklenburg-schwerinschen Polizeiordnung für die Schiffahrt und Flößerei auf der Elbe vom 24. März 1894, welcher dem Eigentümer des Fahrzeuges für einen solchen Fall den Ersatz der Hebungskosten auferlegt. Die Auslegung und Anwendung des mecklenburgischen Partikularrechtes ist wegen Irrevisibilität desselben vom Reichsgericht nicht nachzuprüfen; die erheblichen Thatsachen sind sämtlich unbestritten: und so bleibt als einzige zur Entscheidung stehende Frage die, ob nach den Grundsätzen des preußischen Landrechtes über die örtliche Geltung der Rechtsnormen hier das mecklenburgische Recht mit Recht zur Anwendung gebracht worden ist. Es handelt sich um eine unmittelbar auf dem Gesetze beruhende persönliche Verbindlichkeit. Das preußische Landrecht enthält in dieser Beziehung keine ausdrückliche Vorschrift über das anzuwendende örtliche Recht, sodaß die Entscheidung auch für dieses Rechtsgebiet hier nur aus der allgemeinen Lehre des sog. internationalen Privatrechtes entnommen werden kann, wie es für das gemeine deutsche Recht der Fall sein würde. In dieser Hinsicht ... erscheint das Ergebnis, zu welchem das Berufungsgericht gelangt ist, als gerechtfertigt. Zwar ist heutzutage meistens anerkannt, daß die Meinung zu weit geht, wonach diejenigen Rechtssätze eines bestimmten Gebietes, die an einen innerhalb desselben sich ereignenden Vorgang eine gewisse Verbindlichkeit einer Person knüpfen, schlechtweg auch dann, wenn diese Person als solche einem anderen Rechtsgebiete angehört, auch von den Gerichten des letzteren Gebietes zur Anwendung zu bringen wären, daß vielmehr dies nur insoweit gilt, als auch nach dem sog. Personalstatute des als Schuldners in Anspruch Genommenen die gleiche Haftung begründet ist.

Vgl. v. Bar, Internationales Privatrecht (2. Aufl.) Bd. 2 S. 122 bis 126, und Lehrbuch des internationalen Privat- und Strafrechts § 34, insbesondere S. 126, auch Förster-Eccius, Preußisches Privatrecht (6. Aufl.) Bd. 1 § 11 S. 63, insbesondere Anm. 34, sowie ein Urteil des Appellationsgerichtes zu Celle bei Seuffert, Archiv Bd. 26 Nr. 217.

Eine Ausnahme muß diese Einschränkung jedoch dann leiden, wenn die fragliche gesetzliche Verbindlichkeit an einen Vorgang geknüpft ist, der sich auf einen eigenen Willensakt des zu Verpflichtenden zurückführen läßt. Ein solcher Fall ist hier gegeben. Zwar ist das Sinken des Kahnes und die Sperrung des Fahrwassers durch denselben unmittelbar in keiner Weise durch eine von den Beklagten ... zu vertretende Handlungsweise bewirkt worden. Aber sie betrieben mit dem Kahne die Schiffahrt auf der mecklenburgischen Elbstrecke zu einer Zeit, als durch die Verordnung vom 24. März 1894 schon zur öffentlichen Kunde gebracht war, daß das mecklenburgische Recht jene Schiffahrt nur unter der Voraussetzung gestatte, daß der Schiffseigner im Falle eines Unglücksfalles der hier in Rede stehenden Art die dadurch verursachten Kosten trage. Damit haben sie sich der Anwendbarkeit dieses mecklenburgischen Rechtssatzes, wenngleich nicht vertragsmäßig, doch in dem Sinne unterworfen, daß sie sich billigerweise über seine Anwendung nun nicht beklagen dürfen, da es ja bei ihnen gestanden hätte, die Schiffahrt auf der mecklenburgischen Elbstrecke zu unterlassen, um jener Anwendung sicher zu entgehen. Daher stellt sich die Revision, welche die Anwendung des mecklenburgischen Rechtes auf diesen Fall als einen Verstoß gegen die Normen von der örtlichen Geltung der Rechtssätze gerügt hat, als unbegründet dar." ...

---

79. 1. Ist bei bestehender Verwaltungsgemeinschaft die Ehefrau, auch wenn sie kein vorbehaltenes Vermögen hat, berechtigt, ohne Zuziehung ihres Ehemannes auf die Feststellung, daß ihr eine gewisse Verbindlichkeit nicht obliege, zu klagen?

2. Ist im Verneinungsfalle eine solche Feststellungsklage wegen Nichtzuziehung des Ehemannes von Amts wegen abzuweisen?

VI. Civilsenat. Urt. v. 28. Juni 1897 i. S. D. Ehefr. (Bekl. u. Widerkl.) w. L. (Kl. u. Widerbekl.). Rep. VI. 70/97.

I. Landgericht I Berlin.
II. Kammergericht daselbst.

Die Klage war auf Bezahlung von 100 ℳ für geleistete Tapezierarbeiten und gelieferte Materialien gerichtet, die Widerklage auf die Feststellung, daß dem Kläger überhaupt kein Anspruch wegen solcher Leistungen oder Lieferungen gegen die Beklagte zustehe. Das Landgericht hatte die Entscheidung über Klage und Widerklage von einem der Beklagten auferlegten Eide, daß sie die sämtlichen in Rede stehenden Arbeiten und Materialien nicht bestellt habe, abhängig gemacht. Die Berufung des Klägers wurde in Ansehung der Klage zurückgewiesen, im übrigen aber das erste Urteil vom Berufungsgerichte dahin abgeändert, daß die Widerklage abgewiesen wurde. Auf Revision der Beklagten ist jedoch vom Reichsgerichte das Berufungsurteil in der letzteren Beziehung aufgehoben, und die Sache ans Berufungsgericht zurückverwiesen worden, aus folgenden

Gründen:

„Das Berufungsgericht hat seine Entscheidung darauf gestützt, daß die Beklagte, als Ehefrau, nach dem hier maßgebenden ehelichen Güterrechte der erhobenen Klage gegenüber nicht für sich allein, ohne ihren Ehemann, passiv legitimiert sei, und daß ihr auch zur Erhebung der Widerklage ohne den Beitritt ihres Ehemannes die Aktivlegitimation fehle. Aus diesen Gründen ist es einerseits in keine Erörterung darüber eingetreten, ob die Berufung des Klägers in Ansehung der Hauptklage etwa hiervon abgesehen begründet sein möchte, sondern hat dieselbe insoweit, als gegen eine dem Kläger schon zu günstige Entscheidung gerichtet, ohne weiteres zurückgewiesen, und hat es andererseits die Widerklage auf die Berufung des Klägers unbedingt abgewiesen. . . .

Die Beklagte hat gerügt, daß ihre Sachlegitimation nicht von Amtswegen hätte bemängelt werden dürfen, nachdem unter den Parteien dieselbe nicht in Zweifel gezogen gewesen sei. . . . Dieser Angriff trifft jedoch nicht zu, da es sich nach der Auffassung des Kammergerichtes um einen Mangel in der rechtlichen Begründung der Klage, bezw. Widerklage handelte. Freilich hat der V. Civilsenat in dem in den Beiträgen zur Erläuterung des deutschen Rechts, Bd. 39 S. 1118, abgedruckten Urteile in einem ähnlichen Falle einen auf die angeblich fehlende Sachlegitimation gestützten Revisionsangriff aus dem Grunde nicht zugelassen, weil dieser Mangel in den vorigen Instanzen nicht geltend gemacht worden sei. Ob diese Entscheidung jetzt nach § 137 Abs. 1 G.V.G. den gegenwärtig erkennenden Senat hindern würde, die Revision ohne vorgängige Verweisung der betreffenden Rechtsfrage an die vereinigten Civilsenate zurückzuweisen, kann dahingestellt bleiben, weil aus einem anderen Grunde das angefochtene Urteil doch dem Revisionsantrage entsprechend aufgehoben werden mußte.

Dieser Grund ist der, daß es überhaupt rechtsirrig ist, der Beklagten wegen des für sie maßgebenden ehelichen Güterrechtes die Sachlegitimation für die von ihr als Widerklägerin erhobene negative Feststellungsklage abzusprechen. Als maßgebend kommt für sie in erster Reihe das märkische eheliche Güterrecht in Betracht, so weit dieses vom preußischen Allgemeinen Landrechte abweichende Normen aufstellt, im übrigen aber das regelmäßige Güterrecht des letzteren Gesetzbuches. Wäre nun die hier in Rede stehende Entscheidung des Berufungsgerichtes auf Besonderheiten des märkischen Rechtes gestützt, so würde freilich die Nachprüfung des Reichsgerichtes ausgeschlossen sein, da durch § 5 der Kaiserlichen Verordnung vom 28. September 1879 auch diejenigen in der Mark Brandenburg geltenden Gesetze, welche durch Art. VII des Publikationspatentes von 1794 als Vorschriften der bisherigen subsidiarischen Rechte aufrecht erhalten sind, für irrevisibel erklärt sind. So liegt die Sache jedoch nicht; es handelt sich vielmehr nur um die Anwendung allgemeiner Bestimmungen des preußischen Landrechtes; wie ja auch überhaupt die besonderen Normen des märkischen Rechtes der Ehefrau nur eine dem Ehemanne gegenüber etwas freiere, unabhängigere Stellung einräumen, als es das Allgemeine Landrecht thut.

Was zunächst die Aktivlegitimation zu vermögensrechtlichen Klagen im allgemeinen anlangt, so steht es freilich außer Zweifel, daß, auch wenn man den § 189 A.L.R. II. 1 — ganz abgesehen von der Frage, ob er nicht in der Mark überhaupt suspendiert war — als durch § 51 Abs. 2 C.P.O. in jeder Beziehung aufgehoben ansieht, die Ehefrau durch das ihrem Manne nach preußischem Landrechte (und nach märkischem Rechte) an ihrem eingebrachten Vermögen zustehende Verwaltungs- und Nutzungsrecht gehindert ist, die zu diesem Vermögen gehörigen einzelnen Rechte praktisch geltend zu machen, so weit nich der Ehemann seine Zustimmung hierzu erteilt hat. Hiervon spricht das vom Berufungsgerichte angeführte Urteil des I. Civilsenates des Reichsgerichtes in den Beiträgen zur Erläuterung des deutschen Rechts, Bd. 38 S. 473, ebenso übrigens viele andere Erkenntnisse des Reichsgerichtes, in denen dieser Gegenstand zum Teil noch mehr ex professo erörtert ist. Dies kommt aber bei der jetzt in Frage stehenden negativen Feststellungsklage gar nicht in Betracht. Hier handelt es sich nur darum, eine Nichtschuld der Klägerin, bezw. Widerklägerin festzustellen. Das Nichtschulden einer Ehefrau kann nun aber weder zu ihrem eingebrachten, noch zu ihrem vorbehaltenen Vermögen gerechnet werden, da es seiner Natur nach überhaupt nicht zu einem Vermögen gehören kann; jenes Nichtschulden kann keinen Gegenstand des dem Ehemanne zustehenden Verwaltungs- und Nutzungsrechtes bilden. Die Ehefrau kann daher nach § 231 C.P.O. auf Feststellung desselben für sich allein klagen, wenn sie, was hier der Fall ist, ein rechtliches Interesse an der alsbaldigen Feststellung hat. Selbstverständlich ist dadurch nicht ausgeschlossen, daß auch der Mann eine solche Feststellungsklage anstellen könnte, wenn er, als Inhaber des Nutzungs- und Verwaltungsrechtes am eingebrachten Vermögen, ein rechtliches Interesse daran nach Maßgabe des § 231 C.P.O. haben sollte.

Man könnte nun freilich vielleicht der Ansicht sein, daß es bei einer negativen Feststellungsklage der vorliegenden Art für die hier zu entscheidende Frage weniger auf die allgemeinen Grundsätze über die Aktivlegitimation, als auf diejenigen über die Passivlegitimation der landrechtlichen, bezw. märkischen Ehefrau bei vermögensrechtlichen Klagen ankomme, und daß daher, falls die Ausführungen des Berufungsgerichtes über den letzteren Punkt zutreffen sollten, sich daraus ohne weiteres auch der Mangel der Aktivlegitimation der Beklagten zur Erhebung gerade einer solchen negativen Feststellungsklage ergeben würde. Allein zuvörderst treffen die bezeichneten Ausführungen des Berufungsgerichtes keineswegs zu. Diese verneinen die Passivlegitimation der Beklagten deshalb, weil nicht vorliege, daß sie vertragsmäßig vorbehaltenes Vermögen habe, und weil die Klagforderung dem gesetzlich vorbehaltenen Vermögen nicht zuzuzählen sei. Der letztere dieser Gründe ist unverständlich, weil sich die Unterscheidung des Vermögens als eingebrachten und vorbehaltenen nur auf das Aktivvermögen, nicht aber auf die Schulden bezieht. Der erstere Grund aber ist rechtsirrig, weil die Passivlegitimation des mit einer persönlichen Klage Belangten nichts mit der Frage zu thun hat, ob dem Beklagten irgend welches Vermögen zusteht, das einen Gegenstand der Zwangsvollstreckung bilden könnte.[1] Es versteht sich von selbst, daß die dem Ehemann am Vermögen der Frau zustehenden Rechte durch eine Verurteilung der letzteren nicht berührt werden können. So weit er die der Frau gehörigen körperlichen Sachen in seinem Gewahrsam haben sollte, würde schon nach § 712 Abs. 1 und § 713 C.P.O. eine Zwangsvollstreckung in dieselben so lange ausgeschlossen sein, als nicht er selbst etwa zur Herausgabe derselben bereit wäre;

[1] Vgl. unten Nr. 91 S. 367. D. R.

sollten aber solche Sachen aus dem eigenen Gewahrsam der Frau gepfändet werden, so würde es ihm freistehen, sein die Veräußerung derselben hinderndes Recht auf dem in § 690 C.P.O. vorgesehenen Wege geltend zu machen. Entsprechendes würde von anderen der Zwangsvollstreckung ausgesetzten Vermögensrechten der Frau gelten. Dem Gläubiger müßte es überlassen bleiben, die Pfändung eines etwa der Frau gegen den Mann auf Herausgabe gewisser Sachen oder auf Tilgung der fraglichen Schuld zustehenden Anspruches für sich zu erwirken oder, in Ermangelung der Voraussetzungen zu solchem Vorgehen, sein etwaniges Recht gegen den Ehemann darauf, daß dieser die Zwangsvollstreckung in das Vermögen der Frau geschehen lasse, mittels besonderer Klage zu verfolgen. Eben deshalb ist aber gar nicht abzusehen, weshalb es dem Gläubiger der Frau aus Rücksicht auf die Rechte des Mannes verwehrt sein sollte, seine Schuldnerin allein zu belangen, falls er dies vorzieht. Wird doch sogar die völlige Vermögenslosigkeit eines Schuldners sonst nicht für einen Grund gehalten, seine Passivlegitimation zu verneinen.

Allerdings bezieht sich nun aber das Berufungsgericht für seine Ansicht auf frühere Entscheidungen anderer Senate des Reichsgerichtes. Die eine von diesen, die des V. Civilsenates in den Beiträgen zur Erläuterung des deutschen Rechts, Bd. 37 S. 1218 flg., betrifft indes eine ganz andere Frage, im wesentlichen dieselbe, die von dem genannten Senate auch schon in dem in den Entsch. des R.G.'s in Civils. Bd. 13 S. 291 flg. abgedruckten Urteile behandelt worden ist. In diesen Fällen handelte es sich nicht um persönliche Klagen, sondern um dingliche Klagen auf Herausgabe von Grundstücken, bezw. auf andere Leistungen in Beziehung auf Grundstücke, welche der Ehemann kraft seines Nutzungs- und Verwaltungsrechtes unter sich hatte, und dort ist ohne Zweifel mit Recht angenommen worden, daß die Ehefrau ohne den Mann nicht habe verklagt werden können, und daß die beiden als Mitbeklagte notwendige Streitgenossen seien. Dagegen steht mit der oben dargelegten Auffassung allerdings die andere vom Berufungsgerichte angeführte Entscheidung, diejenige des IV. Civilsenates in den Entsch. des R.G.'s in Civils. Bd. 28 S. 332 flg., und desgleichen übrigens auch zwei andere desselben Senates, ebenda Bd. 29 S. 164 flg. und in den Beiträgen zur Erläuterung des deutschen Rechts Bd. 37 S. 1212, sowie eine vom V. Civilsenate abgegebene, in den angeführten Beiträgen Bd. 39 S. 1117, in Widerspruch. Übrigens ist dabei zu bemerken, daß vom IV. Civilsenate ebenda Bd. 37 S. 1213 flg. sich auch eine Entscheidung vorfindet, die mit den soeben genannten wohl nicht ganz vereinbar sein möchte, und daß, soweit dem erkennenden Senate bekannt, bisher Schuldklagen gegen Ehefrauen ohne Zuziehung des Mannes nach denjenigen, in Deutschland zahlreichen, ehelichen Güterrechten, die in dem hier erheblichen Punkte mit demjenigen des preußischen Landrechtes und dem märkischen völlig übereinstimmen, auf Grund des § 51 Abs. 2 C.P.O. immer unbedenklich zugelassen worden sind. Immerhin würden die angeführten Urteile des IV. und V. Civilsenates den erkennenden Senat nötigen, die betreffende Rechtsfrage dem § 137 Abs. 1 G.V.G. gemäß den vereinigten Civilsenaten vorzulegen, wenn es einer Entscheidung derselben bedürfte.

Es kommt nun aber weiter in Betracht, daß der erkennende Senat doch keinen genügenden Anlaß hat, als notwendige Folge der Ansicht, wonach es nach preußischem Landrechte, bezw. nach märkischem Rechte der ohne ihren Ehemann belangten Ehefrau in der Regel an der Passivlegitimation für persönliche Schuldklagen fehlen soll, den Satz anzuerkennen, daß sie dann auch für die entsprechenden negativen Feststellungsklagen für sich allein nicht aktiv legitimiert sei. Da diesem Senate die für jene Ansicht geltend gemachten Gründe nicht einleuchten, so ist er auch nicht in der Lage, selbständig Folgerungen aus derselben zu ziehen, hat sich vielmehr daran zu halten, daß der IV. Civilsenat in dem angeführten Urteile in den Entsch. des R.G.'s in Civils., Bd. 28 S. 334, ausdrücklich ausgesprochen hat, daß eine Feststellungsklage vielleicht einer anderen Beurteilung unterliegen möchte. Wenn auch dort zunächst an positive Feststellungsklagen wegen eines vom Kläger behaupteten Forderungsrechtes gedacht ist, so würde doch jedenfalls bei den jetzt in Rede stehenden negativen Feststellungsklagen derselbe Gesichtspunkt zur Geltung kommen müssen." ...

80. Umfang der Fuhrkostenentschädigung, die den Medizinalbeamten bei Amtsverrichtungen an ihrem Wohnorte und in der Umgebung desselben zusteht.

Gesetz, betr. die den Medizinalbeamten rc zu gewährenden Vergütungen, vom 9. März 1872 § 1 Abs. 1 (G.S.S. 265).

IV. Civilsenat. Urt. v. 3. Juni 1897 i. S. H. (Kl.) w. preuß. Fiskus (Bekl.). Rep. IV. 434/96.

I. Landgericht Graudenz.
II. Oberlandesgericht Marienwerder.

Der als Kreistierarzt in K. in Westpreußen angestellt gewesene Kläger, zu dessen Amtsverrichtungen die Untersuchung der Pferde von Hausierern, Pferdehändlern und Fuhrleuten und die Besichtigung der Gastställe und Schweinetransportwagen gehörten, stellte auf Grund des § 1 Abs. 1 des Gesetzes vom 9. März 1872 eine Liquidation der ihm für die Monate Juli bis September 1894 zustehenden Fuhrkostenentschädigung in Höhe von 415,50 ℳ auf, die nach seiner Behauptung von der festsetzenden Behörde nur bis zum Betrage von 88,50 ℳ als begründet anerkannt wurde. Wegen Zahlung der mehrgeforderten 327 ℳ wurde er gegen den Fiskus klagbar. Beide Instanzrichter haben abweisend erkannt. Das Reichsgericht hat auf die Revision des Klägers das Berufungsurteil aufgehoben und die Sache zur anderweiten Verhandlung und Entscheidung in die Instanz zurückverwiesen.

Aus den Gründen:

... „Nach § 1 Abs. 1 des Gesetzes vom 9. März 1872 erhalten die Medizinalbeamten für medizinal- oder sanitätspolizeiliche Verrichtungen, welche sie im allgemeinen staatlichen Interesse an ihrem Wohnorte oder innerhalb einer Viertelmeile (jetzt 2 Kilometer) von demselben zu vollziehen haben, außer ihrer etatsmäßigen Besoldung keine andere Vergütung aus der Staatskasse, als eine Entschädigung von 15 Sgr. (1,50 ℳ) für Fuhrkosten bei jeder einzelnen Amtsverrichtung. Für die Entscheidung des Streites ist die Frage maßgebend, was das Gesetz unter „jeder einzelnen Amtsverrichtung" versteht.

Nach der Behauptung des Klägers hat der Beamte die Fuhrkostenentschädigung von 1,50 ℳ zu fordern für jede einzelne Thätigkeit, also der Kreistierarzt für jede Untersuchung eines Gespannes oder des Pferdes eines Hausierers oder eines Fuhrmannes, für jede Untersuchung der Pferde im Stalle eines Pferdehändlers und für jede Besichtigung eines einzelnen Gaststalles oder Schweinetransportwagens. Dementsprechend will der Kläger die in Rede stehende Liquidation aufgestellt haben. Dagegen hat der Beklagte geltend gemacht: die Entschädigung von 1,50 ℳ könne der Regel nach täglich nur einmal in Ansatz gebracht werden, indem das Gesetz nicht einzelne Untersuchungshandlungen, sondern die Gesamtheit der an einem Tage vorgenommenen gleichartigen Untersuchungshandlungen im Auge habe, und es sei eine mehrfache Inrechnungstellung des Betrages nur dann zulässig, wenn es sich um verschiedene Arten von Amtsverrichtungen handele, wie z. B. um die Untersuchung von Hausiererpferden und die Revision von Viehwagen, oder wenn die Amtshandlung, wie beispielsweise die Revision der Gastställe, einen längeren Zeitraum in Anspruch genommen habe, und thatsächlich höhere Fuhrkosten als 1,50 ℳ entstanden seien. Nach diesen Grundsätzen ist, wie der Beklagte behauptet, die Feststellung der Liquidation des Klägers erfolgt.

Der erste Richter ist davon ausgegangen: wenngleich das Gesetz die Vergütung als eine Entschädigung für Fuhrkosten bezeichne, erscheine es an sich nicht ausgeschlossen, jede Art der Amtsverrichtung, da bei jeder Art eine verschiedene Beurteilung eintrete, als einzelne gesonderte Amtsverrichtung anzusehen; eine einheitliche Thätigkeit liege jedoch vor, wenn sich der Tierarzt gelegentlich eines an seinem Wohnorte stattfindenden Marktes vornehme, die Pferde auf dem Marktplatze, sowie die an den Haltestellen in den Nebenstraßen aufgefahrenen Fuhrwerke von Hausierern und Fuhrleuten auf einem Rundgange zu untersuchen, oder wenn er an einem anderen Tage sich vornehme, eine Reihe von Gastställen oder Stallungen der Pferdehändler oder von Transportwagen zu besichtigen; die Einheitlichkeit der Absicht, wesenlich gleichartige Untersuchungen auf einem Wege zu erledigen, führe, auch in dem Falle, daß die einzelnen Untersuchungsstellen nicht unmittelbar nebeneinander liegen, oder die Untersuchungen nicht zeitlich in unmittelbarer Folge geschehen, zu der Annahme, eine solche Reihe gleichartiger Amtshandlungen als eine einzelne Dienstverrichtung anzusehen. Von diesem Standpunkte aus hat der erste Richter die Liquidation, sowie das zu ihrer Rechtfertigung dienende Vorbringen des Klägers geprüft und die Klagforderung für unbegründet erachtet.

Der Berufungsrichter hat, wesentlich gestützt auf die Entstehungsgeschichte des Gesetzes, angenommen, es handele sich im Sinne des Gesetzes bei den „einzelnen Amtsverrichtungen“, für welche dem Beamten eine Fuhrkostenentschädigung von 1,50 ℳ zu gewähren sei, nur um solche Geschäfte, bei denen die Benutzung eines Fuhrwerkes überhaupt in Frage treten könne, solche also angemessen erscheine, wenn es auch unerheblich sei, ob die Benutzung stattgefunden habe, und es würde deshalb ein Tierarzt, vor dessen Wohnung sich verschiedene Fuhrleute mit ihren Pferden, um sie im polizeilichen Interesse untersuchen zu lassen, einfänden, und der die Untersuchung zur Stelle vornehme, Fuhrkosten zu liquidieren nicht befugt sein. Danach hat der Berufungsrichter zur Begründung des Klaganspruches den Nachweis für erforderlich erachtet, daß für jede einzelne der Liquidation zu Grunde gelegte Amtsverrichtung die Annahme eines Fuhrwerkes zur Erledigung des Geschäftes angemessen gewesen wäre, und da der Kläger diesen Nachweis nicht erbracht hat, ist der Klaganspruch für hinfällig erklärt.

Wenn von der Revision zunächst geltend gemacht ist, daß die dem Beamten vom Gesetze zugebilligte Vergütung von 1,50 ℳ auch die Elemente einer Entschädigung für die außerhalb der Wohnung vorgenommene Amtsverrichtung selbst in sich schließe, so ist dieser Auffassung nicht beizutreten. Ihr steht der Wortlaut des Gesetzes entgegen. Auch ergiebt sich ihre Unrichtigkeit aus der Entstehungsgeschichte der fraglichen Vorschrift.

Wie vom Berufungsrichter schon hervorgehoben ist, enthielt der erste dem Landtage vorgelegte Gesetzentwurf eine Bewilligung von Fuhrkosten nicht, indem dieser Entwurf davon ausging, daß die Medizinalbeamten für die von ihnen als Organen der Medizinal- und Sanitätspolizei an ihrem Wohnorte verrichteten Leistungen als durch ihr Gehalt aus der Staatskasse bezahlt zu erachten seien. Die Kommission des Hauses der Abgeordneten fügte jedoch dem Entwurfe die jetzt in Rede stehende Bestimmung ein. In dem Berichte derselben wurde ausgeführt:

den Medizinalbeamten würden, wenn sie, wie der Entwurf wolle, für alle am Wohnorte oder innerhalb einer Viertelmeile von diesem vollzogenen Amtsverrichtungen durch ihr Gehalt als genügend entschädigt angesehen werden sollten, Pflichten auferlegt, die mit dem geringen Gehalte in keinem billigen Verhältnisse ständen; denn die Beamten seien verpflichtet, zu jeder Zeit und bei jeder Witterung ihre Dienste zu leisten, und würden namentlich in größeren Städten, aber auch auf dem Lande bei mangelhaften Kommunikationsmitteln gezwungen, sich eines Fuhrwerkes zu bedienen, wofür ihnen eine Entschädigung zugebilligt werden müsse; eine solche Entschädigung könne entweder in der Aufbesserung der Gehälter, oder in der Gewährung einer Pauschalsumme, oder endlich in einer für jede Amtsverrichtung fixierten Taxsumme festgestellt werden; da Bedenken gegen das Beschreiten der beiden ersten Wege sprächen, auch von der Erteilung der Befugnis an die Beamten, die wirklich und angemessen aufgewendeten Fuhrkosten zu liquidieren, abgesehen werden müsse, sei die letzte jener drei Eventualitäten: „die Fixierung einer Fuhrkostenentschädigung von 15 Sgr. für jede Amtsverrichtung", gewählt; der Satz von 15 Sgr. sei für eine Hin- und Rückfahrt nur eine mäßig gegriffene Durchschnittssumme, und ob die Fuhrkosten wirklich aufgewendet seien, oder nicht, könne nicht in Betracht kommen.

Bei der Beratung des Entwurfes im Plenum des Abgeordnetenhauses wurde ein auf Wiederherstellung der Regierungsvorlage gestellter Antrag abgelehnt, nachdem, insbesondere vom Berichterstatter, hervorgehoben war, daß die von der Kommission vorgeschlagene Fuhrkostenentschädigung nur eine außerordentlich mäßige Entschädigung für bare Auslagen sei. Das Herrenhaus trat dem Abgeordnetenhause bei, wenngleich es den Gesetzentwurf im ganzen verwarf. Der in der folgenden Legislaturperiode von der Regierung dem Landtage vorgelegte Gesetzentwurf enthielt die von beiden Häusern befürwortete Bewilligung, die darauf auch ohne weitere Erörterungen in das Gesetz Eingang fand.

Vgl. Verhandlungen des Hauses der Abgeordneten, Legislaturperiode 1870/71, Anll. Nr. 21 und 105, Stenographische Berichte S. 553 flg.; Verhandlungen des Herrenhauses 1870/71, Anl. Nr. 34, Stenographische Berichte S. 156—161; Verhandlungen des Herrenhauses, Legislaturperiode 1871/72, Anll. Nr. 20 und 32, Stenographische Berichte S. 28; Verhandlungen des Hauses der Abgeordneten 1871/72, Stenographische Berichte S. 764.

Aus diesen Verhandlungen ist mit Sicherheit zu entnehmen, daß den Medizinalbeamten nicht für die von ihnen an ihrem Wohnorte oder in der Umgebung desselben vorzunehmenden amtlichen Handlungen neben dem ihnen verliehenen Gehalte noch eine besondere Vergütung gewährt werden sollte, sondern daß das Gesetz nur bezweckt hat, die Beamten wegen der Unkosten und Auslagen, die ihnen bei der Vornahme ihrer Amtsverrichtungen am Wohnorte oder in dessen Umgebung infolge der Benutzung eines Fuhrwerkes entstehen, zu entschädigen. Ist hiervon aber auszugehen, so muß die Annahme der Klage, die auch von der Revision vertreten wird, daß das Gesetz, wenn es bestimme, daß den Medizinalbeamten eine Entschädigung von 1,50 *M* für Fuhrkosten bei jeder einzelnen Amtsverrichtung zu gewähren sei, dabei unterschiedslos jeden einzelnen Akt der amtlichen Thätigkeit der Beamten im Auge gehabt habe, ausgeschlossen erscheinen. Der Annahme steht eben entgegen, daß der fraglichen Vergütung ausdrücklich die Eigenschaft einer Entschädigung für Fuhrkosten beigelegt ist. Mit Rücksicht auf diesen Umstand muß es als dem Sinne des Gesetzes entsprechend angesehen werden, daß die Vergütung nur in solchen Fällen gefordert werden darf und aus der Staatskasse zu gewähren ist, in welchen die objektive Möglichkeit der Benutzung einer Fuhrgelegenheit bestanden hat, oder, wie sich der Berufungsrichter ausdrückt, die Benutzung eines Fuhrwerkes überhaupt hat in Frage treten können. Diese Auffassung wird auch durch den Inhalt des vorerwähnten Berichtes der Kommission des Abgeordnetenhauses unterstützt, indem dort hervorgehoben ist, die Bewilligung einer besonderen Vergütung entspreche der Billigkeit, da der Beamte unter Umständen gezwungen sein könne, sich bei der Vornahme einer Amtsverrichtung eines Fuhrwerkes zu bedienen. Es ist daher der Ausdruck in dem Gesetze: „bei jeder einzelnen Amtsverrichtung", einschränkend in dem Sinne zu verstehen: bei jeder einzelnen Amtsverrichtung, bei deren Vornahme es sich um die Benutzung eines Fuhrwerkes handeln könnte. Ob diese Voraussetzung zutrifft, ist in jedem Falle nach billigem Ermessen zu beurteilen. Dabei werden, abgesehen von etwa im einzelnen Falle obwaltenden besonderen persönlichen oder sachlichen Rücksichten, im allgemeinen die lokalen Verhältnisse in Betracht zu ziehen sein, und es wird namentlich auf die Entfernung ankommen, welche zwischen derjenigen Stelle des Wohnortes des Beamten, an der dieser zu der Zeit, als die Vornahme der Amtsverrichtung an ihn herantrat, sich befand, und der Stelle, an welcher demnächst die Amtsverrichtung vorzunehmen war, besteht. Läßt eine solche Beurteilung die Benutzung eines Fuhrwerks in jenem Sinne angänglich erscheinen, so ist der Beamte bei der betreffenden Amtsverrichtung die Fuhrkostenentschädigung von 1,50 ℳ zu fordern berechtigt, und zwar steht ihm diese in gleicher Voraussetzung bei jeder einzelnen Amtsverrichtung zu, sodaß die Möglichkeit nicht ausgeschlossen ist, daß die Entschädigung dem Beamten an einem Tage mehrmals zu gewähren ist. Andererseits ist dagegen für den Anspruch auf die Fuhrkostenvergütung der Umfang der an derselben Stelle vorgenommenen Amtsverrichtung, ob eine einzelne Amtsthätigkeit, oder eine ganze Reihe von Amtshandlungen in Frage gestanden hat, ob also ein Pferd, oder mehrere Pferde, oder die Pferde eines, oder mehrerer Hausierer und Fuhrleute untersucht sind, unerheblich. Dasselbe gilt von der Art der Amtsverrichtung, ob Pferde untersucht und gleichzeitig Gastställe oder Viehtransportwagen besichtigt werden. Endlich kann auch die Länge der Zeit, die die Thätigkeit des Beamten an einer Stelle in Anspruch genommen hat, nicht in Betracht kommen. Dies ergiebt sich nach dem Vorgesagten daraus, daß die fragliche Vergütung keine Entschädigung für die Amtsverrichtung selbst bildet. Daß der Fuhrkostenanspruch nicht durch die thatsächlich erfolgte Benutzung eines Fuhrwerkes und die Aufwendung von Fuhrkosten bedingt ist, unterliegt keinem Bedenken und ist auch von dem Beklagten nicht in Abrede gestellt.

Wenn sonach dem Berufungsrichter in der Auslegung des Gesetzes beizutreten ist, so ist ihm auch in der Annahme zu folgen, daß es zur Begründung des Klaganspruches der Darlegung bedarf, daß bezüglich jedes einzelnen Liquidates an Fuhrkosten die Voraussetzungen des Gesetzes im vorbezeichneten Sinne vorliegen. Die Abweisung der Klage ist erfolgt, weil es an einer solchen Darlegung fehle. In dieser Hinsicht entbehrt jedoch die angefochtene Entscheidung einer ausreichenden Begründung." . . .

81. Können die Beteiligten im Kaufgelderbelegungstermine verlangen, daß das Gesamtgebot nach einen anderen, als dem in § 112 des Gesetzes vom 13. Juli 1883 vorgeschriebenen Maßstabe auf mehrere versteigerte Grundstücke verteilt werde?

V. Civilsenat. Urt. v. 23. Juni 1897 i. S. Mühlenwerke W. u. Gen. (Kl.) w. H. (Bekl.). Rep. V. 16/97.

I. Landgericht Dortmund.
II. Oberlandesgericht Hamm.

Die Parteien waren als Realgläubiger bei der Verteilung einer in einer Zwangsversteigerungssache gebildeten Streitmasse von 8211,09 ℳ interessiert. Versteigert worden waren ein Hausgrundstück und drei Ackergrundstücke; der Zuschlag war für ein Gesamtgebot von 22000 ℳ erteilt. Von letzteren waren die jetzt streitigen 8211,09 ℳ übrig geblieben, und es handelte sich darum, wieviel hiervon auf das Hausgrundstück, und wieviel auf die drei Ackergrundstücke zu rechnen sei. Je nach dem Verteilungsmaßstabe verschob sich die Befriedigung oder der Ausfall der Parteien mit ihren Hypothekenforderungen. Die Kläger verlangten eine Verteilung nach Maßgabe des Gebäudesteuernutzungswertes und Grundsteuerreinertrages; der Beklagte wollte die Verteilung nach Maßgabe des durch Sachverständige ermittelten Wertes der Grundstücke vorgenommen wissen. Die Vorinstanzen erkannten nach dem Antrage des Beklagten, indem sie annahmen, daß die Vorschrift in § 112 des Zwangsvollstreckungsgesetzes vom 13. Juli 1883 nicht die Befugnis der Interessenten ausschließe, eine Verteilung des Gesamterlöses zu verlangen, bei welcher nicht der Grundsteuerreinertrag und der Gebäudesteuernutzungswert zu Grunde gelegt werde.

Die Revision der Kläger ist zurückgewiesen worden aus folgenden

Gründen:

... „Es handelt sich um die Frage, ob der § 112 des Gesetzes, betreffend die Zwangsvollstreckung in das unbewegliche Vermögen, vom 13. Juli 1883 eine Verteilung des Gesamterlöses auf die einzelnen versteigerten Grundstücke unter Zugrundelegung der Steuerbeträge mit der Wirkung vorschreibt, daß die Beteiligten eine Verteilung nach anderem Maßstabe nicht sollen verlangen können. Die Revision behauptet dies; jedoch mit Unrecht.

Der § 112, welcher, ebenso wie § 38, zu dessen Ergänzung er dient, in dem von der Regierung vorgelegten Gesetzentwurfe nicht vorhanden war, ist von der Kommission des Abgeordnetenhauses eingeschaltet worden. Dies ist, wie der Kommissionsbericht S. 34 hervorhebt, in dem Sinne geschehen, daß „demjenigen, der sich dadurch benachteiligt glaubt, die Geltendmachung seines Widerspruches und der Nachweis eines anderen Wertverhältnisses offen bleibt". Der Revision ist zuzugeben, daß diese Erläuterung in dem Kommissionsberichte für die Auslegung des Gesetzes nicht ausschlaggebend sein kann; immerhin aber läßt sie erkennen, welche Tragweite die Vorschrift nach der Absicht desjenigen Faktors der Gesetzgebung, von welchem sie ausgegangen ist, haben sollte. Entscheidend freilich muß der Wortlaut des Gesetzes bleiben, und die Beziehung, in der die Vorschrift zu anderen Bestimmungen des Gesetzes steht. Wäre daher der Wortlaut des Gesetzes mit der Absicht des Gesetzgebers unvereinbar, oder ergäbe sich aus anderen Bestimmungen des Gesetzes, daß die Vorschrift so, wie sie der Kommissionsbericht verstanden wissen will, nicht ausgelegt werden kann, so würde dies, ohne daß die Bemerkung in dem Kommissionsberichte daran etwas ändern könnte, für die richterliche Auslegung entscheidend sein. Dies ist aber nicht der Fall.

Was den Wortlaut des § 112 anlangt, so läßt sich nicht verkennen, daß das Gesetz mit den Worten: „so ist . . . zu Grunde zu legen", eine Wendung gebraucht, die zunächst der von der Revision vertretenen Auslegung zur Seite steht. Aber die ausdrückliche Bezugnahme auf § 38 Abs. 2 ergiebt zugleich, daß die Vorschrift sich als Ausführung des dort ausgesprochenen materiellen Grundsatzes darstellt, nach welchem „ein nach Verhältnis des Wertes zu bestimmender Teil des Preises auf jedes Grundstück zu rechnen ist". Eine Bestimmung darüber, wie dieser Grundsatz zur Ausführung gebracht werden soll, erschien umsomehr geboten, als die Judikatur des vormaligen Königl. Obertribunales eine Verteilung unter Zugrundelegung der Steuerbeträge nicht gelten lassen wollte,

vgl. Striethorst, Archiv Bd. 93 S. 297,

und damit die Frage entstanden war, ob es für die Verteilung des Gesamterlöses jedesmal einer Abschätzung der versteigerten Grundstücke durch Sachverständige bedürfe. Diese Frage sollte verneint, und in diesem Sinne sollte eine Anweisung an das Vollstreckungsgericht dahin gegeben werden, daß, wofern nicht die Interessenten über ein anderes Wertsverhältnis einig seien, oder von einem derselben ein solches nachgewiesen würde, die Verteilung nach Maßgabe des Grundsteuerreinertrages und des Gebäudesteuernutzungswertes vorzunehmen sei. Im Gesetze hat diese Auffassung dadurch erkennbaren Ausdruck gefunden, daß man die Worte „bei Aufstellung des Planes" hinzugefügt hat. Mit ihnen ist darauf hingewiesen, daß es sich um eine Vorschrift handelt, die für das Vollstreckungsgericht, wenn es den Plan aufstellt, gegeben ist, nicht aber um eine Vorschrift, die auch für die Interessenten eine unabänderliche Festsetzung enthalten und ihre Rechte endgültig bestimmen sollte. Daraus erklärt sich auch, daß man die Vorschrift gerade an dieser Stelle, wo sie sich befindet, im Gesetze eingefügt hat. Denn indem das Gesetz im unmittelbaren Anschlusse an sie weiter vorschreibt, daß mit den Interessenten über den aufgestellten Teilungsplan zu verhandeln sei, und wie die Erledigung erhobener Widersprüche zu erfolgen habe (§ 113), gestattet es den Rückschluß, daß dasjenige, was für die Aufstellung des Planes unmittelbar vorher vorgeschrieben ist, gleichfalls den Gegenstand der Verhandlung mit den Interessenten zu bilden habe und von ihrem Widerspruche betroffen werden könne. Es läßt sich also nicht behaupten, daß der Wortlaut des Gesetzes zu einer über die ausgesprochene Absicht des Gesetzgebers hinausgehenden Auslegung zwänge.

Ebensowenig sprechen für sie andere durchgreifende Gründe. Die Revision weist zwar darauf hin, daß, wenn die Verteilung des Gesamterlöses nach einem Wertverhältnisse vorgenommen werde, welches bei der Feststellung des geringsten Gebotes nicht zu Grunde gelegt worden ist, sich hieraus ergeben könne, daß auch Gläubiger, die innerhalb des geringsten Gebotes stehen, einen Ausfall erleiden müßten. Sie will hieraus schließen, daß — wofern es überhaupt zulässig wäre, eine von der Regel des § 112 abweichende Verteilung zu verlangen — dies bereits im Versteigerungstermine geschehen müsse, weil sich nur so eine sichere Durchführung des in § 22 Abs. 1 und § 54 Abs. 1 des Gesetzes vom 13. Juli 1883 ausgesprochenen Grundsatzes ermöglichen lasse. Das Bedenken ist an sich begründet; aber der Schluß, den die Revision hieraus ziehen will, geht zu weit. Ergiebt sich bei einem anderen Verteilungsmaßstabe das Resultat, daß Gläubiger, die innerhalb des geringsten Gebotes stehen, einen Ausfall erleiden würden, den sie bei Innehaltung der Verteilung nach Maßgabe des § 112 nicht erlitten haben würden, so wird die Frage entstehen, ob diese Gläubiger der von einem Interessenten verlangten anderen Verteilung mit Erfolg widersprechen können. Genauer wäre die Frage wohl dahin zu stellen, ob es eines Widerspruches überhaupt bedarf, oder ob nicht vielmehr auch ohne solchen die Verteilung insoweit unter Einhaltung des für die Feststellung des geringsten Gebotes maßgebend gewesenen Wertverhältnisses stattfinden muß, als eine Abweichung von ihm die im geringsten Gebote stehenden Gläubiger schädigen und damit die Grundlage des Verfahrens verrücken würde. Einer Entscheidung hierüber bedarf es im vorliegenden Falle nicht; denn die Revisionsklägerin steht nicht im geringsten Gebote und kann sich daher nicht darauf berufen, daß die ihr hierdurch gewährleistete Rechtsstellung mit der von dem Beklagten verlangten Verteilung erschüttert werde. Damit erledigt sich — wenigstens für den vorliegenden Fall — das von der Revision aufgestellte Bedenken. Im übrigen würde, wenn man es überhaupt für zulässig halten wollte, eine Vorschrift des Inhaltes in das Gesetz hineinzuinterpretieren, daß bereits im Versteigerungstermine dasjenige Wertverhältnis angegeben werden müsse, nach welchem abweichend von § 112 ein Interessent die Verteilung des Gesamterlöses verlangen will, mit einer solchen Vorschrift nichts gewonnen sein. Denn es würde sofort die Frage entstehen, wie das geringste Gebot festgestellt werden soll, wenn der betreibende Gläubiger oder ein anderer Interessent das angegebene Wertverhältnis bestreitet und die Feststellung des geringsten Gebotes nach einem anderen Wertverhältnisse oder unter Zugrundelegung der Steuerbeträge verlangt. Weder der Vollstreckungsrichter würde in der Lage sein, über diesen Streit zu entscheiden, noch läßt sich annehmen, daß etwa das Verfahren so lange ausgesetzt werden müßte, bis ein für alle Beteiligten maßgebendes Wertverhältnis im Prozeßwege festgesetzt worden ist.

Endlich kann auch daraus ein durchschlagendes Bedenken nicht hergeleitet werden, daß die Interessenten, welche nicht im geringsten Gebote stehen, im Versteigerungstermine mit Sicherheit nicht berechnen könnten, bis zu welcher Höhe geboten werden muß, um für ihre Hypothek volle Deckung zu finden. Ganz von der Hand weisen läßt sich auch dieser Gesichtspunkt nicht. Aber andererseits ist es Sache der Interessenten, sich rechtzeitig darüber zu informieren, in welchem Wertverhältnisse zu einander die mehreren gleichzeitig zur Versteigerung kommenden Grundstücke ihres Schuldners stehen. Ist dieses Wertverhältnis von ihnen rechtzeitig ermittelt, so können sie auch bei der Versteigerung unter Zugrundelegung desselben wissen, wie hoch sich das Gesamtgebot belaufen muß, um bei seiner Verteilung, wenn diese abweichend von der Regel des § 112 nach dem Wertverhältnisse verlangt werden sollte, einen ihre Forderung deckenden Betrag auf das ihnen haftende Grundstück abzuwerfen. Die Berücksichtigung der Lage derjenigen, welche Gebote abgeben wollen, um für ihre eigene Forderung Deckung zu finden, hat auch bei der durch den Plenarbeschluß vom 28. Dezember 1896 (Rep. III. 54/96)[1] entschiedenen Frage nicht dahin geführt, das Gesetz in einer derartig positiven Weise zu ergänzen, wie dies geschehen müßte, wenn man mit der Revision annehmen wollte, daß die Geltendmachung eines anderen Verteilungsmaßstabes bereits im Versteigerungstermine zu erfolgen habe." . . .

---

82. Wird durch die Zwangsversteigerung die Fälligkeit der persönlichen Forderung herbeigeführt, welche einer ausgefallenen Hypothek zu Grunde gelegen hat?

V. Civilsenat. Urt. v. 23. Juni 1897 i. S. S. Ehefr. (Kl.) w. M. u. Gen. (Bekl.). Rep. V. 51/97.

I. Landgericht Magdeburg.
II. Oberlandesgericht Naumburg a. S.

Die Klägerin verlangte als Cessionarin ihres Ehemannes Rückzahlung eines Darlehns, das die Beklagten von ihrem Ehemanne erhalten hatten. Der verklagte Ehemann hatte an die Klägerin ein Grundstück verkauft und ihr einen zu $4^1/_2$ Prozent verzinslichen Kaufgelderrest von 4600 ℳ mit der Bestimmung kreditiert, daß das Kapital bei pünktlicher Zinszahlung bis zum 1. Februar 1900 unkündbar sein solle. Die Eintragung dieses Kapitales war erfolgt; sie lautete auf den Namen der verklagten Ehefrau. Das verpfändete Grundstück

[1] S. Bd. 38 Nr. 84 S. 312. D. R.

wurde gegen die Klägerin subhastiert, und die verklagte Ehefrau gelangte mit ihrer Forderung nur in Höhe von 756 *M* zur Hebung. Den ausgefallenen Betrag machten die Beklagten zum Zwecke der Aufrechnung und widerklagend geltend, von der Ansicht ausgehend, daß die Gegenforderung infolge der Subhastation des verpfändeten Grundstückes fällig geworden sei.

Der erste Richter schloß sich der Ansicht der Beklagten an, wies demgemäß die Klage ab und verurteilte die Klägerin auf die Widerklage zur Zahlung von 2959,25 *M* nebst Zinsen. Das Berufungsgericht verwarf dagegen jene Ansicht und verurteilte die Beklagten unter Zurückweisung der Widerklage zur Zahlung von 985,75 *M* und Zinsen.

Die Beklagten legten Revision ein, welcher jedoch das Reichsgericht den Erfolg versagt hat aus folgenden

Gründen:

... „Es handelt sich lediglich um die Rechtsfrage, ob die einer Hypothek zu Grunde liegende persönliche Forderung vor der vertragsmäßig bestimmten Zeit dadurch fällig wird, daß die Hypothek bei der Subhastation des verpfändeten Grundstückes ganz oder teilweise ausfällt. In dem von den Vorinstanzen bezogenen Urteile des ehemaligen II. Hilfssenates des Reichsgerichtes vom 7. April 1881 (Rep. Va. 514/80) ist diese Frage bejaht worden, mit der Begründung, aus § 759 A.L.R. I. 11 in Verbindung mit § 50 Eig.-Erw.-Ges. vom 5. Mai 1872 ergebe sich das Prinzip, daß die Gefährdung oder der gänzliche Fortfall der dinglichen Sicherheit für eine Darlehnsforderung den Gläubiger zur sofortigen Rückforderung (vor der Verfallzeit) berechtige; auch werde durch § 75 der Subhastationsordnung vom 15. März 1869 und durch § 47 Eig.-Erw.-Ges. die Fälligkeit der Hypothekenforderungen begründet.

Dieses Urteil bekämpft der Berufungsrichter mit im wesentlichen zutreffenden Gründen. In der That hat die Subhastation jene Folge selbst dann nicht, wenn — wie im vorliegenden Falle — der Subhastat zugleich der persönliche Schuldner der ausgefallenen Forderung ist.

Aus dem § 50 Eig.-Erw.-Ges. ist für die Entscheidung der Rechtsfrage nichts zu entnehmen; denn wenn dieser Paragraph (nach dem Vorgange der §§ 441. 442 A.L.R. I. 20) vorschreibt, daß der in seiner

Sicherheit durch erhebliche Verschlechterungen des verpfändeten Grundstückes gefährdete Hypothekengläubiger seine Befriedigung vor der Verfallzeit fordern könne, so hat er — wie die Wahl des Ausdruckes und seine Stellung im Gesetze erkennen läßt — nur die Befriedigung aus dem Grundstücke im Auge. Sein Zweck ist lediglich der, den Hypothekengläubiger vor den Nachteilen zu bewahren, die diesem aus der Verschlechterung des Pfandgrundstückes entstehen würden, wenn er die Zwangsvollstreckung in das letztere bis zum Eintritte der vertragsmäßigen Verfallzeit hinausschieben müßte. Der § 50 a. a. O. giebt also nur einen hypothekarischen Anspruch und bezieht sich nicht auf die persönliche Forderung.

Vgl. Dernburg, Preußisches Hypothekenrecht Bd. 2 S. 255; Derselbe, Preußisches Privatrecht Bd. 1 Aufl. 5 S. 856 und 857 § 340; Motive zum ersten Entwurfe eines Bürgerlichen Gesetzbuches Bd. 3 S. 669.

Der entsprechende § 1133 B.G.B. vom 18. August 1896, mit welchem in dieser Beziehung eine Abweichung vom geltenden Rechte nicht beabsichtigt ist, bringt dies (ebenso wie § 1073 des ersten und § 1041 des zweiten Entwurfes eines Bürgerlichen Gesetzbuches) zum klaren Ausdrucke. Abgesehen davon, daß § 50 Eig.-Erw.-Ges. sich auf den Fall, daß bei der Subhastation Hypotheken ausfallen, überhaupt nicht bezieht, läßt sich also aus ihm das behauptete Prinzip nicht herleiten.

Ebensowenig aus § 47 Eig.-Erw.-Ges. oder aus dem jetzt geltenden § 22 Abs. 2 des Zwangsvollstreckungsgesetzes vom 13. Juli 1883, welche lediglich vorschreiben, daß das Grundstück durch den Verkauf von allen dinglichen Rechten, welche zur Wirksamkeit gegen Dritte der Eintragung in das Grundbuch bedürfen, frei wird, soweit dieselben nicht vom Ersteher übernommen werden.

Auch § 75 Abs. 1 der Subhastationsordnung vom 15. März 1869 und der an dessen Stelle getretene § 31 Abs. 1 des Zwangsvollstreckungsgesetzes vom 13. Juli 1883 können nicht für die Bejahung der zur Entscheidung stehenden Rechtsfrage verwertet werden. Das Reichsgericht selbst hat im Gegensatze zu seinem früheren II. Hilfssenate bereits wiederholt die Annahme, daß infolge der Subhastation der persönliche Anspruch des ausgefallenen Hypothekengläubigers vor der vertragsmäßigen Verfallzeit geltend gemacht werden könne, als rechtsirrtümlich bezeichnet.

Vgl. Urtt. des V. Civilsenates vom 25. Februar 1893, teilweise mitgeteilt in der Jurist. Wochenschr. Jahrg. 1893 S. 247 Ziff. 56, und des IV. Civilsenates vom 20. Februar 1896, abgedruckt in Gruchot's Beiträgen Bd. 40 S. 956.

Hieran muß festgehalten werden. Jene beiden — im wesentlichen gleichlautenden — Gesetzesstellen können nach ihrer Stellung im Systeme der beiden in Frage stehenden Gesetze und nach ihrem erkennbaren Zwecke nur dahin verstanden werden, daß die noch nicht fälligen Forderungen (die vom Ersteher nicht zu übernehmen sind, § 31 Abs. 1 a. a. O.) für die Zwecke der Kaufgelderbelegung (und der sich an diese anschließenden und Teile derselben bildenden Verteilungsstreitigkeiten,

vgl. Entsch. des R.G.'s in Civils. Bd. 17 S. 167 flg.),

„wie fällige" zu behandeln sind. Sie handeln also nur von Forderungen, welche in den Kaufgeldern des Pfandgrundstückes ihre Deckung finden. Durch die Befriedigung, welche der Hypothekengläubiger aus dem Grundstücke erhält, erlischt zwar insoweit auch sein persönlicher Anspruch; im übrigen aber wird der letztere, insbesondere auch hinsichtlich der Fälligkeit, von jenen Gesetzesvorschriften nicht betroffen.

Es bleibt noch zu untersuchen, ob die (in das Bürgerliche Gesetzbuch für das Deutsche Reich nicht übernommene,

vgl. Motive zum ersten Entwurfe Bd. 2 S. 314),

Vorschrift des § 759 A.L.R. I. 11 den Beklagten und Widerklägern zur Seite steht. Der § 759 lautet:

„Dem" (Darlehns-) „Gläubiger steht frei, vor Ablauf der bestimmten Frist auf Zahlung oder Sicherstellung anzutragen, wenn der Schuldner anderer Schulden halber ausgepfändet oder in Verhaft genommen worden."

Unzweifelhaft kann diese Bestimmung gegen den persönlichen Schuldner nicht angewendet werden, wenn die Subhastation sich gegen einen nur dinglich Haftenden richtet. Sie ist aber auch dann unanwendbar, wenn der Subhastat zugleich der persönliche Schuldner ist, weil die Subhastation der Auspfändung vom Gesetze nicht gleichgestellt ist, weil ferner der Gläubiger, solange eine Hypothek für seine Forderung besteht, auf die Wohlthat des § 759 sich nicht berufen kann, und weil endlich, selbst wenn die Subhastation der Auspfändung gleichzustellen wäre, nur eine nach Ausfall der Hypothek gegen den persönlichen Schuldner eingeleitete und durchgeführte Subhastation das Recht auf Zahlung vor Verfall gewähren könnte.

Es mag der Revision zuzugeben sein, daß § 759 keine Sondervorschrift in dem Sinne ist, daß er nur für das Darlehn gälte, und seine analoge Anwendung auf andere kreditierte Forderungen ausgeschlossen wäre; jedenfalls ist er aber eine Ausnahmevorschrift insofern, als er die allgemeine Regel durchbricht, daß betagte Forderungen seitens des Gläubigers vor Ablauf der bewilligten Kreditfrist weder eingeklagt, noch zur Aufrechnung benutzt werden können (§§ 55. 343 A.L.R. I. 16). Als Ausnahmevorschrift ist er streng auszulegen, und bei einer solchen Auslegung erscheint es unzulässig, unter dem Ausdrucke „Auspfändung" auch die Subhastation mitzubegreifen, zumal nach dem allgemeinen, auch in der preußischen Allgemeinen Gerichtsordnung herrschenden Sprachgebrauche unter „Auspfändung" nur die Zwangsvollstreckung in bewegliche Sachen verstanden wird (vgl. §§ 67—70. 73—75. 81. 84. 94. 95. 97 und besonders § 106 A.G.O. I. 24). Der § 759 A.L.R. I. 11 giebt nach seinem Wortlaute das Recht auf vorzeitige Einforderung nur, wenn (durch Auspfändung) offenbar geworden, daß der persönliche Kredit des Schuldners erschüttert ist. Durch die Subhastation wird die persönliche Kreditunfähigkeit nicht ohne weiteres kundgethan, da die Subhastation auch wegen Forderungen durchgeführt werden kann, für welche der Subhastat nicht mit seinem ganzen Vermögen (also persönlich), sondern nur mit dem Grundstücke (dinglich) haftet, sodaß die persönliche Kreditwürdigkeit dadurch nicht berührt zu werden braucht, wenn er sein mit fremden Schulden belastetes Grundstück zur Zwangsversteigerung kommen läßt. Demnach hat es seinen guten Grund, wenn § 759 nur der Auspfändung die bezeichnete Wirkung beimißt. Eine indirekte Unterstützung für die hier vertretene Ansicht bietet die Erwägung, daß die Subhastationsordnung vom 15. März 1869, welche nur für die Landesteile erlassen ist, in welchen die Allgemeine Gerichtsordnung Gesetzeskraft hatte, d. h. für die Gebiete Preußens, in denen das Allgemeine Landrecht galt, eine Vorschrift dahin, daß die noch nicht fälligen Forderungen wie fällige behandelt werden sollen (§ 75), nicht aufgenommen haben würde, wenn der Gesetzgeber der Meinung gewesen wäre, daß die Subhastastion gemäß § 759 A.L.R. I. 11 die Fälligkeit der Forderungen herbeiführe. Endlich aber hat das Reichsgericht bereits in den erwähnten Urteilen vom 25. Februar 1893 und vom 20. Februar 1896 Stellung in dem eben erörterten Sinne genommen, wenn es auch den § 759 nicht besonders besprochen hat.

Sodann darf nicht außer acht gelassen werden, daß in Fällen der vorliegenden Art die Forderung bis zu dem Augenblicke, in welchem sich ihr Ausfall in der Subhastation ergiebt, eine hypothekarisch gesicherte bleibt, und daß § 759 auf Hypothekenforderungen überhaupt keine Anwendung findet,

vgl. Urt. des ehemal. Obertrib. vom 3. September 1847 in Rechtsfälle Bd. 2 S. 198 flg.; Förster-Eccius, 6. Aufl. Bd. 2 S. 254 § 137 Anm. 104, und Dernburg, Preußisches Privatrecht Bd. 2 Aufl. 5 § 178 S. 494 Text und Anm. 16,

weil für diese in den §§ 22. 23 A.L.R. I. 20 besondere Bestimmungen getroffen worden sind, welche für den Fall des Fortfallens der Realsicherheit ein Recht auf vorzeitige Geltendmachung der persönlichen Forderung nicht gewähren. Dem Faustpfandgläubiger ist freilich in den §§ 259. 260 A.L.R. I. 20 ein solches Recht für den Fall des unverschuldeten Verlustes des (beweglichen) Pfandes eingeräumt worden; aber diese Vorschriften finden, wie sich aus der gegensätzlichen Anreihung an die den Untergang des unbeweglichen Pfandes behandelnden §§ 257 und 258 ergiebt, auf Grundstücke keine Anwendung. Überdies kann die Subhastation, die Realisierung des Immobiliarpfandrechtes, dem Untergange des Pfandes nicht gleichgestellt werden, und sie ist ihm auch nicht gleichgestellt worden, wie eine Vergleichung der §§ 259 und 260 mit den voraufgehenden beiden Paragraphen ergiebt.

Vgl. Striethorst, Archiv Bd. 21 S. 97 flg.

Demnach kann von einer Anwendung des § 759 A.L.R. I. 11 erst dann die Rede sein, wenn die hypothekarische Sicherstellung fortgefallen ist, also nach Einleitung und Durchführung der Subhastation, und auch dann nur, wenn die Voraussetzungen des § 759 für die vorzeitige Einforderung der nunmehr nur noch persönlichen Forderung gegeben sind. Daraus folgt denn schließlich, daß, wenn selbst die

Subhastation der Auspfändung im Sinne des § 759 für gleichwertig zu erachten wäre, jedenfalls die Subhastation, welche zum Fortfalle der hypothekarischen Eintragung geführt und dadurch erst die Anwendung des § 759 ermöglicht hat, nicht die vorzeitige Fälligkeit der persönlichen Forderung, für welche die Hypothek bestellt war, herbeiführen kann.

Mithin mußte der Annahme des Berufungsrichters, daß durch die Subhastation die Fälligkeit der einer ausgefallenen Hypothek zu Grunde liegenden persönlichen Forderung nicht herbeigeführt wird, beigetreten werden."

---

83. Welche rechtliche Bedeutung haben die in § 10 Ziff. 5 A.G.O. II. 1 erwähnten Eheberedungen und Verträge, und in welcher Form müssen dieselben geschlossen werden?

IV. Civilsenat. Urt. v. 28. Mai 1897 i. S. B. u. Gen. (Bekl.) w. B. (Kl.). Rep. IV. 49/97.

I. Landgericht I Berlin.
II. Kammergericht daselbst.

Die Klägerin, zweite Ehefrau des am 11. Dezember 1895 in Berlin verstorbenen Kaufmannes A. B., hat gegen die vier Beklagten, die Kinder erster Ehe des A. B., Erbansprüche erhoben und beantragt, die Beklagten zu verurteilen:

1. anzuerkennen, daß der zwischen der Klägerin und dem Kaufmanne A. B. am 9. Oktober 1889 vor dem Notar O. in Berlin geschlossene Vertrag für Klägerin rechtlich nicht verbindlich ist;
2. mit der Klägerin über den Nachlaß des am 11. Dezember 1895 verstorbenen Kaufmannes A. B. in Gemäßheit der Bestimmungen des märkischen Provinzialrechtes Erbteilung zu halten und ihr die ihr danach zustehende statutarische Erbportion aus dem Nachlasse auszuhändigen.

Das Berufungsgericht hat nach diesen Anträgen erkannt. Auf die von den Beklagten eingelegte Revision hat das Reichsgericht das Berufungsurteil aufgehoben und die Klage abgewiesen.

Diese Entscheidung beruht, nachdem der von den Beklagten erhobene Einwand der mangelnden Passivlegitimation als unbegründet zurückgewiesen worden, auf folgenden Erwägungen:

... „Der Kaufmann A. B. und das Fräulein R. S. haben vor Eingehung der demnächst geschlossenen Ehe in dem vor dem Notar O. zu Berlin am 9. Oktober 1889 errichteten Vertrage erklärt:

Wir beabsichtigen einander zu heiraten, nnd soll die baldige eheliche Verbindung stattfinden. Falls Kinder aus dieser Ehe nicht hervorgehen und der Ehemann vor der Ehefrau versterben würde, soll letztere als Abfindung, statt des Erbteiles, vom Todestage ab bis an ihr Lebensende jährlich 4000 ℳ, in Kalenderquartalsraten praenumerando zahlbar, sowie außerdem als Eigentum die ... Möbel nebst Zubehör erhalten. Ich, die Komparentin zu 2, acceptiere diese Erklärung. Es ist mir zwar bekannt, daß nach dem hier geltenden Provinzialgesetze der überlebende Ehegatte die Wahl hat, ob er sich für Nichterben erklären, oder unter Einwerfung des eigenen Vermögens von der vereinigten Masse abzüglich der Schulden die eine Hälfte beanspruchen wolle. Ich erkläre aber ausdrücklich, daß, falls ich in kinderloser Ehe meinen künftigen Ehemann überleben würde, ich mich mit demjenigen begnügen will, was mir für diesen Fall vorstehend ausgesetzt ist.

Die Klägerin erachtet diesen Vertrag als für sie rechtsunverbindlich, weil derselbe lediglich Verfügungen auf den Todesfall des A. B., somit einen reinen Erbvertrag enthalte und deshalb in gerichtlicher Form habe abgeschlossen werden müssen. Beide Vorderrichter gehen von der gleichen Auffassung aus, und der Berufungsrichter hat dieselbe dahin begründet:

Die Eingangsworte des Vertrages: „wir beabsichtigen einander zu heiraten, und soll die baldige eheliche Verbindung stattfinden", enthielten kein gegenseitiges Versprechen und nicht die Festsetzung einer gegenseitigen Verbindlichkeit, sondern legten nur den Anlaß zu den weiteren Erklärungen dar. Wenn man aber auch jene Worte als Verlautbarung eines Ehegelöbnisses auffasse, so sei doch die gerichtliche Form erforderlich gewesen. Denn die Allgemeine Gerichtsordnung unterscheide in Tl. II. Tit. 1 § 10 zwischen Ehegelöbnissen (Ziff. 4 daselbst) und Eheverträgen (Ziff. 5 daselbst), d. h. solchen Verträgen, in welchen außer dem wechselseitigen Versprechen der

Heirat Bestimmungen über die güterrechtlichen und persönlichen Verhältnisse während der Ehe, über Ausstattung, Mitgift ꝛc, also über das Vermögen der Eheleute in stehender Ehe, getroffen seien. Nur in letzteren Verträgen, nicht aber in bloßen Ehegelöbnisverträgen, könnten auch Abreden über die künftige Erbfolge getroffen werden. Irgend eine Bestimmung über die Vermögensverhältnisse der Ehegatten während bestehender Ehe sei aber in dem Vertrage nicht enthalten. Der Einwand der Beklagten, daß hierzu bei der Vermögenslosigkeit der Klägerin keine Veranlassung vorgelegen habe, sei unerheblich, da die Entbehrlichkeit eines Ehevertrages den Abschluß eines solchen nicht ersetze, und die Thatsache, daß die Ehefrau bei Eingehung der Ehe vermögenslos gewesen sei, an der Verpflichtung der Kontrahenten, einen Erbvertrag gerichtlich abzuschließen, nichts ändern könne.

Die Revision erkennt an, daß der Vertrag vom 9. Oktober 1889 kein Verlöbnisvertrag sei, führt aber aus, daß der Berufungsrichter rechtsirrtümlich dem Vertrage den Charakter eines Ehe- und Erbvertrages im Sinne des § 10 Ziff. 5 A.G.O. II. 1 abspreche. Dieser Vorwurf ist als begründet anzuerkennen.

Die Vorschrift des § 10 a. a. O., welche die Rechtshandlungen zusammenstellt, die nach der Wahl der Parteien gerichtlich oder vor einem Notar vorgenommen werden können, führt unter Ziff. 5 auf:

> Eheberedungen und Verträge, welche vor vollzogener Ehe über das Vermögen der künftigen Eheleute, insonderheit der Frau, dessen Einbringung, Verwaltung und Nießbrauch geschlossen werden (§§ 82 flg. 440. 441 A.L.R. II. 1),

und bemerkt dann weiter:

> Auch wenn in solchen Verträgen über die künftige Erbfolge unter den Eheleuten etwas verabredet wird, werden sie dennoch, in Rücksicht auf die Form, nicht als Erb-, sondern als Eheverträge beurteilt.

Der Sinn und Zweck dieser gesetzlichen Bestimmung ist offenbar der, daß, wenn die künftigen Eheleute vor Eingehung der Ehe in einem und demselben Vertrage nicht nur einen Ehe-, sondern auch einen Erbvertrag schließen, von der Form des Erbvertrages abgesehen, und der ganze Vertrag in Rücksicht auf die Form als Ehevertrag beurteilt werden, somit der Abschluß des Vertrages vor einem Notar genügen soll. Mit Recht wird nun von der Revision geltend gemacht, daß der Berufungsrichter den Begriff des Eheberedungs-, bezw. des Ehevertrages zu eng, also rechtsirrtümlich aufgefaßt habe. Unter den den Eheverträgen gleichgestellten Eheberedungen in § 10 a. a. O. sind alle Verabredungen zu verstehen, welche von den künftigen Eheleuten unter der Bedingung der einzugehenden Ehe getroffen werden. Die im Eingange des Vertrages vom 9. Oktober 1889 enthaltenen Worte: „wir beabsichtigen einander zu heiraten, und soll die baldige eheliche Verbindung stattfinden", geben nicht nur, wie der Berufungsrichter annimmt, den Anlaß zu den weiteren Erklärungen der Kontrahenten, sondern lassen auch klar die Absicht der letzteren erkennen, mit Rücksicht auf die einzugehende Ehe und unter der Bedingung der Schließung derselben, für deren Dauer bis zur Auflösung durch den Tod, die vermögensrechtlichen Beziehungen festzusetzen, soweit sie dies für erforderlich und angemessen erachteten. Weiter ist dadurch unzweideutig zum Ausdrucke gebracht, daß der Vertrag für die einzugehende Ehe geschlossen, und daß bezüglich der gesetzlichen vermögensrechtlichen Bestimmungen für die Dauer der Ehe nichts geändert werden, diese gesetzlichen Bestimmungen also, auch ohne daß dies ausdrücklich erwähnt wurde, Geltung haben sollten. Endlich ist es auch nicht zu bezweifeln, daß die von dem A. B. für seinen Todesfall abgegebene und von der Klägerin acceptierte Erklärung eine lediglich auf der Voraussetzung der Eheschließung beruhende Festsetzung, eine Bedingung der Eheschließung selbst enthält, ohne deren Genehmigung die letztere nicht stattfinden sollte. Jene Festsetzung ist also ein wesentlicher Bestandteil der Eheberedung selbst und trifft damit zugleich Bestimmungen über die vermögensrechtlichen Beziehungen. Die Annahme des Berufungsrichters, daß auch noch besondere, oder gar von den gesetzlichen Vorschriften abweichende Abreden über die beiderseitigen Vermögensverhältnisse während der Dauer der Ehe in dem Vertrage getroffen sein müßten, ist hiernach unzutreffend und entspricht weder dem Wortlaute noch dem Sinne des Gesetzes. Eine derartige Auffassung ist auch in dem vom Berufungsrichter in Bezug genommenen Urteile des Reichsgerichtes vom 11. Oktober 1886,

Entsch. des R.G.'s in Civils. Bd. 17 S. 211,

nicht ausgesprochen, und das Obertribunal hat wiederholt in den dem

Streitfalle gleichliegenden Fällen, so insbesondere in dem Urteile vom 9. November 1857,

Entsch. des Obertrib. Bd. 37 S. 187; Striethorst, Archiv Bd. 27 S. 92,

die formelle Gültigkeit des notariellen Ehe- und Erbvertrages als zweifellos anerkannt. Es ist auch nicht erfindlich, worin der Unterschied bestehen soll, je nachdem die Kontrahenten in dem Vertrage ausdrücklich sagen, es solle für die Dauer der Ehe in vermögensrechtlicher Beziehung bei den gesetzlichen Vorschriften sein Bewenden behalten, oder ob sie es bei denselben belassen, indem sie im Vertrage nichts Abweichendes festsetzen; in beiden Fällen beruht es auf ihrer Vereinbarung, daß insoweit die gesetzlichen Normen auf ihr eheliches Güterrecht Anwendung finden sollen. Auch betrifft die Vorschrift des § 10 a. a. O. insbesondere das Vermögen der Frau, dessen Einbringung, Verwaltung und Nießbrauch, und es bedurfte im Streitfalle umsoweniger nach dieser Richtung einer besonderen Bestimmung, als die Klägerin bei Eingehung der Ehe überhaupt kein Vermögen besaß.

Ist der Vertrag vom 9. Oktober 1889 aber in notarieller Form gültig geschlossen worden, so ist sowohl der erste als der zweite Klagantrag unbegründet, da Klägerin die von ihrem späteren Ehemanne auf dessen früheren Todesfall abgegebenen Erklärungen ausdrücklich und in rechtsverbindlicher Form angenommen hat. Es bedarf daher nicht einer Erörterung der ferneren von den Beklagten erhobenen Einreden; vielmehr war unter Aufhebung des Berufungsurteiles ... auf ... Abweisung der Klage zu erkennen." ...

---

84. 1. Stand die nach § 5 des Grundsteuergesetzes vom 21. Mai 1861 und §§ 1—4 des Grundsteuerentschädigungsgesetzes von demselben Tage zu gewährende Entschädigung im Falle der Veräußerung des Grundstückes nach erfolgter Heranziehung des Grundstückes zur Grundsteuer, aber vor erfolgter Feststellung der Entschädigung dem Veräußerer, oder dem Erwerber des Grundstückes zu?

2. Wann ist im Sinne der Bestimmungen des § 19 Abss. 1 und 5 des Gesetzes wegen Aufhebung direkter Staatssteuern vom 14. Juli 1893 die Entschädigung als „erfolgt" anzusehen?

3. Hat bei der durch Gutsüberlassungsvertrag erfolgten Übernahme eines zur Grundsteuerentschädigung berechtigenden Grundstückes der Gutsübernehmer, der nur zu einem Bruchteile Erbe des Veräußerers geworden ist, gemäß §§ 18. 19 des Gesetzes vom 14. Juli 1893 die Grundsteuerentschädigung ganz, oder nur zu einem dem Bruchteile seines Erbrechtes entsprechenden Betrage zurückzuerstatten?

IV. Civilsenat. Urt. v. 14. Juni 1897 i. S. preuß. Fiskus (Bekl.) w. B. (Kl.). Rep. IV. 442/96.

I. Landgericht Danzig.
II. Oberlandesgericht Marienwerder.

Der Kläger und seine mit ihm in Gütergemeinschaft lebende Ehefrau sind eingetragene Eigentümer des Gutes Sch., das Kläger durch Überlassungsvertrag vom 6. September 1867 von seinen Eltern übereignet erhalten hat. Bei Aufhebung der Grundsteuerbefreiungen und Bevorzugungen durch das Gesetz vom 21. Mai 1861, betreffend die anderweite Regelung der Grundsteuer, ist für das Gut eine Grundsteuerentschädigung nach Maßgabe des Gesetzes von demselben Tage, betreffend die Entschädigung für die Aufhebung der Grundsteuerbefreiungen und Bevorzugungen, in der Weise gewährt worden, daß gemäß der Entscheidung der Grundsteuerentschädigungskommission vom 4. Oktober 1867 von der auf dem Gute haftenden Domänenrente ein der auferlegten Grundsteuer entsprechender Betrag von 83 Thlr. 18 Sgr. 5 Pf. erlassen wurde.

Auf Grund der §§ 18 flg. des Gesetzes vom 14. Juli 1893 wegen Aufhebung direkter Staatssteuern ist das für diese Entschädigung zurückzuerstattende Kapital durch die dem Kläger am 30. August 1895 mitgeteilte Entscheidung des Finanzministers auf 5016,80 ℳ — den zwanzigfachen Betrag der erlassenen Abgabe — festgestellt. Gegen diese Feststellung hat Kläger den Rechtsweg beschritten. Er ist nur zu einem Elftel Erbe nach seinen Eltern geworden und erachtet sich zur Rückerstattnng nur zu diesem Bruchteile mit 456,07 ℳ verpflichtet, da nicht er, sondern seine Eltern als Empfänger der Entschädigung zu betrachten seien.

Durch die übereinstimmenden Urteile erster und zweiter Instanz ist dem Klagantrage entsprechend die zurückzuerstattende Entschädigung auf 456,07 ℳ, verzinsbar vom 1. April 1895 ab, festgestellt. Auch die Revision ist zurückgewiesen, aus folgenden

Gründen:

„Den Gegenstand des Rechtsstreites bildet die Rückerstattung einer auf Grund des § 5 des Grundsteuergesetzes vom 21. Mai 1861 und nach Maßgabe der §§ 1. 2 und 3 des Grundsteuerentschädigungsgesetzes von demselben Tage aus der Staatskasse gewährten Grundsteuerentschädigung, nachdem durch das Gesetz vom 14. Juli 1893 die Grundsteuer, für deren Auferlegung seiner Zeit die Entschädigung gewährt wurde, wieder außer Hebung gesetzt ist. Die im § 18 des letzteren Gesetzes im allgemeinen ausgesprochene Rückerstattungspflicht, die nach § 25 Abs. 1 auf den Grundstücken, wofür die Entschädigung geleistet worden ist, als eine öffentliche, auf jeden Besitzer übergehende Last ruht, ist im § 19 Abss. 1 und 5, wie folgt, beschränkt:

> Die Rückerstattung (§ 18) bleibt ausgeschlossen bezüglich derjenigen Güter und Grundstücke, welche nach erfolgter Entschädigung durch lästiges (entgeltliches) Rechtsgeschäft veräußert worden sind.
>
> Bezüglich derjenigen Güter nnd Grundstücke, deren Eigentum nach erfolgter Entschädigung durch Schenkung, Vermächtnis, infolge von Erbteilungen oder Gutsüberlassungsverträgen übergegangen ist, bleibt die Rückerstattung des Entschädigungskapitals zu demjenigen Bruchteile ausgeschlossen, zu welchem der zeitige Eigentümer weder unmittelbar noch mittelbar Erbe des Entschädigten geworden ist.

Der verklagte Fiskus ist der Meinung, daß die Anwendung des § 19 auf den vorliegenden Fall aus zwei Gründen ausgeschlossen, und demgemäß Kläger zur Rückerstattung der vollen Entschädigung verpflichtet sei, einmal, weil Kläger selbst der Entschädigungsberechtigte gewesen und als solcher auch die Entschädigung gewährt erhalten habe, sodaß von einer durch den Vertrag vom 6. September 1867 als „nach erfolgter Entschädigung" geschehenen Veräußerung nicht die Rede sein könne, und sodann, weil dem Kläger das ganze Gut als sein Erbteil am elterlichen Nachlasse zugefallen sei.

Der Berufungsrichter erachtet beide Gründe nicht für durchgreifend.

1. Er nimmt, was den ersten Grund betrifft, an, daß nicht sowohl der Kläger, als vielmehr dessen Eltern und Vorbesitzer als Entschädigungsberechtigte anzusehen sind, und daß ihnen auch die Ent-

schädigung gewährt worden ist.... Hiergegen richtet sich der erste Angriff der Revision, und rügt Verletzung der Bestimmungen des Grundsteuerentschädigungsgesetzes, mit der Ausführung, daß, da die Befreiung von der Grundsteuer an dem Grundstücke haftete, daraus folge, daß sie bei jedem Eigentumswechsel auf den neuen Erwerber überging, und daß die Entschädigung für ihren Wegfall demjenigen zufallen mußte, der in dem Momente Eigentümer war, in welchem die Feststellung der Entschädigung erfolgte. Die Rüge ist nicht begründet. Gewiß ist es zutreffend, daß die Befreiung oder Bevorzugung eines Grundstückes in Ansehung der Grundsteuer als eine dem Grundstücke anhaftende Eigenschaft mit jedem Eigentumswechsel auf den neuen Eigentümer übergeht; nicht ersichtlich ist aber, wie hieraus folgen soll, daß im Falle eines Eigentumswechsels nach erfolgter Aufhebung der Befreiung, also nach Entkleidung des Grundstückes von dieser Eigenschaft, die Entschädigung für ihren Wegfall demjenigen zufallen muß, der im Augenblicke der Festsetzung der Entschädigung Eigentümer des Grundstückes ist. Der neue Eigentümer hat ein Grundstück mit der Eigenschaft der Freiheit von der Grundsteuer nicht erwerben können, auch gar nicht erwerben wollen; es sind ihm deshalb auch aus der Thatsache, daß früher das Grundstück mit der Eigenschaft der Grundsteuerfreiheit behaftet gewesen ist, nach keiner Richtung hin Rechte erwachsen. Denn auch die Frage, deren Bejahung allein zu einer Entscheidung im Sinne der Revision führen könnte: ob nämlich der Entschädigungsanspruch für die aufgehobene Grundsteuerbefreiung bis zu seiner Erfüllung als ein subjektivdingliches Recht zu betrachten, welches als Gutszubehör in Ermangelung entgegenstehender Abmachungen mit dem Grundstücke auf jeden neuen Erwerber übergeht, ist unbedenklich zu verneinen. Bei diesem Anspruche handelt es sich um die Ausgleichung eines Schadens, den der Eigentümer des Grundstückes dadurch erlitten hat, daß infolge der Heranziehung des bis dahin grundsteuerfreien Grundstückes zur Grundsteuer seinem Vermögen die Verpflichtung zu deren Entrichtung auferlegt ist (§ 1 A.L.R. I. 6). Der Anspruch auf den Ersatz dieses Schadens, für welchen die Entschädigung gemäß § 75 Einl. zum A.L.R. durch das Gesetz selbst zugesagt ist, hat die rechtliche Natur eines persönlichen Rechtes und ist ungeeignet, als Zubehör des Grundstückes zu dienen, von welchem die Grundsteuer zu entrichten ist. Zwischen dem Grundstücke und dem Entschädigungsanspruche besteht keine Verbindung im Sinne des § 42 A.L.R. I. 2; Zweck des Anspruches ist lediglich die Entschädigung des beschädigten Eigentümers des Grundstückes, und mit Erreichung dieses Zweckes, also mit seiner Erfüllung hört das Recht überhaupt auf zu bestehen.

Vgl. Urteile des preußischen Obertribunals vom 4. März 1870 und 2. September 1870, Entsch. des Obertribunals Bd. 63 S. 375 und 396.

Demgemäß würde auch in Ermangelung anderweiter Abmachungen der den Eltern und Vorbesitzern des Klägers, welche am 1. Januar 1865 Eigentümer des Gutes Sch. waren, mit diesem Tage für die Heranziehung des Grundstückes zur Grundsteuer gegen den Fiskus erwachsene Grundsteuerentschädigungsanspruch auf den Kläger infolge des Überlassungsvertrages vom 6. September 1867 nicht ohne weiteres übergegangen, sondern ihnen ungeachtet der Veräußerung des Eigentumes verblieben sein. Hieran konnte auch durch den Umstand nichts geändert werden, daß die Entschädigung gemäß § 3 des Grundsteuerentschädigungsgesetzes durch den Erlaß von Domänenabgaben zu gewähren war, welche auf dem Gute hafteten. Dies hatte freilich die Folge, daß mit Erklärung des Erlasses der Domänenabgaben das Gut und damit der Kläger als dessen Eigentümer von der Verbindlichkeit zur ferneren Leistung derselben frei wurde. Ein solcher, in der besonderen Sachlage begründeter Erfolg schließt aber nicht aus, daß auf diese Weise die den Eltern des Klägers zustehende Entschädigung gewährt wurde, deren Sache es war, bei dem Verkaufe des Grundstückes ihre Rechte wegen dieses persönlichen Anspruches an den Fiskus zu wahren, wie dies auch nach den zutreffenden Ausführungen des Berufungsrichters durch entsprechende Erhöhung des Überlassungspreises geschehen ist. Anderenfalls würde in Frage gekommen sein, ob und inwieweit ein Anspruch aus der grundlosen Bereicherung gemäß der §§ 262 flg. A.L.R. I. 13 den Eltern des Klägers erwachsen wäre, da durch den Erlaß das Vermögen der ersteren um den mit dem Werte der erlassenen Abgaben sich deckenden vermögensrechtlichen Wert des Anspruches auf den Erlaß der Abgaben sich vermindert, und zugleich das Vermögen des Klägers um den gleichen Wertsbetrag ohne Rechtsgrund sich vermehrt haben würde. Für das Entstehen des Rechtes auf die Grundsteuerentschädigung kann hiernach der Entscheidung der Grundsteuerentschädigungskommission eine rechtsbegründende Wirkung nicht beigelegt werden; sie ist nur deklaratorischer Natur und bestimmt die Fälligkeit der Entschädigungsforderung, deren Bestehen seit dem 1. Januar 1865 durch die in den §§ 20. 21 des Grundsteuerentschädigungsgesetzes angeordnete Verzinsung des Entschädigungskapitales von diesem Zeitpunkte ab anerkannt wird. In diesem Gesetze selbst hat der Fall des Wechsels des Eigentumes an dem zur Entschädigung berechtigenden Grundstücke innerhalb der Zeit von dem Beginne der Heranziehung zur Grundsteuer bis zur Feststellung der dafür zu gewährenden Entschädigung keine Berücksichtigung gefunden; insbesondere ist aus den Bestimmungen im § 23 Abs. 3 über die Führung der Legitimation des Entschädigungsberechtigten nichts darüber zu entnehmen, wem das Recht auf die Entschädigung zustehen soll. Weiter geht die auf Grund der §§ 20. 30 des Gesetzes zur Ausführung desselben erlassene Anweisung des Finanzministers vom 17. März 1867,

vgl. Ministerialblatt für die innere Verwaltung S. 209 flg.,

welche in den §§ 31—33, soweit es sich um die Auszahlung der Entschädigung in Kapital handelt, die gegenwärtigen Eigentümer als die Entschädigungsberechtigten annimmt. Indes wenn auch durch diese Anweisung die jeweiligen Eigentümer der Staatskasse gegenüber zur Empfangnahme des Entschädigungskapitales ermächtigt wurden, so konnte dadurch doch der Entschädigungsberechtigte nicht gehindert werden, das Gezahlte von dem Empfänger abzufordern. Bei Gewährung der Grundsteuerentschädigung durch Erlaß von Domänenabgaben gemäß § 3 des Grundsteuerentschädigungsgesetzes hat auch die Anweisung vom 17. März 1867 einem Eigentumswechsel Rechnung getragen durch die Vorschrift im § 3, wonach die Zurückzahlung der infolge der Heranziehung des Grundstückes zur Grundsteuer seit dem 1. Januar 1865 zurückzuerstattenden Domänenabgabenbeträge an den Vorbesitzer, von welchem die Zahlung geleistet worden, zu erfolgen hat. Auch diese Zurückzahlung bildet, wie der Berufungsrichter zutreffend annimmt, einen Teil der Grundsteuerentschädigung; zur Zeit der Zahlung bestand die dadurch berichtigte Domänenabgabe noch zu Recht, da der Erlaß derselben noch nicht erfolgt war. Wäre mit der Revision als Entschädigungsberechtigter derjenige Eigentümer anzusehen, der dies zwar nicht am 1. Januar 1865, aber doch im Augenblicke der Feststellung der Entschädigung war, so hätten folgerichtig auch die einen Teil der Entschädigung bildenden Zurückzahlungen von Domänenabgaben an den gegenwärtigen Eigentümer erfolgen müssen.

Hiernach hat der Berufungsrichter mit Recht und ohne Verletzung der Bestimmungen des Grundsteuerentschädigungsgesetzes vom 21. Mai 1861 angenommen, daß als Entschädigungsberechtigter zu der für das Gut Sch. gewährten Grundsteuerentschädigung nicht der Kläger, sondern dessen Eltern, als Eigentümer des Gutes am 1. Januar 1865, anzusehen sind.

Auch die Auslegung des § 19 des Gesetzes vom 14. Juli 1893 seitens des Berufungsrichters dahin: daß im Sinne dieser Gesetzesbestimmung als Zeitpunkt der „erfolgten Entschädigung" nicht der Tag der Feststellung oder thatsächlichen Gewährung der Entschädigung, sondern der Zeitpunkt anzusehen ist, mit welchem die Verpflichtung des Staatsfiskus zur Entschädigung entstand, ist zutreffend. Den die Rückerstattungspflicht wesentlich einschränkenden Bestimmungen des § 19 a. a. O. liegt unverkennbar die Absicht des Gesetzgebers zu Grunde, die Rückerstattungspflicht insoweit auszuschließen, als nicht dem bei der Verkündung des Gesetzes vorhandenen Eigentümer des Grundstückes die Grundsteuerentschädigung unmittelbar oder durch Beerbung zugeflossen ist. Durch diese Bestimmung sollte den Härten vorgebeugt werden, welche mit der Aufstellung einer unterschiedslosen Rückerstattungspflicht unvermeidlich hätten verbunden sein müssen. „Hinsichtlich derjenigen Güter", so heißt es in der Begründung des Gesetzentwurfes zu den entsprechenden §§ 17—26,

vgl. Sammlung der Drucksachen des Hauses der Abgeordneten XVII. Legislaturperiode 5. Session Bd. 2 Nr. 5 S. 35 flg.,

„welche nach erfolgter Entschädigung durch lästiges Rechtsgeschäft veräußert sind, würde die Rückforderung mit Härten verknüpft und praktisch kaum ausführbar sein. Der gegenwärtige Besitzer hat von der Entschädigung keinerlei Vorteil bezogen, wird hierbei also auch nicht in Anspruch genommen werden können. Umgekehrt genießt der entschädigte Vorbesitzer von der Aufhebung der Grundsteuer keinen Vorteil." Die Kommission zur Vorberatung des Gesetzentwurfes, auf deren Vorschlägen der § 19 des Gesetzes in seiner schließlichen Fassung beruht, hat die Rückerstattungspflicht aus Billigkeitsgründen und aus politischen Erwägungen ebenfalls für angezeigt erachtet, dieselben jedoch, wie es in dem erstatteten Berichte — Bd. 5 Nr. 126 S. 39 flg. S. 46 a. a. O. — heißt, „durch Erweiterung der Voraussetzungen auf diejenigen Fälle beschränkt, auf welche die Billigkeitserwägungen nach Ansicht der Kommission zutreffen". Müßte man mit der Revision unter der in den Abss. 1 und 5 des § 19 durch die Worte „nach erfolgter Entschädigung" gegebenen Zeitbestimmung die Zeit nach der durch den Staat in Erfüllung seiner Entschädigungspflicht thatsächlich gewährten Entschädigung verstehen, so würden gerade solche Härten, welchen vorzubeugen diese Vorschriften bestimmt sind, nicht zu umgehen sein, falls eine Veräußerung oder ein sonstiger Eigentumswechsel in der Zeit vom 1. Januar 1865 bis zur Auszahlung der Entschädigung oder bis zum Erlasse der Domänenabgaben stattgefunden hat. Denn bei einer Veräußerung durch lästiges Rechtsgeschäft darf ohne weiteres angenommen werden, daß der mit den Verhältnissen seines Gutes bekannte Eigentümer desselben, nachdem das Grundsteuergesetz und das Grundsteuerentschädigungsgesetz vom 21. Mai 1861 seit Jahren verkündet, und die Grundsteuer seit 1. Januar 1865 in Hebung gesetzt war, bei der Veräußerung den ihm zustehenden Entschädigungsanspruch, sofern er sich denselben nicht, was ihm unbedenklich freistand, vorbehielt, zur Preisbestimmung in vollem Umfange mit verwertet hat. In der dem Erwerber demnächst thatsächlich gewährten Grundsteuerentschädigung hat derselbe daher nur erstattet erhalten, was er dem Veräußerer mit Rücksicht auf die Entschädigung gewährt hat. Entschädigt ist in einem solchen Falle nur der durch die Belastung seines Grundstückes mit der Grundsteuer Beschädigte und eigentlich Entschädigungsberechtigte, während der Empfänger der Entschädigung aus der Staatskasse sie nicht zur Ausgleichung eines ihm durch die Belastung mit der Grundsteuer erwachsenen Schadens, sondern als Rechtsnachfolger des Entschädigungsberechtigten und nach entgeltlichem Erwerbe des Entschädigungsanspruches erhalten hat. In Fällen dieser Art ist also der Vorteil aus der Entschädigung allein dem Veräußerer und Entschädigungsberechtigten zugeflossen, und die Sachlage, wenn es sich um die Rückerstattungspflicht aus diesem Grunde handelt, keine andere, als wenn die Veräußerung erst nach der Zahlung der Entschädigung aus der Staatskasse an den Entschädigungsberechtigten stattgefunden hätte. Hiernach hat es unzweifelhaft nicht in der Absicht des Gesetzgebers gelegen, die Rückerstattungspflicht auf Fälle der hier erörterten Art zu erstrecken, und es muß deshalb derjenigen Auslegung der im § 19 Abs. 1 des Gesetzes vom 14. Juli 1893 gegebenen Zeitbestimmung „nach erfolgter Entschädigung", bei Berücksichtigung des Wortlautes, des Zusammenhanges und des Zweckes der Vorschrift (§ 46 Einl. zum A.L.R.), der Vorzug gegeben werden, welche der Absicht des Gesetzgebers entspricht und es ermöglicht, den Härten vorzubeugen, deren Ausschließung der § 19 allein seine Entstehung verdankt. Die Auffassung nun, wann die nach dem Grundsteuergesetze und dem Grundsteuerentschädigungsgesetze vom 21. Mai 1861 zugesagte Entschädigung als „erfolgt" angesehen werden kann, ist verschieden, je nachdem man die Stellung des entschädigungspflichtigen Fiskus, oder die des entschädigungsberechtigten Grundstücksbesitzers in Betracht zieht. Vom Standpunkte des ersteren kann die Entschädigung als erfolgt erst gelten mit der Erfüllung der Verbindlichkeit. Anders liegt die Sache vom Standpunkte des Entschädigungsberechtigten. Der Schade selbst bestand in der Belastung mit der an den Staat zu zahlenden Grundsteuer; demgegenüber war durch das Gesetz selbst die zu gewährende Entschädigung genau bestimmt, in Ansehung sowohl des Umfanges und der Zahlungsmittel als der Höhe und des Beginnes der Verzinsung; auch war die Erfüllung, da der Staat selbst die Entschädigung zu leisten hatte, schlechthin gesichert. Unter diesen Umständen durfte vom Standpunkte des Entschädigungsberechtigten der in der Belastung mit der Grundsteuer bestehende Schade durch den gleichzeitig erwachsenen Entschädigungsanspruch als ausgeglichen, und so die Entschädigung als erfolgt angesehen werden. Dieser Erfolg tritt um so klarer zu Tage, falls der Entschädigungsberechtigte, wozu er befugt war, den ihm zustehenden Entschädigungsanspruch durch Veräußerung — Cession — verwertete und so aus dem Rechtsverhältnisse zum Fiskus als dessen Gläubiger ausschied. Somit erscheint die Anwendung der Vorschrift im § 19 Abs. 1 des Gesetzes vom 14. Juli 1893 auch auf solche Veräußerungen durch lästiges Rechtsgeschäft geboten, welche nach dem 1. Januar 1865, jedoch vor der Gewährung der Entschädigung seitens des Fiskus erfolgt sind. In demselben Sinne, wie im Abs. 1 des § 19, ist dieselbe Zeitbestimmung „nach erfolgter Entschädigung" im Abs. 5 dieses Paragraphen auszulegen. Der ganze Abs. 5 des § 19 beruht auf dem Vorschlage der mit der Vorberatung des Gesetzentwurfes beauftragten Kommission des Abgeordnetenhauses und hat, abweichend von der Regierungsvorlage, nach welcher auch der Teilerbe zur Erstattung der ganzen auf das ihm übereignete Grundstück zu rechnenden Entschädigung verpflichtet war, dem Gedanken Ausdruck geben sollen, daß nur der Teil der Entschädigung, welcher der Erbquote des Erben entspricht, als ihm zugekommener Vorteil anzusehen ist, selbst wenn er das ganze Gut oder Grundstück übereignet erhalten haben sollte.

Vgl. den Kommissionsbericht a. a. O. Bd. 5 Nr. 126 der Drucksachen S. 46 flg.

Der Gedanke ist also der, daß die Entschädigung, falls der Erblasser selbst sie aus der Staatskasse gewährt erhalten hat, seinem Vermögen einverleibt, mit diesem unter die Erben geteilt und daher auch dem Teilerben nur in dem seiner Erbquote entsprechenden Bruchteile zugute gekommen ist, selbst wenn er das zur Entschädigung berechtigende Gut ganz übernommen hat, da letzteres bei der Teilung ihm zum vollen Werte angerechnet ist. Gerade so hätte sich aber im Erfolge die Sache gestaltet, wenn die Erbteilung in der Zeit vom 1. Januar 1865 bis zur Gewährung der Entschädigung erfolgte, da auch in diesem Falle der Entschädigungsanspruch in seinem ganzen Werte als Nachlaßaktivum zur Berechnung gekommen wäre, wie dies in Ermangelung entgegenstehender, übrigens für die grundsätzliche Beurteilung der Sache nicht wesentlicher Abmachungen der Beteiligten ohne weiteres auch hier angenommen werden darf. Was von den Erbteilungen gilt, trifft entsprechend in gleicher Weise auch bei den übrigen der Erbteilung im Abs. 5 des § 19 zur Seite gestellten Eigentumsübergängen, durch Schenkung oder Vermächtnis oder infolge von Gutsüberlassungsverträgen, zu.

Mit der nach alledem zutreffenden Annahme des Berufungsrichters, daß die Eltern des Klägers nicht nur als die Entschädigungsberechtigten, sondern auch als die durch den Erlaß der Domänenabgaben Entschädigten anzusehen sind, und daß daher die infolge des Gutsüberlassungsvertrages vom 6. Sepeember 1867 geschehene Übertragung des Eigentumes an dem Gute Sch. auf den Kläger erst nach erfolgter Grundsteuerentschädigung vor sich gegangen ist, entfällt der in erster Reihe für die Rückerstattungspflicht des letzteren von dem Beklagten geltend gemachte Rechtsgrund.

2. Der Beklagte hält den Kläger zur Rückerstattung der ganzen Entschädigungssumme aber auch deshalb für verpflichtet, weil angenommen werden müsse, daß ihm das ganze Gut als Erbteil zugefallen sei. Wenn auch der Vertrag vom 6. September 1867 als Überlassungsvertrag angesehen werde, so ergebe sich aus demselben doch, daß das Gut nach dem Tode der Eltern des Klägers letzterem auf sein Vater- und Muttererbe verrechnet werden, d. h. ihm allein als Erbteil zufallen, sollte. Die Revision wirft deshalb dem Berufungsrichter, der es verneint, daß Kläger das Gut als Erbteil erhalten, und in dem Vertrage am 6. September 1867 ein lästiges (entgeltliches) Rechtsgeschäft findet, Verletzung der Bestimmungen des § 19 des Gesetzes vom 14. Juli 1893 vor. Aber auch dieser Angriff kann keinen Erfolg haben. Darauf freilich ist kein entscheidendes Gewicht zu legen, daß der Vertrag vom 6. September 1867 als lästiges Rechtsgeschäft, und nicht als eine Verfügung von Todes wegen anzusehen ist, sodaß das dem Kläger dadurch übereignete Gut Sch. auch nicht als dessen elterlicher Erbteil in der eigentlichen Bedeutung des Wortes gelten kann. Das verkennt augenscheinlich auch die Revision nicht; sie folgert nur aus der Natur des Vertrages vom 6. September 1867 als eines Gutsüberlassungsvertrages und der in solchen Verträgen enthaltenen antizipierten Erbfolge, daß das dem Kläger in diesem Vertrage überlassene Gut Sch. als dessen Erbteil am elterlichen Nachlasse zu behandeln sei. Diese Auffassung entspricht auch der Bestimmung im § 19 Abs. 5 des Gesetzes vom 14. Juli 1893, wonach der vertragsmäßige Gutsübernehmer durch Gutsüberlassungsvertrag gleich wie der eigentliche Erbe behandelt wird. Indes daraus folgt dann auch gerade die Anwendbarkeit dieser Gesetzesbestimmung auf den vorliegenden Fall, ohne daß es darauf ankommt, daß dem Kläger das Gut Sch. nach dem Vertrage allein als Erbteil zufallen sollte. Nach dem Entwurfe des Gesetzes vom 14. Juli 1893 in § 19 sollte allerdings, wie betreffs des Teilerben oben bereits hervorgehoben, auch der Übernehmer des Gutes oder Grundstückes durch Gutsüberlassungsvertrag, auch wenn er nicht der alleinige Erbe wurde, zur Rückerstattung der ganzen auf das Gut oder Grundstück entfallenen Entschädigung verpflichtet sein (vgl. die Begründung des Entwurfes a. a. O.). Demgegenüber ist aber durch den dem Vorschlage der mit der Vorberatung des Gesetzentwurfes beauftragten Kommission entsprechenden Abs. 5 des § 19

die Rückerstattungspflicht auch beim Übergange des Eigentumes infolge eines Gutsüberlassungsvertrages auf den der Erbquote des Übernehmers entsprechenden Bruchteil der Entschädigung beschränkt worden. Somit hat Kläger, da er nur zu einem Elftel Erbe nach seinen Eltern geworden ist, auch nur diesen Bruchteil des Entschädigungskapitales zurückzuerstatten." ...

---

85. Kann der Gläubiger, welcher einen vollstreckbaren Schuldtitel gegen seinen zahlungsunvermögenden Schuldner besitzt, den von demselben auf Grund einer Vollmacht für einen Dritten vorgenommenen Ankauf eines Grundstückes, welches von dem Verkäufer dem Dritten aufgelassen und auch dementsprechend in dem Grundbuche eingetragen ist, anfechten und verlangen, daß wegen seiner Forderung der Dritte sich die Zwangsvollstreckung in das Grundstück gefallen lasse, wenn der Schuldner und der Dritte durch bewußtes gemeinschaftliches Handeln die grundbuchmäßige Eintragung des, in Wirklichkeit von dem Schuldner für sich und mit seinen Mitteln erworbenen, Grundstückes auf den Namen des Dritten als Eigentümers zu dem Zwecke herbeigeführt haben, um es den Zugriffen der Gläubiger des Schuldners zu entziehen?

II. Civilsenat. Urt. v. 15. Juni 1897 i. S. H. (Bekl.) w. Schl. Ehel. (Kl.). Rep. II. 93/97.

I. Landgericht Tilsit.
II. Oberlandesgericht Königsberg i. Pr.

Die Klage ist von der ersten und zweiten Instanz zugesprochen, auf die Revision des Beklagten E. H. aber, unter Aufhebung, bezw. Abänderung der Entscheidung der Vorinstanzen, ihm gegenüber abgewiesen worden aus folgenden

Gründen:

„Der Klagantrag ist darauf gerichtet, daß die verklagten Eheleute F. H. und E. H. (Bruder des F. H.) sich die Zwangsvollstreckung in das Grundstück M. Nr. 28, als dessen Eigentümer auf Grund der geschehenen Auflassung E. H. im Grundbuche eingetragen ist, wegen einer rechtskräftigen Forderung der Kläger an die Eheleute F. H. gefallen lassen sollen. Nach der Feststellung des Oberlandesgerichtes haben die Kläger diesen Antrag in der Weise begründet, daß sie behaupteten, die Beklagten hätten durch bewußtes gemeinschaftliches Handeln bewirkt, daß als Eigentümer dieses Grundstückes, obwohl dasselbe F. H. (welcher bei dem Kaufabschlusse und der Auflassung als Generalbevollmächtigter seines Bruders E. H. figurierte) mit seinen Mitteln für sich erworben habe und wie ein Eigentümer benutze, E. H. im Grundbuche zu dem Zwecke als Eigentümer eingetragen sei, um es den Gläubigern des zahlungsunfähigen F. H. zu entziehen. Das Oberlandesgericht sieht in dieser Handlungsweise der Beklagten einen die Kläger direkt schädigenden Betrug und erachtet die letzteren für berechtigt, zu verlangen, daß ihnen gegenüber der durch den Betrug geschaffene, der Wahrheit nicht entsprechende formelle Rechtszustand nicht berücksichtigt, vielmehr angenommen werde, daß der den wirklichen Verhältnissen entsprechende Erfolg eingetreten, das Grundstück also Eigentum der schuldnerischen Eheleute F. H. geworden sei.

Dieser Ausführung kann jedoch nicht beigetreten werden; sie verletzt den § 1 Eig.-Erw.-Ges. vom 3. Mai 1872, sowie die §§ 10. 79 A.L.R. I. 6, § 52 A.L.R. I. 4 und § 71 A.L.R. I. 11.

Das Grundstück M. Nr. 28 ist durch die Auflassung seitens der Eheleute R., der früher eingetragenen Eigentümer, und durch die dementsprechende Eintragung in das Grundbuch Eigentum des E. H. geworden; es kann daher an sich kein Exekutionsobjekt für die Kläger, die Gläubiger des F. H., bilden. Da das Grundstück vor der fraglichen Rechtshandlung niemals dem F. H. gehört hat, also auch durch dieselbe nicht aus dessen Vermögen herausgekommen sein kann, ist die Anwendung des Anfechtungsgesetzes vom 21. Juli 1879 ausgeschlossen. Das Klagbegehren würde daher nur dann zulässig sein, wenn die Kläger auf anderem Wege die Auflassung und Eintragung auf E. H. mit der Wirkung anfechten könnten, daß rechtlich nicht E. H., sondern F. H. als Eigentümer des Grundstückes zu gelten hätte. In dieser Hinsicht kann der vom Oberlandesgerichte als erwiesen erachtete Betrug der beiden Beklagten von zwei Gesichtspunkten aus in Betracht gezogen werden, einmal aus dem Gesichtspunkte einer unerlaubten Handlung und sodann aus dem Gesichtspunkte der Simulation. Wäre die Handlungsweise der Beklagten

— was dahingestellt bleiben kann — als eine unerlaubte Handlung im Sinne des A.L.R. I. 6. aufzufassen, so wären sie zwar verpflichtet, die dadurch beschädigten Kläger schadlos zu halten, letztere auch nach § 79 A.L.R. I. 6 berechtigt zu verlangen, daß alles wieder in den Zustand gesetzt werde, welcher vor Abschluß des sie schädigenden betrügerischen Abkommens vorhanden war, vorausgesetzt, daß hierdurch der ihnen verursachte Schade ganz oder teilweise beseitigt würde. Ein solches Verlangen der Kläger könnte aber im vorliegenden Falle doch nicht zur Zusprechung der Klage führen. Denn der frühere Zustand bestand darin, daß die Eheleute R. Eigentümer von M. Nr. 28 waren; dessen Wiederherstellung würde also nur dahin führen, diese wieder zu Eigentümern des Grundstückes zu machen. Ganz abgesehen davon, ob dieses ohne Zuziehung der Eheleute R. möglich wäre, würden aber dann die Kläger nicht das Recht haben, sich für ihre Forderung an dem Grundstücke zu erholen, da sie nicht Gläubiger der Eheleute R. sind.

Zu einem gleichen Resultate gelangt man, wenn man die Grundsätze über Scheingeschäfte zur Anwendung bringt. Mit Recht hebt der Revisionskläger hervor, daß eine Simulation außerhalb des Kaufvertrages und der Auflassung zwischen den Eheleuten R. und dem F. H. als Bevollmächtigtem seines Bruders E. H., nämlich eine nur zwischen den Brüdern getroffene Abrede, daß das Grundstück dem F. H. gehören solle, bei der von den Eheleuten R. auf E. H. bewilligten Auflassung und dementsprechenden Eintragung im Grundbuche Dritten gegenüber in betreff des Eigentumes an dem Grundstücke bedeutungslos sein würde. Dritten, also auch den Klägern, gegenüber würde nur E. H. Eigentümer sein (§ 1 Eig.-Erw.-Ges. vom 5. Mai 1872). Daß die Verkäufer R. sich an der Simulation beteiligt haben, daß also auch sie nur zum Schein an E. H. verkauft und aufgelassen, dagegen in Wirklichkeit das Grundstück an F. H. verkaufen wollten und auch verkauft haben, ergiebt sich aus den vom Oberlandesgerichte getroffenen Feststellungen nicht. Könnte aber auch eine solche Feststellung noch erfolgen, so würde sie doch nur das rechtliche Resultat haben, daß die Auflassung an E. H. und dessen Eigentumseintragung nichtig wäre, daß also die Eheleute R. wieder Eigentümer von M. Nr. 28 wären; nicht aber würde sich daraus das Eigentum des F. H. an dem Grundstücke ergeben. Denn wenn auch nach § 52 A.L.R. I. 4 und §§ 70 flg. I. 11 die zum Scheine abgeschlossenen Geschäfte nichtig sind, dagegen die versteckt gewollten Geschäfte gelten, so setzt doch letzteres voraus, daß die gewollten versteckten Geschäfte formgültig abgeschlossen sind (§ 71 A.L.R. I. 11). Die Form für die freiwillige Eigentumsübertragung von Grundstücken bildet aber die Auflassung; sie gehört notwendig zu dem Kaufvertrage. Im vorliegenden Falle lautet aber die Auflassung auf E. H., und nicht auf F. H.; die nur gewollte Eigentumsübertragung auf letzteren könnte daher für dritte Personen keine Bedeutung haben." ...

---

86. 1. Ist es notwendig, daß der von einem Blinden zu gerichtlichem Protokolle offen übergebene Aufsatz seines letzten Willens von den beiden Unterschriftszeugen des Blinden unterschrieben sei?

A.L.R. I. 12 §§ 108. 113—116.

2. Zur Auslegung des § 122 A.L.R. I. 12 bezüglich des Vermerkes über die Vorlesung und Genehmigung des Protokolles.

IV. Civilsenat. Urt. v. 24. Juni 1897 i. S. O. (Kl.) w. v. P. (Bekl.). Rep. IV. 457/96.

I. Landgericht I Berlin.
II. Kammergericht daselbst.

Der in Berlin verstorbene Graf v. P. hat in seinem Testamente vom 22. Juni 1891 den Beklagten als Erben eingesetzt. Das Testament hat er, als er gänzlich erblindet war, in der Weise errichtet, daß er es offen zum gerichtlichen Protokolle übergeben hat. Die Klägerin hat mit der Behauptung, daß sie eine außereheliche Tochter des Erblassers sei, und ihr deshalb der sechste Teil des Nachlasses zukomme, die Gültigkeit des Testamentes angefochten und die Anfechtungsgründe aus der angeblich nicht geschehenen Beobachtung wesentlicher für die Testamente der Blinden bestehender Formvorschriften abgeleitet. Beide Vorderrichter haben die Anfechtungsgründe verworfen und die Klage für unbegründet erklärt. Die von der Klägerin eingelegte Revision ist zurückgewiesen.

Aus den Gründen:

... „1. Von den Angriffen, die sich auf die Verletzung der für Testamente der Blinden gegebenen Formvorschriften beziehen, rügt der erste die Nichtbeobachtung des § 108 in Verbindung mit den §§ 114. 115. 116 A.L.R. I. 12.

Der § 108 behandelt den Fall, wenn ein nicht blinder Testator sein Testament offen übergiebt, und bestimmt folgendes:

„Will der Testator, daß ein solcher Aufsatz als ein schriftliches Testament gelten solle, so darf der Richter bloß nachsehen: ob derselbe von dem Testator unterschrieben sei, und muß, wenn dieses nicht ist, die Unterschrift fördersamst bewerkstelligen lassen."

Nachdem dann in dem § 113 bemerkt worden ist, daß Blinde, des Lesens und Schreibens unerfahrene, ingleichen solche Personen, welche an den Händen gelähmt oder deren beraubt sind, nur mündlich zum Protokolle testieren können, fährt der § 114 fort:

„Doch steht es ihnen frei, einen schriftlichen Aufsatz ihres letzten Willens nach Maßgabe § 108 offen zu übergeben, welchen der Richter dem Testator vorlesen, auch was derselbe dabei erklärt hat, in einem dem Aufsatze beizufügenden, und mit ihm zu versiegelnden Protokolle bemerken muß."

§ 115 bestimmt sodann:

„In allen Fällen, wo der Testator das Protokoll über die Erklärung seines letzten Willens, oder dessen Übergebung, es sei, aus welcher Ursache es wolle, nicht selbst unterschreiben kann, muß das Handzeichen desselben durch zwei dabei zugezogene glaubwürdige Männer bezeugt werden."

§ 116 endlich lautet:

„Diese Zuziehung und Unterschrift zweier Zeugen ist auch alsdann erforderlich und hinreichend, wenn der Testator auch nur ein bloßes Handzeichen beizufügen nicht imstande wäre."

Das hier fragliche Testament ist in der Weise errichtet, daß der Erblasser den seinen letzten Willen enthaltenden Aufsatz offen und ohne Unterschrift dem Testamentsrichter übergeben, der Richter ihm in Gegenwart seines Beistandes und zweier Unterschriftszeugen den Aufsatz vorgelesen und das, was der Erblasser erklärt, in einem unmittelbar unter dem überreichten Aufsatze niedergeschriebenen Protokolle bemerkt hat, und dieses Protokoll dann nach geschehener Vorlesung und Genehmigung von dem Beistande und den beiden Unterschriftszeugen unterschrieben, sowie von dem Richter und dem Protokollführer vollzogen ist.

Die von der Klägerin versuchte Ausführung, daß der von dem Erblasser überreichte Aufsatz von den beiden Unterschriftszeugen der Vorschrift des § 108 entsprechend hätte unterschrieben werden müssen, wird von dem Berufungsgerichte verworfen. Unter Hinweis auf das Urteil des vormaligen preußischen Obertribunales vom 24. Februar 1854 (Entsch. des Obertrib. Bd. 27 S. 329) und Förster-Eccius, Preußisches Privatrecht Bd. 4 § 249, legt es in Übereinstimmung mit der dort vertretenen Ansicht den § 114 dahin aus, daß die Bezugnahme auf den § 108 nicht die Bedeutung habe, daß mit dem von dem Blinden übergebenen Aufsatze nach Vorschrift des § 108 verfahren werden solle, sondern die Bedeutung, daß es dem Blinden freistehe, einen schriftlichen Aufsatz seines letzten Willens, ebenso wie dies der § 108 dem Nichtblinden gestatte, als sein schriftliches Testament offen zu übergeben, während die Vorschriften, wie mit dem also übergebenen Aufsatze des Blinden weiter zu verfahren sei, lediglich in dem § 114 selbst enthalten seien, aus diesen Vorschriften in Verbindung mit den Bestimmungen der §§ 115 und 116 aber sich ergebe, daß nur die Unterschrift der Zeugen unter dem Protokolle selbst notwendig sei.

Ob dieser Auslegung des § 114 unbedingt, oder der Ansicht in der Anm. 38 zu dem § 114 in dem Kommentar zum Allgemeinen Landrecht von Koch, daß das in dem § 114 erwähnte Protokoll stets unter dem Aufsatze aufgenommen werden müsse, beizutreten sei, kann dahingestellt bleiben. Denn hier ist das Protokoll unter dem von dem Erblasser übergebenen Aufsatze aufgenommen worden, und hier bildet, da Aufsatz und Protokoll ein zusammenhängendes Schriftstück sind, die Unterschrift des Protokolles auch die Unterschrift des Aufsatzes, sodaß hier selbst für den Fall, wenn man die Formvorschriften des § 108 auf den § 114 für anwendbar erachten wollte, diesen Formvorschriften genügt sein würde.

2. Die zweite Rüge der Klägerin behauptet Verletzung des § 122 A.L.R. I. 12, der folgendes bestimmt:

„Auch kommt es nicht darauf an, ob die Zeugen von dem Testator oder Richter gewählt worden; und es ist genug, daß sie nur alsdann gegenwärtig sind, wenn der Testator sein Handzeichen beifügt, oder im Falle er dazu nicht im Stande wäre, auch nur im allgemeinen erklärt: daß ihm das Protokoll vorgelesen worden sei, und er den Inhalt desselben genehmige."

Von der Klägerin wird geltend gemacht, es fehle in dem Protokolle der ausdrückliche Vermerk, daß dasselbe dem Testator vorgelesen, und daß dessen Inhalt vom Testator genehmigt sei.

Das Berufungsgericht weist dem gegenüber darauf hin, daß der Richter zuvörderst den Aufsatz dem Testator vorgelesen habe, da in dem Protokolle gesagt sei:

„worauf der Herr Testator erklärte: Der mir soeben vom Richter vorgelesene Aufsatz enthält meine letzte Willensmeinung, und genehmige ich denselben in allen Punkten."

Das Berufungsgericht nimmt ferner Bezug auf den an diesen Satz sich unmittelbar anschließenden Passus des Protokolles, der folgenden Wortlaut hat:

„Hierauf wurde das vorstehende Protokoll vom Richter und vom Beistande in Gegenwart der Instrumentszeugen vorgelesen, von allen Beteiligten genehmigt und von dem Beistande und den Zeugen eigenhändig wie folgt unterschrieben."

Aus dieser Fassung des Protokolles entnimmt das Berufungsgericht, daß der Testator bei der Vorlesung des Protokolles zugegen gewesen, und daß ferner, da derselbe in erster Reihe zu den „Beteiligten" gehört habe, auch von ihm die Genehmigung des Protokolles erfolgt sei.

Diese Ausführung des Berufungsgerichtes läßt eine Verletzung des § 122 A.L.R. I. 12 nicht erkennen. Erwägt man nämlich, daß in dem ersten Teile des Protokolles der Testator ausdrücklich als derjenige, welchem der Aufsatz vom Richter vorgelesen, und von welchem die Genehmigung erklärt wurde, aufgeführt steht, zu den hier Beteiligten also zweifellos der Testator gehört, erwägt man ferner, daß schließlich nicht nur der Richter, sondern auch der Beistand das Protokoll vorgelesen hat, und daß die Vorlesung durch den letzteren nur darin ihren Grund haben konnte, daß der Testator zugegen war, so kann es nicht zweifelhaft sein, daß dem Testator das Protokoll vorgelesen, und der Testator bis zum Schlusse ein an der Testamentsverhandlung Beteiligter geblieben ist, er also im allgemeinen erklärt hat, daß ihm das Protokoll vorgelesen worden sei, und er den Inhalt desselben genehmige.

Hiernach fallen die Angriffe gegen das Berufungsurteil in sich zusammen, und die Revision ist auf Kosten der Revisionskläger zurückzuweisen."

---

87. Finden die Bestimmungen des preußischen Gesetzes, betr. das Pfandleihgewerbe, vom 17. März 1881 (G.S. S. 265) auch auf die Verpfändung von Hypotheken Anwendung?

I. Civilsenat. Urt. v. 26. Juni 1897 i. S. Aktiengesellschaft Preußisches Leihhaus (Bekl.) w. Rummelsb. Kalkwerke (Kl.). Rep. I. 95/97.

I. Landgericht I Berlin.
II. Kammergericht daselbst.

Gegen eine eingeklagte Forderung wurden von der Beklagten zum Zwecke der Aufrechnung zwei Gegenforderungen geltend gemacht, die ihr angeblich gegen den Cedenten der Klägerin, den Ingenieur Sch., zustanden.

1. Nach der Behauptung der Beklagten kaufte der Ingenieur Sch. eine eingetragene Hypothek über 10000 M von der Beklagten für 5593,48 M, erhielt noch 2000 M als Darlehn und verpfändete vom 21. Januar 1887 für die Gesamtsumme, also rund 7600 M, jene Hypothek. Am 6. Februar 1888 wurde angeblich eine Abschlagszahlung von 1300 M geleistet, im Jahre darauf aber die Schuld fällig und nicht bezahlt. Beklagte ließ nun, wie sie angiebt, am 20. Februar 1889 die ihr verpfändete Hypothek ordnungsmäßig versteigern und sich für 55 M zuschlagen. Einige Zeit darauf zog sie den vollen Hypothekenbetrag von 10000 M nebst Zinsen ein. Gleichwohl hielt sie den Sch. für verpflichtet, ihr den bei der Auktion erlittenen Ausfall zu ersetzen, den sie an Kapital, Zinsen und Kosten der Versteigerung nach Abzug der 55 M auf 7070 M berechnete.

2. Nach ihrer ferneren Behauptung erhielt Sch. im November 1886 ein Darlehn von 22200 M gegen Verpfändung einer der vor-

erwähnten Hypothek vorhergehenden Hypothek von 25500 ℳ. Auch diese ließ Beklagte angeblich, da die Schuld bei Verfall nicht bezahlt wurde, am 29. September 1888 versteigern und sich für 100 ℳ zuschlagen. Sie berechnete auch in diesem Falle ihre Forderung nebst Zinsen, und zwar auf 27090,60 ℳ, brachte hiervon den Erlös von 100 ℳ in Abzug und berechnete den von Sch. zu ersetzenden Verlust auf 26990,60 ℳ.

Beide Beträge rechnete Beklagte gegen die Klagforderung auf. In erster Instanz wurde unter Verwerfung der hierauf gegründeten Einrede nach dem Klagantrage erkannt. Die Berufung der Beklagten blieb ohne Erfolg. Ihre Revision ist zurückgewiesen aus folgenden

Gründen:

... „Aus dem bisher festgestellten Sachverhalte geht nicht hervor, wie die Verpfändung der beiden ... Hypotheken über 10000 ℳ und 25500 ℳ erfolgt ist. Unstreitig ist zwar, daß die Hypothekenurkunden der Beklagten übergeben wurden, und daß diese dem Sch. Pfandscheine nach dem zu den Akten überreichten ... Formulare ausstellte, das nur eine Legitimation zum Empfange des Pfandstückes enthält. Nicht festgestellt ist jedoch, daß die Verpfändung schriftlich erfolgte. Letzteres wäre aber, um die Verpfändung wirksam zu machen, nötig gewesen. Der Art. 317 H.G.B. kommt, obwohl Beklagte Kaufmann ist, nicht in Betracht; denn dieser bestimmt über die Formen, die nach Landesrecht zum Erwerbe dinglicher Rechte nötig sind, nichts.

Vgl. Urteil des erkennenden Senates vom 12. März 1884, mitgeteilt im Preußischen Just.-Min.-Bl. 1884 S. 249.

Im Gebiete des Allgemeinen Landrechtes aber, dessen Vorschriften, da Sch. nicht Kaufmann ist, allein maßgebend sind, kann das Pfandrecht an Hypotheken nach §§ 515. 281 A.L.R. I. 20 und § 1 der Verordnung vom 9. Dezember 1809 nur durch Übergabe des Hypothekenbriefes **und** schriftliche Verpfändung begründet werden. Wäre diese Form nicht beobachtet, so wäre die Versteigerung schon deshalb ungültig gewesen.

Es kann dies indes dahingestellt bleiben. Es braucht ferner nicht auf die Frage eingegangen zu werden, ob es mit Rücksicht darauf, daß beide Hypotheken völlig sicher waren, dem zu vermutenden Vertragswillen entsprochen hätte, daß Beklagte zur Verwertung die Form der Versteigerung wählte. Denn Beklagte durfte die Versteigerung schon aus anderen Gründen nicht vornehmen.

Beklagte beruft sich zur Rechtfertigung ihres Verfahrens auf § 9 des preußischen Gesetzes, betreffend das Pfandleihgewerbe, vom 17. März 1881 (G.S. S. 265), während die Instanzgerichte der Ansicht sind, daß Verpfändungen von Hypotheken überhaupt nicht unter jenes Gesetz fallen. Dies ist zutreffend. Das Gesetz bezieht sich nur auf die Geschäfte der „Pfandleiher". Was hierunter zu verstehen sei, wird nicht näher gesagt; wohl aber wird in § 1 des Gesetzes für die Begriffsbestimmung auf „§§ 34. 38 der Gewerbeordnung vom 21. Juni 1869 (B.G.Bl. S. 245) in der durch das Gesetz vom 23. Juli 1879 (R.G.Bl. S. 267) bestimmten Fassung" verwiesen. Bei der Erläuterung der letzteren Bestimmungen wird in der Litteratur unter den Geschäften des Pfandleihers regelmäßig nur das gewerbsmäßige Ausleihen von Geld gegen Verpfändung von Gebrauchsgegenständen verstanden. Diese Begriffsbestimmung ist allerdings wohl zu eng und entspricht jedenfalls nicht ganz dem preußischen Gesetze vom 17. März 1881, da in diesem, wie aus § 10 desselben hervorgeht, auch das Leihen von Geld gegen Wertpapiere zu den Geschäften des Pfandleihers gerechnet wird. Hieraus folgt jedoch nicht, wie die Revision meint, daß die Beleihung aller Werte, über die eine Urkunde ausgestellt ist, also auch die von Schuldurkunden, zu solchen Geschäften gehören. Das preußische Gesetz hat in § 9 dem Pfandleiher den Verkauf der Pfänder, unter denen es (vgl. § 5) lediglich Faustpfänder versteht, ohne Erlangung eines vollstreckbaren Schuldtitels, sowie ohne gerichtliche Ermächtigung gestattet und in §§ 10—13 Vorschriften gegeben, die sich an die §§ 716 flg. C.P.O. anschließen. Insbesondere sind in § 10 Abs. 2 des Gesetzes Bestimmungen getroffen, die, auch dem Wortlaute nach,

vgl. Begründung zu §§ 9. 10 des Entwurfes, Drucksachen des preußischen Herrenhauses 1880/81 Bd. 1 Nr. 5 S. 11, Kommissionsbericht, ebendaselbst Nr. 30 S. 13,

den §§ 721. 722 C.P.O., betreffend die Verwertung gepfändeter Gold- und Silbersachen und gepfändeter Wertpapiere, entsprechen. Das Gesetz hat danach unter Pfandgegenständen nur bewegliche körperliche Sachen im Auge, und zwar nur solche, die nach der Civilprozeßordnung im Falle der Zwangsvollstreckung von dem Gerichtsvollzieher nicht nur gepfändet, sondern auch verwertet werden können. Dagegen gehören Urkunden über Forderungen nicht hierher; denn es ist nicht beabsichtigt, nicht bloß von den Vorschriften der §§ 736. 743 C.P.O., sondern überhaupt von jedem Schutze des Schuldners bei der Verpfändung von Forderungen abzusehen und dem Pfandleiher ein Verfahren zu gestatten, das ihm, wie im vorliegenden Falle, ermöglichen würde, nicht nur Werte an sich zu bringen, die, nach eigenen Angaben, seine Forderung vollkommen decken, sondern daneben ihm auch noch als Ersatz eines angeblich erlittenen Ausfalles eine Forderung verschaffen, die seiner ursprünglichen Forderung nahezu gleichkommt.

Nach den vorstehenden Ausführungen bleibt das mehrerwähnte Gesetz vom 17. März 1881 außer Betracht, und es fragt sich, ob Beklagte zu der Versteigerung aus anderweitigen Vorschriften befugt war. In dieser Beziehung ist anzuerkennen, daß ein Vertrag zwischen Pfandgläubiger und Pfandschuldner, daß ersterer sich aus dem Pfande ohne Erwirkung eines vollstreckbaren Titels solle befriedigen dürfen, zulässig ist. Solcher Vertrag bedarf indes, wenn, wie im vorliegenden Falle, die Artt. 309—311 H.G.B. nicht Platz greifen, der in dem Landesrechte vorgeschriebenen Form trotz der Vorschrift in Art. 317 H.G.B., d. h. auch dann, wenn der Pfandvertrag ein Handelsgeschäft ist. In dem Geltungsbereiche des Allgemeinen Landrechtes sind dafür die §§ 29. 30 I. 20 maßgebend. Diese hätten also beobachtet werden müssen, und Beklagte wäre danach nur dann zum Verkaufe der Hypotheken ohne vollstreckbaren Titel befugt gewesen, wenn Sch. solches **schriftlich** erlaubt hätte; ferner aber hätte der Verkauf nicht unter dem Betrage einer mit Zuziehung des Sch. aufzunehmenden Taxe ererfolgen dürfen. Weder das eine, noch das andere ist beobachtet worden. Beklagte glaubt zwar auch jetzt noch geltend machen zu können, daß eine Zustimmung des Sch. zu ihrem Verfahren vorliege, weil Sch. die eine der beiden in Rede stehenden Hypotheken, nämlich die über 10000 *M*, von ihr erworben gehabt habe, von ihr aber bezüglich dieser Hypothek einem früheren Pfandschuldner gegenüber das jetzt gegen den Sch. eingeschlagene Verfahren beobachtet worden, und dem Sch. dies bekannt gewesen sei. Diese Ausführung ist indes verfehlt; denn aus dem Umstande, daß Beklagte früher ein dem Gesetze nicht entsprechendes Verfahren beobachtet hat, könnte selbst dann, wenn der frühere Pfandschuldner sich dies hätte gefallen lassen, und Sch. hiervon unterrichtet gewesen sein sollte, doch nicht wohl eine Zustimmung des Sch. zur Wiederholung eines gleichen Verfahrens gegen ihn, und noch weniger eine Genehmigung im Sinne des § 31 A.L.R. I. 20 hergeleitet werden." ...

---

88. Nach welchen Vorschriften richtet sich die Zulässigkeit des Rechtsweges für die auf Grund des preußischen Gesetzes, betr. die Fürsorge für Beamte infolge von Betriebsunfällen, vom 18. Juni 1887 zu erhebenden Ansprüche?

III. Civilsenat. Urt. v. 9. Juli 1897 i. S. R. (Kl.) w. preuß. Eisenbahnfiskus (Bekl.). Rep. III. 98/97.

I. Landgericht Frankfurt a. M.
II. Oberlandesgericht daselbst.

Gründe:

„Der Kläger wurde im Jahre 1890 im Bezirke des Königlich preußischen Eisenbahnbetriebsamtes F. als etatmäßiger Lokomotivheizer angestellt. Am 27. Dezember 1893 zog er sich durch einen bei Ausübung seines Dienstes erlittenen Fall Verletzungen zu, und einige Zeit später zeigten sich bei ihm Krankheitserscheinungen, die schließlich zu seiner dauernden Dienstunfähigkeit führten. Am 16. Mai 1895 kündigte ihm deshalb die Eisenbahndirektion in F. den Dienst und eröffnete ihm zugleich, daß ihm ein Anspruch auf Gewährung von Pension nicht zustehe, weil er eine zehnjährige pensionsfähige Dienstzeit noch nicht zurückgelegt habe, und ein ursächlicher Zusammenhang zwischen dem Unfalle und seinem die Dienstunfähigkeit bedingenden Leiden nicht nachweisbar sei. Auf seine wiederholte Eingabe verharrte die Direktion in einer Verfügung vom 3. Oktober 1895 auf diesem Bescheide. Ohne eine Beschwerde an den Departementsminister und den Finanzminister zu richten, erhob der Kläger die vorliegende Klage; diese wurde jedoch wegen Unzulässigkeit des Rechtsweges zurückgewiesen, und ebenso die dann eingelegte Berufung. Auch die Revision des Klägers konnte keinen Erfolg haben.

Nach § 1 des Gesetzes, betreffend die Fürsorge für Beamte infolge von Betriebsunfällen, vom 18. Juni 1887 ist einem unmittelbaren Staatsbeamten, der, wie hier, in reichsgesetzlich der Unfallversicherung unterliegenden Betrieben beschäftigt ist und durch einen im Dienste erlittenen Betriebsunfall dienstunfähig wird, eine Pension nach bestimmten Sätzen zu gewähren. Besondere Bestimmungen über die Verfolgung dieses Anspruches, insbesondere über die Zulässigkeit des Rechtsweges, enthält das Gesetz nicht; nach der Fassung der §§ 1 und 7 und dem übrigen Inhalte des Gesetzes, sowie nach dessen Entstehungsgeschichte, namentlich den Motiven zu § 7, kann es jedoch nicht zweifelhaft sein, daß dieses sog. Fürsorgegesetz einen erweiternden Zusatz zu dem Pensionsgesetze vom 27. März 1872 nebst dessen Abänderungen vom 31. März 1882 und 30. April 1884 und zu dem Gesetze, betreffend die Fürsorge für die Witwen und Waisen der unmittelbaren Staatsbeamten, vom 20. Mai 1882 für die Fälle bilden soll, in denen die Dienstunfähigkeit oder der Tod eines Beamten infolge eines solchen Betriebsunfalles eingetreten ist. Daraus folgt aber, daß die Bestimmungen jener Gesetze auch auf diese Fälle zur Anwendung kommen, soweit nicht abweichende Vorschriften aus dem neuen Gesetze sich ergeben. Dessen § 7 Abs. 1 bestätigt dies, indem er sagt:

„Soweit vorstehend nichts anderes bestimmt ist, finden auf die nach § 1, und hinsichtlich der Berechnung des Diensteinkommens auch auf die nach § 2 zu gewährenden Bezüge die für die Beteiligten geltenden Bestimmungen über Pension, auf die nach § 2 zu gewährenden Renten im übrigen die Vorschriften über die Fürsorge für die Witwen und Waisen der unmittelbaren Staatsbeamten Anwendung."

Da nun dieses Gesetz keine Vorschriften über die Zulässigkeit des Rechtsweges enthält, unterliegen also auch die von ihm gewährten Pensionsansprüche den in den §§ 22. 23 des Pensionsgesetzes vom 30. April 1884 aufgestellten Einschränkungen. Nach § 22 erfolgt die Entscheidung darüber, ob und welche Pension dem Beamten bei seiner Versetzung in den Ruhestand zusteht, durch den Departementschef in Gemeinschaft mit dem Finanzminister. Diese können die Befugnis zu der Entscheidung der dem Departementschef nachgeordneten Behörde übertragen, der die Bestimmung über die Versetzung des Beamten in den Ruhestand zusteht. Von dieser Befugnis Gebrauch machend, haben der Minister der öffentlichen Arbeiten und der Finanzminister durch Erlaß vom 22. Oktober 1884 (Eisenbahnverordnungsblatt S. 384) diese Entscheidung, soweit es sich nicht um unmittelbar vom Minister ernannte Beamte handelt, für den Bereich der Staatseisenbahnverwaltung allgemein den Königlichen Eisenbahndirektionen übertragen. Nach § 23 des Pensionsgesetzes muß nun in solchen Fällen gegen die Entscheidung dieser nachgeordneten Behörde, also hier der Eisenbahndirektion F., bei Verlust des Klagrechtes innerhalb 6 Monate die Beschwerde an den Departementschef und den Finanzminister erhoben werden, und erst nach deren Entscheidung steht dem Beamten innerhalb einer gleichen Frist von 6 Monaten der Rechtsweg offen. Da nun der Kläger, wie er zugiebt, die Entscheidung der Eisenbahndirektion überhaupt nicht, und jedenfalls nicht innerhalb der gesetzlichen Frist mit der Beschwerde angegriffen hat, ist ihm das Klagrecht verloren, der Rechtsweg also dauernd verschlossen.

Gegen die Richtigkeit dieser, auch vom Berufungsgerichte gebilligten, Gründe will sich der Kläger zunächst auf den § 6 Abs. 1 des Fürsorgegesetzes selbst stützen:

„Ansprüche auf Grund dieses Gesetzes sind, soweit deren Feststellung nicht von Amts wegen erfolgt, bei Vermeidung des Ausschlusses vor Ablauf von zwei Jahren nach dem Eintritt des Unfalles bei der dem Verletzten unmittelbar vorgesetzten Dienstbehörde anzumelden."

Durch diese, der Vorschrift des § 59 des Unfallversicherungsgesetzes von 1884 entsprechende, Anmeldung, meint der Kläger, werde die Zulässigkeit des Rechtsweges gewahrt, und die Anwendung des § 23 des Pensionsgesetzes ausgeschlossen. Allein mit Recht hat das Berufungsgericht angenommen, daß diese Bestimmung auf die Zulässigkeit des Rechtsweges sich nicht bezieht. Sie will nur eine rechtzeitige Untersuchung sichern, damit nicht der Versuch gemacht werden kann, eine nach langen Jahren eintretende Dienstunfähigkeit auf einen weit zurückliegenden Unfall zurückzuführen, der nicht zur Kenntnis der Behörden gekommen und nach so langer Zeit völlig verdunkelt ist. Um die Zulässigkeit des Rechtsweges handelt es sich dabei nicht; der Anspruch selbst wird durch die Versäumung der Frist verloren; er kann auch bei der Verwaltungsbehörde nicht geltend gemacht werden. Im übrigen wurden für Preußen die Ansprüche im Anschlusse an die Pensionsgesetze geregelt, sodaß deren Bestimmungen auch für den

Instanzenzug anzuwenden sind, und kein Grund vorlag, andere Vorschriften hierüber zu treffen.

Sodann beruft der Kläger sich auf die Motive zu dem oben wörtlich mitgeteilten § 7 und namentlich darauf, daß in ihnen die §§ 22. 23 des Pensionsgesetzes nicht ausdrücklich für anwendbar erklärt sind, vielmehr gesagt ist:

„Der dem Verletzten zustehende Anspruch trägt den Charakter der „Pension". Auf denselben müssen daher die für die Beteiligten geltenden Bestimmungen über Pension insoweit Anwendung finden, als letztere nicht durch die §§ 1—6 des Entwurfs selbst abgeändert sind. Anwendung finden hiernach insbesondere die §§ 10 flg. des Pensionsgesetzes vom 27. März 1872 (31. März 1882, 30. April 1884), welche über das der Berechnung der Pension zu Grunde zu legende Diensteinkommen Bestimmung treffen; sodann die §§ 25 flg. a. a. O., welche von der Fälligkeit, Kürzung, Einziehung und Wiedergewährung der Pension, sowie von deren Vorrechten handeln."

Ganz abgesehen davon, daß die Motive eines Gesetzes nur mit großer Vorsicht für dessen Auslegung benutzt werden dürfen, zeigt schon ihre Fassung, daß eine vollständige Aufzählung der anwendbaren Bestimmungen nicht beabsichtigt gewesen ist. Außerdem kommt hinzu, daß, nachdem in den folgenden Absätzen der Motive die Anwendbarkeit der Bestimmungen des sog. Reliktengesetzes auf die nach dem neuen Gesetze den Hinterbliebenen zu gewährenden Renten erörtert ist, im Abs. 5 der Motive zum § 7 gemeinschaftlich für jene Pensionen und diese Renten die Zulässigkeit des Rechtsweges mit den Worten berührt wird:

„Vermögensrechtliche Ansprüche über die Höhe der Pensionen und Renten sind nach Maßgabe der Bestimmungen des Gesetzes vom 24. Mai 1861, betreffend die Erweiterung des Rechtsweges, — G.S. S. 241 — im ordentlichen Rechtswege zur Entscheidung zu bringen."

Gerade hieraus folgert zwar der Kläger, daß für die Zulässigkeit des Rechtsweges nicht die §§ 22. 23 des Pensionsgesetzes vom 30. April 1884 maßgebend sein sollten, sondern nur das Gesetz vom 24. Mai 1861, in welchem nur eine Vorentscheidung des Verwaltungschefs vorgeschrieben, an deren Stelle die der delegierten Eisenbahndirektion getreten sei, sodaß sofort nach dieser der Rechtsweg offen gestanden habe. Wäre dies richtig, so würde unerklärlich sein, daß diese abweichende Bestimmung im Gesetze selbst, das nur von der Anwendung des Pensions- und des Reliktengesetzes spricht, keinen Ausdruck gefunden hat, obwohl dies schon deshalb nötig gewesen wäre, weil das Gesetz vom 24. Mai 1861 sich nach seinem Inhalte nicht auf die Rentenansprüche der Witwen und Waisen bezieht. Die Hinweisung der Motive, wenn sie nicht eine die Abweichung des Gesetzes vom 30. April 1884 übersehende Ungenauigkeit ist, läßt sich aber schon daraus erklären, daß das Gesetz vom 24. Mai 1861 die gemeinsame Grundlage der Vorschriften des Pensionsgesetzes und des Gesetzes, betreffend die Fürsorge für die Hinterbliebenen der unmittelbaren Staatsbeamten, über die Zulässigkeit des Rechtsweges bildet, und daß eine Hinweisung auf das Pensionsgesetz allein nicht genügt haben würde, da der § 20 Abs. 2 des Fürsorgegesetzes für die Hinterbliebenen für deren Ansprüche etwas abweichende Bestimmungen hat. Jedenfalls ist es sehr unwahrscheinlich, daß der Gesetzgeber die infolge von Betriebsunfällen nötig werdende Pensionierung einem von den sonstigen Fällen der Pensionierung abweichenden Verfahren habe unterwerfen wollen, ohne dies im Gesetze zum Ausdrucke zu bringen." ...

---

89. Kann auf die durch § 39 des Gesetzes über die Enteignung von Grundeigentum vom 11. Juni 1874 vorgeschriebene Form der Zustellung des Entschädigungsfeststellungsbeschlusses verzichtet werden, sodaß auch eine unförmliche Zustellung an den Unternehmer den Lauf der sechsmonatigen Frist zur Beschreitung des Rechtsweges nach § 30 a. a. O. eröffnen kann?

II. Civilsenat. Urt. v. 13. Juli 1897 i. S. preuß. Eisenbahnfiskus (Kl.) w. L. & H. (Bekl.). Rep. II. 142/97.

I. Landgericht Aachen.
II. Oberlandesgericht Köln.

Der preußische Eisenbahnfiskus hat auf Herabsetzung der Entschädigung geklagt, die der verklagten Firma im Enteignungsverfahren durch Beschluß des Bezirksausschusses zu Aachen vom 6. März 1891 zugebilligt worden ist. Von der Beklagten wurde geltend gemacht, die Klage sei nach Ablauf der durch § 30 des Enteignungsgesetzes bestimmten sechsmonatigen Frist, also verspätet erhoben; wogegen der Fiskus einwandte, daß eine formgerechte Zustellung des Feststellungsbeschlusses an ihn überhaupt nicht stattgefunden habe. Es steht fest, daß die Zustellung des Beschlusses über die Feststellung der Entschädigung an den enteignenden Fiskus nicht in der durch § 39 a. a. O. vorgeschriebenen Form erfolgt ist. Vielmehr ist dem Fiskus lediglich im Auftrage des Bezirksausschusses eine Ausfertigung des Beschlusses mit einem Anschreiben durch einen Regierungsboten als gewöhnlicher Brief überbracht worden, worauf der Fiskus, dem in dem Anschreiben enthaltenen Ersuchen entsprechend, den Empfang mit der Mitteilung angezeigt hat, daß der Beschluß am 26. März 1891 eingegangen sei. Ferner hat der klagende Fiskus eine von ihm selbst durch einen seiner Beamten beglaubigte Abschrift des Feststellungsbeschlusses der Beklagten gleichfalls durch einen seiner Beamten zustellen lassen, und zwar nicht nur im Auftrage des Bezirksausschusses, sondern auch, wie die Zustellungsurkunde vom 13. April 1891 ausdrücklich anführt, im eigenen Auftrage des Klägers.

Beide Vorinstanzen haben die Klage des Fiskus abgewiesen, das Oberlandesgericht aus dem Grunde, weil Kläger durch das vorerwähnte Verfahren auf die formgerechte Zustellung des Feststellungsbeschlusses verzichtet habe, demnach die sechsmonatige Frist zur Beschreitung des Rechtsweges nach § 30 a. a. O. schon mit der unförmlichen Zustellung begonnen habe, die Klage also verspätet sei.

Die vom Fiskus eingelegte Revision wurde zurückgewiesen aus folgenden

Gründen:

... „Mit dem Oberlandesgericht ist davon auszugehen, daß die am 26. März 1891 erfolgte Zustellung des Entschädigungsfeststellungsbeschlusses an den Kläger nicht der durch den § 39 des Enteignungsgesetzes vorgeschriebenen Form entspricht, daß auch diese Form keineswegs als durch das auf Grund des § 56 des Gesetzes über die allgemeine Landesverwaltung erlassene Regulativ vom 28. Februar 1884 beseitigt zu erachten, vielmehr als auf einer nicht aufgehobenen gesetzlichen Bestimmung beruhend vor wie nach zu beobachten ist. Die Nichtbeobachtung dieser Form kann auch, wie die Revision mit Recht hervorhebt, nicht durch Anwendung des § 267 C.P.O. für bedeutungslos erklärt werden, da der § 39 des Enteignungsgesetzes nur die über die Zustellungen, also die in den §§ 152—190 C.P.O. gegebenen Bestimmungen für anwendbar erklärt, zu welchen der § 267 das. nicht gehört. Wenn dieser Paragraph auch in seinen Wirkungen die Verletzung der vorgeschriebenen Formen von Zustellungen zu heilen geeignet ist, so kann er doch bei seinem allgemeinen Inhalte und Wortlaute, welcher der Zustellungen nicht erwähnt, und bei seiner Stellung in dem Titel „Verfahren bis zum Urteil" nicht als eine „für gerichtliche Behändigungen bestehende Vorschrift" im Sinne des § 39 des Enteignungsgesetzes aufgefaßt werden. Das Oberlandesgericht hat aber auch den § 267 nicht direkt auf die in Rede stehende mangelhafte Zustellung angewendet, sondern nur ausgesprochen, daß von den Parteien im Enteignungsverfahren ein Verzicht auf die Form der Zustellung im Sinne des § 267 stattfinden könne, und daß die den regelmäßigen Gang des Verfahrens im Interesse der Beteiligten ordnenden Vorschriften nicht dergestalt der öffentlichen Ordnung angehörten, daß jede private Verfügung nach dieser Richtung auszuschließen wäre. Diese Auffassung kann nicht als rechtsirrtümlich angesehen werden. Wenn der Kläger die an ihn in nicht gesetzmäßiger Weise durch den Bezirksausschuß erfolgte Zustellung des Festsetzungsbeschlusses der Gegenpartei, dem Enteigneten, gegenüber als für sich verbindlich anerkannt hat, so muß das für genügend erachtet werden, um auch für den Kläger den Lauf der sechsmonatigen Ausschlußfrist nach § 30 des Enteignungsgesetzes zu eröffnen. Hierbei kann allerdings der Umstand nicht von entscheidender Bedeutung sein, daß die formlose Zustellung an den enteignenden Eisenbahnfiskus, wie in dem vorgelegten Schreiben des Vorsitzenden des Bezirksausschusses zu Aachen vom 20. April 1896 bezeugt wird, sogar die Regel bildet, und es auf einem langjährigen Übereinkommen beruht, daß die Eisenbahnbehörde nunmehr ihrerseits die Zustellung der Beschlüsse an den Expropiaten zu bewirken habe. Entscheidend ist dagegen die Feststellung des Oberlandesgerichtes, daß der Kläger, indem er der Beklagten auch in seinem eigenen Namen den Festsetzungsbeschluß zustellen ließ, der Beklagten zu erkennen gegeben hat, daß er die an ihn selbst geschehene Bekanntmachung der Entscheidung des Bezirksausschusses als rechtlich wirksam anerkenne. Diese Feststellung ist geeignet, das Urteil zu tragen, da die Beklagte berechtigt ist, dem Einwande des Klägers, daß ihm der Festsetzungsbeschluß nicht formgerecht zugestellt sei, das vorgedachte Anerkenntnis des Klägers entgegenzuhalten.

Die Feststellung selbst ist wesentlich thatsächlicher Natur und erscheint auch genügend begründet." ...

---

90. Über das Rechtsverhältnis von Gegenständen, die von der Gesellenschaft einer Innung erworben worden sind.

V. Civilsenat. Urt. v. 26. Mai 1897 i. S. Steinsetzerinnung zu B. (Kl.) w. H. (Bekl.). Rep. V. 402/96.

I. Landgericht I Berlin.
II. Kammergericht daselbst.

Die Steinsetzerinnung in Berlin, die sich auf Grund des § 97 Gew.O. durch Statut vom 1. Oktober 1884 in eine Innung neuen Rechtes umgewandelt hatte, verlangte auf Grund angeblichen Eigentumes oder doch besseren Rechtes zum Besitze die Herausgabe einer Gewerkslade nebst angegebenem Inhalte, bestehend in allerlei Gerätschaften und Emblemen, die, wie die Klägerin anführte, im Laufe der letzten Jahrhunderte von der Gesellenschaft der Steinsetzerinnnug durch Schenkung oder Kauf zu eigen erworben und bis zum 8. Oktober 1893 besessen worden waren. An diesem Tage wurde in einer Gesellenversammlung von der Mehrheit beschlossen, den auf Grund des § 35 des erwähnten Statutes gewählten Gesellenausschuß aufzulösen; dabei wurden dem bisherigen Altgesellen M. die Schlüssel zum Gesellenlokal abgenommen, die der Geselle W. an sich nahm, und dieser übergab darauf die streitigen Gegenstände dem Beklagten, Steinsetzer H., als Vorsitzendem des Lokalverbandes des Verbandes der vereinigten Steinsetzer Deutschlands. Die Klägerin führte aus, daß die Gesellenschaft keine selbständige Existenz besessen, sondern einen unselbständigen Bestandteil der Innung gebildet habe und vom Innungsvorstande vertreten werde; daher sei die Innung, jetzt die neue Innung, in die die Sachen von der Gesellenschaft eingebracht worden seien, Eigentümerin derselben. Die Gesellschaft sei auch gar nicht imstande gewesen, sich von der Innung zu trennen, und die ausgetretenen Gesellen hätten kein Recht, über die zum Gebrauche der Innungsgesellenschaft angeschafften Sachen zu verfügen.

Der Beklagte bestritt das Eigentum oder bessere Recht der Klägerin an den streitigen Sachen und behauptete, daß von alters her in Berlin eine Gesellenbruderschaft der Steinsetzer als selbständiger Verein neben der Innungsgesellenschaft, zum Teil auch aus anderen Personen bestehend, vorhanden gewesen sei, der mit der Innung in keinem Zusammenhange gestanden habe und auch nach der Umwandelung der alten Innung in eine Innung neueren Rechtes selbständig geblieben sei. Er bestritt, daß die streitigen Sachen in die neue Innung eingebracht worden seien, und behauptete, daß sie ihm von dem Vertreter der Bruderschaft zur Aufbewahrung übergeben worden seien. Die Klägerin bestritt diese Angaben.

Die Klage ist in beiden Instanzen abgewiesen, das Berufungsurteil jedoch, unter Zurückverweisung der Sache in die Berufungsinstanz, vom Reichsgerichte aufgehoben worden, aus folgenden

Gründen:

„Der Berufungsrichter hat seine Entscheidung in folgender Weise begründet: da die Klägerin selbst anführe, daß die streitigen Sachen von der Gesellenschaft zu eigen erworben und bis zum 8. Oktober 1893 besessen worden seien, eine Ersitzung durch die Innung also nicht stattgefunden haben könne, und ein besonderer Übertragungsakt nicht behauptet sei, so könnte die Klage nur dann Erfolg haben, wenn, wie die Klägerin behaupte, die Gesellenschaft unselbständig in der Innung enthalten wäre und die Sachen für die Innung erworben hätte. Diese Behauptung aber sei unrichtig. Sowohl nach den alten und neuen Statuten der Klägerin, als nach den verschiedenen in Betracht kommenden Gewerbeordnungen könnten nur selbständige Gewerbetreibende Mitglieder der Innung sein; die Gesellen hätten bloß in bestimmten, für gemeinsam erklärten Angelegenheiten Rechte und Pflichten, und dazu gehörten nicht die Vermögensangelegenheiten der Innung; aber ebensowenig seien die Vermögensangelegenheiten der Gesellenschaft zu Innungsangelegenheiten erklärt worden. Die beschränkte Teilnahme der Gesellen an der Innung, ihre beschränkte Mitgliedschaft, schließe nicht aus, daß sie für ihre besonderen Angelegenheiten einen selbständigen Verein bildeten, und in der That habe ein solcher von alters her unter den Steinsetzergesellen in Berlin bestanden. In einem Berichte des Magistratsassessors vom 29. Januar 1850 werde die Gesellenschaft ausdrücklich eine Gesellschaft genannt, die unter Mitwirkung des Gewerksvorstandes und des Gewerksassessors die Gewerksangelegenheiten, welche ihre Interessen beträfen, feststellen könnten. Ein 1849 unternommener Versuch der Gesellen, sich Korporationsrechte zu verschaffen, sei allerdings mißlungen; aber daraus folge nicht, daß sie nicht eine Gesellschaft im Sinne des Tit. 6 Tl. II des Allgemeinen Landrechtes gebildet hätten. Es ergebe sich auch aus der Erklärung der beiden Altgesellen in einem Protokolle vom 24. Oktober 1867, daß seit Menschengedenken eine Verbrüderung der Gesellen, ohne obrigkeitliche Aufsicht, bestanden habe. Dies entspreche der geschichtlichen Entwickelung des Gesellenwesens in Deutschland.

Vgl. Gierke, Genossenschaftsrecht Bd. 1 S. 403 flg.

Zu solchen Sonderangelegenheiten der Gesellen gehöre nun auch der Erwerb von Sachen, die zum ausschließlichen Gebrauche der Gesellen bestimmt seien, wie dies mit den streitigen Sachen der Fall sei. Das Eigentum daran gehöre nach § 17 A.L.R. II. 6 den Mitgliedern der Gesellenschaft, nicht der Innung, der auch die Legitimation fehle, Rechte der Minorität der Gesellenschaft auf die Sachen geltend zu machen.

Durch diese Begründung wird die getroffene Entscheidung nicht gerechtfertigt.

Der Berufungsrichter erkennt an, daß die Gesellenschaft in gewissen Beziehungen, nämlich soweit es sich um Einrichtungen handelt, an denen die Gesellen und die Meister gemeinschaftlich interessiert sind, zur Innung gehöre, Mitgliedschaft an derselben habe, also einen Teil der Innung bilde. Dies ist auch unzweifelhaft richtig, und es mag hier alsbald hinzugefügt werden, daß die Innung auch in diesen Angelegenheiten nach außen hin von dem Innungsvorstande allein vertreten wird. Der Berufungsrichter nimmt dann aber weiter an, daß dagegen die Gesellen für ihre besonderen Angelegenheiten einen der Innung gegenüber selbständigen Verein im Sinne der landrechtlichen Bestimmungen über „erlaubte Privatgesellschaften" (§§ 11—21 A.L.R. II. 6) bilden dürften, daß zu diesen besonderen Angelegenheiten auch der Erwerb von Sachen gehöre, die, wie die hier streitigen, zum ausschließlichen Gebrauch der Gesellen bestimmt seien, und daß die Gesellenschaft der klagenden Innung in der That einen solchen selbständigen

Verein gebildet habe. Letzteres wird gefolgert aus gewissen den vorgelegten Magistratsakten über die Steinsetzergesellenschaft und deren Altgesellen entnommenen und im Berufungsurteile angeführten Anhaltspunkten, die nach dem Erachten des Berufungsgerichtes für das Bestehen eines solchen selbständigen, mit der in einem Protokolle vom 24. Oktober 1867 von den Altgesellen erwähnten „Verbrüderung der Steinsetzergesellen" identischen Vereines sprechen sollen. Diesem Vereine mißt der Berufungsrichter denn auch das Eigentum an den streitigen Gegenständen bei.

Zunächst erweist sich nun aber diese letzte Annahme des Berufungsrichters, daß die streitigen Gegenstände einem selbständigen Gesellenvereine gehörten, als eine willkürliche, da sie weder in den Verhandlungen, noch in den Akten eine Stütze findet. Über den Erwerb der Sachen ist gar nichts Näheres bekannt. Die Parteibehauptungen gehen namentlich darüber, von welcher Gesellenvereinigung die Sachen erworben sind, auseinander; die Klägerin behauptet: von der Innungsgesellenschaft, der Beklagte: von der Gesellenbruderschaft, die zum Teil aus anderen Personen bestanden haben soll als die Innungsgesellenschaft, nämlich nach der Behauptung des Beklagten auch Nichtinnungsgesellen als Mitglieder gehabt hat. Auch der Berufungsrichter muß angenommen haben, daß der Gesellenverein, dem er das Eigentum zuschreibt, sich nicht mit der Gesamtheit der Innungsgesellen decke; denn er findet die Existenz dieses Vereines bestätigt durch die Auslassung der Altgesellen vom 24. Oktober 1867, aus der gleichfalls hervorgeht, daß die darin erwähnte Verbrüderung einen anderen Personalbestand hatte als die Innungsgesellenschaft. Geht man nun auch, entsprechend der Feststellung des Berufungsrichters, davon aus, daß neben der Innungsgesellenschaft und im Personalbestande davon verschieden noch ein anderer Verein der Steinsetzergesellen, der keine Beziehung zur Innung hatte, in Berlin von alters her bestanden habe, so fehlt es doch an jeder Begründung dafür, weshalb der Berufungsrichter, entgegen der Behauptung der Klägerin, angenommen hat, daß dieser letztere Verein die streitigen Sachen angeschafft oder sonstwie erworben habe. Für die Rechtmäßigkeit des Besitzes des Beklagten, der sich lediglich auf eine Übertragung durch die Gesellenbruderschaft beruft, läßt sich demnach aus dem Berufungsurteile nichts entnehmen.

Freilich muß die Klägerin, um mit ihrem Anspruche auf Herausgabe durchzudringen, ihre Behauptung erweisen, daß sie Eigentümerin der streitigen Sachen sei oder doch ein besseres Recht auf deren Besitz habe. Sie stützt ihr Klagerecht auf die weitere Behauptung, daß die Sachen im Laufe der Zeit von der Innungsgesellenschaft erworben worden seien. Die Frage, ob dies der Fall sei, steht dem Vorstehenden nach bisher noch offen. Wäre sie, was Sache der thatsächlichen Feststellung ist, zu bejahen, so kann nicht anerkannt werden, daß die Schlüssigkeit der Klage durch die Ausführungen im Berufungsurteile widerlegt werde. Diese gehen dahin, daß die Gesellen für ihre eigenen, mit den Innungszwecken nicht zusammenhängenden Angelegenheiten einen der Innung gegenüber selbständigen Verein im Sinne der Bestimmungen der §§ 11—21 A.L.R. II. 6 hätten bilden dürfen. Schon dieser Satz kann in solcher Allgemeinheit nicht als richtig anerkannt werden. Die Koalitionsfreiheit der Handwerksgesellen ist insbesondere nach dem Erlasse des Reichsschlusses vom 4. September 1731 mittels des am 6. August 1732 publizierten Handwerkspatentes auch in Preußen wesentlich eingeschränkt worden.

Vgl. Corp. constit. March. Bd. 5 S. 766.

Noch das Allgemeine Landrecht gestattet in § 398 II. 8 Versammlungen der Gesellen nur in den nach den Zunftartikeln oder Polizeigesetzen gestatteten Fällen, und auch dann nur mit Vorwissen der Gewerksältesten. Nach § 16 des für die Steinsetzerinnung in Berlin erlassenen Gesellenreglements vom 23. Februar 1846 durften die Gesellen keine Verbindungen unter sich stiften, zu denen sie nicht die Erlaubnis des Magistrates nachgesucht und erhalten hatten. Demgemäß wird der Steinsetzergesellenschaft in der Verfügung des Gewerksassessors vom 29. Januar 1850 auch nur in dem Sinne die Eigenschaft einer Gesellschaft zugesprochen, daß sie unter Mitwirkung des Gewerksvorstandes und des Gewerksassessors die ihr Interesse betreffenden Gewerksangelegenheiten feststellen dürfe. Unter diesen Umständen läßt sich nicht ohne weiteres annehmen, daß die Innungsgesellen, als sie — wie hier vorausgesetzt wird — die Sachen erwarben, und wenn sie dabei beabsichtigt haben sollten, sie zwar für sich selbst, aber in ihrer Eigenschaft als Mitglieder eines außerhalb der Innung stehenden Vereines zu erwerben, in dieser Beziehung einen rechtlich zulässigen Verein gebildet hätten. Das würde unter anderem davon abhängen, welchen Zweck denn der Verein verfolgte, zu dessen Gebrauch die

Sachen dienen sollten, da die bloße Thatsache der Anschaffung von Sachen nicht als Zweck eines Gesellenvereines angesehen werden kann; und es würde weiter darauf ankommen, ob die Gesetzgebung zur Zeit des Erwerbes der Sachen einen selbständigen Gesellenverein zu jenem bestimmten Zwecke zuließ. Darüber ist bisher nichts festgestellt oder verhandelt. Aber gesetzt auch, die Existenz eines zulässigen Vereines dieser Art wäre an sich nicht zu bezweifeln, so gebricht es noch an einer Feststellung darüber, ob denn in der That die Innungsgesellen beabsichtigt haben, die Sachen einem besonderen Vereine zuzuwenden, und ob ein solcher besonderer Verein, zu dessen Gründung eine bloße Absicht der Gesellen noch nicht ausreicht, in der That irgendwann ins Leben gerufen worden ist. Etwas Derartiges hat der Beklagte nicht einmal behauptet; er bestreitet vielmehr, daß die Innungsgesellen die Sachen erworben hätten, und behauptet, daß sie einem Vereine mit anderem Personalbestande gehört hätten, ohne sich ausdrücklich darüber auszulassen, auf welchem Wege dieser Verein die Sachen erworben habe. Auch der Berufungsrichter hat, wie bereits dargelegt ist, angenommen, daß ein aus zum Teil anderen Personen bestehender Verein die Sachen erworben habe, die Frage aber, wie es scheint, bisher noch nicht erwogen, ob angenommen werden könne, daß die Innungsgesellen, wenn diese sie erwarben, den Erwerb nicht für die Innungsgesellenschaft, sondern für einen aus ihnen selbst, oder gar für einen auch noch aus anderen Personen bestehenden und nicht mit der Innung zusammenhängenden Verein gemacht hätten. Solange diese Frage nicht aus bestimmten Gründen bejaht werden kann, wird nur der Innungsgesellenschaft als solcher der Erwerb beizumessen sein, und da unzweifelhaft die Innung ein Interesse daran hat, daß ihr eine leistungsfähige Gesellenschaft erhalten bleibt, wozu auch gehört, daß den Innungsgesellen nicht der von ihnen als solchen gemachte Erwerb wieder entzogen wird, so läßt sich auch die Annahme nicht abweisen, daß dieser Erwerb, wenn auch nicht einen Eigentumserwerb für die Innung, so doch ein zwischen Meistern und Gesellen gemeinschaftliches Verhältnis und damit eine Innungsangelegenheit begründete, zu deren Wahrung nach außen hin der Innungsvorstand berechtigt ist.

Die Sache erschien hiernach noch nicht spruchreif und war deshalb unter Aufhebung des Berufungsurteiles in die Berufungsinstanz zurückzuverweisen."

IV. Rheinisches Recht.

91. 1. Geht die vom Ehemanne als Herrn der Gütergemeinschaft übernommene Verpflichtung, einem Dritten Rechnung zu legen, als solche gemäß Art. 1482 B.G.B. mit auf die Frau über, oder haftet die letztere nach Auflösung und Annahme der Gütergemeinschaft nur zur Hälfte für den Schaden, welcher dem Gläubiger aus der Nichterfüllung der vom Manne übernommenen Verpflichtung erwächst?

2. Bewirkt die rechtskräftige Abweisung einer Klage des Gläubigers gegen den einen Solidarschuldner auch res judicata zu Gunsten des anderen Solidarschuldners?

II. Civilsenat. Urt. v. 2. März 1897 i. S. E. (Kl.) w. H. Wwe. (Bekl.). Rep. II. 10/97.

I. Landgericht Köln.
II. Oberlandesgericht daselbst.

Gründe:

„Das Oberlandesgericht nimmt an, daß zwischen dem verstorbenen Ehemanne der Beklagten, J. H., und dem Kläger ein Gesellschaftsverhältnis bestanden habe, und daß H., weil er auf Grund des mit dem Kläger getroffenen Abkommens die Geschäfte für die Gesellschaft geführt habe, gemäß Art. 1993 B.G.B. dem Kläger rechnungspflichtig geworden sei. Diese auf die thatsächlichen Umstände gestützte Annahme ist rechtlich nicht zu beanstanden, wird auch von der Revision nicht angegriffen.

Das Oberlandesgericht erkennt weiter an, daß die Rechnungspflicht des H. während der mit der Beklagten bestandenen Ehe, in welcher Errungenschaftsgemeinschaft galt, entstanden sei, hält aber die Beklagte, welche nach dem Tode ihres Ehemannes die Errungenschaftsgemeinschaft angenommen hat, aus dem Grunde nicht für rechnungspflichtig, weil sie mit der Auflösung der Gütergemeinschaft nicht in die von ihrem Manne übernommene Verpflichtung zur Rechnungslegung eingetreten sei, sondern nur für den etwaigen Schadensersatz zur Hälfte hafte, welcher durch Nichterfüllung der Pflicht des Mannes dem Gläubiger erwachse. Bei einer vom Manne eingegangenen Verbindlichkeit, welche lediglich in einem Thun bestehe, könne die Frau nach Auflösung der Gütergemeinschaft nicht für die Hälfte zur Vornahme der Leistung selbst angehalten werden, sondern es sei nur, wenn die Verbindlichkeit nicht erfüllt werde, nach Art. 1142 B.G.B. der dem Gläubiger zustehende Entschädigungsanspruch aus der Gütergemeinschaft zu befriedigen.

Diese Anschauung ist unrichtig und verletzt die Artt. 1482. 1409 B.G.B. Nach Art. 1482 fallen die Schulden der Gütergemeinschaft jedem der Ehegatten zur Hälfte zur Last. Was im einzelnen gütergemeinschaftliche Schulden sind, ist aus Art. 1409 zu entnehmen. Nach Ziff. 2 daselbst fallen alle vermögensrechtliche Verpflichtungen, welche der Mann während des Bestehens der Gütergemeinschaft als Herr derselben kraft der ihm durch Art. 1421 a. a. O. eingeräumten Verfügungsbefugnis eingegangen ist, in die Gütergemeinschaft. Diese Verpflichtungen können sehr verschiedener Art sein. Es gehören dazu unter anderen auch vermögensrechtliche Verpflichtungen, die auf ein Thun oder Unterlassen gerichtet sind. Sind sie einmal als gütergemeinschaftliche Verbindlichkeiten entstanden, so gehen sie auch nach Auflösung der Gütergemeinschaft mit demselben Inhalte und in derselben rechtlichen Bedeutung, wie sie entstanden sind, auf die Frau, welche die Gütergemeinschaft annimmt, über.

Vgl. hierüber Rodière und Pont, Contrat de mariage Bd. 2 Nr. 1109. 726. 828 flg.; Laurent, Bd. 21 Nr. 424 flg.

Daß die vorerwähnte Verpflichtung des H., dem Kläger Rechnung zu legen, als eine in die zwischen H. und seiner Ehefrau bestehende Errungenschaftsgemeinschaft fallende Schuld angesehen werden muß, kann nicht bezweifelt werden. Diese Rechnungspflicht ist eine aus dem zwischen H. und dem Kläger eingegangenen Rechtsverhältnisse fließende Nebenverpflichtung. Sie fiel ebensowohl in die Gütergemeinschaft wie die Hauptverpflichtung und muß daher nach Auflösung der Gemeinschaft zur Hälfte im Prinzip auch von der Frau erfüllt werden, da es sich nicht etwa um eine ausschließlich an die Person des Ehemannes geknüpfte Leistung handelt. Wenn das Oberlandesgericht Gewicht darauf legt, daß die Beklagte sich nicht persönlich zu dieser vom Manne übernommenen Verbindlichkeit verpflichtet habe, so ist dieser Umstand insofern von Bedeutung, als während bestehender Ehe der betreffende Anspruch gegen die Frau auch nicht zur Hälfte hätte geltend gemacht werden können. Das folgt schon daraus, daß die Frau die Gütergemeinschaft bei Auflösung derselben noch immer hätte ausschlagen können, während bestehender Ehe daher der Anspruch des Gläubigers gegen sie als Teilhaberin der Gütergemeinschaft nur ein eventueller war. Aber mit Auflösung der Gütergemeinschaft und Annahme derselben durch die Frau tritt die Veränderung ein, daß nunmehr die Frau für die Hälfte der Gütergemeinschaftsschuld auch persönlich in Anspruch genommen werden kann, mit dem Vorbehalte, daß sie nicht über den Betrag des aus der Gütergemeinschaft gezogenen Vorteiles haftet (Art. 1483 B.G.B.). Man streitet zwar darüber, welcher innere rechtliche Grund bei der Bestimmung des Gesetzes zu unterstellen sei, wonach die Frau zur Hälfte für eine Schuld haften soll, die sie nicht mit kontrahiert hat, und die möglicherweise ganz gegen ihr Interesse und gegen das Interesse der Gütergemeinschaft vom Manne eingegangen sein kann. Laurent, a. a. O. Nr. 424, spricht die Ansicht aus, daß der Bestimmung die rechtliche Fiktion zu Grunde liege, daß die Frau, indem sie die Gütergemeinschaft annehme, alles genehmige, was der Mann als Herr der Gütergemeinschaft gethan habe, gerade als wenn sie selbst dabei mitgewirkt hätte, und fährt dann fort: „Par suite, elle est tenue des dettes communes pour moitié, comme si elle les avait contractées avec son mari." Es kann dahingestellt bleiben, ob diese rechtliche Konstruktion für zutreffend zu erachten ist. Darüber aber besteht kein Zweifel, daß die vom Manne eingegangenen gütergemeinschaftlichen Verpflichtungen in derselben Gestalt und rechtlichen Beschaffenheit, wie sie dem Manne gegenüber bestanden haben, zur Hälfte auf die Frau übergehen. Die vom Oberlandesgerichte getroffene Unterscheidung, daß die Frau zwar eine vom Manne während der Dauer der Gemeinschaft vorgenommene direkte Verfügung über die Güter der Gemeinschaft gegen sich gelten lassen müsse, daß aber im übrigen eine vom Manne übernommene Verbindlichkeit, insbesondere wenn dieselbe lediglich in einem Thun bestehe, als solche nicht auf die Frau übergehe, ist unberechtigt und im Gesetze nicht begründet. Diese Anschauung würde auch die Rechte der Gütergemeinschaftsgläubiger in einer vom Gesetze nicht gewollten Art zu schädigen geeignet sein.

Es muß vielmehr davon ausgegangen werden, daß die Verpflichtung des H., dem Kläger Rechnung zu legen, zur Hälfte auf die Beklagte übergegangen ist. Da es sich um eine unteilbare Leistung handelt, so ist dieselbe nach den Grundsätzen der Artt. 1217. 1222 B.G.B. ganz von der Beklagten zu erfüllen. Sie ist daher nach dem klägerischen Hauptantrage zur Rechnungslegung zu verurteilen, falls nicht der von ihr in der Revisionsinstanz wiederholte, vom Berufungsrichter zurückgewiesene Einwand gegen die Klage, daß derselben das rechtskräftige Urteil vom 20. Dezember 1893 entgegenstehe, zur Abweisung der Klage führen müßte.

Dieser Einwand ist jedoch mit dem Berufungsrichter für unbegründet zu erachten. In dem Prozesse, welcher durch das Urteil vom 20. Dezember 1893 erledigt wurde, hatte der jetzige Kläger gegen den Erben des H., den minderjährigen Sohn desselben, vertreten durch seine Mutter, die jetzige Beklagte, auf Zahlung seines ganzen Guthabens aus dem fraglichen Rechtsverhältnisse, angeblich betragend 19971,38 ℳ, geklagt. Diese Klage ist abgewiesen worden. Die Revisionsbeklagte behauptet, daß ein Solidarschuldverhältnis zwischen ihrem Sohne als Erben seines Vaters und ihr selbst als Teilhaberin der Gütergemeinschaft zwischen ihr und ihrem Manne bezüglich der in Rede stehenden, vom Kläger damals eingeklagten Schuld bestehe, und daß die Abweisung der Klage gegen ihren Sohn auch res judicata zu ihren Gunsten mache, sodaß auch gegen sie das Nichtvorhandensein einer Forderung des Klägers festgestellt sei, womit folgeweise jede Rechnungspflicht ihrerseits zerfalle. Es kann auf sich beruhen bleiben, ob das vorerwähnte Rechtsverhältnis zwischen der Beklagten und ihrem in dem früheren Prozesse verklagten Sohne als ein Solidarschuldverhältnis im Sinne der Artt. 1200 flg. B.G.B. anzusehen sein würde. Jedenfalls hat die rechtskräftig erfolgte Abweisung der vom Gläubiger gegen einen Solidarschuldner erhobenen Klage nicht die Wirkung, daß dadurch auch res judicata bezüglich der ferneren Klage des Gläubigers gegen den anderen Solidarschuldner geschaffen werde. Diese Folgerung würde gegen den Grundsatz des Art. 1351 B.G.B. verstoßen, wonach Urteile nur unter denselben Parteien Rechtskraft erzeugen. Aus diesem Grunde ist der Einwand der rechtskräftig entschiedenen Sache für hinfällig zu erachten, und es kann daher von einer Erörterung der übrigen Gründe, womit dieser Einwand bekämpft wird, nämlich daß eine definitive Abweisung des in jenem Prozesse erhobenen Anspruches nicht erfolgt sei, und daß es sich nicht um denselben Anspruch gehandelt habe, wie im gegenwärtigen Prozesse, abgesehen werden."...

---

92. 1. Gehen Warenforderungen, wegen deren Wechsel auf die Schuldner gezogen wurden, ohne weiteres auf das Bankhaus über, dem die Wechsel auf Grund eines Kontokurrentverhältnisses übergeben wurden? Oder wird durch die Übergabe der Wechsel das Bankhaus nur ermächtigt, sie einzuziehen? Unter welchen Voraussetzungen ist anzunehmen, daß die Warenforderungen auf das Bankhaus übertragen werden sollten?

2. Findet Art. 1690 Code civil auch in Handelssachen Anwendung? Welches örtliche Recht ist bezüglich der Frage maßgebend, ob die Zustellung der Cession erforderlich ist? Gilt der Konkursverwalter als Dritter im Sinne des Art. 1690 Code civil?

II. Civilsenat. Urt. v. 23. März 1897 i. S. B. & D. Konkursverw. (Bekl.) w. B.-M. Bank (Kl.). Rep. II. 35/97.

I. Landgericht Elberfeld.
II. Oberlandesgericht Köln.

Die Klägerin stand mit der Firma B. & D., bevor über deren Vermögen das Konkursverfahren eröffnet wurde, in regelmäßiger Geschäftsverbindung. Sie gewährte ihr Vorschüsse und erhielt dafür deren Kundenwechsel, welche auf sie indossiert wurden. Mit

Rücksicht auf dieses Verhältnis machte die Klägerin geltend, die den Wechseln zu Grunde liegenden Warenforderungen seien auf sie übergegangen, der Konkursverwalter habe aber einige derartige Forderungen widerrechtlich eingezogen. In der Klage beantragte sie, den Konkursverwalter zur Zahlung der eingezogenen Beträge nebst Zinsen zu verurteilen. Von diesem wurde dagegen Abweisung der Klage, und mittels Widerklage eine Feststellung beantragt, daß der Klägerin weder auf den von ihr eingeklagten Betrag, noch auf weitere derartige von ihm noch einzuziehende Forderungen ein Anspruch zustehe, vielmehr der Gesamtbetrag, der sich aus der Einziehung der streitigen Warenforderungen ergebe, zur Konkursmasse gehöre. Vom Landgerichte wurde die Klage abgewiesen, die Widerklage dagegen zugesprochen, vom Oberlandesgerichte aber unter Abweisung der Widerklage nach dem Klagantrage erkannt. Auf Revision des Konkursverwalters wurde das angefochtene Urteil vom Reichsgerichte aufgehoben, und die Sache zu anderweiter Verhandlung und Entscheidung an das Berufungsgericht zurückverwiesen. Diese Entscheidung beruht auf folgenden

Gründen:

... „I. Die angefochtene Entscheidung giebt schon insofern zu Bedenken Veranlassung, als das Oberlandesgericht angenommen hat, die streitigen Warenforderungen seien zufolge eines besonderen, von der Klägerin mit dem Gemeinschuldner stillschweigend abgeschlossenen, Vertrages gleichzeitig mit der Begebung der auf die Schuldner gezogenen Wechsel auf die Klägerin übergegangen, hätten sonach schon zur Zeit der Konkurseröffnung nicht mehr zum Vermögen des Gemeinschuldners gehört. Durch die Begebung eines Wechsels werden, wie in Rechtsprechung und Rechtslehre allgemein angenommen wird, unter der Herrschaft der Wechselordnung an sich nur die Rechte aus dem Wechsel selbst auf den Inhaber des Wechsels übertragen, nicht auch die Forderungen, welche zur Wechselziehung Veranlassung gaben.

Vgl. Entsch. des R.G.'s in Civils. Bd. 28 S. 60 flg.; Entsch. des R.O.H.G.'s Bd. 16 S. 147, Bd. 18 S. 190, Bd. 19 S. 170, Bd. 23 S. 216 flg.; ferner Rehbein, Wechselordnung S. 38, und Staub, ebenda S. 47.

Das hat auch das Oberlandesgericht nicht verkannt. Es hat aber angenommen, mit Rücksicht auf eine bestehende kaufmännische Übung sei in Fällen der vorliegenden Art, d. h. bei Hingabe von nicht acceptierten Wechseln, an ein kreditgebendes Bankhaus, durch dessen Vorschüsse der Kreditnehmer erst in den Stand gesetzt werde, seine Geschäfte zu machen, in Ermangelung besonderer Abmachungen stets anzunehmen, daß nach stillschweigender Absicht und Übereinkunft der Parteien nicht bloß die Rechte aus den Wechseln selbst, sondern auch die der Wechselziehung zu Grunde liegenden Forderungen auf den Kreditgeber übergehen sollten. Nun ist zwar ein besonderer Vertrag mit diesem Inhalte wohl möglich; auch liegt es in der Natur der Sache, daß bei einem Kontokurrentverhältnisse, bei welchem sich der Kreditnehmer verpflichtet, zur Deckung der erhaltenen Vorschüsse dem Kreditgeber die auf seine Kunden gezogenen, von diesen aber nicht acceptierten Wechsel zu übergeben, der Kreditgeber von der Voraussetzung ausgeht, der Kreditnehmer ermächtige ihn zur Einziehung der Warenforderungen und verpflichte sich, diese Forderungen nicht selbst einzuziehen oder anderen Personen zu cedieren. Aber weder ein derartiges Versprechen noch ein ausdrückliches der Klägerin in ihrem eigenen Interesse und zu ihrem eigenen Vorteile erteiltes Inkassomandat (mandatum in rem suam) würde einen Aussonderungsanspruch, wie ihn die Klägerin erhoben hat, rechtfertigen. Vielmehr könnte auf die Behauptung, daß der Gemeinschuldner die eigene Einziehung der Warenforderungen hätte unterlassen sollen, und demgemäß auch dem Konkursverwalter der Klägerin gegenüber die Befugnis hierzu gefehlt habe, höchstens eine auf § 52 Ziff. 1 K.O. beruhende Klage gestützt werden. Die viel weitergehende, eine Pfändung der Warenforderungen durch andere Gläubiger ausschließende Feststellung des Oberlandesgerichtes, nach welcher eine Cession der Warenforderungen stillschweigend vereinbart, und deshalb die Klägerin allein berechtigt sein soll, diese Forderungen von den Schuldnern einzuziehen, also nötigenfalls auch einzuklagen, erscheint in mehrfacher Richtung als bedenklich. Abgesehen davon, daß nach dem Thatbestande des angefochtenen Urteiles die unterstellte kaufmännische Übung von der Klägerin selbst nicht behauptet worden ist, und daß der verklagte Konkursverwalter ausdrücklich bestritten hat, daß die von ihm eingezogenen Warenforderungen sich mit den der Klägerin zustehenden Wechselforderungeu deckten, fehlen nämlich alle näheren Angaben über die angebliche Vereinbarung. Es ist nicht erörtert worden, obschon bei

Abschluß des Kontokurrentvertrages von dem Gemeinschuldner einer Cession der Warenforderungen versprochen, oder ob erst bei Übergabe der Wechsel der Übergang dieser Forderungen vereinbart worden sein soll. Ferner fehlt jede Feststellung darüber, daß von der einen oder der anderen Seite eine auf den Übergang der Warenforderung beziehbare Erklärung abgegeben worden ist. Die Vereinbarung soll vielmehr lediglich aus dem beiderseitigen Schweigen darüber, d. h. aus dem Mangel einer Verabredung im entgegengesetzten Sinne, abgeleitet werden. Gegen die Annahme des Oberlandesgerichtes spricht endlich auch der von ihm selbst hervorgehobene, aber bei der Beurteilung der Sache nicht berücksichtigte Umstand, daß nach dem von ihm dargelegten Geschäftsgange im Falle der Nichteinlösung der Wechsel nicht etwa die Klägerin die Forderungen von den Schuldnern mittels Klage beitreiben sollte, was doch Sache des Cessionars ist, sondern daß der Gemeinschuldner mit den gutgeschriebenen Beträgen einfach wieder belastet, es sonach ihm überlassen wurde, seine Warenforderungen von den Schuldnern beizutreiben, wozu eine Rückcession erforderlich gewesen wäre.

Ob schon diese Erwägungen zur Aufhebung des angefochtenen Urteiles führen müßten, kann übrigens dahingestellt bleiben, weil die Revision auch aus einem anderen Grunde ohne weiteres als begründet erscheint.

II. Wenn das in Köln geltende Recht zur Anwendung käme, könnten die von dem Oberlandesgerichte angenommenen Cessionen der Warenforderungen nach Art. 1690 B.G.B. gegenüber dritten Personen, zu denen übrigens nach der Rechtsprechung des Reichsgerichtes,

Entsch. des R.G.'s in Civils. Bd. 29 S. 294,

auch die cedierten Schuldner gehören, nur dann Wirkung haben, wenn sie diesen Schuldnern in der gesetzlich vorgeschriebenen Weise zugestellt oder von ihnen angenommen worden wären.

1. Der Umstand, daß eine Handelssache in Frage steht, kann die Anwendung der erwähnten Vorschrift nicht ausschließen; denn diese Anwendung ist nicht, wie das Oberlandesgericht rechtsirrtümlich angenommen hat, auf Forderungen beschränkt, welche nicht aus Handelsgeschäften entspringen. In dem Bürgerlichen Gesetzbuche ist eine Beschränkung dieser Art nicht vorgesehen; deshalb wird auch in Frankreich in Rechtsprechung und Rechtslehre allgemein angenommen,

daß Art. 1690 auch auf die Übertragung gewöhnlicher Handelsforderungen Anwendung finde. Der Art. 317 Abs. 1 H.G.G., der sich bloß auf die Formen der Vertragsschließung erstreckt, hat aber an der Anwendung des Art. 1690 nichts geändert.

2. Daß der Konkursverwalter Dritter im Sinne von Art. 1690 B.G.B. ist, hat das Reichsgericht schon in einem Urteile vom 24. April 1885,

Entsch. des R.G.'s in Civils. Bd. 14 S. 306,

ausgesprochen. Auch mußte an dieser Auffassung festgehalten werden. Wenn auch der Konkursverwalter das Vermögen des Gemeinschuldners verwaltet und die in dieser Eigenschaft (an Stelle des Gemeinschuldners) vorgenommenen Handlungen für diesen bindend sind, so leitet er doch seine Befugnisse nicht von dessen Willen ab, sondern wird vom Gerichte als gesetzlicher Güterverwalter ernannt. Auch besteht seine Aufgabe zum größten Teile darin, die Rechte und Interessen der Gläubiger zu wahren, und sind ihm in dieser Beziehung Befugnisse eingeräum worden, welche dem Gemeinschuldner selbst nicht zustehen. Da im Sinne von Art. 1690 B.G.B. als Dritte alle Personen außer dem Cedenten und dem Cessionar sowie deren allgemeinen Rechtsnachfolgern, insbesondere auch die ihre Rechte selbständig wahrenden Gläubiger des Cedenten, gelten, muß hiernach auch der Konkursverwalter zu diesen Personen gerechnet werden. In Frankreich wird übrigens allgemein anerkannt, daß eine vor der Fallimentseröffnung erfolgte, aber noch nicht dem Schuldner zugestellte Cession dem Fallimentssyndik nicht mit Erfolg entgegengehalten werden könne.

3. Bei dieser Sachlage durfte das Oberlandesgericht von der Anwendung des Art. 1690 nur dann absehen, wenn festgestellt werden konnte, daß das am Wohnsitze der in Kairo und in Malta wohnenden Schuldner geltende ausländische Recht maßgebend sei, und daß nach diesem Rechte die cedierte Forderung auch Dritten gegenüber im Augenblicke der Cession ohne weiteres auf den Cessionar übergehe, ohne daß auf eine Zustellung an den cedierten Schuldner oder auf dessen Mitwirkung etwas ankomme. Eine derartige Feststellung hat das Oberlandesgericht nicht getroffen, vielmehr lediglich bemerkt, daß nach dem in Kairo und Malta geltenden Rechte zu einer rechtswirksamen Cession deren Zustellung an den Schuldner erforderlich sei, habe der Beklagte selbst nicht behaupten können. Durch

diese Bemerkung wird aber die getroffene Entscheidung auch dann nicht gerechtfertigt, wenn man zu Gunsten der Klägerin annimmt, daß das am Wohnorte des Schuldners geltende Recht auch für das Verhältnis zwischen dem Cedenten und dem Cessionar schlechtweg maßgebend sei, was vom Reichsgerichte mehrfach ausgesprochen worden ist.

Vgl. die Urteile vom 1. Juni 1880, 3. Juli 1883 und 16. Oktober 1888, Entsch. des R.G.'s in Civils. Bd. 1 S. 437, Rheinisches Archiv Bd. 74 III S. 21, Bd. 79 III S. 125.

Wenn das an den Wohnorten der Schuldner geltende Recht maßgebend ist, hatte das Oberlandesgericht nach § 265 C.P.O. die dort geltenden Rechtsnormen, soweit ihm dies möglich war, von Amts wegen zu ermitteln. Dabei durfte es die Unterstützung der Parteien in der Weise in Anspruch nehmen, daß es sie zu Nachweisen aufforderte.

Vgl. Urteile des Reichsgerichtes vom 25. Mai 1888, 12. November 1889, 5. Mai 1891 und 8. Dezember 1892, Entsch. des R.G.'s in Civils. Bd. 21 S. 175 flg., bes. 177, Juristische Wochenschrift 1889 S. 479, 1891 S. 331, und Entsch. des R.G.'s in Civils. Bd. 30 S. 366.

Es durfte aber die ihm nach dem Gesetze obliegende Ermittelung des ausländischen Rechtes nicht deshalb unterlassen, weil der Beklagte nicht wisse, ob in Kairo und in Malta dem Art. 1690 Code civil ähnliche Vorschriften bestünden. Zu einem derartigen Verhalten wäre das Oberlandesgericht selbst dann nicht befugt gewesen, wenn es wegen Unkenntnis über den Inhalt des ausländischen Rechtes sein eigenes Recht hätte anwenden wollen; denn dadurch, daß die Parteien den Inhalt des ausländischen Rechtes nicht angeben können, wird das Gericht nicht von seiner Verpflichtung befreit, einen Versuch zu dessen Ermittelung zu machen. Unter keinen Umständen durfte aber das Oberlandesgericht auch die Anwendung des im Inlande geltenden Rechtes unterlassen, weil der Beklagte nicht behaupten könne, daß das maßgebende ausländische Recht mit ihm übereinstimme, also weder das inländische noch das ausländische Recht zur Anwendung bringen. Die Ermittelung des in Kairo und Malta geltenden Rechtes war übrigens durch eigene Nachforschungen oder durch Unterstützung seitens der Parteien unschwer zu erreichen. Nach Art. 349 Code civil égyptien setzt die Cession zu ihrer Gültigkeit eine schriftliche Zustimmung des

Schuldners voraus; es bestehen sonach in Kairo bezüglich der Wirksamkeit der Cession gegenüber Dritten noch strengere Vorschriften als in Art. 1690 B.G.B. Die Artt. 1216—1218 der in Malta geltenden Ordonnanz vom Jahre 1868, in welcher die civilrechtlichen Vorschriften neu geregelt worden sind, stimmen im wesentlichen mit den Artt. 1689. 1690 Code civil überein.

Den angeblichen Cessionen der streitigen Warenforderungen hätte sonach, wenn nicht festgestellt werden konnte, daß sie den Schuldnern mitgeteilt und von ihnen anerkannt worden sind, die Wirksamkeit gegenüber dem Konkursverwalter versagt werden müssen.

Hiernach war das angefochtene Urteil aufzuheben. Da sich jedoch nach dem Thatbestande und den Entscheidungsgründen die mündliche Verhandlung anscheinend gar nicht auf die Fragen erstreckt hat, ob eine Zustellung der Cession an die Schuldner stattgefunden habe, oder deren Zustimmung eingeholt worden sei, konnte nicht in der Sache selbst entschieden werden, sondern mußte deren Zurückverweisung in die Berufungsinstanz erfolgen." ...

---

93. 1. Kann eine Verletzung von § 14 Abs. 2 des rheinpreußischen Gesetzes vom 18. April 1887 über das Verteilungsverfahren mit Rücksicht auf dessen Verhältnis zu den §§ 763. 764 C.P.O. die Revision begründen?

2. Kann nach rheinisch-französischem Rechte ein Gläubiger, der sich am Verteilungsverfahren nicht beteiligt hat, von einem anderen im Verfahren angewiesenen Gläubiger wegen sonst eintretender ungerechtfertigter Bereicherung Erstattung der Beträge fordern, für welche dieser Gläubiger Anweisung erhalten hat?

II. Civilsenat. Urt. v. 30. April 1897 i. S. St. Konkursverw. (Bekl.) w. J. Ehel. (Kl.). Rep. II. 64/97.

I. Landgericht Saarbrücken.
II. Oberlandesgericht Köln.

In einem Verteilungsverfahren, das nach einer zwangsweisen Veräußerung eines dem Gemeinschuldner St. gehörigen Grundstückes erforderlich geworden war, hatte ein gewisser B. als erster Hypothekengläubiger für einen größeren Betrag Anweisung erhalten. Diese Anweisung wurde aber vom Konkursverwalter und von einem nachstehenden Gläubiger mit Erfolg bestritten, weil B. durch die Bürgen, Eheleute J., befriedigt worden sei. Nachträglich meldeten auch die Eheleute J., welche anscheinend mit B. vereinbart hatten, daß er das, was ihm zugewiesen werde, an sie abzutreten habe, weil sie infolge der von ihnen geleisteten Zahlung nach Art. 1251 Ziff. 3 Code civil in die Rechte von B. eingetreten seien, im Verteilungsverfahren eine Forderung an und erhoben Widerspruch gegen den Teilungsplan. In der Klage beantragten sie Abänderung des Teilungsplanes und hilfsweise eine Feststellung, daß der B. zugewiesene Betrag nicht dem Konkursverwalter oder späteren Gläubigern, sondern lediglich ihnen als Rechtsinhabern von B. gebühre. Das Landgericht erklärte den Widerspruch der Kläger, weil die Anmeldung verspätet sei, für unzulässig, nahm aber an, wenn die Kläger beweisen könnten, daß sie B. in ihrer Eigenschaft als Bürgen bezahlt hätten, stehe ihnen ein besseres Recht, als den Beklagten zu, dessen Feststellung sie beanspruchen könnten. Es legte den Klägern wegen der Umstände, unter denen die Zahlung erfolgt sei, einen Eid auf, von dessen Leistung die beantragte Feststellung abhängig gemacht wurde. Die von den Beklagten eingelegte Berufung wurde vom Oberlandesgerichte, die gegen dessen Entscheidung vom Konkursverwalter eingelegte Revision vom Reichsgerichte zurückgewiesen.

Aus den Gründen:

... „I. Die Angriffe des Revisionsklägers richten sich lediglich gegen die Ausführungen des Oberlandesgerichtes, nach welchen die Kläger mit ihrem den Beklagten gegenüber erhobenen Anspruch nicht deshalb gemäß § 14 Abs. 2 des Gesetzes vom 18. April 1887, betreffend das Verteilungsverfahren, ausgeschlossen sein sollen, weil sie ihre Forderung nicht rechtzeitig im Verteilungsverfahren angemeldet haben. Sie können aber schon deshalb keinen Erfolg haben, weil eine Verletzung des erwähnten, lediglich in der preußischen Rheinprovinz geltenden Gesetzes die Revision nicht begründen würde. Das angefochtene Urteil beruht in dieser Beziehung auf zwei selbständigen Entscheidungsgründen. Zunächst wird ausgeführt, auch die am Verteilungsverfahren beteiligten Personen würden nach § 14 des erwähnten

Gesetzes, wenn sie es unterließen, ihre Forderungen anzumelden, nur von diesem Verfahren ausgeschlossen, verlören aber dadurch ebensowenig wie nach den §§ 763. 764 C.P.O. das Recht, ihre auf dem bürgerlichen Rechte beruhenden Ansprüche gegenüber nachstehenden Gläubigern oder dem Schuldner selbst geltend zu machen. Sodann wird bemerkt, die Kläger würden jedenfalls durch eine derartige Ausschließung nicht betroffen, weil sie nicht eingeschriebene Gläubiger und deshalb zur Anmeldung ihrer Forderungen nicht aufgefordert, sonach im Sinne der §§ 4. 14 des erwähnten Gesetzes nicht als „Beteiligte" anzusehen seien. Wenn letztere Annahme unrichtig wäre, würde dadurch unzweifelhaft nur das Gesetz vom 18. April 1887 verletzt; denn wer im Sinne dieses Gesetzes als Beteiligter gilt, ist lediglich aus seinen Bestimmungen zu entnehmen und auch vom Oberlandesgerichte nur daraus entnommen worden. Dasselbe gilt aber auch von der Ausführung, daß die Ausschließung, welche infolge der Fristversäumung eintrete, sich nicht auf die Geltendmachung eines nach dem bürgerlichen Rechte begründeten Anspruches erstrecke. Das Oberlandesgericht hat zwar bei Auslegung des Gesetzes über das Verteilungsverfahren auf die Vorschriften der Civilprozeßordnung Bezug genommen und diese verwertet. Aber das bezüglich der zu entscheidenden Frage zur Anwendung gelangte Gesetz (§ 512 C.P.O.) ist, wie der erkennende Senat schon in einem früheren Falle ausgesprochen hat, deshalb doch nicht die Civilprozeßordnung, sondern das Gesetz vom 18. April 1887, das bezüglich der Beurteilung der Sache allein maßgebend war. Eine Verletzung der Civilprozeßordnung würde sonach auch dann nicht vorliegen, wenn das Berufungsgericht hinsichtlich der Tragweite der §§ 763. 764 C.P.O., deren Bestimmungen mit § 14 Abs. 2 des in Rheinpreußen geltenden Gesetzes indes nicht einmal vollständig übereinstimmen, von einer unrichtigen Auffassung ausgegangen wäre. Übrigens hat der III. Civilsenat des Reichsgerichtes in einem Urteile vom 15. Mai 1891,

Juristische Wochenschrift S. 390 Nr. 20,

dem sich das Oberlandesgericht angeschlossen hat, mit eingehender Begründung dargelegt, daß in den §§ 763. 764 C.P.O. nur Nachteile für das Verteilungsverfahren selbst angedroht werden, die Nichtbenutzung der bezüglich des Verteilungsverfahrens vorgesehenen Fristen dagegen der auf Grund des bürgerlichen Rechtes außerhalb des Verteilungsverfahrens erfolgenden Geltendmachung eines besseren Rechtes nicht im Wege stehe.

II. Ob nach rheinisch-französischem Rechte ein Gläubiger, der seine Anmeldung versäumt und deshalb im Verteilungsverfahren eine Anweisung auf den Erlös nicht erhalten hat, seine besseren Rechte außerhalb des Verteilungsverfahrens mittels Klage gegen die nachstehenden Gläubiger oder gegen den Schuldner, dem der etwaige Überschuß zufiel, geltend machen darf, ist nicht unzweifelhaft; denn das bürgerliche Gesetzbuch enthält besondere Vorschriften in dieser Beziehung nicht und stellt auch nicht ausdrücklich den allgemeinen Grundsatz auf, daß die ungerechtfertigte, ohne Rechtsgrund erfolgte Bereicherung zur Erstattung der dadurch erworbenen Vermögensstücke an den Benachteiligten verpflichte. Überwiegende Gründe sprechen aber für die Bejahung dieser Frage.

Das Reichsgericht hat schon in zwei Urteilen vom 19. April 1887 (Rep. II. 416/86) und vom 18. Dezember 1891 (Rep. II. 226/91), von denen das letztere im Rheinischen Archiv Bd. 84 Abt. II S. 27 veröffentlicht worden ist, ausgesprochen, daß die Zulässigkeit einer Rückforderungsklage (condictio) wegen ungerechtfertigter, sine causa geschehener Bereicherung, auch soweit es sich um den Code civil handele, anzuerkennen sei. An dieser Auffassung war festzuhalten. Sie führt aber zum Ergebnisse, daß der verklagte Konkursverwalter, wenn ihm im Verteilungsverfahren ein Teil des Erlöses zugewiesen wurde, der an sich nicht der Konkursmasse, sondern den Klägern gebührte, den ihm zugewiesenen Betrag nicht behalten darf, sondern an die Kläger herausgeben muß. Diesen stand auf denjenigen Teil des Erlöses, der ihnen im Falle der Teilnahme am Verteilungsverfahren hätte zugewiesen werden müssen, ein besseres Recht als dem Beklagten zu, das nach den obigen Ausführungen nicht dadurch verloren gegangen ist, daß die Kläger ihre Forderung im Verteilungsverfahren nicht rechtzeitig angemeldet haben. Die Beklagte würde, wenn sie den ihr zugewiesenen Betrag behalten dürfte, obgleich die Kläger allein darauf Anspruch hatten, in ungerechtfertigter Weise bereichert sein. Der Konkursmasse gegenüber besteht hiernach, wenn der Anspruch der Kläger begründet ist, nach § 52 Ziff. 3 K.O. eine Masseforderung." . . .

94. Kann auch bei Dienstbarkeiten, welche durch Verjährung erworben werden können, der fehlende ursprüngliche Titel durch ein Anerkenntnis der Dienstbarkeit von seiten des Eigentümers des belasteten Grundstückes ersetzt werden?

II. Civilsenat. Urt. v. 4. Mai 1897 i. S. W. Ehefr. (Bekl.) w. B. (Kl.). Rep. II. 66/97.

I. Landgericht Offenburg.
II. Oberlandesgericht Karlsruhe.

Aus den Gründen:

... „Ein weiterer Revisionsangriff geht dahin: das Oberlandesgericht habe L.R.S. 695 verletzt; derselbe finde — wie das Reichsgericht bereits in einem, in den Entsch. des R.G.'s in Civils. Bd. 20 S. 348/51 abgedruckten, Urteile vom 28. Dezember 1887 ausgesprochen habe — bloß Anwendung auf solche Dienstbarkeiten, welche nicht durch Verjährung zu erwerben seien; es könne daher im vorliegenden Falle, in welchem es sich um eine offene und selbständige und daher um eine durch Verjährung erwerbbare Dienstbarkeit handele, durch ein in der protokollarischen Erklärung des damaligen Eigentümers des dienenden Grundstückes vor dem Bezirksamte T. vom 12. Mai 1866 liegendes Anerkenntnis der Dienstbarkeit das Fehlen des ursprünglichen Titels nicht ersetzt werden. Auch dieser Angriff konnte nicht für begründet erachtet werden. Der erkennende Senat des Reichsgerichtes geht, unter Abweichung von der von ihm in dem erwähnten Urteile beiläufig ausgesprochenen Ansicht, in Übereinstimmung mit dem Oberlandesgerichte und den von demselben angeführten Schriftstellern, davon aus, daß die Bestimmung des L.R.S.'s 695 über die Ersetzung des fehlenden ursprünglichen Titels durch ein Anerkenntnis der Dienstbarkeit von seiten des Eigentümers des belasteten Grundstückes sich, bei dem Mangel eines inneren Grundes zu einer solchen Beschränkung und bei dem Mangel einer Nötigung hierzu durch den Wortlaut des L.R.S.'s 695, nicht etwa als eine nur auf Dienstbarkeiten, welche nicht durch Verjährung zu erwerben sind, anwendbare Rechtsnorm darstelle, sondern daß sie vielmehr umgekehrt ein Ausfluß der Anschauung des Gesetzes sei, daß überhaupt bei Dienstbarkeiten der fehlende ursprüngliche Titel durch ein Anerkenntnis der Dienstbarkeit von seiten des Eigentümers des belasteten Grundstückes ersetzt werden könne. Der erkennende Senat des Reichsgerichtes erachtet hiernach auch bei Dienstbarkeiten, welche durch Verjährung erworben werden können, ein solches Anerkenntnis für geeignet zur Erwerbung der Dienstbarkeit." ...

V. Prozeßrecht.

95. Wie ist die Entscheidung zu verstehen, daß der gegen mehrere Streitgenossen obsiegende, gegen einen aber unterliegende Kläger die Prozeßkosten zu tragen habe, soweit sie gegen diesen Mitbeklagten besonders entstanden seien?

III. Civilsenat. Beschl. v. 5. März 1897 i. S. B. (Kl.) w. v. G. (Bekl.). Beschw.-Rep. III. 42/97.

I. Landgericht Erfurt.
II. Oberlandesgericht Naumburg a. S.

Gründe:

„In dem rechtskräftig gewordenen Urteile des Landgerichtes ist über die Prozeßkosten dahin entschieden:

„Die Kosten des Rechtsstreits sind, soweit dieselben nicht gegen die Mitbeklagte Fräulein A. v. G. besonders entstanden sind, und welche der Klägerin aufzuerlegen sind, von den Beklagten zu 2 und 3 zu tragen."

Die obsiegende A. v. G. — gegen sie war die Klage im letzten Verhandlungstermine zurückgenommen — liquidierte nun ein Drittel der ihr und den beiden verurteilten Mitbeklagten gemeinschaftlich erwachsenen außergerichtlichen, namentlich Anwaltskosten, und das Landgericht billigte diese zu. Auf die Beschwerde der Klägerin hob das Oberlandesgericht diesen Beschluß auf und wies das Festsetzungsgesuch zurück, weil mit den im Urteile gebrauchten Ausdrücken nur diejenigen besonderen Kosten gemeint sein könnten, die nicht entstanden wären, wenn die Klägerin ihre Klage nur gegen die anderen Beklagten gerichtet hätte. Dazu seien aber nicht die Gebühren und Auslagen der gemeinschaftlichen Prozeßbevollmächtigten zu rechnen, die in vollem Umfange auch dann entstanden sein würden, wenn die beiden verurteilten Beklagten allein verklagt wären, oder auch nur einer von ihnen. Die von der Mitbeklagten A. v. G. dagegen erhobene weitere Beschwerde erscheint begründet.

Nach § 87 C.P.O. hat die unterliegende Partei die Kosten des Rechtsstreites zu tragen, insbesondere die dem Gegner erwachsenen Kosten zu erstatten, und der § 243 bestätigt dies für den hier vorliegenden Fall der Zurücknahme der Klage; für Streitgenossen bestehen (§ 95) nur dann besondere Vorschriften, wenn der unterliegende Teil aus mehreren Personen besteht, und nur für diese. Nach diesen Vorschriften kann es nicht zweifelhaft sein, daß die unterliegende Klägerin in alle der Liquidantin erwachsenen Kosten zu verurteilen war, und ebenso sicher ist es, daß diese nach den für ihr Verhältnis zu ihren Genossen maßgebenden Grundsätzen des bürgerlichen Rechtes ein Drittel der durch die gemeinschaftlichen Prozeßbevollmächtigten entstandenen Kosten zu tragen oder zu erstatten hat. Nun hat zwar das Landgericht den recht unklaren und besser zu vermeidenden Ausdruck „für Frl. A. v. G. besonders entstandene Kosten" gebraucht; daß es aber damit den vom Oberlandesgerichte darin gefundenen Sinn verbunden habe, ist umsoweniger anzunehmen, als es dann gegen die klaren gesetzlichen Vorschriften der §§ 87. 243 verstoßen haben würde, und als es selbst, indem es die liquidierten Kosten gegen die Klägerin festsetzte, seine Entscheidung in anderem Sinne aufgefaßt hat.

Das ergangene Urteil entscheidet über die Kostenlast nur zwischen den beiden Prozeßparteien, dagegen nicht über das Rechtsverhältnis der in einer Partei vereinigten Streitgenossen untereinander; es gewährt daher der Beschwerdeführerin keinen Titel, die Übernahme der gesamten gemeinschaftlichen außergerichtlichen Kosten von den Verurteilten zu verlangen. Auch wenn ihr aus anderen Gründen ein Anspruch darauf zustehen sollte, würde sie, ohne Rechtsgrund verklagt, nicht ohne große Unbilligkeit auf den Prozeßweg verwiesen werden können; es könnte sich höchstens fragen, ob die Klägerin berechtigt gewesen wäre, gegen Zahlung die Abtretung etwa gegen die Verurteilten bestehender Regreßansprüche zu verlangen.

Der erkennende Senat hat schon früher (Beschluß vom 1. Juni 1894 in S. P. w. Sch., Beschw.-Rep. III. 84/94) in gleichem Sinne sich ausgesprochen." ...

---

96. Kann im Gebiete des gemeinen deutschen Rechtes die Revision auf Verletzung gemeinrechtlicher Auslegungsregeln bei Auslegung und Anwendung eines irrevisibeln Partikulargesetzes gestützt werden?

VI. Civilsenat. Urt. v. 8. März 1897 i. S. L. Ehefr. u. Gen. (Kl.) w. das hamburgische Erbschaftsamt (Bekl.). Rep. VI. 438/96.

I. Landgericht Hamburg.
II. Oberlandesgericht daselbst.

Aus den Gründen:

... „Die fragliche Feststellung irrevisibeln Rechtes ist ... von den Revisionsklägern wegen angeblicher Verletzung gemeinrechtlicher Auslegungsregeln, sowie wegen Mangels genügender Begründung angegriffen worden. Diese Angriffe trafen jedoch nicht zu. Eine besondere Begründung für die Auslegung eines irrevisibeln Gesetzes ist prozessualisch so wenig erforderlich, wie für die Auslegung eines revisibeln Gesetzes, und die sog. gemeinrechtlichen Regeln für die Auslegung der Gesetze sind keine Rechtssätze höherer Ordnung, welche über den Partikulargesetzen schwebten, sondern nur wissenschaftliche Maximen. Bei anderer Auffassung würde es gar keine Irrevisibilität von Gesetzen geben, da bei jeder falschen Auslegung notwendig die richtigen Grundsätze der Auslegung verletzt sein müssen. Darin, daß der III. Civilsenat des Reichsgerichtes vor langer Zeit in einzelnen Fällen (Rep. III. 195/84 u. 323/84) wegen Verletzung gemeinrechtlicher Regeln bei der Auslegung irrevisibler Gesetze ein Urteil aufgehoben hat, liegt kein Grund, die Rechtsfrage jetzt nach § 137 Abs. 1 G.V.G. an die Vereinigten Civilsenate zu verweisen; denn längst hat sich die Praxis des Reichsgerichtes im entgegengesetzten Sinne festgestellt, und insbesondere hat der jetzt urteilende Senat wiederholt so erkannt; so in den Sachen IIIa. 2/86, VI. 275/93 und VI. 170/94." ...

---

97. Wie ist der Wert des Streitgegenstandes festzusetzen für die Berufung gegen ein Urteil, durch welches nach Erledigung der Hauptsache über Zinsen und Prozeßkosten entschieden ist?

G.K.G. § 13.

VI. Civilsenat. Beschl. v. 8. März 1897 i. S. K. (Kl.) w. H. (Bekl.). Beschw.-Rep. IV. 35/97.

I. Kammergericht Berlin.

Gründe:

„Die offene Handelsgesellschaft A. K. in Berlin hat als Cessionarin des Maurer- und Zimmermeisters B. daselbst bei dem Landgerichte Berlin gegen den Baumeister H. Klage erhoben auf Bezahlung von 460,61 ℳ nebst 5 Prozent Zinsen seit dem Tage der Klagzustellung. Beklagter hat den Hauptanspruch anerkannt und ist demgemäß (§ 278 C.P.O.) von dem Landgerichte, unter Vorbehalt der Entscheidung über die Kosten des Rechtsstreites, zur Bezahlung von 460,61 ℳ verurteilt worden. Seine Verpflichtung zur Zahlung von Zinsen und Prozeßkosten hat Beklagter bestritten, weil ihm vor Zustellung der Klage die Cession nicht gehörig bekannt gemacht worden sei. Nach stattgehabter Verhandlung über diesen Streitpunkt hat das Landgericht durch Urteil vom 10. März 1896 den Beklagten auch zur Zahlung der verlangten Zinsen und zur Tragung der Prozeßkosten verurteilt. Die von dem Beklagten hiergegen eingelegte Berufung ist vom Kammergerichte zurückgewiesen. In der Verhandlung vor dem Berufungsgerichte stellte der Beklagte in Übereinstimmung mit dem behufs Einlegung der Berufung zugestellten Schriftsatze den Antrag, die Klägerin mit ihrem Zinsenanspruche abzuweisen. Bei Begründung der Berufung, welche auf den Mangel der Benachrichtigung von der Cession gestützt wurde, hat er jedoch geltend gemacht, Klägerin habe deshalb keinen Zinsenanspruch und müsse auch die Kosten des Rechtsstreites tragen. In den Entscheidungsgründen zum Berufungsurteil ist als Gegenstand der Entscheidung die Verpflichtung des Beklagten, die Zinsen und Kosten der Hauptforderung zu zahlen, bezeichnet. Die Parteianwälte zweiter Instanz haben nun bei dem Kammergerichte beantragt, den Wert des Streitgegenstandes auf 120—200 ℳ festzusetzen, mit der Begründung: die Berufungsanträge der Parteien hätten die Zinsen- und Kostenentscheidung erster Instanz betroffen; beide Gegenstände seien gemäß § 13 G.K.G. zusammen der Wertberechnung für die Kosten des Rechtsmittels zu Grunde zu legen, weil sie ohne den Hauptanspruch den Gegenstand des Rechtsmittels gebildet haben; die Zinsen betragen 8 *M*, die Kosten jedes Anwaltes erster Instanz ca. 50 *M*, die Gerichtskosten erster Instanz ca. 45 *M*. Das Kammergericht hat ... den Wert des Streitgegenstandes für die Berufungsinstanz auf die erste Wertklasse, 1—20 *M* (§ 8 G.K.G.), festgesetzt, in der Erwägung: nach den Berufungsanträgen der Parteien habe für die Berufungsinstanz den Streitgegenstand nur die Zinsenforderung der Klägerin gebildet; die Heranziehung der Prozeßkosten erster und zweiter Instanz sei unstatthaft; denn wenn auch nach § 13 Abs. 1 G.K.G. für Akte, welche Früchte oder Kosten als Nebenforderungen ohne den Hauptanspruch betreffen, der Wert der Nebenforderungen insoweit maßgebend sei, als er den Wert des Hauptanspruchs nicht übersteige, so bildeten doch im gegebenen Falle die Kosten keine Nebenforderung im Sinne des § 13 a. a. O., sondern die Entscheidung über die Kosten sei von der Frage abhängig, ob Kläger die verlangten Zinsen fordern könne, oder nicht. Demnach bilde, wenn, wie hier, Zinsen gefordert werden, die Entscheidung über die Kosten einen Teil der Entscheidung selbst, weshalb die Kosten keine Nebenforderung seien. Dies folge auch aus der Bestimmung des Abs. 3 des § 13.

Die von den beiderseitigen Anwälten zweiter Instanz gegen diesen Beschluß eingelegte Beschwerde ist nicht begründet.

Die Annahme des Berufungsgerichtes, daß von den Parteianwälten für die beantragte Streitwertfestsetzung für die Berufungsinstanz auch die Heranziehung der in der letzteren Instanz erwachsenen Prozeßkosten verlangt sei, ist zwar irrtümlich, war jedoch für die angefochtene Entscheidung nicht maßgebend. Dahingestellt kann bleiben, ob man als Beschwerdegegenstand in der Berufungsinstanz neben dem Zinsenanspruch auch die Frage der Tragung der Prozeßkosten erster Instanz (soweit solche nämlich durch die Klagerhebung ꝛc wegen des Kapitals entstanden sind) zu betrachten hat, ob dies nicht dadurch ausgeschlossen ist, daß der Berufungs**antrag** und demgemäß auch der Antrag des Berufungsbeklagten formell nur den Zinsenanspruch betroffen haben (§ 19 G.K.G., Juristische Wochenschrift 1894 S. 430 Nr. 31). Es kommt darauf, daß im vorliegenden Falle die Entscheidung über den Kostenpunkt mit der Berufung angefochten werden konnte (§ 94 C.P.O.), nicht an. Der Berücksichtigung der Prozeßkosten erster Instanz bei Festsetzung des Wertes des Streitgegenstandes (in der Berufungsinstanz) steht jedenfalls die Bestimmung des § 13 G.K.G. entgegen. Nach § 13 Abs. 1 ist für Akte, welche Früchte, Nutzungen, Zinsen, Schäden oder Kosten als Nebenforderungen ohne den Hauptanspruch betreffen, der Wert der Nebenforderungen insoweit maßgebend, als er den Wert des Hauptanspruches nicht übersteigt. Unter Kosten im Sinne dieser Bestimmung sind jedoch die Kosten des Prozesses überhaupt nicht verstanden; ihnen kommt nicht die Bedeutung eigentlicher Nebenforderungen (im Sinne des Abs. 1 des § 13 G.K.G.) zu, wie ja über die Verpflichtung, die Kosten zu tragen, das Gericht auch ohne hierauf bezüglichen Antrag zu erkennen hat (§ 279 C.P.O.). Dagegen ist in Abs. 3 des § 13 bestimmt, daß für Akte, welche die Kosten des Rechtsstreites ohne den Hauptanspruch betreffen, der Betrag der Kosten (ohne Beschränkung) maßgebend ist. Vorausgesetzt ist also, daß der Akt lediglich die Kosten des Rechtsstreites betroffen hat. Im vorliegenden Falle wurde in erster Instanz nach Erledigung des Streites über die Kapitalforderung zwischen den Parteien noch über die Verpflichtung des Beklagten zur Zahlung von Zinsen und zur Tragung der Prozeßkosten gestritten, und in beiderlei Richtung hat das Gericht erster Instanz weiter verhandelt und durch sein Urteil entschieden. Die weitere Verhandlung und Entscheidung betraf also nicht lediglich die Kosten des Rechtsstreites, sondern auch den Zinsenanspruch, und dieser wurde im Sinne des § 13 Abs. 3 G.K.G. zum Hauptanspruch. Die Voraussetzung, unter welcher allein somit die Kosten des Rechtsstreites bei Festsetzung des Streitwertes in Ansatz genommen werden dürfen, liegt hier nicht vor. Von dieser, auch in der Litteratur vertretenen, Auffassung des § 13,

vgl. Pfafferoth, Gerichtskostengesetz, 6. Aufl., S. 91. 93; Walter, Gebührenordnung für Rechtsanwälte, 2. Aufl., S. 172. 174,

ist das Reichsgericht in konstanter Praxis ausgegangen.

Vgl. z. B. Juristische Wochenschrift 1885 S. 94 Nr. 18, 1894 S. 366 Nr. 20.

Von dieser Praxis abzuweichen, liegt kein Anlaß vor. Die Beschwerde muß hiernach zurückgewiesen werden." ...

98. Ist ein dem § 276 Abs. 1 C.P.O. entsprechendes Zwischenurteil, wenn es von dem dasselbe erlassenden Gerichte als ein Zwischenurteil nach § 275 C.P.O. gewollt und bezeichnet ist, dennoch in Ansehung der Rechtsmittel nach Maßgabe des Abs. 2 des § 276 daselbst zu behandeln?

VI. Civilsenat. Urt. v. 11. März 1897 i. S. Sch. (Bekl.) w. B. (Kl.). Rep. VI. 405/96.

I. Landgericht Hamburg.
II. Oberlandesgericht daselbst.

Durch das Urteil erster Instanz war der Kläger mit der erhobenen Klage abgewiesen worden. Auf Berufung desselben erließ das Oberlandesgericht zunächst am 20. Dezember 1895 ein Zwischenurteil, durch welches diejenige Einrede, mittels deren der Beklagte in erster Instanz die Abweisung der Klage erlangt hatte, nämlich daß der in Nachlaßsachen seines Vaters ergangene Ausschlußbescheid der Klage entgegenstehe, für unbegründet erklärt, sodann am 12. Juni 1896 ein weiteres Zwischenurteil, durch welches der Anspruch des Klägers, dem Beklagten gegenüber die Rückgängigmachung eines näher bezeichneten Kaufgeschäftes über ein gewisses Grundstück zu verlangen, als begründet festgestellt wurde. Das letztere Urteil war in den Entscheidungsgründen als ein „Zwischenurteil nach § 275 C.P.O." bezeichnet. Der Beklagte stellte darauf beim Oberlandesgericht den Antrag, nach Maßgabe des § 290 C.P.O. diese Worte in „Zwischenurteil im Sinne des § 276 C.P.O." umzuändern; das Oberlandesgericht lehnte aber dieses Gesuch durch Beschluß vom 26. Juni 1896 ab, da die Wortfassung der Entscheidungsgründe an jener Stelle keineswegs auf einem Versehen beruhe. Der Kläger ließ das Zwischenurteil vom 12. Juni am 1. Juli 1896 dem Beklagten zustellen; ein Rechtsmittel wurde gegen dasselbe nicht eingelegt. Am 30. September 1896 erging von seiten des Oberlandesgerichtes ein Endurteil dahin, daß auf die Berufung des Klägers der Beklagte, insoweit unter Aufhebung des Urteiles erster Instanz, verurteilt werde, dem Kläger eine gewisse Geldsumme zu bezahlen und sich auf seine Kosten jenes Grundstück mit der hypothekarischen Beschwerung im Grundbuche wieder zuschreiben zu lassen, daß aber, soweit größere Ansprüche klagend geltend gemacht seien, die Berufung des Klägers als unbegründet verworfen werde. Hiergegen legte der Beklagte Revision ein; seinen Revisionsantrag richtete er dahin, das angefochtene Urteil vom 30. September 1896 und die Zwischenurteile vom 20. Dezember 1895 und 12. Juni 1896 aufzuheben und die Berufung des Klägers gänzlich zu verwerfen. Die Revision wurde jedoch vom Reichsgerichte zurückgewiesen, und zwar, was die beiden Zwischenurteile anlangt, aus den folgenden

Gründen:

„Auf den Antrag des Beklagten, die beiden Zwischenurteile des Berufungsgerichtes mit aufzuheben, konnte schon aus dem formellen Grunde nicht eingegangen werden, weil diese der Nachprüfung des Reichsgerichtes bei der gegenwärtigen Revision überhaupt nicht unterlagen. Das erste derselben war allerdings ein gewöhnliches Zwischenurteil im Sinne des § 275 C.P.O., indem durch dasselbe nur die Einrede der Präklusion verworfen worden ist, sodaß es nach § 510 C.P.O. von einer gegen das nächste in der Berufungsinstanz erlassene revisible Urteil eingelegten Revision miterfaßt sein würde. Aber dieses nächste revisible Urteil war eben nicht erst das Endurteil des Berufungsgerichtes, sondern schon das zweite, am 12. Juni 1896 verkündete, Zwischenurteil, das nur auf Grund des § 276 Abs. 1 C.P.O. ergehen konnte und daher nach Abs. 2 daselbst in betreff der Rechtsmittel als Endurteil anzusehen war. Auf Grund des § 275 konnte dieses Urteil gar nicht erlassen werden, da den Gegenstand desselben weder ein einzelnes selbständiges Angriffs- oder Verteidigungsmittel, noch ein Zwischenstreit bildete. Dagegen wurde durch dasselbe der Klaganspruch seinem Grunde nach für berechtigt erklärt; denn das ist dabei unerheblich, daß die Bezeichnung des Inhaltes des Klaganspruches („dem Beklagten gegenüber die Rückgängigmachung des ... Kaufgeschäftes ... zu verlangen") sich nicht mit denselben Worten im Klagantrage fand, sondern daß dort nur das erbeten war, worauf es praktisch allein ankam, nämlich daß der Beklagte zur Zahlung einer Geldsumme und zum Rückerwerbe des Eigentumes an dem fraglichen Grundstücke mit dessen hypothekarischer Beschwerung auf seine eigenen Kosten verurteilt werden möge. Hierin bestand eben die „Rückgängigmachung" des in Rede stehenden Kaufgeschäftes, nachdem der Kläger längst sich das erkaufte Grundstück mit der hypothekarischen Beschwerung hatte zuschreiben lassen und den Überschuß des Kaufpreises bezahlt hatte. Dieser Anspruch also wurde seinem Grunde nach für berechtigt erklärt, während die Frage wegen des „Betrages" insofern noch offen blieb, als zwar die Verpflichtung des Beklagten, das Grundstück mit allen darauf ruhenden Lasten zurückzunehmen, keiner weiteren Erörterung mehr bedurfte, aber über die Höhe der zu zahlenden Geldsumme erst noch weiter zu verhandeln war. Es lag mithin ein dem § 276 C.P.O. ganz entsprechendes Zwischenurteil vor, welches nach seiner Zustellung rechtskräftig wurde, wenn es nicht innerhalb der gesetzlichen Frist mit der Revision angegriffen wurde. Freilich war nach den Entscheidungsgründen, bezw. nach dem Beschlusse vom 26. Juni 1896 das Urteil vom Oberlandesgericht selbst gedacht und gewollt als ein Zwischenurteil nach Maßgabe des § 275 C.P.O.; aber hierdurch konnte an seiner rechtlichen Natur nichts geändert werden, und für seine prozessuale Behandlung ist daher doch der Absatz 2 des § 276 für maßgebend zu erachten. Das Reichsgericht hat allerdings wiederholt ausgesprochen, daß es für die Zulässigkeit der Rechtsmittel nach dieser Gesetzesbestimmung genüge, wenn das Gericht das Urteil als ein Zwischenurteil nach § 276 Abs. 1 habe erlassen wollen;

vgl. Entsch. des R.G.'s in Civils. Bd. 6 S. 421 flg. 429 flg., Bd. 8 S. 363 und Bd. 13 S. 403 flg.;

aber darum ist noch nicht umgekehrt die Zulässigkeit des Rechtsmittels dadurch ausgeschlossen, daß das Gericht irrigerweise angenommen hat, der Fall gehöre nicht unter § 276, sondern unter § 275 C.P.O. Die untere Instanz kann nicht durch ihre unrichtige Rechtsauffassung oder ihre Willkür das an sich gegebene Rechtsmittel ausschließen. Das Rechtsmittel findet daher in beiden Fällen statt: sowohl wenn das erlassene Urteil in Wirklichkeit unter § 276 fällt, als auch wenn es nach der Absicht des Instanzgerichtes unter denselben hat fallen sollen. Ist nun also das Zwischenurteil vom 12. Juni 1896 nach Maßgabe des § 276 C.P.O. zu beurteilen, so muß es jetzt als rechtskräftig gelten, da es am 1. Juli 1896 zugestellt, und die Revision dagegen nicht eingelegt worden ist. Somit gehört es jetzt zu den in § 510 C.P.O. erwähnten Vorentscheidungen, die nach den Vorschriften dieses Gesetzes unanfechtbar sind und daher der Nachprüfung des Revisionsgerichtes nicht unterliegen, und das letztere muß selbstverändlich folgeweise auch von dem Zwischenurteile vom 20. Dezember 1895 gelten, dessen Entscheidung in demjenigen vom 12. Juni 1896 nach Maßgabe des § 485 vgl. mit § 289 C.P.O. materiell wiederholt worden ist. Übrigens würden in entsprechender Anwendung der vom Reichsgericht laut Entsch. des R.G.'s in Civils. Bd. 16 S. 353 in Beziehung auf den § 473 C.P.O. zur Geltung gebrachten Auffassung, welche auch diejenige fast aller Kommentatoren der Civilprozeßordnung, sowie von Planck, Deutsches Civilprozeßrecht Bd. 2 § 140 S. 439, ist, die beiden Zwischenurteile selbst dann bei Gelegenheit dieser Revision nicht nachzuprüfen sein, wenn das Urteil vom 12. Juni 1896 noch nicht zugestellt und daher noch nicht rechtskräftig wäre." ...

---

99. Findet § 236 Abs. 2 C.P.O. auch im Anfechtungsprozesse Anwendung, wenn der Kläger während des Prozesses die Forderung, wegen deren er eine Rechtshandlung des Schuldners anficht, abtritt? Insbesondere auch dann, wenn er sie an einen Bürgen, von welchem er im Laufe des Prozesses befriedigt ist, abtritt?

VI. Civilsenat. Urt. v. 18. März 1897 i. S. Vorschuß- u. Sparverein zu Neustadt a. D. (Kl.) w. St. Wwe. (Bekl.). Rep. VI. 404/96.

I. Landgericht Neuruppin.
II. Kammergericht Berlin.

Die Entscheidung ist oben unter „Reichsrecht" Nr. 6 S. 12 abgedruckt.

---

100. 1. Ist gegen einen Beschluß, wodurch das Gericht jede weitere Verhandlung in einer Prozeßsache ablehnt, weil der Rechtsstreit erledigt sei, Beschwerde zulässig?

2. Ist ein solcher Beschluß deshalb gerechtfertigt, weil die Parteien nach Ansicht des Gerichtes über den gesamten Streitstoff einen bindenden prozeßgerichtlichen Vergleich geschlossen haben?

VI. Civilsenat. Beschl. v. 20. März 1897 i. S. v. E. u. P. (Kl.) w. Sch. Ehefr. (Bekl.). Beschw.-Rep. VI. 54/97.

I. Oberlandesgericht Dresden.

Die Parteien verglichen sich bei Gelegenheit einer vom Berufungsgerichte angeordneten Augenscheinseinnahme über den gesamten Prozeßstoff vor dem beauftragten Richter; die Beklagte erklärte aber bald nachher ihren Rücktritt vom Vergleiche; ob sie sich das Rücktrittsrecht rechtzeitig vorbehalten hatte, war jedoch nicht ganz klar. Das Berufungsgericht, welches einen solchen Vorbehalt nicht annahm, lehnte aus diesem Grunde, nachdem in einem zur Fortsetzung der mündlichen Verhandlung anberaumten Termine die Parteien weiter verhandelt hatten, durch einen verkündeten Beschluß „jede weitere Verhandlung in der Sache" ab. Auf Beschwerde der Beklagten hat aber das Reichsgericht diesen Beschluß aufgehoben und die Sache zur weiteren Verhandlung an das Berufungsgericht zurückverwiesen aus folgenden

Gründen:

„Das Oberlandesgericht ... hat durch den angefochtenen Beschluß „jede weitere Verhandlung in der Sache" abgelehnt, weil der Rechtsstreit in seinem vollen Umfange durch prozeßgerichtlichen Vergleich erledigt sei. Der Beschluß ist verkündet worden auf Grund einer mündlichen Verhandlung, welche die Parteien in einem auf Gesuch der Kläger vom Vorsitzenden zur Fortsetzung der mündlichen Verhandlung bestimmten Termine geführt hatten. Ein solcher Beschluß ist nun aber prozeßordnungswidrig. Über die von den Parteien in der mündlichen Verhandlung gestellten Sachanträge ist, so lange die Partei dabei beharrt, unter allen Umständen schließlich durch Urteil zu entscheiden. Es giebt keinen gesetzlichen Grund, aus welchem das Gericht jede Verhandlung und Entscheidung über die gestellten Anträge endgültig ablehnen dürfte. Die Anträge lagen hier vor; sie waren in einem früheren Termine verlesen und begründet worden, und zwar bei gleicher Besetzung des Gerichtes, und wirkten daher, da sie nicht zurückgenommen waren, noch immer fort. Es erhellt nicht einmal, daß eine der Parteien sich ihrerseits in der mündlichen Verhandlung auf einen geschlossenen Vergleich bezogen hätte, und von Amtswegen durfte ein solcher am wenigsten berücksichtigt werden.

Indes hierauf kommt es nicht einmal an; hätte auch eine der Parteien eine Einwendung gegen einen gestellten Antrag aus dem Vergleiche hergenommen, so wäre eben auch hierüber nach mündlicher Verhandlung durch Urteil zu entscheiden gewesen. Wie das Verfahren sich in einem Falle gestalten würde, wo eine der Parteien etwa trotz eines ergangenen Endurteiles den Prozeß noch fortzusetzen verlangte, braucht hier nicht erörtert zu werden, da dieser Fall nicht vorliegt. Jedenfalls wirkt auch ein prozeßgerichtlicher Vergleich keineswegs in prozessualer Beziehung durchaus wie ein Urteil.

Vgl. Entsch. des R.G.'s in Civils. Bd. 37 S. 418 flg., auch etwa Bd. 19 S. 362 flg.

Die Zulässigkeit der erhobenen Beschwerde ist nach dem Vorgange der in den Entsch. des R.G.'s in Civils. Bd. 30 S. 343 und Bd. 32 S. 401 flg. abgedruckten Entscheidungen auf Grund der allgemeinen Bestimmung des § 530 C.P.O. angenommen worden. Daß der angefochtene Beschluß thatsächlich nach vorgängiger mündlicher Verhandlung ergangen ist, ist rechtlich unerheblich. Man kann nicht sagen, daß er zu den eine vorgängige mündliche Verhandlung erfordernden Entscheidungen gehörte; denn ein solcher Beschluß ist eben im Gesetze überhaupt nicht vorgesehen und darf gar nicht erlassen werden. Es ist aber durch ihn „ein das Verfahren betreffendes Gesuch" zurückgewiesen, nämlich das durch Stellung des Sachantrages ausgedrückte Verlangen der Beklagten, daß über den vorliegenden Rechtsstreit überhaupt nach ordnungsmäßiger mündlicher Verhandlung durch Urteil vom Berufungsgerichte entschieden werde.

Aus diesen Gründen mußte der eingelegten Beschwerde in dem Sinne entsprochen werden, daß der angefochtene Beschluß beseitigt, und die Sache zur Fortsetzung der mündlichen Verhandlung ans Berufungsgericht zurückverwiesen werde. Über irgend eine in die Sache selbst eingreifende Frage war nach Lage der Sache jetzt vom Reichsgerichte nicht zu entscheiden."

---

101. Welcher Zeitpunkt kommt für die Berechnung der Revisionssumme bei dem Streite über Aufrechterhaltung einer einstweiligen Verfügung in Betracht?

VI. Civilsenat. Urt. v. 29. März 1897 i. S. W. (Imploraten) w. L. (Imploranten). Rep. VI. 51/97.

I. Landgericht I Berlin.
II. Kammergericht daselbst.

Die Revision ist als unzulässig verworfen worden aus den folgenden Gründen:

„Der Revisionsbeklagte hat in einem Hause an der A.'straße zu B. zum Betriebe einer Wasch- und Plättanstalt einen Fabrikraum mit Dampf, bezw. Dampfkraft für die Zeit vom 1. April 1894 bis zum 1. April 1897 gemietet. Der Mietzins ist getrennt für den erwähnten Raum, für einen Stall, für den Fahrstuhl, für Wasserverbrauch und für den Dampf bestimmt. Nach der Angabe in dem Thatbestande des erstinstanzlichen Urteils ist die Gegenleistung für den letzteren auf 798,75 ℳ für das Quartal festgesetzt. Von den Besitzern des erwähnten Hausgrundstücks ist dasselbe dem Revisionskläger als ihrem Hypothekgläubiger in antichretische Benutzung überwiesen. Dieser hat seitdem die Mieten in Empfang genommen, auch die Gewährung des Dampfes an den Revisionsbeklagten fortgesetzt.

Nachdem dem letzteren wegen einer betreffs der Mietsansprüche der Besitzer des Hausgrundstückes erlassenen Arrestverfügung gerichtsseitig aufgegeben war, die geschuldeten Mietbeträge zu hinterlegen, ist seitens desselben solche Hinterlegung bezüglich der am 1. Oktober 1896 fälligen Mietraten erfolgt. Der Revisionskläger hat hieraus Veranlassung genommen, am 2. des genannten Monats dem Revisionsbeklagten den Dampf abzuschneiden, sodaß dessen Betrieb stillstand, und er seine sämtlichen Arbeitskräfte entlassen mußte.

Auf seine Veranlassung hat nun das Amtsgericht ... am 3. Oktober 1896 eine einstweilige Verfügung erlassen, durch welche unter Androhung von Strafen dem Revisionskläger aufgegeben ist, das Dampfventil, durch welches der Revisionsbeklagte den für seinen Betrieb erforderlichen Dampf empfängt, zu öffnen und offen zu lassen. Über die Rechtmäßigkeit dieser einstweiligen Verfügung, wegen deren zufolge der darin getroffenen weiteren Anordnung der Revisionsbeklagte den Gegner innerhalb einwöchiger Frist vor das Gericht der Hauptsache zu laden hatte, hat dann vor dem Landgerichte ... Verhandlung stattgefunden, welche zu einem die Verfügung aufrechthaltenden Urteile geführt hat. Dieses Erkenntnis ist von dem seitens des Revisionsklägers angerufenen Berufungsgerichte bestätigt.

Der letztere hat gegen diese Entscheidung die Revision zur Hand genommen und wegen des Vorhandenseins der Revisionssumme unter Bezugnahme auf das überreichte Gutachten und den darin angezogenen, gleichfalls vorgelegten Mietkontrakt geltend gemacht, es habe der Dampfverbrauch der Waschanstalt des Imploranten täglich 15,66 Pferdekraft betragen, wofür die Gegenleistung sich für das Quartal auf 1761,75 ℳ belaufe, da nach dem Mietvertrage, wenn der Betrieb des Mieters mit Dampfkraft von mindestens drei Pferdekräften stattfinde, wegen der in Betracht kommenden 300 Arbeitstage jährlich 1350 ℳ, wenn aber mehr an Dampf gebraucht werde, für dieses Mehr eine Vergütung nach dem Satze von 1,50 ℳ für den Tag und für die Pferdekraft zu zahlen sei. Hier stehe nun die nach dem Gesagten sich berechnende und zweifellos die Revisionssumme erreichende Gegenleistung für die mehr als fünfmonatige Dauer des Verfahrens — die Verhandlung vor dem Revisionsgerichte hat am 29. März 1897 stattgefunden — in Frage; denn das Interesse des Revisionsklägers an Aufhebung der einstweiligen Verfügung, wie das des Revisionsbeklagten an Aufrechterhaltung derselben decke sich mit der Höhe jener Gegenleistung. Übrigens werde die Revisionssumme auch erreicht, wenn man die Gegenleistung für den erwähnten Zeitraum berechne nach den früheren Angaben über den bezüglichen Inhalt des Mietkontraktes, wonach für den Dampf vierteljährlich 798,75 ℳ zu zahlen seien. Endlich stellte sich der erforderliche Betrag auch dann heraus, wenn man die von dem Revisionskläger behufs Gewährung des Dampfes während des mehrerwähnten Zeitraumes gemachten Leistungen abschätze nach der in der Berufungsinstanz von dem Revisionskläger gemachten Angabe, daß die Unterhaltung der Maschine täglich 12 Centner Kohlen mehr erfordere, wenn sie für den Betrieb des Revisionsbeklagten bereit gestellt werde, da die Anschaffung eines Centners Kohlen einen Aufwand von mindestens einer Mark nötig mache.

Der Revisionsbeklagte hat unter Vorbehalt seiner Erklärungen über die Richtigkeit der neuen Angaben des Gegners das Vorhandensein der Revisionssumme bestritten.

Das Gericht ist bei der Entscheidung über diesen Punkt davon ausgegangen, daß, da es sich gegenwärtig ausschließlich um die Frage der Aufrechterhaltung oder Nichtaufrechterhaltung der einstweiligen Verfügung handelt, lediglich das Interesse des Revisionsklägers dabei in Betracht kommt, ob er für die Zukunft noch in Befolgung jener Verfügung den Dampf dem Revisionsbeklagten zu gewähren hat. Denn von der auch der Natur der Sache nach ausgeschlossenen Rückgewährung des bisher in solcher Befolgung gelieferten Dampfes ist im jetzigen Verfahren keine Rede, ebensowenig von der Erstattung des Wertes dieses Dampfes oder der behufs Herstellung desselben von dem Revisionskläger gemachten Aufwendungen. Auch der § 508 Abs. 2 C.P.O., welcher vorschreibt, daß wegen der Berechnung der Revisionssumme die §§ 3—9 a. a. O. anzuwenden seien, kann nicht infolge davon, daß nach dem § 4 für die Wertberechnung der Zeitpunkt der Erhebung der Klage entscheidend sein soll, vorliegend dahin führen, etwa den Zeitpunkt, in welchem der Revisionsbeklagte die Verfügung extrahiert, oder in welchem er seine Anträge behufs Einleitung des gegenwärtigen, die Rechtmäßigkeit des Provisoriums betreffenden Verfahrens hat zustellen lassen, als maßgebend anzusehen. Denn es ist, wie das Reichsgericht schon ausgesprochen hat,

vgl. Entsch. des R.G.'s in Civils. Bd. 7 S. 385,

selbstverständlich, daß für die Ausmitteluug der Revisionssumme die §§ 3—9, welche von der Berechnung des Wertes des Streitgegenstandes in Ansehung der sachlichen Zuständigkeit der Gerichte handeln, nur mit denjenigen Abweichungen anwendbar sind, welche sich aus der Verschiedenheit der beiden Anwendungsfälle ergeben, sodaß, wie beispielsweise in der angezogenen, von den vereinigten Civilsenaten abgegebenen Entscheidung besonders gesagt wird, nicht der im § 4 erwähnte Zeitpunkt der Erhebung der Klage, sondern ein anderer entsprechender Zeitpunkt für die Wertberechnung bei der Revisionssumme entscheidend ist.

Als solcher Zeitpunkt ist nun vorliegend, da der Revisionskläger nach dem schon Gesagten auf die Vergangenheit nicht rekurrieren kann, derjenige anzusehen, in welchem die Zustellung der Revisionsschrift an den Gegner erfolgt ist, was am 16. Februar 1897 geschehen ist.

Vgl. auch Entsch. des R.G.'s in Civils. Bd. 15 S. 407.

Der Zeitraum, für welchen von diesem Tage ab der Revisionskläger zur Dampflieferung in Gemäßheit der einstweiligen Verfügung verpflichtet ist, endigt sich mit dem 31. März 1897, da an diesem Tage der Mietkontrakt, kraft dessen der Revisionsbeklagte auf die Dampflieferung Anspruch hat, abläuft.

Die eigenen Ausführungen des Revisionsklägers ergeben nicht, daß bei der Abschätzung seines Interesses daran, ob er für die danach nur in Betracht kommende Dauer von kaum anderthalb Monaten den Dampf noch zu liefern hat, oder nicht, zu einem die Revisionssumme erreichenden Betrage zu gelangen ist." ...

---

102. Mit welchem Zeitpunkte hört die Anhängigkeit in der Instanz im Sinne des § 821 C.P.O. auf?

III. Civilsenat. Urt. v. 2. April 1897 i. S. D. (Bekl.) w. seine Ehefrau (Kl.). Rep. III. 25/97.

I. Landgericht Gera.
II. Oberlandesgericht Jena.

Aus den Gründen:

„Nach § 821 C.P.O. ist als Gericht der Hauptsache im Sinne der Bestimmungen von Buch 8 Abschn. 5 der Civilprozeßordnung das Gericht erster Instanz und, wenn die Hauptsache in der Berufungsinstanz anhängig ist, das Berufungsgericht anzusehen. Das angefochtene Urteil legt nun diese Vorschrift dahin aus, daß die Anhängigkeit in der Berufungsinstanz so lange dauere, bis die Sache in einer höheren Instanz durch Einlegung eines Rechtsmittels anhängig gemacht werde, oder bis das Berufungsurteil rechtskräftig werde. Diese Ansicht kann indes nicht gebilligt werden. Vielmehr muß, abgesehen von der Frage, wie der in concreto nicht vorliegende Fall, daß gegen das in der Hauptsache erlassene Berufungsurteil Revision nicht zulässig ist, und solches daher mit der Verkündung rechtskräftig wird, zu entscheiden ist,

vgl. Juristische Wochenschrift von 1892 S. 238 Ziff. 11,

angenommen werden, entweder daß die Anhängigkeit in der Berufungsinstanz im Sinne des § 821 C.P.O. bereits mit der Verkündung des Berufungsurteiles endet,

vgl. Beschluß des erkennenden Senates in den Entsch. des R.G's. in Civils. Bd. 6 S. 414, oder daß diese Anhängigkeit mit der Zustellung des Berufungsurteiles aufhört. Wenn der erkennende Senat nunmehr die letztere Ansicht billigt, so ist dafür entscheidend, daß die Anhängigkeit in der Instanz gemäß § 821 C.P.O. denselben Sinn hat, welcher mit diesem Begriffe an anderen Stellen, insbesondere in §§ 162. 221 C.P.O., verbunden wird. In dieser Beziehung steht es aber fest, daß die Anhängigkeit in der Instanz mit der Zustellung des in derselben erlassenen Endurteiles aufhört.[1]

Es war daher der Zeitpunkt der Zustellung des Berufungsurteiles in der Hauptsache für die Zuständigkeit betreffs der beantragten einstweiligen Verfügung für maßgebend zu erachten." ...

---

103. Ist der Anspruch, den der Arrestgläubiger auf einen vom Schuldner gemäß § 803 C.P.O. nach Vollziehung des Arrestes hinterlegten Geldbetrag erheben kann, davon abhängig, daß für ihn an den durch die Hinterlegung freigewordenen Pfandstücken ein wirksames Pfändungspfandrecht begründet war?

C.P.O. § 803.

V. Civilsenat. Urt. v. 7. April 1897 i. S. A. u. H. (Bekl.) w. T. & L. (Kl.). Rep. V. 91/97.

I. Landgericht Stettin.
II. Oberlandesgericht daselbst.

Gegen die Beklagten war am 8. Januar 1895 ein Arrestbefehl durch Pfändung in ihre Warenvorräte vollstreckt, demnächst aber der in dem Arrestbefehle gemäß § 803 C.P.O. festgesetzte Geldbetrag hinterlegt worden. Die Beklagten weigerten sich, in die Auszahlung dieses Betrages an die Klägerin zu willigen, weil sie aus der am

---

[1] Vgl. Entsch. des R.G.'s in Civils. Bd. 10 S. 346, Bd. 13 S. 311, Bd. 19 S. 397; v. Wilmowski u. Levy (7. Aufl.) Bem. 1 zu § 162, Bem. 1 zu § 221, Bem. 1 zu § 235 C.P.O.; Struckmann u. Koch (6. Aufl.) Bem. 2 zu § 162, Bem. 1 zu Buch 1 Absch. 3 Tit. 5 C.P.O.; Planck, Lehrbuch des Civilprozeßrechts Bd. 1 S. 531; Petersen (3. Aufl.) Bem. 3 zu § 217 C.P.O.; Reincke (3. Aufl.) S. 215 Bem. 5a. α zu §§ 157—164 C.P.O.; Gaupp (2. Aufl.) Bem. I. 1 zu § 162 C.P.O.; Seuffert (6. Aufl.) Bem. 1 Abs. 5 zu § 221 C.P.O. D. E.

8. Januar 1895 vollstreckten Pfändung an den Warenvorräten ein gültiges Pfandrecht nicht erworben habe. Hierfür wurde geltend gemacht, daß der Gerichtsvollzieher unterlassen habe, die Pfändung an den im Gewahrsam der Schuldner belassenen Pfandstücken nach Vorschrift des § 712 C.P.O. in gehöriger Weise ersichtlich zu machen. Der erste Richter hat auf Grund dieses Einwandes die Klage abgewiesen; der zweite Richter hat den Einwand für unberechtigt erklärt und nach dem Klagantrage verurteilt.

Die Revision ist zurückgewiesen worden aus folgenden

Gründen:

... „Nach § 803 C.P.O. ist in dem Arrestbefehle ein Geldbetrag festzustellen, durch dessen Hinterlegung die Vollziehung des Arrestes gehemmt und der Schuldner zu dem Antrage auf Aufhebung des vollzogenen Arrestes berechtigt wird. Über die rechtsgeschäftliche Bedeutung einer solchen Hinterlegung giebt das Gesetz keine ausdrückliche Vorschrift. In der Doktrin wird darüber gestritten, ob sie als Zahlung unter Vorbehalt aufzufassen sei,

so namentlich Zeitschr. für Civilprozeß Bd. 6 S. 371 flg., und v. Wilmowski u. Levy, Civilprozeßordnung Bem. 3 Abs. 2 zu § 709,

oder ob man dem Arrestkläger nur ein Pfandrecht an dem hinterlegten Geldbetrage zuzugestehen habe,

so die überwiegende Mehrzahl der Kommentare zur Civilprozeßordnung und Gruchot's Beiträge Bd. 32 S. 587 flg.

Einer Entscheidung hierüber bedarf es für den vorliegenden Fall nicht.

Hätte man sich der ersteren Meinung anzuschließen, so würde daraus ohne weiteres folgen, daß es darauf, ob die Pfändung vom 8. Januar 1895 wirksam vollzogen worden ist, nicht ankommt. Denn an ihre Stelle wäre dann eine Zahlung unter Vorbehalt getreten, und dieser Vorbehalt könnte nur dahin verstanden werden, daß die Wirksamkeit der Zahlung von dem Bestehen derjenigen Forderung abhängig sein soll, zu deren Deckung der Arrestbefehl erlassen ist.

Aber auch wenn man der zweiten Meinung folgt, ist der Rechtssatz, der den Ausführungen der Revision zu Grunde liegt,

daß der hinterlegte Geldbetrag lediglich an die Stelle des Pfändungsobjektes getreten sei, so zwar, daß der Arrestgläubiger an dem hinterlegten Geldbetrage nur dieselben Rechte erwerbe, die für ihn an den ursprünglichen Pfandobjekten begründet gewesen seien, als richtig nicht anzuerkennen. Zunächst würde er versagen, wenn eine Pfändung aus dem Arrestbefehle noch nicht stattgefunden hat, durch die Hinterlegung vielmehr die Vollziehung des Arrestes gehemmt werden soll. Es wäre doch kaum ein befriedigendes Ergebnis, wenn man annehmen müßte, daß in diesem Falle der Gläubiger sich aus dem hinterlegten Betrage befriedigen darf, während es, wenn der Arrest bereits vollzogen worden ist, darauf ankäme, ob dem Gläubiger hieraus ein wirksames Pfandrecht erwachsen ist. Sodann aber wird man mit jenem Satze dem Zwecke der Vorschrift in § 803 C.P.O. überhaupt nicht gerecht. Dieser Zweck ist offenbar der, dem Schuldner die Wahl zu lassen, ob er den Gläubiger durch Hinterlegung sicherstellen, oder ob er es zur Vollziehung des Arrestes kommen lassen will. Dies wird von den Motiven zur Civilprozeßordnung ausdrücklich bestätigt. Sie bemerken (Amtliche Materialien Bd. 4 S. 452):

„Der Arrestbefehl soll alternativ neben dem Rechte des Gläubigers zu dessen Vollziehung gleichzeitig das Recht des Schuldners feststellen, durch Hinterlegung einer bestimmten Summe die Vollziehung zu hemmen oder die Aufhebung des bereits vollzogenen Arrestes herbeizuführen, weil der Schuldner berechtigt ist, die Sicherung des Anspruchs auf die ihm leichteste Weise zu bewirken."

Dieser Grund läßt deutlich erkennen, worauf die ganze Vorschrift abzielt. Der Schuldner soll befugt sein, den Anspruch des Gläubigers in anderer Weise sicherzustellen, wenn er dies einer Vollziehung des Arrestes vorzieht. In diesem Sinne wird auch die Vorschrift von der Doktrin, insbesondere von den Kommentatoren der Civilprozeßordnung, verstanden, mögen sie im übrigen in der Hinterlegung eine Zahlung unter Vorbehalt, oder die Begründung eines Pfandrechtes erblicken.

Vgl. v. Wilmowski u. Levy, Bem. 2 zu § 803, Bem. 3 zu § 709; Struckmann u. Koch, Bem. zu § 803; Endemann, Civilprozeßordnung Bd. 3 S. 366; Fitting, Reichs-Civilproceß § 98 Anm. 24; Seuffert, Bem. 1 zu § 803 und Bem. 4a zu § 709; Hellmann, Bem. 3 zu § 803 und Bem. 3 zu § 709; Gaupp, Bem. II zu § 803; Reincke zu § 803 3. Aufl. S. 816; Merkel, Über Arrest und einstweilige Verfügungen S. 182 flg.; vgl. auch Rehbein, Entsch. des Obertrib. Bd. 2 S. 693. 695, Bd. 3 S. 107.

Damit ist aber die Annahme unvereinbar, daß es darauf ankomme, ob der Gläubiger aus der Pfändung bereits ein wirksames Pfandrecht erworben hat. Denn hat der Schuldner, der von der Befugnis des § 803 Gebrauch machen will, die Sicherung des Anspruches in anderer Weise zu bewirken, so ist es gleichgültig, welches Recht dem Gläubiger aus der Vollstreckung des Arrestbefehles erworben war. Nun meint zwar die Revision, daß man doch nicht annehmen könne, der Schuldner habe durch die Hinterlegung die Lage des Gläubigers verbessern wollen. Aber demgegenüber ist bereits in der Entscheidung des Reichsgerichtes vom 18. Juni 1887,

Entsch. des R.G.'s in Civils. Bd. 20 S. 396,

darauf hingewiesen worden, daß der Schuldner die Hinterlegung freiwillig und im eigenen Interesse vornehme, und daß nicht abzusehen sei, weshalb eine solche freiwillige Handlung des Schuldners dem Gläubiger nicht zum Vorteile gereichen dürfe. Wenn dort der Schluß gezogen ist, daß der Gläubiger nicht auf den Wert der durch die Hinterlegung freigewordenen Sachen beschränkt sei, so muß man mit demselben Rechte den Schluß zulassen, daß es auf die Wirksamkeit der für den Gläubiger vollzogenen Pfändung überhaupt nicht ankomme. Der Revision kann auch nicht zugegeben werden, daß die Umstände des einzelnen Falles, aus denen sich die Absicht des Schuldners bei der Hinterlegung entnehmen ließe, entscheidend sein müßten. Denn das Gesetz hat den Gläubiger nur deshalb verpflichtet, gegen Hinterlegung von der Vollstreckung des Arrestes Abstand zu nehmen, weil es ihn durch die Hinterlegung für völlig gesichert betrachtet. Dies aber darf nicht wieder dadurch in Frage gestellt werden, daß der Schuldner bei der Hinterlegung diese oder jene Absicht gehabt haben könne. Welche Absicht er gehabt hat und gehabt haben muß, ergiebt sich daraus, daß die Hinterlegung dem Gläubiger in anderer Weise Sicherheit bieten soll, so zwar, daß er sich aus dem hinterlegten Betrage befriedigen kann, wenn seine Forderung überhaupt zu Recht besteht. Daß letzteres in Ansehung der von der Klägerin geltend gemachten Waren- und Wechselforderung hier der Fall ist, ist zwischen den Parteien nicht streitig.

Es ist endlich auch nicht richtig, wenn die Revision behauptet, daß die von ihr vertretene Annahme, wonach der hinterlegte Geldbetrag in dem oben erwähnten Sinne lediglich an die Stelle der

Pfändungsobjekte getreten sei, in der Rechtsprechung des Reichsgerichtes bereits Anerkennung gefunden habe. Die Revision beruft sich hierfür auf die Entscheidung des VI. Civilsenates des Reichsgerichtes vom 2. Mai 1887,

Entsch. des R.G.'s in Civils. Bd. 18 S. 284,

in welcher unter anderem ausgeführt wird:

„Es handelt sich hier um eine gemäß § 803 C.P.O. zum Zwecke der Beseitigung des Arrestvollzuges bewirkte Hinterlegung, welche der Klägerin nicht mehr Rechte verleihen konnte, als der vorangegangene Arrestvollzug, deren Wirkung vielmehr nur darin bestand, daß der Gegenstand des von der Klägerin zufolge der Arrestvollziehung erworbenen Pfandrechtes sich änderte, indem an Stelle der ursprünglich gepfändeten Hypothekenforderung der hinterlegte Geldbetrag dem Pfandrechte unterworfen wurde."

Aber diese Ausführung bezielt, wie der Zusammenhang mit dem Vorhergehenden in dem damaligen Thatbestande ergiebt, die Frage, ob der Arrestkläger durch eine gemäß § 803 C.P.O. erfolgte Hinterlegung ein von der Fortdauer der Arrestanordnung unabhängiges Recht erworben habe, und nur in Bezug hierauf hat sich die Entscheidung dahin ausgesprochen, daß der Arrestkläger durch die Hinterlegung nicht weitergehende Rechte erwerbe. Davon ist die Frage, um die es sich jetzt handelt, wesentlich verschieden. Auch andere Entscheidungen des Reichsgerichtes, welche sich mit einer Hinterlegung behufs Aufhebung vollzogener Arrestmaßregeln befassen,

Entsch. des R.G.'s in Civils. Bd. 9 S. 425, Bd. 17 S. 291, Bd. 34 S. 356, vgl. auch Bd. 12 S. 222,

enthalten darüber, ob gerade nur das an den ursprünglichen Pfandobjekten erworbene Recht so, wie es begründet worden, und nur in diesem seinem Bestande auf den hinterlegten Geldbetrag zu übertragen sei, eine Entscheidung nicht. Das Gegenteil ergiebt die oben bereits angeführte Entscheidung vom 18. Juni 1887 wenigstens insofern, als sie darauf hinweist, daß sich der Arrestgläubiger aus dem hinterlegten Geldbetrage auch dann befriedigen kann, wenn ein Dritter an den ursprünglichen Pfandobjekten mit Erfolg Interventionsansprüche nach § 690 C.P.O. geltend machen, oder wenn bei ihrem Zwangsverkaufe ein bevorrechteter Pfandgläubiger deren vollen Wert in Anspruch nehmen könnte." . . .

---

104. Inwiefern kann bei der Pfändung der Gerichtsvollzieher privatrechtlich als Vertreter des Gläubigers in Betracht kommen?

VI, Civilsenat. Urt. v. 8. April 1897 i. S. E. (Bekl.) w. B. Wwe. (Kl.). Rep. VI. 381/96.

I. Landgericht Hamburg.
II. Oberlandesgericht daselbst.

Die Entscheidung ist oben unter „Gemeines Recht" Nr. 39 S. 160 abgedruckt.

---

105. Erfordernisse der Anmeldung einer Forderung im Konkurse als Grundlage für die Klage auf Feststellung der streitig gebliebenen Forderung.

VI. Civilsenat. Urt. v. 12. April 1897 i. S. K. (Kl.) w. W. Konkursverw. (Bekl.). Rep. VI. 260/96.

I. Landgericht Chemnitz.
II. Oberlandesgericht Dresden.

Die Entscheidung ist oben unter „Reichsrecht" Nr. 13 S. 37 abgedruckt.

---

106. Kann über die Bestimmung einer Frist zur Beseitigung eines der Aufnahme des Beweises entgegenstehenden Hindernisses ohne mündliche Verhandlung entschieden werden?

C.P.O. § 321.

VI. Civilsenat. Beschl. v. 12. April 1897 i. S. E. (Kl.) w. M. (Bekl.). Beschw.-Rep. VI. 82/97.

I. Kammergericht Berlin.

Gründe:

„Das Kammergericht hat den schriftlichen Antrag des Beklagten, dem Gegner eine Frist zur Angabe der Wohnung des Zeugen D. zu setzen, dessen Vernehmung vom Gerichte beschlossen ist, aber wegen Unkenntnis seiner Wohnung bisher nicht erfolgen konnte, deshalb abgelehnt, weil die Bestimmung einer Frist aus § 321 C.P.O. nur auf Grund mündlicher Verhandlung zulässig sei. Die dagegen gerichtete Beschwerde ist zwar nach § 530 C.P.O. zulässig, da der ergangene ablehnende Bescheid sich darüber verhält, ob eine mündliche Verhandlung über den Antrag erforderlich ist, oder nicht, die Entscheidung hierüber aber einer mündlichen Verhandlung ihrer Natur nach nicht bedürfen kann. Die Beschwerde ist aber nicht begründet.

Der § 321 C.P.O. enthält keine Ausnahme von § 119 daselbst. Die Beschwerde macht im Anschlusse an v. Wilmowski u. Levy (Civilprozeßordnung 7. Aufl. zu § 321) zwar geltend, daß die Fristbestimmung nur prozeßleitenden Charakters sei. Es braucht hier jedoch nicht entschieden zu werden, ob die Fristbestimmung wirklich nur diesen Charakter hat. Denn für die im Prozesse ergehenden gerichtlichen Entscheidungen zwischen den Parteien ist im allgemeinen an dem Grundsatze des § 119 festzuhalten, wo die Civilprozeßordnung nicht das Erfordernis der mündlichen Verhandlung im besonderen Falle ausschließt (wie beispielsweise §§ 187. 203. 225. 304. 451).

Vgl. Planck, Civilprozeßrecht Bd. 1 S. 177. 178.

Von den Kommentatoren sprechen sich denn auch Seuffert, Gaupp, Reincke, A. Förster zu § 321 für das Erfordernis der mündlichen Verhandlung aus. Der in der neuesten Auflage des Kommentars von v. Wilmowski u. Levy im Widerspruche mit früheren Auflagen (vgl. 6. Aufl. zu § 321) vorgetragenen abweichenden Ansicht kann danach nicht beigetreten werden, und die Beschwerde war zurückzuweisen."

---

107. 1. Ist eine Klage, die sich gegen eine mit Korporationsrechten nicht ausgestattete Gesellschaft, vertreten durch ihren Vorstand, richtet, als gegen die Mitglieder der Gesellschaft gerichtet anzusehen? Enthält die im Laufe des Prozesses erfolgende Bezeichnung bestimmter Mitglieder, gegen welche die Klage gerichtet wird, eine unzulässige Klagänderung?

2. Kann unter Umständen die Erwerbsgesellschaft, vertreten durch ihren Vorstand, als parteifähig betrachtet werden?

VI. Civilsenat. Urt. v. 26. April 1897 i. S. D. (Kl.) w. S. u. die Kalibohrgesellschaft Gustavshall (Bekl.). Rep. VI. 432/96.

I. Landgericht I Berlin.
II. Kammergericht daselbst.

Die Entscheidung ist oben unter „Preußisches Recht" Nr. 73 S. 286 abgedruckt.

---

108. Kann eine Verletzung von § 14 Abs. 2 des rheinpreußischen Gesetzes vom 18. April 1887 über das Verteilungsverfahren mit Rücksicht auf dessen Verhältnis zu den §§ 763. 764 C.P.O. die Revision begründen?

II. Civilsenat. Urt. v. 30. April 1897 i. S. St. Konkursverw. (Bekl.) w. J. Ehel. (Kl.). Rep. II. 64/97.

I. Landgericht Saarbrücken.
II. Oberlandesgericht Köln.

Die Entscheidung ist oben unter „Rheinisches Recht" Nr. 93 S. 377 abgedruckt.

---

109. Hat ein ausländischer Kläger Befreiung von der Verpflichtung zur Sicherheitsleistung wegen der Prozeßkosten schon dann zu beanspruchen, wenn in dieser Beziehung in seinem Heimatsstaate Deutsche den Inländern gleichgestellt sind?

C.P.O. § 102 Abs. 2 Ziff. 1.

VI. Civilsenat. Urt. v. 24. Mai 1897 i. S. A. (Bekl.) w. E. (Kl.). Rep. VI. 12/97.

I. Landgericht Dresden.
II. Oberlandesgericht daselbst.

Aus den Gründen:

„Das Oberlandesgericht führt aus: nach dem gegenwärtig geltenden österreichischen Rechte seien Deutsche, die vor österreichischen

Gerichten klagen, nicht vermöge ihrer Eigenschaft als Ausländer verpflichtet, dem Beklagten Sicherheit wegen der Prozeßkosten zu leisten; doch müsse nach dem dortigen Rechte, von gewissen besonderen Ausnahmen abgesehen, jeder Kläger, ohne Rücksicht auf seine Staatsangehörigkeit, dem Gegner Sicherheit leisten. Hiernach sei der Deutsche, wenn er in Österreich klage, allerdings regelmäßig zur Sicherheitsleistung verbunden; allein er werde nicht ungünstiger behandelt als der in Österreich selbst staatsangehörige Kläger; dies genüge nach § 102 Ziff. 1 C.P.O. zur Befreiung des österreichischen Klägers von der Verpflichtung zur Sicherheitsleistung, da das Gesetz nur formelle, nicht materielle Gegenseitigkeit, nur Gleichstellung des Ausländers mit dem Inländer verlange. Die Vorinstanz pflichtet in dieser Beziehung den Erwägungen bei, welche in dem durch die Annalen des Königlich sächsischen Oberlandesgerichtes Bd. 9 S. 171 flg. veröffentlichten Urteile Darlegung gefunden haben, und weist darauf hin, daß an den Verhältnissen, die zur Zeit der Erlassung desselben vorgelegen haben, durch den zwischen dem Deutschen Reiche und Österreich-Ungarn geschlossenen Handels- und Zollvertrag vom 6. Dezember 1891 nichts geändert worden sei.

Die hiernach von dem Oberlandesgerichte angenommene Auslegung der Vorschrift in § 102 Ziff. 1 C.P.O. ist nicht als rechtsirrtümlich anzusehen.

Allerdings spricht, wie das Berufungsgericht nicht verkennt, der Wortlaut dieser Bestimmung zunächst für die Auffassung, daß ein in Deutschland klagender Ausländer von der Pflicht, dem Beklagten wegen der Prozeßkosten Sicherheit zu leisten, nur dann befreit sein solle, wenn in seinem Heimatsstaate ein als Kläger auftretender Deutscher ganz allgemein zur Sicherheitsleistung nicht verbunden sein oder diese Befreiung doch bei einer Sachgestaltung genießen würde, wie sie bei dem im konkreten Falle von dem betreffenden Ausländer in Deutschland angestrengten Prozesse vorliegt. Es wird denn auch diese Auslegung von der überwiegenden Mehrzahl der Prozeßrechtslehrer als die richtige angesehen;

vgl. die Bemerkungen zu § 102 in den Kommentaren zur Civilprozeßordnung von Gaupp, 3. Aufl. Bem. IV, 1, Bd. 1 S. 271; Petersen, 3. Aufl. Bem. 5 S. 264 flg.; Reincke, 3. Aufl. Bem. 1b S. 157; Seuffert, 6. Aufl. Bem. 5 S. 132; v. Wilmowski u. Levy, 7. Aufl. Bem. 5 S. 197; Struckmann u. Koch, 6. Aufl. Bem. 4 S. 150; ferner Hellmann, Lehrbuch S. 281; v. Bar, Theorie und Praxis des internationalen Privatrechts, 2. Aufl. § 403 Anm. 23 Bd. 2 S. 394; Dispecker in der Wochenschrift für Aktienrecht Bd. 3 S. 412 flg. und in der Juristischen Wochenschrift 1894 S. 610 flg.;

wenn sie auch von verschiedenen Seiten Bekämpfung erfahren hat;

vgl. Drucker in der Juristischen Wochenschrift 1887 S. 184 flg., v. Schrutka-Rechtenstamm in der Zeitschrift für Deutschen Civilprozeß Bd. 11 S. 286 flg.; Fuld, ebenda Bd. 9 S. 257 flg. und in Böhm's Zeitschrift für internationales Recht Bd. 4 S. 321 flg.; Leske in dem von ihm und Löwenfeld herausgegebenen Werke: Die Rechtsverfolgung im internationalen Verkehr, S. 764 flg.

Auch in der Rechtsprechung der deutschen Oberlandesgerichte überwiegt anscheinend die an den Wortlaut sich anlehnende Auslegung;

vgl. Seuffert's Archiv Bd. 44 Nr. 218 und Böhm's angezogene Zeitschrift Bd. 2 S. 292 flg. — Oberlandesgericht Hamburg —, dieselbe Zeitschrift Bd. 2 S. 595 — Oberlandesgericht Köln —, Perl und Wreschner, Blätter für Rechtspflege im Bezirk des Kön. preußischen Kammergerichts Bd. 6 S. 1 flg. — Kammergericht Berlin, VI. Civilsenat —; s. auch das Citat in der Juristischen Wochenschrift 1894 S. 611 — Oberlandesgericht München —; andererseits: Perl und Wreschner, a. a. O. Bd. 2 S. 34 — Kammergericht, VIII. Civilsenat —, Zeitschrift der Breslauer Anwaltskammer 1894 S. 33 — Oberlandesgericht Breslau —.

Der Wortlaut des Gesetzes ist indes nicht so bestimmt und zweifellos, daß danach die von der Vorinstanz vertretene Auslegung als ausgeschlossen bezeichnet werden dürfte, und ebensowenig kann dies etwa mit Rücksicht auf die Motive (zu § 99 Ziff. 1 des Entwurfes der Civilprozeßordnung) oder die Verhandlungen der Reichstagskommission (8. Sitzung) behauptet werden; bei Berücksichtigung der sonst zur Ermittelung des Sinnes des Gesetzes in Betracht zu ziehenden Momente aber erscheint die von dem Oberlandesgerichte angenommene Interpretation als die berechtigtere. Die Civilprozeßordnung macht grundsätzlich keinen Unterschied in der Behandlung von Inländern und Ausländern; es müssen deshalb die vereinzelten Bestimmungen, wo hiervon abgewichen wird, als Ausnahmen auf die Fälle beschränkt werden, die der Gesetzgeber unzweifelhaft hat treffen wollen. In den Motiven wird nun die Bestimmung in § 99 Ziff. 1 des Entwurfes auf das Prinzip der Reziprozität zurückgeführt; in der neueren Zeit ist aber die Anschauung die herrschende, daß, soweit bei der Regelung der Rechtsstellung der Ausländer in dem einen Staate auf die Behandlung der Fremden in anderen Staaten Rücksicht zu nehmen sei, nur sog. formelle oder absolute Reziprozität zu verlangen sei, es also für die Gleichstellung des Ausländers mit dem Inländer in dem einen Staate genügen müsse, wenn der fremde Staat in der in Betracht kommenden Beziehung auch keinen Unterschied zwischen seinen Angehörigen und Fremden macht.

Vgl. v. Bar, a. a. O. §§ 96. 97, insbesondere Bd. 1 S. 286 Anm. 23.

Dafür, daß die Civilprozeßordnung, die mehrfach mit dem Begriff der Gegenseitigkeit operiert, einen anderen Standpunkt habe einnehmen wollen, liegt ein Anhalt nicht vor.

Speziell für die Auslegung des § 102 Ziff. 1 C.P.O. kommt auch noch folgendes in Betracht. Der Gesetzgeber hat mit Rücksicht auf die großen Schwierigkeiten, denen die Einziehung von Gerichtskosten im Auslande oftmals unterliegt, für nötig gehalten, vorzuschreiben, daß Ausländer, die in Deutschland klagen, einen höheren Gerichtskostenvorschuß, als er von Inländern erfordert wird, zu erlegen haben, und von dessen Einzahlung regelmäßig den Beginn der beantragten gerichtlichen Thätigkeit abhängig gemacht. Von dieser Regel sind Ausnahmen gemacht worden, zum Teil mit Rücksicht auf die Natur der geltend gemachten Ansprüche oder des eingeschlagenen Prozeßverfahrens oder wegen des Unvermögens des Klägers, zum Teil aber auch in Berücksichtigung des Prinzips der Gegenseitigkeit. Dabei hat bei Aufstellung des Entwurfes des Gerichtskostengesetzes die Absicht bestanden, bei der zuletzt erwähnten Ausnahme „sich thunlichst an die Vorschriften der Civilprozeßordnung §§ 102. 103 anzuschließen" (Motive). Dementsprechend war der § 77 Abs. 1 des Entwurfes direkt dahin gefaßt:

„Ausländer, welche als Kläger auftreten, haben in den Fällen, in welchen von ihnen in Gemäßheit der § 102. 103 C.P.O. wegen der Prozeßkosten Sicherheitsleistung verlangt werden kann, das Dreifache des im § 73" (Gesetz § 81) „bestimmten Betrages als Vorschuß zu zahlen."

Zur Ergänzung und Erläuterung dieser Bestimmung war in Abs. 3 desselben Paragraphen vorgeschrieben:

„Zur Befreiung der Ausländer von den in Abs. 1 [und 2] bestimmten Verpflichtungen ist jedoch die Gegenseitigkeit (§ 102 Nr. 1 der Civilprozeßordnung) in der Befreiung des Deutschen von der Sicherstellung oder Zahlung der Gerichtskosten nachzuweisen und die Sicherung des Beklagten durch den unbestrittenen Anspruch des Klägers (§ 103 der Civilprozeßordnung) nicht zu berücksichtigen."

Die jetzige Fassung des § 85 G.K.G., der dem § 77 des Entwurfes entspricht, beruht auf den Beschlüssen der Reichstagskommission. Da von dieser ein schriftlicher Bericht nicht vorliegt, lassen sich die Gründe, durch welche sie bei ihren Vorschlägen geleitet worden ist, nicht unmittelbar nachweisen. Indes darf angenommen werden, daß sie nicht beabsichtigt hat, in Abweichung von dem Entwurfe die Befreiung des Ausländers von der Pflicht zur Erlegung eines erhöhten Gerichtskostenvorschusses anders zu gestalten, als die Befreiung desselben von der Leistung der Prozeßkostenkaution in §§ 102. 103 C.P.O. geregelt ist. Die Bestimmungen in § 85 Abs. 2 Ziff. 2. 3. 4. 5 G.K.G. sind wörtlich denen in § 102 Abs. 2 Ziff. 2. 3. 4. 5 C.P.O. entnommen, und auch die Fassung des § 85 Abs. 2 Ziff. 1 des ersteren Gesetzes ist offensichtlich der Bestimmung in § 102 Abs. 2 Ziff. 1 C.P.O. nachgebildet. Eine wörtliche Übereinstimmung war hier unmöglich, weil es sich beim Gerichtskostengesetz um eine Sicherung der Staatskasse, bei der Civilprozeßordnung um eine solche des Prozeßgegners handelt. Dies wollte der Entwurf durch den dritten Absatz des § 77 hervorheben; die Reichstagskommission aber, die augenscheinlich bestrebt war, durch Vermeidung einer Verweisung auf die §§ 102. 103 C.P.O. der in Frage stehenden Bestimmung des Gerichtskostengesetzes eine klarere und aus sich selbst leichter verständliche Fassung zu geben, mußte zur Hervorhebung des erwähnten Unterschiedes den § 85 Abs. 2 Ziff. 1 einigermaßen abweichend von § 102 Abs. 2 Ziff. 1 C.P.O. fassen. Dafür, daß sie habe weiter gehen, insbesondere den Ausländer von dem erhöhten Gerichtskostenvorschuß auch für einzelne Fälle habe befreien wollen, in denen er nach der erwähnten Vorschrift der Civilprozeßordnung dem Gegner kautionspflichtig sei, liegt nichts vor; insbesondere ist dafür auch kein innerer Grund ersichtlich. Die sich hiernach ergebende Auffassung, wonach die Bestimmung in § 85 Abs. 2 Ziff. 1 sich, was die Anwendung des Prinzips der Gegenseitigkeit anlangt, mit der in § 102 Abs. 2 Ziff. 1 C.P.O. decken soll, wird von der Königlich bayerischen und der Großherzoglich hessischen Regierung geteilt, wie sich aus deren Bekanntmachungen vom 26. Februar 1880, bezw. 28. Juni 1887 ergiebt.

Vgl. das bayerische Justizministerialblatt 1880 S. 61 flg. und das Amtsblatt des Großherzoglich hessischen Ministeriums des Inneren und der Justiz, Sektion für Justizverwaltung, 1887 Nr. 19.

Nun schreibt aber § 85 G.K.G. vor, der Ausländer solle von dem erhöhten Gerichtskostenvorschuß befreit sein, wenn nach den Gesetzen seines Heimatsstaates ein Deutscher im gleichen Falle „zu einer besonderen Vorauszahlung oder zu einer Sicherstellung der Gerichtskosten nicht verpflichtet sei". Der Gebrauch des Wortes „besonderen" weist aber deutlich darauf hin, daß die Befreiung des Ausländers nur dann nicht eintreten soll, wenn ein in dem betreffenden fremden Staate klagender Deutscher vermöge seiner Eigenschaft als Ausländer oder speziell als Deutscher an Gerichtskosten mehr vorauszahlen oder sicherstellen muß als der dort einheimische Kläger.

Liegt somit der Bestimmung des Gerichtskostengesetzes das Prinzip der sog. formellen Reziprozität zu Grunde, und darf nach dem oben Ausgeführten angenommen werden, daß dieses Gesetz insoweit von der Bestimmung in § 102 Abs. 2 Ziff. 1 C.P.O. nicht abweichen sollte, so erscheint es berechtigt, zurückschließend auch die letztere in dem von der vorigen Instanz vertretenen Sinne auszulegen.

Vgl. auch die Entscheidung des II. Civilsenates des Reichsgerichtes vom 29. September 1891 in Böhm's angezogener Zeitschrift Bd. 2 S. 294 flg.

Hiernach war die vom Beklagten eingelegte Revision zurückzuweisen." ...

---

110. Erfordernisse eines Versäumnisurteiles. Ist die dem Urteile vom Gerichte gegebene Bezeichnung dafür maßgebend, ob das Urteil als Versäumnisurteil anzusehen ist, oder nicht?

VI. Civilsenat. Urt. v. 26. Mai 1897 i. S. W.'sche Erben (Kl.) w. P. u. H. (Bekl.). Rep. VI. 14/97.

I. Landgericht Ratibor.
II. Oberlandesgericht Breslau.

Aus den Gründen:

„Im Termine vom 30. September 1895, in welchem das erstinstanzliche Urteil erlassen wurde, war von den beiden Beklagten nur H. durch einen Anwalt vertreten. Das Landgericht sah jedoch, wie die Urteilsgründe ergeben, den Beklagten P. gemäß § 59 C.P.O. als durch den nicht säumigen Mitbeklagten vertreten an, weil die Solidarverpflichtung der Beklagten ihnen gegenüber nur einheitlich festgestellt werden könne, und ließ demgemäß die von H. vorgebrachten Rechtsbehelfe auch als Rechtsbehelfe des P. gelten. Das Urteil erging dahin, daß die Beklagten solidarisch zur Zahlung von 637 *M* und Zinsen verurteilt wurden; ihre Widerklage wurde abgewiesen.

Die von P. eingelegte Berufung ist vom Berufungsgerichte dem klägerischen Antrage zuwider für zulässig erklärt worden. Die Revision greift diese Entscheidung an; der Angriff kann jedoch keinen Erfolg haben.

Das Berufungsgericht erachtet die Anwendung des § 59 C.P.O. im vorliegenden Falle für rechtsirrtümlich, die Berufung jedoch deshalb für zulässig, weil es auf die Bezeichnung ankomme, die der Richter dem Urteile gegeben habe, und hier das Urteil nicht als Versäumnisurteil bezeichnet sei. Das Gericht beruft sich für seine Meinung auf die in den Entsch. des R.G.'s in Civils. Bd. 8 S. 363 und bei Gruchot, Beiträge Bd. 36 S. 887 abgedruckten Urteile des Reichsgerichtes. Die „anscheinend" entgegenstehenden Urteile Bd. 28 S. 393 und Bd. 35 S. 345 der Entsch. des R.G.'s in Civils. bezieht das Berufungsgericht nur auf den Ehescheidungsprozeß.

Letzteres ist unrichtig. Beide Urteile erörtern die Frage, wann ein Versäumnisurteil als vorliegend anzusehen sei, von allgemeinen Gesichtspunkten und lassen den Inhalt des Urteiles entscheiden (vgl. insbesondere Bd. 35 S. 347). Beruht das Urteil auf der totalen Versäumnis der Partei und bringt deren Folgen — Zugeständnis und Ausschließung der Rechtsbehelfe der säumigen Partei — zur Verwirklichung, so ist es ein Versäumnisurteil, auch wenn es sich nicht als solches bezeichnet. Andererseits kann die Bezeichnung als Versäumnisurteil eine Entscheidung nicht zum Versäumnisurteil machen, wenn sie nicht die Elemente eines solchen enthält. Auf eben diesem

Standpunkte steht das vom Berufungsgerichte für seine Ansicht angezogene Urteil vom 6. November 1891,

Gruchot, Beiträge Bd. 36 S. 887.

Unzutreffend ist auch die Bezugnahme auf das Urteil vom 21. November 1882,

Entsch. des R.G.'s in Civils. Bd. 8 S. 360,

welches u. a. die Frage der Zulassung der Berufung gegen ein Zwischenurteil behandelt, das als Vorabentscheidung nach § 276 C.P.O. ergangen ist, wenn es als solche nicht hätte erlassen werden dürfen. Es wird dort ausgeführt (S. 363), daß dieser Umstand an der Thatsache nichts ändern könne, daß das Gericht ein Urteil im Sinne des § 276 habe erlassen wollen und erlassen habe. Diese Entscheidung stellt sich also auf den Boden, daß ein solches Urteil ein auf Grund des § 276 erlassenes Urteil in Wirklichkeit sei, wenn § 276 auch unrichtig angewendet sei. Daraus wird die Zulässigkeit der Berufung hergeleitet.

Allein die hiernach erforderliche Prüfung des landgerichtlichen Urteiles seinem Inhalte nach ergiebt, daß es kein Versäumnisurteil war. Es beruhte nicht auf der totalen Versäumnis des P.; dieser ist vielmehr für nicht säumig erachtet worden. Demgemäß sind die Folgen der totalen Versäumnis nicht gezogen worden. Daß P. mit denjenigen Rechtsbehelfen, die er für sich noch etwa hätte vorbringen können, thatsächlich ausgeschlossen ist, ist hier nicht als Folge der totalen Versäumnis zu betrachten; es ist damit dem P. gegenüber nur geschehen, was jeder nicht säumigen Partei gegenüber durch die Nichtberücksichtigung der nicht vorgebrachten Rechtsbehelfe geschieht.

Vgl. Entsch. des R.G.'s in Civils. Bd. 28 S. 396.

Da das Gericht die Voraussetzungen eines Versäumnisurteiles nicht für gegeben erachtete, so durfte es ein solches nicht erlassen, und das ergangene Urteil kann nicht deshalb als ein Versäumnisurteil angesehen werden, weil ein Versäumnisurteil hätte erlassen werden sollen. Die Berufung, und nur diese, war daher zulässig, wie umgekehrt nach § 303 C.P.O. nur der Einspruch zulässig ist gegen ein Urteil, das mit Unrecht totale Versäumnis einer Partei annimmt und darauf beruht.

In demselben Sinne hat sich das Reichsgericht bereits im Urteile vom 23. Dezember 1886 (abgedruckt in der Juristischen Wochenschrift von 1887 S. 38 Ziff. 8) ausgesprochen.

Hiermit ist freilich die Frage nicht erledigt, welche sonstigen Folgen etwa vom Berufungsgerichte daraus herzuleiten waren, daß ein kontradiktorisches Urteil nicht hätte erlassen werden sollen. Es konnte eine Zurückverweisung der Sache in die erste Instanz in Frage kommen. Allein ein Fall des § 500 C.P.O. lag nicht vor, und § 501 daselbst giebt dem Berufungsgerichte nur die Befugnis zur Zurückverweisung der Sache in dem dort erwähnten Falle. Darüber, ob § 501 auch auf den vorliegenden Fall zutrifft, bedarf es hier der Entscheidung nicht; keinesfalls war das Berufungsgericht genötigt, von der Befugnis Gebrauch zu machen, und es kann auch daraus kein Revisionsgrund hergenommen werden, daß sich das Gericht über die Gründe, weshalb es von der Befugnis keinen Gebrauch machte, nicht geäußert hat. Dazu lag umsoweniger Veranlassung vor, als der Berufungskläger P. eine Zurückverweisung — etwa in der Absicht, um seine Rechtsbehelfe noch in erster Instanz vorbringen zu können — hätte in Anregung bringen können, aber nicht angeregt hat. Demnach ist es für die Entscheidung des Revisionsgerichtes ohne Einfluß, ob das kontradiktorische Urteil in erster Instanz mit Recht, oder Unrecht erlassen ist; die Entscheidung muß in beiden Fällen dieselbe sein." ...

---

111. Findet der § 91 G.K.G. auch dann Anwendung, wenn bei Einforderung der nach § 94 Ziff. 1 daselbst fällig gewordenen Kosten bereits ein bedingtes Endurteil vorliegt, durch welches die Kosten unter den mehreren Beteiligten für den Fall, daß sie dieselben zu tragen haben, in einem anderen Verhältnisse als nach Kopfteilen verteilt sind?

VI. Civilsenat. Beschl. v. 21. Juni 1897 i. S. K. u. M. & Co. (Bekl.) w. Gr. v. E. Konkursm. (Kl.). Beschw.=Rep. VI. 133/97.

I. Kammergericht Berlin.

Gründe:

„Auf die Berufung der Beklagten ist am 20. Mai 1896 ein bedingtes Endurteil ergangen, in welchem die Kosten des Rechtsstreites für den Fall, daß der klägerische Konkursverwalter den von ihm er=

forderten Eid leistet, dem Beklagten K. zu vier Fünfteln, der verklagten Firma M. & Co. zu einem Fünftel, anderenfalles aber der klagenden Konkursmasse auferlegt sind. Die Revision der Beklagten wurde durch das Urteil vom 8. Februar 1897 zurückgewiesen. In dem Läuterungsurteil vom 3. April 1897 hat das Kammergericht darauf nach Ableistung des Eides die für diesen Fall bestimmte Kostenfolge ausgesprochen.

In der Zwischenzeit, und zwar am 2. März 1897, ist auf Grund des § 94 Ziff. 1 G.K.G. die Kostenrechnung aufgestellt, gegen welche sich die Erinnerung der Firma M. & Co. richtet. Die Erinnerung betrifft nicht die Höhe der Ansätze, sondern die Einforderung der Hälfte der fällig gewordenen Kosten von der genannten Firma und stützt sich darauf, daß durch das bedingte Urteil zur Zeit der Einforderung bereits festgestanden habe, daß die Firma M. & Co. in keinem Falle mehr als ein Fünftel der Kosten zu tragen habe. Das Kammergericht ist in dem jetzt vom Oberstaatsanwalt namens der Staatskasse angefochtenen Beschluß vom 14. April 1897 der Erinnerung beigetreten und hat angeordnet, daß die bezüglichen Kosten von den beiden Beklagten nicht, wie geschehen, zur Hälfte, sondern zu einem Fünftel von der Firma M. & Co. und zu vier Fünfteln vom Kaufmanne K. einzufordern sind.

Die Beschwerde erscheint begründet. Das zur Zeit der Fälligkeit der Kosten vorliegende bedingte Endurteil enthielt noch keine Entscheidung im Sinne der §§ 86. 91 G.K.G. Es waren dadurch den Beklagten die Kosten noch nicht endgültig auferlegt, und die Staatskasse war noch nicht in der Lage, nach Maßgabe jenes Urteiles die Kosten zu erheben, wie sich bezüglich des Beklagten K. von selbst ergiebt. Die Anordnung des Kammergerichtes kann, insoweit sie sich auf diesen Beklagten bezieht, nur darauf beruhen, daß inzwischen das Läuterungsurteil erlassen, und K. nunmehr endgültig in vier Fünftel der Kosten verurteilt war. Vor Erlaß des Läuterungsurteiles, zu der Zeit, wo die Kosten fällig wurden, konnten von K. keinesfalls mehr als die halben Kosten nach § 91 G.K.G. erfordert werden. Als Schuldner der anderen Hälfte war daher nach eben dieser Bestimmung die Firma M. & Co. zu betrachten. Die Annahme, daß auf diese Beklagte der angeführte § 91 keine Anwendung finde, weil das bedingte Endurteil habe ersehen lassen, daß ihr im Läuterungsurteile im ungünstigen Falle eine geringere Quote als die Hälfte der Kosten werde auferlegt werden, hat keine gesetzliche Grundlage; sie würde dahin führen, daß ein Teil der nach § 94 Ziff. 1 G.K.G. bereits fälligen Kosten (drei Zehntel) bis zum Erlaß des Läuterungsurteiles nicht hätte eingefordert werden können, was dem Gesetze nicht entsprechen würde.

Da auch der nachträgliche Erlaß des Läuterungsurteiles an der einmal eingetretenen Verpflichtung der Firma M. & Co. zur Bezahlung der Hälfte der Kosten nichts geändert hat, so war auf die Beschwerde des Oberstaatsanwaltes der angefochtene Beschluß aufzuheben, und die Erinnerung zurückzuweisen."

---

112. Wird eine einstweilige Verfügung, durch welche der Partei persönlich eine Handlung oder Unterlassung bei Strafe aufgegeben wird, rechtlich wirksam, wenn sie dem (für den Hauptprozeß bestellten) Prozeßbevollmächtigten der Partei zugestellt ist?

III. Civilsenat. Beschl. v. 7. Juli 1897 i. S. St. (Kl.) w. W. (Bekl.). Beschw.-Rep. III. 140/97.

I. Oberlandesgericht Jena.

In einem zwischen dem Rentner S. in Weimar, als Kläger, und dem Rittergutspachter W. in U. bei Weimar, als Beklagtem, wegen Erfüllung eines Fischereipachtvertrages anhängigen Prozesse war, während derselbe in der Berufungsinstanz schwebte, vom Oberlandesgerichte auf den Antrag des Beklagten unterm 12. Mai 1897 eine einstweilige Verfügung erlassen worden, durch welche, wenn Beklagter eine Sicherheit in Höhe von 100 ℳ leiste, dem Kläger die Ausübung der Fischerei in dem streitigen Fischwasser bei einer Strafe vom 30 ℳ für jeden Zuwiderhandlungsfall untersagt wurde. Diese Verfügung wurde am 14., und der Nachweis der Sicherheitsleistung, mit dem die Verfügung vollziehbar wurde, am 18. Mai dem zweitinstanzlichen Prozeßbevollmächtigten des Klägers, Rechtsanwalt J. in Jena, zugestellt. Da der Kläger gleichwohl am 19. Mai abends gegen 6 Uhr, sowie am 20. und 21. Mai weiter fischen ließ, so beantragte der Beklagte, ihn in die angedrohte Strafe zu verurteilen. Der Kläger, hierüber gehört, machte geltend, daß die einstweilige Verfügung ihm persönlich erst am Abend des 21. Mai zugestellt und erst am 22. Mai von ihm gelesen, darauf aber die Fischerei alsbald von ihm eingestellt worden sei. Das Oberlandesgericht verwarf im wesentlichen diese Entschuldigung und verurteilte den Kläger wegen der am 19., 20. und 21. Mai bewirkten Ausübung der Fischerei zu einer Strafe von zusammen (3 × 30 =) 90 ℳ.

Die vom Kläger hiergegen eingelegte sofortige Beschwerde wurde vom Reichsgerichte zurückgewiesen aus folgenden

Gründen:

„Es ist dem Oberlandesgerichte darin beizutreten, daß die einstweilige Verfügung vom 12. Mai 1897 und die darin enthaltene Strafandrohung dem Kläger gegenüber bereits mit der seinem Prozeßbevollmächtigten zweiter Instanz am 14. und 18. Mai 1897 geschehenen Zustellung der erwähnten Verfügung sowie des Nachweises erfolgter Sicherheitsleistung wirksam wurde, und daß sich daher der Kläger auf eine ihm persönlich erst am 21. oder 22. Mai 1897 gewordene Kenntnis von jener Verfügung nicht berufen kann.

Was zunächst die Ordnungsmäßigkeit der erwähnten Zustellung betrifft, so mag dahingestellt bleiben, ob dieselbe in dem vorliegenden, als Inzidentstreit zu dem Hauptprozesse hinzutretenden und nicht zur „Instanz" im Sinne von § 163 C.P.O. gehörigen, Verfahren nach § 162 C.P.O. an den Prozeßbevollmächtigten des Klägers geschehen mußte, wie der vorige Richter annimmt;[1] jedenfalls konnte sie rechtsgültig an den Vertreter erfolgen, da nach § 78 C.P.O. die Vollmacht für den Hauptprozeß auch die Vollmacht für das eine einstweilige Verfügung betreffende Verfahren umfaßt. Jene Zustellung aber mußte der Kläger gegen sich gelten lassen, als ob sie an ihn selbst erfolgt wäre, auch wenn die zugestellte Verfügung (wie z. B. auch die Ladung zu einem Schwörungstermin) eine ihm persönlich obliegende Handlung, bezw. Unterlassung erforderte.

Vgl. Motive zur Civilprozeßordnung S. 149. 150; Entscheidung des jetzt erkennenden Senates bei Rassow u. Küntzel, Beiträge Bd. 37 S. 425.

[1] Vgl. Bd. 15 dieser Sammlung Nr. 124 S. 429. D. R.

Allerdings konnte er die Verurteilung in die angedrohte Strafe durch den Nachweis abwenden, daß er ohne eigenes oder seines Anwaltes Verschulden durch unabwendbare Hindernisse in der Zeit von der Zustellung des Nachweises der Sicherheitsleistung an letzteren bis zu der für straffällig erachteten Ausübung der Fischerei von dem (rechtswirksam gewordenen) Fischereiverbot keine Kenntnis habe erhalten können.[1] Allein eine derartige Entschuldigung steht dem Kläger hier nicht zur Seite; vielmehr muß nach den in Betracht kommenden räumlichen Entfernungen und Verkehrsverhältnissen angenommen werden, daß der Kläger von der am 18. Mai seinem Anwalte gewordenen Zustellung und der damit eingetretenen Wirksamkeit der Verfügung vom 12. Mai recht wohl bis zu der am 19. Mai abends 6 Uhr erfolgten Fischereiausübung Kenntnis erhalten konnte, zumal diese Sachlage seit der bereits am 14. Mai erfolgten Zustellung der mehrerwähnten Verfügung zu erwarten war." ...

---

113. Unter welchen Voraussetzungen findet der § 774 C.P.O. Anwendung, wenn der Schuldner zur Vornahme der Handlung der Mitwirkung einer Behörde bedarf?

V. Civilsenat. Beschl. v. 26. Mai 1897 i. S. S. (Kl.) w. Sch. u. Gen. (Bekl.). Beschw.-Rep. V. 75/97.

I. Landgericht Dortmund.
II. Oberlandesgericht Hamm.

Gründe:

„Der Begründung des Beschwerdegerichtes, mit welcher die Nichtanwendbarkeit des § 774 C.P.O. damit gerechtfertigt wird, daß die Vornahme der Handlung, zu welcher die Beklagten durch das Urteil vom 4. Juli 1895 verurteilt sind, nicht ausschließlich von dem Willen des Beklagten F. Sch. abhänge, weil dazu auch die Mitwirkung einer Behörde erforderlich sei, kann in dieser Allgemeinheit nicht beigetreten

---

[1] Vgl. Bd. 36 dieser Sammlung Nr. 107 S. 417. D. R.

werden. Hat die vom Schuldner angegangene Behörde im regelmäßigen Geschäftsgange den bei ihr gestellten Antrag, sei es mit, sei es ohne Zuziehung und Beteiligung des Schuldners oder eines Dritten, zu erledigen, so hängt allerdings von dieser Erledigung die Vornahme der Handlung ab. Aber dadurch wird die letztere nicht dem ausschließlichen Willen des Schuldners entzogen; denn wenn dieser den Antrag bei der Behörde stellt, so kann er auf die Mitwirkung der Behörde rechnen, falls der Antrag an sich berechtigt und mit den erforderlichen Unterlagen versehen ist. Wäre dies nicht anzunehmen, so könnte der Schuldner sich der Vornahme der ihm auferlegten Handlung dadurch entziehen, daß er die Stellung des Antrages bei der Behörde unterläßt. Erst dann, wenn die Behörde auf den substantiierten Antrag die Entscheidung ablehnt oder Schwierigkeiten macht, und wenn auch im Beschwerdeverfahren die Erledigung des Antrages nicht zu erreichen ist, kann angenommen werden, daß die Vornahme der Handlung nicht ausschließlich von dem Willen des Schuldners abhängt. Läßt sich die Angelegenheit von der Behörde antragsmäßig erledigen, so kommt es nur auf den Willen des Schuldners an, daß die Behörde mit der Angelegenheit befaßt wird, und unterläßt oder verzögert der Schuldner ungebührlich, die Mitwirkung der Behörde anzurufen, so liegt der Fall des § 774 C.P.O. vor, und der Schuldner muß durch Geldstrafen zur Erfüllung der ihm auferlegten Pflicht angehalten werden. Eine allgemein gültige Regel dafür läßt sich nicht aufstellen, wann der § 774 a. a. O. zur Anwendung zu bringen sei; es muß vielmehr im einzelnen Falle nach Lage der Sache beurteilt werden, ob der Schuldner imstande ist, unter Mithilfe der Behörde die von ihm vorzunehmende Handlung auszuführen, oder nicht. Das Beschwerdegericht hatte deshalb zu untersuchen, ob der Beklagte F. Sch. rechtzeitig alles gethan hat, um die betreffenden Erbbescheinigungen zu beschaffen, und ob hierzu die ihm gestellte Frist ausreichte. Ergiebt sich hierbei eine Pflichtversäumnis desselben, so erscheint die Androhung und spätere Festsetzung der Geldstrafe gerechtfertigt. Und nur wenn sich zeigt, daß die Unterlassung der Handlung nicht durch die Säumigkeit des Schuldners veranlaßt, sondern daß der Grund dafür in der Sache selbst oder in dem Verhalten der Behörden zu finden ist, kann Veranlassung vorliegen, die Beschlüsse des ersten Richters aufzuheben. Da das Beschwerdegericht die Sache in dieser Weise bisher nicht geprüft hat, muß sie ihm zur Nachholung des Unterlassenen und zur anderweitigen Entscheidung wieder unterbreitet werden."

---

114. Zur Begrenzung des Anwendungsgebietes des § 774 Abs. 1 C.P.O. Liegt eine ausschließlich vom Willen des Schuldners abhängige Handlung dann nicht vor, wenn sich die Handlung als die Schaffung eines Geistesproduktes darstellt?

VI. Civilsenat. Beschl. v. 8. Juli 1897 i. S. W. Konkursverw. (Kl.) w. E. (Bekl.). Beschw.-Rep. VI. 144/97.

I. Landgericht II Berlin.
II. Kammergericht daselbst.

Gründe:

„Die offene Handelsgesellschaft A. W. beantragte gegen den Chemiker Dr. C. L. E. den Erlaß einer einstweiligen Verfügung, durch welche diesem unter anderem aufgegeben werden sollte, ihr das Manuskript, enthaltend die Darstellung des von ihm erfundenen Verfahrens in allen seinen Teilen, betreffend die Herstellung von Spiegeln aller Sorten, im Couvert versiegelt zu übergeben.

Im Verhandlungstermine vom 10. Februar 1897 verglichen sich die Parteien dahin, daß der Beklagte sich verpflichtete, in Gemeinschaft mit der Klägerin bis spätestens zum 15. März 1897 das Manuskript über das Verfahren gemäß § 9 des zwischen den Parteien bestehenden Vertrages versiegelt bei der Reichsbank zu deponieren, woselbst es liegen solle, bis beide Parteien in die Herausgabe willigen, oder die Klägerin unter Nachweis des Todes des Beklagten die Herausgabe beantrage.

Nachdem über das Vermögen der offenen Handelsgesellschaft A. W. der Konkurs eröffnet worden, hat der Konkursverwalter am 9. April 1897 den Antrag gestellt, zu erkennen, daß der Beklagte zur Erfüllung der übernommenen Verpflichtung durch Haft anzuhalten sei, worauf nach Anhörung des Beklagten ... der Beschluß des Landgerichtes erging, durch welchen auf Grund der §§ 774. 776 C.P.O. und § 15 K.O. angeordnet wurde,

daß der Beklagte zur Vornahme der durch den Vergleich vom 10. Februar 1897 übernommenen Handlung, nämlich „in Gemeinschaft mit der Klägerin, jetzt mit deren Konkursverwalter B., das Manuskript über das von dem Beklagten für die Spiegelfabrikation erfundene Verfahren versiegelt bei der Reichsbank zu deponieren", zunächst durch Geldstrafe von 500 ℳ anzuhalten ist.

Auf die sofortige Beschwerde des Beklagten hat jedoch das Kammergericht in dem jetzt vom Konkursverwalter mit der weiteren Beschwerde angefochtenen Beschluß ... den landgerichtlichen Beschluß aufgehoben und den Antrag vom 9. April 1897 abgewiesen. Die Entscheidung ist damit begründet, daß das fragliche Manuskript unstreitig noch nicht hergestellt sei, und daß die schriftliche Darstellung und Klarstellung der Erfindung des Schuldners für die Spiegelfabrikation die Schaffung eines Geistesproduktes enthalte und dadurch außerhalb des Rahmens derjenigen Handlungen liege, welche ausschließlich vom Willen des Schuldners abhängen.

Die weitere Beschwerde erscheint begründet. Das fragliche Manuskript soll in einer beschreibenden Darstellung der vom Schuldner gemachten Erfindung bestehen. Es handelt sich daher lediglich um eine Auskunft, deren Erteilung nach § 774 C.P.O. mit Geldstrafe oder Haft erzwungen werden kann. Die Schaffung eines neuen, selbständigen Erzeugnisses wird vom Schuldner nicht verlangt, und die bei der Beschreibung der Erfindung aufzuwendende geistige Thätigkeit macht den § 774 nicht unanwendbar, wenn sie auch gewisse technische und wissenschaftliche — chemische — Kenntnisse voraussetzt. Ohne Aufwendung geistiger wie körperlicher Thätigkeit giebt es überhaupt keine menschliche Handlung. Nicht minder würde, wenn man als Erfordernis für die Anwendung des § 774 aufstellen wollte, daß die Handlung von der Art ist, um ohne den Besitz irgend welcher Fertigkeiten und Kenntnisse vorgenommen werden zu können, kaum ein Anwendungsgebiet für den § 774 übrig bleiben. Jedenfalls müßten dann diejenigen Handlungen, auf deren Erzwingung durch Geldstrafe und Haft das Gesetz im § 774 hauptsächlich abzielt, wie die Legung einer schriftlichen Rechnung oder eines Inventars, von dem Zwange ausgeschlossen werden. Ein Unterschied, je nachdem die erforderlichen

Fertigkeiten und Kenntnisse nur elementarer Natur, oder von höherer Art sind, läßt sich nicht machen. In dem einen, wie in dem anderen Falle hängt die Handlung mindestens dann ausschließlich vom Willen des Schuldners ab, wenn er die erforderlichen Fertigkeiten und Kenntnisse besitzt, wie dies hier unzweifelhaft der Fall ist.

Allerdings wollen die Motive, während sie unter anderem die Rechnungslegung für eine nach § 774 erzwingbare Handlung erklären, dessen Anwendung andererseits dann nicht zulassen, wenn besondere Fähigkeiten zu der Handlung gehören, weil „die Anwendung irgend einer besonderen Fähigkeit als ausschließlich von dem Willen des Schuldners abhängig nicht angesehen werden kann". Besondere Fähigkeiten sind aber wohl zu unterscheiden von solchen Fertigkeiten und Kenntnissen, zu deren Erwerbung nur ein Durchschnittsmaß von Fähigkeiten gehört. Eine besondere Fähigkeit mag der Schuldner im vorliegenden Falle zur Erfindung anzuwenden gehabt haben; es bedarf deren aber nicht zur Beschreibung der Erfindung. Wenn aus dem wiedergegebenen Satze der Motive als deren Meinung gefolgert werden könnte, daß keine Handlung, die mehr als bloßen Willen zu ihrer Vornahme erfordert, „ausschließlich" vom Willen des Schuldners abhänge, so würde diese Ansicht zu weit gehen. Der Besitz der nötigen persönlichen, physischen wie geistigen, Kräfte ist Voraussetzung jeder Handlung. Die Motive bemerken weiter, es werde sich nie mit Gewißheit feststellen lassen, daß der Schuldner die bei der Handlung anzuwendenden besonderen Fähigkeiten hat; er werde den Mangel derselben durch ungenügende Ausführung der erzwungenen Handlung darthun. Damit ist auf den wahren Grund hingewiesen, weshalb Handlungen, die nur bei nicht gewöhnlichen Eigenschaften und Fähigkeiten mit dem verlangten Erfolge vorgenommen werden können, den Zwangsmitteln des § 774 nicht unterworfen sein können, daß nämlich das Vorhandensein solcher außergewöhnlichen Eigenschaften und Fähigkeiten sich nicht mit der hier erforderlichen Gewißheit feststellen läßt, und daß eben deshalb deren Anwendung der Einwirkung durch die Zwangsmittel des § 774 entzogen ist. Dies gilt aber nicht von Handlungen, die nur ein gewöhnliches Maß von Fähigkeiten erfordern.

Hiernach war der Beschluß des Kammergerichtes aufzuheben." ...

115. Darf zu der über einen schriftlichen Antrag angeordneten mündlichen Verhandlung auch von dem Gegner des Antragstellers geladen werden?

C.P.O. § 191.

V. Civilsenat. Beschl. v. 18. September 1897 i. S. H. (Bekl.) w. A. Ehel. (Kl.). Beschw.-Rep. V. 137/97.

I. Landgericht Ostrowo.
II. Oberlandesgericht Posen.

Gründe:

„Die Kläger haben am 14. Juli 1897 beim Landgerichte beantragt, den Beklagten wegen zweimaliger Zuwiderhandlung gegen das auf ihren Antrag durch einstweilige Verfügung vom 5. Juli 1897 gegen ihn erlassene Bauverbot gemäß § 775 C.P.O. in eine Geldstrafe von 1000 ℳ zu nehmen. Der zur schriftlichen Erklärung über diesen Antrag aufgeforderte Beklagte bestritt in einer Eingabe vom 21. Juli die ihm zur Last gelegten Zuwiderhandlungen und beantragte, den Strafantrag der Kläger nach vorgängiger mündlicher Verhandlung zurückzuweisen und die Kläger in die Kosten zu verurteilen. Durch Beschluß vom 23. Juli ordnete dann das Landgericht mündliche Verhandlung über den Antrag der Kläger vom 14. Juli an. Der Beklagte lud die Kläger zur mündlichen Verhandlung durch Schriftsatz vom 28. Juli, und das Landgericht beraumte darauf den Verhandlungstermin auf den 11. August an. In diesem Termine blieben die Kläger unvertreten, und wurde auf Antrag des Beklagten der Beschluß verkündet, daß der Antrag der Kläger vom 14. Juli als unbegründet auf Kosten der Kläger zurückgewiesen werde. Auf sofortige Beschwerde der Kläger hat das Oberlandesgericht diesen Beschluß aufgehoben unter Niederschlagung der Gerichtsgebühren und Verurteilung des Beklagten in die sonst erwachsenen Kosten. Gegen diesen Beschluß des Oberlandesgerichtes vom 27. August richtet sich die weitere sofortige Beschwerde des Beklagten, die rechtzeitig erhoben ist und auch als begründet erachtet werden muß.

Das Oberlandesgericht hat die Aufhebung des landgerichtlichen Beschlusses mit der Ausführung begründet, daß der Beklagte nicht berechtigt gewesen sei, die Kläger zu einer mündlichen Verhandlung über den Strafantrag zu laden. Die Regel des § 191 C.P.O., wonach jede Partei laden dürfe, beziehe sich nach ihrem Wortlaute nur auf die anhängige Hauptsache oder einen Zwischenstreit; darum handele es sich aber hier nicht, wo nur ein die Zwangsvollstreckung betreffendes Verfahren in Frage stehe, in welchem das Landgericht durch Anordnung der mündlichen Verhandlung den Strafantrag zunächst abgelehnt habe. Eine Rechtshängigkeit bestehe hier daher nicht, und allein die Kläger, als Antragsteller, hätten das Verfahren durch eine Ladung des Beklagten wieder in Gang bringen können. Somit beruhe der Beschluß des Landgerichtes auf einem den gesetzlichen Vorschriften nicht entsprechenden Verfahren.

Es ist allerdings bestritten, ob in den Fällen der sog. fakultativen mündlichen Verhandlung, wenn das Gericht die mündliche Verhandlung anordnet, der Termin von Amts wegen anzuberaumen und den Parteien bekannt zu geben sei, oder ob Parteibetrieb stattfinde. Folgt man der ersteren Ansicht, so ist die angefochtene Entscheidung nicht haltbar; denn wenn das Landgericht von Amts wegen den Termin der Verhandlung anzuberaumen und den Parteien bekannt zu geben hatte, so durfte es diese zunächst unterlassenen Handlungen auch nachholen, und es würde dann eine solche Nachholung darin zu finden sein, daß es dem Ladungsantrage des Beklagten stattgab. Aber auch wenn man annimmt, daß wenigstens dann Parteibetrieb stattfinde, wenn es sich nicht um eine von Amts wegen zu ordnende Angelegenheit, sondern um die Entscheidung auf einen Parteiantrag handelt, wie hier, läßt sich jedenfalls unter den vorliegenden Umständen der Ansicht des Oberlandesgerichtes nicht beitreten. Das Oberlandesgericht geht davon aus, daß der Strafantrag der Kläger dadurch, daß das Landgericht, statt ihm schriftlich stattzugeben, mündliche Verhandlung anordnete, als zunächst abgelehnt und damit als erledigt angesehen werden müsse, mithin noch gar nicht rechtshängig geworden sei. Diese Auffassung läßt sich jedoch nur für den Fall verteidigen, wenn der Antrag dem Gegner noch nicht mitgeteilt worden ist; denn solange dies nicht geschehen ist, kann von einem Streite der Parteien darüber keine Rede sein, und folglich auch kein Recht des Gegners bestehen, den Streit durch eine Ladung zur Verhandlung der Erledigung zuzuführen. Dies ändert sich aber, wenn der Antrag dem Gegner zur Erklärung mitgeteilt wird, wie es hier geschehen ist.

Dann hat der Gegner so gut einen Anspruch auf Entscheidung wie der Antragsteller selbst; er hat daran auch meistens das Interesse, daß ihm schon Kosten durch seine Erklärung auf den Antrag erwachsen sind, und daß er wissen muß, wie er sein von dem Antragsteller als strafbar bezeichnetes Verhalten künftig einrichten soll. Ordnet nun das Gericht mündliche Verhandlung an, so muß der Gegner so gut wie der Antragsteller berechtigt sein, diese durch Ausbringung der Ladung herbeizuführen. Anderenfalls entständen bei einer fortgesetzten Säumigkeit des Antragstellers in Ausbringung der Ladung auch praktische Schwierigkeiten und Unzuträglichkeiten dadurch, daß der Antragsteller nicht direkt zur Ladung gezwungen werden kann. Dann würde dem Anspruche des Gegners auf eine Entscheidung des anhängig gewordenen Streites schließlich nur auf dem Wege genügt werden können, daß das Gericht den Beschluß auf mündliche Verhandlung wieder aufhöbe und auf Grund der bereits für ungenügend erklärten Aktenlage, also mutmaßlich zu Ungunsten des Antragstellers, entschiede.

Aus diesen Gründen hat die Entscheidung des Oberlandesgerichtes nicht gebilligt werden können. Der angefochtene Beschluß war deshalb aufzuheben. Da das Oberlandesgericht in sachlicher Beziehung noch nicht über die Beschwerde der Kläger gegen den landgerichtlichen Beschluß vom 11. August befunden hat, erschien es angemessen, die Sache an das Oberlandesgericht zurückzuverweisen und die Entscheidung über die Kosten dieser Instanz der Endentscheidung vorzubehalten."

---

116. Kann für den Zahlungsbefehl im Mahnverfahren gegen mehrere Personen, welche bei verschiedenen Gerichten ihren allgemeinen Gerichtsstand haben, das zuständige Gericht durch das zunächst höhere Gericht gemäß § 36 Ziff. 3 C.P.O. bestimmt werden?

IV. Civilsenat. Beschl. v. 20. September 1897 i. S. K. (Gläubigers) w. K. u. Gen. (Schuldner). Gerichtsstandsbestimmungs-Rep. IV. 286/97.

Dem Antrage auf Bestimmung des zuständigen Gerichtes für einen im Mahnverfahren zu erlassenden Zahlungsbefehl wegen 400 ℳ

Darlehn gegen mehrere Schuldner, welche im Bezirke verschiedener Oberlandesgerichte ihren Wohnsitz haben, ist stattgegeben worden.

Gründe:

„Das Reichsgericht hat durch den auch jetzt entscheidenden IV. Civilsenat in dem Beschlusse vom 13. April 1891,

Entsch. des R.G.'s in Civils. Bd. 27 S. 404,

die Ansicht vertreten, daß für den Zahlungsbefehl im Mahnverfahren gegen mehrere Personen, welche bei verschiedenen Gerichten ihren allgemeinen Gerichtsstand haben, das zuständige Gericht durch das zunächst höhere Gericht gemäß § 36 Ziff. 3 C.P.O. nicht bestimmt werden könne. Die Ansicht wird darauf gestützt, daß das Mahnverfahren keinen Rechtsstreit hervorbringe, den Schuldner, an welchen der Zahlungsbefehl erlassen werde, nicht zu einem Beklagten mache und unter mehreren Schuldnern keine Streitgenossenschaft begründe, vielmehr wesentlich nur den Zweck habe, für unstreitige Ansprüche einen Titel zur Zwangsvollstreckung zu schaffen.

Bei nochmaliger Prüfung hat indes an dieser Ansicht nicht festgehalten werden können.

Denn das Mahnverfahreu verfolgt den Zweck, einen Anspruch des angeblichen Gläubigers auf Zahlung einer bestimmten Geldsumme oder auf Leistung einer bestimmten Quantität anderer vertretbarer Sachen oder Wertpapiere gegen den angeblichen Schuldner, welcher den Anspruch bestreitet oder doch nicht befriedigt, auf dem von der Civilprozeßordnung in den §§ 628 flg. geordneten Wege zur gerichtlichen Feststellung und nötigenfalls zur Verwirklichung zu bringen. Es handelt sich daher bei dem Mahnverfahren nicht um Geschäfte der freiwilligen Gerichtsbarkeit, sondern um Angelegenheiten, welche die Verfolgung privatrechtlicher Ansprüche der einen Person gegen die andere mittels eines Verfahrens betreffen, welches durch die Civilprozeßordnung ausdrücklich geregelt wird, und welches in einer gerichtlichen Entscheidung (dem Zahlungsbefehle und erforderlichenfalls auch dem Vollstreckungsbefehle) gipfelt. Das Mahnverfahren ist deshalb als eine „Rechtsstreitigkeit" (§ 13 G.V.G., § 3 Abs. 1 Einf.-Ges. zur C.P.O.) zu betrachten. Mit diesem Begriffe ist aber der Ausdruck „Rechtsstreit" im § 36 Ziff. 3 C.P.O. gleichlautend.

Vgl. Planck, Lehrbuch des Civilprozeßrechts Bd. 1 S. 26. 27; Drechsler im Archiv für die civilistische Praxis Bd. 62 S. 417. 418.

Die Parteien dieser Rechtsstreitigkeit werden in der Civilprozeßordnung als „Gläubiger" und „Schuldner" bezeichnet. Es steht jedoch nichts entgegen, ihnen auch die Bezeichnung als „Kläger" und „Beklagter" beizulegen. Denn diejenige Person, welche in einer Rechtsstreitigkeit einen privatrechtlichen Anspruch gegen eine andere Person betreibt, ist ein Kläger, und diese andere Person ein Beklagter. Ob die Rechtsstreitigkeit in den Formen des ordentlichen Verfahrens, oder in den außerordentlichen Formen des Mahnverfahrens sich abspielt, macht dabei keinen Unterschied.

Vgl. Planck, a. a. O. S. 199. 200. 207.

Daraus folgt weiter, daß auch im Mahnverfahren eine „Streitgenossenschaft" auf seiten der Gläubiger oder der Schuldner vorhanden sein kann (§§ 56 flg. C.P.O.).

Die Anwendbarkeit des § 36 Ziff. 3 C.P.O. auf das Mahnverfahren läßt sich daher mit Grund nicht beanstanden. Denn auch der noch nicht hervorgehobene Umstand, daß der Gerichtsstand des Mahnverfahrens ein ausschließlicher ist, bildet, wie das Reichsgericht bereits entschieden hat, für diese Anwendbarkeit kein Hindernis.

Vgl. Entsch. des R.G.'s in Civils. Bd. 36 S. 347."

---

117. Zur Auslegung der §§ 575 Abs. 2. 584 C.P.O.

IV. Civilsenat. Beschl. v. 20. September 1897 i. S. St. Ehefr. (Kl. u. Berufungsbekl.) w. St. (Bekl. u. Berufungskl.). Beschw.-Rep. IV. 170/97.

I. Oberlandesgericht Königsberg i. Pr.

Auf die Beschwerde der Klägerin und Berufungsbeklagten ist vom Reichsgerichte ein Beschluß des Berufungsgerichtes, durch welchen der Antrag der Klägerin, den Beklagten im Wege einstweiliger Verfügung anzuhalten, an sie gewisse Betten, Wäsche und Kleidungsstücke zum Gebrauche für sie und das bei ihr befindliche Kind herauszugeben, auf Grund der §§ 575. 584 C.P.O. zurückgewiesen worden war, aufgehoben,

„in Erwägung,

daß die angezogenen Vorschriften der Civilprozeßordnung dem Antrage der Klägerin nicht entgegenstehen, indem nach § 575 nur die Verbindung der Ehescheidungsklage mit vermögensrechtlichen Ansprüchen infolge der Scheidung verboten ist (vgl. Motive S. 364), während es sich vorliegend um Herausgabe von Sachen zur Ermöglichung des der Klägerin gestatteten Getrenntlebens während des Scheidungsprozesses handelt, und der § 584 die Anträge auf Gestattung des Getrenntlebens und auf Entrichtung von Alimenten nur insbesondere erwähnt,

daß danach die Beschwerde begründet ist, und der angefochtene Beschluß der Aufhebung unterliegt." ...

---

118. Kann im Falle des § 240 Ziff. 3 C.P.O. der statt des ursprünglich geforderten Gegenstandes auf das Interesse gerichtete Klaganspruch noch in der Berufungsinstanz erhoben werden, obgleich dem Kläger schon im Laufe der ersten Instanz die eingetretene Veränderung bekannt geworden ist?

II. Civilsenat. Urt. v. 1. Oktober 1897 i. S. K. (Kl.) w. Gl. u. Gen. (Bekl.). Rep. II. 170/97.

I. Landgericht I Berlin.
II. Kammergericht daselbst.

Gründe:

„Das Berufungsgericht hat mit Recht den in der Berufungsinstanz erhobenen Anspruch des Klägers, soweit er auf unerlaubte Handlung der Beklagten und Verstoß gegen die §§ 288. 257. 259 des Reichsstrafgesetzbuches gestützt worden ist, als einen nach §§ 489. 491 Abs. 2 C.P.O. unzulässigen neuen Anspruch angesehen, da derselbe in erster Instanz nicht erhoben worden war.

Soweit aber die mit dem neuen Antrage gestellte Forderung auf Zahlung von 30000 ℳ auf den bereits in erster Instanz geltend gemachten Anfechtungsanspruch gegründet wird, liegt eine Änderung des Klaggrundes nicht vor, und fragt es sich zunächst, ob auch im übrigen die Voraussetzungen des § 240 Ziff. 3 C.P.O. gegeben sind.

Diese Bestimmung läßt ausnahmsweise zu, daß statt des ursprünglich geforderten Gegenstandes wegen einer später eingetretenen Veränderung ein anderer Gegenstand oder das Interesse gefordert werde. In dem Urteile des erkennenden Senates vom 16. Mai 1890,

Entsch. des R.G.'s in Civils. Bd. 26 S. 385,

ist ausgesprochen, daß das Wort „später" sich auf die erhobene Klage bezieht, daß es aber nicht lediglich auf die Zeit des objektiv eingetretenen verändernden Ereignisses, sondern auch auf die Zeit der erlangten Kenntnis des Klägers von diesem Ereignisse ankomme, daß sonach auch eine bereits vor Anstellung der Klage eingetretene Veränderung, welche aber erst nach der Klagerhebung zur Kenntnis des Klägers gekommen ist, den letzteren berechtigt, einen anderen Gegenstand oder das Interesse zu fordern. Im vorliegenden Falle hat nun das Berufungsgericht festgestellt, daß die Veränderung, nämlich die Cession der Grundschuld an M. und die Ausantwortung des Grundschuldbriefes an denselben, bereits vor Anstellung der Klage eingetreten ist, daß jedoch eine Kenntnis des Klägers von diesem Ereignisse nur als nach Erhebung der Klage erfolgt erwiesen erscheine.

Hiernach lagen gemäß den Ausführungen des erwähnten Urteiles des Reichsgerichtes, an dessen Grundsätzen festzuhalten ist, die Voraussetzungen des § 240 Ziff. 3 vor, indem Kläger, weil durch das erwähnte Ereignis sein ursprüngliches Klagbegehren, welches die Löschung der Grundschuld im Grundbuche zum Ziele hatte, hinfällig wurde, nunmehr, ohne den auf dem Anfechtungsanspruche beruhenden Klaggrund zu ändern, gegen den Anfechtungsbeklagten sein Geldinteresse geltend machte.

Das Berufungsgericht ist nun der Ansicht, daß Kläger den neuen Klagantrag in der Berufungsinstanz nicht mehr erheben durfte, weil er in der Lage war, ihn bereits in erster Instanz nach erlangter Kenntnis von der veränderten Sachlage stellen zu können. In der Berufungsinstanz erscheine der modifizierte Antrag mit Rücksicht auf die Bestimmungen der §§ 491 Abs. 2. 240 Ziff. 3 C.P.O. nicht mehr zulässig.

Dieser Auffassung kann nicht beigetreten werden. Das Gesetz stellt dem Kläger keine Frist und bestimmt keine Zeit, innerhalb welcher im Laufe des Rechtsstreites der neue Antrag, dessen Voraussetzungen nach § 240 Ziff. 3 gegeben sind, von ihm erhoben werden müsse.

Er kann mit diesem Antrage nicht deshalb präkludiert werden, weil er unterlassen hat, denselben sofort nach Eintritt der Veränderung oder nach erlangter Kenntnis von derselben zu erheben. Das Gesetz verpflichtet überhaupt den Kläger nicht, mit Rücksicht auf die veränderte Sachlage einen neuen, dieser Sachlage entsprechenden Antrag zu stellen, sondern giebt ihm nur das Recht dazu. Er würde, soweit seine Anträge in Betracht kommen, den Rechtsstreit auf Grundlage des ursprünglichen Antrages durchführen können, gleichviel, welchen Erfolg er damit erreichen würde. Alsdann würde ihm aber nicht benommen sein, einen neuen Rechtsstreit mit neuer Klage zu beginnen und hierin den „anderen Gegenstand oder das Interesse" nach § 240 Ziff. 3 zu fordern. Wenn es hiernach im Belieben des Klägers steht, den veränderten Antrag zu stellen, und das Gesetz ausdrücklich sagt, daß in diesem Antrage eine Klagänderung nicht erblickt werden dürfe, so ist nicht abzusehen, warum Kläger nicht bis zum Schlusse des Verfahrens den neuen Antrag sollte stellen können, wenn er auch vor diesem Schlusse schon Kenntnis von der Veränderung hatte. Der Berufungsrichter scheint dies auch für die erste Instanz anzuerkennen, hält es aber für unzulässig, daß erst in der Berufungsinstanz der neue Antrag gestellt werde. Allein diese Unterscheidung ist gerade mit Rücksicht auf die Bestimmung des § 491 Abs. 2 ungerechtfertigt. Dieselbe erklärt neue Ansprüche „abgesehen von den Fällen des § 240 Nr. 2, 3" für unzulässig. Also ein neuer Anspruch, bei welchem die Voraussetzungen des § 240 Ziff. 3 gegeben sind, wird in der Berufungsinstanz ausdrücklich für zulässig erklärt. Um einen solchen neuen Anspruch handelt es sich aber im vorliegenden Falle. Das Gesetz enthält auch keine Andeutung darüber, daß für den Fall der Beschreitung der Berufungsinstanz unter „später" der erst nach Einlegung der Berufung erfolgte Eintritt der Veränderung verstanden werden könne. Der Abs. 2 a. a. O. stellt offenbar die Fälle der Ziff. 2 und der Ziff. 3 des § 240 auf gleiche Linie in Bezug auf die Zulässigkeit des veränderten Anspruches. Sowie nicht bezweifelt wird und in der Rechtsprechung feststeht, daß eine Erweiterung des Klagantrages nach § 240 Ziff. 2 in der Berufungsinstanz zulässig ist, so muß auch als in der Absicht des Gesetzes liegend erachtet werden, daß ein veränderter Klagantrag im Falle des § 240 Ziff. 3 erst in der Berufungsinstanz gestellt werden könne, sofern die Voraussetzungen dieses Falles seit Erhebung der Klage eingetreten sind, vorbehaltlich der Erwägung, ob hinsichtlich der Kosten § 92 Abs. 2 C.P.O. Anwendung zu finden habe.

Wie in dem erwähnten Urteile vom 16. März 1890 ausgeführt ist, wollte der Gesetzgeber, um die Häufung von Prozessen im Interesse der Parteien thunlichst zu vermeiden, dem Kläger Änderungen der Klage, sofern der Klaggrund nur derselbe bleibe, in weitem Umfange gestatten und soweit zulassen, als es ohne Schädigung der Interessen des Beklagten geschehen könnte. Es würde aber hier nicht als im Interesse der Beklagten liegend angesehen werden können, wenn der erhobene neue Anspruch, welcher seine Grundlage doch in den im Prozesse bereits erörterten Thatsachen hat, aus prozessualen Gründen für unstatthaft erklärt und dadurch die Beklagten der Gefahr ausgesetzt würden, in einen neuen Rechtsstreit wegen des veränderten Klaggegenstandes verwickelt zu werden.

Da das Urteil des Kammergerichtes lediglich auf dem besprochenen prozessualen Grunde beruht, war in eine Erörterung der von den Revisionsbeklagten aufgestellten Behauptung, daß der modifizierte Klaganspruch auch materiell unbegründet sei, nicht einzugehen.

Das Urteil mußte vielmehr wegen Verletzung der §§ 491 Abs. 2 und 240 Ziff. 3 C.P.O. aufgehoben, und die Sache, da es noch auf thatsächliche Erörterungen ankommt, an das Berufungsgericht zurückverwiesen werden."

Register.

Die beigesetzten Zahlen beziehen sich auf die Seiten.

A. Sachregister.

A

B

C

F

H

O

P

Q

R

S

W

Z

B. Gesetzesregister.

1. Reichsgesetze.

d. Einführungsgesetz zur Deutschen Civilprozeßordnung.

e. Deutsches Gerichtsverfassungsgesetz.

f. Deutsche Konkursordnung.

g. Einführungsgesetz zur Deutschen Konkursordnung.

h. Deutsches Gerichtskostengesetz.

i. Deutsches Strafgesetzbuch.

k. Deutsches Bürgerliches Gesetzbuch.

l. Deutsches Handelsgesetzbuch von 1897.

m. Einzelne Reichsgesetze und Verordnungen.

2. Gemeines Recht.

a. Pandekten.

b. Codex.

c. Dekretalen Gregor's IX.

d. Liber Sextus Decretalium.

d. Reichsgesetz des alten Reiches.

3. Französisches Recht.

Code civil.

4. Landesrecht.

Preußen.

a. Allgemeines Landrecht.

b. Allgemeine Gerichtsordnung.

Frankfurt a. M.

Hannover.

Kurhessen.

Baden.

Hamburg.

Hessen (Großherzogtum).

Mecklenburg-Schwerin.

C. Chronologische Zusammenstellung der Entscheidungen.

Zusammenstellung

der

im neununddreißigsten Bande

mitgeteilten Entscheidungen

nach

Oberlandesgerichtsbezirken.

Berichtigungen.

Vierter Band.

S. 155 Überschrift statt „Prozeßfähigkeit" ließ „Parteifähigkeit".
„ „ Z. 11 v. u. statt „Prozeßfähigkeit" lies „Parteifähigkeit".
„ 453 Sp. 1 Z. 11 v. o. statt „475" lies „375".
„ „ „ 2 „ 12 v. o. statt „Prozeßfähigkeit" lies „Parteifähigkeit".

Fünfzehnter Band.

S. 335 Z. 5 v. u. statt „ermittelte" lies „vermittelte".
„ „ „ 4 v. u. schieb nach „M." ein „als".
„ 350 „ 8 v. u. statt „ungültig" lies „endgültig".

Dreiundzwanzigster Band.

S. 176 Z. 12 v. u. streiche die Klammern.

Vierundzwanzigster Band.

S. 154 Z. 9 v. o. statt „Backofen" lies „Bachofen".
„ „ „ 17 v. u. statt „7" lies „6".
„ 458 Sp. 2 Z. 11 v. u. statt „7" lies „6".

Fünfundzwanzigster Band.

S. 133 Z. 17 v. u. streiche „v.".
„ 134 „ 5 v. u. statt „sowie" lies „und".
„ 135 „ 6 v. o. statt „vgl." lies „so".
„ „ „ 17 v. u. statt „523" lies „522".
„ „ „ „ „ „ streiche „v.".

Siebenundzwanzigster Band.

S. 404 Z. 10 v. o. statt „Beschw.-Rep." lies „Gerichtsstands-Bestimmungs-Rep.".
„ 466 „ 9 v. o. statt „Beschw.-Rep." lies „Gerichtsstands-Bestimmungs-Rep.".

Achtundzwanzigster Band.

S. 408 Z. 9 v. o. statt „Beklagten" lies „Klägers".

Neunundzwanzigster Band.

S. 95 Z. 19 v. o. statt „collision" lies „a pilot".
„ 133 „ 8 v. u. statt „vorgelegte" lies „vorgelegene".

Zweiunddreißigster Band.

S. 467 bei „Kiel" streiche „21".
„ „ bei „Königsberg" schiebe vor „22" ein „21".

Vierunddreißigster Band.

S. 107 Z. 9 u. 10 v. u. statt „Konsulargerichtes" lies „Konsuls".
„ „ „ 5 v. u. statt „Konsulargericht" lies „Konsul zu".
„ 408 „ 2 v. o. statt „744" lies „774".
„ „ „ 19 v. o. statt „744" lies „774".
„ 455 Sp. 2 streiche die Zeile 10 v. o.
„ 468 Z. 8 v. u. statt „Konsulargericht" lies „Konsul zu".

Sechsunddreißigster Band.

S. 188 Z. 6 v. u. statt „zutreffen" lies „zutreffend".

Achtunddreißigster Band.

S. 150 Z. 18 v. o. statt „an" lies „nach".
„ 448 Sp. 2 Z. 21 v. o. schiebe vor „199" ein „49".
„ 449 „ 1 „ 7 v. o. schiebe nach „Tötungen" ein „2c".
„ 453 „ 1 „ 1 v. o. statt „359" lies 395".

Neununddreißigster Band.

S. 194 Z. 16 v. u. statt „537674,55" lies „537674,15".
„ 281 „ 1 v. u. statt „Nr. 91 S. 367" lies „Nr. 79 S. 309 flg.".
„ 309 „ 1 v. u. statt „Nr. 91 S. 367" lies „Nr. 71 S. 281".
„ 313 „ 18 v. u. statt „Feststellung" lies „Festsetzung".
„ 325 „ 15 v. o. streiche das Komma.
„ „ „ 13 v. u. streiche das Komma.
„ 361 „ 1 v. u. statt „Gesellschaft" lies „Gesellenschaft".
„ 373 „ 2 v. o. streiche das Komma hinter „Wechseln".
„ „ „ 1 v. u. statt „obschon" lies „ob schon".
„ 377 „ 10 v. u. füge hinter „anderen" ein Komma hinzu.
„ 400 „ 7 v. u. statt „soll" lies „solle".

FSC
www.fsc.org
MIX
Papier | Fördert gute Waldnutzung
FSC® C083411

Kolibri 360 GmbH
Ferdinand-Jühlke-Straße 7
99095 Erfurt, Deutschland
produktsicherheit@kolibri360.de